UTB

W0416153

Eine Arbeitsgemeinschaft der Verlage

Böhlau Verlag · Wien · Köln · Weimar
Verlag Barbara Budrich · Opladen · Toronto
facultas.wuv · Wien
Wilhelm Fink · Paderborn
A. Francke Verlag · Tübingen
Haupt Verlag · Bern
Verlag Julius Klinkhardt · Bad Heilbrunn
Mohr Siebeck · Tübingen
Nomos Verlagsgesellschaft · Baden-Baden
Ernst Reinhardt Verlag · München · Basel
Ferdinand Schöningh · Paderborn
Eugen Ulmer Verlag · Stuttgart
UVK Verlagsgesellschaft · Konstanz, mit UVK/Lucius · München
Vandenhoeck & Ruprecht · Göttingen · Bristol
vdf Hochschulverlag AG an der ETH Zürich

Markus Fredebeul-Krein, Walter A. S. Koch,
Margareta Kulessa, Agnes Sputek

Grundlagen der Wirtschaftspolitik

4., vollständig überarbeitete Auflage

UVK Verlagsgesellschaft mbH · Konstanz
mit UVK/Lucius · München

wisu texte

WISU-Texte sind die Lehrbuchreihe der Zeitschrift WISU – DAS WIRTSCHAFTSSTUDIUM (www.wisu.de)

Prof. Dr. Markus Fredebeul-Krein (Fachhochschule Aachen), **Prof. Dr. Margareta Kulessa** und **Prof. Dr. Agnes Sputek** (beide Fachhochschule Mainz) lehren Volkswirtschaftslehre und Wirtschaftspolitik. **Prof. Dr. Walter A. S. Koch** war an der Fachhochschule Flensburg für diese Lehrgebiete tätig.

Online-Angebote oder elektronische Ausgaben sind erhältlich unter www.utb-shop.de.

Bibliografische Information der Deutschen Bibliothek
Die Deutsche Bibliothek verzeichnet diese Publikation in der Deutschen Nationalbibliografie; detaillierte bibliografische Daten sind im Internet über <http://dnb.ddb.de> abrufbar.

Lektorat: Rainer Berger
Einbandgestaltung: Atelier Reichert, Stuttgart
Einbandmotiv: istockphoto.com, © sergeyskleznev.jpg
Druck und Bindung: fgb · freiburger graphische betriebe, Freiburg

UVK Verlagsgesellschaft mbH
Schützenstraße 24 · 78462 Konstanz
Tel. 07531-9053-0 · Fax 07531-9053-98
www.uvk.de

UTB-Nr. 8265
ISBN 978-3-8252-8556-2

Vorwort zur 4. Auflage

Die vierte, gründlich überarbeitete und aktualisierte Auflage dieses Lehrbuchs erscheint in einem neuen Layout. Damit sollen die Lesbarkeit und der Einsatz in der Lehre verbessert sowie das Selbststudium erleichtert werden. Um Missverständnissen vorzubeugen: Begriffe wie „Leser, Konsumenten, Steuerzahler oder Unternehmer“ bitten wir genderneutral zu verstehen.

Das Buch ist für Studierende der Volks- und Betriebswirtschaftslehre an Universitäten, Fachhochschulen und Berufsakademien konzipiert. Zur Zielgruppe gehören auch Studierende mit Wirtschaftspolitik als Nebenfach (Juristen, Soziologen, Pädagogen, Techniker). Wir hoffen, dass sich nicht zuletzt wirtschaftspolitisch Interessierte angesprochen fühlen.

Die Kapitel beginnen mit lernzielorientierten Fragen. Eine Fülle von Beispielen, Anwendungsfällen, Tabellen und Abbildungen sollen den Leser beim Kennenlernen wichtiger Teilbereiche und Probleme der aktuellen Wirtschaftspolitik unterstützen. Am Ende finden sich Wiederholungsfragen, die sich nach der Lektüre des jeweiligen Kapitels leicht beantworten lassen. Nach einer Grundlegung mit der Theorie der Wirtschaftspolitik folgen acht weitere Kapitel zu wichtigen Politikfeldern. Der Leser wird sich aufgrund der stets gleichen Gliederungsstruktur nicht nur leicht zurechtfinden, sondern auch Bewertungsmaßstäbe für die praktische Wirtschaftspolitik gewinnen.

Nach einer Einleitung mit der Klärung wichtiger Begriffe wird die wirtschaftliche Ausgangslage analysiert, wobei Indikatoren zur Messung spezifischer Situationen eine besondere Rolle spielen. Es folgt – weil es um „praxisorientierte“ Wirtschaftspolitik geht – eine knapp gehaltene theoretische Fundierung. Handlungsbedarf für die Entscheidungsträger resultiert im Allgemeinen aus einem Soll-Ist-Unterschied. Folglich sind auch die jeweiligen Ziele darzustellen und das Problem von Zielkonflikten zu behandeln. Mit ihnen wird die praktische Wirtschaftspolitik ständig konfrontiert. Es schließt sich eine Analyse der Träger der Wirtschaftspolitik an. Damit wird eine Ebene der praktischen Wirtschaftspolitik einbezogen, die in wirtschaftswissenschaftlichen Lehrbüchern nicht selten vernachlässigt wird. Ein weiterer Schwerpunkt gilt dem Instrumenteneinsatz. Jedes Kapitel wird mit einer Erörterung von Problemen und Grenzen abgeschlossen. Querverweise zeigen inhaltliche Verknüpfungen zwischen den Politikbereichen auf. Das Finden wichtiger Begriffe und Themen wird durch ein ausführliches Sachregister erleichtert.

Bei der Neuauflage wurden die Tabellen und das Zahlenmaterial auf den neuesten Stand (Mitte 2013) gebracht. Die Werte sind durchweg in Euro umgerechnet worden, um die intertemporale Vergleichbarkeit zu erleichtern. Außerdem sind wichtige Änderungen in den jeweiligen Politikbereichen berücksichtigt und eingearbeitet. Beispielsweise hat es in der Wettbewerbspolitik durch die 8. Novelle zum GWB (2013) Veränderungen gegeben. In der Finanzpolitik sind die Ergebnisse der beiden FÖDERALISMUSKOMMISSIONEN I und II („Schuldenbremse“) ebenso berücksichtigt wie der „Fiskalvertrag“ und das „Europäische Semester“ im Rahmen der EU. In die Darstellung der Geldpolitik sind Erfahrungen der EUROPÄISCHEN ZENTRALBANK seit ihrem Bestehen eingeflossen, wie z.B. die Zwei-Säulen-Strategie. Die Arbeitsmarktreformen werden ebenso behandelt wie Neuregelungen in der Sozialpolitik. Die Energiewende wird in der Umweltpolitik dargestellt. Um den Umfang des Buches überschaubar zu halten, ist das Kapitel Entwicklungspolitik entfallen.

Die wirtschaftspolitische Praxis zeigt, dass sich immer mehr Vorgaben, Rahmenbedingungen oder Handlungszwänge aus dem europäischen Integrationsprozess ergeben. Da dies für nahezu alle Bereiche der Wirtschaftspolitik gilt, sind diese Aspekte in die jeweiligen Kapitel integriert worden. Umweltpolitik ist heute genauso wenig ohne Berücksichtigung der EUROPÄISCHEN UNION zu betreiben wie beispielsweise Wettbewerbspolitik, Geldpolitik, Arbeitsmarktpolitik und Finanzpolitik. Einflüsse, die durch den Prozess der Globalisierung auf die nationale Wirtschaftspolitik ausgeübt werden, gehen ebenfalls in die einzelnen Politikbereiche ein.

Aus dem Autorenteam sind Herr Dr. Christian Czogalla (Mitwirkung von der 1. bis 3. Auflage) und Herr Prof. Dr. Martin Ehret (Mitwirkung an der 3. Auflage) ausgeschieden. Neu im Team sind Frau Prof. Dr. Margareta Kulessa, Frau Prof. Dr. Agnes Sputek und Herr Prof. Dr. Markus Fredebeul-Krein, der auch die Federführung bei der Koordinierung der Kapitel und der Schlussredaktion übernommen hat. Die Reihenfolge der Nennung der Autoren folgt dem Alphabet.

Unser besonderer Dank gilt Herrn Ingo Geurtz (M.Sc.) für seine wertvolle Unterstützung bei Recherchen und der Formatierung der Druckvorlage sowie für sorgfältiges Korrekturlesen. Dank schulden wir auch vielen Nutzern unseres Lehrbuchs für wertvolle Hinweise, die wir gern in der Neuauflage berücksichtigt haben. Verbliebene Fehler und ungewollte Lücken müssen wir leider selbst vertreten.

Auf Anregungen und Kritik freuen sich die Autoren:

Markus Fredebeul-Krein (Kapitel 3 und 6)	fredebeul-krein@fh-aachen.de
Walter A.S. Koch (Kapitel 1, 4 und 8)	drkochwalter@aol.de
Margareta Kulessa (Kapitel 5, 7 und 9)	kulessa@fh-mainz.de
Agnes Sputek (Kapitel 2, 7 und 9)	sputek@fh-mainz.de

Aachen, Mainz, Halle (Saale), Dezember 2013

Inhaltsverzeichnis

Kapitel 1: Theorie der Wirtschaftspolitik

In diesem Kapitel erfahren Sie

- worin die grundlegenden Aufgaben der Wirtschaftspolitik bestehen und wodurch sich ihre Teilbereiche unterscheiden,
- welche Bedeutung die Lageanalyse hat und welche Probleme dabei auftreten können,
- wie wirtschaftspolitische Ziele bestimmt werden und welche Rolle dabei Werturteile spielen,
- welche Folgen sich aus den unterschiedlichen Zielbeziehungen ergeben,
- wie sich Wirtschaftspolitik umsetzen lässt,
- welche Instrumente dabei zum Einsatz kommen und wer die wirtschaftspolitischen Träger sind.

1 Einleitung

Zur Einführung in das Thema erscheint es zweckmäßig, zwei Ausgangspunkte voranzustellen. **Erstens** geht es darum, die Beziehungen zwischen Wirtschaftspolitik und allgemeiner Politik kurz zu charakterisieren. **Zweitens** wird auf die Vielfalt der in der Literatur verwendeten Begriffe hingewiesen. Das Ziel eines solchen Überblicks, der Aussagen zum Verhältnis zwischen praktischer und theoretischer Wirtschaftspolitik einschließen muss, kann nicht darin bestehen, alle existierenden Abgrenzungsprobleme lösen zu wollen. Vielmehr gilt es eine Grundlage zu schaffen, auf der Aussagen zum Gegenstand (Erkenntnisobjekt) der Wirtschaftspolitik verständlich werden.

> **Wirtschaftspolitik** umfasst sowohl das Handeln der politischen Entscheidungsträger als auch die wissenschaftlichen (theoretischen) Grundlagen für dieses Handeln. Sie beruht auf komplexen Erkenntnissen anderer Disziplinen wie Wirtschaftstheorie, Politikwissenschaft, Soziologie, Staats- und Verwaltungsrecht usw.

Die Analyse des Gegenstandes der Wirtschaftspolitik hat folglich immer zwei Aspekte zu berücksichtigen. Sie muss **einerseits** die wissenschaftlichen Grundlagen (Theorie der Wirtschaftspolitik) untersuchen, sich **andererseits** mit der praktischen Umsetzung wissenschaftlicher Erkenntnisse (praktische Wirtschaftspolitik) auseinandersetzen. Demnach ist Wirtschaftspolitik als Einheit von Wissenschaft und Praxis zu verstehen. In diesem Sinne besteht unsere Aufgabe in diesem Kapitel nicht darin, die Wirtschaftspolitik in der BUNDESREPUBLIK DEUTSCHLAND umfassend zu analysieren. Sie bildet jedoch das Erfahrungsobjekt für die Beispiele, mit deren Hilfe dem Leser die wissenschaftlichen Grundlagen anschaulich gemacht werden sollen.

Wirtschaftspolitik ist ein Teilbereich der allgemeinen Politik. Beide sind untrennbar miteinander verbunden. Wirtschaftspolitische Entscheidungen werden durch politische Ziele und Interessen wesentlich beeinflusst. So ist beispielsweise die Schaffung der EUROPÄISCHEN WÄHRUNGSUNION mit der Einführung des Euro als Einheitswährung ein Schritt von weitreichender ökonomischer Bedeutung, der jedoch ohne den festen Willen zur Vertiefung der politischen Integration schwerlich realisierbar gewesen wäre. Ökonomische Bedingungen haben Rückwirkungen auf die politische Lage. Die Verhinderung und Bekämpfung von wirtschaftlicher Machtkonzentration durch die Förderung des Wettbewerbs im Rahmen der Wettbewerbspolitik (vgl. Kapitel 3, Abschnitt 4.1) ist nicht ausschließlich von ökonomischer Relevanz (Funktionsfähigkeit des Marktes), sondern möglicherweise eine existentielle Voraussetzung der Demokratie.

Für Entscheidungen in der allgemeinen Politik wie auch in der Wirtschaftspolitik gilt, dass in ihrem Mittelpunkt das Setzen verbindlicher Regeln steht. Während die allgemeine Politik die Aufgabe zu lösen hat, die unterschiedlichen Interessen in allen Bereichen des gesellschaftlichen Lebens auszugleichen und die dafür erforderlichen **Rahmenbedingungen** (Staatsaufbau, Regierungssystem, Parteiensystem) und Institutionen (Gerichtsbarkeit, öffentliche Verwaltung usw.) zu schaffen, ist die Wirtschaftspolitik derjenige Politikbereich, der auf ökonomische Entscheidungsprozesse gerichtet ist und somit letztlich die Versorgung der Wirtschaftssubjekte mit Gütern beeinflusst. Das schließt Entscheidungen ein, die sowohl den Rahmen für wirtschaftliches Handeln festlegen als auch den **Ablauf der wirtschaftlichen Aktivitäten** selbst regulieren. Die Gestaltung der Wirtschaftsordnung (insbesondere die Lösung des Koordinationsproblems und die Festlegung der Eigentumsordnung) nimmt dabei eine zentrale Stellung ein (vgl. Kapitel 2, Abschnitt 1).

Wirtschaftspolitisches Handeln als praktizierte Wirtschaftspolitik lässt sich nur erklären und verstehen, wenn die **komplexen Wirkungszusammenhänge** zu anderen Bereichen der allgemeinen Politik beachtet werden. Wirtschaftspolitik wird nur erfolgreich sein, wenn sie sich auf Erkenntnisse der Theorie der Wirtschaftspolitik stützt. Das Verhältnis zwischen theoretischer Analyse und praktischer Umsetzung ist dabei keinesfalls spannungsfrei. Nicht zwangsläufig führen Erkenntnisse aus der Theorie der Wirtschaftspolitik auch zu entsprechenden Maßnahmen in den Bereichen der Geld-, Finanz-, Konjunktur- oder Umweltpolitik. Zwischen wissenschaftlichen Empfehlungen zur Lösung wirtschaftspolitischer Probleme und den tatsächlich ergriffenen Maßnahmen können zum Teil erhebliche Abweichungen auftreten. Dafür können vielfältige Gründe verantwortlich sein. Denn als Teilgebiet der allgemeinen Politik unterliegt die praktische Wirtschaftspolitik unterschiedlichsten Einflüssen und Zwängen, die bei wirtschaftspolitischen Empfehlungen nicht selten unzureichend berücksichtigt werden.

So kann die Realisierung eines wirtschaftspolitischen Ziels gefährdet werden (z.B. Verringerung der Arbeitslosigkeit), weil es im Konflikt zu anderen ökonomischen oder politischen Zielsetzungen (z.B. Geldwertstabilität, Konsolidierung des Staatshaushaltes) steht. Ziele können sich im Zeitablauf verändern (z.B. könnte an die Stelle der Verringerung der Arbeitslosigkeit das Primat der Geldwertstabilität treten). Die Knappheit an materiellen und finanziellen Ressourcen zwingt zu Kompromissen. Der Einfluss von **Gruppeninteressen** und -verhalten auf die wirtschaftspolitische Willensbildung erschwert die Umsetzung wissenschaftlicher Empfehlungen. Das gilt keinesfalls nur für die Interessen von Wirtschaftsverbänden, Gewerkschaften und Organisationen, sondern schließt nicht zuletzt das Eigeninteresse von Politikern als Träger der

Wirtschaftspolitik ein. Rücksicht auf bestimmte Wählergruppen aus Sorge um eine Wiederwahl führt häufig zu wirtschaftspolitischen Entscheidungen, die die unmittelbare Wirkung von Maßnahmen überbetont und die mit zeitlicher Verzögerung (**time lags**) eintretenden Wirkungen unbeachtet lässt. Besonders das Problem unterschiedlicher Gruppeninteressen wurde lange vernachlässigt, indem wirtschaftspolitische Entscheidungsprozesse nur unter dem Aspekt eines – wie auch immer definierten – Gesamtinteresses (**Gemeinwohl,** öffentliche Wohlfahrt) betrachtet wurden.

2 Begriffliche Abgrenzung und Gegenstand von Wirtschaftspolitik

Es gibt verschiedene Ansichten darüber, welche Gliederung im Bereich der Wirtschaftspolitik als zweckmäßig anzusehen ist. So finden wir neben der von WALTER EUCKEN (1891–1950) in seinem Buch „Grundsätze der Wirtschaftspolitik" (XIII. Kap., III. Abschnitt) gemachten **Zweiteilung** zwischen Ordnungs- und Prozesspolitik, die am zu beeinflussenden Phänomen ansetzt, eine Unterteilung in **qualitative** (Veränderungen einer gegebenen Wirtschaftsstruktur) und **quantitative** (Variation einzelner Instrumente der Wirtschaftspolitik bei Konstanz der Wirtschaftsstruktur) Wirtschaftspolitik (JAN TINBERGEN [1903–1994] in: On the Theory of Economic Policy, Amsterdam 1952). Andere Gliederungen gehen auf solche Merkmale wie Wirkungsbereiche oder Ziele der Wirtschaftspolitik zurück. Gleichzeitig herrscht eine Vielfalt von Begriffen, die dem Leser die Orientierung nicht immer leicht macht. Allein für die Theorie der Wirtschaftspolitik werden Begriffe wie ‚Wissenschaftliche Wirtschaftspolitik', ‚Grundlagen der Wirtschaftspolitik' oder ‚Theoretische Wirtschaftspolitik' verwendet. Deshalb erscheint es sinnvoll, eine Gliederung und Abgrenzung der Begriffe voranzustellen. Wir lassen uns dabei von der Überlegung leiten, dass Probleme der Abgrenzung unter Zweckmäßigkeitsgesichtspunkten gelöst werden sollten.

2.1 Theorie der Wirtschaftspolitik und praktische Wirtschaftspolitik

Die **Theorie der Wirtschaftspolitik** (wissenschaftliche Wirtschaftspolitik) beschäftigt sich mit der Beschreibung und Erklärung der wirtschaftlichen Lage, untersucht Motive, Erscheinungsformen und Konsequenzen wirtschaftspolitischen Handelns, analysiert Ziele und Zielbeziehungen sowie den Einsatz von Instrumenten und erstellt nicht zuletzt Prognosen über die Wirkung geplanter oder unterlassener Maßnahmen.

Ihre Aufgabe besteht darin, auf dieser Grundlage geeignete Maßnahmen vorzuschlagen und solche Mittel (= Instrumente der Wirtschaftspolitik – vgl. Abschnitt 4.1) zu entwickeln, die der praktischen Wirtschaftspolitik bei der Erreichung der Ziele helfen. Es wäre jedoch zu eng definiert, ihre Aufgaben darauf zu beschränken. Vielmehr geht es auch darum, theoretische Erkenntnisfortschritte zu erzielen, die sich nicht unmittelbar nach dem Kriterium eines praktischen Nutzens bewerten lassen.

> **Praktische Wirtschaftspolitik** als Teilbereich der staatlichen Gesamtpolitik beschäftigt sich mit konkreten wirtschaftspolitischen Maßnahmen und ihren institutionellen Voraussetzungen. Sie geht von der Wünschbarkeit und der Möglichkeit wirtschaftspolitischer Einflussnahme auf das Wirtschaftsgeschehen durch die Träger der Wirtschaftspolitik aus.

Praktische Wirtschaftspolitik basiert auf dem Vergleich der gegebenen wirtschaftlichen Lage mit den angestrebten Zielen. Die diagnostizierten Abweichungen beeinflussen Umfang und Intensität der anzuwendenden Maßnahmen. Das setzt komplexe Informationen und Erkenntnisse zur Lage und möglichen Entwicklungstendenzen der Volkswirtschaft sowie über bestehende Wirkungszusammenhänge und erwartete Wirkungen von Maßnahmen voraus. Politikberatung, die Fortschritte in der praktischen Wirtschaftspolitik bewirken will, hat sich diesen Anforderungen zu stellen. Dabei stützt sie sich im Wesentlichen auf die Ergebnisse der Analyse der theoretischen Grundlagen der Wirtschaftspolitik.

2.2 Allgemeine und spezielle Wirtschaftspolitik

Die (Theorie der) Wirtschaftspolitik gliedert sich in die zwei großen Teilbereiche: allgemeine Wirtschaftspolitik und spezielle Wirtschaftspolitiken. Den Untersuchungsgegenstand der **allgemeinen Wirtschaftspolitik** bilden die Grundlagen der Wirtschaftspolitik, die für alle Bereiche der Volkswirtschaft Bedeutung haben. Zu diesen allgemeinen Grundlagen gehören unter anderem das gesellschaftliche Zielsystem, die Ziel-Mittel-Problematik und die Auswahl ursachenadäquater wirtschaftspolitischer Maßnahmen im Sinne eines konkreten Mitteleinsatzes.

Demgegenüber konzentrieren sich die **speziellen Wirtschaftspolitiken** auf Fragestellungen, die nur einzelne Sektoren (sektorale Wirtschaftspolitik) oder Regionen (Regionalpolitik) der Volkswirtschaft betreffen. Die sektorale Wirtschaftspolitik orientiert sich dabei vor allem an den ökonomischen und technologischen Besonderheiten einzelner Wirtschaftszweige (z.B. Industrie- und Agrarpolitik, Handelspolitik, Energie- und Verkehrspolitik). Mit den Auswirkungen von sektoralen und regionalen Entwicklungen auf die Volkswirtschaft beschäftigt sich die **Strukturpolitik**.

2.3 Gliederung nach den Zielen der Wirtschaftspolitik

Allgemein bekannt ist die Gliederung der Wirtschaftspolitik nach **finalen Gesichtspunkten**. Sie leitet sich unmittelbar aus den angestrebten Zielen der Wirtschaftspolitik ab. Als Beispiele seien Geld- und Finanzpolitik, Konjunktur- und Beschäftigungspolitik, Einkommens- und Verteilungspolitik, Außenwirtschafts- und Entwicklungspolitik sowie Umweltpolitik angeführt. Eine solche Gliederung, der wir uns weitgehend anschließen, ermöglicht eine ursachenadäquate Auseinandersetzung mit den Fragestellungen der Wirtschaftspolitik.

2.4 Ordnungspolitik, Prozesspolitik und Strukturpolitik

In der deutschsprachigen Literatur nimmt die Zweiteilung zwischen Ordnungspolitik und Prozesspolitik (Ablaufpolitik) eine besondere Stellung ein. Von Bedeutung für die Ordnungspolitik in Deutschland sind bis heute die „konstituierenden Prinzipien" einer Wettbewerbsordnung nach EUCKEN (vgl. Kapitel 2, Abschnitt 3.1.1). Neben Ordnungs- und Ablaufpolitik hat sich die Strukturpolitik zu einem selbständigen Bereich entwickelt, der allerdings untrennbar mit diesen Politikbereichen verbunden ist.

Die Aufgabe der **Wirtschaftsordnungspolitik** besteht in der Gestaltung von qualitativen Rahmenbedingungen. Sie beschäftigt sich mit der Gesamtheit von Faktoren, die Aufbau und Ablauf einer Volkswirtschaft beeinflussen. Auf der Grundlage von Entscheidungen

- zum Koordinationsmechanismus (dezentral über Märkte oder zentrale Steuerung),
- zur Eigentumsordnung (privates oder gesellschaftliches Eigentum an Produktionsmitteln),
- zum Rechtssystem (z.B. Grundsätze der staatlichen Finanzpolitik im Grundgesetz, Geldwesen, Wettbewerbsrecht zur Durchsetzung marktwirtschaftlichen Verhaltens, Tarifrecht, Steuerrecht, Bilanzierungsvorschriften oder die Regelung der betrieblichen Mitbestimmung von Arbeitnehmern),
- zur Schaffung von Institutionen (vor allem Träger von Wirtschaftspolitik) und Festlegung ihrer Befugnisse

regelt die Ordnungspolitik die Beziehungen, die die privaten Wirtschaftssubjekte untereinander betreffen. Sie soll auch die Aufgabenteilung zwischen Staat und privaten Wirtschaftssubjekten festlegen (vgl. Kapitel 2, Abschnitt 3).

Dahinter verbirgt sich die Frage, welches Wirtschaftssubjekt welche Aufgaben mit seinen Mitteln am effizientesten lösen kann. Die Antwort darauf wird vom gesellschaftlichen Zielsystem beeinflusst und ist keinesfalls immer widerspruchsfrei. So steht die im Interesse einer optimalen Allokation der Ressourcen erhobene Forderung nach dem „schlanken Staat" nicht selten im Konflikt zur Verwirklichung von größerer Verteilungsgerechtigkeit, die zur Ausdehnung staatlicher Aufgaben und Ausgaben führen kann (Gesetz der wachsenden Staatsausgaben von WAGNER – benannt nach ADOLF WAGNER [1835–1917]).

Ordnungspolitische Entscheidungen üben einen bestimmenden Einfluss auf Ziele und Mittel (Instrumente) der Wirtschaftspolitik aus. So hat beispielsweise die Entscheidung für den dezentralen Koordinationsmechanismus „Markt" Auswirkungen auf das Verhältnis sowohl der privaten Wirtschaftssubjekte untereinander (z.B. Wettbewerb zwischen den Unternehmen, Streben nach höchstmöglichem Gewinn, Autonomie von Arbeitgebern und Arbeitnehmern bei Tarifverhandlungen) als auch zwischen privaten Wirtschaftssubjekten und Staat (z.B. erfolgt der Einsatz von Instrumenten der Fiskalpolitik situationsbezogen bei Störungen des gesamtwirtschaftlichen Gleichgewichts grundsätzlich marktkonform).

Das Ziel der **Prozesspolitik** (**Ablaufpolitik**) besteht darin, innerhalb des vorgegebenen ordnungspolitischen Rahmens mit Hilfe kurzfristiger staatlicher Eingriffe auf das Marktgeschehen zielgerichtet einzuwirken. Sie beschränken sich meist auf eine Beeinflussung makroökonomischer Größen, während die Steuerung der mikroökonomischen Prozesse dem Marktmechanismus überlassen bleibt (ordnungskonforme Wirtschaftspolitik). In diesem Sinne ist das GESETZ ZUR FÖRDERUNG DER STABILITÄT UND DES WACHSTUMS DER WIRTSCHAFT – STABG (BGBl. I, S. 582ff.) von 1967 zu verstehen, das den Trägern der Wirtschaftspolitik in bestimmten konjunkturellen Situationen die Möglichkeit zu **diskretionären Maßnahmen** (fallweiser und situationsbezogener Mitteleinsatz) gibt. Dies geschieht vor allem mit Instrumenten der Fiskalpolitik im Rahmen einer **Globalsteuerung**, von der man spricht, wenn die Instrumente an gesamtwirtschaftlichen Aggregaten wie privatem Konsum, den Investitionen usw. ansetzen. In anderen Politikbereichen wie z.B. der Geldpolitik können zins- oder geldmengenpolitische Instrumente ablaufpolitisch eingesetzt werden.

Ordnungs- und Prozesspolitik bilden eine **Einheit**, bei der die Ordnungspolitik jedoch Priorität besitzt. Zwischen beiden Politikbereichen können Überschneidungen auftreten. Offensichtlich ist, dass ordnungspolitische Maßnahmen zu prozesspolitischen Konsequenzen führen.

▶ Beispiel

Die Verlängerung der Öffnungszeiten nach dem novellierten Ladenschlussgesetz von 2003 stellte eine ordnungspolitische Maßnahme dar, die über eine Veränderung von Käuferverhalten und Käuferströmen eine Reihe ablaufpolitischer Konsequenzen nach sich zog: z.B. individuelle Arbeitszeitregelungen, möglicherweise Veränderung in der Struktur der Arbeitsplätze (Verhältnis von Vollzeit- zu Teilzeitarbeitsplätzen) usw.

Und umgekehrt: Maßnahmen im Bereich der Prozesspolitik können ordnungspolitische Wirkungen auslösen. Wir wollen dies an einem Importzoll verdeutlichen, der von den Anbietern zu zahlen ist. Zur Vereinfachung wird ein spezifischer Zoll (Mengenzoll, bei dem pro Mengeneinheit immer der gleiche Zollbetrag erhoben wird) zugrunde gelegt. Bei einer Erhöhung des Zollsatzes ergibt sich dann – wenn das Modell der vollständigen Konkurrenz vorausgesetzt wird – eine Parallelverschiebung der Angebotskurve nach oben (vgl. Abb. 1.1).

Wird der Zoll – z.B. aus fiskalischen Gründen – immer weiter erhöht, dann kann sich ein Preis ergeben, bei dem die nachgefragte Menge Null beträgt. Das ist bei A^{III} gegeben, die Angebotskurve schneidet die Ordinate im Höchstpreis P_H. Für dieses Produkt würde folglich kein Import mehr stattfinden. Der Zoll wirkt dann de facto wie ein Einfuhrverbot, also prohibitiv (ordnungspolitische Wirkung).

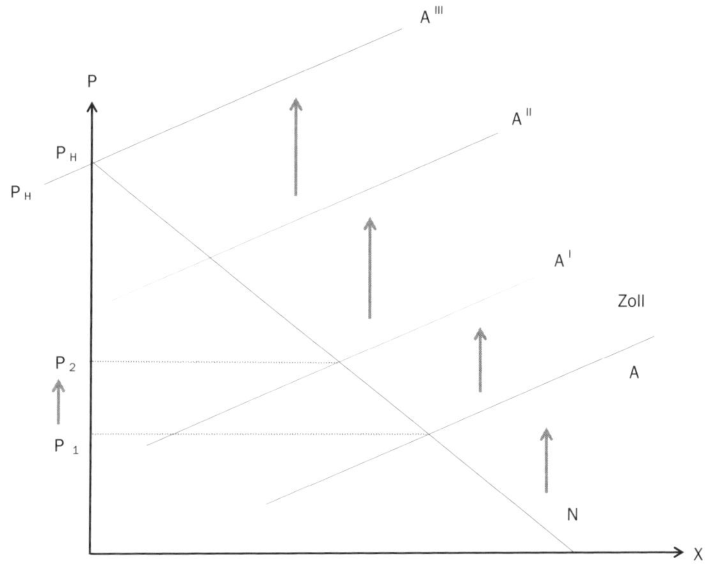

Abb. 1.1: Wirkung von Prohibitivzöllen

Die **Strukturpolitik** stellt den dritten wesentlichen Bereich staatlicher Einflussnahme auf das Wirtschaftsgeschehen dar. Ihr Ziel ist es, mit Hilfe verschiedener sowohl ordnungspolitischer als auch prozesspolitischer Instrumente notwendige regionale oder sektorale Anpassungsprozesse zu ermöglichen oder durchzusetzen. Im Vordergrund steht dabei eine Politik, die es den Sektoren (bzw. Regionen) innerhalb eines adäquat gestalteten ordnungspolitischen Rahmens ermöglicht, sich unter Einfluss der Marktkräfte zu verändern. Dieser indirekten Beeinflussung durch die Stärkung marktwirtschaftlicher Kräfte steht eine direkte Beeinflussung durch politische Entscheidungsträger (**interventionistische Eingriffe**) gegenüber. Dabei geht es um Maßnahmen wie z.B. der Gewährung von **Subventionen** (vgl. Kapitel 4, Abschnitte 2.3.3 und 4.1.3), die eine Anpassung an die veränderten wirtschaftlichen und technologischen Bedingungen erleichtern sollen. Es besteht allerdings die Gefahr, dass der überwiegende Teil der eingesetzten Mittel mehr zur Erhaltung veralteter Strukturen als zur Erneuerung und Anpassung an neue Entwicklungen verwendet wird.

2.5 Gegenstand der Wirtschaftspolitik

2.5.1 Arbeitshypothetischer Ausgangspunkt

Das Erkenntnisobjekt der Theorie der Wirtschaftspolitik ist die praktische Wirtschaftspolitik. Im Mittelpunkt steht dabei das Handeln der Träger von Wirtschaftspolitik, die Einfluss auf das ökonomische Geschehen und seine Rahmenbedingungen nehmen. Wir beschränken uns weitgehend auf die Aspekte der staatlichen Wirtschaftspolitik. Nichtstaatliche (private) Organisationen und Verbände versuchen zur Durchsetzung ihrer Gruppeninteressen, die Wirtschaftspolitik des Staates zu beeinflussen. Das Parlament und die Regierung sind zwar die obersten Träger von Wirtschaftspolitik, aber sie verfügen nicht über die Entscheidungsfreiheit eines absolutistischen Herrschers. In diesem Sinne ist

Wirtschaftspolitik die Gesamtheit aller Bestrebungen, Handlungen und Maßnahmen von öffentlichen (staatlichen) Institutionen, die mit der Absicht ergriffen werden, zur Durchsetzung wirtschaftspolitischer Ziele in einem Gebiet oder Bereich den Ablauf des Wirtschaftsgeschehens zu beeinflussen oder dessen Rahmenbedingungen festzulegen bzw. anzupassen (GIERSCH, 1991, S. 17).

Aus dieser arbeitshypothetischen Umschreibung des Gegenstandes der Wirtschaftspolitik lassen sich bereits wesentliche Aufgaben ableiten, mit denen sich die Theorie der Wirtschaftspolitik auseinander zu setzen hat:

- Die **Theorie der Wirtschaftspolitik** befasst sich mit der Gesamtheit aller Aktivitäten, die auf die Beeinflussung volkswirtschaftlicher Prozesse gerichtet sind (auch das Unterlassen von Maßnahmen kann Wirtschaftspolitik sein, wenn das Nicht-Handeln bewusst geschieht). Das setzt die Kenntnis von Wirkungszusammenhängen, Mitteln (Instrumenten) und Motiven voraus.
- Wirtschaftspolitik ist auf die Durchsetzung von **Zielen** gerichtet. Die Theorie der Wirtschaftspolitik muss sich mit diesen Zielen auseinandersetzen und klären, welche Mittel zur Erreichung dieser Ziele geeignet sind.
- Wirtschaftspolitik kann auf die Beeinflussung der gesamten Volkswirtschaft, eines Sektors (z.B. Agrarpolitik, Energiepolitik, Verkehrspolitik) bzw. einer Region (z.B. Förderung der wirtschaftlichen Entwicklung in den neuen Bundesländern „Aufbau Ost") gerichtet sein. Zunehmend an Bedeutung gewinnen internationale Aspekte der Wirtschaftspolitik z.B. innerhalb der EUROPÄISCHEN UNION oder im Zuge der Globalisierung.
- Ordnungs- und ablaufpolitische Fragestellungen bilden einen zentralen Untersuchungsgegenstand der Theorie der Wirtschaftspolitik.

Solche allgemeinen Anforderungen erlauben indes noch keine Aussagen über Erfolg oder Misserfolg von Wirtschaftspolitik. Es drängt sich also die Frage auf, welche Ansprüche an eine erfolgreiche Wirtschaftspolitik gestellt werden müssen.

2.5.2 Rationale Wirtschaftspolitik

Rational ist eine Wirtschaftspolitik, die planmäßig auf die Verwirklichung eines umfassenden, wohldurchdachten und in sich ausgewogenen Zielsystems gerichtet ist und dabei die größtmögliche Annäherung an das gesellschaftliche Ideal erreicht, die unter Beachtung der konkreten sozioökonomischen Situation möglich ist (vgl. GIERSCH, 1991, S. 22).

Erfolgreiche Wirtschaftspolitik muss **planmäßig** einem gesellschaftlichen Zielsystem verpflichtet sein. Dieses Zielsystem soll **nachhaltig** (vgl. z.B. Kapitel 9, Abschnitt 4) und **umfassend** sein. Es darf den unterschiedlichen Charakter von Zielbeziehungen nicht vernachlässigen. Nur so kann sichergestellt werden, dass vordergründige Aufgaben nicht zulasten von Zielen vernachlässigt werden, die aufgrund politischer Opportunität außer Acht gelassen werden. Ein solches Zielsystem kann nur auf der Grundlage eines gesellschaftlichen **Wertekonsenses** aufbauen. Ein Zielsystem ist also immer auch „ein Wertsystem, und Werteinbußen an anderer Stelle sind Kosten. Wer sie nicht vollständig berücksichtigt, rechnet sich Scheinerfolge aus" (GIERSCH, 1991, S. 22). Darüber hinaus muss das Zielsystem **wohldurchdacht** und **in sich ausgewogen** sein. Zwischen den Einzelzielen, aus denen sich ein gesellschaftliches (sozioökonomisches) Zielsystem zusammensetzt, kann es zu einer Konkurrenz kommen. Dieser mögliche Konflikt ist nur auf der Grundlage von Kompromissen lösbar. Einzelne Ziele sind demnach nur soweit zu realisieren, wie der zusätzliche Nutzen (Grenznutzen), der durch eine weitere Annäherung an das Ziel entsteht, nicht durch die marginalen Nachteile in Bezug auf **konkurrierende** Ziele (Alternativkosten oder **Opportunitätskosten**) aufgehoben wird. Ungeklärt ist dabei allerdings, wie dieser Nutzen zu messen ist. Probleme können sich auch aus der **konkreten sozioökonomischen Situation** ergeben. Ist es tatsächlich unmöglich, ein höheres Ziel zu verwirklichen oder ist dieses Ziel gar nicht gewollt?

Der Leser mag denken, dass es illusorisch ist, rationale Wirtschaftspolitik zu betreiben. Wir teilen diese Einschätzung. Dennoch ist die Vorstellung von einer „rationalen" Wirtschaftspolitik sinnvoll. Wir brauchen ein **Referenzsystem**, an dem wir die tatsächliche Wirtschaftspolitik messen können. So wie z.B. für die Ordnungspolitik die Wettbewerbsordnung maßgeblich sein sollte oder sich die Geldpolitik an einer theoretischen Konzeption orientiert.

Der Anspruch an eine rationale Wirtschaftspolitik ist sehr hoch und in seiner Komplexität kaum zu erfüllen. Die Festlegung eines gesellschaftlichen Zielsystems geschieht eben nicht nur über rationale Einflussfaktoren. Es fließen immer auch **Werturteile** in seine Bestimmung mit ein (vgl. Abschnitte 3 und 3.2). Das macht es so schwer, wirtschaftspolitische Entscheidungen zu bewerten.

2.5.3 Grundfragen und Aufgaben der Wirtschaftspolitik

Die Wirtschaftspolitik als Wissenschaft hat auf **drei Grundfragen** einzugehen und sich dabei mit einer Vielzahl von Einzelfragen auseinander zu setzen:

- **Was tut der Staat** als Träger von Wirtschaftspolitik?
  Wie ist die aktuelle wirtschaftliche Lage?
  Welche Entwicklungen zeichnen sich ab?
  Welche Entscheidungen trifft der Staat und warum?
- **Welche Ziele** verfolgt staatliche Wirtschaftspolitik?
  Welche Ziele und Motive liegen dem wirtschaftspolitischen Handeln zugrunde?
  Welche Vorstellungen existieren über die erwünschte Lage?
  Welche Entwicklung ist überhaupt gewollt?
- **Welche Mittel/Instrumente** setzt der Staat zur Zielrealisierung ein?
  Welche Mittel/Instrumente stehen der Wirtschaftspolitik zur Verfügung?
  Welche Auswirkungen haben die geplanten Maßnahmen bzw. welches Ergebnis tritt ein, wenn nichts geschieht?
  Gibt es das optimale Ziel-Mittel-Verhältnis?
  Wann sind welche Mittel in welchem Umfang anzuwenden (Timing, Dosierung)?

Zur Beantwortung dieser und anderer Fragen leistet die Theorie der Wirtschaftspolitik ihren Beitrag, indem die folgenden **Aufgaben** erfüllt werden:

- **Beschreibung und Erklärung der Ist-Situation**
  einschließlich der **Voraussage** (**Status-quo-Prognose**, vgl. Abschnitt 3.1.2) über die Entwicklung der aktuellen Situation, falls keine Maßnahme durchgeführt wird.
- **Beschreibung der Soll-Situation**
  Die Grundlage müssen klare Vorstellungen darüber bilden, welche Situation (Ziele) angestrebt werden soll. In der Wirtschaftspolitik werden nach vorherrschender Auffassung die aus Werturteilen abgeleiteten gesellschaftspolitischen Ziele als Tatsache genommen und nicht begründet. Ihre Aufgabe besteht vielmehr darin, **Zielinhalte** und **Zieldimensionen** für die ökonomischen Ziele genau zu definieren bzw. zu interpretieren und das **Zielsystem** hinsichtlich möglicher **Zielkonflikte** (**Konsistenz von Zielen**) zu überprüfen. Rationale Wirtschaftspolitik setzt also voraus, dass die verfolgten Ziele qualitativ und quantitativ eindeutig bestimmt werden (**Operationalität** von Zielen, vgl. Abschnitt 3.2.3) und unter dem Gesichtspunkt der Durchsetzbarkeit miteinander vereinbar sind.
- **Bestimmung des Einsatzes geeigneter Mittel** (Mitteleinsatz),
  um die Ist-Situation der Soll-Situation anzugleichen. Dazu gehört auch eine Wirkungsprognose (Zielprojektion), bei der die voraussichtlichen Wirkungen des Mitteleinsatzes eingeschätzt werden.
- **Kontrolle** und **Evaluation** des Mitteleinsatzes zur Gewinnung von Erkenntnissen für „Verbesserungen".

Diesen Aufgaben entsprechen weitgehend die Teilbereiche der Wirtschaftspolitik (J.M. KEYNES, Chapt. II), die Richtschnur für die folgenden Kapitel sind.

3 Teilbereiche der Wirtschaftspolitik

Für die Abgrenzung der Teilbereiche der Wirtschaftspolitik ist die Frage von entscheidender Bedeutung, welche Rolle **Werturteile** in den Wirtschaftswissenschaften einnehmen sollten (Werturteilsdebatte). Sie bilden sich aufgrund von Erfahrungen, gesellschaftlichen Normen sowie Erziehung und sind Aussagen über Sachverhalte, Verfahren, Methoden, Ziele usw., die eine Wertung enthalten.

Während MAX WEBER (1864–1920) Werturteilen keinen Platz in den Wirtschaftswissenschaften als empirischen Wissenschaften einräumte (rigorose Trennung von Sachaussagen und Werturteilen), gingen GUSTAV SCHMOLLER (1838–1917) und andere Vertreter der Historischen Schule[1] davon aus, dass jede wirtschaftliche Aktivität, die letztlich das Ergebnis individuellen Handelns ist, notwendigerweise Wertungen vielfäl-

---

[1] Die historische Schule entstand v.a. in Deutschland Mitte des 19. Jahrhunderts. Ihre Vertreter versuchten, Entwicklungsgesetze auf der Grundlage statistisch-empirischer Forschung (unter Einbeziehung der Erkenntnisse anderer Wissenschaften) aufzuzeigen. Sie bemühten sich um Zeit- und Wirklichkeitsnähe und betonten die Einmaligkeit wirtschaftlicher Phänomene. Damit grenzten sie sich von der Klassischen Theorie ab, der sie vorwarfen, rationalistisch, allgemeingültig und ahistorisch zu sein.

tiger Art einschließt. Deshalb forderten sie die Berücksichtigung von Werturteilen bei der Theoriebildung.

Daraus abgeleitet teilt sich die Wirtschaftspolitik in folgende Teilbereiche: Liegt der Schwerpunkt auf der empirischen Analyse und dem, was ist, also auf der faktischen Seite des Problems, so sprechen wir von der **„positiven" Ökonomik**. Steht demgegenüber das Setzen von Normen oder die Analyse dessen, **was sein soll**, im Vordergrund, sprechen wir von **„normativer" Ökonomik**. Schließlich geht es bei der **Kunstlehre** um den Einsatz wirtschaftspolitischer Instrumente / Mittel.

3.1 Positive Ökonomik – Situationsanalyse

Die positive Ökonomik beschäftigt sich mit der empirischen Analyse und der Erklärung dessen, was ist (Diagnose). Zu ihren Aufgaben gehört darüber hinaus die Vorhersage dessen, was sein wird (Prognose). Das schließt die Aufdeckung sozioökonomischer Zusammenhänge im Allgemeinen und empirischer Gesetzmäßigkeiten im Besonderen ein (GIERSCH, 1991, S. 26).

Die zentrale Aufgabe der positiven Ökonomik besteht also in der Analyse der tatsächlichen Situation (**Lageanalyse**). Die Lageanalyse besteht (1) aus der **Diagnose** (Beschreibung des Ist-Zustandes und seiner Erklärung [**Theoriebildung**]) sowie (2) aus der Vorhersage der künftigen Entwicklung (**Prognose**). Sie wird (3) mit der **Entscheidung** über einen eventuell bestehenden Handlungsbedarf abgeschlossen.

3.1.1 Diagnose

Die Diagnose hat die Aufgabe, die zu einem bestimmten Zeitpunkt herrschende wirtschaftliche Lage zu beschreiben und zu erklären („Ortsbestimmung der Gegenwartssituation").

In diesem Sinne erfüllt die Diagnose – wie auch Prognosen – **zwei Funktionen**: Zum einen bildet sie die Grundlage, auf der Wirtschaftspolitik aufbaut. Zum anderen dient sie der Ableitung und Überprüfung von wirtschaftswissenschaftlichen Theorien.

3.1.1.1 Beschreibung der wirtschaftlichen Lage

Der Aussagegehalt von Diagnosen hängt im Wesentlichen von der Qualität der zur Verfügung stehenden Informationen (Daten) ab. In der BUNDESREPUBLIK DEUTSCHLAND kann dabei auf umfangreiche **Ergebnisse fortlaufender Wirtschaftsbeobachtungen** des STATISTISCHEN BUNDESAMTES zurückgegriffen werden. Als relevante Informationsquellen sind vor allem die Wirtschafts- und Sozialstatistiken, deren Kern die Volkswirtschaftliche Gesamtrechnung bildet, aber auch regelmäßige Lageberichte der entsprechenden Fachministerien, der Sozialversicherungsträger, der BUNDESAGENTUR FÜR ARBEIT, der DEUTSCHEN BUNDESBANK, der internationalen Institutionen (z.B. OECD, EUROPÄISCHE ZENTRALBANK, INTERNATIONALER WÄHRUNGSFONDS und WELTBANK) sowie Veröffentlichungen von Forschungsinstituten einschließlich wissenschaftlicher Beiräte und Sachverständigenräte (Kommissionsberichte, Memoranden, Gutachten) sowie von privaten Unternehmen und Verbänden zu nennen.

Diese Aufzählung deutet auf eine breite Informationsbasis hin. Trotzdem müssen wir auf einige Probleme im Zusammenhang mit der Beschaffung und Verarbeitung von Informationen hinweisen (vgl. BERG, CASSEL, HARTWIG, 2007, S. 329f.):

[1] Das Beschaffen und Verarbeiten von Informationen ist **kosten-** und **zeitintensiv**. Der Aufwand zur Erstellung einer Diagnose wird deshalb häufig stark beschränkt (Kostengründe). Das führt zwangsläufig dazu, dass die Entscheidungsträger unvollkommen über die Situation informiert sind und ihre Entscheidungen auf einer teilweise unsicheren Grundlage treffen müssen.

[2] Die verfügbaren Daten können **fehler-** und **lückenhaft** sein. Zu welchen Fehleinschätzungen derartige Daten führen können, zeigt beispielsweise der 1. Bericht des CLUB OF ROME („Grenzen des Wachstums", 1972). Wiederholt mussten seine Aussagen korrigiert werden. Um wie viel dramatischer sind die Auswirkungen, wenn auf ihrer Grundlage praktische Wirtschaftspolitik betrieben wird.

[3] **Auswahl** und **Objektivität** der genutzten Daten werden nicht selten durch das Eigeninteresse des Informanten geprägt (bewusste Politikbeeinflussung). Das kann bis zur Verschleierung oder Verfälschung von Informationen führen, wovor manchmal selbst politische Entscheidungsträger nicht zurückschrecken.

[4] Die **Aussagefähigkeit** einzelner Daten (Indikatoren) ist umstritten. Es ist keinesfalls sicher, ob sie immer eine exakte Widerspiegelung der Realität ermöglichen. So wird z.B. der Stand der Arbeitslosigkeit über die Arbeitslosenquote ermittelt. Diese Quote erfasst in Deutschland aber nach der angewandten amtlichen Statistik nur die Arbeitslosen, die bei den Arbeitsagenturen als arbeitsuchend registriert sind. Nach dem Nürnberger INSTITUT FÜR ARBEITSMARKT- UND BERUFSFORSCHUNG müssen nicht registrierte Arbeitslose („versteckte" Arbeitslosigkeit) hinzugezählt werden, um die Situation auf dem Arbeitsmarkt realitätsnah darzustellen. Sie machen etwa ein Drittel der Registrierten aus.

Indikatoren sind von zentraler Bedeutung bei der Erstellung von Diagnosen. Sie liefern Erkenntnisse über **Intensität** und **Richtung** einer bestimmten ökonomischen Variablen. Die Auswahl der Indikatoren richtet sich nach dem konkreten Untersuchungsgegenstand. So wird sich eine Analyse der konjunkturellen Situation auf andere Indikatoren (z.B. Wachstum des Bruttoinlandsprodukts, Auslastungsgrad des Produktionspotenzials, Entwicklung von Beschäftigtenzahlen) stützen, als beispielsweise die Analyse des Geldmarktes (z.B. Höhe der Zinssätze).

Für die Diagnose der gesamtwirtschaftlichen Situation werden in Deutschland zumeist vier Indikatoren (vgl. Tab. 1.1) genutzt, die sich aus den Zielsetzungen des Stabilitätsgesetzes (stetiges und angemessenes Wirtschaftswachstum, Stabilität des Preisniveaus, hoher Beschäftigungsstand, außenwirtschaftliches Gleichgewicht) ableiten.

Ziele	Wirtschaftswachstum		Preisniveaustabilität		Hoher Beschäftigungsgrad		Außenwirtschaftliches Gleichgewicht	
Zielindikatoren[1)]	Veränderung des realen BSP/BIP gegenüber dem Vorjahr (in %)		jährliche Änderungsrate des Preisindex des privaten Verbrauchs (in %)		Arbeitslosenquote		Prozentualer Anteil des Außenbeitrags am nominalen BSP/BIP	
Jahr	**Projektion**	**Ist**	**Projektion**	**Ist**	**Projektion**	**Ist**	**Projektion**	**Ist**
1970	4,0-5,0	5,9	3,0	3,5	1,0	0,7	1,5-2,0	2,1
1980	2,5	1,9	4,5	5,5	3,5-4,0	3,8	0,0	-0,2
1990	3,0	4,7	2,5	2,5	8,0	7,2	4,0	3,9
1995	3,0	1,9	2,0	2,0	9,0	9,4	-0,5	-0,3
2000	2,5	2,9	1,0-1,5	1,5	10,0	9,7	1,0	0,4
2005	1,6	0,9	1,4	1,4	10,6	11,7	5,5	5,0
2010	1,4	3,6	1,1	1,8	8,9	7,7	4,6	5,1
2011	2,3	3,0	2,3	2,1	7,0	7,1	5,0	5,2
2012	0,7	0,7	1,7	1,6	6,8	6,8	4,6	5,7

Quelle: JAHRESBERICHT DER BUNDESREGIERUNG, bis 2006 laufende Jahrgänge, Jahresberichte 2011, S. 66 2012, S. 62, 2013, S. 83. Hrsg. BUNDESMINISTERIUM FÜR WIRTSCHAFT.

1) Ab 1992: Bruttoinlandsprodukt (real); ab 1991 prozentualer Anteil der Arbeitslosen an der Gesamtzahl aller Erwerbspersonen (davor bezogen auf Gesamtzahl der abhängigen Erwerbspersonen); bis 1986 Außenbeitrag = Saldo des Waren- und Dienstleistungsverkehrs mit dem Ausland einschließlich DDR.

Tab. 1.1: Gesamtwirtschaftliche Zielindikatoren in Deutschland von 1970–2012 (Jahresprojektion der BUNDESREGIERUNG und tatsächliche Entwicklung)

3.1.1.2 Erklärung der wirtschaftlichen Lage

Der Bestandsaufnahme folgt die Analyse von Gründen, die zur beschriebenen wirtschaftlichen Lage geführt haben (**Ursachenanalyse** bzw. **Erklärung der wirtschaftlichen Entwicklung**), d.h. es ist die Frage nach dem „Warum" zu beantworten. Das erfolgt u.a. über die Aufdeckung **sozioökonomischer Zusammenhänge** im Allgemeinen (z.B. der Kreislaufzusammenhang) und **empirischer Gesetzmäßigkeiten** im Besonderen (z.B. Gesetz vom abnehmenden Ertragszuwachs, GOSSENsche Gesetze).

▶ Anwendungsfall 1: Theoriebildung

Mit einem Beispiel wollen wir die **Vorgehensweise** (Theoriebildung) skizzieren. Die Entwicklung der Arbeitslosenquote (vgl. Tab. 1.1) macht sichtbar, dass die Arbeitslosigkeit in Deutschland zwischen 1980 und 2005 stark angestiegen ist. Danach ist sie langsam gesunken. Warum?

Der **erste** Schritt besteht in der **Formulierung des Problems**. Das erfordert eine sinnvolle und treffende Fragestellung, in unserem Beispiel also die Frage nach den Gründen für die Entwicklung auf dem Arbeitsmarkt: Warum hat die Arbeitslosigkeit zugenommen? Im **zweiten** Schritt werden mögliche **Hypothesen** (vermutete Erklärungszusammenhänge, an deren Wahrheitsgehalt wir uns nur schrittweise herantasten können) zur Erklärung des Phänomens zusammengestellt. Dabei sollte systematisch und vorurteilsfrei vorgegangen werden, d.h. kein vermuteter Erklärungszusammenhang darf von vornherein ausgeklammert werden. Aus der Vielzahl denkbarer Ursachen für die Zunahme der Arbeitslosigkeit wollen wir einige herausgreifen: Rückgang der Konsumnachfrage, wachsende Belastung durch steigende Lohnnebenkosten (Sozialabgaben), Verlangsamung der Investitionstätigkeit, verfehlte Steuerpolitik, Verlust von Arbeitsplätzen durch technischen Fortschritt (Rationalisierung) oder durch die Privatisierung von Staatsunternehmen, zunehmender Druck ausländischer Konkurrenz, Verlagerung von Arbeitsplätzen ins Ausland, Überbewertung der heimischen Währung.

Diese Ursachen sind wiederum erklärungsbedürftig. Beispiel: Der Rückgang der Konsumgüternachfrage kann eine Vielzahl von Gründen haben: z.B. das verfügbare Realeinkommen ist infolge der zunehmenden Belastung durch Steuern und Sozialabgaben zurückgegangen oder die Sparneigung der privaten Haushalte ist wegen pessimistischer Zukunftserwartungen und Angst vor dem Verlust des Arbeitsplatzes gestiegen.

In einem **dritten** Schritt muss die **Überprüfung des Wahrheitsgehalts** der Hypothesen mittels Statistik und Empirie erfolgen. Ihre empirische Prüfung und die Schätzung der voraussichtlichen Entwicklung ihrer Parameter (Prognose) geschehen in der Regel mit Hilfe **ökonometrischer Modelle** (mathematische Gleichungssysteme, die mittels statistischen Materials getestet werden). Auf diese Weise wird die jeweilige Hypothese mit möglichst vielen statistischen Tatbeständen und empirischen Beobachtungen konfrontiert, um so ihre Widerlegbarkeit zu demonstrieren (**Falsifizierung**) oder sie als wissenschaftliche Aussage für die volkswirtschaftliche Theoriebildung anzuerkennen, solange sie nicht als falsifiziert angesehen werden kann (**Verifizierung**). Da eine letztendliche Verifizierung von Hypothesen nicht möglich ist, müssen sie der Falsifizierung[2] unterworfen werden. Solange jedoch eine Hypothese nicht widerlegt ist, kann weiter mit ihr gearbeitet werden. In unserem Beispiel stoßen wir dabei auf eine außerordentliche Fülle möglicher Ursachen und gegenseitiger Abhängigkeiten, auf die wir an dieser Stelle nicht weiter eingehen können. Eine vollständige Erklärung macht die Einbeziehung anderer Wissenschaften (z.B. Psychologie, Soziologie, Politologie) notwendig. Die Beschränkung auf einige ausgewählte Hypothesen ist wiederum werturteilsbehaftet: Man hält sie für „wichtiger" oder „zutreffender" als die nicht berücksichtigten, aber auch möglichen Ursachen.

Unser Beispiel zeigt, wie schwierig und komplex die Erklärung eines wirtschaftlichen Phänomens sein kann. Erschwerend kann zusätzlich eine Reihe von **Problemen bei der Ursachenanalyse** auftreten, die hier nur kurz angerissen werden sollen (vgl. BERG, CASSEL, HARTWIG, 2007, S. 331f.):

---

[2] Das Falsifikationsprinzip als Grundlage der wissenschaftlichen Theoriebildung begründete KARL R. POPPER (1902–1994) in seinem Hauptwerk „Logik der Forschung" (1934).

- In einigen Bereichen fehlen empirisch gehaltvolle Theorien, also Aussagen, die sich falsifizieren lassen (z.B. in der Wettbewerbs- oder Wohlfahrtstheorie). An ihre Stelle treten definitorische oder normative Aussagesysteme.
- In anderen Bereichen (Demographie – z.B. Migration, Konsumverhalten – z.B. Werbung) dagegen existiert zwar eine empirisch gehaltvolle Basis, aber es mangelt an einer bewährten Theorie. Die Verwendung von Hypothesen, deren Wahrheitsgehalt unbestimmt ist, macht die exakte Klärung nicht leichter.
- Zusätzlich rivalisieren in einigen Bereichen unterschiedliche Theorien (Hypothesenmodelle) miteinander, wodurch sich die Zahl der möglichen Prognosen erhöht und Entscheidungen erschwert werden (z.B. Konjunktur- und Inflationstheorie).

3.1.2 Prognosen

3.1.2.1 Arten von Prognosen

Während durch eine Diagnose die gegebene wirtschaftliche Situation beschrieben wird, soll die Prognose ihre weitere Entwicklung in der Zukunft abbilden.

> Die Prognose ist eine Vorhersage der Zukunft, die auf Grundlage der gegebenen Lage getroffen wird. Sie liefert Informationen über die zu erwartende Entwicklung, die unter bestimmten Voraussetzungen (z.B. Gültigkeit der verwendeten Hypothesen, Einhaltung der formulierten Rahmenbedingungen) mit einer gewissen Wahrscheinlichkeit eintreten wird.

Die beste Grundlage für Prognosen wären empirisch überprüfte Theorien. Da solche abgesicherten Theorien jedoch nicht für alle Teilbereiche der Wirtschaftswissenschaften zur Verfügung stehen, basieren Prognosen vielfach weitgehend auf Beobachtung und Erfahrung. Sie werden aus Hypothesen und bestimmten Rahmenbedingungen (z.B. Raum-Zeit-Aspekt) **deduktiv** abgeleitet. In Abhängigkeit von ihrer Zielsetzung werden Prognosen in zwei Gruppen unterteilt.

> Eine **Status-quo-Prognose** liefert Informationen darüber, wie sich die gegebene Lage voraussichtlich entwickeln wird, wenn keine wirtschaftspolitischen Maßnahmen durchgeführt werden.

Mit ihrer Hilfe wird festgestellt, ob ein **Handlungsbedarf** seitens der wirtschaftspolitischen Entscheidungsträger besteht. Im Ergebnis einer solchen Prognose zeigt sich, ob sich ein wirtschaftliches Problem von selbst lösen oder das Eingreifen der Wirtschaftspolitik erforderlich wird.

> Eine **Wirkungsprognose** (Zielprojektion) dagegen untersucht den Einfluss bestimmter wirtschaftspolitischer Maßnahmen (Anwendung wirtschaftspolitischer Instrumente) auf die zukünftige Entwicklung der Lage.

Bei Wirkungsprognosen wird bereits von einem bestehenden Handlungsbedarf ausgegangen. Ihre Aufgabe besteht darin, die zu erwartenden Wirkungen wirtschaftspolitischer Eingriffe vorherzusagen. Hierfür werden häufig **Simulationsmodelle** (ökonometrische Modelle) genutzt. Sie werden auch verwendet, um die voraussichtlichen **Wirkungen alternativer Instrumente** zu ermitteln. Dies ist für die wirtschaftspolitische Entscheidungsfindung von Bedeutung.

3.1.2.2 Prognoseprobleme

Da Prognosen auf den diagnostischen Ergebnissen aufbauen, können bei ihnen vergleichbare Probleme auftreten. Der Leser ist auf einige dieser Probleme bereits im Zusammenhang mit der Beschaffung und Verarbeitung von Informationen (Informationsprobleme) sowie der Ursachenanalyse gestoßen. Wir wollen sie an dieser Stelle durch spezifische Prognoseaspekte ergänzen:

- Existenz von **Informationsdefiziten** (Probleme bei der Beschaffung/Verarbeitung von Informationen, teilweise unzureichende und zeitverzögerte Verfügbarkeit von Daten) und **Theoriedefiziten** (Unsicherheit hinsichtlich bestimmter wirtschaftspolitischer Zusammenhänge);
- **konkurrierende Theorieansätze** erschweren die Wahl geeigneter Prognoseverfahren und führen zu unterschiedlichen Ergebnissen;
- **Prognoseverfahren** und **-methoden** selbst können unzulänglich sein;
- Prognosen sind **zeit- und kostenaufwendig**, was ihre Anwendung bei akutem Handlungsbedarf geradezu ausschließt;
- die **Unsicherheit** des Eintretens der vorhergesagten Entwicklung wächst mit dem Zeithorizont von Prognosen;
- Prognosen können das **Verhalten von Wirtschaftssubjekten** in eine Richtung lenken, die sie ohne deren Kenntnis nicht eingeschlagen hätten (Selbsterfüllung bzw. Selbstzerstörung von Prognosen);
- die Bestimmung und Spezifizierung der Rahmenbedingungen kann niemals vollständig sein (Modellrestriktionen) und **externe Störfaktoren** (z.B. außenpolitische oder außenwirtschaftliche Einflüsse) sind nicht oder schwer antizipierbar.

Einige dieser Prognoseprobleme sollen mit einem vereinfachten Beispiel aufgezeigt werden. An Hand der theoretischen Grundlagen für die Erstellung einer Prognose der Inflationsrate (**Bestimmung der Einflussfaktoren**) soll verdeutlicht werden, wie vielfältig und komplex die Zusammenhänge sind, die bei einer Voraussage der künftigen Entwicklung wirtschaftlicher Tatbestände beachtet werden müssen.

▶ Anwendungsfall 2: Prognose der Inflationsrate

Inflationäre Tendenzen können von einer Vielzahl monetärer und nichtmonetärer Einflussfaktoren (vgl. Kapitel 5, Abschnitt 3.1) ausgelöst werden. Betrachten wir zunächst, welche **monetären Faktoren** die Entwicklung der Inflationsrate beeinflussen. Dabei stellen wir die Entwicklung des Zinsniveaus (Marktzinssatz i) in den Mittelpunkt unserer Überlegungen. Sie wird v.a. durch Angebot und Nachfrage auf den Geld- und Kapitalmärkten, die Geldpolitik (z.B. Volumen der liquiditätsbereitstellenden bzw. -abschöpfenden Offenmarktgeschäfte der EZB) und außenwirtschaftliche Faktoren (z.B. wertmäßige Entwicklung von Exporten und Importen) bestimmt. Aus dem **nichtmonetären Sektor** müssen Informationen über die voraussichtliche Entwicklung des gesamtwirtschaftlichen Angebots (wie Kostenentwicklung durch wachsende Lohn- und Lohnnebenkosten und Steuerbelastung; Preisentwicklung für Importgüter, Einfluss zunehmender Marktkonzentration auf die Preisbildung) und über die gesamtwirtschaftliche Nachfrageentwicklung (Nachfrageverschiebungen, Einkommensentwicklung) in die Prognose einfließen. Auch die Kenntnis des **finanzpolitischen Verhaltens des Staates** (Ausgabenpolitik, Staatsverschuldung, Steuerpolitik) ist für die Voraussage des künftigen gesamtwirtschaftlichen Preisniveaus unverzichtbar.

Der Leser wird problemlos weitere Faktoren hinzufügen können. In einem ökonometrischen Modell können deshalb nicht alle Einflussfaktoren erfasst werden. Vielmehr muss die wirtschaftliche Wirklichkeit in einem solchen Prognosemodell auf eine überschaubare Anzahl der „wesentlichen" Zusammenhänge reduziert werden (ein Werturteil!). Prognosen können keine absolute Sicherheit hinsichtlich des tatsächlichen Eintretens vorausgesagter Entwicklungen bieten. Trotzdem sind sie wichtige Entscheidungshilfen und für die Wirtschaftspolitik unverzichtbar.

3.1.3 Entscheidung über Handlungsbedarf

Die Lageanalyse liefert den Trägern wirtschaftspolitischer Entscheidungen wichtige Informationen über die gegenwärtige Situation sowie deren Ursachen und konfrontiert sie mit den in Zukunft zu erwartenden Entwicklungen. Gestützt auf die Ergebnisse einer Status-quo-Prognose wird entschieden, inwieweit überhaupt die Notwendigkeit zur Durchführung wirtschaftspolitischer Maßnahmen (Handlungsbedarf) besteht. Das setzt allerdings voraus, dass die wirtschaftspolitischen Entscheidungsträger über konkrete Vorstellungen hinsichtlich der Ziele ihrer Wirtschaftspolitik verfügen. Ein **erster Vergleich** zwischen diesen Zielen und der gegenwärtigen Lage beantwortet die Frage nach dem **Handlungsbedarf**. Eine bejahende Antwort muss jedoch keinesfalls automatisch zu wirtschaftspolitischen Maßnahmen führen.

Wie sonst wäre zu erklären, dass die spätestens seit Beginn der 90er Jahre erkennbaren Probleme auf dem Arbeitsmarkt und in den verschiedenen Bereichen des Systems der sozialen BUNDESREGIERUNGEN Sicherung durch die jeweiligen nicht früher konsequenter in Angriff genommen wurden? Interessante Erklärungsversuche für dieses Phänomen liefert die **Ökonomische Theorie der Politik**. Sie führt – vereinfacht dargestellt – das Unterlassen oder halbherzige Umsetzen von als ökonomisch notwendigen erkannten Maßnahmen auf ein **Politikversagen** zurück, dessen Ursachen im politischen System (insbesondere dem Wahlzyklus) liegen. Dabei wird unterstellt, dass das Verhalten von Politikern häufig stark durch eigennützige Interessen wie Macht, Status und Einkommen determiniert wird. In diesem Fall dient ein Wahlsieg nicht dazu, um am Gemeinwohl ausgerichtete Parteiprogramme umzusetzen. Vielmehr werden diese Programme so gefasst, um Wahlen zu gewinnen (DOWNS, 1957, S. 28).

Häufig wird deutlich, dass selbst bei sichtbarer **Zielabweichung** nicht zwangsläufig ein Handlungsbedarf erkannt bzw. ein erkannter Handlungsbedarf auch tatsächlich in wirtschaftspolitische Maßnahmen umgesetzt wird. Ein definitorischer Wert, bei welchem Niveau der Zielabweichung wirtschaftspolitische Instrumente zur Anwendung kommen müssen, existiert demnach nicht. Die Entscheidung darüber wird vielmehr erst im Zusammenhang mit gesellschaftspolitischen Zielen, Grundwerten und Verhaltensmotiven verständlich.

3.2 Normative Ökonomik – wirtschaftspolitische Ziele

Sobald zielbezogene Überlegungen eine Rolle spielen, sind die Grenzen der positiven Ökonomik erreicht. Die Art der Fragestellung verändert sich. Der Schwerpunkt der Untersuchungen verlagert sich von der Beschreibung und Erklärung der Ist-Situation auf die **Ziele** von **Wirtschaftspolitik**.

Die **normative Ökonomik** beschäftigt sich mit dem, was sein soll. Sie ist auf das Wirtschaftsleben angewandte Ethik. Durch Verknüpfung mit Aussagen der positiven Ökonomik wird aus ethischen Grundsätzen ein konsistentes System mehr oder weniger konkreter Ziele: eine wirtschaftspolitische Konzeption.

Eine **wirtschaftspolitische Konzeption** ist ein genereller Orientierungsrahmen, von dem sich die Träger wirtschaftspolitischer Entscheidungen im laufenden Entscheidungsprozess leiten lassen. Sie stellt einen Katalog grundsätzlicher und dauerhaft angestrebter Ziele dar und setzt somit zielkonforme Ordnungsprinzipien zur Bestimmung einzelwirtschaftlicher aber auch staatlicher Entscheidungs- und Handlungsspielräume. Konkrete wirtschaftspolitische Konzeptionen lassen sich nicht in einem wirtschaftspolitischem Programm konkretisieren, ohne dabei wertende Urteile und Entscheidungen zwischen den alternativen Möglichkeiten zu treffen.

Die Analyse der Ziele, genauer des Systems von Zielen einer Gesellschaft, bildet den Mittelpunkt der normativen Ökonomik. Diese Aufgabenstellung wirft erneut die Frage nach der Rolle von **Werturteilen** in den Wirtschaftswissenschaften auf. So müssen auch Aussagen, die im Allgemeinen dem Bereich der positiven Ökonomik zugerechnet werden, auf die ihnen möglicherweise zugrunde liegenden versteckten Werturteile hin untersucht werden.

▶ Beispiel

Die Berechnung der Arbeitslosenquote enthält implizit Werturteile: Wer wird als „arbeitslos" erfasst? Welche Bezugsgrundlage wird für die Quotenberechnung gewählt – die abhängig Beschäftigten oder alle Erwerbstätigen (vgl. dazu Kapitel 7, Abschnitt 2.2)?

Da solche **Werturteile** aber bei allen ökonomischen Aussagen (insbesondere bei der Ursachenanalyse) anzutreffen sind, ist eine eindeutige Abgrenzung häufig unmöglich. Auch das Nichteinbeziehen möglicher Ursachen in die Analyse stellt ein Werturteil dar.

Im Gegensatz zu Sachurteilen beziehen sich Werturteile auf Normen und somit auf das, was sein soll. Sie beruhen im Wesentlichen auf ethischen Grundsätzen. Die Frage, inwieweit Werturteile in den Wirtschaftswissenschaften zugelassen werden sollen, wird bis heute kontrovers diskutiert. Die Autoren können sich der Auffassung anschließen, normative Aussagen unter der Bedingung den Wissenschaften zuzurechnen, dass ihr normativer Gehalt erkennbar zum Ausdruck kommt (GIERSCH, 1991, S. 46 ff.).

3.2.1 Zielsystem

Die Bestimmung wirtschaftspolitischer Ziele kann nur auf der Grundlage eines gesellschaftlichen Zielsystems erfolgen. Bisher sind alle Versuche, aus rein ökonomischen

Überlegungen heraus ein einheitliches Ziel der Wirtschaftspolitik abzuleiten, gescheitert. Dieses Versagen gilt auch für die Wohlfahrtsökonomie, die versucht, ein oberstes Ziel der praktischen Wirtschaftspolitik zu formulieren und zu quantifizieren. Es ist ihr nicht gelungen, das Ziel der „**Maximierung der gesellschaftlichen Wohlfahrt**" inhaltlich exakt zu bestimmen und mögliche Annäherungen an dieses Ziel aufzuzeigen. In der Theorie könnte man gemäß der Formel $Ug = \Sigma ui \rightarrow max!$ die maximale Wohlfahrt berechnen. Sie bedeutet, dass der gesellschaftliche Nutzen (Ug), dessen Maximalwert angestrebt wird, die Summe aus den individuellen Nutzen (u) aller Wirtschaftssubjekte (i) abbilden soll. Es ist indes unmöglich, die individuellen Nutzen präzise zu erfassen. Dieses Problem ist ungelöst. Sind schon intraindividuelle Nutzeneinschätzungen problematisch, muss dies erst recht für einen Ansatz gelten, der versucht, durch die Aggregation solcher Einzelnutzen zu einer gesamtgesellschaftlichen Nutzenfunktion zu gelangen. Interpersonelle Nutzenvergleiche sind in der Praxis ebenfalls nicht durchführbar. Eine eindeutige soziale Wohlfahrtsfunktion, die als Maßstab der Wirtschaftspolitik dienen könnte, liegt nicht vor. Stattdessen wird von einer **Pluralität von Zielen** der praktischen Wirtschaftspolitik ausgegangen, die sich aus den gesellschaftlichen Grundwerten (wie Freiheit, Sicherheit, u.a.) ableitet.

Abbildung 1.2 spiegelt ein **System gesellschaftlicher Grundwerte** wider, das entscheidenden Einfluss auf die Ableitung von wirtschaftspolitischen Zielen ausübt. Das System ist hierarchisch aufgebaut. Ein höheres Ziel ist erst dann erreicht, wenn die ihm nachgeordneten Ziele erfüllt worden sind. Freiheit, Sicherheit, Gerechtigkeit und Fortschritt u.a. basieren auf ökonomischem Wohlstand als dem **ökonomischen Oberziel**. Diese Grundwerte sind keineswegs naturgegeben, sondern bilden sich infolge eines oft konfliktreichen demokratischen Prozesses heraus. Um wie viel größer aber sind die Probleme erst, wenn es um die Festlegung von konkreten Inhalten geht.

▶ Anwendungsfall 3: Grundwert „Gerechtigkeit"

Beispielhaft wollen wir dies am Grundwert „Gerechtigkeit" zeigen und das wirtschaftspolitische Verteilungsziel näher beleuchten (vgl. Kapitel 6, Abschnitt 4). **Einerseits** geht es um eine leistungsgerechte Verteilung von Einkommen und Vermögen. Diesem Ziel steht **andererseits** die Forderung nach deren sozial gerechter Verteilung gegenüber. Über das Ausmaß sozialer Verteilungsgerechtigkeit, das entscheidend durch staatliche Maßnahmen (z.B. im Rahmen der Steuerpolitik über die Einteilung der Lohnsteuerklassen, Steuertarife, Steuerfreibetragsregelungen, Höhe der Kinderfreibeträge oder Abschreibungsmodalitäten) gesteuert wird, gibt es immer wieder Auseinandersetzungen. Redner aus Politik, Verbänden oder Gewerkschaften klagen eine größere Verteilungsgerechtigkeit ein. Aber wie unterschiedlich wird dieses Postulat gedeutet! Vor dem Hintergrund der Verschärfung des internationalen Wettbewerbs (Globalisierung) und leerer Staatskassen stehen weniger Mittel zur Verteilung bereit. Der Verteilungskampf hat an Schärfe gewonnen. Der soziale Konsens, eine wesentliche Säule unserer Sozialen Marktwirtschaft, kann dadurch gefährdet werden.

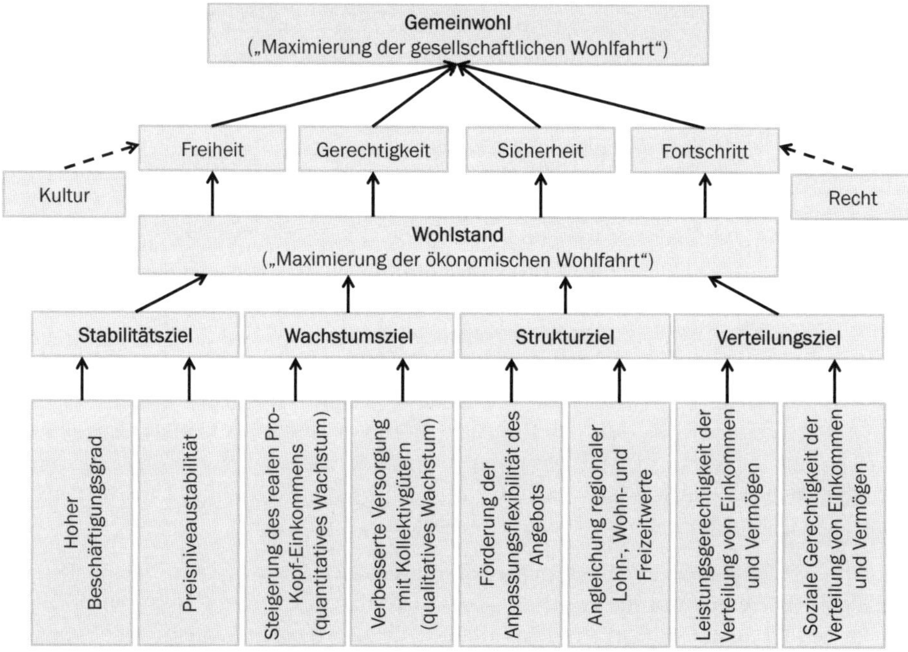

Quelle: ergänzt nach Vahlens Kompendium der Wirtschaftstheorie- und Wirtschaftspolitik, Bd. 2, 4. überarbeitete Auflage, München, 1990, S. 193

Abb. 1.2: Gesellschaftliche Grundwerte und wirtschaftspolitische Ziele

Die Formulierung von gesellschaftlichen Grundwerten trägt zunächst allgemeinen Charakter. Zur Umsetzung in wirtschaftspolitisch verbindliches Handeln (z.B. in der Steuer- und Sozialpolitik) müssen sie konkretisiert und präzisiert werden.

Wirtschaftspolitische Ziele sind zwar eng mit den gesellschaftlichen Grundwerten verbunden, lassen sich aber nicht zwangsläufig in verbindlicher Form aus ihnen ableiten. Wie unser Beispiel zeigt, wird unter dem Schlagwort von der „Anpassung der Sozialen Sicherungssysteme an die veränderten Wachstumsmöglichkeiten" (Reform der Sozialen Sicherung) der Inhalt des Begriffs (soziale) Gerechtigkeit heute anders interpretiert als in früheren Jahren. Hinzu kommen die demografischen Entwicklungen (aufgrund steigender Lebenserwartung und schwacher Geburtenraten steigt der Anteil älterer Menschen an der Gesamtbevölkerung) und die Auswirkungen der Globalisierung (infolge des Abbaus oder Wegfalls von Beschränkungen des internationalen Waren-, Dienstleistungs- und Kapitalverkehrs). Die Auswirkungen solcher Entwicklungen auf Entscheidungen der praktischen Wirtschaftspolitik sind für jeden spürbar: Es wird mehr Eigenverantwortlichkeit gefordert, die einzige politische Alternative angesichts von Arbeitslosigkeit und „leeren" Staatskassen.

Die Beziehungen zwischen gesellschaftlichen Grundwerten und wirtschaftlichen Zielen lassen sich am besten mit Hilfe der **Ziel-Mittel-Problematik** erklären. Die Grundwerte können nur auf der Grundlage einer hohen wirtschaftlichen Leistungsfähigkeit (Maximierung der ökonomischen Wohlfahrt) umfassend verwirklicht werden. Ökonomische

Wohlfahrt ihrerseits hängt von der Verwirklichung einer Vielzahl wirtschaftspolitischer Ziele (wie Stabilität, Wachstum, Verteilungsgerechtigkeit, Umweltschutz) ab.

▶ **Beispiel**

Die ENQUETE-KOMMISSION „WACHSTUM, WOHLSTAND, LEBENSQUALITÄT" hat (zusammengesetzt aus 17 Abgeordneten des Bundestages und 17 Experten) im April 2013 ihren Abschlussbericht vorgelegt. Dabei ging es auch um die Entwicklung eines ganzheitlichen **Wohlstands- bzw. Fortschrittsindikators**, der den Nachteil der eindimensionalen Reduktion von Wohlstand auf das BIP als Indikator aufheben soll. Im Ergebnis hat man sich auf ein **Indikatorenbündel** als 3-Säulen-Modell („W^3 Indikatoren") unter den Überschriften 'Materieller Wohlstand' (Leitindikatoren: BIP, Einkommensverteilung, Staatsschulden), 'Soziales und Teilhabe' (Leitindikatoren: Beschäftigung, Bildung, Gesundheit, Freiheit) sowie 'Ökologie' (Leitindikatoren: Treibhausgase, Stickstoff, Artenvielfalt – alles in nationaler Sicht) verständigt. W^3 soll in der Zukunft Auskunft über die Entwicklung der Lebensqualität geben.

Die genannten Ziele besitzen gegenüber dem übergeordneten Ziel der Maximierung der ökonomischen Wohlfahrt **Mittelcharakter**. Der wirtschaftliche Wohlstand wiederum ist ein Mittel zur Erreichung der gesellschaftlichen Grundwerte, neben soziokulturellen Einflussfaktoren und Grundlagen des Rechtssystems (Grundrechte, unabhängige Gerichte, Rechtssicherheit). Auf diese Weise entsteht ein System von Zielen, das bestimmte **Zielhierarchien** und Zielbeziehungen (Rangfolge der Ziele) zum Ausdruck bringt.

Damit hat sich die **Theorie der Wirtschaftspolitik** auseinander zu setzen. Ihre Aufgabe besteht jedoch nicht darin, diese selbst zu entwickeln. Vielmehr werden die Ziele und ihre wechselseitigen Beziehungen als vorgegeben betrachtet. Bei dieser Vorgehensweise werden die bereits kurz skizzierten Probleme und Konflikte bei der Ableitung eines sozialen Zielsystems vermieden. Allerdings ist es oft unumgänglich, dass die Ziele erst wissenschaftlich exakt definiert und interpretiert werden müssen. Nur auf der Grundlage exakter Ziele lassen sich die Mittel (Instrumente der Wirtschaftspolitik) herausfinden, die zu ihrer Realisierung zu ergreifen sind. Die Aufgabe der Theorie der Wirtschaftspolitik besteht nun darin, die vorgegebenen Ziele und Zielbeziehungen nach Systemkonformität, Realisierbarkeit, Konsistenz (Widerspruchsfreiheit) und Verträglichkeit mit anderen Zielen zu untersuchen und die Wirksamkeit möglicher wirtschaftspolitischer Mittel zu analysieren. Es wäre falsch anzunehmen, dass das Problem der optimalen Mittelkombination wertneutral sei. Ziele lassen sich von den Mitteln nicht isoliert betrachten. Sie sind Bestandteile einer gemeinsamen **Wertehierarchie**. Einerseits sind viele Ziele nur Mittel zur Erreichung höherer Ziele, andererseits werden nicht selten Mittel zu absoluten Zielen erhoben. Wettbewerb ist beispielsweise nicht vorrangig Ziel einer freien Marktwirtschaft, sondern Mittel zur Durchsetzung wirkungsvollen wirtschaftlichen Handelns von Wirtschaftssubjekten.

3.2.2 Zielbeziehungen

Praktische Wirtschaftspolitik hat eine Vielzahl von ökonomischen Zielen zu verwirklichen. **Rational** wird eine Wirtschaftspolitik dabei nur unter der Bedingung sein, dass die Wirtschaftspolitiker die möglichen Aus- und Nebenwirkungen ihrer Einzelzielentscheidungen auf andere Ziele berücksichtigen. Das setzt die Kenntnis über die Art von Zielbeziehungen voraus. Aus den bisherigen Ausführungen sollte deutlich geworden sein, dass Ziele nicht durchweg auf der gleichen Ebene und/oder isoliert nebeneinander stehen. Zwischen ihnen bestehen vielmehr **kausale**, **zeitliche** und **hierarchische Abhängigkeiten**. Unter Betonung des hierarchischen Aspekts können zwei allgemeine Beziehungsgruppen abgeleitet werden: horizontale und vertikale Zielbeziehungen.

3.2.2.1 Horizontale Zielbeziehungen (Ziel-Ziel-Beziehungen)

Horizontale Zielbeziehungen bestehen zwischen Zielen, die als **gleichrangig** angesehen werden. Diese Ziele liegen auf derselben Zielebene. In der Theorie der Wirtschaftspolitik wird häufig nach fünf horizontalen Zielbeziehungen (Identität, Harmonie, Neutralität, Konflikt, Kontradiktion) unterschieden, deren Merkmale auch für die Ziel-Mittel-Beziehungen (vertikale Zielbeziehungen) gelten. Wir wollen uns auf die wesentlichen drei Beziehungen beschränken, da sie für die praktische Wirtschaftspolitik von besonderer Bedeutung sind:

[1] **Zielneutralität** drückt aus, dass die Verwirklichung eines Ziels weder zur Begünstigung noch zur Behinderung anderer Ziele führt. Die Erreichung des Ziels hat also keine Auswirkungen auf andere Ziele; sie stehen in keinerlei Beziehung zueinander. Zielneutralität kommt in der Wirtschaftspraxis allerdings nur in Bezug auf zwei isoliert betrachtete Ziele vor. In einem komplexen Zielsystem wird es kaum ein Ziel geben, das nicht in Beziehung zu anderen Zielen steht.

[2] Bei **Zielharmonie** (Zielkomplementarität) wirkt sich das Erreichen eines Ziels positiv auf andere Ziele aus. Sie begünstigt also (bis zu einem gewissen Grade) auch die Verwirklichung anderer Ziele. Bei einer Ziel-Mittel-Beziehung folgt daraus, dass ein als Unterziel definiertes Mittel zur Verwirklichung eines übergeordneten Ziels geeignet ist.

[3] Ein **Zielkonflikt** (Konkurrenz von Zielen) liegt vor, wenn die Verwirklichung eines Ziels nur auf Kosten eines oder mehrerer anderer Ziele möglich ist. Die Lösung dieses Konflikts wird häufig nur durch wirtschaftspolitische Kompromisse möglich. Wir wollen die Problematik mit Hilfe eines einfachen Modells veranschaulichen. In einer Volkswirtschaft, deren Produktionskapazität begrenzt ist, werden nur zwei Güter – ein Konsumgut A und ein Investitionsgut B – hergestellt. Würden nun die Produktionsfaktoren ausschließlich für die Herstellung von Gut A genutzt, könnte Gut B überhaupt nicht hergestellt werden. Die Produktion von Gut B kann nur erfolgen, wenn weniger vom Gut A produziert wird. Es ist demnach unmöglich, von beiden Gütern die maximal produzierbare Menge herzustellen (Zielkonflikt). Sollen aber beide Güter produziert werden, muss eine Entscheidung über mögliche Mengenkombinationen getroffen werden. Eine geringere Produktion von Gut A ist der „Preis“ für das Mehr bei Gut B (Alternativkosten oder **Opportunitätskosten**). Diese Konkurrenzbeziehung lässt sich mittels der **Transformationskurve** (Kurve der volkswirtschaftlichen Produktionsmöglichkeiten) auch grafisch darstellen. Dabei ist die Mehrproduktion von einem Gut immer nur auf Kosten des anderen Gutes möglich. Über die unter den jeweils gegebenen Bedingungen optimale Güterproduktion wird auf der Grundlage eines wirtschaftspolitischen Kompromisses zu entscheiden sein. Hilfreich kann auch die Devise

sein, sich wirtschaftspolitisch vorrangig um die Erreichung der Ziele zu bemühen, bei denen die Abweichung zwischen Soll und Ist besonders groß ist. Gegebenenfalls muss die Priorität der jeweiligen Ziele neu festgelegt werden.

Ein anschauliches Beispiel für horizontale Zielbeziehungen stellt das **„magische“ Viereck** dar, vier gesamtwirtschaftliche Ziele, die in § 1 STABILITÄTSGESETZ von 1967 verankert wurden: „Bund und Länder haben ... die Erfordernisse des gesamtwirtschaftlichen Gleichgewichts zu beachten. Die Maßnahmen sind so zu treffen, dass sie ... gleichzeitig zur Stabilität des Preisniveaus, zu einem hohen Beschäftigungsstand und außenwirtschaftlichem Gleichgewicht bei stetigem und angemessenem Wirtschaftswachstum beitragen.“ Sie stehen als Ziele der Wirtschaftspolitik gleichberechtigt nebeneinander. Es ist bemerkenswert, dass bereits bei den Beratungen des STABILITÄTSGESETZES festgestellt wurde, dass das **„gesamtwirtschaftliche Gleichgewicht“** kein für die wirtschaftspolitische Praxis fixierbarer Zustand sei. Dies sollte neuen wirtschaftswissenschaftlichen Erkenntnissen Raum geben (MÖLLER, 1967, S. 78). Dieses „magische“ Viereck lässt sich durch das Hinzufügen weiterer gleichrangiger Ziele zum „magischen“ Polygon erweitern (Abb. 1.3): Wir haben bereits auf das wirtschaftspolitische Ziel der Verteilungsgerechtigkeit hingewiesen. Die Ergänzung des traditionellen Zielkatalogs um weitere Ziele, wie Erhaltung der natürlichen Umwelt, unterstreicht die historische Perspektive von Zielen und Zielsystemen.

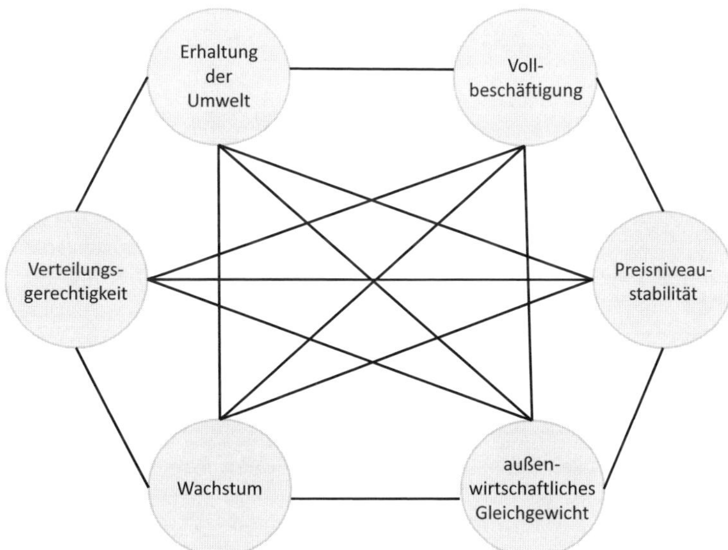

Abb. 1.3: Das „magische“ Polygon

Die Beziehungen, die zwischen den Zielen dieses Vielecks bestehen, sind vielfältiger und teilweise widersprüchlicher Art.

▶ Anwendungsfall 4: Horizontale Zielbeziehungen

Wirtschaftswachstum und hoher Beschäftigungsstand können weitgehend als **harmonische Ziele** charakterisiert werden. Wirtschaftliches Wachstum führt ab einer hinreichend hohen Wachstumsrate zur Verringerung der Arbeitslosigkeit.

Ein stabiles Preisniveau trägt dazu bei, dem Verteilungsziel näher zu kommen. Denken wir in diesem Zusammenhang an die unerwünschten Verteilungseffekte, die infolge von Inflation (Verstoß gegen das Ziel der Preisniveaustabilität) auftreten können (z.B. zwischen Kontrakt- und Residualeinkommen, Schuldnern und Gläubigern oder zwischen Geldvermögens- und Sachvermögensbesitzern).

Die eigentliche Herausforderung für die praktische Wirtschaftspolitik sind **Zielkonflikte**. Beispielhaft wird häufig der Zielkonflikt zwischen Vollbeschäftigung und Preisniveaustabilität herausgestellt, der durch die **Phillips-Kurve** beschrieben wird. Es handelt sich dabei um eine empirisch ermittelte Beziehung zwischen der Preissteigerungsrate und der Arbeitslosenquote. ALBAN W. PHILLIPS (1914–1975) fand 1958 heraus, dass mit zunehmender Preissteigerungsrate eine abnehmende Arbeitslosenquote einhergeht. Daraus wurde der Schluss gezogen, dass es eine Wahlmöglichkeit zwischen Arbeitslosigkeit und Inflationsrate gibt. Auf der Grundlage neuerer Untersuchungen stellten MILTON FRIEDMAN (1912–2006) und andere fest, dass eine einmalige Erhöhung der Inflationsrate nur kurzfristig zur Zunahme von Beschäftigung führt, längerfristig jedoch wirkungslos bleibt.

Konflikte können ebenfalls zwischen den Zielen Erhaltung der natürlichen Umwelt, Umweltschutz und Wirtschaftswachstum oder zwischen den Zielen des außenwirtschaftlichen Gleichgewichts, hohem Beschäftigungsgrad und Preisstabilität auftreten. So würden bei einem Nachfrageüberschuss nach Devisen (Zahlungsbilanzdefizit bei festen Wechselkursen) und gleichzeitiger hoher interner Arbeitslosigkeit die notwendigen Maßnahmen einer kontraktiven Wirtschaftspolitik zur Verschärfung der Probleme auf dem Arbeitsmarkt führen. Das Festhalten an festen Wechselkursparitäten ruft bei einem Angebotsüberschuss an Devisen (über die Erhöhung der inländischen Geldmenge) einen Konflikt zwischen den Zielen des außenwirtschaftlichen Gleichgewichts und Preisstabilität hervor. Die Reihe der Beispiele ließe sich fortsetzen. Die Frage, welcher Art Beziehungen zwischen den Zielen des „magischen" Polygons sind, kann indes nur unter Berücksichtigung der **wirtschaftlichen Ausgangslage** beantwortet werden. Es können dabei sowohl Zielkonflikte als auch Zielharmonien auftreten. Betrachten wir einige ausgewählte Zielbeziehungen genauer, um dies zu fundieren:

▶ Anwendungsfall 5: Bedeutung der wirtschaftlichen Ausgangslage

In Beispiel 1 wählen wir die Zielsetzungen Vollbeschäftigung und Preisstabilität. Die wirtschaftlichen Bedingungen, unter denen beide Ziele erreicht werden sollen, sind unterschiedlich. Im Fall A wird die Ausgangslage durch eine hohe Arbeitslosigkeit und Preisstabilität und im Fall B von hoher Arbeitslosigkeit und Deflation (allgemeiner Rückgang des Preisniveaus auf Güter- und Faktormärkten) charakterisiert. Beide Fälle waren in der Realität zu beobachten. Zur Beseitigung der Arbeitslosigkeit werden die Mittel einer expansiven Geld- und Fiskalpolitik (Erhöhung der Geldmenge, Senkung des Zinsniveaus, Erhöhung der Staatsausgaben, Steuersenkungen) eingesetzt. Die expansiven Impulse führen zur Erhöhung von Beschäftigung und sind im Fall A mit einer Erhöhung des gesamtwirtschaftlichen Preisniveaus (Zielkonflikt) und im Fall B mit einer Verringerung der Deflation (Zielharmonie) verbunden.

Beispiel 1

(1) Zielsetzung: Vollbeschäftigung und Preisstabilität

(A)		(B)
▪ Arbeitslosigkeit ▪ Preisniveaustabilität	**Ausgangslage**	▪ Arbeitslosigkeit ▪ Deflation
expansive Politik	**Handlungsanweisung**	expansive Politik
Arbeitslosigkeit ⇩ Preisstabilität ⇩	**daraus folgt**	Arbeitslosigkeit ⇩ Deflation ⇩
Zielkonflikt	**Ergebnis**	Zielharmonie

Im unserem zweiten Beispiel ergänzen wir die Zielsetzungen um die Sicherung des außenwirtschaftlichen Gleichgewichts für den Fall eines Systems fester Wechselkurse. Auch die Ausgangsbedingungen haben sich verändert. Im Fall C herrsche ein Defizit in der Zahlungsbilanz (auf dem Devisenmarkt) bei gleichzeitiger hoher Arbeitslosigkeit und im Fall D trete das Defizit in Verbindung mit einer hohen internen Inflationsrate auf.

Beispiel 2

(2) Zielsetzung: Vollbeschäftigung und Preisstabilität

(C)		(D)
▪ Defizit in der Zahlungsbilanz (feste Wechselkurse) ▪ Arbeitslosigkeit	**Ausgangslage**	▪ Defizit in der Zahlungsbilanz (feste Wechselkurse) ▪ Inflation
kontraktive Politik	**Handlungsanweisung**	kontraktive Politik
Arbeitslosigkeit ⇧ Defizit in der Zahlungsbilanz ⇩	**daraus folgt**	Beitrag zur Preisstabilität Defizit in der Zahlungsbilanz ⇩
Zielkonflikt	**Ergebnis**	Zielharmonie

Das Diktat der Zahlungsbilanz (Primat des Ausgleichs der Zahlungsbilanz gegenüber binnenwirtschaftlichen Zielen – vgl. Kapitel 8, Abschnitt 6.4.1.2) zwingt zum Einsatz von kontraktiven Mitteln der Geld- und Fiskalpolitik (Verringerung der Geldmenge, Erhöhung des Zinsniveaus, Senkung der Staatsausgaben, Steuererhöhungen). Diese Maßnahmen führen zwar zu einem Abbau des Zahlungsbilanzdefizits, bewirken aber im Fall C eine Erhöhung der Arbeitslosigkeit (Zielkonflikt). Im Fall D dagegen wirken die kontraktiven Maßnahmen inflationshemmend (Zielharmonie).

3.2.2.2 Vertikale Zielbeziehungen (Ziel-Mittel-Beziehung)

Bei vertikalen Zielbeziehungen liegen die Ziele nicht auf der gleichen Ebene. Sie sind nicht gleichrangig. Die Beziehungen weisen vielmehr hierarchischen Charakter auf (**Zielhierarchie**). Unter- bzw. nachgeordnete Ziele nehmen in Bezug auf höhere Ziele Mittelcharakter an. Demzufolge erscheint es korrekter, die vertikalen Zielbeziehungen als Ziel-Mittel-Beziehungen zu bezeichnen. Erst wenn die untergeordneten Ziele (Unter- und/oder Zwischenziele) erfüllt sind, ist auch das höhere Ziel (Oberziel) erreicht. Diesen Zusammenhang, der in Abb. 1.4 schematisch dargestellt ist, wollen wir mit Hilfe eines **Beispiels** erläutern.

Die Erhöhung des ökonomischen Wohlstands sei das Oberziel. Es ist nur erreichbar, wenn vorher eine Reihe weiterer Ziele (Zwischenziele) verwirklicht wird. Zu ihnen gehört neben anderen auch eine Erhöhung des Realeinkommens pro Kopf der Bevölkerung. Die Realeinkommenssteigerung wiederum setzt u.a. eine Erhöhung des Beschäftigungsgrads und/oder Steuersenkungen (untere Zwischenziele) voraus – die Reihe ließe sich fortsetzen. Wenn sich also Ziele – wie in diesem Beispiel – komplementär zueinander verhalten, können höhere Ziele als Oberziele und nachgeordnete Ziele als Zwischen- bzw. Unterziele oder Mittel betrachtet werden: Die Verringerung der Arbeitslosigkeit ist nicht nur unter dem Aspekt der Erhöhung des Realeinkommens wünschenswert. Ein hoher Beschäftigungsgrad sichert gleichfalls den sozialen Frieden und führt zu mehr Gerechtigkeit. Das Mittel 'Erhöhung des Beschäftigungsgrades' hat demnach erwünschte **Nebenwirkungen** auf andere (Ober)Ziele.

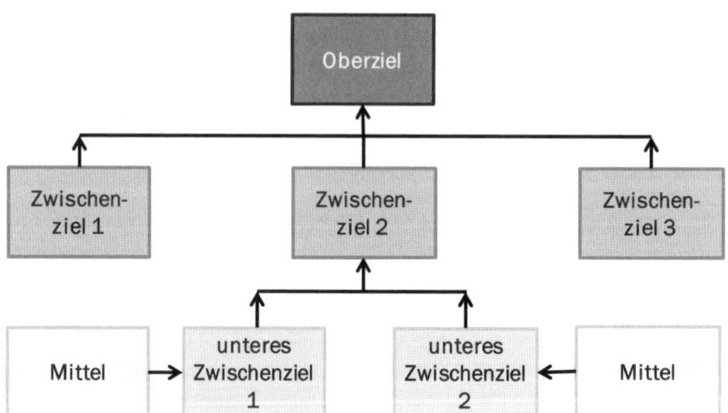

Abb. 1.4: Vertikale Zielbeziehungen (Zielhierarchie)

3.2.3 Operationalisierung von Zielen

Eine Kontrolle der Zielerreichung kann allerdings nur erfolgen, wenn die Ziele eines wirtschaftspolitischen Programms klar formuliert werden. Die Angabe einer allgemeinen Zielrichtung der gewünschten Entwicklung (z.B. Verringerung der Arbeitslosigkeit, Beschleunigung des volkswirtschaftlichen Wachstumstempos) reicht nicht aus. Die wirtschaftlichen Ziele müssen **messbar** sein. Das bedeutet, dass Inhalt, Umfang

(Quantifizierung) und zeitlicher Bezug (u.U. regionaler Bezug) exakt definiert werden müssen. Eine solche Konkretisierung von Zielen wird als **Operationalisierung** (vgl. Abb. 1.5) bezeichnet.

Als **Beispiel** wählen wir die Operationalisierung des Beschäftigungsziels, das im STABILITÄTSGESETZ aufgeführt ist. Die Formulierung eines „hohen Beschäftigungsstandes“ bedarf einer Konkretisierung. Sie sollte drei Aspekte berücksichtigen:

- die **qualitative** Operationalisierung, d.h. die Zuordnung aussagefähiger Indikatoren zur inhaltlichen Bestimmung des Ziels;
- die **quantitative** Operationalisierung, d.h. die Angabe quantifizierter Zielwerte;
- die **zeitliche** Operationalisierung, d.h. die Festlegung des Zeitraumes, in dem die Ziele realisiert werden sollen.

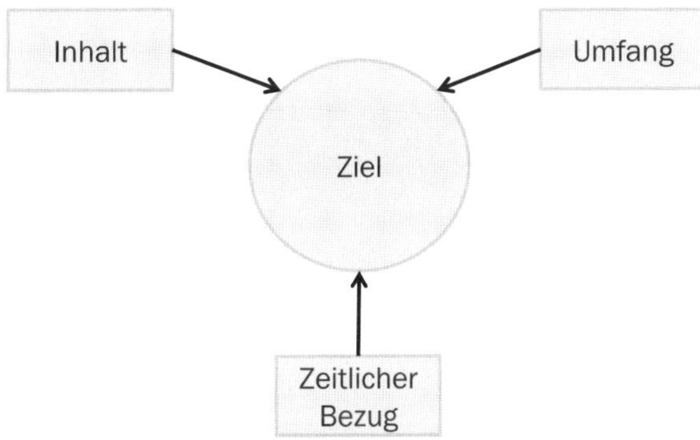

Abb. 1.5: Operationalisierung von Zielen

▶ Anwendungsfall 6: Operationalisierung des Beschäftigungsziels

Zur inhaltlichen Zielbestimmung des Beschäftigungsziels wird häufig der Indikator Arbeitslosenquote herangezogen. Sie kann auf mehrere Arten berechnet werden (vgl. Kapitel 7, Abschnitt 2.2). Der Anteil der registrierten Arbeitslosen kann auf die Gesamtzahl der Erwerbspersonen oder auf die abhängig Beschäftigten bezogen werden. Bei gleicher Anzahl der registrierten Arbeitslosen, verringert sich mit erweiterter Bezugsbasis die Arbeitslosenquote (vgl. Tab. 1.1). Der gewählte Indikator muss anschließend quantifiziert (z.B. weitere Senkung der Arbeitslosenquote von 6,8% im Jahre 2012 auf 5,0%) und in einen zeitlichen Bezug (z.B. bis zum Jahr 2015) gebracht werden.

Die **quantitative Operationalisierung** einiger Ziele des „magischen Vierecks“ wird in den folgenden Kapiteln erörtert: Preisstabilität: Kapitel 5, Abschnitt 4.1; hoher Beschäftigungsstand: Kapitel 7, Abschnitte 1 und 4.1; außenwirtschaftliches Gleichgewicht: Kapitel 8, Abschnitt 4.1.

Politiker scheuen oft die Angabe operationalisierter Ziele, da durch sie die Ergebnisse ihrer Wirtschaftspolitik überprüfbar werden. Aber nur auf der Grundlage messbarer

Ziele ist es möglich, den Grad der Zielerreichung bzw. Zielabweichung zu bestimmen und gegebenenfalls rechtzeitig erforderliche Korrekturen durchzuführen.

3.3 Kunstlehre – der Mitteleinsatz in der Wirtschaftspolitik

Die Theorie der Wirtschaftspolitik beschäftigt sich nicht nur mit der Beschreibung und Erklärung der wirtschaftlichen Lage. Sie muss sich ebenfalls mit den Zielen und Mitteln der praktischen Wirtschaftspolitik auseinandersetzen. Dann spricht man von der **Kunstlehre**. Dem Ideal einer **wertfreien** Kunstlehre entspräche ein System von Aussagen, das alle denkbaren Ziel-Mittel-Beziehungen berücksichtigt und für jede Alternative ein wirtschaftspolitisches Rezept bereithält (vgl. GIERSCH, 1991, S. 46). Wir haben jedoch bereits auf die Schwierigkeiten hingewiesen, die bei der Konkretisierung einer wirtschaftspolitischen Konzeption auftreten können. Wertende Entscheidungen zwischen alternativen Zielen oder Mitteln sind kaum zu vermeiden.

> Die Kunstlehre versucht, die Frage nach dem optimalen Mitteleinsatz (**Ziel-Mittel-Kombination**) zu beantworten. Dabei geht es **erstens** um die Mittel, die zur Überwindung der Diskrepanz zwischen gegebener und gewünschter Lage (Ziele der Wirtschaftspolitik) zur Verfügung stehen und **zweitens** um die Effizienz des Mitteleinsatzes (d.h. die Wirkungsintensität).

Auf der Grundlage des Vergleichs zwischen gegebener und gewünschter Lage (**Soll-Ist-Vergleich**) kann ein **wirtschaftspolitisches Programm** erstellt werden, das im Unterschied zur wirtschaftspolitischen Konzeption einen konkreten Handlungsplan darstellt. Er enthält die für einen angegebenen Zeitraum angestrebten Ziele und die Mittel, mit deren Hilfe diese Ziele erreicht werden sollen. Um den Ansprüchen einer rationalen Wirtschaftspolitik zu entsprechen, sollte ein wirtschaftspolitisches Programm zumindest drei Kriterien erfüllen: (1) Es muss – situationsbezogen – mit der jeweiligen wirtschaftspolitischen Konzeption übereinstimmen (**Konzeptionskonformität**). (2) Die **Zielkonformität** der Maßnahmen ist zu sichern und (3) müssen die Ziele operationalisiert werden (**Operationalisierung von Zielen**).

Der Dreiklang aus positiver Ökonomik, normativer Ökonomik und Kunstlehre ist damit hinreichend skizziert. Wenden wir uns nun dem Mitteleinsatz genauer zu.

4 Instrumente der Wirtschaftspolitik

4.1 Begriffsbestimmung

Instrumente der Wirtschaftspolitik sind die „**Aktionsparameter**" der Träger der Wirtschaftspolitik. In der Literatur werden Begriffe wie Mittel, Maßnahme, Intervention meist gleichbedeutend benutzt. Häufig wird jedoch auch das Instrument im generellen Sinne verstanden, das bei Anwendung zur Maßnahme wird (vgl. TUCHTFELDT, 1993, S.13). Danach wäre z.B. der Zinssatz für die Hauptrefinanzierungsgeschäfte innerhalb der Offenmarktpolitik das wirtschaftspolitische Instrument und seine Variation die situationsbezogene Maßnahme. Wirtschaftspolitische Maßnahmen schließen Werntentscheidungen ein und stehen in einer Ziel-Mittel-Beziehung.

Auswahl und **Einsatz** (Dosierung und Zeitpunkt) eines wirtschaftspolitischen Instruments werden zum einen von den Zielen (Soll-Situation) und deren wechselseitigen Beziehungen (Zielkonflikt oder Zielharmonie), zum anderen von der Ist-Situation und der antizipierten Wirkung des Instrumenteneinsatzes (Diagnose und Prognose) bestimmt. Dieser Zusammenhang lässt sich auf folgende Fragestellungen fokussieren:

- Mit welchem Instrument ist bei gegebener Ausgangslage die wirtschaftspolitische Zielsetzung zu verwirklichen (**Konsistenz von Zielen und Mitteln**)?
- Welche Wirkung lässt sich mit dem Instrument erreichen und inwieweit stimmt sie mit dem angestrebten Ziel überein (**Wirkungsanalyse der Instrumente**)?

4.2 Systematisierung wirtschaftspolitischer Instrumente

Zur Systematisierung von wirtschaftspolitischen Instrumenten finden sich in der Literatur verschiedene Ansätze. Die **formale Klassifikation** bezieht sich auf die Eigenschaften der einzelnen Instrumente. Als wichtigste Kriterien werden der Bestimmtheitsgrad der Instrumente (qualitative und quantitative), ihre Ansatzbereiche (Ordnungs-, Ablauf- und Strukturpolitik bzw. Mikro- und Makropolitik) und die Intensität ihres Einsatzes (indikative[3] oder imperative Maßnahme, Dosierung) herausgearbeitet. Die **material-funktionale Klassifikation** beruht auf einem sektoralen Ansatz, bei dem die Instrumente den Zweigen (z.B. Industrie-, Agrar- oder Verkehrspolitik) und Bereichen wie Finanzpolitik, Geld- und Kreditpolitik oder Währungs- bzw. Wechselkurspolitik funktional zugeordnet werden (TUCHTFELDT, 1993, S. 13–14). Die Autoren werden in den folgenden Kapiteln das Schwergewicht auf den material-funktionalen Aspekt legen, ohne jedoch die formalen Kriterien außer Acht zu lassen.

4.3 Die Auswahl wirtschaftspolitischer Instrumente: von der Programmformulierung zur Programmrealisierung

Bei der **Auswahl der Mittel** (Instrumente der Wirtschaftspolitik) müssen mögliche **Restriktionen**, die infolge von **Zielkonflikten** auftreten können, berücksichtigt werden. Auftretende **Neben- und Folgewirkungen** sind in die Bewertung der auszuwählenden Mittel einzubeziehen. Sie müssen auf ihre **Zielkonformität** hin überprüft werden. Weiterhin sind Fragen nach der **Dosierung** des Mitteleinsatzes, dem richtigen Zeitpunkt („**timing**") und möglichen **Wirkungsverzögerungen** („time lags") zu stellen. Wie der Leser unschwer erkennt, müssen auch bei der Auswahl der Mittel Werturteile gefällt werden.

---

[3] Ein Instrument mit indikativem Charakter ist die sogenannte „**moral suasion**". Dabei wird versucht, mittels Aufklärung, moralischer Appelle und Empfehlungen wirtschaftspolitisch relevante Gruppen zum gewünschten Verhalten zu bewegen. Dieses Instrument kann allein oder begleitend zur Erhöhung der Wirksamkeit eines direkt regulierenden Eingriffs eingesetzt werden. Der ehemalige Bundeskanzler LUDWIG ERHARD (1897–1977) galt als Meister der „moral suasion".

Häufig wird der Versuch unternommen, die möglichen Ziel-Mittel-Kombinationen mit Hilfe **ökonometrischer Modelle** zu analysieren. Hierbei muss der Wirtschaftspolitiker seine Ziele auf der Grundlage von Präferenzen quantitativ genau bestimmen. Im Ergebnis eines „Programmierungsmodells" lassen sich dann Art, Zeitpunkt und Dosierung jener Instrumente bestimmen, die eine optimale Zielverwirklichung sichern. Im Gegensatz dazu werden bei einer Wirkungsprognose, deren Aufgaben bereits charakterisiert wurden, die Auswirkungen vorgegebener quantifizierter Instrumente auf bestimmte wirtschaftspolitische Ziele abgeleitet. Programmierungs- und Prognosemodelle können eine wichtige Hilfe bei wirtschaftspolitischen Entscheidungen leisten. Ihr praktischer Wert wird allerdings – wie bereits dargestellt – durch eine Reihe von Problemen eingeschränkt.

Aufbauend auf den Ergebnissen der Wirkungsanalyse wird in der Phase der **Programmformulierung** das wirtschaftliche Programm aufgestellt. Diese Aufgabe gehört nicht mehr zur Theorie der Wirtschaftspolitik, sondern fällt bereits in den Bereich der praktischen Politik. Dabei muss der Wirtschaftspolitiker zwischen den verschiedenen Handlungsalternativen wählen und sich für einen konkreten **Maßnahmenkatalog** entscheiden, in dem Ziele und Mitteleinsatz (**Therapie**) definitiv festgelegt werden. Häufig bewirken in dieser Phase auftretende Widerstände und Hemmnisse (Kritik von Interessenverbänden, Ablehnung der Maßnahmen durch ausländische Partner, wechselnde politische Mehrheiten in BUNDESTAG und BUNDESRAT, fehlende gesetzliche Grundlagen usw.), dass nur selten das Programm mit der größten Konzeptions- und Zielkonformität auch tatsächlich umgesetzt wird. Wirtschaftspolitische Programme müssen sich die Frage nach ihrer politischen und praktischen Realisierbarkeit gefallen lassen.

Sobald das wirtschaftspolitische Programm allen Problemen zum Trotz (möglicherweise in Form eines Kompromisses) verabschiedet ist, beginnt der Maßnahmenvollzug (**Programmrealisierung**). Auch in dieser Phase können Widerstände und Hemmnisse auftreten. Wir wollen uns dabei auf ein Phänomen beschränken. In Erwartung bestimmter wirtschaftspolitischer Maßnahmen tun (oder unterlassen) die potenziell betroffenen Wirtschaftssubjekte schnell noch das, was eigentlich verhindert (oder erreicht) werden sollte (**Ankündigungseffekt**).

▶ Beispiele

Negative Ankündigungseffekte:

- Aufschub von geplanten Investitionsvorhaben in Erwartung künftiger Investitionsförderungsmaßnahmen;
- Devisenspekulationen in Erwartung von Änderungen des Wechselkurses;
- Kapitalflucht bei einer erwarteten Steuerreform;
- vorgezogene Konsumgüterkäufe nach angekündigter Erhöhung der Mehrwertsteuer.

Positive Ankündigungseffekte:

- Verringerung des Schadstoffausstoßes in Erwartung einer Senkung der Emissionsgrenzwerte;

- Erhöhte Bereitstellung von Lehrstellen vor der möglichen Erhebung einer Berufsbildungsabgabe bei unzureichendem Lehrstellenangebot;
- Verbessertes Wettbewerbsverhalten als Folge der Androhung eines Missbrauchsverfahrens durch das BUNDESKARTELLAMT.

Der Erfolg von wirtschaftspolitischen Maßnahmen kann nicht nur durch negative Ankündigungseffekte gefährdet werden. Weitere Realisierungshemmnisse sind meist „technischer“ Art und deuten auf Versäumnisse in der Vorbereitung von Maßnahmen hin, z.B. Mängel im Verwaltungsapparat, der Vollzug kann durch Normenkontrollverfahren gehemmt werden, die zeitliche Streckung oder der Abbruch von Maßnahmen aus fiskalischen Gründen, fehlende Verordnungen oder Durchführungsbestimmungen, Kompetenzstreitigkeiten der betroffenen Ressorts, Widerstand von Interessenverbänden, Unvereinbarkeit mit EU-Vorschriften (z.B. Nichtbeachtung von Umweltschutzrichtlinen).

Bereits in der Phase der Programmrealisierung sollte auch die **Ergebniskontrolle** einsetzen. Sie umfasst im Wesentlichen zwei Aspekte:

Erstens geht es um die **Erfolgsmessung**, d.h. der Grad der Zielverwirklichung sollte bestimmt werden. Erst so kann letztlich über Erfolg oder Misserfolg einer wirtschaftspolitischen Maßnahme geurteilt werden. Diesem Urteil müssen sich die Träger der Wirtschaftspolitik stellen.

Zweitens ermöglicht die frühzeitige Ergebniskontrolle das rechtzeitige **Erkennen von Fehlentwicklungen** (Abweichungsanzeige). Ihr Ziel besteht darin, mögliche Abweichungen vom erwarteten Wirkungsverlauf der eingesetzten wirtschaftspolitischen Instrumente frühzeitig festzustellen und zu korrigieren (**Programmrevision**) sowie unerwartete Neben- und Folgewirkungen einzudämmen. Im Falle von Zielabweichungen müssten die Ursachen der Fehlentwicklung (**Abweichungsanalyse**) ermittelt werden.

5 Träger der Wirtschaftspolitik

Eine Einführung in die Grundlagen der Wirtschaftspolitik wäre unvollständig, ohne auf die Träger einzugehen. Wir haben diesen Aspekt in die einzelnen Kapitel integriert und geben hier nur einen kurzen Überblick.

> **Träger der Wirtschaftspolitik** sind alle staatlichen (oder staatlich beauftragten) Personen und Institutionen, die auf der Grundlage der ihnen von der Gesellschaft (i.d.R. von den Wählern) zuerkannten Befugnisse (**Kompetenz**) verantwortlich wirtschaftspolitische Entscheidungen treffen und die gleichzeitig über die legitimierte staatliche Zwangsgewalt (**Macht**) zur Durchsetzung dieser Entscheidungen verfügen (**Entscheidungsträger**).

Die Wirtschaftspolitik wird durch eine **Trägervielfalt** gekennzeichnet (Übersicht 1.1). Staatliche Institutionen (Parlament, Regierung, staatliche Verwaltung, Gerichte) sind die Träger der nationalen Wirtschaftspolitik – mit Ausnahme der Geld- und Währungspolitik, für die die EUROPÄISCHE ZENTRALBANK die Verantwortung trägt. Sie ist in ihren Entscheidungen autonom, d.h. nicht von der EUROPÄISCHEN KOMMISSION oder nationalen staatlichen Stellen abhängig (vgl. Kapitel 5, Abschnitt 5.1). Für einen föderativen Staatsaufbau ist charakteristisch, die Trägerschaft nach drei Ebenen (Bund, Länder, Gemeinden) zu unterscheiden. Die Aufteilung der Kompetenzen wird im GRUNDGESETZ geregelt. Die Regierungen auf Bundes- und Länderebene (**Exekutive**) schlagen den Parlamenten die wirtschaftspolitischen Maßnahmen vor und sind für deren Ausgestaltung und Durchführung verantwortlich. Neben der BUNDESREGIERUNG besitzen auch BUNDESTAG und BUNDESRAT das Initiativrecht für Gesetze. Die Parlamente (**Legislative**) beschließen die Gesetze und legen damit die **Rahmenbedingungen** der wirtschaftlichen Entwicklung fest. Die staatlichen Verwaltungen sind der Regierung nachgeordnet und unterstützen sie bei der Durchführung wirtschaftspolitischer Maßnahmen. Auch die Rechtsprechung (**Judikative**) ist Träger der Wirtschaftspolitik, da sie in Streitfällen die Gesetzeskonformität (häufig auch die Verfassungskonformität) staatlicher Vorschriften und staatlichen Handelns überprüft und dem Gesetzgeber ggfs. Korrekturen vorschreibt. Die **autonomen Träger** sind Institutionen, die auf gesetzlicher Grundlage eigene Entscheidungsbefugnisse und Handlungsspielräume besitzen, aber der Aufsicht durch ein Ministerium unterstellt sind. Beispiel: das BUNDESKARTELLAMT zur Durchsetzung des GESETZES GEGEN WETTBEWERBSBESCHRÄNKUNGEN (GWB) untersteht dem BUNDESMINISTERIUM FÜR WIRTSCHAFT.

Daneben versuchen Wirtschaftssubjekte, die nicht über das staatliche Machtmonopol verfügen, durch Beeinflussung der Entscheidungsträger die Wirtschaftspolitik zumindest mittelbar mitzugestalten (**Einflussträger**). Hierzu gehören Parteien, Organisationen und Interessenverbände (Lobbyisten).

Während der Erfolg von **Parteien** bei der Durchsetzung ihrer wirtschaftspolitischen Ziele nur auf der Grundlage des Wählerwillens möglich ist, versuchen die **Verbände**, über die Beeinflussung der wirtschaftspolitischen Entscheidungsträger ihre Gruppeninteressen durchzusetzen. In der ÖFFENTLICHEN LISTE ÜBER REGISTRIERUNG VON VERBÄNDEN UND DEREN VERTRETERN (**„Lobbyliste"**) waren am 11.1.2013 2.103 Verbände beim Präsidenten des DEUTSCHEN BUNDESTAGES angemeldet (2006 waren es 1.900). Verbände mit öffentlich-rechtlichem Charakter sind z.B. die INDUSTRIE- UND HANDELSKAMMERN. Zwar nehmen sie gewisse behördliche Funktionen wahr, können aber dennoch nicht als ausführende Staatsorgane betrachtet werden. Der Staat übt lediglich die Rechtsaufsicht aus. Neben den öffentlich-rechtlichen Verbänden existieren privatrechtlich organisierte Verbände. Sie werden durch den freiwilligen Zusammenschluss privater Wirtschaftssubjekte gebildet und konzentrieren sich auf die Vertretung der wirtschaftspolitischen Interessen ihrer Mitglieder (GEWERKSCHAFTEN, ARBEITGEBERVERBÄNDE, BUNDESVERBAND DER DEUTSCHEN INDUSTRIE, DEUTSCHER BAUERNVERBAND, ARBEITSGEMEINSCHAFT DER VERBRAUCHERVERBÄNDE, HAUPTGEMEINSCHAFT DES DEUTSCHEN EINZELHANDELS usw.). Sie verfügen nicht über öffentlich-rechtliche Befugnisse. Eine Ausnahme sind Gewerkschaften und Arbeitgeberverbände, denen im Rahmen der **Tarifautonomie** nach Art. 9 Abs. 3 GG Rechte bei der Einkommenspolitik eingeräumt werden. Aber nur in diesem Bereich werden sie als autonome Träger von Wirtschaftspolitik aktiv (Übersicht 1.1).

Träger internationaler Wirtschaftspolitik		
EU	Legislative	Europäischer Ministerrat Europäisches Parlament
	Exekutive	Europäische Kommission
	Judikative	Europäischer Gerichtshof
	Autonome Träger	z.B. Europäische Zentralbank
UNO, IWF, WTO	Diese Organisationen können streng genommen nicht als Träger internationaler Wirtschaftspolitik bezeichnet werden, da ihnen z.T. die Macht zur Durchsetzung ihrer Beschlüsse fehlt bzw. deren Durchsetzung auf dem Wohlwollen einzelner Regierungen beruht.	
Träger nationaler Wirtschaftspolitik		
Staatlicher Sektor	Legislative	Bundestag, Bundesrat, Landtage, Kommunalparlamente
	Exekutive	Bundesregierung, Landesregierungen, Kommunalbehörden
	Judikative	Oberste Gerichte, z.B. Bundesverfassungsgericht, Arbeits- und Sozialgerichte
	Autonome Träger	Bundeskartellamt
Privater Sektor	Gewerkschaften	Nur im Bereich der Einkommenspolitik werden beide als autonome Träger von Wirtschaftspolitik aktiv (Tarifautonomie);
	Arbeitgeberverbände	in anderen Bereichen agieren sie lediglich als Einflussträger.

Übersicht 1.1: Träger von Wirtschaftspolitik

Die Wirtschaftspolitik eines Landes wird jedoch nicht nur durch die inländischen Träger von Wirtschaftspolitik gestaltet (bzw. beeinflusst). Im Zuge der wirtschaftlichen und politischen Integration gewinnen internationale/supranationale Institutionen zunehmend an Bedeutung.

Besonders deutlich spiegelt sich dies im Prozess der **europäischen Integration** wider. Hier verzichten die Mitgliedstaaten der EUROPÄISCHEN UNION (EU) auf bestimmte nationale Rechte und übertragen sie auf supranationale Organe (z.B. EUROPÄISCHER RAT, EUROPÄISCHER MINISTERRAT, EUROPÄISCHE KOMMISSION, EUROPÄISCHE ZENTRALBANK). Allerdings gilt das nur für ausgewählte Politikbereiche und in unterschiedlichem Ausmaß. Mit dem EWG-VERTRAG (1958) wurden die Teilbereiche der Außenhandels-, Agrar-, Verkehrs- und Wettbewerbspolitik auf die Gemeinschaft übertragen. Mit der EINHEITLICHEN EUROPÄISCHEN AKTE (1986) wurde die Angleichung der nationalen Wettbewerbs- und Rechtspolitik sowie eine Harmonisierung der Steuerpolitik durchgesetzt. Der VERTRAG VON MAASTRICHT (1992) erweiterte die Zuständigkeit der EU vorrangig um eine einheitliche Geld- und Währungspolitik. Der VERTRAG VON AMSTERDAM (1999) setzte einen Schwerpunkt auf die Stärkung der außen- und sicherheitspolitischen Verantwortung der EU.

Die 1979 mit der Gründung des EUROPÄISCHEN WÄHRUNGSSYSTEMS (EWS) begonnene währungspolitische Kooperation wurde 1999 mit der Schaffung des EUROPÄISCHEN SYSTEMS DER ZENTRALBANKEN (ESZB) vollendet. Daneben erhöhten sich die Kompetenzen der EU in weiteren Bereichen wie Umwelt, Gesundheits- und Verbraucherschutz, Regionalentwicklung, Forschung, Technologie und Industrie.

Für den gesamten europäischen Integrationsprozess ist die Beobachtung der **„normativen Kraft des Faktischen“** (GEORG JELLINEK [1851–1911]) bemerkenswert. So haben sich z.B. die Technischen Leitfäden für die Bewertung von Altstoffen etabliert und alle Akteure befolgen die Vorgaben, obwohl sie kein Gesetz sind. Oder: Die Schaffung eines Wirtschaftsraums ohne Binnengrenzen „erzwingt“ die Harmonisierung bisher divergierender nationaler Vorschriften im Steuerrecht, Wettbewerbsrecht, Asylrecht, bei technischen Normen usw. Im Zuge der Finanzkrise 2008–2013 wurde deutlich, dass für die Zukunft auf Dauer stärker regulierende Eingriffe in die staatliche Finanzpolitik und eine effizientere Überwachung des Bankensektors unabdingbar sind.

Der heute gültige **VERTRAG VON LISSABON** (2009), der den EU-VERTRAG – EUV (Regelung der Grundprinzipien der EU) und den VERTRAG ÜBER DIE ARBEITSWEISE DER EUROPÄISCHEN UNION – AEUV (Vorschriften zur Funktionsweise der Organe und den supranationalen Politikbereichen) umfasst, sieht folgende **Organe** vor:

In allen politischen Bereichen setzt der **EUROPÄISCHE RAT** – die Staats-und Regierungschefs, der Präsident des **EUROPÄISCHEN RATES** und der Präsident der **EU-KOMMISSION** – die Impulse für die Weiterentwicklung der Gemeinschaft und legt die allgemeinen Zielvorstellungen gemäß Art. 15 EUV (Art. 235–236 AEUV) fest.

Der **RAT DER EUROPÄISCHEN UNION** ist das zentrale Gesetzgebungs- und Entscheidungsorgan (Legislative). Ihm sind die Grundsatzentscheidungen vorbehalten. Er besteht aus Vertretern der Regierungen der Mitgliedstaaten auf Ebene der jeweils fachlich zuständigen Minister (oft auch als **Ministerrat** bezeichnet). Die Vertreter der Mitgliedstaaten sind befugt, für die eigene Regierung verbindlich zu handeln und das Stimmrecht auszuüben (Art. 16 EUV, Art. 237ff. AEUV). Der in der Zusammensetzung der Wirtschafts- und Finanzminister tagende Rat ist der **ECOFIN-RAT**.

Die **EUROPÄISCHE KOMMISSION** ist das Exekutivorgan der EU und hat für die Anwendung und Einhaltung des Gemeinschaftsrechts zu sorgen (Art. 17 EUV; Art 244–250 AEUV). Sie ist auch am Entscheidungs- und Gesetzgebungsverfahren beteiligt – durch ihr **Vorschlagsrecht** und durch die Ausübung der ihr übertragenen Befugnisse.

Das **EUROPÄISCHE PARLAMENT** (EP) übt eine Reihe von Kontrollrechten (Frage- und Anhörungsrecht, Vetorecht bei der Ernennung der EU-Kommissare, Misstrauensvotum gegenüber der Kommission) aus und hat bestimmte Haushaltsbefugnisse (Verabschiedung und Kontrolle des EU-Haushalts). Seine Mitwirkung bei der Gesetzgebung ist weiterhin begrenzt, wenngleich die Kompetenzen des EP und damit die demokratische Legitimation der Gemeinschaft durch den **VERTRAG VON LISSABON** deutlich gestärkt wurde (Art. 14 EUV, Art. 223ff. AEUV).

Der **GERICHTSHOF DER EUROPÄISCHEN UNION** (EuGH) sichert die Wahrung des Rechts bei der Auslegung und Anwendung der Verträge. Die Mitgliedstaaten schaffen die erforderlichen Rechtsbehelfe, damit wirksamer Rechtsschutz in den vom Unionsrecht erfassten Bereichen gewährleistet ist (Art. 19 Abs. 1 EUV, Art. 251ff. AEUV).

Ähnlich wie in Deutschland wird seit 2011 auch bei der EU-KOMMISSION ein **„Transparenz-Register"** geführt, in das sich alle Verbände, Unternehmen, Personen usw., die als Einflussträger angesehen werden können, eintragen können. Am 16.1.2013 waren 5.517 Organisationen registriert.

Schließlich wollen wir noch auf **internationale Träger** der Wirtschaftspolitik (UNO, den INTERNATIONALEN WÄHRUNGSFONDS (IWF), die WELTBANK und die WELTHANDELSORGANISATION WTO – vgl. Kapitel 8, Abschnitt 5.2.2) hinweisen, deren Tätigkeit aber von der Mitwirkung ihrer jeweiligen Mitgliedstaaten abhängig ist.

6 Probleme und Grenzen

Praktische Politik ist der Pluralität von **wirtschaftspolitischen Zielen** verpflichtet. Die Erreichbarkeit einzelner Ziele ist aufgrund kaum beeinflussbarer Faktoren häufig in Frage gestellt. So steht beispielsweise dem Ziel der „gerechteren" Einkommens- und Vermögensverteilung eine ungleiche Verteilung von Tatbeständen (Intelligenz, Geschicklichkeit, Durchsetzungsvermögen u.a.) in der Bevölkerung entgegen, die auf der Grundlage des Leistungsprinzips letztlich erst zu Einkommens- und Vermögenserwerb führen. Auch können **Zielkonflikte** dafür ursächlich sein, dass sich nicht alle Ziele umfassend und gleichzeitig realisieren lassen. Folglich müssen **Prioritäten** innerhalb des Zielsystems gesetzt werden. Aber auf welcher Grundlage soll dies geschehen? Wünschenswert wäre zweifellos ein breiter gesellschaftlicher Konsens, auf dem sich eine Rangfolge wirtschaftspolitischer Ziele zur Nutzenmaximierung ableiten ließe. Zwar kann jeder einzelne für sich entscheiden, welches Ziel er am dringlichsten verwirklicht sehen möchte. Aber ein interpersoneller Nutzenvergleich ist nicht durchführbar, da jedes Wirtschaftssubjekt über eine individuelle/subjektive Präferenzstruktur verfügt. Die Summe aus dem individuellen Nutzen muss nicht zwangsläufig zu einem Maximum an gesellschaftlichem Nutzen führen. Es erscheint also fraglich, ob ein breiter gesellschaftlicher Konsens herbeigeführt werden kann.

Die Aufmerksamkeit der (Wirtschafts-)Politiker gilt häufig vor allem den Zielen, bei denen Fehlentwicklungen (Abweichung der Ist-Situation von der gewünschten Situation) am stärksten spürbar sind. Eine solche weitgehend an akuten Erfordernissen orientierte Politik **vernachlässigt** zwangsläufig den **konzeptionellen Aspekt**. Zusätzlich wird durch Parteien und gesellschaftliche Interessengruppen starker Einfluss ausgeübt. Dadurch besteht die Gefahr, dass **politischer Opportunismus** („Politik der Wahlgeschenke") gegenüber rationaler Wirtschaftspolitik dominiert.

Daneben stößt die Politik beim Einsatz der **wirtschaftspolitischen Instrumente** an Grenzen. Nicht immer sind die theoretischen Zusammenhänge ausreichend geklärt (**Theoriedefizite**). Manche Entscheidungen müssen auf der Grundlage unsicherer Erkenntnisse getroffen werden. Die **Eignung wirtschaftspolitischer Instrumente** ist teilweise umstritten (z.B. Ablehnung fiskalpolitischer Instrumente durch die Monetaristen). Wirtschaftspolitische Maßnahmen können **irreversibel** sein. Erfolgt der Einsatz der Instrumente nicht in der richtigen **Dosierung** und zum richtigen Zeitpunkt, kann ihre Wirksamkeit beeinträchtigt werden (**time lags**). Die angestrebte Wirkung einzelner Instrumente kann unterlaufen werden: Eine Steuererhöhung kann bei bestehender hoher Steuerbelastung zur Ausdehnung der Schattenwirtschaft führen. Für die Wirkung wirtschaftspolitischer Maßnahmen ist letztlich die Reaktion des privaten Sektors von entscheidender Bedeutung. Sie kann durch den **Widerstand der Betroffenen** umgangen werden. So ist es z.B. bei einer Steuersenkung denkbar, dass die in Unternehmen und Haushalten zusätzlich verfügbaren Einkommen nicht zu einer Erhöhung der Investitions- und Konsumgüternachfrage verwendet, sondern zur Rückzahlung von Krediten oder zur Bildung finanzieller Reserven eingesetzt werden.

Auch die **Internationalisierung der Wirtschaftsbeziehungen** hat Auswirkungen auf die nationale Wirtschaftspolitik. Im Rahmen der EU-Integration wird der **Handlungsspielraum der nationalen Entscheidungsträger eingeschränkt**. In vielen Politikbereichen (Agrarpolitik, Fischereipolitik, Kohle und Stahl, Außenhandelspolitik) wird bereits heute eine **gemeinsame** europäische Wirtschaftspolitik betrieben. Im Euroraum haben die Mitgliedstaaten ihre Kompetenz für die Geldpolitik der EUROPÄISCHEN ZENTRALBANK übertragen. Neben diesen supranationalen Einflüssen unterliegt die Wirtschaftspolitik zusätzlich internationalen Auflagen (Verpflichtungen innerhalb des IWF, der WTO usw.) und Zwängen, die aus der **Globalisierung** erwachsen.

Auch kann die Autonomie der EUROPÄISCHEN ZENTRALBANK, deren Hauptaufgabe in der Sicherung der Geldwertstabilität besteht, zu Konflikten mit der BUNDESREGIERUNG führen, die der Verwirklichung aller gesamtwirtschaftlichen Ziele verpflichtet ist.

Die Wirtschaftspolitik stößt teilweise an **rechtliche Grenzen**:

▶ Beispiele

Die ab 2011 wirksame „Schuldenbremse" unterwirft Bund und Länder bei der zukünftigen Kreditaufnahme starken Beschränkungen (Art. 109, Abs. 3, 115, Abs. 2 GG, BGBl I, 2009, S. 2248) (vgl. Kapitel 4, Abschnitt 6.4).

Durch die grundgesetzlich festgelegte Tarifautonomie von Arbeitgebern und Gewerkschaften (Art. 9 Abs. 3 GG) sind dem Staat in der Einkommenspolitik weitgehend Kompetenzen entzogen (vgl. Kapitel 6, Abschnitt 5.1).

Einige Probleme haben ihre Ursache im **föderalistischen Staatsaufbau** in Deutschland. Zwischen den Trägern der Wirtschaftspolitik auf den verschiedenen Ebenen können **Interessenkonflikte** auftreten. So müssen beispielsweise Vorhaben des Bundes nicht automatisch mit den Interessen der Bundesländer übereinstimmen.

Große Probleme können ebenfalls aus **finanziellen Restriktionen** entstehen, wenn z.B. bei einer hohen Staatsverschuldung der Umfang der Zins- und Tilgungszahlungen die Budgetgestaltung und damit den Handlungsspielraum der Regierung begrenzt.

Abschließend sei festgestellt, dass nicht zuletzt die Schwerfälligkeit des Staatsapparates und mögliche **Eigeninteressen** der **staatlichen Bürokratie** (z.B. aktiver oder passiver Widerstand, weil Verwaltungen und Behörden durch Maßnahmen zusätzlich belastet werden) die Wirksamkeit der Wirtschaftspolitik beeinträchtigen können.

7 Wiederholungsfragen

1. Charakterisieren Sie die Aufgaben der Theorie der Wirtschaftspolitik.
2. Was verstehen Sie unter rationaler Wirtschaftspolitik?
3. Stellen Sie die Inhalte der Ordnungspolitik dar und grenzen Sie sie von der Ablaufpolitik ab!
4. Arbeiten Sie die wesentlichen Unterschiede zwischen positiver und normativer Ökonomik heraus! Wozu dient die Kunstlehre?
5. Welche Bedeutung haben Werturteile in der positiven und normativen Ökonomik?
6. Was verstehen Sie unter einer Lageanalyse und aus welchen Bestandteilen setzt sie sich zusammen?
7. Erstellen Sie eine Diagnose zur Entwicklung der Arbeitslosenquote der letzten 10 Jahre und bilden Sie mögliche Hypothesen zu ihrer Erklärung!
8. Wozu werden in der Wirtschaftspolitik Prognosen benötigt? Gehen Sie anhand eines selbst gewählten Beispiels (z.B. Entwicklung des Wirtschaftswachstums in Deutschland) auf Probleme von Prognosen ein!
9. Welche Arten von Zielbeziehungen sind Ihnen bekannt? Gehen Sie bei der Antwort auf die wesentlichen Unterscheidungsmerkmale ein!
10. Erörtern Sie anhand eines Beispiels aus dem „Magischen“ Polygon einen möglichen Zielkonflikt zwischen wirtschaftspolitischen Zielen! Berücksichtigen Sie dabei auch die Ausgangslage.
11. Welche Bedeutung hat die Operationalisierung von Zielen? Wie könnte die Operationalisierung des Ziels Wirtschaftswachstum aussehen?
12. Welche Träger der Wirtschaftspolitik kennen Sie und wer trägt in Deutschland die Verantwortung für folgende Politikbereiche: Lohnpolitik, Geldpolitik, Bildungspolitik, Gesundheitspolitik?
13. Erörtern Sie die Bedeutung von supranationalen bzw. internationalen Trägern für die nationale Wirtschaftspolitik!
14. Welche Probleme für die Wirtschaftspolitik ergeben sich aus dem föderalistischen Staatsaufbau Deutschlands?
15. Erörtern Sie Grenzen der Wirtschaftspolitik!

Kapitel 2: Ordnungspolitik

In diesem Kapitel erfahren Sie

- was unter Ordnungspolitik zu verstehen ist und wie sich die Ordnungspolitik von der Ablaufpolitik unterscheidet,
- welche Elemente eine Wirtschaftsordnung enthalten muss,
- welche alternativen Ansätze es für die Konstruktion von Wirtschaftsordnungen gibt und welche die Soziale Marktwirtschaft beinhaltet,
- warum Rahmenbedingungen für die Funktion komplexer Volkswirtschaften wichtig sind,
- welche Gründe es im Rahmen einer Marktwirtschaft für staatliche Eingriffe in das Wirtschaftsgeschehen geben kann,
- was Gegenstand der Neuen Institutionenökonomik und der Neuen Politischen Ökonomik ist.

1 Einleitung – Problemstellung und Begriffsklärung

In arbeitsteilig organisierten Volkswirtschaften agiert eine Vielzahl von Wirtschaftssubjekten, die jeweils eigene ökonomische Ziele verfolgen und individuelle Entscheidungen zur Erreichung dieser Ziele treffen, deren Entscheidungen aber interdependent sind. Für das Zusammenspiel all dieser Akteure und die Koordination ihrer individuellen Entscheidungen sind Regelsysteme erforderlich, die den Rahmen für alle ökonomischen Aktivitäten festlegen, wie in Kapitel 1 bereits angesprochen. Die Koordination ist zum einen erforderlich, da es in Gruppen, die sich zusammenschließen, zu Interessenkonflikten kommen kann, denn das Verfolgen eigener individueller Ziele kann sich auf andere Wirtschaftssubjekte negativ auswirken (vgl. hierzu die Definition externer Effekte in Kapitel 9, Abschnitt 3.2, vgl. auch Abschnitt 2.2.1). Zum anderen ist sie erforderlich, um zu klären, welches Gruppenmitglied welche Aufgaben in der Gruppe erfüllt (KÜLP, BERTHOLD, 1992, S. 205). Bei Arbeitsteilung und der entsprechenden Spezialisierung sollten die Bedürfnisse, die sich der Einzelne aufgrund seiner spezifischen Spezialisierung (etwa durch ein Studium der Ökonomie) nicht erfüllen kann (etwa der Bau eines Autos), möglichst durch in anderen Gebieten spezialisierte Personen erfüllbar sein. „Der einzelne kann sich nur dann (...) spezialisieren, wenn (...) andere einen Bedarf an seinen Leistungen haben und er gleichzeitig die Produkte, die er selbst nicht produziert, aber für seinen Lebensstandard benötigt, von anderen beziehen kann." (KÜLP, BERTHOLD, 1992, S. 205). Koordination ist jedoch nicht nur bezüglich des Faktors Arbeit erforderlich. Es muss grundsätzlich über die Zuordnung der knappen Produktionsfaktoren auf die unterschiedlichen Verwendungen entschieden werden, also über die Frage, wie dafür gesorgt werden kann, dass die Faktoren gerade da zur Verfügung stehen, wo sie gebraucht werden, um das zu produzieren, was in der betreffenden Volkswirtschaft nachgefragt wird und dies unter ständig sich verändernden Bedingungen.

Die Ausgestaltung solcher Regelsysteme ist die Aufgabe der Ordnungspolitik.

Aufgabe der **Ordnungspolitik** ist es, den Rahmen für privatwirtschaftliche und staatliche Aktivitäten, die Wirtschaftsordnung, festzulegen.

Dabei wird durch die Ordnungspolitik der Rahmen, innerhalb dessen agiert werden kann, bestimmt, nicht aber direkt in das Wirtschaftsgeschehen eingegriffen. Ordnungspolitik ist insoweit von der **Ablaufpolitik** (Prozesspolitik) deutlich zu unterscheiden. Die **Theorie der Ordnungspolitik** geht der Frage nach, wie das Regelwerk, auf dessen Grundlage die Wirtschaftssubjekte entscheiden und handeln, gestaltet werden sollte. Außerdem beschäftigt sie sich mit den Zielen, Prinzipien und Regeln, an denen sich die Wirtschaftspolitik (idealerweise) ausrichtet. Schließlich untersucht sie, welche Akteure welche Aufgaben ausfüllen bzw. ausfüllen sollten (BREYER, KOLMAR, 2001, S. 4f.). Der zentrale Untersuchungsgegenstand der Ordnungspolitik ist die Wirtschaftsordnung.

Die **Wirtschaftsordnung** ist ein Regelsystem für die Beziehungen zwischen den Wirtschaftssubjekten in einer Volkswirtschaft. Sie bildet den **Ordnungsrahmen**, innerhalb dessen das wirtschaftliche Handeln erfolgen kann.

In jeder Volkswirtschaft ist zu klären, über welchen Mechanismus die schier unendlich vielen einzelwirtschaftlichen Entscheidungen koordiniert werden, womit auch festzulegen ist, welche Aufgaben grundsätzlich vom Staat zu erfüllen sind und welche in private Verantwortung fallen (sollten).

Wirtschaftsordnungen enthalten eine Vielzahl von Regeln und können sehr unterschiedlich ausgestaltet sein. Drei zentrale Grundsatzfragen müssen für jeden Ordnungsrahmen beantwortet sein, nämlich die über

[1] **die Eigentumsordnung**,
d.h. sind die Eigentums- und Verfügungsrechte an den Produktionsfaktoren privaten Wirtschaftssubjekten oder einer Gemeinschaft bzw. dem Staat zugeordnet;

[2] **den Koordinationsmechanismus**,
d.h. wie werden die einzelwirtschaftlichen Entscheidungen koordiniert, beginnend bei strikten Vorgaben durch eine zentrale Instanz bis hin zu dezentralen Systemen, etwa dem Marktmechanismus, der die einzelwirtschaftlichen Pläne im Wesentlichen über Preise koordiniert;[1]

[3] **die Rolle des Staates**,
d.h. wie stark und bei welchen Problemen soll und darf der Staat in das Wirtschaftsgeschehen eingreifen. In der Freien Marktwirtschaft etwa ist die Rolle des Staates extrem begrenzt (Stichwort Laissez-faire und Nachtwächterstaat). In der Zentralverwaltungswirtschaft, dem anderen Extrem, ist sie dagegen sehr umfang-

---

[1] Diese Unterscheidung findet sich bereits bei EUCKEN (1952, S. 22), der letztere aber als „Verkehrswirtschaft“ bezeichnet. Allerdings gibt es auch andere Klassifizierungen wie etwa bei DAHL und LINDBLOM (1953) in Markt, Verhandlung, Hierarchie und Wahl.

reich. Dazwischen gibt es eine Vielzahl von Möglichkeiten für Regeln hinsichtlich der staatlichen Eingriffsbefugnisse in das Wirtschaftsgeschehen.

Die Aufgabe der Wirtschaftsordnung sah WALTER EUCKEN (1851–1950), ein führender Vertreter der ordnungspolitischen Forschung in Deutschland, folgendermaßen:

> „Aufgabe der Wirtschaftsordnung ist: die einzelnen Arbeitsstunden aller arbeitenden Menschen und die unübersehbar vielen sachlichen Produktionsmittel alltäglich so ineinandergreifen zu lassen, daß die wirtschaftliche Knappheit so gut wie möglich überwunden wird. (...) Von ihr hängt es ab, wie die einzelnen Pläne und Handlungen sich zusammenfügen, welche Bedürfnisse befriedigt werden, wie überhaupt die Lenkung stattfindet. (...) Es besteht vollständige *Interdependenz* aller wirtschaftlichen Erscheinungen, aller Bewertungen, aller Handlungen." (EUCKEN, 1960, S. 7)

Regelsysteme, und damit auch die Wirtschaftsordnung[2], sind Gegenstand der **Institutionenökonomik**. Die Neue Institutionenökonomik befasst sich somit mit der Analyse von Regelsystemen und deren Auswirkungen auf die Handlungen der individuellen Wirtschaftssubjekte und in der Folge auf das Wirtschaftsgeschehen. Eine Institution wird folgendermaßen definiert:

> Eine **Institution** ist ein Regelsystem einschließlich der Vorkehrungen zu seiner Durchsetzung.

Diese weit gefasste Definition schließt alle Arten von Regelsystemen ein, von kulturell entstandenen Regeln des Zusammenlebens über Verträge, die festlegen, was den Vertragspartnern erlaubt ist oder Gesetze, bis hin zur schon angesprochenen Wirtschaftsordnung, die die ökonomische Interaktion regelt. Somit kann die Fragestellung der Ordnungspolitik auch folgendermaßen formuliert werden. Welche Institution ist geeignet, die bestmöglichen ökonomischen Ergebnisse zu erzielen?

In allen Institutionen gilt, dass die enthaltenen Regeln die Betroffenen in ihren (erlaubten) Handlungsmöglichkeiten beschränken. Den Einschränkungen stehen Vorteile gegenüber. Da die Regeln bereits klarstellen, welche Handlungsalternativen erlaubt sind, wird die Komplexität von Entscheidungen verringert. Somit werden auch die Informationskosten für die Wirtschaftssubjekte reduziert und dies sowohl für diejenigen, die entscheiden, als auch für diejenigen, die auf diese Entscheidungen reagieren müssen. Stabile Rahmenbedingungen wirken desweiteren unsicherheitsvermindernd, denn sie wirken sich stabilisierend auf die Erwartungsbildung aus. Unzulässiges muss man auch bei zukunftsgerichteten und damit mit Unsicherheit belasteten Entscheidungen nicht mehr einbeziehen. Dies alles senkt den für die Informationsbeschaffung erforderlichen Ressourcenverbrauch, so dass die eingesparten Ressourcen für andere Verwendungen zur Verfügung stehen. Institutionen können somit Transaktionskosten senken. Allerdings gilt dies nur, wenn die Regeln eingehalten werden. Somit ist auch ein **Sanktionssystem**, ob nun mit positiven oder negativen Sanktionen, erforderlich. Werden Regeln eingehalten, müssen Wirtschaftssubjekte darüber hinaus keine Ressourcen aufwenden, um sich gegen Regelverstöße anderer zu schützen. Der Staat hat

---

[2] In der Literatur wird zwischen Wirtschaftsordnung und Wirtschaftssystem unterschieden, wobei als Wirtschaftssystem die idealtypische Form, als Wirtschaftsordnung der realisierte Rahmen bezeichnet wird. Diese Unterscheidung wird hier nicht getroffen.

die zentrale Aufgabe, diese Institution, also die Wirtschaftsordnung, zu schaffen, für die Einhaltung der Regeln zu sorgen und die Funktionsfähigkeit der Wirtschaftsordnung aufrecht zu erhalten. Zur Erfüllung dieser ordnungspolitischen Aufgabe muss der Staat zum einen mit den erforderlichen Kompetenzen ausgestattet sein, zum anderen bedarf es auch der Mechanismen, die dazu dienen, dass der Staat dieser Rolle gerecht wird, d.h. etwa seine Kompetenzen nicht überschreitet.

Es lässt sich festhalten, dass Wirtschaftsordnungen auf Institutionen basieren. Diese entstehen im politischen Prozess. Welche Regeln in einer Gesellschaft etabliert werden und dauerhaft funktionieren, ist dabei vor allem vom Wertesystem in dem betrachteten Land abhängig. Als Beispiel sei hier die Auffassung zum Stellenwert von Individuum und Gesellschaft, die in unterschiedlichen Ländern unterschiedlich gewichtet sein können, genannt. In marktwirtschaftlichen Ordnungen etwa ist die Vorstellung, dass die Wirtschaftssubjekte selbst ihre Konsum- und Produktionspläne – von der Entscheidung, was sie produzieren, bis hin zu den einzusetzenden Faktoren und Technologien – erstellen sollen, grundlegend. Auch Gerechtigkeitsvorstellungen einer Gesellschaft wirken darauf, wie Institutionen gestaltet werden. Hier muss nicht einmal auf die Vorstellung zu sozialer Gerechtigkeit, die in der Sozialen Marktwirtschaft verankert ist, eingegangen werden, denn der Grundsatz gleicher Rechte für alle ist nicht selbstverständlich, wie die Historie zeigt, führt aber zu anderen Regeln als ein System, das unterschiedliche Rechte, etwa abhängig von Geschlecht, Herkunft, Religion etc. beinhaltet. Dies kann durchaus auch ökonomisch relevant sein, etwa beim Zugang zu Märkten, insbesondere zum Arbeitsmarkt. Relevant für die stabile Existenz einer Wirtschaftsordnung ist das Wertesystem einer Gesellschaft auch insofern, als dass gesellschaftliche Akzeptanz wesentlich ist, wie sich in der Geschichte zeigte.

Welche Wirtschaftsordnung dauerhaft funktionieren wird, ist also nicht zuletzt von der gesellschaftlichen Akzeptanz und somit von den in einer Gesellschaft bestehenden Werten und Zielen abhängig, denn sie soll zu einem wünschenswerten Ergebnis führen. Was wünschenswert für eine Gesellschaft ist, hängt wiederum von ihren Werten ab.

2 Situationsanalyse

2.1 Die Soziale Marktwirtschaft als Wirtschaftsordnung

Die in Deutschland herrschende Wirtschaftsordnung ist die Soziale Marktwirtschaft. Der Begriff wurde geprägt durch ALFRED MÜLLER-ARMACK (1901–1978). Durch den Einigungsvertrag zwischen der BUNDESREPUBLIK DEUTSCHLAND und der damaligen DDR wurde sie zur gemeinsamen Wirtschaftsordnung Deutschlands. Dadurch übernahm die ehemalige DDR die Eigentumsordnung der BRD, Volkseigentum, etwa am Boden, existierte somit nicht mehr.[3]

---

[3] Die Umsetzung erwies sich in der Praxis jedoch als schwierig. So etwa war eine Trennung vom Eigentum am Boden (Volkseigentum) und am darauf stehenden Gebäude (etwa im Eigentum einer Genossenschaft) nach ostdeutschem Recht möglich und auch verbreitet. Im genossenschaftlichen

Die Allokation über den Markt ist essentieller Bestandteil der Sozialen Marktwirtschaft, das bedeutet, die **Koordination der Einzelpläne** erfolgt über den Marktmechanismus. Grundsätzlich muss eine marktwirtschaftliche Wirtschaftsordnung als Ordnungsrahmen gewährleisten, dass die Märkte funktionieren. Die Vorteile der Allokation über den Markt beruhen wesentlich auf dem Wettbewerb. Problematisch ist, dass die einzelnen Anbieter einen Anreiz haben, den Wettbewerb zu ihren Gunsten zu vermindern oder gar ganz auszuschalten, etwa dadurch, dass sie Konkurrenten durch wettbewerbswidriges Verhalten vom Markt fernhalten, um selbst einen höheren Marktanteil oder Marktmacht aufzubauen. Ein wesentlicher Teil der erforderlichen Regeln zur Aufrechterhaltung der Vorteile marktwirtschaftlicher Allokation liegt daher bei solchen Vorgaben, die den Wettbewerb schützen. Aktivitäten der Wirtschaftssubjekte dürfen dann nicht dazu führen, den Wettbewerb außer Kraft zu setzen. Insofern sind Regeln zum Schutz des Systems erforderlich, die den Handlungsspielraum von Unternehmen einschränken. So ist beispielsweise im GESETZ GEGEN WETTBEWERBSBESCHRÄNKUNGEN (GWB) ein grundsätzliches Kartellverbot verankert (vgl. hierzu Kapitel 3, Abschnitt 6.1.1), wodurch die Vertragsfreiheit zwar eingeschränkt wird, aber der Wettbewerb und die aus ihm resultierende Handlungsfreiheit geschützt wird. Auch Sanktionen bei Zuwiderhandlungen gegen die Regelungen des GWB sind festgelegt.

Eine weitere **Rolle des Staates** in der Sozialen Marktwirtschaft besteht, neben dem Schutz des Wettbewerbs, darin, das Marktergebnis aufgrund sozialpolitisch motivierter Ziele und Prinzipien zu korrigieren (vgl. Kapitel 6, Abschnitt 4).

In der Literatur wird bisweilen diskutiert, ob auch umweltpolitische Aufgaben als Teil der Sozialen Marktwirtschaft anzusehen sind. Bei Einbeziehung umweltpolitischer Aufgaben werden auch Begriffe wie „ökosoziale Marktwirtschaft" oder „ökologisch-soziale Marktwirtschaft" verwendet. Zu betonen ist dabei, dass umweltpolitische Probleme schon in dem im folgenden Absatz genannten grundlegenden Werk von EUCKEN als ein Feld gesehen werden, in dem die „Planungsfreiheit der Betriebe zu begrenzen" (EUCKEN, 1960, S. 302) sei (vgl. Abschnitt 3.1.1).

Die Soziale Marktwirtschaft in Deutschland fußt stark auf den Arbeiten der sogenannten „Freiburger Schule", die sich insbesondere mit der Wirtschaftsordnung und ihrer Bedeutung für die sozioökonomische Entwicklung befasst hat. Ihre Vertreter werden auch **Ordo-Liberale** genannt. Eine Zielsetzung dieser Schule bestand darin zu klären, wie eine „funktionsfähige und menschenwürdige Ordnung der Wirtschaft" (EUCKEN, 1960, S. 373) geschaffen sein müsse. Sie entwickelte daraus Grundlagen der Ordnungspolitik. Ein wichtiger Vertreter der Ordo-Liberalen ist – neben FRANZ BÖHM (1895–1977) und HANS GROßMANN-DOERTH (1894–1944) – WALTER EUCKEN. Im Rahmen seiner posthum erschienenen „Grundsätze der Wirtschaftspolitik" (1. Aufl. 1952)[4] hat er sich mit der Frage auseinandergesetzt, welche Bedingungen erfüllt sein

---

Bereich wurde der Boden den Genossenschaften durch das WOHNUNGSGENOSSENSCHAFTS-VERMÖGENSGESETZ (WOGENVERMG) zugeordnet. Praktisch war dann noch zu klären, welche Fläche genau zuzuordnen war, insbesondere was außer der Standfläche des Gebäudes ins Eigentum der jeweiligen Genossenschaft überging.

[4] Hier wird die 3. unveränderte Auflage von 1960 zugrunde gelegt, lediglich in Fußnote 1 wird auf das originäre Erscheinungsjahr Bezug genommen.

müssen, um eine solche funktionsfähige Wirtschaftsordnung zu erzeugen und aufrecht zu erhalten. Diese Ergebnisse waren von großer Bedeutung für den neuen Ordnungsrahmen der Volkswirtschaft in Deutschland in der Nachkriegszeit. Sie sind allerdings nicht auf diese Situation begrenzt, somit nicht nur von historischer Bedeutung. Auch in den Transformationsprozessen nach dem Zusammenbruch der ehemals zentralverwalteten Staaten rückten sie erneut ins Blickfeld (ERLEI, LESCHKE, SAUERLAND, 2007, S. 37).

EUCKEN (1960) unterscheidet zunächst zwischen Zentralverwaltung und marktwirtschaftlicher Ordnung. Im Ergebnis wird sowohl die Zentralverwaltung als auch ein reines Laissez-faire (der Staat soll gar nicht in das Wirtschaftsgeschehen eingreifen) kritisch beurteilt. Letzteres nämlich begünstige Konzentration und führe zu erheblichen sozialen Problemen, wie sich auch in der Historie zeigte. Stattdessen wird eine Wirtschaftsordnung präsentiert, die den Wettbewerb und einen funktionierenden Preismechanismus als wichtig erachtet und die als „**Wettbewerbsordnung**" bezeichnet wird. Dabei wird der Wettbewerb nicht als sich selbst erhaltend angesehen. Da Unternehmen starke Anreize haben, ihn zum eigenen Nutzen auszuschalten und dazu auch in der Lage sind, soll der Staat den Wettbewerb durch eine „Wettbewerbsordnung" schützen.

Für die Errichtung einer Wettbewerbsordnung hat EUCKEN (1960, S. 254–291) „**konstituierende Prinzipien**" sowie für den Erhalt der Funktionsfähigkeit der Wettbewerbsordnung „**regulierende Prinzipien**" aufgestellt (EUCKEN, 1960, S. 291–324), die in Abschnitt 3.1 genauer betrachtet werden.

Die konstituierenden Prinzipien sind nicht nur in der deutschen, sondern auch in der europäischen Wirtschaftsordnung zu finden.[5] Die Ordnungspolitik auf EU-Ebene wird seit einiger Zeit vom SACHVERSTÄNDIGENRAT ZUR BEGUTACHTUNG DER GESAMTWIRTSCHAFTLICHEN ENTWICKLUNG (SVR) thematisiert. Das Jahresgutachten 2012/13 trug den entsprechenden Titel „Stabile Architektur für Europa – Handlungsbedarf im Inland". Wesentlich erscheint dem SVR ein langfristig stabiler Ordnungsrahmen, der teilweise bereits bestehe, aber noch ausgebaut werden und drei Säulen umfassen solle, nämlich Fiskalpolitik, Krisenmechanismus und Finanzmarktregulierung, sowie deren Zuordnung in nationale oder europäische Kompetenz (SVR, 2012, S. 103ff.).

[5] In einem Vorgriff auf die in Abschnitt 3.1 erörterten konstituierenden Prinzipien von EUCKEN seien hier Beispiele von Elementen der europäischen Wirtschaftsordnung genannt, die diese konstituierenden Prinzipien aufgreifen. So etwa ist das Prinzip offener Märkte im AEUV verankert (Art. 119 Abs. 1, 120 AEUV: „Grundsatz einer offenen Marktwirtschaft mit freiem Wettbewerb"), ebenso wie dasjenige der Preisstabilität. Die Stabilität des Preisniveaus ist auch in der EU ein Ziel (Art 119 Abs. 2 AEUV) und eine für den Schutz des Wettbewerb eingesetzte Organisation (ein „Monopolamt") gibt es sowohl in Deutschland als auch (mit der EU-KOMMISSION) auf EU-Ebene.

2.2 Die Rolle des Staates in der Marktwirtschaft

2.2.1 Begründung für staatliche Intervention: Marktversagen

Die Diskussion, was grundsätzlich in staatlicher Regie zu erfüllende Aufgaben sein sollen, bezieht sich in Deutschland nicht nur auf die bereits angesprochenen staatlichen Aufgaben Wettbewerbs- und Sozialpolitik. Zu entscheiden ist, ob der Staat weitere Funktionen haben soll.

Trotz einer grundsätzlichen Akzeptanz marktwirtschaftlicher Koordination, gibt es Fälle, in denen der Markt unvollkommen funktioniert in dem Sinne, dass er nicht aus sich heraus zu (pareto-)optimaler Allokation (vgl. Abschnitt 3.2) führt. Dann kann im Ordnungsrahmen verankert werden, dass der Staat die Aufgabe erhält, ins Wirtschaftsgeschehen einzugreifen, mit dem Ziel die Allokation gegenüber dem Laissez-faire zu verbessern. Dies wird als **Marktversagen** bezeichnet.

Marktversagen liegt vor, wenn der Marktmechanismus nicht zur (pareto-)optimalen Allokation führt (vgl. hierzu Abschnitt 3.2)

Als Ursachen für Marktversagen sind im Wesentlichen zu nennen:

- **Natürliche Monopole**

  Natürliche Monopole liegen vor, wenn die Kosten der Produktion geringer sind, wenn nur ein Anbieter das Gut anbietet, als bei jeder anderen Zahl von Anbietern. Dann kann aus Effizienzgründen nur ein Monopol Bestand haben. Die Marktallokation, die sich bei vollständiger Konkurrenz ergäbe, kommt nicht zustande.

- **Bereitstellung öffentlicher Güter** (vgl. hierzu Kapitel 9, Abschnitt 3.2)

  Öffentliche Güter sind Güter, von deren Konsum niemand ausgeschlossen werden kann (**Nicht-Ausschließbarkeit**) und bei deren Konsum der Konsum Anderer nicht behindert wird (**Nicht-Rivalität**).

  Ein öffentliches Gut kann somit gleichzeitig von mehreren Wirtschaftssubjekten genutzt werden und es kann niemand von der Nutzung ausgeschlossen werden, auch dann nicht, wenn er sich nicht an der Finanzierung beteiligt. Beispiele sind innere und äußere Sicherheit, Infrastruktur, Leuchttürme oder Deiche zum Hochwasserschutz. Aufgrund dieser Eigenschaften wird bei privatwirtschaftlicher Bereitstellung eine Unterversorgung entstehen.

- **Vorliegen externer Effekte** (vgl. hierzu Kapitel 9, Abschnitt 3.2)
  Wenn die Produktion oder der Konsum von Gütern andere (unbeteiligte) Wirtschaftssubjekt in ihrem Nutzen (oder Gewinn) unmittelbar beeinflusst, spricht man in der Ökonomie von externen Effekten. Ist der Einfluss negativ, etwa beim Passivrauchen, entstehen sogenannte **externe Kosten**, die nicht der Verursacher trägt, sondern der unfreiwillig Geschädigte. Daher werden diese externen Kosten nicht bei der Angebotsentscheidung berücksichtigt, die Angebotsfunktion spiegelt nicht mehr die insgesamt durch die Produktion entstehenden „gesellschaftlichen" Kosten wider, sondern lediglich die dem Unternehmen selbst entstehenden „privaten" Kosten. In der Folge kommt eine nichtoptimale Allokation zustande.

Informationsdefizite

Im Modell der vollständigen Konkurrenz wird vollkommene Information aller Marktteilnehmer unterstellt. Diese Annahme ist gleichbedeutend mit der Annahme, dass alle Informationen verfügbar und kostenfrei sind. Dies ist in der Realität nicht gegeben, so dass es u.a. zu asymmetrischer Verteilung der Information zwischen Vertragspartnern kommen kann. Ein Beispiel ist die Qualität eines Gutes, über das der Verkäufer in aller Regel besser informiert sein dürfte als der Käufer des betrachteten Gutes.

Das klassische Beispiel ist der Gebrauchtwagenmarkt, das zurückgeht auf GEORGE A. AKERLOF (*1940), der 2001 den Nobelpreis für Wirtschaftswissenschaften erhielt.

Bei asymmetrischer Information zuungunsten der Nachfrager, müssen diese infolge ihrer Unkenntnis Erwartungen über die Qualität des angebotenen Gebrauchtwagens bilden. Nachfrager, die einen Wagen hoher Qualität nachfragen wollen, sind aufgrund der Unsicherheit nicht bereit für einen Wagen, der auch minderer Qualität sein könnte, den Preis zu zahlen, den sie für einen guten Wagen bei Sicherheit über die Qualität zu zahlen bereit wären. Dies bewirkt eine Verlagerung der Nachfragekurve für Wagen guter Qualität hin zum Ursprung (von N auf N'), wie in Abbildung 2.1 gezeigt. In der Folge sinkt die Menge guter Fahrzeuge von x* auf x**. Aufgrund der nun geringeren Wahrscheinlichkeit, dass der angebotene Gebrauchtwagen eine gute Qualität aufweist, werden die Erwartungen angepasst, der Erwartungswert der Zahlungsbereitschaft sinkt weiter. Die Nachfragekurve wird sich weiter nach links verschieben. Letztendlich verschwinden die Wagen guter Qualität vom Markt und zwar ausschließlich aufgrund der asymmetrischen Information, nicht mangels Zahlungsbereitschaft für gute Qualität (AKERLOF, 1970).

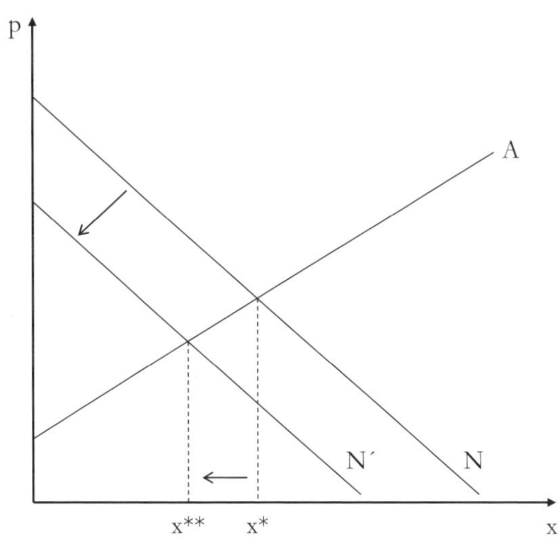

Abb. 2.1: Markt für Gebrauchtwagen guter Qualität

Bei asymmetrischer Information wird das optimale Marktergebnis, das bei vollkommener Information einträte, folglich nicht erzielt. Dieses Problem tritt etwa auch auf Arbeitsmärkten auf (vgl. Kapitel 7, Abschnitt 3.4.1).

Versagt der Markt, ist staatliches Eingreifen dann sinnvoll, wenn hierdurch die Allokation verbessert werden kann. Solche Eingriffe können dem Staat im Rahmen der Wirtschaftsordnung als Aufgabe zugeteilt werden. Jedoch ist hierbei zu beachten, dass es ebenso möglich ist, dass der Staat die Allokation – selbst bei Marktversagen – nicht verbessern kann, so dass staatliche Eingriffe nicht sinnvoll erscheinen. Verschlechtert sich die Wohlfahrt sogar durch staatliche Eingriffe, spricht man auch von **Politikversagen**. Dies kann etwa aufgrund von Informationsdefiziten des Staates entstehen wie in Kapitel 9 Abschnitt 6 für den Fall negativer externer Effekte dargestellt ist.

Einige der genannten Fälle von Marktversagen wirken unmittelbar auf die Versorgung der Bevölkerung mit bestimmten Gütern, denn diese wird durch den Markt (etwa bei öffentlichen Gütern) nur unzureichend gewährleistet.

2.2.2 Staatliche Interventionen – Beispiele aus der Bundesrepublik Deutschland

Die Sicherstellung der Versorgung kann unabhängig davon, aus welchen Gründen sie als unzureichend angesehen wird, als staatliche Aufgabe angesehen werden. In der BUNDESREPUBLIK DEUTSCHLAND etwa bieten nicht nur private Unternehmen Güter und Dienstleistungen an, sondern auch der Staat.

In Deutschland wurden in der Vergangenheit durch die ehemals staatlichen Monopolunternehmen wie Bundesbahn und Bundespost (die auch den Bereich Telekommunikation abdeckte) sowie Rund- und Fernsehfunk essentielle Güter angeboten, die mittlerweile zu einem erheblichen Teil auch von Privaten angeboten werden bzw. privatisiert wurden. Die DEUTSCHE BUNDESBAHN beispielsweise wurde 1994 zur BAHN AG umgewandelt (Art. 74 Abs. 1, Ziff. 23, Art. 87e, Art. 106a und Art. 143a GG). Im Jahr 2013 gab es rund 400 Eisenbahnverkehrsunternehmen in Deutschland (EISENBAHN-BUNDESAMT, 2013), wobei der Schwerpunkt im Güterverkehr lag (BUNDESNETZAGENTUR, 2012, S. 11). Zu beachten ist dabei, dass die ehemals staatlichen Monopole großenteils netzgebunden waren (wie Bahn, Telekom) und somit als natürliche Monopole betrachtet werden konnten.

Ordnungspolitisch stellt sich die Frage, ob es in Bezug auf die Erfüllung gesellschaftlicher Ziele gerechtfertigt ist, dass staatliche Monopole die Güterproduktion übernehmen. Hierzu stellte bereits EUCKEN fest, dass staatliche Monopole sich nicht weniger als solche verhalten, also auch sie der wettbewerbsbasierten Wirtschaftsordnung nicht entsprechen und die optimale Allokation nicht erreichen. Insofern ist eine Abkehr von Monopolen sicherlich ordnungskonform. EUCKEN schlägt eine Regulierung solcher Monopole vor (vgl. Abschnitt 3.1.2). Letztlich sei in diesem Zusammenhang noch das Ziel der Universaldienstbereitstellung erwähnt, d.h. „die Sicherstellung einer flächendeckenden Grundversorgung mit Postdienstleistungen zu erschwinglichen Preisen“ (§ 2 Abs. 2, Ziffer 2 POSTG), womit die Versorgung entlegener Gebiete gemeint ist (das berühmte Beispiel der Postzustellung auf eine Hallig oder die Zugspitze sei auch hier angeführt), die über den Markt ohne staatliche Regulierung schwer möglich wäre.[6]

Das Gut **Infrastruktur** (z.B. öffentliche Straßen) wird den Benutzern in Deutschland weitgehend gebührenfrei zur Verfügung gestellt. Wegen der Nichtanwendbarkeit des Äquivalenzprinzips (vgl. hierzu Kapitel 4, Abschnitt 3.3) können die Kraftfahrzeugsteuer und die Mineralölsteuer nicht als „Preis" für die Inanspruchnahme von Straßennutzung angesehen werden. Eine gut ausgebaute Infrastruktur ist für die Mobilität (auch von Gütern) und damit für die Güterversorgung wichtig. Auch die EU unterstützt eine Reihe von Infrastrukturmaßnahmen in den Mitgliedsländern finanziell („Transeuropäische Netze – TEN"). Allerdings sind auch andere Finanzierungsmöglichkeiten zu beobachten. So etwa werden seit langem Beiträge zur Finanzierung von Verkehrswegen durch die Nutzer erhoben, beispielsweise in Frankreich, Italien oder der Schweiz. In Deutschland wurde im Jahr 2005 eine Maut – eine Benutzungsgebühr je gefahrenen Kilometer – für LKW (über 12 t) eingeführt.[7] Auch die Diskussion um die Einführung einer PKW-Maut wird immer wieder neu belebt, zuletzt im Bundestagswahlkampf 2013 und den nachfolgenden Koalitionsverhandlungen.

Darüber hinaus existieren Modelle der privaten Finanzierung des Baus von Teilen der **Infrastruktur** (z.B. Autobahnen), die in der Vergangenheit ausschließlich aus öffentlichen Haushalten erfolgte. Im Jahre 1997 wurde z.B. im Saarland das erste Autobahnteilstück freigegeben, das privat vorfinanziert worden ist, wodurch die öffentlichen Haushalte nicht direkt, sondern zeitversetzt belastet werden (vgl. Abschnitt 6.1).

Ein weiteres Beispiel für einen staatlichen Eingriff in einen Markt bezieht sich auf Bildungsdienstleistungen. Die **Gebührenfreiheit an staatlichen Schulen und Hochschulen** ist de facto eine staatliche Preissetzung. Hierdurch soll das Prinzip der Startchancengleichheit erfüllt werden und Kindern aus Haushalten mit niedrigem Einkommen z.B. der Zugang zu einem Hochschulstudium erleichtert werden. Zu beachten ist dabei noch ein anderer Aspekt, nämlich dass Bildung (insb. Ausbildung) als Investition in Humankapital interpretiert werden kann und somit die zukünftig verfügbare „Menge" dieses Produktionsfaktors erhöht. Die Förderung von Bildung kann also die Produktionsmöglichkeiten eines Landes steigern. Die Diskussion über Fachkräftemangel in der BUNDESREPUBLIK DEUTSCHLAND belegt die Bedeutung solcher Investitionen.[8] Über ein gebührenfreies Studium können somit mehr „Ressourcen" auch aus Haushalten mit niedrigem Einkommen erschlossen werden. Allerdings zieht auch die ausgebildete Person Nutzen aus dem eigenen durch Bildung geschaffenen Humankapital. Die seit 2004 in mehreren Bundesländern eingeführten Studiengebühren, die einen Teil der Kosten für den persönliche Nutzen aus der Hochschulbildung den Nutzern auferlegte,

---

[6] Zu den Einzelheiten der diesbezüglichen gesetzlichen Vorschriften vgl. Abschnitte 3 (Universaldienst) und 11 (Bußgeldvorschriften) POSTG.

[7] Diese gilt für die Autobahnen und einige Bundesstraßen, vgl. BUNDESFERNSTRAßENMAUTGESETZ (BFStrMG) vom 12. Juli 2011 (BGBl. I S. 1378), zuletzt geändert am 22. Dezember 2011 (BGBl. I S. 3044).

[8] Vgl. hierzu FUCHS, J., SÖHNLEIN, D., WEBER, B. (2011): Projektion des Arbeitskräfteangebots bis 2050: Rückgang und Alterung sind nicht mehr aufzuhalten in: Institut für Arbeitsmarkt und Berufsforschung, IAB-Kurzbericht 16/2011.

sind zwischenzeitlich (Stand WS 2013/14) für das Erststudium (bis auf Niedersachsen) jedoch wieder abgeschafft worden (vgl. Kapitel 6, Abschnitt 6.1.2). Auch im **Bildungswesen** gibt es neben den Studiengebühren zur finanziellen Beteiligung derjenigen, die in Humankapital investieren, weitere Finanzierungansätze. So sind neben den staatlichen Bildungseinrichtungen zunehmend private Hochschulen entstanden. Die erste private Universität in Deutschland nahm 1983 in Witten-Herdecke die ersten Studierenden auf. Auch werden Stiftungsprofessuren privat, zum Großteil von Unternehmen, finanziert. Nach Angaben des STIFTERVERBANDES FÜR DIE DEUTSCHE WISSENSCHAFT (2009, S. 5) liegt die Zahl der Stiftungsprofessuren in Deutschland bei rund 660, die meisten davon mit 114 in Bayern.

Ein weiteres Güterbündel, das vom Staat bereitgestellt wird bzw. auf dessen Konsum der Staat Einfluss nimmt, sind die sogenannten **demeritorischen Güter**. Demeritorische Güter sind solche Güter, deren Konsum aus Sicht des Staates eingeschränkt werden soll. Dies ist z.B. bei Alkohol oder Tabak der Fall. Das Verbot der Tabakwerbung durch die EU (RICHTLINIE 2003/33/EG)[9] – bezogen auf ein privates Gut – ist in diesem Zusammenhang zu sehen. Hierzu gehört auch das erlassene Rauchverbot in öffentlichen Gebäuden und Gaststätten. Es soll zum Schutz von Nichtrauchern und Mitarbeitern beitragen (vgl. hierzu externe Effekte, Abschnitt 2.2.1). Weitere Maßnahmen sind immer wieder in der Debatte, von Kampagnen gegen das Rauchen oder einer Erhöhung der Tabaksteuer über abschreckende Fotos auf der Verpackung und Verbot bis zur Verschärfung bestehender Richtlinien. Die diesbezüglichen Bemühungen halten an. So hat das EUROPÄISCHE PARLAMENT im Oktober 2013 einen Gesetzentwurf verabschiedet, der insbesondere den Schutz junger Menschen zum Ziel hat. Für sie soll der Tabakgenuss „weniger attraktiv gemacht werden" (EUROPÄISCHES PARLAMENT, 2013).

Umgekehrt gibt es auch **meritorische Güter**, Güter also bei denen die Nachfrage der Privaten nicht den – wie auch immer bestimmten – gesellschaftlich gewünschten Umfang erreicht. Hier kann versucht werden, durch staatliche Eingriffe in die Präferenzen der Konsumenten, das erwünschte Konsumniveau zu erreichen. Das klassische Beispiel ist der Impfschutz, der prinzipiell am Markt gegen Entgelt gekauft werden kann. Dies verursacht einen positiven externen Effekt (vgl. hierzu Kapitel 9, Abschnitt 3.2), da mit zunehmender Zahl Geimpfter die Gefahr von Epidemien sinkt. Wenn dagegen das Risiko, sich anzustecken, als gering eingeschätzt wird, kann es im Extremfall zu hohen sozialen Kosten kommen, falls sich die Epidemie ausbreitet. Hierin liegt die Begründung eines staatlichen Impfzwangs.

Abschließend sei noch kurz auf die letzte in Abschnitt 2.2.1 aufgeführte Form von Marktversagen eingegangen, die Informationsdefizite in Form von Informationsasymmetrie. Hier greift der Staat in Deutschland ebenfalls in Märkte ein. Dies geschieht etwa durch Rechtsvorschriften, die die Informationslücke zugunsten der

[9] RICHTLINIE 2003/33/EG des EUROPÄISCHEN PARLAMENTS und des RATES vom 26. Mai 2003 zur Angleichung der Rechts- und Verwaltungsvorschriften der Mitgliedstaaten über Werbung und Sponsoring zugunsten von Tabakerzeugnissen.
Vgl. hierzu das Urteil des Gerichtshofes in der Rechtssache C-380/03 BUNDESREPUBLIK DEUTSCHLAND / EUROPÄISCHES PARLAMENT und RAT der EUROPÄISCHEN UNION, in dem er 2006 die Klage Deutschlands gegen die RICHTLINIE über Tabakwerbung erhobene Klage abweist.

schlechter informierten Marktseite (in aller Regel die Nachfrageseite) reduzieren soll. Beispiele sind lebensmittelrechtliche Vorschriften, die manche Inhaltsstoffe ausschließen (so sie eingehalten werden), Deklarationspflichten oder auch die Verpflichtung zu Produktgarantien.

Eine ordnungspolitische Analyse staatlicher Eingriffe untersucht nun, ob die Übertragung von Funktionen auf den Staat (oder umgekehrt) mit der gewählten Wirtschaftsordnung konform ist. Im Falle einer Marktwirtschaft wäre also die Frage zu stellen, ob eine Maßnahme marktkonform ist oder nicht. Dies ist abhängig von ihrer konkreten Ausgestaltung.

Grundsätzlich ist eine Maßnahme dann als **marktkonform** zu bezeichnen, wenn sie den Marktmechanismus nicht außer Kraft setzt. Staatliche Eingriffe, die lediglich Angebots- oder Nachfragekurve verschieben, sind marktkonform, da sich ein neues Gleichgewicht bilden kann. Preissetzung dagegen ist nicht marktkonform.

Eine andere Frage, die sich bei staatlichen Eingriffen bisweilen stellt, ist diejenige, ob eine konkrete wirtschaftspolitische Maßnahme ordnungspolitisch motiviert ist im Sinne einer Beschränkung des Staates auf die im Rahmen der Wirtschaftsordnung begründbaren Aufgaben und einer Stärkung der Konkurrenz. So werden in der öffentlichen Debatte bisweilen auch andere als ordnungspolitische Beweggründe für staatliche Maßnahmen erörtert. Bei der Übertragung ehemals staatlicher Aufgaben auf Private beispielsweise werden häufig budgetbedingte Erwägungen des Staates als „eigentlicher" Grund der Maßnahme diskutiert. Welche Motivation tatsächlich (staatlichen) Entscheidungen zugrunde liegt, wird nur in den seltensten Fällen objektiv festzustellen sein.

Neben den grundsätzlichen Überlegungen zur Rolle des Staates in der Marktwirtschaft, ist zu beachten, dass staatliche Aktivitäten nicht unentgeltlich sind. Den Vorteilen einer verbesserten Allokation stehen Kosten gegenüber. Diese entstehen nicht nur beim Staat, sondern aufgrund staatlicher Vorschriften auch bei den privaten Wirtschaftssubjekten (vgl. hierzu Abschnitt 6.1).

3 Theoretische Fundierung

3.1 Elemente einer Wirtschaftsordnung

3.1.1 Konstituierende Prinzipien der Wirtschaftsordnung

Für die Errichtung einer Wettbewerbsordnung hat EUCKEN (1960, S. 254–291) wie bereits erwähnt „**konstituierende Prinzipien**" und ergänzend für den Erhalt ihrer Funktionsfähigkeit „**regulierende Prinzipien**" erarbeitet (EUCKEN, 1960, S. 291–324).

Die konstituierenden Prinzipien werden im Folgenden kurz dargestellt. Es zeigt sich, dass sie nach wie vor relevant und hoch aktuell sind. Sie werden in der wirtschaftswissenschaftlichen und -politischen Diskussion nach wie vor eingefordert und ihre Verletzung bemängelt, sei es bei Fragen der Fiskal- und Geldpolitik, der Umwelt- und Sozialpolitik oder in der institutionenökonomischen Literatur.

[1] **Das Grundprinzip**
Das wirtschaftsverfassungsrechtliche Grundprinzip sah EUCKEN in der „Herstellung eines funktionsfähigen Preissystems vollständiger Konkurrenz" (EUCKEN, 1960, S. 254). Das Preissystem sollte nicht behindert oder außer Kraft gesetzt werden, aber auch der Konzentrationsprozess in der Volkswirtschaft sollte unterbunden anstatt z.B. steuerpolitisch sogar noch begünstigt werden. Dabei ist zu beachten, dass sich Eingriffe in einzelne Märkte aufgrund der Interdependenz des wirtschaftlichen Systems auf andere Märkte und schließlich sogar die ganze Volkswirtschaft auswirken. EUCKEN wendet sich jedoch ausdrücklich gegen das System des Laissez-faire, das das Grundprinzip eben nicht erfüllen würde. Wenn man das Wettbewerbsprinzip als solches bejaht, müssen nämlich zugleich Vorkehrungen getroffen werden, einen möglichst funktionsfähigen Wettbewerb zu gewährleisten (vgl. dazu Kapitel 3, Abschnitt 3.2).

[2] **Primat der Währungspolitik – der währungspolitische Stabilisator**
Im Zentrum der Wettbewerbsordnung müsse die Sicherung eines stabilen Geldwertes stehen. Diese Forderung war insbesondere durch die wirtschaftshistorischen Erfahrungen in Deutschland begründet. Allerdings begnügte sich EUCKEN nicht mit der Forderung nach Geldwertstabilität. Er forderte einen Automatismus, der die Geldversorgung unabhängig von Interessengruppen, politischer Einflussnahme usw. gewährleisten sollte (vgl. dazu Kapitel 5, Abschnitt 5). Hier sei auf die Debatte um die Unabhängigkeit der EUROPÄISCHEN ZENTRALBANK (EZB) und ihre Verpflichtung auf ein einziges Oberziel, nämlich die Preisstabilität, verwiesen. Unabhängigkeit ist aus institutionenökonomischer Sicht nicht zuletzt deshalb essentiell, weil andernfalls die Geldpolitik bzw. ihre Instrumente wahltaktisch eingesetzt werden könnten.[10]

[3] **Offene Märkte**
Zur Gewährleistung von Wettbewerb ist es erforderlich, den Marktzutritt nicht zu beschränken, um Konzentrations- oder gar Monopolisierungstendenzen zu unterbinden. Dieses Prinzip bezieht sich nach EUCKEN (1960, S. 264ff.) zum einen auf staatliche marktzutrittsbehindernde Maßnahmen, wie protektionistische Bestimmungen (auch auf dem Arbeitsmarkt) oder patentrechtliche Regelungen. Zum anderen soll der Staat private Aktivitäten, wie etwa Behinderungswettbewerb, unterbinden oder zumindest erschweren, um den Wettbewerb zu schützen. Hier soll also auch der Versuch, etwa von Interessengruppen, sich über das politische System Vorteile zu verschaffen (das sogenannte „rent-seeking"), unterbunden werden.

[4] **Privateigentum**
EUCKEN spricht sich für Privateigentum an den Produktionsmitteln aus. Eigentum an Faktoren bedeutet letztendlich für den Eigentümer Verfügungsrechte (property

---

[10] Vgl. hierzu die auf NORDHAUS (1975) zurückgehenden Überlegungen zum „Politischen Konjunkturzyklus".

rights)[11], u.a. das Recht, nach Belieben über die Faktoren zu verfügen und das Recht auf Erträge aus den Faktoren. Dies wiederum erzeugt Anreize, die Faktoren möglichst effizient einzusetzen.

Allerdings stellt das Privateigentum allein laut EUCKEN noch keine Garantie für das Funktionieren einer Wettbewerbsordnung dar. Bei monopolistischen Strukturen würden Machtpositionen entstehen, die es verhindern, dass Privateigentum zu einem ökonomisch und sozial brauchbaren Instrument des Ordnungsaufbaus wird. Als Beispiel führt er die Machtposition eines Nachfragemonopolisten (mit Privateigentum an den Produktionsmitteln) auf dem Arbeitsmarkt an. Insofern sind vollständige Konkurrenz und Privateigentum an den Produktionsmitteln in Bezug auf die gewünschte Wirtschaftsordnung zu kombinieren.

[5] **Vertragsfreiheit**

In der Vertragsfreiheit sieht EUCKEN eine Voraussetzung für das Zustandekommen von wirksamer Konkurrenz, da sie den individuellen Wirtschaftssubjekten die erforderliche Entscheidungs- und Handlungsfreiheit zubilligt. Er weist jedoch darauf hin, dass auch wettbewerbsbeschränkende Verträge bei Geltung der Vertragsfreiheit geschlossen werden können. Um dies zu unterbinden, schlägt EUCKEN eine staatliche Überwachungsbehörde, ein Monopolamt, vor, das später (1957) – mit breiterer Aufgabenstellung – in Form des BUNDESKARTELLAMTES geschaffen wurde (vgl. Kapitel 3, Abschnitt 5.1.2).

[6] **Haftung**

„Wer den Nutzen hat, muss auch den Schaden tragen" (EUCKEN, 1960, S. 279). Das Prinzip der persönlichen Haftung trägt zu vorsichtigen ökonomischen Dispositionen bei. Dabei ist wiederum die Vorstellung der polypolistischen Marktform maßgebend, wobei unterstellt wird, dass der Unternehmer auch der Eigentümer ist und damit die Haftung greift. Auf die mangelnde Umsetzung in der wirtschaftspolitischen Praxis weist EUCKEN allerdings durchaus hin. Zu dieser Auffassung EUCKENs sei auf die Überlegungen zum Verursacherprinzip in Kapitel 9 Abschnitt 4.3 hingewiesen.

[7] **Konstanz der Wirtschaftspolitik**

Für Investitionsentscheidungen von Unternehmen ist wesentlich, dass die relevanten Rahmenbedingungen – wegen der langfristigen Bindung durch Investitionen – antizipierbar sind. Daher muss die Wirtschaftspolitik berechenbar und transparent sein, denn es sollen von den Unternehmen zwar die wirtschaftlichen Risiken einer Investition getragen werden, nicht aber die politischen. Besteht nämlich Unsicherheit über die künftigen Regelungen, ist mit Investitionszurückhaltung zu rechnen. Ein solcher Attentismus war in der BUNDESREPUBLIK DEUTSCHLAND beispielsweise Mitte der 90er Jahre zu verzeichnen, als eine Art „Reformstau" einsetzte.

Ein Beispiel für eine eher unerwartete Kehrtwende in der Politik der letzten Jahre war die Entscheidung der konservativ-liberalen BUNDESREGIERUNG zum raschen Atomausstieg nach der Reaktorkatastrophe von Fukushima im Jahre 2011 (vgl. hierzu Kapitel 9, Abschnitt 2.1).

---

[11] Hier werden nach FURUBOTN und PEJOVICH (1972) vier Verfügungsrechte unterschieden: Das Recht, die Sache zu nutzen, das Recht, die Erträge einzubehalten, das Recht, die Substanz oder Form zu ändern, das Recht, alle oder einzelne Verfügungsrechte auf andere zu übertragen.

[8] **Die Zusammengehörigkeit der konstituierenden Prinzipien**

Abschließend weist EUCKEN (1960, S. 289ff.) darauf hin, dass diese Prinzipien nur zusammen genommen ordnungspolitisch sinnvoll sind. So etwa sei das Privateigentum ohne die Vertragsfreiheit, die die Verfügung darüber erlaubt, wenig hilfreich.

3.1.2 Regulierende Prinzipien der Wettbewerbsordnung

Neben die konstituierenden Prinzipien für die „Herstellung" der Wettbewerbsordnung hat EUCKEN regulierende Prinzipien gestellt, die dafür sorgen sollen, die Wettbewerbsordnung funktionsfähig zu erhalten, denn selbst die strenge Einhaltung der konstituierenden Prinzipien garantiere dies nicht zwingend (EUCKEN, 1960, S. 291).

[1] **Das Monopolproblem in der Wettbewerbsordnung**

Ein Beispiel von EUCKEN sind die bereits angesprochenen „natürlichen Monopole" (vgl. Abschnitt 2.2.1), die besonders bei netzgebundenden Unternehmen, etwa Bahn oder Telekommunikationsanbietern, zu beobachten sind. Es kann somit auch bei Erfüllung der regulierenden Prinzipien Marktmacht bestehen. Dieses Problem ist nach EUCKEN nicht über die Verstaatlichung dieser Unternehmen zu lösen, da sich staatliche Monopole kaum anders als private Monopole verhalten und nicht, wie unter den Bedingungen der vollständigen Konkurrenz agieren. Stattdessen sieht er in der Einrichtung eines Monopolamtes (Regulierungsbehörde) einen Lösungsansatz. Es sei unabhängig zu gestalten, um möglichst wenig dem Einfluss von Partialinteressen ausgesetzt zu sein, in heutiger Terminologie dem rent-seeking. Die Existenz eines solchen Amtes, das tatsächlich wirksame Maßnahmen erlassen und durchsetzen könne, wirke darüber hinaus präventiv, wenn bekannt ist, dass monopolistisches Verhalten durch das Monopolamt nicht hingenommen werde.

[2] **Einkommenspolitik**

Hier geht es um die „soziale Blindheit" des Marktes. Die Einkommensverteilung, die sich aus der reinen Wettbewerbsordnung ergibt, müsse durch den Staat aus sozialen Gründen korrigiert werden. EUCKEN schlägt eine progressive Einkommensteuer vor, d.h. der durchschnittliche Steuersatz steigt bei steigendem Einkommen. Allerdings, so EUCKEN, dürfe die Steuerprogression nicht so weit gehen, dass sie Investitionen gefährdet.[12]

[3] **Wirtschaftsrechnung**

EUCKEN geht hier auf externe Kosten ein, die nicht dem Verursacher dieser Kosten anfallen, sondern Dritten und daher in den privaten Wirtschaftsrechnungen nicht enthalten sind (vgl. hierzu Kapitel 9). Als Beispiel nennt er u.a. die Abholzung von Wäldern und deren negative Wirkungen auf Boden und Klima – ein Thema von ungebrochener Aktualität. Er geht außerdem in diesem Zusammenhang auf sozial unerwünschte Effekte durch zu geringen Schutz der Arbeitnehmer u.a. gegen Unfälle ein. Die verheerenden Folgen eines unzureichenden Arbeitsschutzes sind vor allem – aber nicht nur – in Entwicklungsländern nach wie vor

---

[12] Auf die Sozialpolitik geht EUCKEN in Kapitel XVIII, Abschnitt III noch genauer ein.

offenkundig. Dieses Problem gelangt insbesondere nach Unfällen ins Blickfeld – auch der deutschen Öffentlichkeit, wie beispielsweise im April 2013, als in Bangladesch mehr als 1000 Arbeiterinnen ums Leben kamen.

In solchen Fällen, in denen Schäden (und das Leid anderer) nicht vom Verursacher berücksichtigt werden, muss der Staat nach EUCKENs Auffassung regulierend eingreifen, etwa durch Ge- und Verbote, die die „Freiheit der Planung" einschränken (vgl. Abschnitt 1).

[4] **Anomales Verhalten des Angebots**

Wenn die Löhne so niedrig sind, dass sie das (soziokulturelle) Existenzminimum gerade oder nicht decken, erhöhen die Arbeitskräfte ihr Arbeitsangebot bei fallenden Löhnen. Dies wird als anomales Arbeitsangebotsverhalten bezeichnet (vgl. Kapitel 7, Abschnitt 6.4.1). Die Folge anomalen Arbeitsangebotsverhaltens können Löhne sein, die ins „Bodenlose" fallen. Sollte dies trotz Wettbewerbsordnung und Schutzvorschriften (wie Verbot der Kinderarbeit) auftreten, sind nach EUCKEN Mindestlöhne ein geeignetes Mittel, um dem entgegenzuwirken. In jüngerer Zeit findet bekanntlich eine intensive Diskussion über die Einführung staatlicher Mindestlöhne auch hierzulande statt, was die Aktualität Euckenscher Gedanken auch in arbeitsmarktpolitischer Hinsicht zeigt.

Zu betonen bleibt, dass die **Interdependenz aller Prinzipien**, sowohl der konstituierenden als auch der regulierenden von EUCKEN (1960, S. 304ff.) zu berücksichtigen ist: Alle Prinzipien müssen erfüllt sein, wie schon in Abschnitt 2.1 dargestellt wurde.

Zusammenfassend lässt sich feststellen, dass die Soziale Marktwirtschaft in der BUNDESREPUBLIK DEUTSCHLAND stark auf den Prinzipien von EUCKEN beruht. Sie ist ein Mischsystem, in dem der Staat, anders als in der freien Marktwirtschaft (Laissez-faire) wirtschaftspolitische Aufgaben ausfüllen muss und ein starker Staat gefordert wird. Die staatlichen Aufgaben bestehen vornehmlich in der Implementierung und dem Schutz der Wettbewerbsordnung, der Lösung sozialer Probleme und der Vermeidung von Fehlentwicklungen, etwa bei Vorliegen externer Effekte.

3.1.3 Die Kriterien Ordnungs- und Zielkonformität

Neben der Ausgestaltung einer Wirtschaftsordnung beschäftigt sich die Ordnungspolitik auch mit der Frage, wie wirtschaftspolitische Instrumente und Maßnahmen innerhalb einer bestehenden Wirtschaftsordnung gestaltet sein sollen. Aus Sicht der Ordnungspolitik, die sich mit dem Ordnungsrahmen des Wirtschaftens befasst, ist dabei zur Beurteilung und Systematisierung wirtschaftspolitischer Instrumente (vgl. Kapitel 1, Abschnitt 4.2) wesentlich, ob diese mit den grundlegenden Prinzipien der gewählten Ordnung konsistent sind und die Funktionsfähigkeit der Ordnung nicht mindern (KÜLP, BERTHOLD, 1992, S. 111). Erfüllen staatliche Eingriffe diese Anforderungen, sind sie **ordnungskonform**. Im Falle der Wettbewerbsordnung bedeutet ordnungskonform im Wesentlichen „**marktkonform**". Eine Maßnahme ist dann marktkonform, wenn sie den Bedingungen für einen funktionierenden Markt entspricht. Wird etwa der Marktmechanismus außer Kraft gesetzt, ist die Maßnahme nicht marktkonform, ebenso wenig wie Instrumente, die den Wettbewerb einschränken oder sogar aufheben.

▶ **Beispiel**

Marktkonformität lässt sich am Beispiel des Mietwohnungsmarktes verdeutlichen, einem in Deutschland stark von wirtschaftspolitischen Eingriffen geprägten Markt. Ziel der Wohnungspolitik ist dabei eine Versorgung der Bevölkerung mit „bezahlbarem" Wohnraum.[13]

Das Ziel bezahlbaren Wohnraums kann zum einen durch Mietobergrenzen verfolgt werden, also „durch Bestimmung höchstzulässiger Mieten unterhalb von ortsüblichen Vergleichsmieten" (§ 7 Abs. 1 WOHNRAUMFÖRDERUNGSGESETZ (WOFG)). In diesem Fall setzt der Staat einen Preis fest, der – wenn er unterhalb des Gleichgewichtspreises liegt – den Marktmechanismus außer Kraft setzt. Der Preis kann sich nicht mehr nur durch Angebot und Nachfrage bilden. Diese Maßnahme ist somit nicht marktkonform. Ergänzend sei erwähnt, dass es Interdependenzen zwischen dem Mietwohnungsmarkt und anderen Märkten gibt („verbundene Märkte"), wie dem Markt für Bauland, dem Markt für Bauleistungen und demjenigen für Baudarlehen. Ein unterhalb der Gleichgewichtsmenge liegendes Mietwohnungsangebot lässt allokative Verzerrungen auf den verbundenen Märkten erwarten.

Alternativ sei die Zahlung von Wohngeld (§ 7 Abs. 1 WOFG) als Instrument genannt. Diese Maßnahme verlagert, grafisch gesprochen, die private Nachfragefunktion nach unten. Dessen ungeachtet wird die Preisbildung dem Marktmechanismus überlassen, die Maßnahme ist insofern marktkonform.

Darüber hinaus lässt sich der Mitteleinsatz auch danach klassifizieren, ob er **zielkonform** ist, also geeignet ist, das angestrebte Ziel tatsächlich sowie möglichst zu geringen Kosten und ohne negative Nebenwirkungen zu erreichen. Im Beispiel des Wohnungsmarktes besteht die Zielgruppe nach dem WOFG aus denjenigen „Haushalte(n), die sich am Markt nicht angemessen mit Wohnraum versorgen können" (§ 1 Abs. 2 WOFG). Zielkonform ist die Maßnahme somit in erster Linie dann, wenn diese Haushalte tatsächlich aufgrund des Instruments mit bezahlbarem Wohnraum versorgt werden können und andere Haushalte nicht von den Maßnahmen profitieren.

3.2 Grundpositionen für die Wirtschaftsordnung – Die Rolle des Staates

Für die konkrete Festlegung einer Wirtschaftsordnung, insbesondere bezüglich der Rolle des Staates, sind auch innerhalb einer Wettbewerbsordnung unterschiedliche Positionen denkbar. Die Randpositionen wären zum einen darin zu sehen, dass dem Staat im Wesentlichen die Rolle zukommt, einen leistungsfähigen Ordnungsrahmen für privatwirtschaftliche Aktivitäten zu schaffen und zu erhalten, nicht aber in den Marktprozess einzugreifen.

[13] Vgl. hierzu etwa die Zielformulierung der BUNDESREGIERUNG (2013).

Die entgegengesetzte Position besagt, dass es durchaus eine Reihe von Umständen gibt, unter denen der Staat aktiv in das Wirtschaftsgeschehen eingreifen soll. Argumente hierfür sind etwa

- Schutz des Wettbewerbs,
- Sozialer Ausgleich,
- Vorliegen von Marktversagen oder auch
- gesamtwirtschaftliche Erfordernisse.

Für die Position, der Staat solle nicht aktiv in den Marktprozess eingreifen, lassen sich ebenfalls Argumente anführen, u.a. die bereits angesprochene These des **Staatsversagens**, die analog zum Marktversagen feststellt, dass auch der Staat nicht zwingend die optimale Allokation erreichen wird. Weiterhin können wirtschaftspolitische Maßnahmen destabilisierend wirken (**Destabilisierungsthese**), wie etwa eine zeitlich nicht gut justierte antizyklische Politik, die aufgrund von Time-Lags letztlich prozyklisch wirken kann (vgl. Kapitel 5, Abschnitt 3.3). Auch die Gefahr, dass Regulierungsmaßnahmen **weitere Regulierung** nach sich ziehen können, wird hier angeführt.

Weiterhin ist anzumerken, dass die Motivation des Staates bei wirtschaftspolitischen Eingriffen einer näheren Analyse bedarf. Diese ist Gegenstand der **Neuen Politischen Ökonomik (NPÖ)**, die häufig auch als Public Choice-Theorie bezeichnet wird. Untersuchungsgegenstand sind dabei politische und bürokratische Entscheidungsprozesse.

Neue Politische Ökonomik (NPÖ)

Die Neue Politische Ökonomie untersucht politische Institutionen und Entscheidungsprozesse mit Hilfe ökonomischer Methoden.

Im Rahmen dieser Theorie wird der Staat nicht als eine Einheit angesehen, deren Ziel im Gemeinwohl des Landes besteht (im Sinne eines „wohlwollenden omnipotenten Diktators“).

Vielmehr wird berücksichtigt, dass „der Staat“ keine Entität ist, sondern aus verschiedenen Handlungsträgern mit eigenen Interessen besteht. Akteure, die Einfluss auf politische Entscheidungen haben, sind etwa Wähler, Politiker, Interessengruppen und die Bürokratie.

Die NPÖ analysiert somit nicht den „Staat“ als monolithischen Akteur, sondern setzt den Fokus auf die individuellen Akteure, die an politischen Entscheidungen mitwirken. Diese wiederum können durchaus auch eigene Interessen haben, die sie anstelle der Zielsetzung des „Staates“, dem Gemeinwohl, verfolgen, was teilweise erst durch ihre Zugehörigkeit zum Staat ermöglicht bzw. erleichtert wird. Beispiele für Annahmen, die seitens der NPÖ über die Handlungsmotive der Akteursgruppen getroffen werden, sind:

- bei Wählern eine Politik möglichst nahe an ihren eigenen Wünschen,

- bei Politikern die ausreichende Anzahl von Wählerstimmen[14] zwecks Wiederwahl,
- bei Interessengruppen die Durchsetzung von Partikularinteressen und die Erzielung von Vorteilen zugunsten ihrer Klientel mit Hilfe der Politik (rent-seeking),
- bei der Bürokratie Einkommenserzielung und Machtmaximierung; derartige bürokratische Interessen können sich z.B. in einer ständigen Ausweitung der Budgets auswirken.

Zusammenfassend lässt sich feststellen:

Wenn Märkte perfekt funktionieren würden, also die optimale Allokation hervorbringen, können staatliche Eingriffe das ohnehin schon optimale Ergebnis nicht verbessern, allenfalls gleich gut lassen, verbrauchen dafür aber Ressourcen. Dann lassen sich staatliche Eingriffe schwerlich begründen.

Allerdings bedarf die kritische Überprüfung dieser Aussage einer intensiven Diskussion des Begriffs „optimal", welche hier nicht ausführlich nachgezeichnet werden kann, sondern nur exemplarisch für den Zustand des „Pareto-Optimums" skizziert wird:

> **Pareto-optimal** ist ein Zustand, wenn kein Wirtschaftssubjekt besser gestellt werden kann, ohne dass ein anderes Wirtschaftssubjekt schlechter gestellt wird. Dieser Zustand ist unter den Bedingungen der vollständigen Konkurrenz erreicht, soweit von Marktversagen (natürliche Monopole, externe Effekte, instabile Marktgleichgewichte etc.) abgesehen wird.

Um bei einem Pareto-Optimum von einem Wohlfahrtsoptimum sprechen zu können, wird die Ausgangsverteilung offensichtlich als ihrerseits „optimal" angenommen. Außerdem wird ausgeschlossen, dass die gesellschaftliche Wohlfahrt dadurch weiter steigen könnte, dass einem Wirtschaftssubjekt zwar etwas weggenommen wird, aber der Wohlfahrtsgewinn desjenigen, der davon profitiert, größer ist als der Verlust des ersten. „Interpersonelle Nutzenvergleiche" werden somit ausgeschlossen.

Davon abgesehen funktionieren Märkte nicht unbedingt perfekt. Führt der Marktmechanismus nicht zu optimaler Allokation (Marktversagen), sind staatliche Eingriffe sinnvoll, wenn diese die Allokation verbessern (vgl. hierzu Kapitel 9). Bei der Beurteilung staatlicher Eingriffe ist jedoch zu berücksichtigen, dass der Staat zum einen nicht als Entität zu betrachten ist und er zum anderen nicht als „Wohlmeinender Diktator" auftritt, da der Staat das komplexe Produkt einer Vielzahl von Akteuren ist, die durchaus auch eigene Interessen vertreten.

Wenn unterschiedliche Akteure an Entscheidungen mitwirken, muss dem ein Regelsystem (eine Institution) unterliegen. In der Politik sind dies unter anderem diejenigen Regeln, die festlegen, wer der Souverän ist, weiterhin – im Falle einer Demokratie -, das Wahlrecht. Darüber hinaus muss geregelt werden, welche Fragen von welchen Entscheidungsebenen zu treffen sind. Hier ist die Bandbreite groß, beginnend bei unmittelbaren Entscheidungen durch das Volk (Volksentscheid) bis hin zu solchen durch internationale Organisationen wie der EU. In welcher Weise die oben genannten

---

[14] Hier ist bisweilen das Ziel der Maximierung von Wählerstimmen genannt. Dem ist aber zu widersprechen, da es vollkommen ausreicht, die Wahl zu gewinnen, um die eigenen Interessen dann in der Regierung durchzusetzen.

Akteure Einfluss nehmen können, hängt von den jeweiligen Regelsystemen (Institutionen) ab. Wie sich rationale Akteure innerhalb solcher Regelsysteme verhalten und wie sich dies auswirkt, ist Gegenstand der Neuen Institutionenökonomik. Die NPÖ kann somit als Teil der **Neuen Institutionenökonomik** angesehen werden.

3.3 Institutionenökonomische Analyse staatlichen Handelns: Regeln und Sanktionen

Die Wirtschaftsordnung als Regelsystem für die wirtschaftliche Interaktion in einem Land ist nur dann als Ordnungsrahmen geeignet, wenn die Regeln auch eingehalten werden. Dies gilt bei jeder Institution. In kleinen Gruppen ist denkbar, dass der Einzelne einen Anreiz verspürt, sich an Regeln zu halten. Bei Regeln mit eigenem Sanktionspotenzial, d.h. Regeln, deren Nichteinhaltung aus sich heraus zu Nachteilen für denjenigen führen, der sich nicht regelkonform verhält, wird die Einhaltung ebenfalls unproblematisch sein. Ein Beispiel hierfür sind allgemeingültige technische Normen (z.B. DIN). Produziert man nicht normgerechte Güter (etwa Briefumschläge), erfolgt die Sanktion automatisch über den Markt, weitere Regelungen sind nicht notwendig. Bei Betrachtung einer Wirtschaftsordnung aber ist zum einen die betroffene Gruppe nicht klein, zum anderen sind Regeln enthalten, insbesondere diejenigen zum Schutz des Wettbewerbs, die über kein solches eigenes Sanktionspotenzial verfügen; im Gegenteil, es lohnt sich, den Wettbewerb zum eigenen Vorteil auszuschalten. Diese Überlegungen lassen sich mit Hilfe spieltheoretischer Methoden darstellen.

Abbildung 2.2 zeigt eine Auszahlungsmatrix, die diese Problematik strukturiert. Zur Vereinfachung wird von zwei Akteuren (Spieler A und B) ausgegangen, die jeweils über zwei Handlungsalternativen (Strategien) verfügen, nämlich eine gegebene Regel einzuhalten oder aber sie zu brechen. In jedem der vier Felder, die die möglichen Strategiekombinationen der Akteure umspannen, ist die Auszahlung (hier der Nutzen) des Spielers A für die jeweiligen Strategiekombinationen angegeben. Das Spiel ist symmetrisch, d.h. für Spieler 2 entsteht jeweils der gleiche Nutzen. Zur Übersichtlichkeit kann daher auf die Angabe der Auszahlungen von Spieler B verzichtet werden. Weiterhin sind ohne Einschränkung der Allgemeinheit Zahlenwerte angegeben. Unterstellt wird Rationalverhalten.

		Spieler B	
		Einhalten der Regel	Brechen der Regel
Spieler A	Einhalten der Regel	2	-3
	Brechen der Regel	4	-1

Abb. 2.2: Auszahlungsmatrix ohne Sanktionssystem

Unabhängig davon, welche der beiden Strategiealternativen Spieler B wählt, also unabhängig davon ob B die Regeln einhält oder nicht, ist für Spieler A der Nutzen höher, wenn er sich zum Brechen der Regeln entscheidet. Würde sich B beispielsweise regelkonform verhalten, könnte sich A einen Vorteil verschaffen durch Brechen der Regeln.

Eine Strategie, die – unabhängig davon, welche Strategie der Gegner wählt -, immer zu einer höheren Auszahlung führt, wird als **dominante Strategie** bezeichnet. Aufgrund der Symmetrie gilt das Gleiche für Spieler B. Für beide ist die dominante Strategie somit Brechen der Regel, im Ergebnis wird bei Rationalverhalten niemand die Regeln einhalten. Im Ergebnis zeigt sich: Bei (oder trotz) Rationalverhalten aller Akteure wird ein Ergebnis erzielt, das schlechter ist als dasjenige, das sich ergäbe, würden sich alle Spieler an die Regeln halten. Das Ergebnis ist dabei nicht nur gesellschaftlich schlechter, sondern auch für jeden einzelnen Spieler. Diese Entscheidungssituation entspricht dem aus der Spieltheorie bekannten **Gefangenendilemma**.

Ziel des Staates muss es daher sein, ein **Sanktionssystem** aufzubauen, das den Nutzen so verändert, dass nun das Einhalten der Regeln zur dominanten Strategie wird. Wird etwa bei Brechen der Regeln eine Strafe von 3 eingeführt, ändert sich die Matrix, das Ergebnis zeigt die untenstehende Abbildung 2.3. Unterstellt ist bei der obigen Festlegung der Strafhöhe, dass jeder Regelverstoß auch geahndet wird. Ist dem nicht so, muss nicht die Nutzenminderung in Höhe der Strafe angesetzt werden, sondern der entsprechende Erwartungswert.

		Spieler B	
		Einhalten der Regel	Brechen der Regel
Spieler A	Einhalten der Regel	2	-6
	Brechen der Regel	1	-4

Abb. 2.3: Auszahlungsmatrix mit Sanktionssystem

Hierin liegt die Begründung dafür, dem Staat die Macht zu geben, mit wirksamen Sanktionen für die Einhaltung seiner Regeln zu sorgen. Das gilt auch für die Wirtschaftsordnung.

4 Ziele der Ordnungspolitik

Die in Abbildung 2.4 dargestellten **Ziele der Ordnungspolitik** sind dem Oberziel der Maximierung der gesellschaftlichen Wohlfahrt (vgl. Kapitel 1, Abb. 1.2) zuzuordnen. Im Vordergrund der Ordnungspolitik in einer Marktwirtschaft stehen **Schaffung und Erhalt einer funktionsfähigen Wettbewerbsordnung** (vgl. hierzu Kapitel 3) oder in den Worten von EUCKEN (1960, S. 373) „funktionsfähigen und menschenwürdigen Ordnung“.

Abb. 2.4: Ziele der Ordnungspolitik

Die Bedeutung, die der Bestimmung der Rolle des Staates zukommt, wurde schon an mehreren Stellen deutlich. Dabei ist festzulegen, wie stark, in welchen Gebieten und in welcher Weise der Staat in das Wirtschaftsgeschehen eingreifen soll bzw. darf. Die Kompetenzen des Staates können sowohl ausgebaut als auch – etwa durch Deregulierung oder Bürokratieabbau – eingedämmt werden (vgl. hierzu Abschnitt 6.1).

Auch in den Zielen der EUROPÄISCHEN UNION sind sowohl die wettbewerbliche als auch die soziale Komponente sowie die Umweltpolitik enthalten: „Die Union errichtet einen Binnenmarkt. Sie wirkt auf die nachhaltige Entwicklung Europas auf der Grundlage eines **ausgewogenen Wirtschaftswachstums** und von Preisstabilität, eine in hohem Maße **wettbewerbsfähige soziale Marktwirtschaft**, die auf Vollbeschäftigung und sozialen Fortschritt abzielt, sowie ein hohes Maß an **Umweltschutz und Verbesserung der Umweltqualität** hin. Sie fördert den wissenschaftlichen und technischen Fortschritt" (Art. 3 Abs. 3 AEUV [Hervorhebung v. d. Verf.]).

Wirtschaftsordnungen sollen grundsätzlich in sich geschlossen und widerspruchsfrei sein. Dennoch können zumindest kurzfristig Konflikte zwischen Zielen bzw. Prinzipien auftreten. Dies gilt auch für die Soziale Marktwirtschaft und zwar in besonderem Maße für die Ziele „Marktkonformität" und „Zielwirksamkeit". Das wird u.a. am Beispiel von Maßnahmen des sozialen Ausgleichs deutlich. So ist etwa zu fragen, ob Eingriffe in die Preisbildung auf dem Arbeitsmarkt marktkonform sind. Mindestlöhne (vgl. Kapitel 7, Abschnitt 6.4 und Kapitel 6, Abschnitt 5.1) können einerseits rasch das Einkommensniveau der Beschäftigten erhöhen, aber andererseits Arbeitslosigkeit steigern, da die Markträumungsfunktion des Preismechanismus gefährdet wird. Bildungs- und Qualifizierungsmaßnahmen mögen marktkonformer sein, wirken aber allenfalls mittel- bis langfristig einkommenssteigernd. Zu beachten ist jedoch, dass Mindestpreise – auch Mindestlöhne – zur Herausbildung einer Schattenwirtschaft beitragen, also etwa einem tertiären illegalen Arbeitsmarkt mit Löhnen unterhalb des Mindestlohns. Das heißt, Mindestlöhne sind nur bedingt zielwirksam. Schließlich hängt die Marktkonformität ganz wesentlich von der Höhe des Mindestlohns ab: Liegt der Mindestlohn unter dem Gleichgewichtslohn, ist er marktkonform und verhindert Marktinstabilitäten. Liegt er darüber, verursacht er Arbeitslosigkeit.

Ein weiterer Konflikt zwischen sozialpolitischen Zielen und einer wettbewerblichen Wirtschaftsordnung besteht darin, dass die Sozialpolitik relativ stark an Bedarfsgerechtigkeit orientiert ist, während die Verteilungs- und Motivationsfunktion des Wettbewerbs auf Marktleistungsgerechtigkeit abstellt. Die Folge einer staatlichen Umverteilungspolitik mit Tendenzen zur Gleichverteilung mindert jedoch die Motivation der Wirtschaftssubjekte und schmälert langfristig die gesamtwirtschaftliche Gütererstellung.

Anzumerken ist weiterhin, dass sich die **Operationalisierung** ordnungspolitischer Ziele schwierig gestaltet. Das ist bereits im Laufe der obigen Ausführungen deutlich geworden. Ob etwa in einem Land eine funktionsfähige Wettbewerbsordnung besteht oder der Ordnungsrahmen geeignet ist, den sozialen Ausgleich zu gewährleisten, ist schwer zu erfassen. Dies ist unter anderem auch darin begründet, dass dies, insbesondere wenn es um die Frage der sozialen Gerechtigkeit geht, auf Werturteilen beruht.

5 Träger der Ordnungspolitik

5.1 Nationale Träger

Träger der Ordnungspolitik sind in Deutschland die **verfassunggebenden Organe** (BUNDESTAG, BUNDESRAT). Dies gilt für die Festlegung der wichtigsten Rahmenbedingungen wie die Schaffung der Wettbewerbsordnung, der Geldordnung, der Finanzverfassung, des Tarifvertragsrechts usw. Die BUNDESREGIERUNG zeichnet als Exekutive für die Durchführung der gesetzlichen Grundlagen verantwortlich. Von nicht zu unterschätzender Bedeutung ist auch die Rechtsprechung, insbesondere die des BUNDESVERFASSUNGSGERICHTS (BVERFG), welches in einer Reihe von Urteilen die Verfassungskonformität von Gesetzen bzw. rechtlichen Bestimmungen oder ihre Nichtvereinbarkeit mit verfassungsrechtlichen Normen gerade in jüngerer Zeit wiederholt, wenn auch selten in Bezug auf die Wirtschaftsordnung, festgestellt hat. Zu nennen sind aber auch andere Oberste Bundesgerichte (BUNDESARBEITSGERICHT (BAG), BUNDESSOZIALGERICHT (BSG)), deren Rechtsprechung normsetzend in den jeweiligen Rechtsbereichen wirkt. Neben dem gesetzlichen und institutionellen Rahmen, der für das Verhalten des Staates und privater Wirtschaftssubjekte normierend ist, sind die

Träger auch für die Schaffung und den Einsatz von Instrumenten der Ordnungspolitik zuständig.

Für die Einhaltung der Wettbewerbsordnung auf nationaler Ebene ist das BUNDESKARTELLAMT (BKARTA), zuständig (vgl. Kapitel 3, Abschnitt 5.1.2). Das BUNDESKARTELLAMT ist eine unabhängige Bundesbehörde, deren wesentliche Aufgabe in der Anwendung und Durchsetzung des GWB liegt und das zuständig für alle Wettbewerbsbeschränkungen auf dem Gebiet der BUNDESREPUBLIK DEUTSCHLAND ist (BKARTA, 2011, S. 10). Für Verfahren von EU-weiter Bedeutung ist die EUROPÄISCHE KOMMISSION zuständig (vgl. Kapitel 3, Abschnitt 5.2). Die BUNDESNETZAGENTUR (BNETZA) für Elektrizität, Gas, Telekommunikation, Post und Eisenbahnen ist ebenfalls eine selbständige Bundesbehörde und hat in erster Linie die Aufgabe, in den genannten Bereichen, die im wesentlichen deregulierte ehemals durch staatliche Monopole bedienten Märkten „Wettbewerb zu fördern und einen diskriminierungsfreien Netzzugang zu gewährleisten" (BUNDESNETZAGENTUR, 2013). Beide Behörden haben die Möglichkeit, Sanktionen zu verhängen.

5.2 Supranationale und internationale Träger

Im Laufe der europäischen Integration und besonders des EU Binnenmarkts sind die Organe der EUROPÄISCHEN UNION (EU) zu **supranationalen Trägern** der Ordnungspolitik geworden. Sie sind bereits in Kapitel 1 (Abschnitt 5) ausführlich dargestellt. Sie sind – wie auch in anderen Politikbereichen – für die nationale Ordnungspolitik in einer Reihe von Handlungsfeldern von Bedeutung. Hervorzuheben ist hier die Wettbewerbspolitik (vgl. Kapitel 3), aber auch die Harmonisierungsbestrebungen, die nationale Ordnungsrahmen betreffen.

Wie auf nationaler Ebene durch die Obersten Bundesgerichte kommt auch dem EUROPÄISCHEN GERICHTSHOF (EUGH) die Eigenschaft als Träger der Ordnungspolitik zu. Nach dem Grundsatz „höheres Recht bricht niederes Recht" sind seine Urteile normsetzend und verbindlich für die weitere Entwicklung der Wirtschaftsordnung der EU.

Über den europäischen Raum hinaus sind internationale Organisationen wie der INTERNATIONALE WÄHRUNGSFONDS und für **internationale Handelsbeziehungen** (Globalisierung) die WELTHANDELSORGANISATION (WORLD TRADE ORGANISATION, WTO) zu erwähnen (vgl. dazu ausführlich Kapitel 8, Abschnitt 5.2.2). Wesentliche Abkommen neben demjenigen über den Handel mit Waren (GATT), gibt es u.a. auch über den Handel mit Dienstleistungen (GATS) und handelsbezogene Rechte an geistigem Eigentum (Trade-Related Aspects of Intellectual Property Rights TRIPS) (WTO, 2013).

Aktuell hat die WTO 159 Mitglieder (Stand 2013) und verfolgt das Ziel, Beschränkungen im internationalen Handel abzubauen, also auch den Wettbewerb zu schutzen, wie es in einer Wettbewerbsordnung auch angestrebt ist. Ein internationales Wettbewerbsrecht ist hingegen trotz einer nunmehr seit 20 Jahren andauernden wissenschaftlichen und politischen Diskussion nicht in Sicht.

6 Instrumente der Ordnungspolitik

Instrumente der Ordnungspolitik dienen dazu, die Wettbewerbsordnung zu erhalten und in der Sozialen Marktwirtschaft sozialen Ausgleich zu schaffen. Weiterhin kann der Ordnungsrahmen einer Volkswirtschaft in bestimmten Bereichen staatliche Interventionen zulassen oder sogar vorschreiben, etwa bei Vorliegen von Marktversagen (vgl. Abschnitt 2.2.1). Instrumente zur Erreichung der Ziele der Ordnungspolitik beziehen sich somit jeweils auf die konkrete wirtschaftspolitische Zielsetzung. Instrumente zum Schutz des Wettbewerbs werden in Kapitel 3 (Abschnitt 6), zum sozialen Ausgleich in Kapitel 6 und zum Marktversagen aufgrund externer Effekte in Kapitel 9 (Abschnitt 3.2) behandelt.

Grundsätzlich können die Instrumente der Ordnungspolitik unabhängig davon, um welche staatlichen Eingriffe es sich bei der jeweiligen Betrachtung handelt, unterschiedlich ausgestaltet sein, wie Abbildung 2.5 darstellt.

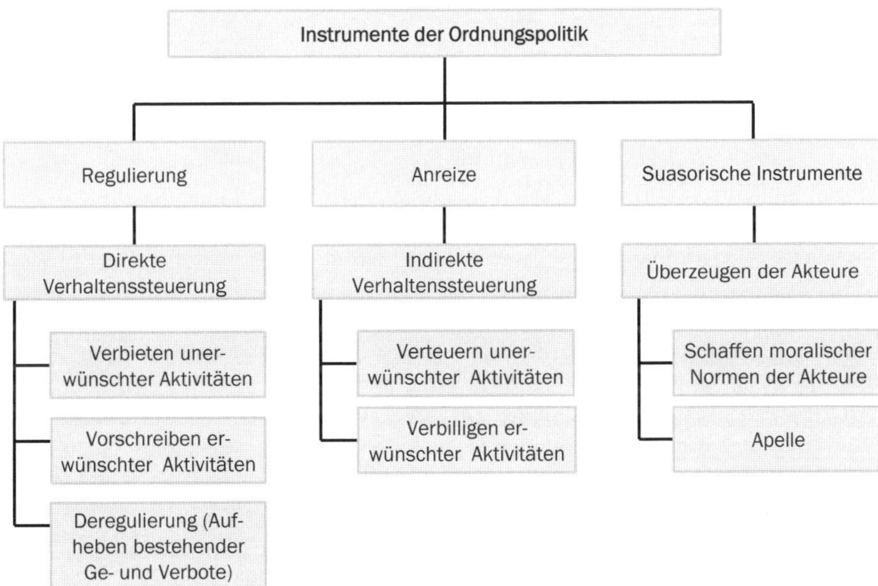

Abb. 2.5: Ordnungspolitische Instrumente (Ausschnitt)

6.1 Nationale Instrumente

Ausgangspunkt für den Einsatz ordnungspolitischer Instrumente ist die real vorhandene Wirtschaftsordnung. Wegen der bereits von EUCKEN geforderten Konstanz der Wirtschaftspolitik (vgl. Abschnitt 2.1) ist für ordnungspolitische Instrumente charakteristisch, dass sie nicht häufig geändert werden sollten: Relativ selten sind völlig neue Gesetze (vgl. z.B. die Einführung der Gesetzlichen Pflegeversicherung 1995) oder neue Behörden (EISENBAHN-BUNDESAMT 1994, BUNDESNETZAGENTUR 2005, vgl. Abschnitt 5.1) zu implementieren.

Der Schwerpunkt der Ordnungspolitik liegt vielmehr in der Änderung bestehender Vorschriften, wobei im politischen Bereich auch häufig von „**Reformen**" gesprochen wird (Steuerreform, Rentenreform, Reform der Gesetzlichen Krankenversicherung, Reform der Finanzverfassung, Hochschulreform usw.). Diese können von unterschiedlicher Seite initiiert sein. Im September 2013 etwa legte die MONOPOLKOMMISSION (2013) Vorschläge zur Reform des ERNEUERBARE-ENERGIEN-GESETZES (EEG) vor.

Neben der Einführung neuer Vorschriften oder Änderung bestehender ist auch ein Abbau staatlicher Regulierung oder deren Vereinfachung (**Deregulierung**) ein Instrument der Ordnungspolitik. Als Praxisbeispiel sei hier die Deregulierung in der Handwerksordnung angeführt, die die Existenzgründung im Handwerk erleichtern soll.

▶ Anwendungsfall 1: Deregulierung der Handwerksordnung

Aufgrund der seit 1953 bestehenden HANDWERKSORDNUNG (HWO) war in Handwerksberufen die Voraussetzung für die Gründung eines Handwerksbetriebes der Meisterbrief. Ohne einen Meister konnte kein Handwerksbetrieb gegründet oder dauerhaft aufrechterhalten werden

Einen ersten Schritt zur Deregulierung unternahm die BUNDESREGIERUNG mit der Novellierung der HWO (1998), um die Struktur der Handwerksberufe (Reduzierung von 127 Handwerken auf 94) zu verbessern, deren Flexibilität am Markt zu erhöhen und die Attraktivität handwerklicher Existenzgründungen zu steigern. 2003 wurde die HANDWERKSORDNUNG abermals novelliert. Der Meisterbrief als „großer Befähigungsnachweis" ist seitdem nur noch für 41 statt bisher 94 Gewerke (Anlage A der HWO) erforderlich. Somit wurden 53 von früher 94 zulassungspflichtigen Handwerken liberalisiert. Allerdings waren nur etwa 10 % der Handwerksbetriebe betroffen. Für etwa 90 % der Betriebe gilt weiterhin der Meisterzwang. Der Fortbestand des Meisterzwangs in den verbleibenden 41 Handwerken hat nicht mehr den ursprünglichen Gesetzeszweck, dem Erhalt und der Pflege eines hohen Leistungsstands des Handwerks, zu dienen. Die Gesetzesbegründung der Novelle von 2003 stellt nur noch auf die „Gefahrengeneigtheit" eines Handwerks und die Ausbildungsleistung als Rechtfertigung der Meisterpflicht ab. Gesellen können sich auch ohne Meisterbrief selbständig machen, wenn sie über ausreichende Berufserfahrung (6 Jahre, davon mindestens 4 Jahre in leitender Stellung) verfügen.

Die BUNDESREGIERUNG hat sich seit längerem den **Bürokratieabbau** zum Ziel gesetzt. Im Jahr 2005 wurde die Einrichtung eines Normenkontrollrates vereinbart. Diese Vereinbarung wurde mit der Verabschiedung des GESETZES ZUR EINSETZUNG EINES NATIONALEN NORMENKONTROLLRATES (NKRG) im August 2006 umgesetzt. Der **NATIONALE NORMENKONTROLLRAT (NKR)** nahm noch im gleichen Jahr seine Tätigkeit auf. Er ist unabhängig und hat die Aufgabe, „die BUNDESREGIERUNG bei der Umsetzung ihrer Maßnahmen auf den Gebieten des Bürokratieabbaus und der besseren Rechtsetzung zu unterstützen" (§ 1 Abs. 2 NKRG). Wesentlich dabei ist die Senkung von Kosten aufgrund staatlicher Vorschriften, etwa durch Melde-, Mitwirkungs-

und Aufbewahrungspflichten. Diese sollen sowohl für Unternehmen und Haushalte, aber auch für die Verwaltung reduziert werden. Eine Aufgabe des NKR besteht somit darin, die Belastungen zu beziffern, die privaten Wirtschaftssubjekten und der Verwaltung durch neue Rechtsvorschriften, den sogenannten **Erfüllungsaufwand**, entstehen (§ 1 Abs. 3 NKRG). Gemäß § 2 Abs. 1 NKRG umfasst dieser „den gesamten messbaren Zeitaufwand und die Kosten, die durch die Befolgung einer bundesrechtlichen Vorschrift bei Bürgerinnen und Bürgern, Wirtschaft sowie der öffentlichen Verwaltung entstehen." Ebenfalls im Jahr 2006 hat sich die BUNDESREGIERUNG zum Ziel gesetzt, die Belastung von Bürgern, Unternehmen und Verwaltung durch bürokratische Pflichten bis 2011 von jährlich ca. 49 Mrd. Euro um 25 Prozent, also um 12,3 Mrd. Euro zu verringern.

Bis 2011 wurde nach Angaben des NKR eine Entlastung um 11 Mrd. Euro erreicht (NKR, 2013b, S. 1). Ein bekanntes Beispiel für Bürokratieabbau ist die Abschaffung der Praxisgebühr.

▶ **Beispiele**

[1] Die Abschaffung der Praxisgebühr

Im Zuge von Bestrebungen zur Gesundheitsreform wurde im Jahre 2004 die sogenannte Praxisgebühr zur Entlastung der Krankenkassen eingeführt. Sie war von Versicherten der Gesetzlichen Krankenversicherung (GKV) im Falle von Arztbesuchen zu zahlen und betrug pro Quartal mit Arztbesuch – unabhängig von der Zahl der Arztbesuche im jeweiligen Quartal – einmalig 10 Euro (§ 28 Abs. 4 Fünftes Buch Sozialgesetzbuch (SGB V)). Sie war in der Arztpraxis zu entrichten und von dieser abzurechnen.

Zum 1.1.2013 wurde die Praxisgebühr abgeschafft. Hintergrund war nach Angaben des Bundesgesundheitsministers die zu diesem Zeitpunkt bestehenden Rücklagen der Krankenkassen (BMG, 2012). Die Entlastungen bei allen Beteiligten beziffert der NKR (2013b, S. 12) auf rd. 336 Mio. Euro.

[2] Der Wegfall der Lohnsteuerkarte

Der Wegfall der Lohnsteuerkarte, die durch ein elektronisches Verfahren ersetzt wurde, führte nach NKR zu Einsparungen bei Unternehmen in Höhe von rd. 260 Mio. Euro p.a.

Weitere Beispiele sind Vereinfachungen im Steuerrecht, bei Buchführungsvorschriften, aber auch bei Meldepflichten für die amtliche Statistik oder im Antragsverfahren zum BaFöG zu finden, um nur einige Beispiele zu nehmen. Die Einsparungen sind dabei zum Teil dadurch bedingt, dass Pflichten der Wirtschaftssubjekte nun auf elektronischem Wege erfolgen (können). Eine aktuelle Übersicht bietet der NKR (2013b).

In seinem aktuellen Jahresbericht beziffert der NKR (2013a, S. 18) den zusätzlichen Erfüllungsaufwand im einjährigen Berichtszeitraum (1. Juli 2012 bis 30. Juni 2013) durch neue rechtliche Regelungen. Erfasst sind dabei sowohl nationale als auch EU-Regelungen (NKR, 2013a, S. 19). Auch wenn teilweise Entlastungen der Wirtschaftssubjekte entstanden, ist netto der laufende Erfüllungsaufwand in diesem Jahr um 1,5 Mrd. Euro gestiegen. Hinzu kommt der einmalige Erfüllungsaufwand, der aufgrund der bei Veränderungen rechtlicher Vorgaben erforderlichen Umstellungen resultiert. Dieser betrug im Berichtszeitraum 4,36 Mrd. Euro (NKR, 2013a, S. 20), und damit mehr als das Zehnfache des Wertes der Vorperiode (NKR, 2013a, S. 5).

Auch auf andere Weise kann die Eingriffsintensität des Staates geschmälert werden. Hier ist zunächst die **Privatisierung** öffentlicher Unternehmen zu nennen, eine Politik, wie sie nicht nur in der BUNDESREPUBLIK DEUTSCHLAND betrieben wurde. Ein Teil der Privatisierungsmaßnahmen wurde aufgrund von Vorgaben im Rahmen des europäischen Integrationsprozesses (Telekommunikation, Energiewirtschaft) durchgeführt. Die bekanntesten Beispiele sind die ehemals staatlichen Monopole im Bereich Post (inkl. Telekommunikation) und Eisenbahn (vgl. Abschnitt 2.2.2). Die Privatisierung kann dabei unterschiedlich ausgestaltet sein. Während die DEUTSCHE TELEKOM AG, die aus der DEUTSCHEN BUNDESPOST hervorging, seit 1996 börsennotiert ist mit einem Streubesitz von rd. 68 % (Stand 30.9.2013)[15], ist die DEUTSCHE BAHN AG ein privatrechtlich organisiertes Unternehmen, aber zu 100 % im Eigentum des Bundes. Ersteres wird als „materielle Privatisierung", letzteres als „formelle Privatisierung" bezeichnet. Neben der Privatisierung wurden auf den betroffenen Märkten die monopolistischen Strukturen aufgehoben und die Märkte für Wettbewerber geöffnet. Aus ordnungspolitischer Perspektive sind hiermit die konstituierenden Prinzipien „Privateigentum" und „Offene Märkte" (vgl. Abschnitt 3.1.1) betroffen. Allerdings war die Privatisierung in Deutschland nicht nur ordnungspolitisch motiviert. Die DEUTSCHE BUNDESBAHN etwa hatte bis zum Jahr 1994[16] einen Schuldenstand von nahezu 34 Mrd. Euro. Durch die Bahnreform sollten u.a. die öffentlichen Haushalte entlastet werden (MONOPOLKOMMISSION, 2006, S. 1). Da aber nicht zuletzt aufgrund der Tatsache, dass teilweise hohe Markteintrittsschranken aufgrund der Netzgebundenheit der Güter bestanden, ist durch eine Privatisierung alleine noch nicht gewährleistet, dass der ordnungspolitisch erwünschte Wettbewerb auch tatsächlich entsteht. Flankierend ist eine Liberalisierung des Marktes dahingehend erforderlich, dass der Markt dem Wettbewerb geöffnet wird ebenso wie Regelungen, die verhindern, dass eine bestehende marktbeherrschende Stellung missbraucht wird, um potenzielle Konkurrenten vom Markt fernzuhalten. Hierauf wird in Kapitel 3 eingegangen.

Zur Rolle des Staates ist eine weitere Entwicklung zu nennen, nämlich die teilweise Übertragung von öffentlichen Aufgaben auf Private im Modell der **Public Private Partnership – PPP**. Dabei geht es um die Zusammenarbeit staatlicher und privater Akteure bei der Erfüllung öffentlicher Aufgaben, die private finanzielle Mittel und privates Fachwissen für öffentliche Projekte nutzen. Investitionsvorhaben der Gebietskörperschaften (Bund, Länder, Gemeinden) werden folgend der Definition des INSTITUTS FÜR WIRTSCHAFTSFORSCHUNG HALLE (IWH, 2012, S. 1) auf Vertragsbasis von privaten Investoren durchgeführt und bewirtschaftet

---

[15] Die restlichen Aktien sind im deutschen Staatsbesitz und verteilen sich auf die BUNDESREPUBLIK DEUTSCHLAND (14,5 %) und die KREDITANSTALT FÜR WIEDERAUFBAU (KFW) (17,4 %) (DEUTSCHE TELEKOM, 2013).

[16] Die DEUTSCHE BAHN AG würde zum 1.1.1994 gegründet (§ 1 DEUTSCHE BAHN GRÜNDUNGSGESETZ – DBGRG). Ein angedachter Börsengang wurde nicht realisiert.

- Beim **Finanzierungsmodell** wird die Investition durch das private Unternehmen „vorfinanziert“, der staatliche Nutzer zahlt den Schuldendienst (Tilgung und Zinsen).
- Beim **Betreibermodell** wird auch die Betriebsführung einer Anlage in die Verantwortung des privaten Unternehmens gelegt, wobei die Auftraggeber nach Fertigstellung die Investition für den dafür vorgesehenen Zweck nutzen und dafür Miete zahlen.

In der BUNDESREPUBLIK DEUTSCHLAND gibt es aktuell 187 PPP-Projekte (mit Vertragsabschluss, Stand Oktober 2013). Bezüglich der Art der Projekte ist der größte Teil mit 39 % im Bereich „Schulen, Kitas, Bildung“ angesiedelt (BMVBS, 2013). Der überwiegende Schwerpunkt aller bisher vergebenen PPP-Projekte lag mit 78 % bei den Kommunen, da wiederum vornehmlich in größeren Städten (BALDOFSKI, ROSENFELD, 2011, S. 47). Die absolute Bedeutung von PPP ist nach Angaben des Hauptverbandes der DEUTSCHEN BAUINDUSTRIE (2013a) seit einigen Jahren sinkend, sowohl was die Zahl der Projekte, als auch was das Investitionsvolumen angeht.

▶ Beispiele

Bisher durchgeführte PPP-Projekte:

[1] Warnow-Tunnel Rostock: Errichtung eines mautpflichtigen Straßentunnels unter der Warnow, der 2003 eröffnet wurde.

[2] Neubau des Landtages Brandenburg, der am 30. September 2013 an das Land Brandenburg übergeben wurde (Hauptverband der DEUTSCHEN BAUINDUSTRIE). Das Gebäude wird für 30 Jahre vom privaten Partner betrieben (DEUTSCHE BAUINDUSTRIE, 2013b).

[3] Hochschule für Technik und Wirtschaft des Saarlands (HTW): Umbau eines Gebäudes inklusive Planung, Baumaßnahmen, Finanzierung und Betreiben für 25 Jahre (BMVBS, 2013).

[4] Errichtung und Betrieb eines Gefängnisses in Burg bei Magdeburg (MINISTERIUM DER JUSTIZ DES LANDES SACHSEN-ANHALT, 2013).

[5] Ausbau von Autobahnabschnitten (Konzession für das private Betreiben für 30 Jahre, Finanzierung durch einen Teil der LKW-Maut).

6.2 Internationale Instrumente

Ebenso wie andere Politikbereiche wird auch die Ordnungspolitik Deutschlands zunehmend durch **Vorgaben der EU** beeinflusst. Die Einführung des Binnenmarktes ohne Grenzen etwa erfordert Deregulierung in Form eines Abbaus eventuell bestehender nationalstaatlicher Beschränkungen des freien Verkehrs von Waren, Personen, Dienstleistungen und Kapital. Diese sogenannten „vier Freiheiten“ werden in Art. 26 Abs. 2 AEUV gefordert.

Die Offenheit der Märkte (vgl. Abschnitt 3.1.1) ist auch in der EU ein wirtschaftspolitisches Ziel. Der „Freie Warenverkehr“ ist Gegenstand des Titels II (Art. 28–37

AEUV). Freier Warenverkehr beinhaltet, dass nicht versucht werden darf, durch nationalstaatliche Regelungen die Konkurrenz aus anderen Mitgliedstaaten zu behindern, ob nun durch Zölle (Art. 28 AEUV), durch mengenmäßige Beschränkungen (Art. 34 AEUV) oder dadurch, dass in anderen Mitgliedstaaten produzierte Güter nicht in den Handel gebracht werden dürfen. Letzteres ist erfasst im sogenannten „**Grundsatz der gegenseitigen Anerkennung**". Dieser verpflichtet die Mitgliedstaaten der EU, solche Güter auf den nationalen Märkten zuzulassen, die in einem anderen Mitgliedstaat rechtmäßig in Verkehr gebracht worden sind. Dies gilt auch dann, wenn im Inland strengere Regeln gelten, ob nun in Bezug auf die Zusammensetzung oder auch Bezeichnung, Größe oder Etikettierung, um nur einige Punkte zu nennen (VERORDNUNG (EG) Nr. 764/2008 des EUROPÄISCHEN PARLAMENTS und des RATES vom 9. Juli 2008). Allerdings gibt es Ausnahmeregelungen, wenn ein Mitgliedstaat ein übergeordnetes Allgemeininteresse nachweisen kann.[17]

Für die gegenseitige Anerkennung existieren für bestimmte Produktgruppen eigene EU-VERORDNUNGEN, nämlich für Arbeiten aus Edelmetallen, Nahrungsergänzungsmittel, Suchtstoffe und psychotrope Substanzen, Waffen und Feuerwaffen, Düngemittel und Kultursubstrate und Bauprodukte ohne CE-Kennzeichnung.[18]

Über die Anwendung dieser VERORDNUNG berichtet die EUROPÄISCHE KOMMISSION. Ihr erster diesbezüglicher Bericht wurde 2012 vorgelegt (EUROPÄISCHE KOMMISSION, 2012a). Die weit überwiegende Zahl von Meldungen über das Aussetzen der Möglichkeit, solche Produkte anzubieten, betraf dabei Arbeiten aus Edelmetallen.

Der **Grundsatz der gegenseitigen Anerkennung** (auch Ursprungslandprinzip genannt) fußt auf dem sogenannten Cassis de Dijon-Urteil des EUROPÄISCHEN GERICHTSHOF vom 20.2.1979 (EUGH Urteil vom 20.02.1979 (Rs 120/78)). Es ist der Ausgangspunkt für die grundsätzliche Geltung nationaler Normen auch in anderen Mitgliedstaaten der EU, selbst wenn dort abweichende Standards angewendet werden.

▶ Beispiel

Eine deutsche Handelsgruppe importierte aus Dijon (Frankreich) einen Johannisbeer-Likör, den sogenannten Crème de Cassis, nach Deutschland, um diesen Likör in ihren Lebensmittelmärkten zu verkaufen. Die BUNDESMONOPOLVERWALTUNG FÜR BRANNTWEIN verbot jedoch den weiteren Import und Verkauf der Ware aus Frankreich, da der vermeintliche Likör mit seinem Alkoholgehalt

[17] Vgl. EUGH, Urteil vom 10. 2. 2009 – C-110/05.
In diesem Urteil wurde die Klage der EUROPÄISCHEN KOMMISSION gegen Italien aufgrund von Bestimmungen der italienischen Straßenverkehrsordnung abgewiesen. Italien hatte „für Kleinkrafträder, Krafträder, dreirädrige und vierrädrige Kraftfahrzeuge das Verbot (...), einen Anhänger zu ziehen, der eigens für sie konzipiert und in anderen Mitgliedstaaten rechtmäßig hergestellt und in den Verkehr gebracht worden ist" ein Verbot erlassen, gegen das die EU-KOMMISSION geklagt hatte.

[18] Diese Kennzeichnung ist nach Angaben der EU „ein Hinweis darauf, dass das Produkt geprüft wurde und es den gesetzlichen Anforderungen der EU zur Gewährleistung von Gesundheitsschutz, Sicherheit und Umweltschutz entspricht, bevor es in Verkehr gebracht wurde." (EUROPÄISCHE KOMMISSION, 2013e).

von 16 bis 22 Vol.% nicht dem vom deutschen BRANNTWEINMONOPOLGESETZ geforderten Alkoholgehalt von 25 Vol.% für Liköre entsprach.

Die Klage des Handelsunternehmens vor dem EUGH war erfolgreich.

Auch auf EU-Ebene sind seit längerem Deregulierungsbestrebungen in Hinblick auf den **Bürokratieabbau** zu verzeichnen, nicht zuletzt da 74 % der Europäer der Aussage „Die EU erzeugt zu viel Bürokratie" zustimmen, in Deutschland sind es sogar 82 % (EUROPÄISCHE KOMMISSION, 2013b, S. 59).

So etwa wurde Ende 2007 eine Deregulierungsinitiative mit dem **Aktionsprogramm zur Verringerung der Verwaltungslasten** in der EU gestartet. Zielgröße der EUROPÄISCHEN KOMMISSION war es, die Bürokratiekosten für Unternehmen bis 2012 um 25 Prozent, also um rund 31 Mrd. Euro zu senken (EUROPÄISCHE KOMMISSION, 2013d, S. 4). Ab 2008 beriet eine 15-köpfige Expertengruppe, die sogenannte **High Level Group** (HLG)[19], die die EUROPÄISCHE KOMMISSION bei der Bekämpfung überflüssiger Vorschriften unterstützen soll. Durch den Bürokratieabbau sollen die Rahmenbedingungen für Unternehmen, insbesondere für kleine und mittlere Unternehmen (KMU) verbessert werden (HLG, 2011, S. 15), um die internationale Wettbewerbsfähigkeit zu steigern.[20] Die EUROPÄISCHE KOMMISSION hat berechnet, dass durch Bürokratieabbau eine zusätzliche Wirtschaftsleistung in der Größenordnung von 150 Mrd. Euro möglich sei (HLG, 2011, S. 10).

Zu den Möglichkeiten der Reduktion von Verwaltungslasten aufgrund von EU-Vorschriften hat die oben genannte Expertengruppe „best practice" – Beispiele für eine wenig kostenintensive Umsetzung von EU-Vorschriften aus den Mitgliedsländern veröffentlicht. Hierbei sind elektronische Lösungen bei der Umsetzung von Vorschriften stark vertreten.

▶ Beispiele

- Nach den Erkenntnissen der Expertenkommission kann ein elektronisches System zur Abrechnung der Mehrwertsteuer zu Einsparungen von bis zu 18,4 Mrd. Euro führen.
- Vereinfachte Buchhaltungspflichten für sehr kleine Unternehmen („micro companies") können zu Einsparungen von bis zu 6,3 Mrd. Euro führen (HLG, 2011, S. 11).

Nach eigenen Angaben hat die EUROPÄISCHE KOMMISSION (2013c) ihr Ziel des Abbaus von Bürokratiekosten in Höhe von 25 % übererfüllt und Vorschläge für eine Reduktion der Verwaltungskosten um rd. 41 Mrd. Euro (rd. 33 %) vorgelegt. Aller-

---

[19] Diese Expertengruppe (der offizielle Name lautet HIGH LEVEL GROUP OF INDEPENDENT STAKEHOLDERS ON ADMINISTRATIVE BURDENS) unter Vorsitz von EDMUND STOIBER wurde ursprünglich auf drei Jahre berufen, ihr Mandat wurde jedoch verlängert. Ihr Abschlussbericht wurde im Februar 2012 überreicht.

[20] Zu den Bestrebungen bzgl. der KMU vgl. EUROPÄISCHE KOMMISSION (2013a).

dings habe sich dieses Einsparpotenzial durch Abwandlung der Vorschläge um mehr als 3 Mrd. Euro verringert (EUROPÄISCHE KOMMISSION, 2013d, S. 4). Die Umsetzung obliegt dabei den Mitgliedstaaten, die die Vorschläge noch nicht vollständig umgesetzt haben (BMWI, 2013).

Im Dezember 2012 wurde von der EUROPÄISCHEN KOMMISSION das sogenannte Programm **REFIT** (Regulatory Fitness and Performance Programme) vorgestellt. Zielsetzung ist es, „verschiedene bestehende Initiativen zu einem ordnungspolitischen Eignungs- und Leistungsprogramm (REFIT) zusammen(zu)fassen, um unnötige Regulierungskosten (d.h. Lasten) zu beseitigen, und dafür zu sorgen, dass die EU-Rechtsvorschriften nach wie vor zweckmäßig sind“ (EUROPÄISCHE KOMMISSION, 2012b, S. 3). Am 2.10.2013 legte die EUROPÄISCHE KOMMISSION (2013d) auf der Grundlage der Überprüfung aller EU-Rechtsvorschriften eine Mitteilung über bisherige Erfolge und weitere Schritte vor. Danach wurden seit 2005 mehr als 5.590 Rechtsvorschriften aufgehoben (EUROPÄISCHE KOMMISSION, 2013d, S. 1). Weiterhin wurden im Zeitraum von 2007 bis 2012 die Verwaltungslasten für Unternehmen um 26 % gesenkt und damit Einsparungen im Wert von 32,3 Mrd. Euro erzielt (EUROPÄISCHE KOMMISSION, 2013a).

Ordnungspolitische Bedeutung haben darüber hinaus Instrumente, die im **internationalen Bereich** anzusiedeln sind. Hier seien Mitgliedschaften in internationalen Organisationen, Doppelbesteuerungs- und Handelsabkommen, Abkommen im Rahmen der Entwicklungszusammenarbeit, internationale Kooperationen beispielhaft angeführt.

7 Probleme und Grenzen

Neben allgemeinen Grenzen der Wirtschaftspolitik (vgl. Kapitel 1) sind im Bereich der Ordnungspolitik weitere spezifische Grenzen zu erkennen. Bei dem **föderalistischen Staatsaufbau** der BUNDESREPUBLIK DEUTSCHLAND ist der politische Willensbildungsprozess so gestaltet, dass an der Gesetzgebung neben dem Bund auch die Länder über den BUNDESRAT mitwirken.[21] Das bedeutet, dass Gesetzesvorhaben, die von Seiten des Bundes geplant wurden und im BUNDESTAG bereits beschlossen wurden, im BUNDESRAT keine Mehrheit finden und somit, im Falle zustimmungspflichtiger Gesetze[22] nicht umgesetzt werden können. Das kann auch ordnungspolitisch relevante Gesetzesvorhaben betreffen, d.h. es ist möglich, dass ein ordnungspolitisch sinnvolles Vorhaben vom BUNDESRAT gestoppt wird. Es ist aber genauso gut denkbar, dass der BUNDESRAT ein aus ordnungspolitischer Sicht ungeeignetes Gesetz verhindert. Wenn man zusätzlich noch berücksichtigt, dass auch die Interessen der Länder bei der Gesetzgebung berücksichtigt werden sollen, ist ein allgemeingültiges Urteil über diese Form des Gesetzgebungsverfahrens nicht zu treffen.

Neben BUNDESTAG und BUNDESRAT ist noch die **Teilhabe der Bürger an der politischen Willensbildung** zu nennen, da auch diese mit Hilfe von Bürger- und Volks-

[21] Zum Gesetzgebungsprozess vgl. Art 76 ff. GG.

[22] Zu den Regelungen bei nicht zustimmungspflichtigen Gesetzen vgl. Art. 77 GG.

begehren durchaus politische Entscheidungen herbeiführen können. Besonders bekannt ist dabei der Volksentscheid zu Stuttgart 21 im November 2011. Aber auch die Volksbegehren gegen Studiengebühren auf Landesebene oder die Volksinitiative „Gegen Bevormundung im HVV – für das Feierabendbier" gegen das Alkoholverbot im öffentlichen Personennahverkehr in Hamburg, konnten durchaus ein gewisses Presseecho verbuchen. Ordnungspolitisch sind Bürger- und Volksbegehren von Interesse, wenn sie bestehende Regeln ändern, auf deren Grundlage schon Pläne erstellt wurden, die folglich die Konstanz der Wirtschaftspolitik und somit die Planungssicherheit betreffen.[23] Allerdings ist die Konstanz der Wirtschaftspolitik nicht das einzig entscheidende Kriterium, sondern auch, ob die betreffenden Regeln an sich zu befürworten sind oder nicht.

Auf die Rolle der **EUROPÄISCHEN UNION** wurde bereits mehrfach hingewiesen. Auch sie setzt Rahmenbedingungen für das wirtschaftliche Handeln in ihren Mitgliedstaaten, die in nationales Recht umgesetzt werden müssen. Insbesondere die ordnungspolitisch bedeutsame Wettbewerbspolitik ist eine EU-Aufgabe (vgl. hierzu Kapitel 3, Abschnitt 5.2).

Da die Umsetzung der von der EU erlassenen Richtlinien in nationales Recht regelmäßig überprüft wird, und es im Falle der Nichtumsetzung zu einer Klage vor dem EUROPÄISCHEN GERICHTSHOF kommen kann, werden nationale Handlungszwänge durch den Integrationsprozess determiniert.

Auch die **Globalisierung** kann die Effizienz eines bestehenden Ordnungsrahmens beeinträchtigen, wenn es nicht zu einer internationalen Koordination kommt. So können sich Unternehmen den nationalen Regelungen entziehen, etwa durch Verlagerung von Produktionsstätten in Länder, in denen die in der Sozialen Marktwirtschaft als wesentlich angesehenen staatlichen Regelungen keine Geltung haben. Hier sind zum einen die sozialpolitischen Regelungen, zum anderen aber auch die ebenfalls zum Ordnungsrahmen vieler Länder gehörenden Regeln bei Marktversagen durch externe Effekte, also nationale Umweltschutzvorschriften angesprochen. Ein weiteres Beispiel ist die **Wettbewerbspolitik**, denn nationale Kartellvorschriften sind international nicht gültig und die meisten nationalen Kartellbehörden einschließlich des deutschen BUNDESKARTELLAMTES können auf das Verhalten einheimischer Unternehmen außerhalb des eigenen Hoheitsgebietes nicht einwirken. Ein international gültiger Ordnungsrahmen mit wirksamen Sanktionsmöglichkeiten und mit entsprechend kompetenten Aufsichtsbehörden existiert nicht.

---

[23] Der Verein „MEHR DEMOKRATIE e.V." veröffentlicht jährlich seinen Volksbegehrensbericht zu den Instrumenten der direkten Demokratie und ihre Anwendung auf den verschiedenen staatlichen Ebenen (www.mehr-demokratie.de).

8 Wiederholungsfragen

1. Worin sehen Sie die Hauptaufgaben der Wirtschaftsordnungspolitik?
2. Was ist eine Institution und was ist für ihr Funktionieren wesentlich?
3. Nennen Sie mögliche Gründe für Marktversagen und erläutern Sie diese.
4. Wo sehen Sie Argumente für wirtschaftspolitische Eingriffe in der Sozialen Marktwirtschaft.
5. Welche konstituierenden Prinzipien einer Wirtschaftsordnung hat WALTER EUCKEN aufgestellt? Erörtern Sie, ob und inwieweit diese weiterhin von Relevanz sind.
6. Wozu gibt es neben den konstituierenden Prinzipien die regulierenden Prinzipien und was besagen sie?
7. Erläutern Sie das Konzept der Marktkonformität und nennen Sie je ein Beispiel für eine marktkonforme wie auch für eine nicht-marktkonforme wirtschaftspolitische Maßnahme.
8. Wie sind „meritorische“, wie „demeritorische“ Güter definiert? Sehen Sie bei diesen Gütern staatlichen Handlungsbedarf?
9. Was untersucht die Neue Politische Ökonomie? Besteht ein Zusammenhang zur Neuen Institutionenökonomik?
10. Stellen Sie die Grundpositionen zur Rolle des Staates in einer Marktwirtschaft gegenüber.
11. Wo sehen Sie Zielkonflikte in Bezug auf die ordnungspolitischen Zielsetzungen der Sozialen Marktwirtschaft?
12. Erörtern Sie wichtige nationale Instrumente der Ordnungspolitik.
13. Welche Aufgaben erfüllt der NATIONALE NORMENKONTROLLRAT (NKR)?
14. Welche Deregulierungsbemühungen unternimmt die EU und welche Ziele verfolgt sie damit?
15. Diskutieren Sie, ob bzw. inwieweit sich der Handlungsspielraum für nationale Ordnungspolitik seit der Einführung der Sozialen Marktwirtschaft verändert hat.

Kapitel 3: Wettbewerbspolitik

In diesem Kapitel erfahren Sie

- unter welchen Bedingungen Bedarf an wettbewerbspolitischen Eingriffen besteht,
- was die Kernaussagen verschiedener wettbewerbspolitischer Leitbilder sind,
- was die wichtigsten Instrumente der Wettbewerbspolitik sind,
- welche ökonomischen Auswirkungen wettbewerbspolitische Maßnahmen haben,
- was die derzeit bestehenden rechtlichen Grundlagen für wettbewerbspolitisches Handeln sind,
- was die wichtigsten Regelungen des deutschen Gesetzes gegen Wettbewerbsbeschränkungen sind,
- welche wettbewerbspolitischen Regelungen auf EU-Ebene bestehen.

1 Einleitung

Wettbewerbspolitische Maßnahmen erregen laufend öffentliches Aufsehen und Diskussionen (z.B. Preiskartelle, Anti-Trust-Verfahren, Telekom-Deregulierung). Sie betreffen in hohem Maß sowohl Konsumenten als auch Produzenten einer Volkswirtschaft und beeinflussen entscheidend die Entwicklung der Industriestruktur in einem Bereich. So wurden in den vergangenen Jahren zahlreiche Märkte im Hinblick auf die Einführung von mehr Wettbewerb liberalisiert bzw. dereguliert. Der Telekommunikationsmarkt ist hierfür ein gutes Beispiel. Infolge des Eintritts neuer Wettbewerber sind die Preise zum Vorteil der Konsumenten gesunken und die Qualität der erbrachten Leistungen ist gestiegen.

Auf der anderen Seite versuchen Unternehmen immer wieder, den Wettbewerb durch Missbrauch einer marktbeherrschenden Stellung oder die Bildung von Kartellen auszuschalten bzw. zu beeinträchtigen. Um dies zu verhindern, überwachen staatliche Institutionen die Einhaltung von Wettbewerbsregeln. So verhängte die EU-KOMMISSION 2008 ein Rekordzwangsgeld in Höhe von 899 Mio. Euro gegen den Softwarekonzern Microsoft. Das Unternehmen hatte von Konkurrenten zu hohe Lizenzgebühren für die Dokumentation über Schnittstellenprogramme verlangt. Auch der Siemens-Konzern wurde wegen illegaler Absprachen mit anderen internationalen Elektrounternehmen Anfang 2007 zur Zahlung von 418,6 Mio. Euro verpflichtet: Über Jahre hinaus wurden die Preise für Schaltanlagen für Stromnetze fixiert. Damit rückt bereits zu Anfang unserer Betrachtungen der Koordinationsmechanismus auf Märkten, also das Wettbewerbsprinzip, in den Vordergrund.

Unter **Wettbewerb** versteht man das vielfältige Verhalten voneinander unabhängiger Wirtschaftssubjekte auf einem Markt, die eigenen Ziele zu Lasten der Konkurrenten durchzusetzen. Er beinhaltet somit zwei Merkmale: (1) eine **wettbewerbliche Struktur** mit mindestens zwei Anbietern bzw. Nachfragern, sowie (2) ein **wettbewerbliches Verhalten**, d.h. den nicht-kooperativen Einsatz eines oder mehrerer Aktionsparameter wie zum Beispiel Preis und Qualität.

Es ist offensichtlich, dass die beiden Aspekte nicht immer zusammenfallen. So entspricht eine Situation wie auf dem Weltmarkt für Rohöl, wo zahlreiche Anbieter abgestimmt in einem Kartell vorgehen, nicht dem Bild eines funktionierenden Wettbewerbes. Auch ein Duopol zweier unkoordinierter Anbieter, von denen einer stark dominant ist, kann bedenklich sein.

Geht man von den bekannten **Marktformen** Polypol, Oligopol und Monopol aus, bei denen die Zahl der Anbieter Zuordnungskriterium ist, wird klar, dass es im Monopol ex definitione keinen Wettbewerb geben kann. Von Bedeutung kann hier bestenfalls die sogenannte **latente Konkurrenz** sein, d.h. es gibt potenzielle Anbieter, die auf den Markt drängen könnten. Im Rahmen der Wettbewerbspolitik richtet sich das Interesse deshalb zunächst auf die Marktformen des Polypols und des Oligopols, weil hier auf jeden Fall eine notwendige Bedingung für Wettbewerb erfüllt ist. Ob indes auch hinreichende Bedingungen gegeben sind, so dass es tatsächlich zu Wettbewerb kommt, ist eine weitere Frage.

Damit sich Wettbewerb entfalten kann, muss eine Reihe weiterer Voraussetzungen erfüllt sein. Der **Marktzutritt** muss offen sein (vgl. Kapitel 2, Abschnitt 3.1.1). Dies kann zunächst eine rechtliche Kategorie sein, wenn der Staat bestehende administrative oder rechtliche Schranken abbaut. Selbst bei grundsätzlich freiem Marktzutritt kann es außerordentlich schwer sein, tatsächlich auf einem Markt als Anbieter aufzutreten. In manchen Sektoren ist dafür ein **hoher Kapitalbedarf** erforderlich (Energiesektor, Stahlbranche usw.), der von einem Einzelnen nicht ohne weiteres aufgebracht werden kann. Selbst in Bereichen, in denen nur ein geringer Kapitalbedarf notwendig ist, kann beispielsweise durch die Weigerung seitens der Banken, Existenzgründern die erbetenen Kredite zu gewähren, ein Marktzutrittshindernis entstehen. In anderen Sektoren kann der Patentschutz einen Marktzugang für längere Zeit verhindern. So ist in 41 zulassungspflichtigen Handwerksgewerben für die Betriebsgründung weiterhin die Meisterprüfung erforderlich. Auch kann es auf dem Markt mit etablierten Unternehmen gelingen, durch bestimmtes Verhalten den Zutritt neuer Wettbewerber zu erschweren oder ganz zu unterbinden. Wirkungsvoller Wettbewerb setzt daher voraus, dass auch faktisch der Marktzutritt möglich sein muss: **Die Märkte müssen bestreitbar sein.**

Wettbewerbspolitik hängt nicht nur von der **Marktstruktur** (Marktformen) ab, sie bezieht auch das **Marktergebnis** (Innovationsleistungen, Anpassungsflexibilität, Produktivitätsfortschritt) mit ein. Ein wettbewerbliches Marktverhalten soll geschützt werden. Wettbewerbspolitik ist auch dort erforderlich, wo durch Machtausübung von Unternehmen Einschränkungen des Wettbewerbs zu erwarten sind. Eine solche Missbrauchsaufsicht ist ein neutralisierender Ansatz, denn die bestehende Marktstruktur darf aus Gründen des Eigentumsschutzes im Allgemeinen nicht verändert werden. Wenn die als positiv angesehenen Funktionen des Wettbewerbs (vgl. Abschnitt 4.1) erfüllbar sein sollen, bedarf es staatlicher Wettbewerbspolitik. Dies ist deswegen erforderlich, weil der Wettbewerb für den einzelnen „unangenehm“ ist und die Wirtschaftssubjekte einen Anreiz haben, sich dem Wettbewerbsdruck durch wettbewerbsbeeinträchtigende Strategien zu entziehen.

Die Wettbewerbspolitik zielt darauf ab, durch die Schaffung eines Ordnungsrahmens und Überwachung seiner Einhaltung, effizienten Wettbewerb durch Wettbewerbsförderung (in Monopolbereichen oder verfestigten Oligopolen), Wettbewerbsschutz (wo der Wettbewerb in seinen Funktionen gefährdet sein kann, also im Polypol und im kompetitiven Oligopol) und Missbrauchsaufsicht (als Kontrollfunktion für marktbeherrschende Unternehmen oder Monopole) zu erreichen.

2 Situationsanalyse

2.1 Beschreibung der Ausgangslage

In der BUNDESREPUBLIK DEUTSCHLAND gibt es ungefähr 3,6 Millionen Unternehmen. Von diesen entfallen 3,3 Millionen auf Unternehmen mit weniger als 10 sozialver-sicherungspflichtig Beschäftigten, 252.000 mit 10 bis 49 Beschäftigten, 55.000 mit 50 bis 249 Beschäftigten sowie 12.150 mit 250 Beschäftigten und mehr. Von allen Unternehmen entfallen 2,2 Millionen auf die Rechtsform des Einzelunternehmens sowie 389.000 auf Personengesellschaften. 40,3 Millionen private Haushalte mit durchschnittlich 2,03 Personen je Haushalt fragen Konsumgüter nach. Wir erwähnen diese Zahlen, um eine Vorstellung von der Größenordnung der am Wirtschaftsprozess teilnehmenden Akteure zu vermitteln.

Durch Wettbewerb wird ein permanenter Druck auf die Unternehmen erzeugt. Es kann daher nicht verwundern, dass immer wieder versucht wird, diesem Druck auszuweichen und den Wettbewerb zu beschränken. Im Folgenden wollen wir uns mit einigen der zahlreichen Formen auseinandersetzen, mit denen Unternehmen versuchen, auf den Wettbewerb Einfluss zu nehmen. Da deutsche Unternehmen sehr stark exportorientiert sind und im Zuge der europäischen Integration wesentliche Freiheiten für den Waren-, Kapital- und Dienstleistungsverkehr durchgesetzt wurden, lässt sich diese Analyse nicht mehr nur auf den nationalen Bereich beschränken.

2.2 Wettbewerbsbeschränkungen

Wettbewerb kann sowohl rechtlich als auch faktisch beschränkt werden. Dies ist dann der Fall, wenn einer oder mehrere Aktionsparameter nicht mehr der Disziplinierung durch einen Marktrivalen unterliegen. Drei Arten von Wettbewerbsbeschränkungen können unterschieden werden:

[1] Kartelle und Kooperationen,

[2] Fusionen und Unternehmenskonzentration sowie

[3] Behinderungen.

2.2.1 Kartelle und Kooperationen

Zu den wichtigsten und ältesten Wettbewerbsbeschränkungen zählen **Kartelle**. Dabei handelt es sich um Verträge bzw. Absprachen zwischen Unternehmen der gleichen Wirtschaftsstufe, mit dem Ziel, den Wettbewerb zu beschränken. Das Kartell ist demnach eine **horizontale** Wettbewerbsbeschränkung.

Je nachdem, welcher **ökonomische Aktionsparameter** Gegenstand der Kartellabsprache ist, spricht man vom Preiskartell, Gebietskartell, Quotenkartell, Konditionenkartell usw. Wird der Absatz mehrerer Unternehmen zentral durch eine Verkaufsgesellschaft durchgeführt, liegt ein **Syndikat** vor. Nach dem GESETZ GEGEN WETTBEWERBSBESCHRÄNKUNGEN (GWB) von 1958 sind Kartelle grundsätzlich verboten (vgl. Abschnitt 6.1.1.1).

Die **Neigung zur Kartellbildung** dürfte dann besonders hoch sein, wenn (1) die Zahl der Anbieter klein ist (man kann sich leichter organisieren), wenn (2) die Produkte homogen sind (eine gemeinsame Preispolitik wird dadurch erleichtert), wenn (3) die Marktzutrittsschranken hoch sind (bei niedrigen Markteintrittsbarrieren werden andere Anbieter durch die hohen Kartellpreise angelockt) und wenn (4) die direkte Preiselastizität der Nachfrage niedrig ist (der höhere Kartellpreis verspricht zusätzliche Gewinne, wenn die Nachfrage wenig elastisch reagiert). Andererseits besteht die Gefahr, dass von besonders leistungsfähigen Kartellmitgliedern die vereinbarten Preise „heimlich“ unterboten werden. Um dem vorzubeugen, werden häufig innerhalb des Kartells Sanktionen vereinbart. Außerdem werden – um die Preisabsprache wirksam werden zu lassen – oft auch Mengenabsprachen (Quotenkartell) getroffen. Dies zeigt z.B. das internationale Kartell der ORGANISATION OF PETROL EXPORTING COUNTRIES (OPEC).

Unter einer **Kooperation** wird allgemein die Zusammenarbeit von Personen, Institutionen oder Unternehmen verstanden. In unserem Zusammenhang sind zwei Formen von Bedeutung: Zum einen kann es um die Koordination von betrieblichen Funktionen oder deren Ausgliederung auf mindestens zwei rechtlich und wirtschaftlich selbständigen Unternehmen gehen. Zum anderen wird darunter insbesondere die Zusammenarbeit zwischen mittelständischen oder kleineren Unternehmen verstanden. Wenn damit eine Leistungssteigerung einhergeht, wird eine solche Kooperation wettbewerbspolitisch als erwünscht angesehen, weil damit strukturelle Nachteile, die im Vergleich mit Großunternehmen bestehen mögen, ausgeglichen werden können. Indes werden Kooperationen auch für wettbewerbswidrige Absprachen in Bezug auf Preise, Kapazitäten usw. eingesetzt. Hier sind insbesondere Allianzen im Luftverkehr wiederholt in das Visier der Kartellbehörden geraten (vgl. BERICHT DES BUNDESKARTELLAMTES 2009/2010, BT-Drucksache 17/6640 v. 20.07.2011, S. 128ff.).

2.2.2 Fusionen und Unternehmenskonzentration

Zusammenschlüsse liegen als **Fusion** im engeren Sinn vor, wenn zwei oder mehr Unternehmen unter Aufgabe ihrer bisherigen rechtlichen Selbständigkeit eine neue rechtliche und wirtschaftliche Einheit bilden.

Die **Gründe für Fusionen** sind mannigfaltig. Im Allgemeinen geht es darum, die Marktstellung zu verbessern, Kostensenkungspotenziale (z.B. als 'economies of scale') besser ausschöpfen zu können usw. Die wettbewerbspolitische Brisanz von Fusionen liegt darin, dass im Vorhinein nicht genau festgestellt werden kann, welche Wirkungen mit der Fusion verbunden sind.

Der Begriff „**Zusammenschluss**" ist indes nicht nur auf die rechtliche Kategorie beschränkt. Er bezieht auch Formen ein, die direkt oder indirekt zur Bildung einer wirtschaftlichen Einheit führen. Drei Fälle sind zu unterscheiden:

[1] Ein **Konzern** (manchmal auch Trust genannt) liegt vor, wenn sich mehrere, rechtlich selbständige und selbständig bleibende Unternehmungen – oft mit kapitalmäßiger Verflechtung – zu einer wirtschaftlichen Einheit unter einheitlicher Leitung zusammengeschlossen haben.

[2] Daneben gibt es eine kaum übersehbare Zahl von **Beteiligungen** zwischen Unternehmungen, die unter 50 % liegen und im Allgemeinen eine Abhängigkeit begründen. Beteiligung heißt, ein Unternehmen besitzt einen bestimmten Anteil des Eigenkapitals eines anderen Unternehmens.

[3] Der dritte Fall betrifft das Gemeinschaftsunternehmen (**joint venture**). Es entsteht, wenn mehrere Unternehmen gemeinsam ein bestehendes Unternehmen erwerben oder ein neues Unternehmen gründen – z.B. durch Ausgliederung von vorhandenen Kapazitäten, die in das neue Unternehmen überführt werden. Ziele der Zusammenarbeit sind u.a. Sicherung der Rohstoffbasis, Erschließung neuer Märkte sowie Kostenersparnisse (z.B. durch Ausgliederung von Einkauf oder Vertrieb und Risikoteilung).

Von **Unternehmenskonzentration** spricht man, wenn einige wenige Unternehmen eines Wirtschaftszweiges (oder einer Wirtschaftsgruppe) einen relativ hohen Anteil am Gesamtumsatz (des Kapitals oder der Beschäftigten) des betreffenden Wirtschaftszweiges (der Wirtschaftsgruppe) aufweisen oder er ohnehin nur aus wenigen Unternehmen besteht.

Zur Unternehmenskonzentration kann es durch **internes** Wachstum eines Unternehmens, wenn es erfolgreich am Markt operiert und dadurch seine Marktanteile erhöht oder durch Zusammenschlüsse (**externes** Wachstum) kommen. Der Begriff Konzentration kann demnach sowohl als **Zustand** wie auch als **Prozess** verstanden werden. Die Unternehmenskonzentration wird in Deutschland seit 1973 regelmäßig von der MONOPOLKOMMISSION (§§ 44ff. GWB) untersucht. Sie wird von ihr unter wettbewerbspolitischen Gesichtspunkten beurteilt und in Bezug auf die Anwendung der Vorschriften über das Verbot der missbräuchlichen Ausübung von Marktmacht und die Fusionskontrolle gewürdigt.

Konzentration ist in verschiedener Form möglich.

[1] **Horizontal** bezieht sich auf Unternehmen des gleichen Marktes (ein Stromerzeugungsunternehmen erwirbt ein anderes).

[2] Eine **vertikale** Verbindung findet zwischen vor- und nachgelagerten Produktionsstufen statt (ein Stromerzeugungsunternehmen erwirbt ein Unternehmen der Stromverteilung).

[3] Der Begriff **diagonal** (oder **konglomerat**) weist auf eine Konzentration von Unternehmen unterschiedlicher Wirtschaftszweige (ein Stahlunternehmen erwirbt einen Touristikkonzern) hin.

Laut BUNDESKARTELLAMT hat es im Zeitraum von 1990 bis 2012 insgesamt 33.177 angemeldete Zusammenschlüsse gegeben, wobei die Anzahl der Zusammenschlüsse in 2011 und 2012 mit 1108 und 1127 etwas höher ausfiel als in den Jahren zuvor (998 in 2009 und 987 in 2010) (vgl. BERICHT DES BUNDESKARTELLAMTES 2011/2012, S. 126). Von den 2011 (2012) angemeldeten Zusammenschlüssen waren 828 (872) horizontal, 44 (39) vertikal und 236 (216) konglomerat (ebenda, S. 129).

Eine konzentrationsfördernde Wirkung erzeugen in der Praxis auch **Kreditverflechtungen** zwischen Unternehmen (insbesondere zwischen Banken und Produktionsunternehmen) sowie **Kooperationsverträge**. In den vergangenen Jahren sind z.B. in der Telekommunikation **strategische Allianzen** über nationale Grenzen hinweg geschlossen worden. Dabei werden Dienstleistungsbereiche gegenseitig genutzt, technisches Know-how wird den Partnern zur Verfügung gestellt usw.

Von Bedeutung können auch **personelle Verflechtungen** sein. Sie ermöglichen eine Abstimmung zwischen wirtschaftlich und rechtlich selbständigen Unternehmen und sind insofern geeignet, wettbewerbsbeschränkende Wirkungen zu entfalten. Wissen, das bei einem Unternehmen erworben wurde, kann bei einem anderen Unternehmen eingesetzt werden. Zu personellen Verflechtungen kommt es, wenn ein Mitglied der Geschäftsführung eines Unternehmens A dem Kontrollorgan (Aufsichtsrat) eines Unternehmens B angehört, oder wenn ein Aufsichtsratsmitglied eines Unternehmens C auch im Aufsichtsrat eines Unternehmens D vertreten ist.

Vorteile der Unternehmenskonzentration – ähnlich wie auch bei Fusionen – bestehen in der Ausnutzung der Fixkostendegression durch die **economies of scale**, einem Steigen der Entwicklungspotenziale, einem möglichen Ausgleich von Beschäftigungs-/Auslastungsschwankungen sowie allgemein einer Erhöhung der (internationalen) Konkurrenzfähigkeit. Außerdem kann durch ein breiteres Produktionsprogramm das Unternehmenswachstum verstetigt und das Risiko durch Streuung von Aktivitäten verringert werden. Solche Vorteile werden als „**economies of scope**" bezeichnet. Wenn man auch nicht generell sagen kann, dass Großunternehmen immer effizienter produzieren als kleine Firmen, so bieten sie doch in der Regel Vorteile, die den Verbrauchern in Form niedrigerer Preise zugutekommen.

Neben diesen Vorteilen, die als Ursachen für Konzentrationsvorgänge betrachtet werden können, mögen Absichten eine Rolle spielen, über wettbewerbsbeschränkende Verhaltensweisen eine Monopolisierung eines Marktes zu erreichen. Auch das Gegenteil kann beobachtet werden: Konzentrationsvorgänge finden statt, um Wettbewerbsbeschränkungen durch andere Marktteilnehmer besser begegnen zu können (**Konzept der Gegenmacht**). Schließlich können auch staatliche Instrumente die Konzentration begünstigen. So können im Bereich von Forschung und Entwicklung Großunternehmen staatliche Stellen leichter von der Förderungswürdigkeit überzeugen als Klein- und Mittelunternehmen.

2.2.3 Behinderung

Unternehmenskonzentration ist heute ein nahezu normaler Vorgang. Im Zuge integrierter Märkte und dem Prozess der Globalisierung folgend könnte sogar die Hypothese vertreten werden, dass Unternehmen zur Sicherung der internationalen Konkurrenzfähigkeit „groß" sein müssen. Damit ist aber die Gefahr verbunden, dass es einen

„qualitativen“ Sprung geben kann und Unternehmen eine marktbeherrschende Stellung erreichen. Marktbeherrschung kann zur Begrenzung des Wettbewerbs führen, die Marktstellung kann missbräuchlich ausgenutzt werden. In diesem Fall spricht man von einer **Behinderung**.

Eine Behinderung liegt vor wenn tatsächliche oder potentielle Konkurrenten, Lieferanten oder Abnehmer in ihrer Handlungs- oder Entschließungsfreiheit beschränkt werden. Voraussetzung ist, dass ein Unternehmen bereits über eine marktmächtige Position und damit über zusätzlichen Verhaltensspielraum verfügt, der es ihm ermöglicht, sich in gewissem Umfang unabhängig von Wettbewerbern und Nachfragern zu verhalten.

Bei einem solchen Verhalten besteht die Gefahr, dass der Marktzugang nicht mehr unbeschränkt möglich ist. Um festzustellen, ob eine Behinderung vorliegt, müssen die Märkte abgegrenzt werden. Dabei versucht man, den sogenannten **relevanten Markt** zu bestimmen. Dies ist sowohl theoretisch als auch praktisch äußerst schwierig. Allgemein ist der relevante Markt der Bereich wirksamer Konkurrenz. **Drei Aspekte** sind zu unterscheiden: der relevante Markt in zeitlicher, räumlicher und sachlicher Sicht. Vergleichsweise einfach ist es, den relevanten Markt in seiner **zeitlichen** Dimension zu ermitteln: Hat z.B. ein Anbieter seinen Marktanteil in relativ kurzer Zeit maßgeblich (z.B. von 50 auf 70 %) erhöhen können? Für das BUNDESKARTELLAMT ist der **räumlich** relevante Markt das gesamte Staatsgebiet der Bundesrepublik oder ein Teil davon, wobei aber auch grenzüberschreitende Markteinflüsse in die Beurteilung einbezogen werden. Tatsächlich kann der räumlich relevante Markt über Deutschland hinausgehen (europäischer Binnenmarkt, Weltmarkt). Dem hat der Gesetzgeber mit der Einführung des Kriteriums „Berücksichtigung des tatsächlichen oder potenziellen Wettbewerbs durch innerhalb und außerhalb des Geltungsbereichs dieses Gesetzes ansässige Unternehmen“ in § 19 Abs. 2 Satz 1 Nr. 2 GWB seit 1999 Rechnung getragen. Mit der 7. Novelle zum GWB (2005) wurde in § 19 Abs. 2 folgender Satz eingefügt: „Der räumlich relevante Markt im Sinne dieses Gesetzes kann weiter sein als der Geltungsbereich dieses Gesetzes.“

▶ Beispiel

Das BUNDESKARTELLAMT hat das Vorhaben von Edeka, die größte Getränkeabholmarktkette „Trinkgut“ zu übernehmen, unter der aufschiebenden Bedingung genehmigt, dass u.a. etwa 30 Standorte in zehn Markträumen veräußert werden. Als sachlich relevanter Markt wurde der Markt für den Verkauf von Getränken an Endverbraucher festgelegt. Für die räumliche Marktabgrenzung wurde der Markt in kleine Parzellen aufgeteilt: Das Amt hat diese Parzellen mit 20 km um ein die Region prägendes Oberzentrum abgegrenzt und auf dieser Grundlage für ca. 80 regionale Markträume Daten erhoben. In der Analyse kam das BUNDESKARTELLAMT zu dem Ergebnis, dass EDEKA auf mehreren Regionalmärkten eine marktbeherrschende Stellung erlangt bzw. ausgebaut hätte, da mit Trinkgut ein potenter Wettbewerber im Getränkeeinzelhandel weggefallen wäre. Aus diesem Grund wurde Edeka verpflichtet, rund 30 Getränkeabholmärkte in zehn Regionalmärkten abzugeben (BERICHT DES BUNDESKARTELLAMTES ÜBER SEINE TÄTIGKEIT IN DEN JAHREN 2009/10, S. 83ff.).

Der **sachlich** relevante Markt wird durch alle Produkte bestimmt, die aus der Sicht der Nachfrager kurzfristig substituierbar sind. Dies könnte durch die **Kreuzpreiselastizität** gemessen werden. Darunter versteht man die relative Änderung der nachgefragten Menge eines Gutes in Bezug auf die sie bewirkende relative Änderung des Preises eines anderen Gutes. Bei Substitutionsgütern ist die Kreuzpreiselastizität positiv. Ist sie hinreichend groß, liegt ein Indiz für bestehende Konkurrenz zwischen den Gütern vor: sie gehören zum relevanten Markt. Dabei ist zu beachten, dass Markenbindungen die Substituierbarkeit erheblich einschränken können. In der Praxis sind Kreuzpreiselastizitäten nicht ohne Schwierigkeiten zu ermitteln. Daher bedient man sich einer vergleichenden Analyse der Produkteigenschaften und Verwendungszwecke, um die **funktionale Austauschbarkeit** zu beurteilen. So kann man z.B. vermuten, dass Bier, Wein und Mineralwasser auf dem Getränkemarkt miteinander konkurrieren. Trotz unübersehbarer Schwierigkeiten greifen das BUNDESKARTELLAMT und die Rechtsprechung auf dieses Konzept zurück. Bessere Lösungen hat die Wettbewerbstheorie bisher nicht anzubieten.

Weiterhin ist es schwierig, die **Marktmacht** zu bestimmen. Wann hat ein Anbieter eine „überragende Marktstellung"? Wie das gerade zitierte Beispiel zeigt, geht es dabei in der Praxis insbesondere um die Feststellung des Marktanteils. Aber auch andere Kriterien (z.B. Marktzutrittsschranken) können bei der Analyse herangezogen werden. Sofern der relevante Markt abgegrenzt und die Existenz von Marktmacht bestimmt sind, stellt sich die Frage nach dem Vorliegen eines **Missbrauchs** (vgl. Abschnitt 6.1.1.3). Früher wurde gefordert, zu diesem Zweck die Simulation einer **Als-Ob-Konkurrenz** durchzuführen. Sollten sich bei einem Vergleich der tatsächlich geforderten Preise mit denen aus der Simulation starke Unterschiede ergeben, läge der Verdacht des Preismissbrauchs nahe. Indes lässt sich der komplexe Wettbewerb nicht so einfach simulieren, Verlauf und Ergebnisse des Wettbewerbsprozesses sind nicht vorhersehbar. Da dieses Verfahren nicht praktikabel war, hat das BUNDESKARTELLAMT das sogenannte **Vergleichsmarktkonzept** entwickelt. Dem „missbrauchsverdächtigen" Preis wird ein anderer Preis gegenübergestellt, der auf einem vergleichbaren Markt mit höherer Wettbewerbsintensität verlangt wird (vgl. Abschnitt 6.1.1.3).

Auch in der **europäischen Wettbewerbspolitik** (vgl. Abschnitte 5.2 und 6.2) ist die Abgrenzung des relevanten Marktes von Bedeutung. Die EU-KOMMISSION hat im Hinblick auf eine größere Transparenz ihrer Wettbewerbspolitik eine Bekanntmachung über die Definition des relevanten Marktes (Amtsblatt C 372 vom 09.12.1997) angenommen (vgl. EUROPÄISCHE KOMMISSION, XXVII. BERICHT ÜBER DIE WETTBEWERBSPOLITIK 1997, S. 23). Damit soll systematisch in sachlicher und räumlicher Sicht ermittelt werden, welche Konkurrenten der betroffenen Unternehmen tatsächlich in der Lage sind, dem Verhalten dieser Unternehmen Schranken zu setzen und sie daran zu hindern, in einem wirksamen Wettbewerb frei von Beschränkungen aufzutreten. Die Kommission stützt ihre Untersuchung in der Regel auf die **Substituierbarkeit** der Nachfrage. Der relevante Markt besteht demnach aus Waren und Dienstleistungen, die der Verbraucher in einem räumlichen Gebiet insbesondere hinsichtlich des Verwendungszwecks und des Preises für austauschbar erachtet. Bei der Abgrenzung des **räumlich** relevanten Marktes werden u.a. die Reaktionen auf Preisänderungen, soziokulturelle Merkmale der Nachfrage, das Verhalten der Abnehmer und Wettbewerber, die Handelsströme und die verschiedenen Zutrittsschranken wie Transportkosten einbezogen. Es geht also nicht um eine bloße Addition von Marktanteilen, vielmehr ist die Marktdefinition Ausgangspunkt für die Untersuchung der Marktdynamik in einer Branche (EU-KOMMISSION, XXXI. BERICHT ÜBER DIE WETTBEWERBSPOLITIK 2001, S. 90). Dieser Ansatz unterscheidet sich von der Vorgehensweise des BUNDESKARTELLAMTES grundsätzlich nicht.

2.3 Wettbewerbspolitische Indikatoren

2.3.1 Wettbewerbsintensität, Innovationen, Preisänderungen

Eine erste wichtige Größe zur Messung könnte die **Wettbewerbsintensität** sein. Nach ERHARD KANTZENBACH (Die Funktionsfähigkeit des Wettbewerbs, 1967) ist sie durch die Geschwindigkeit gekennzeichnet, mit der Vorsprungsgewinne (z.B. durch Innovationen) durch erfolgreichen nachfolgenden Wettbewerb (durch Imitationen, aber nicht nur im technologischen Sinn) wieder abgebaut werden. Dies ist abhängig von der Stärke des Zwangs zur Reaktion, dem sich die – zunächst noch passiven – Unternehmen ausgesetzt sehen. Der Zwang ist abhängig von den möglichen Konsequenzen für das eigene Unternehmen: Bei Existenzbedrohung (Konkurs) ist er sehr groß. Die Absatzeinbußen, mit denen die Unternehmen rechnen müssen, hängen vor allem von ihrer **Reaktionsverbundenheit** ab. Sie gibt an, wie stark der eigene Absatz durch wettbewerbsrelevante Aktionen anderer beeinflusst wird. Nach KANTZENBACH wird dadurch die **potenzielle** Wettbewerbsintensität ausgedrückt. Sie ist dann besonders groß und entspricht nahezu der **effektiven** Wettbewerbsintensität, wenn es keine Wettbewerbsbeschränkungen gibt. Je mehr indes der Wettbewerb beschränkt wird, desto weniger kann die potenzielle Wettbewerbsintensität wirksam werden. Ein wesentlicher **Nachteil** dieses Ansatzes besteht in seiner mangelnden empirischen Relevanz: Es gibt keine eindeutigen Messgrößen und insoweit fehlt die Operationalität.

Auch mit anderen Hilfsgrößen zur Messung des Wettbewerbs gibt es Probleme. Die **Innovationsfähigkeit** könnte anhand der Zahl der Patentanmeldungen beurteilt werden. Dabei sind aber das Verhalten der Patentanmelder und die jeweiligen patentrechtlichen Vorschriften (einschließlich der Kosten) zu beachten. Das gilt insbesondere, wenn internationale Vergleiche angestellt werden sollen: Wird ein Patent erst nach Fertigstellung der Erfindung oder werden auch einzelne Arbeitsergebnisse angemeldet? Oder: Könnte die **Häufigkeit von Preisänderungen** als Indikator für die Wettbewerbsintensität infrage kommen? Hier muss man mit einem klaren Nein antworten: Ein Markt, der durch häufige Preisänderungen gekennzeichnet ist, kann ein wettbewerblicher Markt sein. Dies schließt aber nicht aus, dass die Preisänderungen „parallel" von allen Unternehmen aufgrund von Kostenänderungen (die alle Unternehmen gleichmäßig treffen) notwendig waren. Auch kann ein Markt, auf dem längere Zeit keine Preisänderungen beobachtet wurden, durchaus eine hohe Wettbewerbsintensität aufweisen. Der Wettbewerb kann sich über andere, wettbewerbspolitisch relevante Parameter (z.B. Produktqualität, Sortiment usw.) vollziehen.

In der Wettbewerbspolitik werden zum Zwecke des Feststellens von funktionsfähigem oder wirksamem Wettbewerb sogenannte **Wettbewerbstests** vorgeschlagen. Dabei können sich die Tests auf das Marktergebnis, das Marktverhalten (den Marktprozess) oder die Wettbewerbsvoraussetzungen im Sinne von Wettbewerbsdeterminanten (wie z.B. die Marktstruktur bzw. Marktform) beziehen. Mit solchen Tests hat sich ausführlich KLAUS HERDZINA (Wettbewerbspolitik, 1999, S. 47ff.) beschäftigt. Alle diese Versuche weisen eine Reihe von Schwächen auf.

Marktergebnistests liegen dann vor, wenn die Ergebnisse des Marktes untersucht werden, um dabei auch zu einer Aussage über seine Funktionsfähigkeit zu gelangen. Da objektive Kriterien fehlen, werden oft subjektive Wertungen eingesetzt. Das ist unbefriedigend. Wann sind Gewinne „angemessen", wann müssen sie als „überhöht" eingestuft werden? Wird „übermäßig viel" Werbung betrieben, ist die Innovationskraft „zufriedenstellend", sind die Kosten „hinreichend" gesenkt worden, weisen die Märkte eine „gute" Dynamik auf? Eine eindeutige theoretische Fundierung für derartige Aussagen gibt es nicht. Ein „hoher" Gewinn kann das Ergebnis monopolistischen Verhaltens bei geringem Wettbewerbsdruck sein. Er könnte aber auch als Ausdruck für Innovationsgewinne erfolgreicher Pionierunternehmen interpretiert werden.

Bei **Marktverhaltenstests** bezieht man vor allem das Verhalten der Marktteilnehmer in die Analysen ein. Dabei wird angenommen, dass aus „typischem" Verhalten Rückschlüsse auf den Wettbewerb und seine Funktionsfähigkeit möglich sind. Der Wettbewerbsprozess wird häufig als eine Abfolge von „Vorstößen" (z.B. bei kreativem Marktverhalten) und „Verfolgungen" (die Reaktion der Imitatoren) gekennzeichnet. Indes lässt ein solcher Prozess, selbst wenn er beobachtet werden könnte, letztlich keine Aussagen über die Funktionsfähigkeit des Wettbewerbs zu: Unlautere Praktiken wie irreführende Werbung, Absprachen usw. könnten vorliegen, um das Ziel der Marktteilnehmer zu erreichen. Preissenkungen können das Ziel verfolgen, unliebsame Wettbewerber zu verdrängen. Man kann sie aber auch als eine Strategie erfolgreicher Innovatoren interpretieren, die nun kostengünstigere Produktionsverfahren einsetzen. Ähnliches gilt bei der Beurteilung intensiver Werbung: Entweder ist sie Ausdruck für neue Anbieter, die ihr Produkt überhaupt erst am Markt platzieren möchten, oder sie soll z.B. bei etablierten Anbietern dazu dienen, potenzieller Konkurrenz den Eintritt in den Markt zu erschweren. Die Schwächen dieses Verfahrens sind evident.

Bei einem **Marktstrukturtest** stehen Strukturmerkmale des Marktes im Mittelpunkt der Betrachtung: Die Anzahl der Anbieter, der Grad der Offenheit des Marktes, der Grad der Produktdifferenzierung, der Konzentrationsgrad usw. Die Problematik von Marktstrukturtests besteht darin, dass eine bestimmte Marktform eine notwendige, keinesfalls aber eine hinreichende Bedingung für Wettbewerb ist. Der Leser erkennt, dass sich alle die o.g. Parameter nur schwer für eine abschließende Beurteilung bündeln lassen und kaum Aussagen über die Funktionsfähigkeit des Wettbewerbs erlauben.

Auch aus **Fusionen** kann nicht unmittelbar auf die Intensität des Wettbewerbs geschlossen werden: Es kann sein, dass im Zuge einer Fusion ein bisher unliebsamer Wettbewerber vom Markt verschwindet. Es ist aber auch möglich, dass durch die Fusion die eigene Marktposition so gestärkt wird, dass nun erst intensiverer Wettbewerb gegenüber anderen Marktteilnehmern entsteht. Dies gilt zunehmend für internationale Zusammenschlüsse in Märkten, die infolge des Abbaus von Handelshemmnissen eine Intensivierung des Wettbewerbs in einem größeren Raum erfahren haben (vgl. Abschnitt 2.2.2).

Das **Ergebnis** der Bemühungen, wettbewerbspolitische Indikatoren zu identifizieren, ist bis heute unbefriedigend. In der Wettbewerbstheorie und -politik wurden viele Versuche unternommen, die bisher aber nicht zu einem überzeugenden, einheitlichen Messkonzept geführt haben.

2.3.2 Unternehmenskonzentration

Leichter als die Wettbewerbsintensität ist die horizontale **Unternehmenskonzentration** zu messen. Dabei muss aber davor gewarnt werden, von einer hohen Konzentration auf eine geringe Wettbewerbsintensität zu schließen (und umgekehrt).

Die **absolute Konzentration** erfasst die Zahl der Unternehmen des Marktes, unabhängig von ihrer relativen Größe. Die übliche Messgröße ist die sogenannte **Konzentrationsrate** (concentration ratio [CR]). Gemessen wird hier der Marktanteil der jeweils größten 3 (CR-3), der größten 6 (CR-6) oder der größten 10 (CR-10) Unternehmen eines Marktes. CR-10 = 70 bedeutet, dass die 10 größten Unternehmen des Marktes einen Umsatzanteil von 70 % haben.

Die **relative Konzentration** misst die Ungleichverteilung von Marktanteilen. Dies bezeichnet man als **Disparität**. Gäbe es z.B. sechs gleich große Firmen im Markt, würde dies eine große absolute, aber gar keine relative Konzentration bedeuten. Die relative Konzentration wird mit der Lorenzkurve – auch als Konzentrationskurve bezeichnet -veranschaulicht.

Die **Lorenzkurve** zeigt, welcher prozentuale Anteil am Gesamtumsatz des Marktes auf den jeweils zugehörigen prozentualen Anteil der (nach Umsatzgrößenklassen gegliederten) Unternehmen entfällt. In der grafischen Darstellung werden die prozentualen Anteile, kumuliert nach Größenklassen, abgebildet (z.B. auf der Ordinate der Umsatz, auf der Abszisse die Zahl der Unternehmen). Die Kurve beginnt bei null Prozent, wobei die Kumulation mit der Klasse der kleinsten Unternehmen beginnt, und endet bei hundert Prozent (Abb. 3.1). Die Diagonale (**Kurve der Gleichverteilung**) zeigt eine Gleichverteilung der Umsätze (10 % der Unternehmen haben 10 % der Umsätze, 20 % der Unternehmen haben 20 % der Umsätze usw.). Je mehr die Lorenzkurve unterhalb dieser Diagonalen verläuft, desto ungleichmäßiger ist die Umsatzverteilung und umso größer die Konzentration. Durch die prozentuale Einteilung der Skalen des Lorenzdiagramms geht jedoch die Information über die absoluten Werte verloren. Aussagen über die Intensität des Wettbewerbs sind nicht möglich.

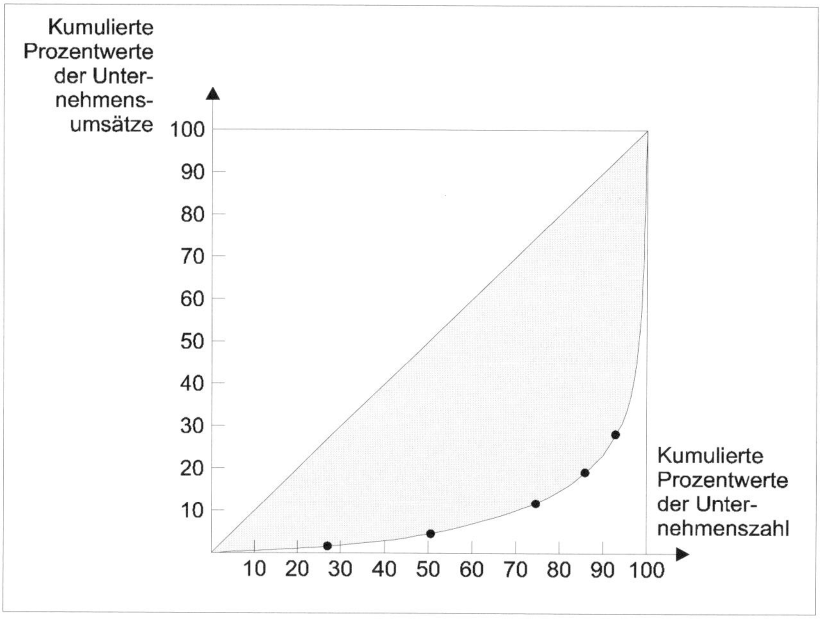

Abb. 3.1: Lorenzkurve

Auch die Fläche zwischen der Lorenzkurve und der Kurve der Gleichverteilung kann als Maß für die Konzentration dienen. Um es unabhängig von dem zufällig gewählten Maßstab zu machen, berechnet man nicht den absoluten Wert des Flächeninhaltes, sondern das Verhältnis dieser Fläche zur Fläche zwischen der Diagonalen und den Achsen des Koordinatensystems. Da dieses Dreieck immer größer ist als die zwischen der Lorenzkurve und der Diagonalen liegenden Fläche, ist der **Gini-Koeffizient**, immer kleiner als 1. Je mehr er sich 1 annähert, desto größer ist die Konzentration.

Der **Herfindahl-Index**, ein weiteres absolutes Konzentrationsmaß, ist das arithmetische Mittel der mit sich selbst gewogenen Marktanteile. Sie werden quadriert und summiert. Dies führt zu dem Ergebnis, dass die Marktanteile der größeren Anbieter ein stärkeres Gewicht erhalten. Oft werden die so ermittelten Werte mit 10.000 multipliziert, da sich sonst bei stark besetzten Märkten durchweg sehr kleine Werte ergäben. Je höher dieser Index ist, desto größer ist die Konzentration (im Extremfall liegt der Index bei 10.000). Der Vorteil dieses Konzentrationsmaßes liegt darin, dass es die Verteilung des Umsatzes über den gesamten Markt berücksichtigt und somit auch kleinste Unternehmen einschließt. Dieser Index wird vom BUNDESKARTELLAMT zur Ermittlung des Marktanteils und der Konzentration im Markt berechnet (vgl. BERICHT DES BUNDESKARTELLAMTES 2003/2004, S. 54).

Anhand von drei konstruierten **Beispielen** wollen wir die Bedeutung der einzelnen Konzentrationsmaße kurz darstellen (Tab. 3.1):

[1] Der Umsatz einer Branche in Höhe von 1 Mio. Geldeinheiten (GE) verteilt sich auf 10 Unternehmen gleicher Größe. Während der Gini-Koeffizient den Wert Null (keine Konzentration) aufweist, ist beim Herfindahl-Index Konzentration erkennbar. Die CR-3 beträgt 30.

[2] Der Branchenumsatz wird von 100 Unternehmen gleicher Größe erzielt. Mittelwert, CR-3 und Herfindahl-Index verringern sich, der Gini-Koeffizient bleibt bei Null.

[3] Der unveränderte Branchenumsatz wird von 8 großen Unternehmen (Umsatz jeweils 100.000 GE) und von 200 kleinen Unternehmen (Umsatz jeweils 1.000 GE) erwirtschaftet. Erst hier wird eine Konzentration nach dem Gini-Koeffizienten erkennbar, der Herfindahl-Index steigt gegenüber Beispiel 2 an (bleibt aber unter dem Wert aus Beispiel 1), während sich CR-3 wieder bei 30 einstellt (wie in Beispiel 1).

Beispiel	Anzahl der Unternehmen	Mittelwert (GE)	Konzentrationsrate CR3	Herfindahl-Koeffizient	Gini-Koeffizient
1	10	100.000	3,32	100,0	0,00
2	100	10.000	3,57	10,0	0,00
3	208	4.808	4,35	80,2	0,76

Quelle: STATISTISCHES BUNDESAMT, Konzentrationsstatistische Daten für den Bergbau und das Verarbeitende Gewerbe 1954 bis 1982, Fachserie 4, Reihe S.9, Stuttgart, Mainz 1985, S. 12f.

Tab. 3.1: Die Ausprägung verschiedener Konzentrationsmaße

Wettbewerbspolitik

3 Theoretische Fundierung: Wettbewerbspolitische Leitbilder

Die theoretische Wettbewerbspolitik hat verschiedene Leitbilder entwickelt, anhand derer sich unterschiedliche Ziele von Wettbewerbspolitik formulieren lassen. Es ist keineswegs so, dass eine eindeutige, allgemein akzeptierte Zielvorstellung der Wettbewerbspolitik besteht. Auch sind die Vorstellungen darüber, wie der Wettbewerb seine Funktionen (vgl. Abschnitt 4.1) am besten erfüllen kann, nicht einheitlich. Vielmehr koexistieren mehrere 'Schulen', die divergierende Gewichtungen wettbewerbspolitischer Ziele und Instrumente vertreten und denen unterschiedliche **wettbewerbspolitische Leitbilder** zugrunde liegen. Im Folgenden werden die wichtigsten vorgestellt.

3.1 Vollständige Konkurrenz

In Anlehnung an ADAM SMITH (1723–1790) entstand bereits im 19. Jahrhundert das neoklassische Gleichgewichtsmodell der **vollständigen Konkurrenz**. Analog zum ordnungspolitischen Leitbild (vgl. Kapitel 2, Abschnitt 1) wird darunter die Architektur des Wettbewerbs verstanden, die für eine Volkswirtschaft zu optimalen Allokations- und Verteilungsergebnissen führt. An ihm sollen sich folglich die Maßnahmen der Wettbewerbspolitik orientieren. Auch EUCKEN hat im Rahmen seiner konstituierenden Prinzipien einer Wettbewerbsordnung noch das Grundprinzip der vollständigen Konkurrenz angestrebt (vgl. Kapitel 2, Abschnitt 2.2). Ideal wäre ein Zustand, bei dem sehr viele Anbieter und Nachfrager auf einem Markt ein homogenes Gut bei möglichst vollkommener Markttransparenz tauschen. Sind die Voraussetzungen des Modells erfüllt, führt vollständige Konkurrenz zu einer Optimalsituation („first best"). Je mehr Marktteilnehmer es auf einem Markt gibt, desto intensiver müsste der Wettbewerb sein.

Das Konzept der vollständigen Konkurrenz wird heute kaum noch als wettbewerbspolitisches Leitbild benutzt: Zum einen liegen ihm Annahmen (wie z.B. vollkommene Markttransparenz) zugrunde, die nicht realistisch sind. Zum andern sind die Marktergebnisse vollständiger Konkurrenz nicht durchweg wünschenswert. Besonders deutlich wird dies in Bezug auf die **Innovationsfunktion** des Wettbewerbs und ihre produktive Effizienz: Wegen der vollständigen Transparenz und der – theoretisch – unendlich schnellen Anpassungsgeschwindigkeit der Konkurrenten lohnt es sich für den polypolistischen Anbieter nicht, innovativ zu sein. Die Schaffung neuer Produkte lässt gerade neue Märkte entstehen, auf denen, zumindest zeitweise, nur ein oder wenige Anbieter auftreten. Sehr kleine Anbieter haben zwar auch Möglichkeiten, innovativ zu sein. Indes gibt es hier immer wieder Schranken (finanzielle, patentrechtliche usw.), die Innovationen durchzusetzen.

3.2 Funktionsfähiger Wettbewerb (Harvard School)

Das Konzept des sogenannten **funktionsfähigen Wettbewerbs** geht auf Untersuchungen von JOHN MAURICE CLARK (1884–1963) aus dem Jahr 1940 zurück, der den Begriff der **workable competition** geprägt hat. Mit diesem Konzept wird versucht, (1) die Merkmale der Marktstruktur zu bestimmen, die ein wettbewerbliches Verhalten begünstigen, (2) die Verhaltensweisen herauszufinden, die als wettbewerblich angesehen werden können und (3) die Kriterien festzustellen, die zur Bewertung des Marktergebnisses geeignet sind.

Bei der Untersuchung der **Marktstruktur** werden alle Größen erfasst, die das Marktverhalten der Anbieter bestimmen können. Dazu gehören neben der Zahl und Größe der Marktteilnehmer auch Faktoren, die von den einzelnen Unternehmen selbst nicht fühlbar beeinflusst werden können (z.B. rechtliche Rahmenbedingungen). Einbezogen werden auch Informationen über den Umfang der Unternehmenskonzentration. Über deren Ursachen lassen sich dann z.B. Rückschlüsse auf die Bedeutung der **economies of scale** und auch auf die durch sie bewirkte Existenz von Marktzutrittsschranken ziehen. Economies of scale besitzen eine solche Eigenschaft, wenn es für neue Anbieter nicht ohne weiteres möglich ist, mit der gleichen Effizienz zu produzieren wie die bereits etablierten Unternehmen. Sie könnten den „Angriff" der „Newcomer" mit einer Preissenkungsstrategie durchkreuzen. Die Zu- oder Abnahme der **Zahl der Wettbewerber** kann in diesem Konzept nicht ohne weiteres als Zu- oder Abnahme des Wettbewerbs interpretiert werden (vgl. Abschnitt 2.2).

Eine Analyse des **Marktverhaltens** umfasst den Einsatz strategischer Instrumente wie Kollusion (Koordination zwischen Unternehmen), Strategische Preissetzung, Innovation und Werbung. Je nachdem, in welchem Umfang Unternehmen diese Instrumente einsetzen, können sie ggf. einen starken Einfluss auf die Marktstruktur ausüben.

Das **Marktergebnis** resultiert aus dem Marktverhalten und lässt sich anhand von Preisen, Kosten, Gewinn sowie Produktionseffizienz, Produktqualität und technischem Fortschritt messen. Empirische Untersuchungen dieser Indikatoren sollen Aufschluss drüber geben, inwieweit ein funktionsfähiger Wettbewerb existiert.

In das Konzept des funktionsfähigen Wettbewerbs werden Marktformen einbezogen, von denen erwartet wird, dass sie zur Realisierung der Wettbewerbsfunktionen beitragen. Dies gilt etwa für die **weiten** Oligopole (vgl. dazu den folgenden Abschnitt), während bei **engen** Oligopolen die Gefahr besteht, dass es zu Wettbewerbsbeschränkungen kommt. Wenn hier der Markteintritt neuer Wettbewerber unterbleibt, kann im Laufe der Zeit die Zahl der Anbieter abnehmen, so dass der Konzentrationsgrad ansteigt. Die in einem solchen Markt zu beobachtende hohe **Reaktionsverbundenheit** der Anbieter führt oft zu passiven Verhaltensweisen: Aggressive Vorstöße (z.B. Preiskämpfe) unterbleiben, stattdessen wird die Rolle des Branchenführers oder des Preisführers akzeptiert. Dessen Wettbewerbsverhalten wird nachgeahmt, aber nicht herausgefordert.

Die Leistungsfähigkeit dieses Konzepts darf dennoch nicht überschätzt werden. Aussagen darüber, welches Marktverhalten aus welcher Marktstruktur resultiert, welches Marktergebnis bei verschiedenen Marktsituationen erwartet werden kann und ob dies der optimalen Versorgung der Konsumenten dient, können nur mit Vorbehalten gemacht werden. Dies gilt auch deswegen, weil die drei Kriterien (Marktstruktur, Marktverhalten, Marktergebnis) interdependent sind, sie sich also gegenseitig beeinflussen.

3.3 Konzept der optimalen Wettbewerbsintensität

KANTZENBACH hat den Versuch unternommen, das Konzept des funktionsfähigen Wettbewerbs zu konkretisieren. Demnach wird von einem funktionsfähigen Wettbewerb vor allem die Erfüllung der **dynamischen** Wettbewerbsfunktionen, also der Innovationsfunktion und eine hohe Anpassungseffizienz an Datenänderungen erwartet (vgl. Abschnitt 4). Eine wichtige Rolle spielt dabei die Geschwindigkeit, mit der Vorsprungsgewinne durch Imitatoren wieder abgebaut werden. Damit wird der instrumentale Charakter des Wettbewerbs in den Vordergrund gestellt. Zu untersuchen ist demnach, wann solche günstigen **Wettbewerbsvoraussetzungen** vorliegen. Sie werden insbesondere auf Märkten vermutet, die als **weite Oligopole** bezeichnet werden. Im Vordergrund dieser Marktform steht die **Reaktionsverbundenheit** der Unternehmen. Sie ist bei engen Oligopolen mit starkem Konzentrationsgrad sehr hoch, so dass es auf solchen Märkten kaum zu dynamischen Entwicklungen kommt. Im Polypol ist sie dagegen schwach ausgeprägt. Folglich sind – nach KANTZENBACH – die Voraussetzungen am besten im weiten Oligopol mit **mäßiger Produktdifferenzierung** erfüllt. Hier ist die Reaktionsverbundenheit zwar vorhanden, aber nicht so hoch, dass potenzielle Innovatoren durch ein zu schnelles Reagieren der Konkurrenten entmutigt wrden. Auch zu – das Existenzrisiko ausschließenden – Verhaltensabstimmungen dürfte es kaum kommen. Wettbewerbsvorstöße erscheinen gerade in dieser Marktform als besonders lohnend. Hinzu kommt, dass die Zahl der Anbieter hinreichend groß ist, und dass die Unternehmen stark genug sind, um die Vorteile der Massenproduktion auszuschöpfen und Innovationen und Anpassungsmaßnahmen zu finanzieren.

3.4 Freier Wettbewerb

Im Konzept des **Freien Wettbewerbs** nach ERICH HOPPMANN (1923–2007) wird davon ausgegangen, dass der Wettbewerb einen Wert an sich besitzt: Die **Freiheitsfunktion des Wettbewerbs** wird in den Vordergrund gestellt. Durch Wettbewerb werden den Marktbeteiligten Freiheitsspielräume eröffnet, die stets zu guten Marktergebnissen führen. Die Freiheit für wettbewerbliches Verhalten ist eine notwendige, aber noch keine hinreichende Bedingung für Wettbewerb. Die gebotenen Chancen müssen auch genutzt werden, wofür der Wille und die Fähigkeit zum Wettbewerb erforderlich sind. Ein Mehr an **Wettbewerbsfreiheit** bringt auch immer zusätzliche wirtschaftliche Vorteile für den Einzelnen. Wenn dagegen die Wettbewerbsfreiheit eingeschränkt wird, verschlechtern sich die erzielbaren Marktergebnisse. Dann kann Marktmacht entstehen, die zur Einschränkung der Freiheitsspielräume Dritter missbraucht werden kann. Das Konzept erinnert an den klassischen Liberalismus, der Wettbewerb als dynamischen Prozess verstanden hat, in dem sich wirtschaftliche Freiheit manifestiert und die optimale Konsumentenversorgung gewährleistet wird.

3.5 Das Konzept der Chicago School

Aufgrund der als unbefriedigend empfundenen Anwendung des Marktstruktur-, Marktverhaltens- und Marktergebnisansatzes, der lange Jahre die US-amerikanische Antitrustpolitik beherrschte, wurde von der **Chicago School** Anfang der 1980er Jahre ein eigenes Konzept entwickelt. Der **Wettbewerb wird als dynamischer Prozess** betrachtet, der – weil er sich selbst überlassen ist – zur laufenden Anpassung zwingt und somit die Tendenz zu einem Gleichgewicht aufweist (auch wenn es nie erreicht wird). Als Ziel wird die Konsumentenwohlfahrt in den Vordergrund gestellt. **Effizienz** wird als wichtigster Indikator betrachtet. Sie weist zwei Aspekte auf: (1) **Produktive** Effizienz, die durch die Nutzung von Kosteneinsparungen, die mit wachsenden Unternehmensgrößen einhergehen, zu charakterisieren ist. (2) **Allokative** Effizienz, die zu einer bestmöglichen Entsprechung zwischen Güterangebot und Konsumentenpräferenzen sowie zu Preisen führt, die sich an die langfristigen Grenzkosten annähern. „So verbindet die Repräsentanten der Chicago School die Überzeugung, dass der Wettbewerb als Prozess des 'survival of the fittest' langfristig wirksam ist. Auch Oligopolisten stehen annahmegemäß unter Wettbewerbsdruck. Zeigen sie Leistungsschwächen oder versuchen sie, Preise durchzusetzen, die über den Grenzkosten liegen, dann wird durch Markteintritte potenzielle Konkurrenz wirksam, die die Preise wieder auf das Niveau der Grenzkosten herabdrückt. Markteintrittsbarrieren bestehen nämlich annahmegemäß nur dort, wo sie durch staatliche Protektion geschaffen wurden. In diesem Fall sind Deregulierung oder eine liberale Außenwirtschaftspolitik zu fordern, nicht dagegen wettbewerbspolitische Interventionen. Dort, wo der Staat den Marktzugang nicht im Interesse der etablierten Hersteller behindert oder gar versperrt, werden auch große und vermeintlich marktstarke Unternehmen rasch unter Wettbewerbsdruck geraten, wenn sie Leistungsschwächen zeigen“ (W. KERBER, 2007, S. 382f.). Dies kann aber nur insoweit gelten, als Marktzutrittsschranken nicht schon aus erreichter Marktmacht heraus entstanden sind.

Das Konzept der Chicago School wird aus mehreren Gründen **kritisiert**: Unter Verweis auf potenziellen Wettbewerb wird vollständige Konkurrenz als Referenzmodell für das Verhalten von Unternehmen herangezogen, ohne dass eine solche Wirkung von potenziellem Wettbewerb theoretisch fundiert wird. Auch gibt es wenige empirische Arbeiten der Chicago Schule. Schließlich vernachlässigt die Konzentration auf Wohlfahrtsmaximierung andere Ziele des Wettbewerbs, wie zum Beispiel die Machtkontrolle.

3.6 'Neue' Industrieökonomie

Die Schwächen sowohl des Konzepts der Harvard Schule (keine theoretische Fundierung, fehlende Eindeutigkeit der anzustrebenden Marktverhältnisse) als auch des Chicago Ansatzes (generelle Annahme von Gleichgewichtsverhalten im Sinne vollständiger Konkurrenz, keine Marktzutrittsschranken) führten Mitte der 1980er Jahre zum Entstehen der **New Industrial Economics** (siehe z.B. TIROLE, 1999). Grundlage dieses Konzepts ist die theoretisch fundierte Analyse des Verhaltens von Unternehmen bei unvollständiger Konkurrenz. Insbesondere werden die **Effekte von asymmetrischer Information** am Markt analysiert. Ausgehend von der Annahme, dass in 'engen' Oligopolmärkten das Verhalten der einzelnen Unternehmen von den Aktionen der Konkurrenten beeinflusst wird, werden strategische Interaktionen zwischen den Marktteilnehmern unterstellt. Anhand spieltheoretischer Modelle wird sodann das Marktverhalten der Akteure untersucht, wobei die betrachteten Modelle zunehmend um zeitliche Abläufe erweitert worden sind, um dem dynamischen Charakter des Wettbewerbs gerecht zu werden. In empirischen Arbeiten werden die Prognosen über strategisches Gleichgewichtsverhalten der Marktteilnehmer verwendet, um aus beobachtbaren Marktdaten Rückschlüsse auf Eigenschaften der Marktteilnehmer zu ziehen (z.B. Schätzung der Risikoaversion von Auktionsteilnehmern basierend auf ihrem Bietverhalten).

Kritisch anzumerken ist, dass die Modelle der neuen Industrieökonomie tatsächliche Marktsituationen oft in sehr stilisierter Form darstellen (Anzahl der Konkurrenten, Kostenstruktur, Nachfragesituation etc.). Auch beruhen die Prognosen darauf, dass alle Marktteilnehmer vollkommen rational handeln, was impliziert, dass sie die strategischen Effekte ihrer Aktionen genau erkennen und die Aktionen der anderen Marktteilnehmer perfekt prognostizieren können. Die Realität zeigt jedoch, dass diese Annahmen selten erfüllt sind. Die praktische Verwendbarkeit der Aussagen der neuen Industrieökonomie ist deshalb in konkreten Anwendungsfällen durchaus umstritten. Dennoch ist dieser Ansatz hilfreich, wettbewerbspolitisch relevante Probleme, die auf Oligopolmärkten auftreten, zu verstehen und die qualitativen Implikationen wettbewerbspolitischer Maßnahmen zu ermitteln.

▶ Beispiel

Seit 2003 orientiert sich die Wettbewerbspolitik der EU-KOMMISSION verstärkt an dem sogenannten „**More Economic Approach**", bei dem die Wirkungen von Wettbewerbsbeschränkungen auf die Konsumentenwohlfahrt untersucht werden. Indem die konkreten ökonomischen Auswirkungen unternehmerischer

Verhaltensweisen im Mittelpunkt der Betrachtung stehen, verfolgt die EU-KOMMISSION das Ziel einer ökonomischen Fundierung ihrer wettbewerbsrechtlichen Analysen. Dabei werden unter Rückgriff auf Erkenntnisse der neuen Industrieökonomie mögliche wettbewerbsfördernde und wettbewerbsbeschränkende Wirkungen gegeneinander abgewogen.

Diese **Neuausrichtung** des wettbewerbspolitischen Leitbildes der EU-KOMMISSION betrifft zunehmend alle Bereiche der Wettbewerbspolitik: Die Fusionskontrolle, die Kartellpolitik, die Missbrauchsaufsicht und die staatliche Beihilfe. So ist bei der Prüfung von Fusionsvorhaben explizit das Kriterium der Effizienzwirkungen zu berücksichtigen und das Prinzip der Anmeldung von Kartellen wurde durch das Legalausnahmesystem ersetzt. Auch bei der Missbrauchsaufsicht, wo derzeit noch das per se-Verbot bestimmter Verhaltensweisen marktbeherrschender Unternehmen dominiert, wird eine Änderung dahingehend erwogen, dass zukünftig verstärkt die konkrete Auswirkung eines Verhaltens auf die Markteffizienz in die Untersuchung von Fällen einbezogen wird. In der Beihilfenkontrolle wird erwogen, stärker zu berücksichtigen, inwiefern staatliche Finanzhilfen dazu beitragen, Marktversagen zu korrigieren.

3.7 Würdigung und Schlussfolgerungen für die Wettbewerbspolitik

Jedes der hier vorgestellten Konzepte weist **Schwächen** auf, die vor allem in unbestimmten Begriffen und nicht messbaren wettbewerblichen Sachverhalten liegen. Auch die theoretische Fundierung der Konzepte bleibt unbefriedigend. Orientierungshilfen für die Wettbewerbspolitik sind deshalb aus den Konzepten nur bedingt abzuleiten.

Die Handlungsanweisungen, die für die Wettbewerbspolitik aus dem Konzept des **funktionsfähigen Wettbewerbs** resultieren, lassen sich wie folgt zusammenfassen: Es kommt darauf an, die Marktrealität möglichst genau durch die Marktstruktur-, Marktverhaltens- und Marktergebnistests zu erfassen. Dabei stehen erstere im Vordergrund, während letztere – wegen der Bewertungsproblematik – nur bedingt herangezogen werden. Kommen die Tests in Kombination zur Anwendung, lassen sich wettbewerbliche Problemfälle recht gut behandeln.

Im Konzept der **optimalen Wettbewerbsintensität** kommt der Wettbewerbspolitik die Aufgabe zu, polypolistisch strukturierte Märkte durch Kooperationsvereinbarungen und möglicherweise auch Fusionen in die gewünschte Marktform der weiten Oligopole zu überführen. Für diese Marktform muss eine Zusammenschlusskontrolle gewährleisten, dass sich durch Konzentration keine engen Oligopole bilden. Sofern enge Oligopole bestehen, sind sie entweder zu entflechten oder einer Missbrauchsaufsicht zu unterwerfen.

Aus dem Konzept des **Freien Wettbewerbs** und dem **Konzept der Chicago School** ist auf wettbewerbspolitische Behutsamkeit zu schließen. Eingriffe in das Marktgeschehen sind möglichst zu unterlassen, weil sie die „Selbstheilungskräfte des Marktes" nur beeinträchtigen. Auf das Instrument der Fusionskontrolle sollte verzichtet werden. Lediglich horizontale Absprachen in Kartellen sollten vom Staat unterbunden werden. Die vornehmliche Aufgabe der Wettbewerbspolitik besteht darin, Wettbewerbsbeschränkungen zu beseitigen. Dies ist dann möglich, wenn es sich um künstliche Beschränkungen des Wettbewerbs handelt, die z.B. aus gesetzlichen Marktzutrittsschranken resultieren.

Die internationale Diskussion ist nicht ohne Bezug zu den jeweiligen **ordnungspolitischen Grundeinstellungen** zu verstehen. Bemerkenswert ist, dass die Chicago School ein wettbewerbspolitisches Konzept entworfen hat, das sehr stark auf der individuellen Freiheit basiert und damit der US-amerikanischen Werthaltung recht gut entspricht. In den verschiedenen Ausprägungen des Konzepts des funktionsfähigen Wettbewerbs wird dagegen versucht, in differenzierterer Weise spezifische Marktsituationen – und damit auch ein breiteres Zielbündel – zu berücksichtigen. Wir finden damit in der Wettbewerbspolitik die Bestätigung für die Orientierung der Wirtschaftspolitik am gesellschaftlichen Wertesystem (vgl. Kapitel 1, Abschnitt 2.5.2 und 3.3.1).

Unter dem Stichwort **Ökonomisierung des Kartellrechts** werden neuere wettbewerbstheoretische Ansätze aus dem US-amerikanischen Recht auch für die Weiterentwicklung auf deutscher und europäischer Ebene diskutiert. Hier geht es vor allem um die stärkere Einbeziehung neuer wirtschaftswissenschaftlicher Erkenntnisse, basierend auf dem Konzept der **Neuen Industrieökonomie**. Es wird gefordert, Konsumenteninteressen und Effizienzvorteile stärker zu berücksichtigen und die tatsächlichen Effekte wettbewerblichen Verhaltens zu beachten, wobei verstärkt quantitative Analyseverfahren eingesetzt werden. Dabei werden die dynamischen und innovationsspezifischen Effekte des Wettbewerbs in den Vordergrund gestellt. In erster Linie geht es um die Beurteilung von Missbrauchsfällen und die Fusionskontrolle. Das BUNDESKARTELLAMT setzt in seiner aktuellen Rechtsanwendungspraxis im traditionellen Marktbeherrschungstest sowohl spieltheoretische Erkenntnisse zur Beurteilung kollektiver Wettbewerbsverzerrungen wie auch die Analyse dynamischer Wettbewerbswirkungen von Zusammenschlüssen ein, wobei jeweils die Gesamtbetrachtung der Marktverhältnisse aufgezeigt wird (BERICHT DES BUNDESKARTELLAMTES 2011/2012, S. VIII). Die Hinwendung zur verstärkten Berücksichtigung dieser Kriterien geht auch darauf zurück, dass der EuGH mehrfach Fusionsverbote der EU-KOMMISSION für unwirksam erklärt hat, weil die Verbote ökonomisch unzureichend begründet seien. Die EU-KOMMISSION ist daraufhin – nach amerikanischem Vorbild – zu dem sogenannten **More Economic Approach** übergegangen und versucht für jeden Einzelfall abzuschätzen, ob ein bestimmtes unternehmerisches Verhalten die Wohlfahrt der Verbraucher optimiert oder mindert, und dann verboten werden sollte.

4 Ziele der Wettbewerbspolitik

4.1 Allgemeine Ziele

Die Wettbewerbspolitik soll allgemein zur Erhaltung der wirtschaftlichen **Freiheit** beitragen: Freiheit unternehmerischer Tätigkeit, Freiheit der Berufs- und Arbeitsplatzwahl, Freiheit der Konsumgüterwahl usw. Wettbewerbsfreiheit ist ein Ausdruck für **individuelle Freiheitsrechte** und hat insofern auch einen individuellen Nutzen, der sich z.B. in der freien Entfaltung der Persönlichkeit zeigt. Dabei kann aber – wie die

Analyse verschiedener wettbewerbspolitischer Konzepte gezeigt hat – die Betonung der Freiheit unterschiedliches Gewicht haben.

Wettbewerb und die daraus resultierende Freiheit ist allerdings nicht nur Selbstzweck. Vielmehr dient **Wettbewerb als Instrument** zur Erreichung diverser ökonomischer (und nicht-ökonomischer) Zielfunktionen. Üblicherweise werden dem Wettbewerb folgende wichtige **Funktionen** zugesprochen:

[1] Wettbewerb lenkt die knappen Produktionsfaktoren der Volkswirtschaft in die von den Nachfragern gewünschte Verwendung (**Angebotszusammensetzung nach den Präferenzen der Konsumenten**) und sorgt dafür, dass die Produktionsfaktoren in den Unternehmen möglichst effizient verwendet werden (**Allokationsfunktion**). Dies wird dadurch erreicht, dass die sich ändernden Preise für Produkte und Produktionsfaktoren Signale für andere Marktteilnehmer über Knappheiten der Güter und damit Gewinnmöglichkeiten darstellen (**Informationsfunktion**) und Reaktionen hervorrufen. Dabei kommt es im Allgemeinen zu einem Ausgleich von Angebot und Nachfrage (**Marktausgleichsfunktion**). Diese Funktionen werden auch als **statische Wettbewerbsfunktionen** bezeichnet.

[2] Wettbewerb trägt zur Einführung kostengünstigerer Produktionsverfahren und zur Entwicklung neuer Produkte und besserer Qualitäten (Prozess- und Produktinnovationen) bei (**Innovationsfunktion**). Zu einem solchen Verhalten werden die Unternehmer durch den Wettbewerb gezwungen: Kostenvorteile verschaffen ihnen höhere Gewinne gegenüber weniger fortschrittlichen Konkurrenten, denn der Verkauf neuer und verbesserter Produkte erlaubt es, höhere Preise zu verlangen. Bei offenem Wettbewerb sind solche Sondergewinne der „**Pionierunternehmer**“, eine Bezeichnung, die von JOSEPH ALOIS SCHUMPETER (1883–1950) geprägt wurde, indes nur kurzfristig: Nachahmung (Imitation) führt zu ihrem Abbau. Die Kostenvorteile müssen infolge des Konkurrenzdrucks (steigendes Angebot der Imitatoren) in sinkenden Preisen an die Nachfrager weitergegeben werden. Wettbewerb ist demnach durch eine Abfolge von **Inventionen** (Erfindungen), **Innovationen** (Neuerungen im Sinne von realisierten Inventionen) und **Imitationen** (Nachahmungen) gekennzeichnet. Er soll auch eine höhere Anpassungseffizienz an gesamtwirtschaftliche Datenänderungen, an Änderungen der Rechts- und Sozialordnung gewährleisten (**Anpassungsfunktion**). Dies sind die **dynamischen Wettbewerbsfunktionen**.

[3] Wettbewerb sorgt dafür, dass wirtschaftliche Machtpositionen nicht dauerhaft möglich sind (**Funktion der Beschränkung wirtschaftlicher Macht**), denn gute Gewinnaussichten locken neue Anbieter an. Dies wird auch als **klassisch-politische Wettbewerbsfunktion** bezeichnet.

[4] Außerdem besitzt der Wettbewerb eine **Sanktionsfunktion**. Der Tüchtige wird durch Gewinne belohnt, derjenige, der Marktentwicklungen nicht rechtzeitig erkennt oder Managementfehler begeht, wird durch Verluste, im Extremfall durch den Konkurs, bestraft.

[5] Schließlich wird dem Wettbewerb auch die Eigenschaft zugesprochen, für eine leistungsgerechte Einkommensverteilung auf den Faktormärkten zu sorgen (**Verteilungsfunktion**). Gewinne und Verluste von Unternehmen spiegeln dabei auf wettbewerblichen Märkten deren Leistungen im Wettbewerb wider.

Wenn Wettbewerb zu einem ökonomischen Optimum und Wachstum führt, versteht es sich von selbst, dass in einer marktwirtschaftlichen Ordnung alles für den **Wettbewerbsschutz** getan werden muss, und zwar überall dort, wo der Wettbewerb in der Erfüllung seiner Funktionen gefährdet ist. Da es in jeder Wirtschaftsgesellschaft auch Wirtschaftszweige (Branchen) gibt, in denen es keinen oder nur unzureichenden Wettbewerb gibt, kommt als zweites Ziel die **Wettbewerbsförderung** (z.B. bei der Existenz von Monopolen) hinzu.

Kann es nicht gelingen, bestehende Unternehmen einem intensiveren Wettbewerb zu unterwerfen, muss als drittes Ziel der Wettbewerbspolitik eine **Missbrauchsaufsicht** über marktbeherrschende Unternehmen und wettbewerbsfeindliche Verhaltensweisen verfolgt werden. Damit soll auch der Umsetzung ökonomischer Macht in politische Einflussnahme vorgebeugt werden.

Ähnlich sind die Ziele im Rahmen des europäischen Integrationsprozesses: Die Wettbewerbspolitik soll auf den Märkten die zur Entfaltung des Unternehmergeistes und der Innovationsfähigkeit erforderliche Flexibilität herstellen und eine wirksame und dynamische Allokation der Ressourcen ermöglichen. Damit soll zur Verwirklichung der in Art. 3 Abs. 3 des EU-VERTRAGES (VERTRAG VON LISSABON) vereinbarten **Ziele der EU**, nämlich einer „nachhaltigen Entwicklung Europas auf der Grundlage eines ausgewogenen Wirtschaftswachstums und von Preisstabilität, eine in hohem Maße wettbewerbsfähige soziale Marktwirtschaft, die auf Vollbeschäftigung und sozialen Fortschritt abzielt sowie ein hohes Maß an Umweltschutz und Verbesserung der Umweltqualität“ hingewirkt werden. Damit zielt die Wettbewerbspolitik – wie alle anderen Gemeinschaftspolitiken auch – darauf ab, den wirtschaftlichen Wohlstand der EU und das Wohlergehen der europäischen Bürger zu erhöhen.

4.2 Zielhierarchie

Wettbewerb ist ein Mittel zur Erreichung übergeordneter Ziele. Freiheit, Wachstum und Gerechtigkeit tragen zur gesamtgesellschaftlichen Wohlfahrt bei. Sie werden dann bestmöglich erreicht, wenn die Wettbewerbsfunktionen erfüllt werden, die – auszugsweise – auf der dritten Zielebene angeordnet sind.

Die Realisierung dieser Funktionen setzt Erfolge in den drei wesentlichen Bereichen der Wettbewerbspolitik (Wettbewerbsschutz, Wettbewerbsförderung und Missbrauchsaufsicht) voraus. Auf der untersten Ebene der **Zielhierarchie** in Abb. 3.2 werden einige Instrumente erwähnt. Dagegen sind die Politikbereiche nicht aufgeführt, die ebenfalls von wettbewerbspolitischer Bedeutung sein können (Außenhandelspolitik, Steuer- und Subventionspolitik usw.). Wir können somit die in Abb. 3.2 wiedergegebene Zielhierarchie (Ausschnitt) ableiten.

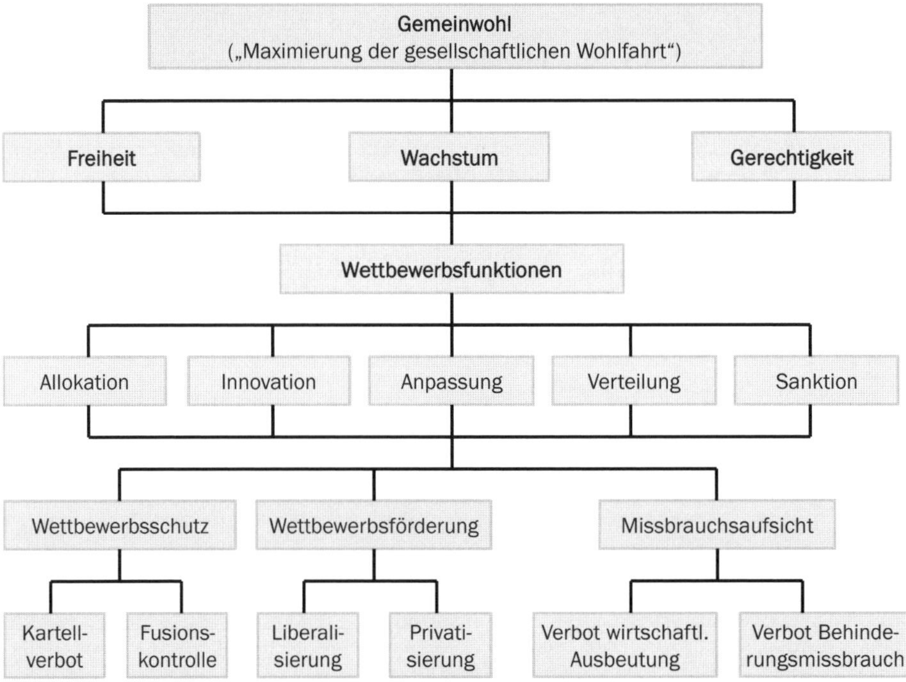

Abb. 3.2: Wettbewerbspolitische Zielhierarchie (Ausschnitt)

Grundsätzlich gelten die gleichen wettbewerbspolitischen Ziele auch für die **EU**. Indes ist – bedingt durch den Integrationsprozess – die Zielbestimmung der EU noch weiter zu fassen. Sie beeinflusst die europäische Wirtschaft in ihren Strukturen und ermöglicht eine dynamische Allokation der Ressourcen im Binnenmarkt ohne Grenzen. Eine solche **strukturbezogene Orientierung der Wettbewerbspolitik** führt auch zu Wechselwirkungen mit anderen Politikbereichen wie dem der Vertiefung des Binnenmarktes, der Förderung der Beschäftigung und des Wachstums, der Forschungs- und Entwicklungspolitik sowie der Umwelt- und Verbraucherpolitik. Schließlich richtet sich die Wettbewerbspolitik der EU auch an Erfordernissen aus, die durch den weltweiten Prozess der Globalisierung entstanden sind. Die EU-KOMMISSION will die Konkurrenzfähigkeit der EU in diesem Prozess langfristig sicherstellen.

4.3 Zielkonflikte

Auch im Rahmen der Wettbewerbspolitik kann es zu **Zielkonflikten** auf verschiedenen Ebenen der Zielhierarchie kommen. Dies gilt zunächst für Fälle, in denen nicht nur wettbewerbspolitische Ziele, sondern auch – z.B. industriepolitische, standortpolitische oder arbeitsmarktpolitische Ziele – verfolgt werden. So wäre es möglich, dass eine wettbewerbsbeschränkende Fusion die internationale Wettbewerbsfähigkeit der beteiligten Unternehmen steigert. Fasst man die Problematik enger und beschränkt sich auf die Funktionen des Wettbewerbs, können weitere Konfliktfelder identifiziert werden:[1]

- Wenn das Marktgeschehen für maximalen Anpassungsdruck sorgt und damit die optimale Faktorallokation gewährleistet, können die Handlungsspielräume der Marktteilnehmer im Sinne der **Freiheitsfunktion** eingeschränkt sein.
- Das Marktgeschehen sollte technischen Fortschritt fördern. Dazu sind möglicherweise hohe Gewinne notwendig, die mit der Forderung nach **Verteilungsgerechtigkeit** kollidieren.
- Ein hoher Konzentrationsgrad in einem Wirtschaftszweig mag zwar Größenvorteile mit sich bringen, die zu einer besseren Versorgung mit Gütern führen, ihm steht aber möglicherweise ein geringerer Grad an wirtschaftlicher Freiheit auf der anderen Marktseite gegenüber.
- Im Rahmen der sogenannten **Neo-Schumpeter-Hypothesen** wird ein positiver Zusammenhang zwischen der absoluten Unternehmensgröße und innovatorischen Aktivitäten angenommen (Hypothese I). Weiterhin wird ein Zusammenhang zwischen Marktmacht (hohe Konzentration) und Innovationen postuliert (Hypothese II). Die empirischen Untersuchungen zu diesen Fragen lassen indes keine eindeutigen Schlussfolgerungen zu.

Die **Ministererlaubnis** für Fusionen (§ 42 GWB), die deren Genehmigung jeweils gestattet, wenn im Einzelfall die Wettbewerbsbeschränkung von gesamtwirtschaftlichen Vorteilen des Zusammenschlusses aufgewogen wird oder er durch ein überragendes Interesse der Allgemeinheit gerechtfertigt ist, stellt ebenfalls einen Konfliktfall dar. Es handelt sich um **Ermessensentscheidungen**, die zwischen gegensätzlichen Interessenlagen abzuwägen haben. Da das GWB für diese Fälle **Generalklauseln** enthält, ist es im Allgemeinen nicht schwer, für die Ministererlaubnis eine stichhaltige Begründung zu finden. Bei der Bewertung ist zu beachten, dass im Zuge der europäischen und der weltweiten Liberalisierung die Märkte größer werden. Dies hat Auswirkungen auf die **Abgrenzung des relevanten Marktes**, dessen Ausdehnung nun weiter zu fassen ist. An der grundsätzlichen Aussage über die Existenz von Zielkonflikten ändert das jedoch nichts.

Konflikte waren und sind auch wegen unterschiedlicher nationaler Rechtsnormen und deren zum Teil fortbestehender Divergenz zum europäischen Wettbewerbsrechts denkbar. Beispielsweise wurden im Rahmen der Fusionskontrolle die sie auslösenden Umsatzschwellen in Deutschland insgesamt restriktiver gehandhabt als die in der EU. Diese Probleme sind mit der 7. Novelle zum GWB (Juli 2005), in der eine Anpassung an das „modernisierte" europäische Wettbewerbsrecht vorgenommen wurde, weitgehend ausgeräumt. Gemäß der EU-KARTELLRECHTSVERFAHRENSORDNUNG (VO 01/2003) gilt der „Vorrang des europäischen Wettbewerbsrechts (Art. 3) für alle Bereiche mit zwischenstaatlichen Auswirkungen. Art. 101 AEUV schließt sowohl milderes

[1] Vgl. dazu K. HERDZINA, Wettbewerbspolitik, a.a.O., S. 37ff., wo diese Erörterungen unter die Überschrift „Dilemmathese versus Harmoniethese" gestellt werden. Weitere Zielkonflikte werden von I. SCHMIDT, Wettbewerbspolitik und Kartellrecht, 9., neu bearb. Aufl., Stuttgart 2012, S. 105ff. erörtert.

Wettbewerbspolitik

als auch schärferes nationales Recht aus, so dass keine Abweichungen des nationalen Rechts von dem vorrangigen EU-Recht mehr möglich sind" (BERICHT DES BUNDESKARTELLAMTES 2001/2002, S. II).

Auf der Ebene der drei genannten wettbewerbspolitischen Ziele überwiegt die **Zielkomplementarität.** Die Förderung und der Schutz des Wettbewerbs wirken sich positiv auf die Erreichung des Ziels der Verhinderung des Missbrauchs wirtschaftlicher Macht aus.

Die **Operationalisierung** wettbewerbspolitischer Ziele ist schwierig. Dies ist bereits in der Diskussion der Indikatoren deutlich geworden. Man könnte beispielsweise einen Konzentrationsgrad vorgeben, der nicht überschritten werden darf. Dem stehen dann aber wieder Argumente gegenüber, die sich auf die Vorteile der Unternehmenskonzentration (economies of scale und economies of scope – vgl. Abschnitt 3.2) berufen. Die Aussagen zur optimalen Wettbewerbsintensität bleiben in allen wettbewerbspolitischen Untersuchungen vage.

5 Träger der Wettbewerbspolitik

5.1 Nationale Träger

5.1.1 Der Bundesminister für Wirtschaft

Der BUNDESMINISTER FÜR WIRTSCHAFT (BMWi) übt die Organaufsicht (Verwaltungsaufsicht und Fachaufsicht) über das BUNDESKARTELLAMT und die BUNDESNETZAGENTUR aus. Sie wird von den Staatssekretären des Ministeriums wahrgenommen. Die Fachaufsicht ist im Wesentlichen der Abteilung I (Wirtschaftspolitik) des Ministeriums (und hier vor allem der Unterabteilung I B: Wettbewerbs-, Verbraucher- und Preispolitik; Öffentliche Aufträge) zugeordnet. In Ausnahmefällen agiert das Ministerium selbst als Kartellbehörde. Es kann Zusammenschlüsse nach § 42 GWB erlauben.

5.1.2 Das Bundeskartellamt

Das BUNDESKARTELLAMT (§§ 48 ff. GWB) ist eine selbständige **Bundesoberbehörde** im Geschäftsbereich des BMWi mit Sitz in Bonn. Das BUNDESKARTELLAMT verfolgt alle Wettbewerbsbeschränkungen, die sich in der BUNDESREPUBLIK DEUTSCHLAND auswirken. Dazu gehören vor allem

- die Durchsetzung des Kartellverbots,
- die Durchführung der Fusionskontrolle und
- die Ausübung der Missbrauchsaufsicht.

Für die **Durchsetzung des Kartellverbots** und der **Missbrauchsaufsicht** ist das Kartellamt allerdings nur insoweit zuständig, als die wettbewerbsbeschränkende Wirkung über ein Bundesland hinausreicht. Bleibt die Wirkung auf ein Bundesland begrenzt, verfolgen die jeweiligen Landeskartellbehörden die Wettbewerbsverstöße. Für die **Durchführung der Fusionskontrolle** hat das BUNDESKARTELLAMT die ausschließliche Zuständigkeit. Darüber hinaus nimmt es als zuständige Behörde alle Aufgaben wahr, die den Mitgliedstaaten durch die **Wettbewerbsregeln des AEUV** übertragen sind. Mit etwa 320 Mitarbeitern, von denen ca. die Hälfte Juristen und Ökonomen sind, ist das BUNDESKARTELLAMT angesichts seiner Aufgabenstellung eine sehr kleine Behörde.

Das Kartellamt hat nach §§ 57ff. GWB weitreichende **Ermittlungsbefugnisse**. Es kann von den Unternehmen Auskünfte verlangen, Geschäftsunterlagen einsehen und nach richterlicher Anordnung Unternehmen durchsuchen und Beweismittel beschlagnahmen. Gegen Entscheidungen des BUNDESKARTELLAMTES ist **Beschwerde** beim OBERLANDESGERICHT DÜSSELDORF (§§ 63ff. GWB) möglich. Gegen dessen Beschlüsse kann gemäß § 74 GWB **Rechtsbeschwerde** beim BUNDESGERICHTSHOF (BGH) eingelegt werden.

In der **Aufbauorganisation** des BUNDESKARTELLAMTES gibt es eine Abteilung „Grundsatzfragen des Kartellrechts“ mit 6 untergeordneten Referaten sowie eine „Zentralabteilung“ und eine Abteilung „Prozessführung und Recht“ mit jeweils 4 untergeordneten Referaten (außerdem drei Vergabekammern, die mit der Neufassung des GWB 1999 eingerichtet wurden, um die Vergabe öffentlicher Aufträge gemäß Teil 4 GWB – §§ 97ff. zu überprüfen). Weiterhin bestehen 12 Beschlussabteilungen, die Entscheidungen über Kartelle, Zusammenschlüsse und missbräuchliche Verhaltensweisen treffen: 9 Abteilungen besitzen eine branchenspezifische Zuständigkeit und 3 Abteilungen sind für die Verfolgung von Ordnungswidrigkeiten zuständig.

Indes fallen nicht alle Wirtschaftsbereiche unter die Regelungen des GWB. Völlig ausgenommen (**totale Ausnahmebereiche**) sind die DEUTSCHE BUNDESBANK und KREDITANSTALT FÜR WIEDERAUFBAU. **Partielle** Ausnahmebereiche sind in Bezug auf § 1 die Landwirtschaft (§ 28), die Energiewirtschaft (§ 29), die Verlagswirtschaft (§ 30) sowie die Wasserwirtschaft (§ 31) gegeben.

5.1.3 Die Bundesnetzagentur

Die BUNDESNETZAGENTUR FÜR ELEKTRIZITÄT, GAS, TELEKOMMUNIKATION, POST UND EISENBAHNEN (bis Mitte 2005 Regulierungsbehörde für Telekommunikation und Post) ist eine selbständige **Bundesoberbehörde** mit Sitz in Bonn. Sie untersteht der Aufsicht des BMWi, Abteilung 7 (Eisenbahn) untersteht der Aufsicht des BUNDESMINISTERIUMS FÜR VERKEHR, BAU UND STADTENTWICKLUNG (BMVBS). Die Behörde, die ca. 2.500 Mitarbeiter hat, wird von einem dreiköpfigen Präsidium geleitet. Sie hat sieben Abteilungen, neun Beschlusskammern, zehn Außenstellen und 25 den jeweiligen Außenstellen zugeordnete Standorte.

Hauptaufgabe der BUNDESNETZAGENTUR ist es, durch Liberalisierung und Deregulierung die Entwicklung von Wettbewerb auf dem Elektrizitäts-, Gas-, Telekommunikations-, Post- und Eisenbahninfrastrukturmarkt sicherzustellen und zu fördern. Zur Durchsetzung ihrer Ziele ist sie mit wirksamen Verfahren und Instrumenten ausgestattet worden, die auch Informations- und Untersuchungsrechte sowie abgestufte Sanktionsmöglichkeiten einschließen.

5.1.4 Die Monopolkommission

Die MONOPOLKOMMISSION ist ein unabhängiges **Beratungsgremium**, das die BUNDESREGIERUNG auf den Gebieten der Wettbewerbspolitik und Regulierung berät. Rechtsgrundlage für ihre Arbeit sind die §§ 44 bis 47 des GWB. Sie besteht aus fünf Mitgliedern, die vom BUNDESPRÄSIDENTEN für jeweils vier Jahre berufen werden.

Die MONOPOLKOMMISSION erstellt im Zweijahresrhythmus ein Hauptgutachten, in dem sie den Stand und die zukünftige Entwicklung der **Unternehmenskonzentration** in Deutschland beurteilt. In dem Gutachten nimmt sie auch zur Anwendung der Vorschriften über die Zusammenschlusskontrolle sowie zu sonstigen aktuellen wettbewerbspolitischen Fragen Stellung. Darüber hinaus erstellt sie Sondergutachten, so im Bereich der Netzindustrien Telekommunikation, Post, Energie (Elektrizität und Gas) und Eisenbahn. Im Gegensatz zum BUNDESKARTELLAMT und der BUNDESNETZAGENTUR hat die MONOPOLKOMMISSION keine direkten Eingriffsmöglichkeiten außer der öffentlichen Mahnung.

5.2 Europäische Union

Während in Deutschland die Einhaltung des Wettbewerbsrechts durch eine selbständige Behörde überwacht wird, entscheidet in Brüssel die EU-KOMMISSION. Sie ist als politisches Organ auch für andere wirtschaftliche und politische Entscheidungen zuständig. In die Kompetenz der EU-KOMMISSION fällt die Beurteilung aller Wettbewerbsbeschränkungen, die den Handel zwischen den Mitgliedstaaten beeinträchtigen. Innerhalb der Kommission ist die GENERALDIREKTION FÜR WETTBEWERB für die Wettbewerbspolitik verantwortlich. Die nationalen Kartellbehörden können die Wettbewerbsregeln des **EU-Rechts** anwenden, solange die Kommission noch kein Verfahren eingeleitet hat. Exklusiv ist sie für die Anwendung der europäischen **Fusionskontrolle** zuständig, die für alle Zusammenschlüsse von gemeinschaftsweiter Bedeutung gilt (vgl. Abschnitt 6.2.2). Außerdem ist die EU-KOMMISSION für die Überwachung staatlicher Beihilfen (**Subventionen**) zuständig. Schließlich sind ihr Kompetenzen im Rahmen der **internationalen Handelspolitik** übertragen worden, falls sich – z.B. aus Konzentrationsvorgängen – Wettbewerbseinschränkungen ergeben, die sich auf dem Binnenmarkt auswirken können.

Da die Durchsetzung des Kartellrechts vorwiegend bei den Mitgliedstaaten liegt, wurde ein Netzwerk zur verbesserten Zusammenarbeit zwischen der EU-KOMMISSION und den nationalen Behörden geschaffen (EUROPEAN COMPETITION NETWORK – **ECN**). Es ist auch deswegen erforderlich geworden, weil die nationalen Wettbewerbsbehörden in verstärktem Maße an der Bearbeitung von EU-Fällen beteiligt werden. Für das BUNDESKARTELLAMT ist die Zusammenarbeit mit dem ECN in § 50a GWB geregelt. Außerdem ist das Forum EUROPEAN COMPETITION AUTHORITIES – **ECA** eingerichtet worden, um die Wettbewerbspolitik zwischen der EU, dem EUROPÄISCHEN WIRTSCHAFTSRAUM und der EFTA-Überwachungsbehörde besser aufeinander abzustimmen.

Wenn die Unternehmen mit Entscheidungen der EU-KOMMISSION nicht einverstanden sind, steht es ihnen frei, vor dem EUROPÄISCHEN GERICHTSHOF (EuGH – gemäß

Art. 251–281 AEUV) zu klagen. Dem Gerichtshof ist ein GERICHT ERSTER INSTANZ beigeordnet, das für eine Reihe von Klagen im ersten Rechtszug zuständig ist. Dazu gehören auch wettbewerbspolitische Streitfragen. Sofern Rechtsfragen strittig sind, kann beim EuGH Rechtsmittel eingelegt werden. Aufgrund dieses Mitwirkungsrechts kann der EuGH – wenn auch nur mit begrenzter Kompetenz – als Träger der Wettbewerbspolitik bezeichnet werden. Im Laufe seines Bestehens hat der EuGH ein umfangreiches Fallrecht bzw. Richterrecht geschaffen, das seine wettbewerbspolitische Trägerrolle unterstreicht.

6 Instrumente der Wettbewerbspolitik

6.1 Nationale Instrumente

Die Übersicht über die **wettbewerbspolitischen Instrumente** knüpft an der Zielhierarchie (Abb. 3.2) an. Im Vordergrund des Erreichens von funktionsfähigem oder wirksamem Wettbewerb stehen die **Instrumente des GWB**. Ebenso ergeben sich aus der Anwendung der **ordnungspolitischen Instrumente** Privatisierung, Liberalisierung (im Sinne der Abschaffung oder Herabsetzung von Marktzutrittsschranken) und **staatliche Deregulierung** (z.B. durch Erleichterung der Existenzgründung, Abbau von Bürokratiekosten usw.) wettbewerbspolitische Wirkungen. Schließlich gehört zur Kategorie der **sonstigen Instrumente** die Steuerpolitik (Reform der Unternehmensbesteuerung), aber auch die Infrastrukturpolitik im Sinne der Verbesserung der Standortbedingungen. In Abb. 3.3 sind einige dieser Instrumente zusammengefasst.

6.1.1 Instrumente des Gesetzes gegen Wettbewerbsbeschränkungen

Das GWB ist am 1. Januar 1958 in Kraft getreten. Es ist durch die ordnungspolitischen Vorstellungen des Ordoliberalismus, aber auch durch das US-amerikanische Antitrustrecht geprägt. Man bezeichnet es auch als **„Grundgesetz der Wirtschaftsordnung“**. Mit der 6. Kartellrechtsnovelle von 1998 wollte die BUNDESREGIERUNG das Wettbewerbsprinzip im Hinblick auf neue Anforderungen stärken, die sich insbesondere aus der zunehmenden Globalisierung der Märkte ergeben. Gleichzeitig sollten das deutsche Recht stärker auf das EU-Recht abgestimmt und obsolet gewordene Vorschriften aufgehoben werden. Mit der 7. Novelle im Jahr 2005 ist das GWB weiter an EU-Recht angepasst worden. Im Dezember 2007 ist zudem das GESETZ ZUR BEKÄMPFUNG VON PREISMISSBRAUCH IM BEREICH DER ENERGIEVERSORGUNG UND DES LEBENSMITTELHANDELS (BGBl I, Jg. 2007, S. 2966ff.), das mehrere Vorschriften des GWB (§§ 20, 29, 35, 81) geändert hat, in Kraft getreten.

Mit der **8. Novelle des GWB**, die am 30. Juni 2013 in Kraft trat, wird der Wettbewerbsrahmen weiter modernisiert. So werden die Missbrauchsvorschriften anwenderfreundlicher gestaltet (§§ 18–21) und das kartellrechtliche Bußgeldverfahren durch punktuelle Änderungen von Verfahrens- und Sanktionsregelungen effizienter gestaltet (§§ 32–34). Bei der Durchsetzung des Kartellrechts ist auch die Rolle der **Verbraucherverbände** gestärkt worden (§ 54 Abs. 2 Ziff. 3). Sie haben nun die Möglichkeit, Unternehmen wegen eines Kartellrechtsverstoßes auf Unterlassung und auf Vorteilsabschöpfung zugunsten der Bundeskasse für Schäden in Anspruch zu nehmen, sofern eine Vielzahl von Verbrauchern betroffen ist. Die Kartellbehörden können zudem die Rückerstattung zu Unrecht erhaltener Zahlungen (z.B. bei überhöhten Preisen im Strombereich) an die Verbraucher anordnen. Außerdem erweitert das Gesetz den Handlungsspielraum kleiner und mittlerer Presseunternehmen (§ 30). Die verschiedenen Regelungen zur Missbrauchsaufsicht über die Wasserwirtschaft werden durch die Novelle übersichtlicher gestaltet (§§ 31–31b). Schließlich findet eine weitere Angleichung der nationalen Wettbewerbsvorschriften an EU-Recht statt. Dies gilt insbesondere für Bereich der **Fusionskontrolle** (§§ 35–43), wo der Marktbeherrschungstest durch den sogenannten **SIEC-Test** (Significant Impediment to Effective Competition) ersetzt wird (siehe Abschnitt 6.2.3).

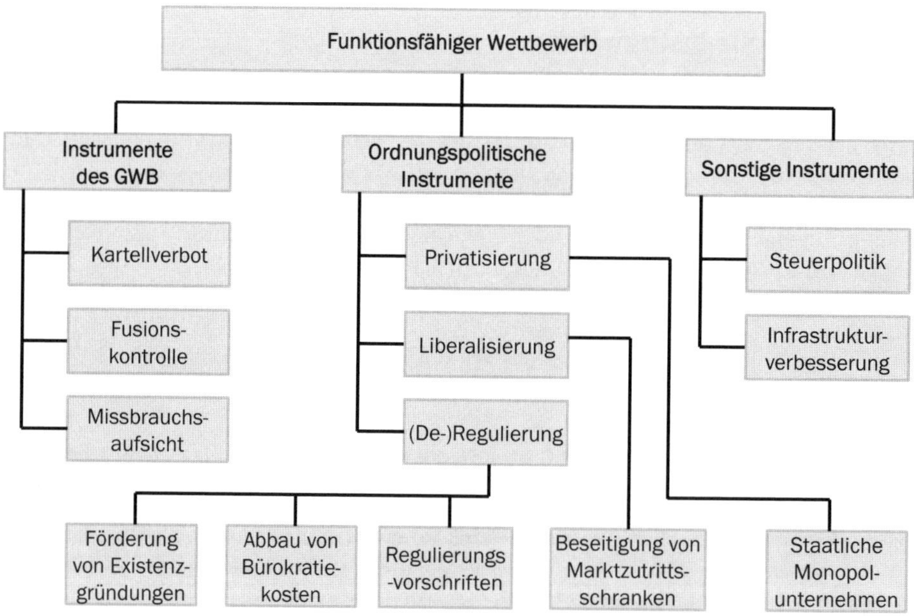

Abb. 3.3: Übersicht über wettbewerbspolitische Instrumente

Das GWB unterscheidet mehrere **Tatbestandsgruppen**:

- Wettbewerbsbeschränkende Vereinbarungen, Beschlüsse und abgestimmte Verhaltensweisen (§§ 1–3);
- Marktbeherrschung, wettbewerbsbeschränkendes Verhalten (§§ 18–21);
- Wettbewerbsregeln (§§ 24–27) und
- Fusionskontrolle (§§ 35–43).

In Teil 1, Abschnitt 3 wird die Anwendung des europäischen Wettbewerbsrechts normiert (§ 22). Das GWB betrifft alle Wettbewerbsbeschränkungen, die sich im Inland auswirken. Bedeutsamen internationalen Wettbewerbsregeln wollen wir gesondert nachgehen (vgl. Abschnitt 6.2).

6.1.1.1 Allgemeines Kartellverbot

> § 1 GWB lautet:
> „Vereinbarungen zwischen Unternehmen, Beschlüsse von Unternehmensvereinigungen und aufeinander abgestimmte Verhaltensweisen, die eine Verhinderung, Einschränkung oder Verfälschung des Wettbewerbs bezwecken oder bewirken, sind verboten."

In dieser Vorschrift wird das **Verbot** eines Kartellvertrags festgestellt, während früher nur dessen Unwirksamkeit normiert war. Auch Empfehlungen, die zur Umgehung des Kartellverbots ausgesprochen werden, sind durch das GWB verboten. Kartellverträge genießen keinen Rechtsschutz. Weiterhin wird das Kartellverbot durch ein Verbot **aufeinander abgestimmten Verhaltens** ergänzt. Dabei kommt es zu einer formlosen Verständigung, das eigene Verhalten an das der Konkurrenten so anzupassen, dass die Risiken des Wettbewerbs, insbesondere die Unsicherheiten über das wechselseitige Verhalten, ausgeschaltet werden. Es kann nicht verwundern, dass ein solches Verhalten besonders in engen Oligopolen (vgl. Abschnitt 3.3) vermutet werden kann, die bereits lange Lernprozesse am Markt hinter sich gebracht haben. So gaben im Januar 2010 neun gesetzliche Krankenkassen gemeinsam die Einführung eines Zusatzbeitrages auf ihre Versicherungsbeiträge bekannt. Das BUNDESKARTELLAMT hat daraufhin gegen die beteiligten Krankenkassen ein Kartellverwaltungsverfahren wegen Verdachts auf ein „zumindest" abgestimmtes Verhalten bei deren Ankündigung eröffnet. Die darin erlassenen Auskunftsbeschlüsse wurden von den Krankenkassen vor Landessozialgerichten wegen Verletzung ihrer Selbstverwaltungsrechte angefochten. Die Entscheidungen der Landessozialgerichte stehen noch aus.

Hilfreich bei der Aufdeckung von Kartellen ist die seit dem Jahr 2000 (Bekanntmachung Nr. 68/2000) eingeführte „**Bonusregelung**", die sich an der seit 1996 auf EU-Ebene bestehenden Regelung des „**Leniency**" orientiert. Danach kann der Aufklärungsbeitrag eines Kartellbeteiligten bei der Bußgeldbemessung berücksichtigt werden (völliger oder teilweiser Erlass der Geldbuße). Dies hat sich als wirksames Instrument bei der Kartellbekämpfung erwiesen: In den letzten Jahren wurden beim BUNDESKARTELLAMT 65 (2011) bzw. 167 (2012) neue Kartellverfahren eingeleitet (vgl. BERICHT DES BUNDESKARTELLAMTS 2011/12, S. 132, 134). Als wirksam hat sich auch die 2002 geschaffene **Sonderkommission Kartellbekämpfung** (SKK) erwiesen, die aussteigewilligen Kartellanten als Ansprechpartner zur Verfügung steht und die aufgrund ihrer spezifischen Ausstattung mit sachlichen und personellen Ressourcen (auch auf dem Gebiet der Informationstechnologie) für eine erfolgreiche Vorbereitung und Durchführung der Ermittlungen vor Ort sorgen kann.

Im Gegensatz zu aufeinander abgestimmten Verhaltensweisen ist ein bloßes **Parallelverhalten** nicht verboten. Es liegt vor, wenn Konkurrenten ihre Wettbewerbsparameter (z.B. die Preise) gleichzeitig in nahezu gleichem Umfang und gleicher Richtung verändern. Ein solches Parallelverhalten kann die Folge einer formlosen Abstimmung sein, sich aber genauso gut aus einer starken wechselseitigen Abhängigkeit der Anbieter ergeben. Man wird aus der Marktsituation heraus zu einem Parallelverhalten „gezwungen", einer Absprache bedarf es nicht (Veränderungen des Wechselkurses des US-$ sowie Kostensteigerungen bei Rohöl betreffen alle Mineralölfirmen gleichermaßen). Es ist von außen nicht zu beurteilen, ob z.B. gleichgerichtete Preisänderungen bei Benzin nur Parallelverhalten oder Ergebnis eines aufeinander abgestimmten Verhaltens sind.

Die hohe **Sozialschädlichkeit von Kartellen** liegt darin, dass sie sich grundsätzlich für die Nachfrager (Verbraucher) preistreibend auswirken. Wie verbreitet Kartelle immer noch sind, zeigen die oben erwähnten Zahlen aus dem BERICHT DES BUNDESKARTELLAMTES 2011/2012. Es kann vermutet werden, dass es weit mehr Kartelle gibt. Sie werden nur nicht aufgedeckt. Setzen sich die Beteiligten über das Verbot hinweg, so begehen sie eine **Ordnungswidrigkeit**, die mit einer Geldbuße geahndet werden kann (§ 81 GWB). In den Jahren 2011 und 2012 wurden gegen die an Kartellabsprachen beteiligten Unternehmen Bußgelder in Höhe von 162 Mio. Euro bzw. 224 Mio. Euro verhängt (ebenda, S. 28).

Vom allgemeinen Kartellverbot gibt es „freigestellte Vereinbarungen“ (**Legalausnahme**) nach § 2 GWB. Wettbewerbsbeschränkende Vereinbarungen gelten automatisch als zulässig, wenn sie die Voraussetzungen von Art. 101, Abs. 3 AEUV erfüllen. Ob dies zutrifft, müssen die beteiligten Unternehmen selbst feststellen. Die Beweislast für das Vorliegen eines nicht unter die Legalausnahme fallendes Verhalten trägt die Kartellbehörde, während die Unternehmen beweisen müssen, dass die Voraussetzungen für die Freistellung gegeben sind.

Um kleineren und mittleren Unternehmen (KMU) einen Ausgleich für ihre strukturellen (größenbedingten) Nachteile im Wettbewerb zu gewähren, lässt das GWB für sie Absprachen zu: die **Mittelstandskartelle** (§ 3). Danach sind zum Zweck der Rationalisierung nahezu alle Formen der zwischenbetrieblichen Zusammenarbeit erlaubt, soweit sie zur Stärkung der Leistungsfähigkeit der KMU geeignet sind und den Wettbewerb nicht wesentlich beeinträchtigen. Diese Möglichkeit war bis zum 30.9.2009 befristet.

Ein besonderes Problem stellen seit langem die sogenannten **Submissionskartelle** dar, bei denen Unternehmen eine Absprache dann treffen, wenn es um öffentliche Ausschreibungen geht. Das BUNDESKARTELLAMT deckt solche Kartelle immer wieder auf. Dennoch ist davon auszugehen, dass die bekannt gewordenen Absprachen nur die Spitze des Eisbergs darstellen. Problematisch ist hier Folgendes: Zwar können einerseits seit Verabschiedung des GESETZES ZUR BEKÄMPFUNG DER KORRUPTION im Jahre 1997 Verstöße gegen das Kartellrecht mit **Bußgeldern** (früher ausschließlich als Ordnungswidrigkeiten geahndet) belegt werden. Die Hochstufung von Ordnungswidrigkeiten zu Straftaten findet dann keine Anwendung, wenn die Verstöße vor der Gesetzesänderung erfolgten. Andererseits besteht die Möglichkeit, dass die von den Strafverfolgungsbehörden verhängten Bußgelder wesentlich niedriger ausfallen als die Geldbußen der Kartellbehörde. Auch besteht die Gefahr der Verjährung, durch die die Täter straffrei ausgehen würden. Im Folgenden sei ein prägnantes Beispiel angeführt.

▶ Beispiel

Im Jahre 2003 hat das BUNDESKARTELLAMT ein Kartellverfahren gegen mehrere Entsorger wegen des Verdachts von umfangreichen Submissionsabsprachen zu Lasten von Duales System Deutschland GmbH (DSD) eingeleitet. Es bestand der begründete Verdacht, dass sich sowohl große als auch mittelständische Entsorger an mehreren regionalen Submissionsabsprachen beteiligt haben. In diesem Verfahren „konnte das Bundeskartellamt den Unternehmen zwar seine Bedenken mitteilen, es konnte jedoch nicht rechtzeitig mit Bußgeldbescheiden zu Ende geführt werden. Da ein Teil der Vorwürfe, insbesondere gegen große Entsorger, im Jahr 2009 verjährte, wurde das Verfahren inzwischen gegen alle Unternehmen eingestellt." (BERICHT DES BUNDESKARTELLAMTES 2009/2010, S. 105f.)

6.1.1.2 Fusionskontrolle

Die mit Fusionen verbundenen Wettbewerbsbeschränkungen werden dann deutlich, wenn man an den Extremfall denkt, dass sich alle Konkurrenten eines Marktes zusammenschließen und damit eine Monopolstellung erlangen. Externe Unternehmenskonzentration kann den Wettbewerb ebenso beschränken wie Kartellbildung. Da Unternehmenszusammenschlüsse auf Dauer angelegt sind, besitzen sie sogar ein noch größeres wettbewerbliches Gefährdungspotenzial. Ein Kartell „platzt" dagegen in der Regel, wenn ein Mitglied glaubt, ohne Kartell Vorteile zu haben.

Grundsätzlich sind **Fusionen** nach dem GWB erlaubt. Erst beim Überschreiten bestimmter **Umsatzgrenzen** greift die Kontrolle ein (§ 35 Abs. 1): Wenn im letzten Geschäftsjahr vor dem Zusammenschluss die beteiligten Unternehmen insgesamt weltweit Umsatzerlöse von mehr als 500 Mio. Euro und mindestens ein beteiligtes Unternehmen im Inland Umsatzerlöse von mehr als 25 Mio. Euro erzielt haben (**Aufgreifkriterien**). Die Zusammenschlusskontrolle ist nach § 35 Abs. 2 nicht anzuwenden, wenn sich ein Unternehmen, das nicht abhängig ist und das im letzten Geschäftsjahr weltweit Umsatzerlöse von weniger als 10 Mio. Euro erzielt hat, mit einem anderen Unternehmen zusammenschließt oder bei einem Zusammenschluss durch die Zusammenlegung öffentlicher Einrichtungen und Betriebe, die mit einer kommunalen Gebietsreform einhergehen (**Bagatellklausel**).

Fusionen sind **vor dem Vollzug** beim Kartellamt anzumelden. Das BUNDESKARTELLAMT prüft gemäß § 36, ob durch den Zusammenschluss eine marktbeherrschende Stellung entsteht oder verstärkt wird. Ist dies der Fall, wird der Zusammenschluss untersagt. Es sei denn, die Unternehmen weisen nach (Umkehr der Beweislast), dass durch den Zusammenschluss auch Verbesserungen der Wettbewerbsbedingungen eintreten und dass sie die Nachteile der Behinderung des Wettbewerbs (vgl. Abschnitt 6.1.1.3) überwiegen (**Eingreifkriterium**). Ohne vorherige Anmeldung ist ein Zusammenschluss nichtig. Der Vollzug des Zusammenschlusses ist dem BUNDESKARTELLAMT unverzüglich **anzuzeigen.**[2] Mit Inkrafttreten der 8. Novelle des GWB ist ein Zusammenschluss nun auch auf Märkten anmeldepflichtig, auf denen seit mindestens fünf Jahren Waren oder gewerbliche Leistungen angeboten wurden und auf dem im letzten Kalenderjahr weniger als 15 Mio. € umgesetzt wurden. Er kann jedoch weiterhin nicht untersagt werden.

[2] Das BUNDESKARTELLAMT ist in den Fällen nicht zuständig, die nach der Verordnung (EWG) Nr. 139/2004 des RATES v. 20.1.2004 ausschließlich von der EU-KOMMISSION zu bearbeiten sind (§ 35 Abs. 3 GWB).

▶ Beispiel

Fusion zwischen Shell und der Berliner Hanseatic Petrol Vertriebs GmbH- HVP (vgl. BUNDESKARTELLAMT, Beschluss v. 7.3.2008 der 8. Beschlussabteilung):

Förmliche Prüfung: Der angemeldete Erwerb unterliegt der Fusionskontrolle nach dem GWB, da die Zusammenschlusstatbestände des Kontroll- und (bezogen auf die Tankstelle Berlin-Marzahn) Vermögenserwerbs erfüllt werden und die nationalen Umsatzschwellen überschritten sind (§§ 35, 37 Abs. 1 Nr. 1 und 2 GWB). Das Vorhaben hat keine gemeinschaftsweite Bedeutung im Sinne der EG-Fusionskontrollverordnung Nr. 139/2004, da die EU-weiten Umsatzerlöse der erworbenen Tankstellen im letzten Geschäftsjahr vor dem beabsichtigten Zusammenschluss 100 Mio. EUR nicht überschritten haben (vgl. § 35 Abs. 3 GWB).

Wettbewerbliche Beurteilung: Der angemeldete Zusammenschluss ist freizugeben (§ 40 Abs. 2 Satz 1 GWB), da von ihm nicht die Verstärkung der marktbeherrschenden Stellung zu erwarten ist, die Shell nach den Feststellungen der Beschlussabteilung beim Absatz von Otto- und Dieselkraftstoff an Endverbraucher über öffentlich zugängliche Straßentankstellen gemeinsam mit den Mineralölkonzernen BP/Aral, Esso, Total und Conoco Phillips/Jet inne hat (§ 36 Abs. 1, 1. Halbsatz GWB).

Der im GWB weit gefasste Begriff des **Zusammenschlusses** schließt nach § 37 Abs. 1 Ziff. 1–4 folgende Fälle ein:

- der Erwerb des Vermögens eines anderen Unternehmens ganz oder zu einem wesentlichen Teil;
- Erwerb der unmittelbaren oder mittelbaren Kontrolle durch ein oder mehrere Unternehmen über die Gesamtheit oder Teile eines oder mehrerer anderer Unternehmen. Die Kontrolle wird durch Rechte, Verträge oder andere Mittel begründet, die die Möglichkeit gewähren, einen bestimmenden Einfluss auf die Tätigkeit eines Unternehmens auszuüben, insbesondere durch
  a) Eigentums- oder Nutzungsrechte an einer Gesamtheit oder an Teilen des Vermögens des Unternehmens,
  b) Rechte und Verträge, die einen bestimmenden Einfluss auf die Zusammensetzung, die Beratungen oder Beschlüsse der Organe des Unternehmens gewähren; der Erwerb von Anteilen an einem anderen Unternehmen, wenn die Anteile allein oder zusammen mit sonstigen, dem Erwerber bereits gehörenden Anteilen 25 % oder 50 % des Kapitals oder der Stimmrechte des anderen Unternehmens erreichen;
- jede sonstige Verbindung von Unternehmen, aufgrund derer ein oder mehrere Unternehmen unmittelbar oder mittelbar einen wettbewerblich erheblichen Einfluss auf ein anderes Unternehmen ausüben können.

Wenn die **Anmeldung eines Zusammenschlussvorhabens** beim Kartellamt eingegangen ist, hat die zuständige Beschlussabteilung maximal vier Monate Zeit, um über das Vorhaben zu entscheiden. Diese Frist steht ihr aber nur dann zur Verfügung, wenn sie innerhalb eines Monats nach Eingang der Anmeldung den sogenannten **„Monatsbrief“** schreibt, d.h. den beteiligten Unternehmen mitteilt, dass sie in die Prüfung des Falles eingetreten ist. Für bereits vollzogene Fusionen, die dem Kartellamt nur anzuzeigen sind, gilt statt der Viermonatsfrist eine Jahresfrist für die Entscheidung. Bevor ein Zusammenschluss untersagt wird, werden die Unternehmen von der Beschlussabteilung über die Gründe für die Untersagung informiert. Damit wird das Vorbringen von Gegenargumenten ermöglicht. Gegen Untersagungen können die Unternehmen Rechtsmittel einlegen (vgl. Abschnitt 6.1.1). Für die Gerichte sind – ebenso wie für das BUNDESKARTELLAMT – ausschließlich wettbewerbliche Gesichtspunkte als Prüfkriterien maßgebend. Beim BUNDESMINISTER FÜR WIRTSCHAFT können die Unternehmen ebenfalls eine Erlaubnis für die Fusion beantragen. Er kann sie erteilen, wenn die Wettbewerbsbeschränkung von gesamtwirtschaftlichen Vorteilen des Zusammenschlusses aufgewogen wird oder er durch ein überragendes Interesse der Allgemeinheit gerechtfertigt ist (§ 42 Abs. 1). Dabei ist auch die Wettbewerbsfähigkeit der beteiligten Unternehmen auf Märkten außerhalb des Geltungsbereichs des GWB zu berücksichtigen. Die Erlaubnis darf nur erteilt werden, wenn durch das Ausmaß der Wettbewerbsbeschränkung die marktwirtschaftliche Ordnung nicht gefährdet wird. Nach Meinung des Kartellamtes haben sich diese Zweistufigkeit und der Ausnahmecharakter der **Ministererlaubnis** bewährt. Von 1973 bis Anfang 2013 gab es 21 Anträge, wobei nur in 8 Fällen die Ministererlaubnis erteilt wurde.

Wettbewerbspolitik

▶ Beispiel

Im Januar 2006 hat der Landrat des Kreises Rhön-Grabfeld einen Antrag auf Erteilung der Ministererlaubnis gestellt, mit dem er die Genehmigung des vom BUNDESKARTELLAMT untersagten Zusammenschlussvorhabens der Rhön-Klinikum AG mit dem Krankenhäusern des Landkreises Rhön-Grabfeld anstrebte. Die MONOPOLKOMMISSION sprach sich in einem Sondergutachten im April 2006 gegen die Erteilung der Ministererlaubnis aus. Der BUNDESMINISTER FÜR WIRTSCHAFT lehnte den Antrag im Mai 2006 ab: Im relevanten Markt läge das Versorgungsniveau über dem gesetzlich vorgeschriebenen Mindestmaß, es würde sich aber durch den Zusammenschluss nicht verbessern. Allenfalls könne eine Absenkung des Qualitätsniveaus verhindert werden. Die wettbewerblichen Bedenken wögen demgegenüber erheblich schwerer (BERICHT DES BUNDESKARTELLAMTES 2005/2006, S. 22, 165).

Im April 2008 hat der BUNDESMINISTER FÜR WIRTSCHAFT der Fusion des Universitätsklinikums Greifswald mit dem Krankenhaus Wolgast seine Erlaubnis erteilt. Das BUNDESKARTELLAMT hatte diese Fusion Ende 2006 untersagt, weil die marktbeherrschende Stellung des Klinikums dadurch verstärkt würde. Die Erwägungen des Ministeriums führten zu dem Ergebnis, dass die vom BUNDESKARTELLAMT festgestellten Wettbewerbsbeschränkungen durch gesamtwirtschaftliche Vorteile, in diesem Fall den langfristigen Erhalt des Klinikums sowie den Ausbau des Forschungsschwerpunktes „Community Medicine“ aufgewogen würden (FAZ v. 18.4.2008).

Unternehmen, die durch internes Wachstum eine marktbeherrschende Stellung erreicht haben, können nicht entflochten werden. Die Möglichkeit der Missbrauchsaufsicht (vgl. Abschnitt 6.1.1.3) bleibt bestehen. Wenn die Untersagung eines bereits vollzogenen Zusammenschlusses rechtskräftig geworden ist, kann das BUNDESKARTELLAMT Maßnahmen zur Entflechtung der Fusion anordnen (§ 41 Abs. 3). In der Zeit seit Einführung der Fusionskontrolle bis Ende 2012 hat es 185 Untersagungen gegeben, davon lediglich 6 Untersagungen in den beiden Jahren 2011 und 2012 (vgl. BERICHT DES BUNDESKARTELLAMTS 2011/12, S. 126). Zusammenschlüsse, die offensichtlich zu marktbeherrschenden Stellungen führen würden, werden oft gar nicht mehr an das Kartellamt herangetragen. In Zweifelsfällen suchen die Unternehmen das Gespräch mit dem Kartellamt schon im Vorfeld des Zusammenschlusses. Viele wettbewerblich problematische Vorhaben werden bereits in dieser Phase aufgegeben, wenn den Unternehmen signalisiert wird, dass mit der Untersagung zu rechnen ist. Dies sind die **Vorfeldfälle** des BUNDESKARTELLAMTES.

6.1.1.3 Missbrauchsaufsicht über marktbeherrschende Unternehmen

Wettbewerbsbeschränkungen können sich auch daraus ergeben, dass ein Unternehmen oder eine Gruppe von Unternehmen den Markt beherrscht. Das GWB unterwirft das Verhalten marktbeherrschender Unternehmen strengeren Anforderungen als dem anderer Marktteilnehmer.

> **Missbrauchsaufsicht** ist das staatliche Regulativ für fehlenden Wettbewerb. Die Existenz starker Marktstellungen wird aus eigentumsrechtlichen Gründen hingenommen. Jedoch kann die Kartellbehörde marktbeherrschenden Unternehmen grundsätzlich alle Verhaltensweisen untersagen, die die Wettbewerbsmöglichkeiten anderer Marktteilnehmer (Konkurrenten, Abnehmer oder Lieferanten) oder der Verbraucher über Gebühr beeinträchtigen.

Entscheidend für die Eingriffsmöglichkeit des Kartellamtes sind die **Tatbestandsmerkmale** (1) Marktbeherrschung und (2) Missbrauch der Marktmacht.

Zu (1). Die **Marktbeherrschung** ist in § 18 Abs. 1 definiert: Ein Unternehmen ist marktbeherrschend, soweit es als Anbieter oder Nachfrager einer bestimmten Art von Waren oder gewerblichen Leistungen auf dem sachlich und räumlich relevanten Markt (a) ohne Wettbewerber ist oder keinem wesentlichen Wettbewerb ausgesetzt ist oder (b) eine im Verhältnis zu seinen Wettbewerbern überragende Marktstellung hat; hierbei sind insbesondere sein Marktanteil, seine Finanzkraft, sein Zugang zu den Beschaffungs- oder Absatzmärkten, Verflechtungen mit anderen Unternehmen, rechtliche und tatsächliche Schranken für den Marktzutritt anderer Unternehmen, der tatsächliche und potenzielle Wettbewerb durch innerhalb oder außerhalb des Geltungsbereichs dieses Gesetzes ansässige Unternehmen, die Fähigkeit, sein Angebot oder seine Nachfrage auf andere Waren oder gewerbliche Leistungen umzustellen sowie die Möglichkeit der Marktgegenseite, auf andere Unternehmen auszuweichen, zu berücksichtigen.

Zwei oder mehr Unternehmen sind marktbeherrschend, soweit zwischen ihnen für eine bestimmte Art von Waren oder gewerblichen Leistungen allgemein oder auf bestimmten Märkten aus tatsächlichen Gründen ein wesentlicher Wettbewerb nicht besteht und soweit sie in ihrer Gesamtheit die Voraussetzungen des Absatzes 1 erfüllen. Der räumlich relevante Markt kann weiter sein als der Geltungsbereich dieses Gesetzes.

Über das Vorliegen einer marktbeherrschenden Stellung eines oder mehrerer Unternehmen (**oligopolistische Marktbeherrschung**) hat der Gesetzgeber eine Reihe von Vermutungen aufgestellt. Die Marktmacht wird dabei an der Marktstruktur – insbesondere am Marktanteil – und am Marktverhalten gemessen. **Marktanteile**, die die **Vermutung einer marktbeherrschenden Stellung** begründen, sind gemäß § 18 GWB:

- für ein Unternehmen ein Marktanteil von mindestens 40 Prozent,
- für eine Gesamtheit von 3 oder weniger Unternehmen ein Marktanteil von 50 Prozent,
- für eine Gesamtheit von 5 oder weniger Unternehmen ein Marktanteil von zwei Dritteln.

Dies gilt dann nicht, wenn die Unternehmen nachweisen, dass die Wettbewerbsbedingungen zwischen ihnen **wesentlichen Wettbewerb** erwarten lassen oder die Gesamtheit der Unternehmen im Verhältnis zu den übrigen Wettbewerbern keine überragende Marktstellung hat. Es leuchtet unmittelbar ein, dass bei der Feststellung der Marktanteile die Abgrenzung des **relevanten Marktes** erneut von großer Bedeutung ist (vgl. Abschnitt 2.2.3).

Zu (2). Neben der Marktbeherrschung muss **Missbrauch** der Marktmacht vorliegen, damit das Kartellamt einschreiten kann. Er ist in § 19 Abs. 2 beschrieben. Ein Missbrauch ist insbesondere gegeben, wenn ein marktbeherrschendes Unternehmen als Anbieter oder Nachfrager

[1] die Wettbewerbsmöglichkeiten anderer Unternehmen in einer für den Wettbewerb erheblichen Weise ohne sachlich gerechtfertigten Grund beeinträchtigt;

[2] Entgelte oder sonstige Geschäftsbedingungen fordert, die von denjenigen abweichen, die sich bei wirksamem Wettbewerb mit hoher Wahrscheinlichkeit ergeben würden (wobei insbesondere Verhaltensweisen von Unternehmen auf vergleichbaren Märkten mit wirksamem Wettbewerb zu berücksichtigen sind);

[3] ungünstigere Entgelte oder sonstige Geschäftsbedingungen fordert, als sie das marktbeherrschende Unternehmen selbst auf vergleichbaren Märkten von gleichartigen Abnehmern fordert (es sei denn, dass der Unterschied sachlich gerechtfertigt ist);

[4] sich weigert, einem anderen Unternehmen gegen angemessenes Entgelt Zugang zu den eigenen Netzen oder anderen Infrastruktureinrichtungen zu gewähren, wenn es dem anderen Unternehmen aus rechtlichen oder tatsächlichen Gründen ohne die Mitbenutzung nicht möglich ist, auf dem vor- oder nachgelagerten Markt als Wettbewerber des marktbeherrschenden Unternehmens aufzutreten. Dies gilt dann nicht, wenn das marktbeherrschende Unternehmen nachweist, dass die Mitbenutzung aus betriebsbedingten oder sonstigen Gründen nicht möglich oder nicht zumutbar ist.

Bei der missbräuchlichen Ausübung von Marktmacht werden der **Behinderungsmissbrauch** und der **Ausbeutungsmissbrauch** (§ 19 Abs. 2 und 3) unterschieden. **Behinderungsfälle** liegen vor, wenn marktbeherrschende Unternehmen ihre Stellung gegenüber Konkurrenten durch missbräuchliches Verhalten behaupten, weiter ausbauen oder ihren Einfluss auf vor- oder nachgelagerte Wirtschaftsstufen oder auf

Drittmärkte ausdehnen. Solche Praktiken werden dann als Missbrauch der wirtschaftlichen Machtstellung angesehen, wenn sie nicht auf einer besonderen Leistung beruhen und konkret geeignet sind, die Wettbewerbsmöglichkeiten der übrigen Unternehmen spürbar zu verschlechtern.

▶ **Beispiel**

Das BUNDESKARTELLAMT hat im April und Juli 2010 ein Missbrauchsverfahren gegen die beiden großen Kabelregionalgesellschaften Kabel Deutschland und Unitymedia wegen ihrer proprietären (eigentümlichen) Set Top Boxen-Strategien eingeleitet. Die beiden Unternehmen schalten Programme auf Set Top Box (STB) nur dann frei, wenn die STB bestimmte Eigenschaften erfüllen. Der Fernsehzuschauer kann folglich TV-Programme nur dann empfangen, wenn er eine STB mit einem festintegrierten Entschlüsselungssystem verwendet. Aufgrund der aktuellen Freischaltungspraxis von Kabel Deutschland und Unitymedia können ausschließlich die Kabelnetzbetreiber die STB adressieren. PayTV- und FreeTV-Anbieter werden dadurch gezwungen, die Verschlüsselungsdienstleistungen von Kabel Deutschland bzw. Unitymedia in Anspruch zu nehmen („Koppelung"). Die proprietäre STB-Strategie ist seitens des BUNDESKARTELLAMTS als Behinderungsmissbrauch gemäß § 19 Absatz 2, 1 (ehemals § 19 Absatz 4, 1) und Artikel 102 Buchstabe b AEUV gewertet worden. Indem die Unternehmen die digitale Plattformleistung an die Einspeisung koppeln, übertragen sie die Marktmacht auf dem Einspeisemarkt. „Die Koppelung wirkt monopolisierend und führt zu einer erheblichen Beeinträchtigung der Wettbewerbschancen von Anbietern alternativer digitaler Plattformen." (BERICHT DES BUNDESKARTELLAMTES 2009/2010, S. 111).

Wenn Unternehmen aufgrund von Marktmacht überhöhte Preise und/oder unangemessene Konditionen fordern, liegt **Ausbeutungsmissbrauch** (Preishöhenmissbrauch) nach Art. 19 Abs. 2 vor. Missbrauchsmaßstab ist dabei das sogenannte **Vergleichsmarktkonzept**: Die vermeintlich höheren Preise werden mit Preisen verglichen, die sich auf wettbewerblichen Märkten gebildet haben.

▶ **Beispiel**

Das BUNDESKARTELLAMT ging 2006 gegen E.ON und RWE mit dem Vorwurf vor, die Einführung des CO2-Zertifikatehandels zu nutzen, um die Industriestrompreise künstlich in die Höhe zu treiben. Die geforderten Industriepreise im Jahr 2005 waren insoweit missbräuchlich, als in den Preisen mehr als 25 % des im Preis anteilig enthaltenen CO2-Zertifikatswerts überwälzt wurden. Das BUNDESKARTELLAMT ging dabei von der wirtschaftswissenschaftlichen Erkenntnis aus, dass Opportunitätskosten im Prinzip in die betriebsinterne Kalkulation einfließen. Nach den Ermittlungen des BUNDESKARTELLAMTES wichen die von den Unternehmen geforderten Preise von solchen ab, die sich bei wirksamem Wettbewerb gebildet hätten. Zudem handelte es sich bei den unentgeltlich zugeteilten CO2-Zertifikaten nur in geringem Umfang tatsächlich um echte Opportunitätskosten (Bericht des BUNDESKARTELLAMTES 2005/2006, S.30, 128f.).

Das Vergleichsmarktkonzept kann in **drei Ausprägungen** eingesetzt werden. Beim **räumlichen** Vergleichsmarktkonzept wird das Marktergebnis des untersuchten Marktes mit dem eines räumlich getrennten – z.B. ausländischen – Marktes verglichen, auf dem die gleichen Güter angeboten werden. Allerdings ist es oft schwierig, vergleichbare Konstellationen zu identifizieren. Die Märkte können sich durch viele Faktoren (Technologien, Absatzmöglichkeiten, Faktorausstattungen) unterscheiden.

Beim **zeitlichen** Vergleichsmarktkonzept werden die Marktergebnisse desselben Marktes zu zwei Zeitpunkten bzw. während zweier Perioden unterschiedlicher Wettbewerbsintensität miteinander verglichen. Auch dieses Verfahren ist nicht unproblematisch, weil gewährleistet sein muss, dass die Marktstrukturfaktoren gleich sind. Unterschiede liegen dann vor, wenn zwischen beiden Betrachtungszeitpunkten oder -räumen technischer Fortschritt oder externe Schocks an den Faktor- oder Gütermärkten zu verzeichnen waren. Die Marktergebnisse wären dann nicht mehr auf das Verhalten, sondern auf solche Einflussgrößen zurückzuführen.

Beim **sachlichen** Vergleichsmarktkonzept werden die Marktergebnisse eines Unternehmens auf mindestens zwei sachlich getrennten Märkten mit unterschiedlicher Wettbewerbsintensität untersucht. Die Marktergebnisse können auch mit denen eines Unternehmens verglichen werden, das ähnliche Güter unter wettbewerblichen Bedingungen anbietet. Die bereits skizzierten Probleme ändern sich indes nicht: In beiden Fällen müssen gleiche oder vergleichbare Marktstrukturfaktoren identifiziert werden. Hinzu kommt, dass die ebenfalls gemachte Voraussetzung der funktionalen Vergleichbarkeit der Güter aus der Sicht des Verbrauchers erfüllt sein muss. Sie ist in der Realität nur schwer zu bestimmen.

Die Missbrauchsaufsicht über marktbeherrschende Unternehmen hat in der **leitungsgebundenen Energiewirtschaft** (Strom, Gas) an Bedeutung gewonnen. Die Durchleitung ist das wesentliche Element zur Schaffung von Wettbewerb auf den Energiemärkten. Vom BUNDESKARTELLAMT wurde wiederholt die mit der 6. KARTELLRECHTSNOVELLE geschaffene Norm angewendet, die die Verweigerung des Zugangs zu sogenannten „wesentlichen Einrichtungen" ausdrücklich als Missbrauch einer marktbeherrschenden Stellung nennt (§ 19 Abs. 4 Nr. 4). Die Änderung des § 29 GWB im Dezember 2007 hat die Möglichkeiten des BUNDESKARTELLAMTES, gegen missbräuchliche Ausnutzung von marktbeherrschenden Stellungen in der Energiewirtschaft vorzugehen, gestärkt. Die verschärfte Preismissbrauchsaufsicht im Energiebereich wurde mit der 8. Novelle des GWB um weitere fünf Jahre verlängert.

▶ Beispiel

Anfang März 2008 hatte das BUNDESKARTELLAMT ein Missbrauchsverfahren gegen 33 Anbieter von Gas wegen des Verdachts auf Preistreiberei eingeleitet. Bei einer bundesweiten Untersuchung hatte das BUNDESKARTELLAMT festgestellt, dass es Preisabweichungen von 25 bis 45 Prozent zwischen den Anbietern gegeben hat. Die **Wettbewerbsintensität** auf dem Gasmarkt sei immer noch sehr gering gewesen: Bei funktionierendem Wettbewerb hätten sich die geforderten Gaspreise nicht durchsetzen lassen. Das Missbrauchsverfahren wurde schließlich eingestellt, nachdem die Gasversorger zusagten, finanzielle Kompensationen vollumfänglich an die Kunden auszuschütten und Kostensteigerungen in erheblichem Umfang nicht in Form höherer Preise an die Kunden weiterzugegeben. (BERICHT DES BUNDESKARTELLAMTES 2007/2008, S. 30, 114ff.)

Als weiteres Feld der Missbrauchsaufsicht ist der **Verkauf unter Einstandspreis** aufgenommen worden (§ 20 Abs. 4). Mit der Regelung wird das Ziel verfolgt, kleine und mittlere Handelsunternehmen vor Verdrängungspreisstrategien marktstarker Wettbewerber zu schützen.

▶ Beispiel

Das Verbot der unbilligen Behinderung des Wettbewerbs durch Verkauf unter Einstandspreis wurde erstmals Anfang 2007 durch ein Verfahren gegen die Drogeriemarktkette Rossmann durchgesetzt, gegen die das BUNDESKARTELLAMT ein Bußgeld von 300.000 Euro verhängte. Der Verkauf von insgesamt 55 Drogerieartikeln unter Einstandspreis stelle eine unbillige Behinderung von kleinen und mittleren Wettbewerbern dar. Allerdings wurde die Entscheidung im November 2009 durch das OBERLANDESGERICHT Düsseldorf revidiert. Das Gericht entschied, dass Rossmann andere Unternehmen nicht durch Verkauf von Waren unter Einstandspreis unbillig behindert hat. Anders als nach Auffassung des BUNDESKARTELLAMTS entschied das Gericht, dass Händler die von den Herstellern gewährten Rabatte auf einzelne Produkte konzentrieren können und nicht anteilig auf alle Produkte anrechnen müssen. Der Anwendungsbereich des Verbots von Unter-Einstandspreisen wurde durch die jüngste Rechtsprechung des OBERLANDESGERICHTS Düsseldorf deutlich eingeschränkt. (BERICHT DES BUNDESKARTELLAMTES 2009/2010, S. 44, 80f.).

Eine vertikale, **vertragliche Preisbindung** („der zweiten Hand") liegt vor, wenn ein Hersteller den Abnehmer seines Produktes verpflichtet, es nur zu einem bestimmten Preis zu verkaufen. Sie ist nach § 1 GWB grundsätzlich verboten, da der Preiswettbewerb auf der Handelsstufe entfällt, es liegt eine Wettbewerbsbeschränkung vor. Eine **Ausnahme** besteht gemäß § 30 nur bei Zeitschriften und Zeitungen. Für Bücher, Musiknoten und kartografische Erzeugnisse gilt seit Oktober 2002 gemäß BUCHPREISBINDUNGSGESETZ eine **gesetzliche Pflicht** zur Preisbindung. Sie ist für alle Händler verbindlich. 18 Monate nach Herstellung kann sie beendet werden. Hintergrund war, dass das bis dahin praktizierte Verfahren zur Durchsetzung der Buchpreisbindung von der EU-KOMMISSION nach Art. 101 AEUV bei grenzüberschreitenden Verkäufen beanstandet wurde. Bemerkenswert ist, dass mit der deutschen Neuregelung die nationale Buchpreisbindung dem Anwendungsbereich von Art. 101 AEUV entzogen wird. Preiswettbewerb ist damit ausgeschlossen.

Dagegen sind unverbindliche **Preisempfehlungen** für Produkte, die mit gleichartigen Waren im Wettbewerb stehen, erlaubt. Der Hersteller darf jedoch zu ihrer Einhaltung keinen Druck ausüben. Preisempfehlungen unterliegen der **Missbrauchsaufsicht** durch die Kartellbehörde. Liegt ein Missbrauch vor, kann sie die Empfehlung für unzulässig erklären und eine gleichartige Empfehlung für dieses Produkt für die Zukunft untersagen. Nach den Erfahrungen des BUNDESKARTELLAMTES werden unverbindliche Preisempfehlungen häufig als Preisbindungsersatz angesehen. Vor allem in straff geführten Vertriebssystemen versuchen einzelne Hersteller von Markenwaren, für ihre Produkte einheitliche Endabnehmerpreise am Markt durchzusetzen. Einzelhändler werden z.B. über die Androhung von Liefersperren zur Einhaltung der als unverbindlich zu kennzeichnenden Preisempfehlungen veranlasst.

▶ **Beispiel**

Das BUNDESKARTELLAMT verhängte im Jahr 2003 eine Geldbuße von 100.000 Euro gegen einen Hersteller von Funkmeldeempfängern. Das betroffene Unternehmen hatte von 2001 bis 2003 den Belieferungspreis an seine Händler davon abhängig gemacht, dass sie die empfohlenen Mindestpreise einhielten. Den Händlern, die den Mindestverkaufspreis nicht unterschritten, wurden zusätzliche Rabatte gewährt. Dadurch wurde ein starker Druck auf die Händler ausgeübt, so dass die freie Preisbildung erheblich beschränkt und das Preisbindungsverbot verletzt wurde (Bericht des BUNDESKARTELLAMTES 2003/2004, S. 41f.).

Das **Diskriminierungsverbot** (§ 20) soll ebenso wie die Missbrauchsaufsicht verhindern, dass durch marktmächtige Unternehmen die wirtschaftliche Betätigungs- und Entscheidungsfreiheit anderer Unternehmen eingeschränkt wird. Das Diskriminierungsverbot gilt generell für marktbeherrschende Unternehmen (Abs. 1), aber auch für marktstarke Unternehmen, von denen kleine und mittlere Anbieter oder Nachfrager in der Weise abhängig sind, dass ausreichende und zumutbare Möglichkeiten, auf andere Unternehmen auszuweichen, nicht gegeben sind (Abs. 2). In aller Regel sind nur diese Unternehmen in der Lage, den Wettbewerb durch Diskriminierung und Behinderung anderer Unternehmen zu beeinträchtigen. Während das Behinderungsverbot vornehmlich die Wettbewerber des diskriminierenden Unternehmens schützt, stellt das Verbot unterschiedlicher Behandlung den Schutz von Abnehmern und Lieferanten vor einer ungerechtfertigten Benachteiligung im Vergleich zu ihren Konkurrenten sicher. Nach § 21 ist auch der **Boykott** verboten. Unternehmen dürfen andere Unternehmen nicht zu Liefer- oder Bezugssperren veranlassen, um bestimmte Unternehmen unbillig zu beeinträchtigen. Darüber hinaus dürfen Unternehmen anderen Unternehmen keine Nachteile androhen oder zufügen und keine Vorteile versprechen oder gewähren, um sie zu einem Verhalten zu veranlassen, das nach dem GWB nicht zum Gegenstand einer vertraglichen Bindung gemacht werden darf.

In den Jahren 2011 und 2012 wurden insgesamt 65 neue Missbrauchsverfahren beim BUNDESKARTELLAMT eröffnet, zu denen noch 118 Verfahren bei den Landeskartellbehörden hinzukamen (vgl. BERICHT DES BUNDESKARTELLAMTES 2011/2012, S. 132ff.).

6.1.1.4 Sanktionsmöglichkeiten

Das **Sanktionssystem** des GWB ist **dreigliedrig**. Es ermöglicht verwaltungsrechtliche, strafrechtliche und zivilrechtliche Sanktionen.

Die **verwaltungsrechtlichen** Kompetenzen des BUNDESKARTELLAMTES sind durch die 7. Novelle des GWB stark ausgebaut worden. Es kann Unternehmen verpflichten, eine Zuwiderhandlung gegen deutsches oder europäisches Recht abzustellen (§ 32 Abs.

1 GWB). Zu diesem Zweck können Maßnahmen vorgeschrieben werden, die gegenüber dem festgestellten Verstoß verhältnismäßig und erforderlich sind (§ 32 Abs. 2 GWB). In dringenden Fällen kann die Kartellbehörde von Amts wegen einstweilige Maßnahmen anordnen. Mit der 8. Novelle des GWB kann das BUNDESKARTELLAMT bei einem Verstoß gegen Kartellrecht auch Abhilfemaßnahmen erlassen, die in die Substanz des Unternehmens eingreifen (sog. strukturelle Maßnahmen). Auch kann die Kartellbehörde im Rahmen einer **Abstellungsverfügung** eine Rückerstattung der infolge kartellrechtswidrigen Verhaltens erzielten Vorteile anordnen (§ 32 Abs. 2a GWB). Ein neues Instrument ist die **Verpflichtungszusage** (§ 32b GWB): Unternehmen können einer Verfügung der Kartellbehörde dadurch vorbeugen, dass sie sich zu einem bestimmten Verhalten verpflichten. Schließlich kann das BUNDESKARTELLAMT bei Verstößen gegen deutsches oder europäisches Kartellrecht eine sogenannte **Vorteilsabschöpfung** anordnen (§ 34 GWB). Die Missbrauchsaufsicht zielt heute vor allem auf den Erhalt offener Märkte ohne Zugangsschranken, denn bestehende marktbeherrschende Positionen werden meist schneller und wirksamer durch neue Wettbewerber, als durch langwierige Rechtsverfahren abgebaut. Das BUNDESKARTELLAMT kann die Behinderung bzw. Setzung überhöhter Preise untersagen. Es kann aber selbst keine Preise festsetzen, bestenfalls Obergrenzen bestimmen, deren Überschreitung wiederum als Missbrauch angesehen würde.

In der Bundesrepublik gelten Verstöße gegen die Verbote des GWB als **Ordnungswidrigkeiten** (§ 81 GWB). Diese werden mit Geldbußen bestraft. Der Bußgeldrahmen beläuft sich auf bis zu 1 Mio. Euro. Über diesen Rahmen hinaus kann die Geldbuße auf bis zu 10 % des Gesamtumsatzes des Unternehmens festgelegt werden. Bei der Ermittlung des Umsatzes ist der weltweite Umsatz zugrunde zu legen. Er kann auch geschätzt werden. Vor einigen Jahren zeichnete sich jedoch eine Änderung in der Rechtsprechung ab. Kartellverfahren wurden auch auf ihre **strafrechtliche Relevanz** hin untersucht. Das BUNDESKARTELLAMT kann Verfahren an die Staatsanwaltschaft abgeben, wenn eine Straftat vorliegt oder vorsätzlich oder fahrlässig eine Ordnungswidrigkeit begangen wurde (vgl. Abschnitt 6.1.1.1). Dies ist seit 1997 im **Korruptionsbekämpfungsgesetz** verankert, nachdem unabhängig von der täterbezogenen Strafverfolgung durch die Staatsanwaltschaft die Kartellbehörde Geldbußen gegen Unternehmen und Personen bei Kartellabsprachen verhängen kann. Damit dürfte die Zeit der „Kavaliersdelikte" in diesem Bereich vorbei sein. Im Falle einer „Verurteilung" wären die Betroffenen vorbestraft.

▶ Beispiel

Das BUNDESKARTELLAMT hat 2012 gegen den Süßwarenhersteller Haribo GmbH & Co. KG und gegen deren verantwortlichen Vertriebsmitarbeiter Bußgelder wegen des unzulässigen Austausches über wettbewerbsrelevante Informationen in Höhe von insgesamt 2,4 Mio. Euro verhängt. (Pressemitteilung des BUNDESKARTELLAMTES v. 1.8.2012).

Im Kartellverfahren gegen ThyssenKrupp und drei weitere Unternehmen wurde 2012 ein Bußgeld von insgesamt 124,5 Millionen Euro verhängt. Die beschuldigten Unternehmen hatten Preise auf dem Schienenmarkt zu Lasten der Deutschen Bahn AG wettbewerbswidrig abgesprochen. Das Verfahren wurde ausgelöst durch einen Bonusantrag des österreichischen Unternehmens voestalpine AG. (Pressemitteilung des BUNDESKARTELLAMTES v. 5.7.2012).

Zivilrechtlicher Natur ist die Möglichkeit, dass gegen Unternehmen, die kartellrechtliche Vorschriften oder Verfügungen des Kartellamtes nicht eingehalten haben, Unterlassungs-, Beseitigungs- und **Schadensersatzansprüche** geltend gemacht werden können. Dazu sind die „Betroffenen" berechtigt: Dies sind Mitbewerber oder sonstige Marktteilnehmer, die durch den Verstoß beeinträchtigt sind (§ 33 Abs. 2 GWB). Danach können auch Verbrauchern Ansprüche zustehen, wenn sie auf Grund einer Kartellabsprache überhöhte Preise bezahlt haben. In dem gerade zitierten „Schienenkartell" hat die Deutsche Bahn beim Landgericht Frankfurt/Main eine Schadenersatzklage gegen die beteiligten Schienenhersteller erhoben.

6.1.2 Ordnungspolitische Instrumente

Von besonderer wettbewerbspolitischer Bedeutung sind ordnungspolitische Maßnahmen, die die **Liberalisierung** von Märkten betreffen. Der Einfluss staatlicher (De-)Regulierung auf die wettbewerbliche Situation und Entwicklung in verschiedenen Märkten kann erheblich sein. Dies soll im Folgenden exemplarisch für die beiden Sektoren Energie und Telekommunikation aufgezeigt werden.

6.1.2.1 Liberalisierung und Regulierung des Energiesektor

Einige der früheren Ausnahmen vom GWB (vgl. Abschnitt 5.1.2) wurden mit natürlichen Monopoleigenschaften begründet, andere im Hinblick auf die Versorgungssicherheit mit Gütern des Grundbedarfs gerechtfertigt. In der Energiewirtschaft beispielsweise wurde früher aufgrund der Leitungsgebundenheit von Strom und Gas, der hohen Kapitalintensität und der begrenzten Möglichkeiten zur Speicherung von Strom eine wettbewerbliche Ordnung für unmöglich oder für volkswirtschaftlich ineffizient gehalten. Diese Einschätzung lässt sich so nicht mehr vertreten. Man weiß heute – auch aufgrund von Erfahrungen im Ausland –, dass die Versorgungssicherheit von Strom und Gas nicht gefährdet ist, wenn sie wettbewerblich angeboten werden. Außerdem sind bestimmte Ausnahmebereiche gar nicht mehr durchzusetzen, da die Wettbewerbsregeln der EU auf sie angewendet werden müssen. So trat im Februar 1997 eine STROMRICHTLINIE der EU in Kraft, die bis spätestens Februar 1999 in nationales Recht umgesetzt werden musste. Darin wurden die Einführung von Durchleitungsrechten bei bestehenden Netzen, die **Liberalisierung** des Baus von Anlagen für die Erzeugung und Übertragung von Strom sowie ein erster Ansatz zur Entflechtung von integrierten Versorgungsunternehmen vorgeschrieben. Trotz dieser eindeutigen Rechtslage ist es immer wieder zu Behinderungen beim Netzzugang gekommen.

Von besonderer Bedeutung ist die seit Januar 2009 bestehende **Anreizregulierung** (Price-Cap Regulierung) für Netzentgelte in der Strom- und Gaswirtschaft, die zu mehr Wettbewerb und zu sinkenden Energiepreisen für Verbraucher führen soll. Auch neue Strom- und Gasanbieter und die erneuerbaren Energien sollen davon profitieren. Sie ist ein behördliches **Regulierungsinstrument** um Kostensenkungen bei den Entgelten für Strom- und Gasnetze durchzusetzen. Den Netzbetreibern werden dazu **Obergrenzen** für ihre Entgelte (diese Obergrenzen werden **Price Caps** genannt) oder Erlöse (diese Obergrenzen werden **Revenue Caps** genannt) vorgegeben. In Deutschland sind für die rund 1.600 Netzbetreiber Erlösobergrenzen vorgesehen. Ein bundesweiter Effizienzvergleich ermittelt die unternehmensindividuelle Kosteneffizienz. Alle Netzbetreiber müssen sich dann am effizientesten Betreiber messen. Weniger effiziente Unternehmen haben wenige Jahre Zeit, um die von der BUNDESNETZAGENTUR als zuständiger Behörde ermittelte individuelle Ineffizienz abzubauen. Zusätzlich wird die Erlösobergrenze jedes Netzbetreibers jährlich um einen von der Regulierungsbehörde festgelegten Prozentsatz (sektoraler Produktivitätsfaktor) abgesenkt.

6.1.2.2 Liberalisierung und Regulierung des Telekommunikationssektors

Im Telekommunikationssektor ist in den meisten Industriestaaten der westlichen Welt in den 1990er Jahren ein schrittweiser Übergang von monopolistischen zu wettbewerblich organisierten Telekommunikationsmärkten erfolgt. Allerdings beruht diese Öffnung nicht nur auf der Einsicht, dass Wettbewerb generell wohlfahrtsfördernd ist. Vielmehr setzte sich die Erkenntnis durch, dass technologische Innovationen wie die Digitalisierung des Fernmeldenetzes, breitbandige Übertragungstechnologien, Internet und Mobilfunk zu einer Erodierung der natürlichen Monopoleigenschaften in der Telekommunikation geführt haben.

In Deutschland wurde der **Telekommunikationsmarkt** zum 01. Januar 1998 vollständig liberalisiert. Damit war der Weg für eine größere Produktvielfalt, verbesserte Qualität und niedrigere Preise in der Telekommunikation zum Vorteil der Konsumenten frei. Heute, 15 Jahre später, ist der deutsche Telekommunikationsmarkt durch eine **hohe Wettbewerbsintensität** gekennzeichnet. Dies kommt sowohl darin zum Ausdruck, dass die Wettbewerber der Deutschen Telekom seit Beginn der Liberalisierung bedeutende Marktanteile in allen Segmenten gewonnen haben als auch die Preise auf den verschiedenen Endkundenmärkten kontinuierlich gefallen sind und zu den niedrigsten weltweit zählen.

Dies war jedoch nur deswegen möglich, weil zeitgleich mit der Liberalisierung der Telekommunikationsmärkte ein **umfassender Regulierungsrahmen** etabliert wurde. Um einen offenen Marktzugang sicherzustellen und somit die wettbewerbliche Bereitstellung von Telekommunikationsdiensten zu erleichtern, sind aufgrund der technologisch-ökonomischen Besonderheiten regulative Eingriffe in diesen Markt erforderlich. Zu diesem Zweck wurde in Deutschland die REGULIERUNGSBEHÖRDE FÜR TELEKOMMUNIKATION UND POST geschaffen, die später in die heutige BUNDESNETZAGENTUR aufging (vgl. Abschnitt 5.1.3). Die folgenden zwei Sachverhalte verdeutlichen, warum aus wettbewerbspolitischer Sicht eine **Regulierung** von Telekommunikationsmärkten erforderlich ist.

[1] Für marktbeherrschende Telekommunikationsanbieter besteht die Möglichkeit, auf bestimmten vorgelagerten Märkten Monopolgewinne zu erzielen, mit denen sie auf anderen Märkten, die dem Wettbewerb geöffnet sind, Telekommunikationsdienste quersubventionieren. Um die Anwendung wettbewerbswidriger Praktiken zu verhindern, bedarf es deshalb einer Marktmachtregulierung. So ist es angebracht, die Tarife für Telekommunikationsleistungen, bei denen noch kein funktionsfähiger Wettbewerb besteht, durch eine **unabhängige Regulierungsbehörde** zustimmungspflichtig zu machen. Um dabei Willkür zu vermeiden, müssen für die Tarifbildung klare Regeln aufgestellt werden. Der potenzielle Missbrauch von Marktmacht wird zudem besonders dann begünstigt, wenn die Anbieter von Tele-

kommunikationsdiensten keiner **Separierungspflicht** unterliegen. Eine Separierung der verschiedenen Geschäftsaktivitäten zumindest in der Form, dass marktbeherrschende Telekommunikationsunternehmen für diejenigen Dienstleistungen, die sie anbieten, eigene Rechnungslegungskreise führen, ist deshalb unter dem Aspekt der Marktmachtdisziplinierung angemessen.

[2] In den meisten Staaten bestanden bis zu Beginn der 1990er Jahre staatlich geschützte Fernmeldemonopole, mit der Folge, dass jeweils nur ein etablierter Netzbetreiber über ein flächendeckendes Netz verfügte. Da neue Telekommunikationsanbieter zunächst einmal bei Eintritt in den Markt kein flächendeckendes Netz besitzen, sind sie zu Anfangs darauf angewiesen, ihr Netz mit dem des etablierten Netzbetreibers zusammenzuschalten. Dieser hat dazu keinen Anreiz, so dass staatliche Vorgaben erforderlich sind, um potenziellen Konkurrenten einen diskriminierungsfreien Marktzugang zu ermöglichen. Der etablierte Anbieter könnte sonst den Marktzutritt neuer Anbieter völlig unterbinden oder erheblich verteuern. Auch muss die Kostenerstattung für die **Zusammenschaltung** so reguliert werden, dass neu in den Markt eintretende Netzbetreiber nicht benachteiligt werden. Schließlich müssen die Bedingungen für Bereitstellung und Nutzung von Telekommunikationsdiensten sowie Grundsätze der Tarifierung transparent gestaltet sein.

▶ Beispiel

Derzeit befindet sich der Telekommunikationssektor am Anfang einer neuen Ära. Der Ausbau von Glasfasernetzen, sogenannte Next Generation Access (NGA)-Netze wird durch technologische Entwicklungen und steigende Nachfrage nach Breitbanddiensten angetrieben. Doch obwohl die Frage des NGA-Netzausbaus überall auf der politischen Tagesordnung steht, haben gerade in jüngster Vergangenheit Investitionen in glasfaserbasierte Breitbandnetze nur sehr zögerlich stattgefunden, so auch in Deutschland. Die Gründe dafür sind vielfältig. So ist der Ausbau einer NGA-Infrastruktur unter den derzeitigen Rahmenbedingungen vielfach nicht rentabel. Der anstehende Ausbau glasfaserbasierter Breitbandnetze stellt die Regulierungspraxis auf Telekommunikationsmärkten vor neuen Herausforderungen. Bestand in der Vergangenheit das vorrangige Ziel der Regulierung in der Schaffung und Förderung von Wettbewerb, so geht es zunehmend darum, technologische Neuerungen und die Modernisierung der Netzinfrastruktur zu fördern. Die Erneuerung der Kommunikationsnetze benötigt enorme Investitionen, die eine Neuausrichtung der zukünftigen Regulierung des deutschen Telekommunikationsmarktes erfordert. Investitionen in die zukünftige glasfaserbasierte Netzinfrastruktur sind mit extrem hohen unternehmerischen Risiken verbunden. Anreize, zukünftig in die Fortentwicklung einer modernen Infrastruktur zu investieren, müssen deswegen deutlich erhöht werden. Auf Seiten der Investoren ist vor allem eine hohe Planungssicherheit von entscheidender Bedeutung. Regulierungsvorschriften dürfen die Planungssicherheit nicht vermindern sondern müssen sie erhöhen. Auch sollten sich zukünftige Regulierungseingriffe auf Bereiche beschränken, in denen noch sogenannte „monopolistische Bottlenecks" existieren. Dies umso mehr als aufgrund von Netzwettbewerb zwischen verschiedenen technologischen Plattformen eine zunehmende Erodierung dieser Monopolbereiche stattfindet.

6.2 Instrumente nach EU-Recht

Bereits mit dem Inkrafttreten der RÖMISCHEN VERTRÄGE am 1.1.1958 sind für die damalige EUROPÄISCHE WIRTSCHAFTSGEMEINSCHAFT wichtige Verbote wettbewerbsbeschränkender Verhaltensweisen erlassen worden. Dies gilt insbesondere für das Kartellverbot und den Missbrauch einer marktbeherrschenden Stellung. Die Fusionskontrolle, die in Deutschland 1973 eingeführt wurde, fand erst 1990 durch die FUSIONSKONTROLLVERORDNUNG 4064/89 Eingang in das europäische Wettbewerbsrecht. Grundsätzlich sind damit die gleichen wettbewerbspolitisch relevanten Tatbestände in Deutschland und der EU normiert. Abweichungen ergeben sich dennoch dadurch, dass die EU für die Einhaltung des Wettbewerbsrechts zwischen allen Mitgliedstaaten zuständig ist, so dass national durchaus unterschiedliche Normen auf das gleiche europäische Niveau gebracht werden müssen. Das ist in der Realität oft der kleinste gemeinsame Nenner. Da die Geschwindigkeit der Veränderungen von Märkten in den letzten Jahren zugenommen hat, ist die EU-KOMMISSION bemüht, die Zusammenarbeit mit den nationalen Wettbewerbsbehörden weiter zu verbessern, die internationale Kooperation zu intensivieren und weltweite Mindestregeln zu vereinbaren. Weil die Vorschriften des AEUV weite Interpretationen zulassen, präzisiert die Kommission ihr Verfahren sowie Anwendungskriterien in sogenannten **Bekanntmachungen**, auch um für die Unternehmen Rechtssicherheit zu schaffen.

6.2.1 Kartellverbot

Nach Art. 101 Abs. 1 AEUV gilt für die EU ein allgemeines **Kartellverbot** und ein Verbot aufeinander abgestimmter Verhaltensweisen:

> „Mit dem Gemeinsamen Markt unvereinbar und verboten sind alle Vereinbarungen zwischen Unternehmen, Beschlüsse von Unternehmensvereinigungen und aufeinander abgestimmte Verhaltensweisen, welche den Handel zwischen Mitgliedstaaten zu beeinträchtigen geeignet sind und eine Verhinderung, Einschränkung oder Verfälschung des Wettbewerbs innerhalb des Gemeinsamen Marktes bezwecken oder bewirken."

Dies gilt insbesondere dann, wenn Gegenstand der Vereinbarung folgende Sachverhalte sind:

- die unmittelbare oder mittelbare Festsetzung der An- oder Verkaufspreise oder sonstiger Geschäftsbedingungen;
- die Einschränkung oder Kontrolle der Erzeugung, des Absatzes, der technischen Entwicklung oder der Investitionen;
- die Aufteilung der Märkte oder Versorgungsquellen;
- die Anwendung unterschiedlicher Bedingungen bei gleichwertigen Leistungen gegenüber Handelspartnern, wodurch diese im Wettbewerb benachteiligt werden;

- die an den Abschluss von Verträgen geknüpften Bedingungen, dass die Vertragspartner zusätzliche Leistungen annehmen, die weder sachlich noch nach Handelsbrauch in Beziehung zum Vertragsgegenstand stehen.

Die Bestimmungen von Art. 101, Abs. 1 können gemäß Absatz 3 AEUV für nicht anwendbar erklärt werden, wenn es um Vereinbarungen oder Gruppen von Vereinbarungen zwischen Unternehmen / Unternehmensvereinigungen oder um aufeinander abgestimmte Verhaltensweisen geht, die unter angemessener Beteiligung der Verbraucher an dem entstehenden Gewinn zur Verbesserung der Warenerzeugung bzw. Warenverteilung oder zur Förderung des technischen oder wirtschaftlichen Fortschritts beitragen. Gemäß DURCHFÜHRUNGSVERORDNUNG Nr. 1/03 (Mai 2004) wurde das im Rahmen von Art. 101 angewendete Anmelde- und Genehmigungsverfahren durch das System der sogenannten **Legalausnahme** ersetzt. Sofern die Vereinbarungen und Verhaltensweisen von Unternehmen den Tatbestand von Art. 101 Abs. 1 erfüllen und die Voraussetzungen von Art. 101 Abs. 3 gegeben sind, sind sie automatisch freigestellt. Der Entscheidung einer Kartellbehörde bedarf es nicht.

Mit dieser Neuregelung ist ein Verlust an Transparenz über wettbewerbsbeschränkende Absprachen für die Kartellbehörden ebenso verbunden wie für die Unternehmen eine Einbuße an Rechtssicherheit. Ein obligatorisches Informationssystem wurde nicht eingeführt. Der Systemwechsel hin zur Legalausnahme bedeutet die **Aufgabe des Freistellungsmonopols** der EU-KOMMISSION. Nur sie konnte bisher Vereinbarungen, Beschlüsse und abgestimmte Verhaltensweisen nach Art. 101 Abs. 3 freistellen und eine Dezentralisierung der Anwendung dieses Artikels zulassen. Künftig sind die Kartellbehörden der Mitgliedstaaten und die nationalen Gerichte zur Anwendung von Art. 101 befugt. Das nationale Recht bleibt parallel anwendbar.

Zusätzlich gibt es eine **Bagatellklausel** (vgl. Abschnitt 6.1.1.2) – im europäischen Sprachgebrauch **de minimis-Regel** genannt. Nach einer Bekanntmachung von Dezember 2001 sind Vereinbarungen zwischen Unternehmen, die den Wettbewerb gemäß Art. 101 nicht spürbar beschränken, statthaft. Dabei wird zwischen horizontalen und vertikalen Vereinbarungen unterschieden. Die **Marktanteilsschwelle** beträgt für **horizontale** Vereinbarungen 10 %, für **vertikale** Vereinbarungen 15 %. Letzteres wird damit begründet, dass sich ein wettbewerbswidriges Verhalten in einer vertikalen Beziehung weniger schwer auf die Märkte auswirkt als dies bei horizontalen Vereinbarungen zu erwarten ist. Diese Erleichterungen finden dort keine Anwendung, wo die Vereinbarungen zu Wettbewerbsbeschränkungen führen, die mit den Zielen des AEUV nicht kompatibel sind. Gemeint sind Vereinbarungen über die Festsetzung von Preisen, Produktionsquoten, die Aufteilung der Märkte oder der Versorgungsquellen. Die EU-KOMMISSION wird tätig, wenn dies aufgrund des Gemeinschaftsinteresses erforderlich ist, oder wenn Beeinträchtigungen des Binnenmarktes erwartet werden können.

Die EU-KOMMISSION kann durch **Negativatteste** feststellen, dass ein Verhalten nicht in den Anwendungsbereich von Art. 101 fällt. Sie bedeuten die Zulassung einer Vereinbarung, wenn die beteiligten Unternehmen beanstandete wettbewerbsbeschränkende Vertragsklauseln aufgeben.

Als **Sanktionsmöglichkeit** bei Verstößen gegen das Kartellverbot steht der Kommission die Verhängung von Bußgeldern zur Verfügung. Bei **Bußgeldentscheidungen** hat sie einen hohen Ermessensspielraum.

▶ Beispiel

Im Juni 2010 beschloss die EU-KOMMISSION gegen ein illegales Kartell von Stahlherstellern die Verhängung von Geldbußen in Höhe von 518 Mio. Euro. Es konnte nachgewiesen werden, dass die Stahlproduzenten 18 Jahre lang Preise für Spannstahl absprachen, die Märkte aufteilten und Lieferquoten festlegten. Dies stellte einen besonders schweren Verstoß gegen Art. 101 AEUV dar. Gegen das Unternehmen ArcelorMittal, den größten Produzenten und Anstifter des Kartells wurden 276 Mio. Euro verhängt, weil es als Wiederholungstäter eingestuft wurde. Das Unternehmen DWK/Saarstahl, das am Kartell teilgenommen hatte, kam in den Genuss völliger Immunität (Leniency), da es mit der Kommission zusammenarbeitete und entscheidende Beweise für die Absprache lieferte (Spiegel Online v. 30.06.2010).

Im November 2007 verhängte die EU-KOMMISSION eine Geldbuße in Höhe von 487 Mio. Euro gegen vier Flachglashersteller. Sie hielt es für erwiesen, dass die Unternehmen in den Jahren 2004 und 2005 ihre Preise abgesprochen hatten. Die seit 2006 geltenden Leitlinien für Kartellfälle erlauben der Kommission deutlich höhere Strafen als bisher. Das Bußgeld bemisst sich nach dem Jahresumsatz der Unternehmen, dem Umsatz auf dem betroffenen Markt und der Schwere der Vergehen. Der Umsatz der vier Unternehmen auf dem relevanten Markt betrug 2004 für Flachglas im Baugewerbe rund 1,7 Mrd. Euro (FAZ v. 29.11.2007).

6.2.2 Missbrauchsaufsicht über marktbeherrschende Unternehmen

In der Berichterstattung der EU-KOMMISSION wird die Missbrauchsaufsicht über marktbeherrschende Unternehmen in enger Symbiose mit der Kartellrechtspraxis gesehen. Wie dort ist eine missbräuchliche Ausnutzung von Marktmacht dann verboten, wenn es zu einer Beeinträchtigung des Handels zwischen den Mitgliedstaaten kommt. Dies ist in Art. Art. 102 AEUV normiert:

> „Mit dem Gemeinsamen Markt unvereinbar und verboten ist eine missbräuchliche Ausnutzung einer beherrschenden Stellung auf dem Gemeinsamen Markt oder auf einem wesentlichen Teil desselben durch ein oder mehrere Unternehmen, soweit dies dazu führen kann, den Handel zwischen Mitgliedstaaten zu beeinträchtigen.“

Dieser Missbrauch kann insbesondere bestehen in:

- der unmittelbaren oder mittelbaren Erzwingung von unangemessenen Einkaufs- oder Verkaufspreisen oder sonstigen Geschäftsbedingungen;
- der Einschränkung der Erzeugung, des Absatzes oder der technischen Entwicklung zum Schaden der Verbraucher;
- der Anwendung unterschiedlicher Bedingungen bei gleichwertigen Leistungen gegenüber Handelspartnern, wodurch diese im Wettbewerb benachteiligt werden;
- der an den Abschluss von Verträgen geknüpften Bedingung, dass die Vertragspartner zusätzliche Leistungen annehmen, die weder sachlich noch nach Handelsbrauch in Beziehung zum Vertragsgegenstand stehen.

Für die Beurteilung der missbräuchlichen Ausnutzung von Marktmacht ist genauso vorzugehen wie im deutschen Wettbewerbsrecht. Neben der Abgrenzung des **relevanten Marktes** (vgl. Abschnitte 2.2.3 und 6.1.1.3) muss der **Missbrauch der Marktmacht** festgestellt werden. Für die europäische Wettbewerbspolitik sind solche Fälle deswegen besonders bedeutsam, weil sie sich negativ auf den Integrationsprozess auswirken. Zur Illustration ein Beispiel aus dem Jahr 2009:

▶ **Beispiel**

Im Mai 2009 setzte die EU-KOMMISSION durch Entscheidung eine Geldbuße in Höhe von 1,06 Milliarden Euro gegen den Chiphersteller Intel fest. Es wurde festgestellt, dass Intel seine marktbeherrschende Stellung rechtswidrig ausgenutzt und damit gegen den früheren Art. 82 EG-Vertrag verstoßen hatte. Das Unternehmen habe in jahrelang rechts- und wettbewerbswidriger Weise versucht, Wettbewerber vom Markt für Hauptprozessoren zu verdrängen, indem es Rabatte für Computerproduzenten daran geknüpft habe, dass diese auf Bauteile von der Konkurrenz verzichten. (Spiegel Online v. 13.05.2009).

Im Gegensatz zu Art. 101 genießt Art. 102 AEUV keinen absoluten Vorrang vor nationalem Recht (vgl. Abschnitt 4.3). Er legt vielmehr nur den Mindeststandard fest und lässt strengere nationale Handhabung zu.

6.2.3 Fusionskontrolle

Die **Fusionskontrolle** ist durch die Verordnung (EWG) Nr. 4064/89 über die Kontrolle von Unternehmenszusammenschlüssen (FKVO – seit dem 1.1.1990; geändert durch die seit dem 1.3.1998 anzuwendende Verordnung 1310/97) geregelt. Seit 2004 gilt die EG-Fusionskontrollverordnung Nr. 139/2004 v. 20.1.2004 (ABl. EG Nr. L 24S. 1ff.).

Die EU-KOMMISSION greift im Falle von Fusionen dann ein, wenn folgende **Umsatzkriterien** bei einem Zusammenschluss erfüllt werden (Art. 1 FKVO):

- Alle am Zusammenschluss beteiligten Unternehmen haben zusammen einen weltweiten Gesamtumsatz von mehr als 5 Mrd. Euro **und** von mindestens zwei der beteiligten Unternehmen wird ein gemeinschaftsweiter Umsatz von jeweils mehr als 250 Mio. Euro erzielt (**1. Variante**).
- Alle am Zusammenschluss beteiligten Unternehmen haben zusammen einen weltweiten Gesamtumsatz von mehr als 2,5 Mrd. Euro **und** von mindestens zwei der beteiligten Unternehmen wird ein gemeinschaftsweiter Umsatz von jeweils mehr als 100 Mio. Euro erzielt **und** alle am Zusammenschluss beteiligten Unternehmen zusammen erzielen in mindestens drei Mitgliedstaaten einen Gesamtumsatz von mehr als 100 Mio. Euro **und** von mindestens zwei der beteiligten Unternehmen wird in jedem dieser drei Mitgliedstaaten ein Umsatz von jeweils mehr als 25 Mio. Euro erzielt (**2. Variante**).

Die **Umsatzschwellen** der ersten Variante sollen in erster Linie sicherstellen, dass Zusammenschlüsse von Unternehmen mit hohen Umsätzen unter die europäische Fusionskontrolle fallen. Die Umsatzschwellen der zweiten Variante dienen der Entlastung der Unternehmen: Zusammenschlüsse, die sich in drei oder mehr Mitgliedstaaten auswirken und dort u.U. jeweils eigene Fusionsverfahren auslösen würden, sollen zentral in Brüssel („**one stop shop**") geprüft werden. Fusionen sind immer vor ihrem Vollzug bei der Kommission anzumelden.

Die EU-KOMMISSION muss nach dieser Verordnung Zusammenschlüsse untersuchen, wenn die beteiligten Unternehmen mehr als 5 Mrd. Euro Umsatz machen oder innerhalb der EU jährlich für mehr als 250 Mio. Euro an Gütern und Dienstleistungen verkauft werden. Die geografische Herkunft der Fusionskandidaten ist dabei unerheblich. Die **„extraterritoriale" Fusionskontrolle** wird international akzeptiert. Regelmäßig erhält die Kommission Anträge von fusionswilligen Unternehmen. Beispielsweise wurde Anfang 2012 von der EU-KOMMISSION die Fusion von Deutscher Börse und New Yorker NYSE Euronext verboten.

Nach Art. 2 FKVO werden geplante Zusammenschlüsse in Bezug auf ihre Vereinbarkeit mit dem Gemeinsamen Markt beurteilt. Bei dieser **Prüfung** berücksichtigt die Kommission (a) die Notwendigkeit, wirksamen Wettbewerb aufrechtzuerhalten und zu entwickeln, insbesondere im Hinblick auf die Struktur aller betroffenen Märkte und den tatsächlichen oder potenziellen Wettbewerb durch innerhalb oder außerhalb der Gemeinschaft ansässige Unternehmen; (b) die Marktstellung sowie die wirtschaftliche Macht und andere Kriterien, sofern diese den Verbrauchern dienen und den Wettbewerb nicht behindern. Zusammenschlüsse, durch die wirksamer Wettbewerb im Gemeinsamen Markt oder in einem wesentlichen Teil desselben nicht erheblich behindert würde, insbesondere durch Begründung oder Verstärkung einer marktbeherrschenden Stellung, sind für mit dem Gemeinsamen Markt vereinbar zu erklären. Und umgekehrt: Ein Zusammenschluss, durch den wirksamer Wettbewerb im Gemeinsamen Markt erheblich behindert würde, ist für unvereinbar mit dem Gemeinsamen Markt zu erklären.

Mit dem neuen **Eingreifkriterium** einer „erheblichen Behinderung wirksamen Wettbewerbs" sollen auch einseitige wettbewerbsschädigende Auswirkungen eines Zusammenschlusses geprüft werden, die sich aus einem nicht-koordinierten Verhalten – auch bei fehlender Marktbeherrschung – ergeben können. Dazu wird der **SIEC-Test** eingesetzt, um festzustellen, ob z.B. nach dem Zusammenschluss Preiserhöhungen wahrscheinlich sind. Hierbei wird der Zusammenschluss hinsichtlich Marktanteile, Finanzkraft, Marktzutrittsschranken, Nachfrage- und Angebotsentwicklung und weiterer Kriterien überprüft. Die Operationalität wie auch die rechtliche Überprüfbarkeit dieses Kriteriums sind indes fragwürdig (vgl. I. SCHMIDT, S. 257).

Aufgrund der **Globalisierung** kann sich eine wachsende Zahl von Zusammenschlüssen sehr großer, auf den Weltmärkten tätiger Unternehmen spürbar im Binnenmarkt auswirken. Gerade bei solchen Fällen, die auf globalen Märkten mit hohen Zutrittsschranken stattfinden, besteht das Risiko der Begründung oder Verstärkung einer beherrschenden Stellung. Abgesehen von der Verpflichtung zu einer Anmeldung, wenn die Umsatzschwellenwerte erreicht sind, kann eine Zuständigkeit der Kommission auch dann vorliegen, wenn der **räumliche Referenzmarkt** der weltweite Markt ist, da die EUROPÄISCHE UNION einen wesentlichen Teil dieses Marktes bildet. Denn durch das Vorhaben können die Wettbewerbsbedingungen im Binnenmarkt beeinträchtigt werden. Aufgrund dieser Überlegungen wurde 1997 im Fall der Fusion von Boeing /

McDonnell Douglas eine Untersuchung eingeleitet. Das aus dem Zusammenschluss hervorgegangene Unternehmen verfügte über einen Anteil von 60 % am Gesamtmarkt der großen düsengetriebenen Verkehrsflugzeuge mit über 100 Sitzen. Nach der Fusion blieb als einziger Konkurrent Airbus übrig. Im Hinblick auf das Fehlen eines potenziellen Markteintrittskandidaten hat Boeing sich verpflichtet, Exklusivverträge aufzulösen, die McDonnell Douglas-Tätigkeiten im Verkehrsflugzeugsektor getrennt fortzuführen und Dritten den Zugang zu Patenten einzuräumen. Unter diesen Auflagen hat die Kommission den Zusammenschluss genehmigt. Während des gesamten Verfahrens gab es zahlreiche Kontakte zwischen der Kommission und der amerikanischen FEDERAL TRADE COMMISSION, die aufgrund des bestehenden **bilateralen Kooperationsabkommens** zwischen den USA und der EU stattfanden. Trotz divergierender Interessen zwischen den beiden Seiten wurde schließlich Einvernehmen über das Verfahren und die Auflagen erzielt.

Bei der EU-KOMMISSION wurden von 1997 bis 2011 mehr als 4.500 Zusammenschlussvorhaben angemeldet, von denen lediglich 20 untersagt wurden (vgl. EU-KOMMISSION, 2011, jährlicher Tätigkeitsbericht, DG Wettbewerb, S. 10). Es kann beobachtet werden, dass die Zahl der Anmeldungen Mitte des vergangenen Jahrzehnts zunächst deutlich zunahm (was als Ausdruck für eine größere Dynamik im Binnenmarkt interpretiert werden kann), und in den letzten Jahren wieder leicht abgenommen hat (350 im Durchschnitt der Jahre 2005–2008, 280 im Durchschnitt der Jahre 2009–2011).

Die **Fusionskontrollverordnung** von 2004 hat keine Änderungen der Umsatzschwellen gebracht. Außerdem wurde das Prüfkriterium „Marktbeherrschung" beibehalten. Der angelsächsische Prüfungsmaßstab „erhebliche Beeinträchtigung des Wettbewerbs" (substantial lessening of competition) wurde nicht übernommen. Die Kooperation mit den nationalen Wettbewerbsbehörden wurde verbessert. Verweisungsregime an nationale Kartellämter sollen gewährleisten, dass die Behörde das Vorhaben prüft, die über die größte Sachnähe verfügt.

Wettbewerbspolitik

6.2.4 Beihilfen (Subventionen)

Von der Gewährung **staatlicher Beihilfen** können Wettbewerbsverzerrungen ausgehen, die gerade in einem Binnenmarkt unerwünscht sind. Um dies zu verhindern, findet sich eine entsprechende Vorschrift in Art. 107 Abs. 1 AEUV:

> „Soweit in diesem Vertrag nicht etwas anderes bestimmt ist, sind staatliche oder aus staatlichen Mitteln gewährte Beihilfen gleich welcher Art, die durch die Begünstigung bestimmter Unternehmen oder Produktionszweige den Wettbewerb verfälschen oder zu verfälschen drohen, mit dem Binnenmarkt unvereinbar, soweit sie den Handel zwischen Mitgliedstaaten beeinträchtigen."

Mit dem Binnenmarkt **sind vereinbar** (Art. 107 Abs. 2):

- Beihilfen sozialer Art an einzelne Verbraucher, wenn sie ohne Diskriminierung nach der Herkunft der Waren gewährt werden;
- Beihilfen zur Beseitigung von Schäden, die durch Naturkatastrophen oder sonstige außergewöhnliche Ereignisse entstanden sind;

- Beihilfen für die Wirtschaft bestimmter, durch die Teilung Deutschlands betroffener Gebiete der BUNDESREPUBLIK DEUTSCHLAND, soweit sie zum Ausgleich der durch die Teilung verursachten wirtschaftlichen Nachteile erforderlich sind. (Hinweis: Der Rat kann 5 Jahre nach dem Inkrafttreten des VERTRAGS VON LISSABON, also ab dem 1.1.2014 auf Vorschlag der Kommission einen Beschluss erlassen, mit dem diese Beihilfemöglichkeit für Deutschland aufgehoben wird.)

Als mit dem Binnenmarkt vereinbar **können** – nach ihrer Notifizierung bei der Kommission – (Art. 107 Abs. 3) Beihilfen zur Förderung der wirtschaftlichen Entwicklung in Gebieten mit niedriger Lebenshaltung und hoher Unterbeschäftigung, der Entwicklung von bestimmten Wirtschaftszweigen oder Gebieten, der Förderung der Kultur usw. angesehen werden. Wichtig ist dabei immer, dass die Beihilfen die Handels- und Wettbewerbsbedingungen in der Gemeinschaft nicht in einem Maße beeinträchtigen, das den gemeinsamen Interessen zuwiderläuft.

Die EU-KOMMISSION überprüft fortlaufend in Zusammenarbeit mit den Mitgliedstaaten bestehende Beihilferegelungen. Wenn sie feststellt, dass eine von einem Staat oder aus staatlichen Mitteln gewährte Beihilfe mit dem Binnenmarkt nach Art. 107 unvereinbar ist oder sie missbräuchlich angewandt wird, muss die Subvention in einer von der EU-KOMMISSION bestimmten Frist aufgehoben oder umgestaltet werden. Kommt der betreffende Staat dieser Entscheidung nicht nach, kann die EU-KOMMISSION oder jeder betroffene Staat den EUROPÄISCHEN GERICHTSHOF unmittelbar anrufen. Nur bei außergewöhnlichen Umständen kann der RAT einstimmig auf Antrag eines Mitgliedstaats entscheiden, dass eine von diesem Staat gewährte oder geplante Beihilfe mit dem Binnenmarkt vereinbar ist (Art. 108 Abs. 2 Satz 3).

Die EU-KOMMISSION wird von jeder beabsichtigten Einführung oder Umgestaltung von Beihilfen **vorab unterrichtet**, so dass sie sich äußern kann. Ist sie der Auffassung, dass ein derartiges Vorhaben nach Art. 107 mit dem Binnenmarkt unvereinbar ist, so leitet sie unverzüglich das dafür vorgesehene Verfahren gemäß Art. 108 Abs. 2 ein. Der betreffende Mitgliedstaat darf die beabsichtigte Maßnahme nicht durchführen, bevor die Kommission eine abschließende Entscheidung erlässt.

Der **Subventionsbegriff** (vgl. Kapitel. 4, Abschnitt 2.3.3) ist von entscheidender Bedeutung für die Anwendung des Gemeinschaftsrechts ist. Denn die Mitgliedstaaten müssen nur diejenigen Maßnahmen an die EU-KOMMISSION melden, die unter die Definition des Art. 107 Abs. 1 fallen. Letztlich geht es um **vier Kriterien**, deren gemeinsames Zutreffen den Tatbestand der Beihilfegewährung erfüllt:

- Staatliche Beihilfen liegen dann vor, wenn von der öffentlichen Hand Vorteile gewährt werden, die die normalerweise von einem Unternehmen zu tragende finanzielle Belastung verringern.
- Nur staatliche oder aus staatlichen Mitteln gewährte Beihilfen gleich welcher Art fallen unter den Begriff, wobei in einigen Fällen der Subventionscharakter eindeutig ist (Zuschüsse, Kapitalzuführungen, zinsgünstige Darlehen). In anderen Fällen muss die Zurechenbarkeit erst geprüft werden.
- Besonders schwierig ist das Spezifizitätskriterium zu beurteilen. Denn es muss gewährleistet sein, dass die Maßnahmen unter die Art. 107ff. fallen und nicht etwa dem Bereich der Harmonisierung zuzurechnen sind. Das Kriterium ist erfüllt, wenn

durch steuerliche oder sozialversicherungsrechtliche Maßnahmen eine Ungleichbehandlung zugunsten eines oder mehrerer Wirtschaftszweige entsteht, die nicht aufgrund der Art oder der Wirtschaftlichkeit des Abgabensystems gerechtfertigt ist.
- Beihilfen, die sich nicht auf den Handel zwischen den Mitgliedstaaten auswirken, fallen nicht unter die grundsätzliche Unvereinbarkeit mit dem Binnenmarkt.

In dem Zeitraum zwischen 2000 und 2012 wurden über 5.600 Beihilfefälle geprüft. Die Zahl der neuen Beihilfefälle, die die Kommission 2012 zu bearbeiten hatte, lag bei 525. Auf Deutschland entfielen 66 Fälle, nur Italien (65) hatte ähnlich viele Fälle zu verzeichnen. Auf den weiteren Plätzen folgten Frankreich (48), Polen (44) und Spanien (43) (http://ec.europa.eu/competition/elojade/isef/index.cfm). In den meisten Fällen (401) stellte die Kommission das Verfahren ein.

Wie auch das BUNDESKARTELLAMT kann die EU-KOMMISSION die Verhängung von Bußgeldern anordnen. Darauf und auf andere Verfahrensmerkmale wurde bei den einzelnen Tatbeständen bereits eingegangen.

7 Probleme und Grenzen

Das GWB hat die ordnungspolitische Aufgabe, den Wettbewerb in unserer Volkswirtschaft zu sichern. Auch in seiner heutigen Fassung hat es **Kompromisscharakter**. Es geht grundsätzlich vom **Kartellverbot** aus, mit der Einführung der **Legalausnahme** im Jahre 2005 wird aber eine Kehrtwendung vollzogen, auch wenn sie eine Anpassung an das europäische Kartellrecht beinhaltet. Faktisch wird nur die „Spitze des Eisbergs" im Kartellbereich aufgedeckt. Ob mit der 8. GWB-Novelle, wie seitens des BMWIs angekündigt, tatsächlich eine Stärkung des Wettbewerbs gelingt, bleibt abzuwarten. Viele Dinge wurden neu geregelt. Allerdings ist die 8. Novelle keine „große" GWB-Novelle. Zahlreiche Punkte wurden nicht angegangen. So wird zwar die spezielle Preismissbrauchsvorschrift für marktbeherrschende Strom- und Gasanbieter verlängert, jedoch fand keine Ausweitung der besonderen Missbrauchsaufsicht im Energiesektor statt. Gleiches gilt für die Anwendbarkeit des Kartellrechts auf das wettbewerbliche Verhalten der gesetzlichen Krankenkassen, welches nicht wie ursprünglich vorgesehen angeordnet wird. Auch wurde kein Ausschluss der Akteneinsicht in Kronzeugenanträge in das Gesetz aufgenommen.

Wir können zwar theoretisch feststellen, was Wettbewerb ist, aber es gibt Probleme bei der Ermittlung der tatsächlichen **Wettbewerbsintensität**. Keine Einigkeit besteht darüber, ob das **Vorhandensein von Wettbewerb** an der Marktstruktur, dem Marktverhalten und/oder dem Marktergebnis abgelesen werden soll. Das Dilemma besteht darin, dass zwar eine Reihe von wettbewerbspolitischen Konzepten entwickelt wurde, aus denen jedoch nicht in allen Fällen klare **Handlungsanweisungen** für die praktische Wettbewerbspolitik resultieren. Das Konzept der vollständigen Konkurrenz musste aufgegeben werden. Die nachfolgenden Modelle versuchen zwar, Anpassungen der wettbewerbspolitischen Konzeptionen an die Realität vorzunehmen, Probleme mit der Greifbarkeit bzw. der Konkretisierung der einzelnen Aussagen bleiben aber bestehen. Daraus folgen Probleme der **Umsetzbarkeit** wettbewerbspolitischer Konzepte. Es kann nicht verwundern, dass die Wettbewerbspolitik heute eher als reaktiv einzuschätzen ist. Hinzu kommt, dass wettbewerbspolitisch wichtige Rahmendaten nicht mehr nur national gesetzt werden. Dies hat sich sehr deutlich an den Schwierigkeiten gezeigt, den **relevanten Markt** abzugrenzen.

Durch die Verlagerung von Verstößen gegen das Wettbewerbsrecht in den Bereich des Strafrechts wird zwar einerseits der Charakter von Verstößen gegen das Kartellverbot als „Kavaliersdelikte" grundlegend geändert (man riskiert jetzt, vorbestraft zu sein). Andererseits scheint die **Rechtspraxis** zu belegen, dass die zuständigen Staatsanwaltschaften überfordert sind und die Urteile der Gerichte deutlich milder ausfallen als die von der Kartellbehörde verhängten Sanktionen. Die Fülle von Verstößen gegen das Wettbewerbsrecht ist auch Ausdruck für Schwächen des wettbewerblichen Ordnungsrahmens. Ob hier die Einführung von Schadensersatzansprüchen für „Betroffene" Änderungen bringen wird, bleibt abzuwarten.

Ein Problem stellt auch die **Beweislast** dar. Sofern das BUNDESKARTELLAMT – wie im Fall von Kartellen oder bei Ausbeutungs- und Behinderungsmissbrauch – die Beweislast trägt, werden Verstöße gegen das Wettbewerbsrecht häufig nur schwer nachzuweisen sein. Eine gewisse Erleichterung stellte daher die Ergänzung des GWB durch § 36 dar, nach dem für die Zusammenschlusskontrolle vermutet wird, dass eine marktbeherrschende Stellung entstehen oder sich verstärken wird, wenn bestimmte Größenkriterien (Umsatzerlöse) erreicht oder überschritten werden. Generell können die bisherigen Änderungen des Gesetzestextes die grundsätzlichen Schwierigkeiten des BUNDESKARTELLAMTES nicht beseitigen.

Auch wenn davon in der Vergangenheit wenig Gebrauch gemacht worden ist, stellt die **Ministererlaubnis** für Zusammenschlüsse nach § 42 ein weiteres Problem dar. Zwar erlaubt die in § 42 enthaltene Generalklausel eine flexible Handhabung und damit auch Anpassungen an neue Entwicklungen, aber klare rechtliche Normen resultieren daraus nicht. In der Vergangenheit ist nicht immer ersichtlich gewesen, dass das BUNDESKARTELLAMT ein eindeutiges politisches Backing durch das BUNDESMINISTERIUM FÜR WIRTSCHAFT erhalten hat. Hinzu kommt, dass das Kartellamt mit nur 320 Mitarbeitern – gemessen an der Aufgabenstellung – eine sehr kleine Behörde ist.

Zwar gibt es Regelungen über die Zuständigkeit von wettbewerbspolitischen Kompetenzen zwischen den nationalen Behörden und der auf EU-Ebene zuständigen Kommission. Dennoch hat sich das EU-Wettbewerbsrecht noch nicht vollständig entwickelt: Die Fusionskontrolle ist erst 1990 eingeführt worden, die Erfahrungen sind beschränkt und die **Wettbewerbspolitik der EU** muss heute insgesamt 28 Mitgliedstaaten mit sehr unterschiedlichen wettbewerbspolitischen Biographien Rechnung tragen. Hinzu kommt, dass die ordnungs- und wettbewerbspolitischen Vorstellungen der nationalen Behörden nicht völlig mit denen der EU-KOMMISSION übereinstimmen müssen. Die Beeinflussung der deutschen und europäischen Wettbewerbspolitik durch Tendenzen zur **Ökonomisierung der Wettbewerbspraxis** hat zu einer gewissen Verunsicherung geführt. Ein Verzicht auf traditionelle Methoden würde die Gefahr in sich bergen, dass wettbewerbliche Sachverhalte nicht mehr in ihrer ganzen Komplexität erfasst würden. Grenzen werden diesen Tendenzen – deren Zweckmäßigkeit und Angemessenheit in der Kartellrechtspraxis sich noch zeigen müssen – durch praktische Notwendigkeiten (Verfahrensfristen, Erhaltung der Funktionsfähigkeit der Wettbewerbsbehörden) gesetzt.

Gerade der Blickwinkel auf die EU hilft, eine weitere Grenze für die Wettbewerbspolitik zu identifizieren. Sie besteht in einer **unzureichenden Abstimmung** mit anderen sie beeinflussenden Politikbereichen. Wenn etwa an die Vergabepolitik öffentlicher Aufträge, an die Außenhandelspolitik, den Schutz bestimmter Wirtschaftszweige durch Subventionsgewährung usw. gedacht wird, dann wird deutlich, dass hier noch Defizite bestehen.

Durch den Integrationsprozess in der EU und weltweit durch das Entstehen regionaler Märkte und Freihandelszonen (vgl. Kapitel 8, Abschnitt 3) sowie die zunehmende **Globalisierung** wird die nationale Wettbewerbspolitik weiter erschwert. Mit der Liberalisierung ist es international agierenden Unternehmen erleichtert worden, sich dem Zugriff der nationalen Aufsichtsbehörden zu entziehen. Und ein „Weltkartellamt" ist nicht in Sicht. „Für die zunehmend globalen Aktivitäten der Unternehmen fehlt bislang ein multilateraler Ordnungsrahmen. Da der Zugang zu einem Markt durch wettbewerbsbeschränkende Praktiken ebenso erschwert werden kann wie durch eine protektionistische staatliche Handelspolitik, ist neben der verstärkten internationalen Zusammenarbeit der Kartellbehörden langfristig die Erarbeitung eines multilateralen Rahmens von Wettbewerbsregeln erforderlich. Mit zunehmender Globalisierung werden auch Defizite bei dem Zusammenspiel von Handels- und Wettbewerbspolitik zum Problem. Zwischen beiden Bereichen gibt es Interdependenzen, und es wird immer dringlicher, sie in einem einheitlichen Ordnungsrahmen für die international tätigen Unternehmen zusammenzuführen. Was die Handelspolitik anbelangt, so ist mit der Welthandelsorganisation (WTO) und den ihr zur Verfügung stehenden Instrumenten ein festes, ausbaufähiges Fundament geschaffen worden. Ein Pendant in Form einer internationalen Wettbewerbsordnung ist bislang nicht in Sicht. Hier behilft man sich einstweilen mit bilateralen Abkommen, ... die jedoch einen multilateralen Rahmen von Regeln zur Bekämpfung privater Wettbewerbsbeschränkungen nicht zu ersetzen vermögen" (BERICHT DES BUNDESKARTELLAMTES 1995/1996, S. IX und 7). Die Schaffung des EUROPEAN COMPETITION NETWORK und die Zusammenarbeit mit dem Forum EUROPEAN COMPETITION AUTHORITIES können dieses Manko nicht beheben.

8 Wiederholungsfragen

1. Begründen Sie die Notwendigkeit für eine staatliche Wettbewerbspolitik in einer marktwirtschaftlichen Ordnung. Gehen Sie dabei auch auf die Ihnen bekannten Wettbewerbsfunktionen ein.
2. Erläutern Sie Ihnen bekannte wettbewerbspolitische Konzepte und zeigen Sie Schwächen auf.
3. Warum ist es schwierig, die Wettbewerbsintensität zu messen?
4. Welche Ziele werden mit der Wettbewerbspolitik verfolgt und wo liegen mögliche Zielkonflikte?
5. Was versteht man unter dem relevanten Markt? Welche Teilaspekte sind dabei zu untersuchen und mit welchen Problemen ist zu rechnen?
6. Geben Sie einen kurzen Überblick über die wettbewerbspolitischen Instrumente des GWB.
7. Beurteilen Sie die Legalausnahme nach § 2 GWB.
8. Welche Analyseschritte müssen unternommen werden, um zu einem Urteil über ein missbräuchliches Verhalten eines marktbeherrschenden Unternehmens zu gelangen?
9. Begründen Sie die Notwendigkeit einer Regulierung im Energie- und Telekommunikationssektor.
10. Welche Regelungen sieht das Instrument der Fusionskontrolle nach dem GWB vor?
11. Wie ist die Fusionskontrolle in der EU geregelt?
12. Wie werden Kartelle im Rahmen der EU-Wettbewerbspolitik behandelt?
13. Erörtern Sie Ihnen bekannte staatliche Instrumente mit wettbewerblichen Wirkungen, die nicht zum Anwendungsbereich des GWB gehören.
14. Warum fallen Subventionen (Beihilfen) in den Bereich der Wettbewerbspolitik? Welche Beihilfen sind nach EU-Recht verboten?
15. Wo sehen Sie Probleme und Grenzen der Wettbewerbspolitik?

Kapitel 4: Finanzpolitik

In diesem Kapitel erfahren Sie

- welche Zusammenhänge es zwischen Steuern, Staatsausgaben, Staatsverschuldung und öffentlicher Haushaltswirtschaft gibt,
- wie die Staatsaufgaben und -ausgaben und die Steuern in der BUNDESREPUBLIK DEUTSCHLAND verteilt sind,
- wie groß der Anteil des Staates am Bruttoinlandsprodukt ist,
- welche theoretischen Überlegungen der Finanzpolitik zugrunde liegen,
- welche Ziele mit der Finanzpolitik verfolgt werden und welche Instrumente für ihre Durchsetzung zur Verfügung stehen,
- welche Träger der Finanzpolitik man unterscheiden kann,
- welche Bedeutung der Finanzausgleich hat,
- wodurch ein effizienter Einsatz finanzpolitischer Instrumente behindert werden kann.

1 Einleitung

1.1 Bereiche der öffentlichen Finanzwirtschaft – Rechtsgrundlagen

Die öffentliche Finanzwirtschaft ist sehr komplex. Neben der öffentlichen Haushaltspolitik, in die insbesondere die Steuerpolitik und die Ausgabenpolitik eingehen, sind auch die vielfältigen finanziellen Verflechtungen zwischen den öffentlichen Haushalten der **Gebietskörperschaften** (Bund, Länder, Gemeinden, Gemeindeverbände) sowie der **Gesetzlichen Sozialversicherung** (insbesondere Renten-, Kranken-, Unfall-, Pflege- und Arbeitslosenversicherung – vgl. dazu Kapitel 6, Abschnitt 5.3) zu beachten. Sofern die Einnahmen nicht ausreichen, um alle geplanten Ausgaben zu finanzieren, müssen Kredite aufgenommen werden. Die damit zusammenhängenden Aspekte werden in der Schuldenpolitik zusammengefasst.

Grundlage für die öffentliche Finanzwirtschaft ist die **Finanzverfassung** (Abschnitt X und andere Vorschriften des GRUNDGESETZES – GG). Sie stellt den **Ordnungsrahmen** für die staatliche Finanzpolitik dar. Dabei regeln die Art. 104a–109 die finanzwirtschaftlichen Beziehungen zwischen Bund und Ländern, Art. 109, Abs. 1 legt die Haushaltstrennung von Bund und Ländern fest. In Art. 109, Abs. 3 ist seit der Umsetzung der **Föderalismusreform II** (August 2009) grundsätzlich bestimmt, dass die Haushalte von Bund und Ländern ohne Einnahmen aus Krediten auszugleichen sind. Die Art. 110–115 enthalten Bestimmungen für das finanzwirtschaftliche Verhalten der Bundesorgane. Bedeutsam ist insbesondere Art. 115, der die Kreditbeschaffung des Bundes normiert.

Im föderalistischen Staat ist der **Finanzausgleich** von besonderer Bedeutung. Darunter wird die Gesamtheit der finanzwirtschaftlichen Beziehungen zwischen allen staatlichen Körperschaften verstanden. Die Aufteilung der staatlichen Aufgaben (Ausgaben) und Einnahmen auf Bund, Länder und Gemeinden nennt man **vertikalen** Finanzausgleich.

Zunächst müssen die **Aufgaben des Staates** (vgl. Kapitel 2, Abschnitt 1) bestimmt und auf die verschiedenen staatlichen Ebenen verteilt werden. Dies wird als **passiver** Finanzausgleich bezeichnet. Aus der Verantwortung für die Erfüllung staatlicher Aufgaben entstehen meist – aber nicht notwendigerweise – auch Ausgaben. Ihre Zuordnung ist in Art. 104a nach dem **Prinzip der Vollzugskausalität** geregelt:

> „(1) Der Bund und die Länder tragen gesondert die Ausgaben, die sich aus der Wahrnehmung ihrer Aufgaben ergeben, soweit dieses Grundgesetz nichts anderes bestimmt.
> (2) Handeln die Länder im Auftrage des Bundes, trägt der Bund die sich daraus ergebenden Ausgaben."

Gemäß Art. 30 GG ist die **Erfüllung der staatlichen Aufgaben** grundsätzlich Sache der Länder. In bestimmten Fällen wirkt der Bund bei der Erfüllung von Aufgaben der Länder mit, wenn diese Aufgaben für die Gesamtheit bedeutsam sind und die Mitwirkung des Bundes zur Verbesserung der Lebensverhältnisse erforderlich ist. Solche Vorhaben nennt man **Gemeinschaftsaufgaben.** Zu ihnen gehören (1) die Verbesserung der regionalen Wirtschaftsstruktur sowie (2) die Verbesserung der Agrarstruktur und des Küstenschutzes (Art. 91a GG).

Zur Finanzierung der Ausgaben brauchen alle staatlichen Ebenen **Einnahmen**. Die Festlegung der Einnahmenhoheit (welche Einnahmen stehen welchen staatlichen Gebietskörperschaften zu?) wird als **aktiver** Finanzausgleich bezeichnet. Die Verteilung des Steueraufkommens auf die staatlichen Gebietskörperschaften ist in Art. 106 GG festgelegt. Dies schließt die Ertragshoheit für die dem Bund zustehenden Steuern (Abs. 1), für die, die den Ländern (Abs. 2) bzw. den Gemeinden (Abs. 5, 5a–7) zukommen und jene Steuern ein, bei denen die Ertragshoheit mehreren staatlichen Ebenen gemeinsam (**Gemeinschaftsteuern**) zugeordnet ist (Abs. 3–7).

Die Finanzkraft der einzelnen Bundesländer ist sehr unterschiedlich. Um dem grundgesetzlichen Auftrag nach der **Einheitlichkeit der Lebensverhältnisse** (Art. 106 Abs. 3, Ziff. 2) zu entsprechen, gibt es zusätzlich den **horizontalen Länderfinanzausgleich**. Nach Art. 107 Abs. 2 Satz 1 GG ist es Ziel des Länderfinanzausgleichs, dass „die unterschiedliche Finanzkraft der Länder angemessen ausgeglichen" wird. Ausgleichspflichtige Länder haben Zahlungen an ausgleichsberechtigte Länder zu leisten. Das System des Finanzausgleichs wird auf der untersten staatlichen Ebene durch den **kommunalen** Finanzausgleich komplettiert. Für ihn liegt die Regelungskompetenz bei den Ländern.

Unser Finanzausgleich ist ein **Mischsystem**. Dies gilt für die Aufgaben- und auch die Einnahmenzuordnung. Es enthält Elemente des **Trennsystems**, bei dem jede staatliche Ebene für die Erfüllung bestimmter Aufgaben ausschließlich zuständig ist und sich die dafür notwendigen Einnahmen selbst beschafft, und des **Verbundsystems** mit einer gemeinsamen Zuständigkeit von Bund und Ländern für gewisse Aufgaben. Letzteres wird auf der Einnahmenseite als **Steuerverbund** bezeichnet: die Ertragskompetenz liegt **gemeinsam** bei mehreren staatlichen Ebenen (Bund und Länder).

1.2 Begriffsklärung

Teilbereiche der Finanzpolitik sind die Steuerpolitik, die Ausgabenpolitik, die Subventionspolitik und die Schuldenpolitik.

> Die **Finanzpolitik** umfasst alle Maßnahmen des Staates, die sich auf die Gestaltung und Erhebung öffentlicher Einnahmen (Steuern, Gebühren und Beiträge, Kredite), die Art und Höhe der öffentlichen Ausgaben sowie den Finanzausgleich richten, um allgemeine oder spezielle gesellschaftspolitische Ziele zu erreichen und wirtschaftspolitische Entwicklungen zu beeinflussen.

Zur Finanzpolitik gehört auf der Einnahmenseite insbesondere die Steuerpolitik.

> Die **Steuerpolitik** beinhaltet alle Bestrebungen und Maßnahmen, die darauf gerichtet sind, mittels der Erhebung von Zwangsabgaben ohne spezielle Gegenleistung finanzwirtschaftliche sowie wirtschafts- und gesellschaftspolitische Ziele zu erreichen.

Auch mit staatlichen Ausgaben soll die wirtschaftliche und soziale Entwicklung einer Volkswirtschaft beeinflusst werden.

> Die **Ausgabenpolitik** umfasst die Festlegung, Variation und Tätigung der im Haushaltsplan veranschlagten Staatsausgaben, um zur Realisierung gesamtwirtschaftlicher, strukturpolitischer und/oder gesellschaftspolitischer Ziele beizutragen.

Eine wichtige Ausgabekategorie sind die Subventionen. Dabei ist aber zu beachten, dass Subventionen nicht nur in Form von Finanzleistungen ohne spezielle Gegenleistung gewährt werden, sondern auch dadurch, dass bei genau definierten Tatbeständen Steuervergünstigungen eingeräumt werden. Insofern können Teile der Subventionspolitik auch der Steuerpolitik zugerechnet werden.

> Als **Subventionspolitik** wird die Gewährung von Finanzhilfen oder Steuervergünstigungen bezeichnet, die mit dem Ziel eingesetzt werden, den Strukturwandel zu erleichtern, gleichwertige Lebensverhältnisse herzustellen und regionale Disparitäten abzubauen.

Staatsschulden resultieren daraus, dass Deckungslücken im Haushalt über Kreditaufnahme finanziert werden müssen. Die Schuldenpolitik kann sich auf spezifische eigene Ziele richten und eigene Instrumente einsetzen.

> Unter **Schuldenpolitik** (**Debt Management**) werden die Entscheidungen, Handlungen und Maßnahmen des Staates verstanden, durch Kreditaufnahme oder Tilgungen sowie durch Umschuldungen (Strukturveränderungen) zur Realisierung finanzwirtschaftlicher und/oder gesamtwirtschaftlicher Ziele beizutragen. Sofern beim Einsatz schuldenpolitischer Instrumente der Schuldenstand unverändert bleibt (gleichzeitige Kreditaufnahme und Tilgung in gleicher Höhe), spricht man vom **Debt Management im engeren Sinne**.

Der Staat übt mit der öffentlichen Finanzwirtschaft einen erheblichen **Einfluss auf den Wirtschaftsprozess** aus. Deshalb hat er die Komplexität und Interdependenzen des Systems „Wirtschaft" bei seinen Aktivitäten zu beachten. Im Rahmen der folgenden Situationsanalyse soll die quantitative Bedeutung **staatsfinanzieller Aktivitäten** für unsere Volkswirtschaft dargestellt werden. Dazu wollen wir eine Reihe von **Indikatoren** erörtern. Sie sind auch für internationale Vergleiche von Bedeutung, wobei im Einzelfall immer geprüft werden muss, welche Erfassungs- und Berechnungsverfahren angewendet werden: sind sie unterschiedlich, ist die Vergleichbarkeit eingeschränkt.

2 Situationsanalyse

2.1 Der Staatshaushalt

2.1.1 Definition

Der **Haushalt** (Budget) ist das zentrale Instrument für die Wirtschafts- und Finanzpolitik eines Staates. Damit wird maßgeblich die sozio-ökonomische Entwicklung mitgestaltet. Die geplanten (erwarteten) Einnahmen sowie die geplanten Ausgaben werden im **Staatshaushaltsplan** (Staatsbudget) gegenübergestellt. Die Einnahmen sind ein **Erwartungsparameter**, die Ausgaben dagegen ein **Aktionsparameter**. Die nachträglich ermittelten Ist-Zahlen nach Ablauf der Haushaltsperiode (in der Regel ein Jahr, möglich sind aber auch zwei Jahre) werden in der **Haushaltsrechnung** zusammengefasst. Üblicherweise wird der Haushalt in einen Verwaltungshaushalt (**Betriebsbudget**) und einen Vermögenshaushalt (**Investitionsbudget**) gegliedert.

In der finanzwirtschaftlichen Analyse spielt die Unterscheidung zwischen **Kernhaushalt** und **Extrahaushalten** nach dem EUROPÄISCHEN SYSTEM VOLKSWIRTSCHAFTLICHER GESAMTRECHNUNGEN (ESVG 95) eine große Rolle. „Bei den Kernhaushalten handelt es sich um die von den Parlamenten verabschiedeten Haushalte der Gebietskörperschaften Bund, Länder und Gemeinden" (STATISTISCHES BUNDESAMT, WIRTSCHAFT UND STATISTIK 10/2009, S. 991). Dem Sektor „Staat" zuzuordnen sind aber auch die Finanzen der öffentlichen Fonds, Einrichtungen und Sondervermögen wie Bundeseisenbahnvermögen, Erblastentilgungsfonds, ERP-Sondervermögen, Sondervermögen Kinderbetreuungsausbau, Finanzmarktstabilisierungsfonds, Versorgungsfonds usw., die als **Extrahaushalte** bezeichnet werden. Abb. 4.1 veranschaulicht dies.

Ursprünglich umfasste der **öffentliche Gesamthaushalt** die Kernhaushalte des Bundes, der Länder, der Gemeinden/Gemeindeverbände, die Finanzanteile der Europäischen Union, die kameralistisch buchenden Zweckverbände und die Sozialversicherung sowie einige wenige Sondervermögen. Mit der Umsetzung des **Schalenkonzepts** ab 2010 wird der Begriff in einer **erweiterten Abgrenzung** verwendet. Der öffentliche Gesamthaushalt schließt jetzt neben den **Kernhaushalten** des Bundes, der Länder, der Gemeinden/Gemeindeverbände und der Sozialversicherung sowie den Finanzanteilen der Europäischen Union auch alle **Extrahaushalte** des Bundes, der Länder, der Gemeinden/Gemeindeverbände und der Sozialversicherung ein. Zusätzlich werden sonstige öffentliche Einrichtungen und Unternehmen berücksichtigt.

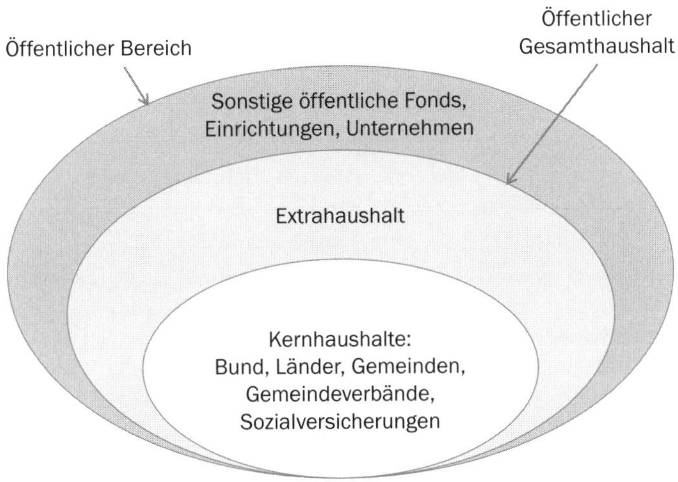

Quelle: Statistisches Bundesamt 2011

Abb. 4.1: Schalenkonzept in der Finanzstatistik

2.1.2 Haushaltspolitische Indikatoren

- Eine erste Schlüsselgröße ist der **Finanzierungssaldo**. Darunter versteht man allgemein die Forderungen einschließlich Geld abzüglich der Verbindlichkeiten eines Wirtschaftssubjekts.

Der **Finanzierungssaldo öffentlicher Haushalte** in Deutschland ergibt sich aus der Gegenüberstellung (1) der **Einnahmen** mit Ausnahme der Einnahmen aus Krediten vom Kreditmarkt, der Entnahmen aus Rücklagen, der Einnahmen aus kassenmäßigen Überschüssen sowie der Münzeinnahmen und (2) der **Ausgaben** mit Ausnahme der Ausgaben zur Schuldentilgung am Kreditmarkt, der Zuführungen an Rücklagen und der Ausgaben zur Deckung eines kassenmäßigen Fehlbetrags (§13, Abs. 4 Ziff. 3 BUNDESHAUSHALTSORDNUNG – BHO). Übersteigen die Einnahmen die Ausgaben des öffentlichen Gesamthaushalts, liegt ein **Finanzierungsüberschuss** vor. Im umgekehrten Fall ergibt sich ein **Finanzierungsdefizit**.

Der Finanzierungssaldo ist ein Indikator zur Beurteilung von **konjunkturellen Wirkungen des öffentlichen Budgets**. In Tab. 4.1 sind die Finanzierungssalden des öffentlichen Gesamthaushalts der Gebietskörperschaften wie einschließlich der Gesetzlichen Sozialversicherungen aufgeführt. Der Saldo war von 1996 bis 2012 erheblichen Schwankungen unterworfen. Besonders hoch war er 2009, als die Bekämpfung der Finanzkrise einen erheblichen Mitteleinsatz durch den Staat erforderlich machte.

- Eine zweite Schlüsselgröße ist das **Defizitkriterium** (maximal 3 % jährliche Nettoneuverschuldung bezogen auf das BIP) nach dem VERTRAG VON MAASTRICHT bzw. seit 2009 nach Art. 126, Abs. 2 Vertrag über die ARBEITSWEISE DER EUROPÄISCHEN UNION (AEUV) und Protokoll Nr. 12 zum AEUV. Es lag von 2002–2005 und 2009–2010 über der politischen fixierten Zielmarke.
- Neben dem Defizitkriterium spielt die **Kreditfinanzierungsquote** eine Rolle (Tab. 4.2). Mit ihr wird der Anteil der Gesamtausgaben berechnet, der durch Kreditauf-

Finanzpolitik

nahme finanziert wird. Ist sie auf Dauer sehr hoch, kann sich daraus eine Beeinträchtigung der haushaltswirtschaftlichen Handlungsfähigkeit ergeben. Es zeigt sich, dass sie – bei gewissen Schwankungen – insgesamt recht hoch ist. 1997 sank sie, weil die Investitionen des Staates verringert wurden, um das Defizitkriterium für den Beitritt zum Euro-System zu erfüllen. Nur im Jahr 2007 wurde ein geringer Budgetüberschuss erzielt. Deutlich erkennbar ist auch die gestiegene Kreditfinanzierung während der Finanzkrise 2009/2010. Erst seit 2011 ist die Tendenz sinkend.

- Von Interesse ist weiterhin die **Sachinvestitionsquote**, durch die der Anteil der Investitionsausgaben der Gebietskörperschaften an ihren Gesamtausgaben berechnet wird. Investitionen des Staates z.B. in die Infrastruktur sind von großer Bedeutung für die zukünftigen Wachstumschancen der Volkswirtschaft. Sie lag 1991 noch bei 9,1 %, seit 2003 auf dem niedrigen Niveau von etwas über 5 %.

Jahr	BIP	Ausgaben	Einnahmen	Finanzierungssaldo[1)]	Defizitkriterium (in %)
1996	1.876,2	609,5	547,2	- 61,6	- 3,3
1997	1.915,6	571,0	522,8	- 51,8	- 2,5
1998	1.965,4	580,6	551,8	- 42,4	- 1,5
2000	2.062,5	599,1	565,1	- 28,0	- 1,6
2001	2.113,2	604,3	557,7	- 58,6	- 2,8
2002	2.143,2	611,3	554,6	- 77,5	- 3,7
2003	2.161,5	619,6	551,7	- 87,0	- 4,0
2005	2.241,0	625,8	573,3	- 75,6	- 3,4
2006	2.309,1	638,0	597,6	- 38,2	- 1,6
2007	2.402,0	649,2	648,5	+ 5,8	+ 0,2
2008	2.473,8	679,2	668,9	- 1,9	- 0,1
2009	2.374,5	716,5	626,5	- 73,2	- 3,1
2010	2.496,2	717,4	638,8	- 103,4[2)]	- 4,1
2011	2.562,6	772,3	746,4	- 20,2[2)]	- 0,8
2012[2)]	2.644,2	784,5	760,0	+ 2,5[2)]	+ 0,6

[1)] Finanzierungssaldo des Öffentlichen Gesamthaushalts einschließlich der Sozialversicherungen in Maastricht-Abgrenzung. [2)] Vorläufige Werte.

Quelle: FINANZBERICHTE 2008, S. 130, 2013, S. 121. MONATSBERICHTE DER DEUTSCHEN BUNDESBANK.

Tab. 4.1: Nominelles Bruttoinlandsprodukt (BIP), Öffentlicher Gesamthaushalt der Gebietskörperschaften, Finanzierungssaldo, Defizitkriterium von 1996–2012 (Mrd. €; in Prozent)

- Seit dem VERTRAG VON MAASTRICHT (heute Art. 126 Abs. 2 AEUV) hat auch die **Schuldenstandsquote** Bedeutung, die den gesamtstaatlichen Schuldenstand in Beziehung zum Bruttoinlandsprodukt setzt. Der Maastricht-Schuldenstand wird im Rahmen der europäischen Haushaltsüberwachung für den Sektor Staat im Sinne des

ESVG 95 berechnet. Er schließt die Schulden von Bund, Ländern, Kommunen und der Sozialversicherung sowie deren Extrahaushalten und Zweckverbänden ein. Von 1997–2000 und ab 2002 wurde das Maastricht-Kriterium von 60 % verletzt.

- Der **Primärsaldo** als Differenz zwischen Primärausgaben und -einnahmen ist eine Kennzahl, die im Wesentlichen dem Saldo aus laufenden Verwaltungseinnahmen und -ausgaben entspricht. Mit dem Primärsaldo kann die **Schuldentragfähigkeit** eines Staates gemessen werden. Darunter versteht man allgemein die Fähigkeit eines Schuldners (z.B. Gebietskörperschaft, Unternehmen), den Schuldendienst (Zinsen und Tilgung) fristgemäß und in voller Höhe für die bisher aufgenommenen Schulden leisten zu können. Ein **Primärüberschuss** bedeutet, dass die Einnahmen ausreichen, um die Kernausgaben und darüber hinaus noch einen Teil der Zinsausgaben zu finanzieren. Ein **Primärdefizit** dagegen weist darauf hin, dass die Einnahmen nicht ausreichen, um die Kernausgaben zu finanzieren. Wie Tab. 4.2 zeigt, wechseln sich im Betrachtungszeitraum Primärdefizite (1991–1997, 2003, 2010) mit Primärüberschüssen (2000–2002, 2005–2010) ab.

Jahr	Kreditfinanzierungsquote	Sachinvestitionsquote	Schuldenstandsquote	Primärsaldo (€) (Bundeshaushalt)
1991	12,6	9,1	41,5	- 6,9
1995	9,2	7,6	57,1	- 0,4
1996	10,1	7,3	59,8	- 14,1
1997	9,1	7,0	60,9	- 5,2
2000	2,0	6,9	60,3	+ 15,3
2001	2,1	6,7	58,8	+ 14,7
2002	9,1	6,4	60,3	+ 4,4
2003	12,1	5,9	63,8	- 2,3
2005	8,3	5,3	68,5	+ 5,9
2007	0,0	5,3	65,2	+ 24,0
2008	1,3	5,4	66,7	+ 28,3
2009	12,4	5,6	74,4	+ 3,6
2010	11,2	5,5	83,2	- 22,2
2011	3,4	5,8	80,5	+ 41,9
2012	0,1	5,5	81,9	+ 7,7

Quelle: FINANZBERICHTE, MONATSBERICHTE DER DEUTSCHEN BUNDESBANK, eigene Berechnungen.

Tab. 4.2: Staatshaushaltsquoten für die Bundesrepublik (1991–2012)

Mit den **Primärausgaben** werden die sogenannten **Kernausgaben** eines Landes beschrieben, die den Personal-, Sach- und Investitionsaufwand abbilden. Sie stellen die gesamten öffentlichen Aktivitäten ohne die vergangenheitsbezogenen Aufwendungen für Zinsen als Folge früher aufgenommener Kredite dar. Die Primärausgaben werden berechnet, indem von den Ausgaben ohne besondere Finanzierungsvorgänge die

Zinsausgaben abgesetzt werden, um Lasten aufgrund früherer Kreditfinanzierungen auszuklammern. **Primäreinnahmen** errechnen sich aus allen Einnahmen ohne besondere Finanzierungsvorgänge abzüglich der Erlöse aus Vermögensveräußerungen. Sie spiegeln die Einnahmen wider, die dem Land regelmäßig zur Verfügung stehen.

2.2 Staatseinnahmen (Steuern)

Jede staatliche Ebene verfügt über eigene **Einnahmen**: Steuern, Kredite, Gebühren, Beiträge, Erwerbseinkünfte, sonstige Einnahmen (z.B. Münzeinnahmen, Strafgelder).

Die anderen Einnahmen der staatlichen Ebenen haben im Vergleich zu den Steuern insgesamt nur eine geringe Bedeutung. **Erwerbseinkünfte** sind Einnahmen des Staates, die er durch eigene wirtschaftliche Tätigkeit erzielt. Seine Funktion als Hoheitsträger ist dabei unbedeutend. Sie sind marktabhängige Einnahmen. Dagegen haben **Gebühren** und **Beiträge** Zwangscharakter. Sie unterscheiden sich aber von den Steuern dadurch, dass der Staat eine spezielle Gegenleistung gewährt. Gebühren werden z.B. bei der Ausstellung eines Reisepasses oder bei der Eheschließung erhoben. Die deutsche **Lkw-Maut** ist eine 2005 eingeführte entfernungsabhängige **Benutzungsgebühr** für Lastkraftwagen ab 12 Tonnen zulässigem Gesamtgewicht auf Bundesautobahnen und einigen stark frequentierten Bundesstraßen. Beispiel für Beiträge: Straßenanliegerbeiträge. Während man sich der Zahlung von Gebühren durch Nichtinanspruchnahme der staatlichen Leistung „entziehen" kann, ist dies bei den Beiträgen nicht möglich. Sie spielen vor allem auf kommunaler Ebene eine Rolle.

2.2.1 Entwicklung und aktueller Stand

Steuern sind gemäß Abgabenordnung (AO) § 3, Abs. 1 „Geldleistungen, die nicht eine Gegenleistung für eine besondere Leistung darstellen und von einem öffentlich-rechtlichen Gemeinwesen zur Erzielung von Einnahmen allen auferlegt werden, bei denen der Tatbestand zutrifft, an den das Gesetz die Leistungspflicht knüpft; die Erzielung von Einnahmen kann Nebenzweck sein."
Sie sind **Zwangseinnahmen** des Staates ohne spezielle Gegenleistung. Diese wird den Staatsbürgern vielmehr in allgemeiner Form gewährt, ohne dass eine genaue Zurechnung auf den einzelnen Steuerzahler möglich ist. Ihr primäres Ziel besteht in der Erzielung von Einnahmen. Wenn andere Ziele verfolgt werden, werden sie auch als „**Lenkungssteuern**" bezeichnet.

Wegen der Vielzahl von Steuern und ihrer oft komplizierten Gestaltung spricht man nicht zu Unrecht von einem „Steuerdschungel". **Gliederungen,** die an bestimmten Steuermerkmalen ansetzen, ermöglichen dennoch eine erste Übersicht. Sie ist für die von Steuern ausgehenden Wirkungen von Bedeutung: Ihre Eignung als steuerpolitische Instrumente für das Erreichen finanzpolitischer Ziele.

[1] **Berücksichtigung persönlicher Merkmale** (subjektive [Personalsteuern] und objektive Steuern [Realsteuern]):

Bei Einkommensteuern ist das Einkommen **Steuergegenstand** (also der steuerrechtliche Tatbestand, der Anlass zur Besteuerung gibt). Berücksichtigt wird die persönliche Leistungsfähigkeit des Besteuerten (Familienstand, Kinder, Alter, usw.). Das unterscheidet sie von Ertragsteuern (z.B. Grundsteuer), bei denen persönliche Umstände unbeachtlich sind. Sie werden auch als Realsteuern bezeichnet.

[2] **Überwälzbarkeit** (direkte und indirekte Steuern):

Die Verkehrsteuern, die an Waren- und Dienstleistungskäufen bzw. -verkäufen anknüpfen, werden im Allgemeinen für überwälzbar gehalten. Es gelingt den Steuerschuldnern, die ihnen auferlegten Steuern im Preisbildungsprozess an andere Marktteilnehmer weiterzugeben. Die wichtigsten Verkehrsteuern sind die Mehrwert- und die Grunderwerbsteuer. Zu den indirekten Steuern gehören auch die Verbrauchsteuern, bei denen Steuergegenstand die Herstellung von Gütern ist. Bei den direkten Steuern geht man dagegen grundsätzlich – jedenfalls bei kurzfristiger Betrachtung – von der Nichtüberwälzbarkeit aus. Beispiele sind die Einkommen- und die Erbschaftsteuer.

[3] **Ertragshoheit** (Finanzausgleich):

Eine besonders wichtige Frage ist die Zuordnung der einzelnen Steuern auf die verschiedenen staatlichen Ebenen: Wer hat die Ertragshoheit? Dies ist in Art. 106 GG geregelt. Übersicht 4.1 zeigt die Ertragskompetenz wichtiger Steuern in Deutschland. Die Einkommen- und Körperschaftsteuer, die Umsatzsteuer (Mehrwertsteuer) sowie – de facto – die Gewerbesteuer sind **Gemeinschaftsteuern.**

Art der Steuer	Ertragshoheit	Beispiele
Einkommensteuern	Bund und Länder (Beteiligung der Gemeinden an der Einkommensteuern und Kapitalertragsteuer)	Einkommensteuer natürlicher Personen (Lohnsteuer, veranlagte Einkommensteuer), Körperschaftsteuer
Verkehrssteuern	Bund, Länder und Gemeinden Länder Bund	Mehrwertsteuer Grunderwerbsteuer Versicherungssteuer
Verbrauchsteuern	Länder Bund Bund Bund Bund Bund Gemeinden	Biersteuer Branntweinsteuer Kraftfahrzeugsteuer Tabaksteuer, Kaffeesteuer Energiesteuer Stromsteuer Getränkesteuer
Ertragsteuern	Gemeinden (Bund und Länder) Gemeinden	Gewerbesteuer Grundsteuer
Erbschaftsteuer	Länder	Erbschaft- /Schenkungsteuer
Zölle	EU	Importzölle

Übersicht 4.1: Steuerarten und Ertragshoheit in der Bundesrepublik

Einkommen- und Körperschaftsteuer stehen – mit Ausnahme eines 15%igen Anteils der Gemeinden an der Lohn- und Einkommensteuer (und eines 12%igen Anteils an der Kapitalertragsteuer, die als Teil der Einkommensteuer im Quellenabzug erhoben wird und grundsätzlich eine **Abgeltungswirkung** hat) – dem Bund und den Ländern gemeinsam zu. Am Aufkommen der Einkommen- (nach Abzug des Gemeindeanteils) und der Körperschaftsteuer sind Bund und Länder je zur Hälfte beteiligt, wobei die Verteilung auf die Länder grundsätzlich nach dem **örtlichen Aufkommen** (welches Finanzamt ist gemäß dem Wohnsitz oder dem Firmensitz zuständig?) erfolgt. Aufgrund des Wohnsitz- (bei Berufspendlern) bzw. Firmensitzprinzips (bei Unternehmen mit Betriebsstätten in mehreren Bundesländern) bei der Abführung der Lohn- bzw. Körperschaftsteuer, ergibt sich eine „ungerechte" Verteilung des Steueraufkommens zwischen den betroffenen Bundesländern. Hier regelt das **Zerlegungsgesetz** (BGBl. I S. 1998ff. v. 6.8.1998) die Beteiligung der sonst benachteiligten Länder am jeweiligen Steueraufkommen.

Die Verteilung des Aufkommens der Einkommen- und Körperschaftsteuer ist im GRUNDGESETZ geregelt. Für den Fall sich unterschiedlich entwickelnder Finanzbedarfe bei den staatlichen Gebietskörperschaften hat der Gesetzgeber für die **Umsatzsteuer** festgelegt, dass die Anteile von Bund und Ländern an dieser Steuer durch ein Bundesgesetz, das der Zustimmung des BUNDESRATES bedarf, neu festgelegt werden. Ab 2008 gilt gemäß FINANZAUSGLEICHSGESETZ – FAG (v. 20.12.2001, BGBl. I, S. 3955) folgende Regelung: Vom Gesamtaufkommen erhält der Bund 5,05 % als Ausgleich für seine Belastungen aufgrund eines zusätzlichen Bundeszuschusses an die Gesetzliche Rentenversicherung. Vom verbleibenden Aufkommen erhalten die Gemeinden einen Anteil von 2,2 % als Kompensation für den Wegfall der Gewerbekapitalsteuer (seit 1998). Der Rest wird auf den Bund (50,5 % zuzüglich eines im Gesetz festgelegten Betrages, der in Höhe von 947 Mio. Euro für das Jahr 2013 bis 2015 auf 905,7 Mio. Euro sinkt) und die Länder (49,5 % abzüglich des dem Bund jährlich zufließenden Betrags) aufgeteilt.

> Die Umsatzsteuer ist zu einem ständigen „Verschiebebahnhof" von Steuereinnahmen zwischen Bund, Ländern und teilweise auch den Kommunen geworden. Immer, wenn neue Finanzbedarfe oder die Notwendigkeit für finanzielle Kompensationen zwischen Bund und Ländern entstehen, wird auf sie zurückgegriffen.

▶ Beispiele

Die Verbindlichkeiten des Fonds „Deutsche Einheit" wurden zum 1. 1. 2005 vollständig in die Bundesschuld eingegliedert und der Schuldendienst vom Bund übernommen. Bis 2004 waren die alten Bundesländer daran beteiligt. Im Gegenzug erhält der Bund ab 2005 bis einschließlich 2019 von den Ländern eine Kompensation in Form eines Umsatzsteuerfestbetrages von 1,32 Mrd. Euro jährlich.

Zur Finanzierung der Betriebskosten im Rahmen des Programms „Kinderbetreuungsausbau" (KINDERFÖRDERUNGSGESETZ 2008) wurde den Ländern vom Bund ab dem Jahr 2009 bis 2013 in aufsteigenden Raten ein Umsatzsteuerfestbetrag von insgesamt 1,85 Mrd. Euro gewährt. Ab 2014 erhalten die Länder einen Umsatzsteuerfestbetrag in Höhe von 770 Mio. Euro jährlich.

Eine Gemeinschaftsteuer ist faktisch auch die **Gewerbesteuer**, die zwar nach dem GRUNDGESETZ den Gemeinden zusteht, von der jedoch als Gewerbesteuerumlage etwa 17 % an den Bund und die Länder gehen, während 83 % den Gemeinden zufließen (Stand 2012). Die **Gewerbesteuerumlage** wird berechnet, indem das Ist-

Aufkommen der Gewerbesteuer einer Gemeinde durch den für das Erhebungsjahr festgesetzten Hebesatz geteilt und dieser Betrag mit dem Vervielfältiger (**Umlagesatz**) multipliziert wird. Er wird jährlich neu festgelegt. Mit dieser Vorgehensweise soll erreicht werden, dass die Höhe der Umlage unabhängig vom Hebesatz ist und somit Gemeinden, die einen höheren Hebesatz verlangen und damit höhere Steuereinnahmen erzielen, nicht durch die Umlage „bestraft" werden. Die Einnahmen aus einem höheren Hebesatz sollen der Gemeinde verbleiben.

Zum **tatsächlichen Steueraufkommen**: Die Steuern vom Einkommen weisen den größten Anteil an den Gesamtsteuereinnahmen sämtlicher Gebietskörperschaften auf (2012 = 38,6 %), gefolgt von der Mehrwertsteuer (2012 = 23,7 %) (Tab. 4.3). In der zeitlichen Entwicklung zeigt sich, dass die Bedeutung der Einkommensteuer bis 1980 ständig zugenommen, danach vor allem aufgrund von Steuerreformen zurückgegangen ist. Bei den Steuern vom Einkommen ragt die Lohnsteuer, die die Einkommen aus nichtselbständiger Arbeit belastet, als aufkommenstärkste Einzelsteuer heraus. Ihr Anteil ist von 11,8 % (1960) auf 24,9 % (2012) angestiegen, während der Anteil der veranlagten Einkommensteuer – bei erheblichen jährlichen Schwankungen – zurückgegangen (1960: 13,1%; 2012: 6,2%) ist.

Zu den **Ursachen** für diese Entwicklung: Für die veranlagte Einkommensteuer kann auf die vielen Gestaltungsmöglichkeiten hingewiesen werden, über die Bezieher hoher Einkommen verfügen. Bei Lohneinkommen gibt es sie nur sehr bedingt. Steuern vom Einkommen sind der sogenannten **kalten Progression** unterworfen: Wenn die Nominaleinkommen steigen, wachsen sie quasi automatisch in höhere Progressionsstufen des Einkommensteuertarifs hinein. Die Abzugswirkung nimmt zu, ohne dass die Leistungsfähigkeit gestiegen wäre. Aus diesem Grund ist es erforderlich, wenigstens aperiodisch den Steuertarif zu senken (vgl. Abschnitt 6.2.1).

Bemerkenswert sind auch die starken Schwankungen des Körperschaftsteueraufkommens. Aufgrund der Senkung der Körperschaftsteuersätze im Jahre 2001 auf einheitlich 25 % für einbehaltene und ausgeschüttete Gewinne kam es zu einem starken Aufkommensrückgang. 2003 wurden sogar per Saldo Körperschaftsteuern an die Unternehmen erstattet. Ab Anfang 2008 wurde der Körperschaftsteuersatz auf 15 % (zuzüglich darauf 5,5 % Solidaritätszuschlag, d.h. insgesamt 15,825%) gesenkt. Der Anteil der Körperschaftsteuer an allen Steuereinnahmen im Jahre 2012 betrug 2,8 %. Die Kapitalgesellschaften haben steuerrechtliche Gestaltungsmöglichkeiten, die es ihnen z.B. gestatten, Gewinne in andere Länder mit niedrigeren Steuersätzen transferieren. Weiterhin kann es Sondereinflüsse geben: Die Schuldenkrise in Südostasien im Winter 1997/98 und die Finanzkrise 2007/2012 hatten ein sinkendes Körperschaftsteueraufkommen zur Folge. Die Banken waren gehalten, Forderungen abzuschreiben, die ausgewiesenen Gewinne sanken oder führten zu Verlusten und damit zu geringeren Körperschaftsteuern: Ihr Aufkommen lag 2009 (2010) bei nur 7,1 (12,0) Mrd. Euro. Das Risiko ihres „Engagements" wird somit vom deutschen Steuerzahler mitgetragen!

Von allen Steuereinnahmen entfielen im Jahre 2012 auf den Bund 47,5 %, auf die Länder 34,7 % und auf die Gemeinden 13,5 %. Die restlichen 4,3 % des Gesamtsteueraufkommens flossen der EU als eigene Einnahmen zu.

	1960	1970	1980	1990	2006	2010	2012
Steuern vom Einkommen	12,4	31,6	88,8	130,3	192,4	192,8	231,6
davon:							
Lohnsteuer	4,1	17,9	57,0	90,8	135,7	127,9	149,1
Einkommensteuer	4,6	8,2	18,8	18,7	12,2	31,2	37,3
Körperschaftsteuer	3,3	4,5	10,9	15,3	23,6	12,0	16,9
Kapitalertragsteuer	0,4	1,0	2,1	5,5	20,9	21,7	28,3
Umsatzsteuer	7,6	13,7	27,0	39,9	107,1	136,5	142,4
Einfuhrumsatzsteuer	0,7	5,8	20,7	35,5	33,7	43,6	52,2
Solidaritätszuschlag (ab 1995)	-	-	-	-	11,8	11,7	13,6
Energiesteuer [1]	1,3	5,9	10,9	17,7	37,8	39,8	39,3
Stromsteuer (ab 1999)	-	-	-	-	3,4	6,2	7,0
Tabaksteuer	1,8	3,3	5,7	8,9	11,4	13,5	14,1
Versicherungsteuer [2]	0,1	0,3	0,9	2,3	7,2	10,3	11,1
Branntweinmonopol	0,5	1,1	1,9	2,2	2,2	2,0	2,1
Kraftfahrzeugsteuer [3]	0,7	1,9	3,3	4,2	7,0	8,5	8,4
Vermögensteuer [4]	0,6	1,4	2,4	3,2	0,4	-	-
Grunderwerbsteuer	0,1	0.3	0,5	2,0	5,1	5,3	7,4
Biersteuer	0,4	0,6	0,6	0,7	0,8	0,7	0,7
Gewerbesteuer	3,4	5,5	13,8	19,8	27,0	35,7	42,3
Grundsteuer	0,8	1,3	3,0	4,5	8,8	11,3	12,0
Zölle	1,4	1,4	2,4	3,6	3,4	4,4	4,5
Sonstige [5]	3,3	4,8	4,7	6,3	7,7	7,9	11,3
insgesamt	35,1	78,9	186,6	281,1	467,2	530,6	600,0

[1] Bis 2005 Mineralölsteuer. [2] Ab 1970 ist die Versicherungssteuer Bundessteuer. [3] Ab Juli 2009 ist die Kfz-Steuer Bundessteuer. [4] Die Erhebung der Vermögensteuer ist seit dem 1.1.1997 ausgesetzt. [5] Zur Rubrik ‚Sonstige' gehört das Aufkommen abgeschaffter Steuern (Wechselsteuer, Kapitalverkehrssteuern, Zuckersteuer, usw.) sowie nicht in die Tab. 4.3 aufgenommene Steuern (Erbschaftsteuer, Feuerschutzsteuer, Spielbankabgabe usw.).

Ab 2000 einschließlich der neuen Bundesländer.

Quelle: FINANZBERICHTE lfd.; MONATSBERICHTE DER BUNDESBANK lfd.

Tab. 4.3: Das Steueraufkommen der Bundesrepublik (1960–2012 in Mrd. €)

Der **Finanzverbund** zwischen den verschiedenen Ebenen unseres Staates wird enger, aber auch immer komplizierter und undurchsichtiger. Bei einer grundsätzlich politisch gewollten Finanzautonomie auf jeder Ebene der drei Gebietskörperschaften ist dies als recht problematisch zu bewerten. Der Abstimmungsprozess zwischen den staatlichen Ebenen ist nicht immer an der bestmöglichen Lösung von Sachfragen orientiert.

2.2.2 Indikatoren

Das Ausmaß der **fiskalischen Belastung** wird mit

- der gesamtwirtschaftlichen **Abgabenquote** (Steuern und Sozialabgaben) und
- der gesamtwirtschaftlichen **Steuerquote** gemessen.

Hier zeigt sich (Tab. 4.4), dass die Belastung mit staatlichen Abgaben in Prozent des BIP (1) in den meisten skandinavischen Ländern am höchsten, in Japan, den USA und der Schweiz am geringsten war, während die Bundesrepublik einen Mittelplatz einnahm. Einige der neuen Mitgliedstaaten der EU weisen ebenfalls geringe Quoten auf. Dies führte zu Diskussionen, weil damit steuerliche Anreize für Direktinvestitionen geschaffen wurden. Doch bleiben solche Vergleiche wegen unterschiedlicher Berechnungsmethoden und der verschiedenen Steuer- und Sozialversicherungssysteme problematisch.

Land	**1990 (1)**	**1990 (2)**	**2000 (1)**	**2000 (2)**	**2005 (1)**	**2005 (2)**	**2010 (1)**	**2010 (2)**
Deutschland [2]	35,7	22,9	37,2	23,1	34,7	20,8	36,1	22,0
Belgien	44,4	29,4	45,6	31,5	45,4	31,5	43,5	29,4
Dänemark	48,7	47,2	48,8	46,5	49,7	48,6	47,6	46,6
Finnland	45,4	35,5	46,9	34,9	44,5	32,4	42,5	29,8
Frankreich	43,7	24,4	45,3	29,0	44,3	28,0	42,9	26,3
Griechenland	36,5	25,1	37,8	26,4	31,9	20,6	30,4	20,0
Großbritannien	36,4	30,2	37,4	31,2	37,2	30,2	34,9	28,2
Irland	34,8	29,6	31,1	26,8	30,5	26,0	27,6	22,1
Italien	39,2	26,3	42,0	30,0	41,0	28,4	42,9	29,5
Japan	31,3	22,2	27,1	17,2	27,4	16,8	27,6	-
Luxemburg	43,4	31,5	41,7	31,0	37,6	27,0	37,1	26,3
Niederlande	44,6	27,9	41,4	25,3	39,4	26,0	38,2	24,7
Norwegen	41,8	30,8	40,3	31,2	45,0	36,0	42,9	33,3
Österreich	41,0	27,5	43,7	28,8	41,9	27,5	42,0	27,7
Schweden	55,6	40,5	54,2	39,0	51,1	36,8	45,5	34,1
Schweiz	31,5	21,1	35,7	23,7	30,0	22,9	28,1	21,4
Slowakei	-	-	33,1	19,9	29,4	18,4	28,3	16,0
Spanien	34,4	22,2	35,2	22,8	35,8	23,8	32,3	20,1
USA	26,7	19,8	29,6	22,7	26,8	20,2	24,8	18,5

[1] Nach Abgrenzungsmerkmalen der OECD. [2] Ab 1991 inkl. neue Länder.- = nicht verfügbar.

Quelle: FINANZBERICHTE lfde. Jahrgänge. OECD-Revenue Statistics 1965 – 2011, Paris 2012, S. 100f.

Tab. 4.4: Abgaben- und Steuerquote im internationalen Vergleich – Steuern und Sozialabgaben (1) sowie Steuern (2) in v.H. des BIP[1]

Finanzpolitik

Eine ähnlich vorsichtige Interpretation ist für die Steuerquote (2) angezeigt. Für Dänemark fällt hier ein hoher Prozentsatz auf: Die meisten Sozialleistungen werden aus Steuereinnahmen finanziert. Bei der Bewertung solcher Anteilswerte sollte man sich klar machen, dass ein Prozentpunkt in absoluten Größen Milliardenbeträge bedeuten kann, also durchaus erheblich ist.

- Als Beurteilungsmaßstab bei Steuern – insbesondere für internationale Vergleiche – werden auch die **Steuertarife** herangezogen. Besonders gut scheint sich dafür die **tarifliche (nominelle) Belastung** zu eignen. Man sollte aber nicht übersehen, dass zwischen der tariflichen und der **effektiven** Steuerbelastung ein beträchtlicher Unterschied bestehen kann, der von den steuerrechtlichen Gestaltungsmöglichkeiten (Abschreibungsregelungen, Werbungskosten, Sonderausgaben usw.) abhängt.
- Von Bedeutung, insbesondere bei den Steuerschätzungen und für die Beurteilung von Umverteilungswirkungen von Steuern, können **Steueraufkommenselastizitäten** sein. Darunter wird die relative Änderung des Steueraufkommens in Bezug auf die relative Änderung der Bemessungsgrundlage (z.B. des BIP) verstanden. In einer mittel- und längerfristigen Sicht wird eine Steueraufkommenselastizität von ungefähr 1 als eine brauchbare Schätzung angesehen. Bei der Lohnsteuer wird sie mit 1,9 angenommen, bei der Körperschaftsteuer mit 0,9 während sie bei der Mehrwertsteuer etwa bei 1 liegt (Deutsche Bundesbank, Monatsbericht Oktober 2008, S. 41).
- Weiterhin ist der **Progressionsgrad** des gesamten Steuersystems zu nennen, der das Ausmaß der Abweichung von der Proportionalität der steuerlichen Belastung ausdrückt. Er ist ein Maßstab für das politisch gewollte Maß an Umverteilung.

Wichtige Informationen für die staatliche Finanzpolitik liefern seit 1955 die im Frühjahr und Herbst eines jeden Jahres durchgeführten **Steuerschätzungen** des ARBEITSKREISES STEUERSCHÄTZUNGEN, eines Beirats beim BUNDESMINISTERIUM DER FINANZEN (BMF). Fachleute aus dem BMF (Vorsitz), dem BUNDESMINISTERIUM FÜR WIRTSCHAFT (BMWI), den Länderfinanzministerien, der Kommunalen Spitzenverbände, der BUNDESBANK, des SACHVERSTÄNDIGENRATES, des STATISTISCHEN BUNDESAMTES und führender wirtschaftswissenschaftlicher Forschungsinstitute erstellen eine Prognose der Entwicklung der Steuereinnahmen für einen Zeitraum von fünf Jahren. Dazu ist kritisch anzumerken, dass die für die Steuerschätzung wichtige Größe des voraussichtlichen Wachstums des Bruttoinlandsproduktes und andere gesamtwirtschaftliche Grundannahmen vom BMWI nach den Projektionen der BUNDESREGIERUNG vorgegeben werden. Steuerrechtsänderungen, die zwar beschlossen, aber noch nicht in Kraft getreten sind, werden nicht durchweg berücksichtigt. Daher kann es nicht verwundern, dass die Prognosen nicht durchweg treffsicher sind.

2.3 Staatsausgaben

2.3.1 Entwicklung der Staatsausgaben

Die Staatsausgaben lassen sich nach verschiedenen **Kriterien** gliedern:

[1] Das **Ministerialprinzip** zeigt die Verantwortlichkeit für die Ausgaben.

[2] Geht man von **Aufgabenbereichen** aus, so ist die Unterscheidung nach Ausgaben für öffentliche Sicherheit, Bildung und Wissenschaft, Wirtschaftsförderung, Gesundheit, Sport und Erholung, Verkehr und Nachrichtenwesen usw. möglich. Dies wird auch als **Funktionalprinzip** bezeichnet: es wird versucht, eine Gruppierung von organisch zusammengehörigen Ausgaben verschiedener Ministerien oder Institutionen zu erreichen.

[3] Wird dagegen nach **Ausgabearten** gefragt, geht es um Analysen der Entwicklung von Personalkosten, laufenden Sachkosten, Baumaßnahmen, Renten und Unterstützungen, Zinsausgaben, Vermögensübertragungen usw.

[4] Weiterhin wird danach unterschieden, ob Staatsausgaben **volkswirtschaftlich produktiv** sind oder nicht. Unter Produktivität wird allgemein das Verhältnis der Ausbringungsmenge (Output) zum Faktoreinsatz (Input) verstanden. In der Volkswirtschaftlichen Gesamtrechnung wird zwischen (a) Ausgaben für Güter und Dienste sowie (b) Transferausgaben unterschieden.

(a) Die **Ausgaben für Güter und Dienste** umfassen den Staatsverbrauch, laufende Sach- und Personalausgaben sowie Ausgaben für militärische Zwecke. Ihnen wird – nicht immer zu Recht – kein besonderer Produktivitätsbeitrag zugesprochen. Außerdem gehören zur dieser Kategorie **Investitionen** zum Zwecke der Sachkapitalbildung (materielle Infrastruktur), Ausgaben zum Aufbau und zur Erhaltung immateriellen Kapitals (personelle Infrastruktur, Bildungsbereich) und für die institutionelle Infrastruktur (Beispiel: Ausgaben für das Rechtswesen). Sie sind für gesamtwirtschaftliche Produktivitätssteigerungen bedeutsam.

(b) Zu den **Transferausgaben** zählen Sozialtransfers, Zinszahlungen für öffentliche Schulden, Subventionen und schließlich Finanzinvestitionen (Kapitalbeteiligung bei öffentlichen Unternehmen). Auch von diesen Ausgaben wird kein unmittelbarer Produktivitätsbeitrag erwartet.

Problematisch sind diese Zuordnungen, weil die „Produktivität" staatlicher Ausgaben nicht ohne weiteres bestimmbar ist (vgl. BÜTTNER U.A., 2012, S. 3ff.). Es käme auf einen in der Praxis nicht durchführbaren Vergleich mit der Produktivität alternativer (privater) Güterverwendung an. Nach vorherrschender Meinung besitzen Konsumausgaben im Vergleich zu Investitionsausgaben des Staates eine geringere Wertigkeit. Dennoch ist offenkundig, dass Investitionen für ihre volle Nutzung konsumtive Ausgaben (**Folgekosten**) nach sich ziehen. Je höher der staatliche Kapitalstock ist, umso höher müssen auch die laufenden Ausgaben (Konsumausgaben) veranschlagt werden. Dabei ist durchaus umstritten, welche Ausgaben des Staates investiv sind.

▶ Beispiel

Insbesondere im Bildungsbereich führt dies zu unbefriedigenden Ergebnissen, da zwar Schul- und Hochschulbauten Investitionen darstellen, die Lehrer- und Professorengehälter dagegen als staatlicher Konsum klassifiziert werden. Von der Tätigkeit von Lehrern und Professoren geht jedoch im Allgemeinen eine investive Wirkung – in Humankapital – aus.

2.3.2 Indikatoren

- Von großer Bedeutung in der öffentlichen Diskussion ist die **Staatsquote**, die den Anteil der Staatsausgaben in Bezug auf das BIP veranschaulicht.

Ihre Aussagekraft ist genau zu hinterfragen: Welche Größen werden zu den staatlichen Ausgaben gerechnet? Bezieht man beispielsweise die Sozialausgaben mit in die Berechnung ein, kommt eine höhere Quote heraus, als wenn man sich auf die **Transformationsausgaben** (Ausgaben des Staates für Güter und Dienste, oder: die Summe aus **staatlichem Konsum** und **staatlichen Investitionen**) beschränkt. Welche der Staatsquoten in Analysen und Argumentationen verwendet wird, ist oft durch ordnungspolitische (oder auch interessenpolitische) Vorstellungen geprägt. Will man den Staatseinfluss begrenzen („Der Staat soll sich auf seine Kernaufgaben beschränken"), wird eine Staatsquote verwendet, in die auch die Sozialleistungen einbezogen werden, die aber im Wesentlichen nur eine Umverteilung bedeuten: Abhängig Beschäftigte zahlen z.B. Beiträge zur Gesetzlichen Rentenversicherung und zur Arbeitslosenversicherung; sie werden in der gleichen Periode an Rentner bzw. Arbeitslose als Sozialleistung gezahlt.

- Ein weiterer Indikator sind die Staatsausgaben pro Kopf der Bevölkerung. Dadurch kann veranschaulicht werden, wie viel der Staat im Durchschnitt für jeden einzelnen Bürger ausgibt. Eine individuelle Nutzenzurechnung ist damit aber nicht verbunden.

Tab. 4.5 zeigt die Staatsquote und die Staatsausgaben pro Kopf der Bevölkerung. Die Ausgaben werden in laufenden Preisen ermittelt. In den Zahlen sind also Verzerrungen infolge von Preissteigerungen enthalten. Außerdem kann es Änderungen in der Statistik geben (z.B. die Einbeziehung der Sozialversicherung in die Staatsausgaben), die zu einer eingeschränkten intertemporalen und internationalen Vergleichbarkeit führen. Im Einzelfall muss immer geprüft werden, welche Daten in die Staatsquote eingehen.

Rechnungsjahr	**1961**	**1970**	**1980**	**1991**	**2000**	**2010**	**2012**
Bruttoinlandsprodukt (in Mrd. €)	170,1	345,5	759,4	1.473,5	2.030,0	2.496,2	2.6432,9
Staatsquote = Anteil der Staatsausgaben am BIP	31,3 %	29,1 %	49,9 %	50,1 %	48,8 %	47,7 %	45,0
Staatsausgaben pro Kopf (€)	867	1.633	6.157	9.116	12.030	13.974	14.588

Quelle: STATISTISCHES JAHRBUCH, verschiedene Jahrgänge u. eigene Berechnungen. Die Staatsausgaben einschließlich der gesetzlichen Sozialversicherungen

Tab. 4.5: Staatsausgabenindikatoren für die Bundesrepublik Deutschland (1961–2012)

Die Staatsquoten im internationalen Vergleich zeigt Tab. 4.6. Die skandinavischen Länder Dänemark und Finnland sowie Frankreich weisen die höchsten Anteile, die USA dagegen den niedrigsten Wert auf. Im Durchschnitt der EU wurden knapp 50 % berechnet. Deutschland liegt auf einem Niveau von gut 45 %.

Land	1985	1990	1995	2000	2005	2010	2011	2012	2013[2]	2014[2]
Deutschland[1]	45,2	43,6	54,9	48,8	46,9	47,7	45,3	45,0	45,5	45,3
Belgien	58,4	52,2	52,1	49,0	51,7	52,4	53,1	54,1	54,2	54,3
Finnland	46,5	48,2	61,5	48,3	50,2	55,5	54,5	55,3	54,9	55,1
Frankreich	51,9	49,6	54,4	51,7	53,5	56,5	56,0	56,3	56,7	56,7
Griechenland	–	45,2	46,2	47,1	44,4	51,3	51,7	50,7	49,6	48,1
Irland	52,5	42,3	41,0	31,2	33,9	66,1	48,2	42,6	41,5	39,1
Italien	49,6	52,6	52,2	45,8	47,9	50,5	50,0	51,0	50,5	50,0
Luxemburg	–	37,8	39,7	37,6	41,5	42,8	42,0	44,3	44,2	44,7
Niederlande	57,3	54,9	51,6	44,2	44,8	51,3	49,9	49,9	49,9	49,8
Österreich	53,6	51,5	56,2	51,8	49,9	52,6	50,6	51,6	51,3	50,4
Portugal	37,5	38,5	41,9	41,6	46,6	51,2	49,4	46,7	47,5	45,3
Spanien	–	–	44,5	39,2	38,4	46,3	45,1	44,3	42,7	42,3
Dänemark	55,5	55,4	59,3	53,6	52,6	57,6	57,9	59,6	57,0	56,0
Polen	–	–	47,7	41,1	43,4	45,4	43,6	42,8	42,2	41,8
Schweden	–	–	65,0	55,1	53,6	52,0	51,0	51,4	51,4	50,8
England	48,4	40,8	43,6	36,8	43,8	50,4	48,5	48,4	47,2	45,7
EU-27	–	–	51,9	44,8	46,7	50,6	49,1	49,1	48,8	48,2
USA	36,8	37,2	37,1	33,9	36,3	42,7	41,7	40,4	39,9	39,6

[1] 1985 bis 1990 nur alte Bundesländer. [2] Schätzungen.

Quelle: EU-KOMMISSION „Statistischer Anhang der Europäischen Wirtschaft". Stand: November 2012.

Tab. 4.6: Staatsquoten im internationalen Vergleich (1985–2014) (Staatsausgaben in Prozent des BIP)

2.3.3 Subventionen

Was Subventionen sind, haben wir in Abschnitt 1.2 kurz angesprochen. Gemäß § 12 Abs. 2 STABILITÄTSGESETZ ist zwischen Erhaltungs-, Anpassungs- und Produktivitätshilfen zu unterscheiden.

- Als **Erhaltungshilfen** an Betriebe oder Wirtschaftszweige werden Subventionen bezeichnet, die nicht ausdrücklich an strukturverändernde Umstellungen gekoppelt sind. Solche Hilfen kommen insbesondere aus verteilungspolitischen und versorgungssichernden Gründen der Landwirtschaft und früher dem Bergbau zugute.
- **Anpassungshilfen** sollen im Wesentlichen zur Änderung bestehender Strukturen von Betrieben und Wirtschaftszweigen dienen und sich dadurch selbst entbehrlich machen.
- **Produktivitätshilfen** dienen der Förderung des Produktivitätsfortschritts und des Wachstums von Betrieben und Wirtschaftszweigen, insbesondere durch Entwicklung neuer Produktionsmethoden und -richtungen.
- Als **sonstige Hilfen** werden vor allem Subventionen ausgewiesen, die nicht in erster Linie an Betriebe oder Wirtschaftszweige gehen, sondern in wichtigen Bereichen

des volkswirtschaftlichen Marktprozesses bestimmte Güter und Leistungen für private Haushalte verbilligen. Dies traf insbesondere für die Wohnungsbauförderung zu, die breiteren Bevölkerungsschichten den Erwerb von Wohnraum erleichtern sollte.

Als **Indikatoren** können folgende **Subventionsquoten** verwendet werden:

- Subventionen im Verhältnis zum BIP: Der Wert schwankte seit 1995 um 1 %.
- Steuervergünstigungen im Verhältnis zu den Steuereinnahmen (Bund): Er erreichte 2010 mit 8,2 % einen hohen Wert, der bis 2012 auf 6,9 % gesunken ist.
- Finanzhilfen im Verhältnis zu den Ausgaben (Bund): Der Wert erreichte 2009 3,4%, sank dann aber auf knapp 2 % in 2012.

Die Aufteilung der Subventionen des Bundes für Betriebe und Wirtschaftszweige sowie für private Haushalte nach Subventionsarten ist in Tab. 4.7 enthalten.

Die öffentliche Diskussion über die Höhe und Notwendigkeit von Subventionen wird durch verschiedene **Abgrenzungen des Subventionsbegriffs** in Wissenschaft und Praxis erschwert. Die wirtschaftswissenschaftlichen Forschungsinstitute haben sich 1988 auf einen einheitlichen Begriffsinhalt im Rahmen der Strukturberichterstattung geeinigt. Sie erfassen alle Gebietskörperschaften, während im Subventionsbericht des Bundes die Finanzhilfen und Steuervergünstigungen der Länder, die ERP-Finanzhilfen und die Marktordnungsausgaben der EU nur nachrichtlich dargestellt werden.

Die unterschiedlichen Abgrenzungen sind zweckorientiert. So verfolgen die Wirtschaftsforschungsinstitute das Ziel, den effektiven **Subventionsgrad** (Subventionen bezogen auf die Wertschöpfung ohne Subventionen) der deutschen Wirtschaft zu ermitteln, um Subventionswirkungen ableiten und mögliche wirtschaftliche Fehlentwicklungen analysieren zu können. Der Subventionsbericht geht vom Haushalt des Bundes aus und hat vor allem die Aufgabe, die aus Bundesmitteln gewährten Finanzhilfen und Steuervergünstigungen im jeweiligen Haushaltsjahr darzustellen, ihre Zielsetzungen zu erläutern und in ihrer Gesamtentwicklung zu analysieren. Dabei konzentriert er sich vor allem auf Maßnahmen zur Förderung der privaten Wirtschaft.

	2009[1]		2010[1]		2011[1]		2012[1]	
	Mio. €	**%**	**Mio. €**	**%**	**Mio. €**	**%**	**Mio. €**	**%**
Finanzhilfen								
- Betriebe /Wirtschaftszweige	8.875	88,5	5.538	79,7	5.206	78,5	4.272	73,0
Davon:								
Erhaltungshilfen	101	1,0	103	1,5	85	1,3	85	1,4
Anpassungshilfen	2.718	27,1	2.658	38,2	2.873	43,3	2.767	47,3
Produktivitätshilfen	4.998	49,9	1.764	25,4	1.339	20,2	848	14,5
Sonstige Finanzhilfen	1.058	10,6	1.014	14,6	908	13,7	572	9,8
- Private Haushalte	1.148	11,4	1.412	20,3	1.427	21,5	1.576	27,0
Summe Finanzhilfen	10.023	100	6.951	100	6.633	100	5.848	100
Steuervergünstigungen[2])								
- Betriebe /Wirtschaftszweige	14.693	79,7	15.386	82,9	14.469	84,5	14.723	87,8
Davon:								
Erhaltungshilfen	7.873	42,7	8.217	44,3	7.270	42,5	7.680	45,8
Anpassungshilfen	1.181	6,4	1.061	5,7	941	5,5	718	4,3
Produktivitätshilfen	2.787	15,1	2.806	15,1	2.823	16,5	2.843	17,0
Sonstige Steuervergünstigungen	2.852	15,5	3.302	17,8	3.435	20,1	3.482	20,8
- Private Haushalte	3.739	20,3	3.174	17,1	2.655	15,5	2.047	12,2
Summe Steuervergünstigungen	18.432	100	18.560	100	17.124	100	16.770	100
Finanzhilfen und Steuervergünstigungen insgesamt	28.455	100	25.511	100	23.757	100	22.618	100

[1]) Für 2009 und 2010 Istwerte, für 2011 Sollgrößen, für 2012 gemäß Regierungsentwurf. [2]) Bei den Steuervergünstigungen handelt es sich in der Regel um die geschätzten Mindereinnahmen. Abweichungen in den Summen wegen Rundung.

Quelle: 23. SUBVENTIONSBERICHT DER BUNDESREGIERUNG, V. 11.8.2011, S. 24

Tab. 4.7: Finanzhilfen und Steuervergünstigungen des Bundes (2009–2012)

Nach den SUBVENTIONSBERICHTEN haben sie sich wie in Tabelle 4.8 dargestellt entwickelt. Subventionen dürfen heute grundsätzlich nur noch mit Zustimmung der EU gewährt werden. Dafür sind wettbewerbspolitische Motive maßgebend: Es soll verhindert werden, dass ein Mitgliedsland seiner Wirtschaft durch ihre Gewährung **Wettbewerbsvorteile** verschafft (vgl. Kapitel 3, Abschnitt 6.2.4). Das Gesamtvolumen der Subventionen (Finanzhilfen und Steuervergünstigungen) ist bis zum Jahr 2010 auf 52,2 Mrd. € angewachsen.

Die jährlichen Subventionen waren in den letzten Jahren ähnlich hoch wie die im gleichen Jahr entstandenen Finanzierungssaldos. Wir erwähnen dies, um deutlich zu machen, dass es für die Verringerung der Staatsschulden auch andere Alternativen gäbe als Einschnitte in die soziale Sicherung. Wo Kürzungen vorgenommen werden, ist letztlich eine Frage des gesellschaftspolitischen Zielbündels und seiner Prioritäten sowie des Erfolgs von Einflussträgern. Trotz immer wieder geäußerter politischer Absichten, scheint es außerordentlich schwierig zu sein, Subventionen abzubauen.

	1970	1980	1990	1995	2000	2005	2010
I. Finanzhilfen							
Bund (gesamt)	4,0	6,4	7,3	9,4	10,1	6,1	7,0
Länder (gesamt)	3,0	6,2	7,2	10,7	11,2	10,3	8,9
Gemeinden	0,5	0,5	1,1	1,5	1,6	1,5	1,3
II. Steuervergünstigungen							
Bund (gesamt)	3,2	6,1	7,8	9,1	13,1	17,4	18,6
Länder, Gemeinden (gesamt)	3,4	7,2	9,2	12,9	12,0	12,5	10,5
III. ERP-Finanzhilfen	0,6	1,4	2,9	5,9	5,7	3,2	0,3
IV. Marktordnungsausgaben der EG /EU	1,5	3,2	4,9	5,8	5,6	6,3	5,6
Gesamtvolumen(Summe I.-IV.)	16,2	31,0	40,4	55,3	59,4	57,2	52,2

[1] 1970 bis 1990 altes Bundesgebiet; ab 1991 Bundesgebiet einschließlich der Neuen Länder. (Abweichungen zwischen Einzel- und Gesamtsummen sind wegen Rundung möglich.)

Quelle: 23. SUBVENTIONSBERICHT DER BUNDESREGIERUNG, V. 11.8.2011, S. 24

Tab. 4.8: Gesamtvolumen der Subventionen von Bund, Ländern und Gemeinden, ERP, EU1) (von 1970–2010, in Mrd. DM, ab 2000 in €)

2.4 Staatsverschuldung

2.4.1 Entwicklung der öffentlichen Verschuldung

Auch die **Kredite** gehören zu den staatlichen Einnahmen. Sie werden an den Geld- und Kapitalmärkten – in Konkurrenz zu privater Nachfrage nach Liquidität – aufgenommen, um den Haushalt auszugleichen (**Haushaltskredite**) oder kurzfristige Liquiditätsengpässe im Haushalt zu überbrücken (**Kassenkredite**). Es handelt sich um marktwirtschaftliche Einnahmen, die am Ende der Laufzeit des Kreditvertrages oder gemäß der vereinbarten Tilgung zurückgezahlt werden müssen. Hinzu kommen die laufenden Zinszahlungen. Tilgung und Verzinsung zusammen werden als **Schuldendienst** bezeichnet.

Bei der staatlichen Verschuldung sind zwei Aspekte deutlich zu trennen:

> Zum einen geht es um die **Nettokreditaufnahme**. Sie lässt sich ermitteln, wenn von der Bruttokreditaufnahme die in der gleichen Haushaltsperiode fälligen Tilgungen abgezogen werden. Hier handelt es sich um **Strömungsgrößen**. Dagegen ist der zu jedem Zeitpunkt ermittelbare **Schuldenstand**, der sich aus den Nettokreditaufnahmen der Vergangenheit abzüglich der Tilgungen früherer Kredite ergibt, eine **Bestandsgröße**.

Für jeden Kredit, den der Staat aufnehmen möchte (**Passivkredit** – im Unterschied zum **Aktivkredit**, bei dem der Staat als Kreditgeber auftritt), ist eine **gesetzliche Ermächtigung** erforderlich, die in der Regel im Haushaltsplan (Haushaltsgesetz) enthalten ist und die auf Art. 115, Abs. 1 GG beruht:

> „Die Aufnahme von Krediten sowie die Übernahme von Bürgschaften ..., die zu Ausgaben in künftigen Rechnungsjahren führen können, bedürfen einer ... Ermächtigung durch Bundesgesetz."

Seit der Grundgesetzänderung im Jahre 2009, mit der die sogenannte „**Schuldenbremse**" in Art. 109, Abs. 3 und Art. 115, Abs. 2 aufgenommen wurde, ist die Nettoneuverschuldung des Staates nur noch begrenzt möglich (vgl. Abschnitt 1.1). Dies ist das wichtigste Ergebnis der **Föderalismusreform II**.

> „Einnahmen und Ausgaben sind grundsätzlich ohne Einnahmen aus Krediten auszugleichen. Diesem Grundsatz ist entsprochen, wenn die Einnahmen aus Krediten 0,35 % im Verhältnis zum nominalen Bruttoinlandsprodukt nicht überschreiten. Zusätzlich sind bei einer von der Normallage abweichenden konjunkturellen Entwicklung die Auswirkungen auf den Haushalt im Auf- und Abschwung symmetrisch zu berücksichtigen."

Diese Vorschrift in Art. 115, Abs. 2 GG bezieht sich auf das strukturelle Defizit als einer zentralen Größe für die Haushaltspolitik.

> Als **strukturelles Defizit** wird der Teil des Gesamtdefizits eines öffentlichen Haushalts bezeichnet, der dauerhaften Charakter hat und der sich im Verlauf eines Konjunkturzyklus nicht von selbst zurückbildet. Es ist also eine um konjunkturelle und Einmalfaktoren bereinigte Maßgröße für die Finanzierungslücke in den öffentlichen Haushalten. Es entspricht jenem Teil des Gesamtdefizits, der bei Normalauslastung des Produktionspotenzials besteht. Da sich im Allgemeinen konjunkturbedingte Defizite im Aufschwung wieder zurückbilden, ist das strukturelle Defizit ein **Indikator** für den konjunkturbereinigten **Konsolidierungsbedarf** (Einnahmeverbesserungen, Ausgabenkürzungen) im jeweiligen öffentlichen Haushalt.

Das strukturelle Defizit darf im Bundeshaushalt 0,35 % des BIP grundsätzlich nicht übersteigen. Nur ausnahmsweise kann die Neuverschuldung höher sein: im Falle von Naturkatastrophen oder außergewöhnlichen Notsituationen, die sich der Kontrolle des Staates entziehen und die staatliche Finanzlage erheblich beeinträchtigen. Dafür ist ein Beschluss der Mehrheit der Mitglieder des Bundestages erforderlich, wobei er mit einem Tilgungsplan in einem angemessenen Zeitraum zu versehen ist. Dies muss auf einem Kontrollkonto erfasst werden. Belastungen, die den Schwellenwert von 1,5 % im Verhältnis zum BIP überschreiten, sind konjunkturgerecht zurückzuführen.

Für die Bundesländer gilt nach Art. 109, Abs. 3, dass ihre Haushalte „grundsätzlich ohne Einnahmen aus Krediten auszugleichen" sind. Dies gilt für sie gemäß Art. 143d, Satz 4 GG ab dem Jahr 2020. Die Regelung führen die Länder im Rahmen ihrer verfassungsrechtlichen Kompetenzen ein.

Das **Konzept des strukturellen Defizits** wurde erstmals vom SACHVERSTÄNDIGENRAT ZUR BEGUTACHTUNG DER GESAMTWIRTSCHAFTLICHEN ENTWICKLUNG (SVR) in seinem Jahresgutachten 1975/76 „Vor dem Aufschwung" (Tz. 424ff.) vorgestellt, um den seinerzeitigen konjunkturbereinigten Konsolidierungsbedarf der öffentlichen Haushalte zu ermitteln. „Die Konjunkturkomponente errechnet sich als Produkt aus Produktionslücke und Budgetsensitivität. Die Produktionslücke kennzeichnet die Abweichung der wirtschaftlichen Aktivität von der konjunkturellen Normallage. ... Sie gibt das Ausmaß der gesamtwirtschaftlichen Unter- bzw. Überlastung wieder. Die Budgetsensitivität ... gibt an, wie die Einnahmen und Ausgaben des Bundes auf eine Veränderung der gesamtwirtschaftlichen Aktivität reagieren. Sie ermittelt also die Auswirkungen der konjunkturellen Schwankungen auf den öffentlichen Haushalt" (BMF, MONATSBERICHT v. 21.2.2013, S. 9). Obwohl in der öffentlichen und politischen Diskussion der Eindruck erweckt wird, dass es sich um einen klaren und einfach festzustellenden Sachverhalt handelt, ist die Berechnung kompliziert und nicht unumstritten.

Bemerkenswert ist, dass das Konzept des strukturellen Defizits auch in die Verfahren des EUROPÄISCHEN STABILITÄTS- UND WACHSTUMSPAKTES eingegangen ist (vgl. dazu Abschnitt 6.6).

Die **„Staatsverschuldung"** beinhaltet den Gesamtbetrag der Verschuldung **aller** öffentlichen Gebietskörperschaften (Bund, Länder, Gemeinden) sowie deren Extrahaushalten: die Ausübung der Aufgaben der Gebietskörperschaften erfolgt nicht mehr nur über ihre Kernhaushalte, sondern Teile der öffentlichen Leistungserbringung wurde auf öffentliche **F**onds, **E**inrichtungen und **U**nternehmen (FEU) übertragen. Dem hat die Schuldenstatistik ab 2010 Rechnung getragen, indem die Staatsverschuldung nach dem **Schalenkonzept** differenziert ausgewiesen wird: (1) Staatsverschuldung der öffentlichen Kernhaushalte, (2) des öffentlichen Gesamthaushalts sowie die (3) des öffentlichen Bereichs insgesamt (vgl. Abschnitt 2.1.1).

Die Entwicklung der Höhe der Staatsverschuldung der verschiedenen staatlichen Ebenen als Schuldner in Deutschland von 1950–2012 zeigt Tab. 4.9. Dabei werden einige bemerkenswerte Tendenzen deutlich:

- Die öffentliche Verschuldung ist im gesamten Zeitraum von 1950–2012 gestiegen. Besonders stark war der Zuwachs nach der Wiedervereinigung: Von 1990 auf 1995 hat sich die Gesamtverschuldung verdoppelt. Seit 2000 bis Ende 2012 sind noch einmal über 860 Mrd. Euro hinzugekommen.
- Seit der Wiedervereinigung ist der Anteil des Bundes an der Gesamtverschuldung auf über 60 % angestiegen (einschließlich der Schulden seiner Sondervermögen und Extrahaushalte).
- Die jährliche Nettokreditaufnahme des Bundes wird durch die dem Bund seit 1981 zugeflossenen **Bundesbankgewinne** „verfälscht". Folgende Gewinnanteile wurden an den Bund abgeführt: Von 1981 bis 1998 insgesamt 196,9 Mrd. DM; von 1999 bis 2012 55,1 Mrd. €. Die hohen Zuflüsse haben weitergehende Konsolidierungsbemühungen des Bundes abgeschwächt.

Für die Verschuldungsplanung und Wirkungsanalysen im Rahmen des Einsatzes schuldenpolitischer Instrumente sind neben der Zuordnung nach **Schuldnern** auch andere **Strukturmerkmale** (Schuldarten, Gläubiger, Laufzeiten u.a.) von Bedeutung (vgl. Abschnitt 6.4).

Jahr	Gesamt	Bund[2])	Länder	Gemeinden	Sondervermögen des Bundes[3])
1950	10,5	3,7	6,5	0,3	-
1960	26,7	11,6	7,5	5,7	1,9
1970	64,4	24,2	14,3	20,6	5,3
1980	239,9	118,8	70,2	49,2	1,7
1990	538,1	277,2	167,9	63,9	29,1
1995	1.020,5	387,0	261,6	100,5	271,4
2000	1.211,4	715,8	338,1	98,5	59,0
2005	1.489,0	886,3	471,4	116,0	15,4
2010	1.732,5	1.075,4	528,6	128,5	0
2012	2.071,8	1.289,3	649,0	133,6	0
1950	100	35,3	62,3	2,4	-
1960	100	43,3	28,2	21,4	7,1
1970	100	37,6	22,1	32,0	8,3
1980	100	49,5	29,3	20,5	0,7
1990	100	51,5	31,2	11,9	5,4
1995	100	37,9	25,6	9,8	26,7
2000	100	59,1	27,9	8,1	5,9
2005	100	59,5	31,7	7,8	1,0
2010	100	62,1	30,5	7,4	0
2012	100	62,2	31,3	6,5	0

[1]) Ab 1990 einschließlich der ostdeutschen Länder und Gemeinden. [2]) Ab 1999 wurden das „Bundeseisenbahnvermögen" (39 Mrd. €), der „Erblastentilgungsfonds" (151 Mrd. €) und der „Ausgleichsfonds Steinkohleeinsatz" (2,3 Mrd. €) vom Bund übernommen. Im Erblastentilgungsfonds wurden ab 1995 mit der Wiedervereinigung entstandene Schulden, zusammengefasst: Kreditabwicklungsfonds, Treuhandanstalt, Wohnungsbau-Altverbindlichkeiten usw. Ab Dezember 2008 einschließlich der Verschuldung des „Sonderfonds Finanzmarktstabilisierung"; ab März 2011 einschließlich Verschuldung des Sondervermögens „Restrukturierung für Kreditinstitute". [3]) Dazu gehörten: ERP-Sondervermögen (ab Juli 2007 Übernahme der Schulden durch den Bund); Entschädigungsfonds, Fonds „Deutsche Einheit": ab 2005 Übernahme der Schulden durch den Bund.

Quelle: DEUTSCHE BUNDESBANK, MONATSBERICHTE, lfd.

Tab. 4.9: Verschuldung der Gebietskörperschaften in Deutschland[1]) (Stand am Jahresende in Mrd. € und in Prozent der Gesamtverschuldung)

Bei den **Schuldarten** geht es um bestimmte Schuldformen, derer sich der Staat bei seiner Kreditaufnahme bedient. Sie können sich nach einer Reihe von Merkmalen wie Laufzeit, Art der Verzinsung, Stückelung, Grad der Marktfähigkeit unterscheiden.

Von großer Bedeutung sind **Anleihen** (Schuldverschreibungen) mit Laufzeiten zwischen acht und zehn Jahren bei fester Nominalverzinsung, kleiner Stückelung und Börsenfähigkeit (Anteil an der Gesamtverschuldung Ende 2012: 36,9 %). Daneben wird von **Schuldscheindarlehen** (Direktausleihungen), die mittel- bis langfristig sind und bei denen aufgrund des individuellen Kreditvertrags mit Kreditinstituten und Kapitalsammelstellen die Marktfähigkeit stark eingeschränkt ist, Gebrauch gemacht (Ende 2012: 22,8 %). Vor allem die Gemeinden und die Länder bedienen sich dieser Schuldform. Bundesobligationen, Kassenobligationen, Schatzanweisungen und Bundesschatzbriefe gehören zu den mittelfristigen Krediten (drei bis sieben Jahre).

Gläubiger des Staates sind Kreditinstitute (Anteil: 24,3 % an der Gesamtverschuldung, Stand: Ende 2012), Unternehmen und private Haushalte (16,1 %), Sozialversicherungen (0,001 %) sowie das Ausland (59,3 %). Bei der BUNDESBANK ist der Bund mit 4,4 Mrd. € (0,3 %) verschuldet: Es handelt sich um Schulden, die anlässlich der Währungsreform 1948 als Ausgleichsforderungen entstanden sind und die von der BUNDESBANK zum Zwecke der früheren Offenmarktpolitik aufgekauft wurden. Die Zahlen beruhen zum Teil auf Schätzungen. Die genaue **Gläubigerstruktur** ist nicht bekannt.

Während Kredite im Inland im Allgemeinen in Euro aufgenommen werden, können bei **Auslandsschulden** die Verträge auf inländische oder auf ausländische Währung lauten. In letzten Fall ist das **Wechselkursrisiko** auf den Schuldner verlagert, während der Gläubiger es trägt, wenn die Schulden auf inländische Währung lauten.

▶ Beispiel

Das Königreich Marokko (Kreditnehmer) hat bei der Bundesrepublik (Kreditgeber) einen Kredit aufgenommen. Wenn der Kredit auf 5 Mio. € lautet, und die marokkanische Währung abgewertet wird (von bisher 1 € = 10 Dirham auf 1 € = 12 Dirham), muss Marokko in inländischer Währung gerechnet nicht 50 Mio. Dirham, sondern 60 Mio. Dirham zurückzahlen.

Ein weiteres wichtiges Merkmal ist die **Fristigkeit** (Laufzeit): Sie gibt Auskunft darüber, für welchen Zeitraum dem Staat der Kredit gewährt worden ist. Dabei wird zwischen kurzfristigen (Laufzeiten bis zu einem Jahr), mittelfristigen (Laufzeiten von einem bis sieben Jahren) und langfristigen Laufzeiten (über sieben Jahre) unterschieden. Anleihen sind im Allgemeinen langfristig (mit Laufzeiten bis zu 30 Jahren), Schatzwechsel dagegen kurzfristig. Von besonderer Bedeutung ist dabei die **Restlaufzeit**, denn eine langfristig begebene Anleihe kann bereits kurz vor der Fälligkeit stehen, sie hat dann „**near-money-Charakter**". Dies kann die Dispositionen der Gläubiger dieser Anleihe beeinflussen. Die durchschnittliche Restlaufzeit sagt etwas aus über die Frequenz, mit der fällig werdende Schulden vom Staat umgeschuldet werden müssen. Dies musste im Verlauf der Finanzkrise ab 2009 von mehreren betroffenen Ländern beachtet werden. Die durchschnittliche Restlaufzeit der Bundesschuld lag im letzten Jahrzehnt mindestens bei sechs Jahren.

2.4.2 Indikatoren zur Staatsverschuldung

Auch zur Staatsverschuldung können wir wieder eine Reihe von Kennzahlen bzw. Indikatoren berechnen (Tab. 4.10). Sofern keine Dimension angegeben ist, handelt es sich um Prozentwerte.

- Bei der **Zins-Ausgabenquote** wird der Anteil der Zinszahlungen an den staatlichen Ausgaben berechnet (Zinsen ÷ Staatsausgaben). Sie gibt Hinweise auf die letztlich vorrangige Bezahlung der Zinsen, in deren Höhe sie für andere Aufgaben des Staates nicht mehr verfügbar sind (Beschränkung des Handlungsspielraums).
- Mit der **Zins-Steuerquote** wird ermittelt, wie viel Prozent der Steuereinnahmen aufgewendet werden müssen, um die Zinsen auf die Staatsschulden zu bezahlen (Zinsen ÷ Steuereinnahmen). Bei der Interpretation der Zins-Steuerquote wie auch der Zins-Ausgabenquote ist das jeweilige Zinsniveau zu beachten. Bei einem Schuldenstand von 2.000 Mrd. € bedeutet der dauerhafte Anstieg des Zinsniveaus um 1%-Punkt eine potenzielle Mehrbelastung von 20 Mrd. €, die dann realisiert wird, wenn die gesamte Staatsverschuldung einmal umgeschuldet wird. Für Deutschland war das niedrige Zinsniveau in den letzten Jahren während der Finanzkrise vorteilhaft, weil die Zinsbelastung der öffentlichen Haushalte zu sinkenden Quoten und damit erheblichen Entlastungen geführt hat, die sich bei steigenden Zinsen wieder umkehren werden.
- Mit der **Quote der Auslandsverschuldung** wird der Anteil der von ausländischen Gläubigern gewährten Kredite an den Staat ausgedrückt (Auslandsschulden ÷ Schuldenstand). Sie ist ein Indikator für die (finanzielle) Abhängigkeit vom Ausland.
- Eine Größe, die oft zur Veranschaulichung des Schuldenproblems verwendet wird, ist die **Pro-Kopf-Verschuldung** in € je Einwohner (Schuldenstand ÷ Bevölkerung).
- Neben der **Kreditfinanzierungsquote** (vgl. Abschnitt 2.1.2) spielt auch die **Schuldenstandsquote** nach dem VERTRAG VON MAASTRICHT eine Rolle. Sie soll 60 % des Bruttoinlandsproduktes nicht übersteigen (vgl. Tabelle 4.2).

Jahr	Zins-Ausgaben-Quote (in %)	Zins-Steuer-Quote (in %)	Quote der Auslands-verschuldung (in %)	Pro-Kopf-Verschuldung (€)
1980	6,0	8,4	8,9	3.898
1985	9,5	13,3	16,1	6.374
1990	8,7	12,3	20,9	8.507
1995	11,1	16,0	28,4	12.496
2000	11,3	14,4	36,4	14.729
2005	10,2	13,3	43,8	18.062
2010	5,3	11,6	54,2	20.607
2012	5,5	10,5	59,3	25.226

Quelle: FINANZBERICHTE, MONATSBERICHTE DER DEUTSCHEN BUNDESBANK u. eigene Berechnungen.

Tab. 4.10: Schuldenquoten für die BUNDESREPUBLIK DEUTSCHLAND (1980–2012)

Eine Übersicht über Schuldenstandsquoten im internationalen Vergleich zeigt Tab. 4.10. Bei ihrer Interpretation ist für Länder, die nicht dem Eurosystem angehören, wegen schwankender Wechselkurse Vorsicht geboten.

Die globale Wirtschafts- und Finanzkrise ab 2008/2009 führte dazu, dass sich der Schuldenstand von 2007 bis 2012 stark erhöht hat. In Irland war er 2012 mehr als viermal so hoch wie 2005, in den USA und Spanien sowie Portugal hat er sich in diesem Zeitraum fast verdoppelt. Andererseits gibt es aber auch Länder, die recht stabile Schuldenstandsquoten aufweisen: Dänemark, Finnland, Luxemburg, Norwegen, Schweden sowie Tschechien.

Bruttoschulden des Staates in % des BIP								
Land	**1980**	**1985**	**1990**	**1995**	**2000**	**2005**	**2010**	**2013**
Deutschland [1]	31,5	41,5	43,2	57,1	60,2	67,9	83,0	80,7
Belgien	78,2	120,7	124,7	134,0	107,8	107,7	96,0	100,8
Dänemark	44,7	74,9	57,7	69,3	52,4	36,3	42,9	42,1
Finnland	14,1	16,5	14,3	56,6	43,8	41,4	48,4	51,7
Frankreich	30,9	38,6	34,8	51,9	57,4	66,2	82,3	92,5
Griechenland	22,9	47,8	89,0	108,7	104,4	107,5	145,0	168,0
Großbritannien	54,0	58,9	35,0	52,0	41,0	42,2	79,6	94,6
Irland	72,7	104,6	92,6	80,8	37,5	27,4	92,5	120,2
Italien	58,1	82,3	97,3	123,2	108,5	106,2	118,6	121,8
Japan	51,2	65,3	61,5	76,2	133,6	173,1	197,6	221,8
Luxemburg	12,5	13,0	4,5	5,6	6,2	6,1	19,1	21,6
Niederlande	46,9	71,5	75,6	75,5	53,8	52,7	62,9	73,0
Norwegen	47,6	37,4	32,5	43,0	-	49,0	49,6	20,2
Österreich	37,3	49,8	56,8	68,0	66,2	63,5	71,9	74,3
Portugal	32,8	58,0	64,2	64,7	48,4	63,6	93,3	117,1
Schweden	44,3	66,7	42,1	76,6	53,9	52,2	39,4	34,2
Slowakei	-	-	-	-	50,3	34,5	41,1	53,5
Spanien	18,3	50,8	43,2	63,2	59,4	43,2	61,2	87,0
Tschechien	-	-	-	-	17,8	30,4	38,1	44,9
USA	37,0	49,5	66,6	74,5	55,1	62,2	99,1	111,8

[1] Ab 1991 Gebietsstand nach dem 03.10.1990, Abgrenzung der Finanzstatistik; Bruttoschulden nach Maastricht-Kriterien ab 1990.

Quelle: FINANZBERICHTE, lfd.

Tab. 4.11: Schuldenstandsquoten im internationalen Vergleich (1980–2012)

Die Folgen werden von der DEUTSCHEN BUNDESBANK skizziert: „Bei hohen Schuldenquoten (dürfte) die Wirksamkeit gezielter kreditfinanzierter Maßnahmen zur Abwehr von ... Krisen zunehmend begrenzt sein. Zudem erhöht sich die Gefahr von Konflikten zwischen Finanz- und Geldpolitik, die gravierende gesamtwirtschaftliche Kosten zur Folge haben, während umgekehrt solide Staatsfinanzen eine stabilitätsorientierte Geldpolitik erleichtern.“ (MONATSBERICHT, April 2010, S. 17). Aus der laufenden Kreditaufnahme und dem Schuldenstand ist auch die Inanspruchnahme des Kapitalmarktes durch den Staat zu erkennen. Man kann es auch anders ausdrücken: Wie viel wird vom privaten Ressourcenverzicht (Ersparnis der privaten Haushalte) vom Staat für seine Zwecke beansprucht?

3 Theoretische Fundierung

3.1 Einführung – Die Theorie des multiplen Budgets

Durch die Situationsanalyse ist deutlich geworden, dass der Bereich der Finanzpolitik sehr umfassend ist. Es ist deshalb nicht leicht, eine einheitliche, in sich konsistente theoretische Fundierung zu geben. In der finanzwissenschaftlichen Literatur wird folglich oft versucht, nach Teilbereichen vorzugehen.

Ein wichtiger Beitrag zur **Finanztheorie** ist von RICHARD A. MUSGRAVE (1910–2007) geliefert worden. In seinem grundlegenden – im Wesentlichen normativ ausgerichteten – Werk „The Theory of Public Finance“ von 1959 wird von drei Funktionen des Budgets ausgegangen, die entsprechenden imaginären „Abteilungen“ zugeordnet werden: der Allokations-, der Distributions- und der Stabilisierungsabteilung.

In der **Allokationsabteilung** wird bestimmt, welche Regulierungen der Allokation notwendig sind, wer die daraus resultierenden Kosten zu tragen hat und welche einnahme- und ausgabepolitischen Maßnahmen erforderlich sind, um die gewünschten Ziele zu erreichen. Dabei geht es zum einen um die Befriedigung der Wünsche nach öffentlichen Gütern, aber auch um die Korrektur der durch den Markt bewirkten Allokation der Ressourcen (z.B. bei monopolistischer Marktbeherrschung, im Falle der Ballung von Produktivfaktoren, aber auch dann, wenn externe Effekte auftreten). Die grundlegende Aufgabe der Allokationsabteilung besteht in der Entscheidung über die alternative Verwendung der Ressourcen (Opportunitätskosten). Denn wenn Produktivkräfte für die Befriedigung öffentlicher Bedürfnisse eingesetzt werden, stehen sie für eine private Verwendung nicht zur Verfügung. Dabei wird eine Vollbeschäftigungssituation vorausgesetzt.

Mit Hilfe der **Distributionsabteilung** ist zu bestimmen, wie die gewünschte oder „gerechte“ Einkommensverteilung erreicht werden soll. In einer Marktwirtschaft hängt die Verteilung von Einkommen und Vermögen von einer Vielzahl von Faktoren ab (Erbrecht, Erbanlagen, Ausbildungsmöglichkeiten, soziale Mobilität usw.). Auch wenn in einer Gesellschaft unterschiedliche Vorstellungen über eine akzeptable Verteilung bestehen mögen (sie sind von Werturteilen geprägt), dürfte es oft Situationen und Entwicklungen geben, die einen Eingriff in die Verteilung erforderlich machen. Dies ist insbesondere von dem von uns mehrfach erwähnten gesellschaftspolitischen Zielbündel abhängig. Es muss daher ein Mechanismus geschaffen werden, der Korrekturen der Verteilung erlaubt. Dabei kann als Nebenbedingung gefordert werden, dass Eingriffe so zu erfolgen haben, das Funktionieren des Marktprozesses möglichst wenig zu beeinträchtigen. Durch Steuer- und Transferzahlungen werden Ansprüche an das Inlandsprodukt aus der Verfügungsmacht von Wirtschaftssubjekten auf andere übertragen.

Die Funktion der **Stabilisierungsabteilung** unterscheidet sich grundlegend von der der beiden anderen Abteilungen. Ihre Aufgabe liegt nicht in der Zuteilung von Produktivkräften zur Befriedigung öffentlicher oder privater Bedürfnisse, sondern in der Erhaltung eines hohen Nutzungsgrades der volkswirtschaftlichen Produktivkräfte (Vollbeschäftigung) und eines stabilen Geldwertes. Wenn MUSGRAVE in diesem Zusammenhang von **kompensatorischer Finanz** spricht, wird klar, dass es sich um **keynesianische** Vorstellungen handelt.

▶ Beispiel

Bei unfreiwilliger Arbeitslosigkeit muss die gesamtwirtschaftliche Nachfrage angehoben werden; bei Inflation infolge einer gesamtwirtschaftlichen Angebotslücke ist die Nachfrage zu senken; herrschen gleichzeitig Vollbeschäftigung und Preisstabilität muss die Höhe der monetären Gesamtausgaben gleich bleiben, um Unterbeschäftigung und Inflation zu vermeiden.

Einleuchtend ist, dass das Budget der Stabilisierungsabteilung – wenn kein gesamtwirtschaftliches Gleichgewicht vorliegt – entweder ein Defizit oder einen Überschuss aufweist. Indes sind finanzpolitische Mittel nicht die einzigen Möglichkeiten, mit deren Hilfe eine gesamtwirtschaftliche Stabilisierung erreicht werden kann. Wir verweisen insbesondere auf die Geldpolitik (vgl. Kapitel 5), die als maßgeblich für die Stabilität des Geldwertes angesehen wird. Sofern es um den **Budgetsaldo** geht (Defizite und Überschüsse), spielt auch die öffentliche Schuldenpolitik eine Rolle. Sie ist nicht auf Entscheidungen über die Höhe des Forderungsvolumens beschränkt, sondern richtet sich auch auf Änderungen der Schuldenstruktur. Eine scharfe Trennung zwischen fiskalischen und monetären Stabilisierungsmaßnahmen ist nicht möglich. Schließlich sind bei derartigen Maßnahmen auch mögliche Nebenwirkungen zu berücksichtigen, die entweder die Effizienz der genutzten Produktivkräfte, die Wachstumschancen, aber auch die Verteilung beeinflussen können. Die Festlegung einer „optimalen" Politik wird damit zu einer äußerst schwierigen Aufgabe.

Mit dieser kurzen Darstellung der Theorie des multiplen Budgets sollte verdeutlicht werden, dass die wichtigen ökonomischen Ziele mit der öffentlichen Finanzwirtschaft verfolgt werden können und sollen.

Die Erklärung finanzpolitischer Entwicklungen und deren Beeinflussung ist untrennbar mit der jeweils verfolgten **wirtschaftspolitischen Konzeption** verbunden. Aus ihr sollte auch der Stellenwert der finanzpolitischen Instrumente erkennbar sein. Da die Rolle des Staates in unserer Wirtschaftsgesellschaft recht umstritten ist (vgl. Kapitel 2, Abschnitt 1), fällt es schwer, einzelne Maßnahmen theoretisch einwandfrei zuzuordnen. Hinzu kommt, dass die Finanzpolitik stark interessenpolitisch ausgerichtet ist, was ihre Beurteilung unter dem Erfordernis rationaler Kriterien erheblich erschwert.

3.2 Bestimmung des optimalen Budgets

Wir haben bereits festgestellt, dass der optimale Staatsumfang nicht ohne weiteres bestimmt werden kann. Dennoch wollen wir überprüfen, ob die Untersuchungen zum sogenannten **optimalen Budget** eine Lösung darstellen können. Ohne Berücksichtigung von Unterschieden bei individuellen oder gruppenbezogenen Präferenzen kann gefragt werden, wo die gewünschte Höhe des Budgets (und damit auch die der Staatsquote) liegt. Man hätte dann zwischen den Vorteilen, die den Staatsbürgern aus den öffentlichen Ausgaben erwachsen und den Nachteilen, die ihnen durch die Besteuerung entstehen, abzuwägen. Wohlfahrtstheoretisch lässt sich dies so ausdrücken:

> Die gesellschaftliche Wohlfahrt wäre bei dem Budgetumfang maximiert, bei der der zusätzliche gesellschaftliche Nutzen aus einer weiteren Ausgabeneinheit gerade der Nutzeneinbuße entspricht, die entsteht, wenn die zusätzliche Ausgabe durch Steuern finanziert wird. Damit ergibt sich eine Begrenzung des Budgetvolumens durch die Bereitschaft der Steuerzahler, auf Teile ihres Einkommens und damit private Bedürfnisbefriedigungsmöglichkeiten zu verzichten. Geht man von fallendem Grenznutzen bei zusätzlichen Ausgaben und steigendem negativen Grenznutzen im Sinne von Nutzeneinbußen bei zusätzlichen Steuern aus, kann aus der Differenz der Punkt abgeleitet werden, bei dem der Gesamtnutzen am größten ist: Dies ist dort der Fall, wo der marginale Nettonutzen gleich Null ist.

Diese Überlegungen sind von der **Neuen Politischen Ökonomie** eingesetzt worden, um zur Bestimmung des **stimmenmaximalen Budgets** zu gelangen. Dabei wird angenommen, dass die in Parteien organisierten Politiker nicht gemäß einer fiktiven Wohlfahrtsfunktion handeln, sondern aus ihrem Berufsinteresse, sie streben nach Einkommen und Macht. Die politischen Ziele werden nicht vom Wähler, sondern von den politischen Parteien festgelegt, um damit Interessengruppen zu dienen und die Regierungsmacht zu behalten oder übernehmen zu können. Ihre wahlpolitische Zielsetzung besteht in der Maximierung der Wählerstimmen.

Überträgt man diesen Ansatz auf die Haushaltspolitik, so lautet die Maxime:

> Die Ausgaben werden solange gesteigert, bis der durch die letzte ausgegebene Geldeinheit erreichte Stimmengewinn dem Stimmenverlust gleich ist, der durch die letzte, aus den staatlichen Finanzquellen entnommenen Geldeinheit verursacht wird. Um dies zu erreichen empfehlen sich bei den Ausgaben merkliche Posten (z.B. Sozialausgaben), bei der Finanzierung hingegen unmerkliche Posten (z.B. Verbrauchsteuern oder Kredite). Für diese Theorie sprechen die von politischen Parteien gemachten Wahlgeschenke oder – falls man sich in der Opposition befindet – Wahlversprechen.

3.3 Steuertheorie

Die Erhebung von Steuern bedarf – da es sich um Zwangseinnahmen handelt – in Form und Umfang einer besonderen Rechtfertigung. Ein **rationales Steuersystem** setzt voraus, dass es eine Reihe von Anforderungen erfüllt. Dazu gehören:

- möglichst geringe Verwaltungskosten und möglichst niedrige Entrichtungskosten auf Seiten der Steuerzahler, deren Privatsphäre zu achten ist;
- die Leistungsbereitschaft der Steuerzahler sollte nicht beeinträchtigt werden;
- die optimale Allokation der Ressourcen sollte nicht gestört werden;

- die Korrektur einer als ungerecht empfundenen Einkommens- und Vermögensverteilung sollte möglich sein;
- das Steuersystem sollte stabilitätspolitischen Erfordernissen genügen und
- es dürfen zwischen diesen Forderungen keine Zielkonflikte auftreten.

Allein schon jede der Anforderungen für sich ist praktisch nicht zu erfüllen. Umso weniger dürfte es möglich sein, alle Voraussetzungen gleichzeitig zu erreichen. Außerdem unterliegen die Anforderungen einem historischen Wandel. Trotz dieser Einschränkungen bietet die Steuertheorie mit solchen Überlegungen „Prüfsteine" für die praktische Steuerpolitik an.

In der Steuertheorie wird auch untersucht, nach welchen Kriterien die **Last der Steuern** auf die Staatsbürger verteilt werden soll. Diese normative Frage lässt sich nur beantworten, wenn sie in den Zusammenhang mit einer bestimmten **Staatsauffassung** gebracht wird.

- Die Erhebung von Steuern kann nach dem **Äquivalenzprinzip** erfolgen:

Dabei werden sie als Einnahmen verstanden, die ein direktes Entgelt für vom Staat erbrachte Leistungen darstellen. Hintergrund ist eine **individualistische Staatsauffassung**, wobei der Staat ein zweckgerichteter Zusammenschluss seiner Bürger ist und folglich „bezahlt" wird, wenn er für sie Leistungen erbringt. Insofern hätten Steuern den Charakter von Preisen. Eine Gleichbehandlung von Personen wäre immer dann geboten, wenn sie den gleichen Nutzen aus den staatlichen Leistungen zögen. Für den Begriff der Äquivalenz sind **zwei Interpretationen** möglich.

(1) Man spricht von **marktwirtschaftlicher** Äquivalenz, wenn die Leistungen des Staates sich an den Präferenzen der Bürger orientieren, also danach gezahlt wird, was ihnen die Leistungen wert sind. Der Leser wird erkennen, dass ein solcher Ansatz nicht operational ist. Gerade die **Theorie der öffentlichen Güter** zeigt, dass für bestimmte vom Staat angebotene Leistungen Präferenzen nicht offenbart werden müssen (bei Nichtrivalität im Konsum und bei technisch nicht möglichem oder politisch nicht gewolltem Marktausschluss). Dies gilt sowohl für eine Gesamtbetrachtung, in die alle Steuern einbezogen werden (als Äquivalent für alle vom Staat empfangenen Leistungen), aber auch für einzelne staatliche Leistungen, durch die Staatsbürger einen Sondernutzen erhalten. Beispielsweise könnten die Kfz-Steuer und die Mineralölsteuer als Gegenleistung für die Straßennutzung betrachtet werden. Damit wird zwar die Inanspruchnahme staatlicher Leistungen deutlich, eine Zurechnung ist aber nicht möglich.

(2) **Kostenmäßige** Äquivalenz läge vor, wenn versucht würde, die Kosten der Staatsleistungen den Bürgern zum Beispiel dann, wenn sie von ihnen freiwillig in Anspruch genommen (Leistungen der zivilen Rechtsprechung) oder von ihnen provoziert werden (Strafrechtsverfahren), zuzurechnen. Es wird deutlich, dass hier der Übergang zu anderen staatlichen Einnahmeformen (Abschnitt 2.2) fließend ist.

- Größeres aktuelles Interesse hat das **Leistungsfähigkeitsprinzip**:

Hier ist es ohne Bedeutung, welche Leistungen der Staat zur Verfügung stellt und wer die Leistungen in Anspruch nimmt. Jeder soll nach seiner Leistungsfähigkeit zum Steueraufkommen beitragen. Dabei ist eine Staatsauffassung impliziert, die davon ausgeht, dass der **Staat ein geschichtlich gegebener Tatbestand** ist, der als Voraussetzung für gesellschaftliches und individuelles Leben überhaupt angesehen wird. Die Individuen sind Teil eines „Ganzen", zu dessen Funktionsfähigkeit sie beizutragen haben.

Steuerpflichtige mit gleicher steuerlicher Leistungsfähigkeit sollen gleich (**horizontale Gerechtigkeit**), solche mit divergierender Leistungsfähigkeit dagegen unterschiedlich belastet werden (**vertikale Gerechtigkeit**). Problematisch ist an diesem Prinzip die Messung der Leistungsfähigkeit. Ein wissenschaftlich begründetes Verfahren dafür gibt es nicht. Deshalb muss man sich an Hilfsgrößen (Indikatoren) orientieren. In Frage kommen vor allem das Einkommen oder der Konsum.

Nach allgemeiner Auffassung gilt das **Einkommen** als die wichtigste Größe. Dazu rechnen alle Bestandteile, die im wirtschaftlichen Sinn Einkommen sind, insbesondere also die Faktoreinkommen (Erwerbs- und Vermögenseinkommen). Strittig kann es sein, die Transfereinkommen in die Einkommensbesteuerung einzubeziehen, weil damit möglicherweise eine Doppelbelastung gegeben ist (sollen z.B. Renten, und wenn ja, welche Rentenbestandteile oder das Arbeitslosengeld der Besteuerung unterworfen werden?). Nicht belastet werden dagegen Einkommensteile, die keine Leistungsfähigkeit beinhalten: Sie müssten in Form von Freibeträgen (z.B. Existenzminimum) oder Abzugsmöglichkeiten (außergewöhnliche Belastungen) von der Besteuerung ausgenommen werden. In der praktischen Steuerpolitik wird an dieser Stelle von Einflussträgern eingewirkt, um Einkommensbestandteile von der Besteuerung auszunehmen. Für die Höhe der Steuersätze bzw. des Steuertarifs ist von Bedeutung, inwieweit solche Versuche gelingen. Das Ergebnis zeigt sich in der Bemessungsgrundlage (was wird als steuerbares Einkommen angesehen?). Damit werden auch steuerreformpolitische Möglichkeiten deutlich: Wenn es gelingt, die Bemessungsgrundlage zu verbreitern, können die Steuersätze aufkommensneutral gesenkt werden.

In der Steuertheorie gibt es auch eine Reihe von Vorschlägen, mit der Belastung nicht am Einkommen (also dem Ort der Einkommensentstehung), sondern an der **Einkommensverwendung** anzuknüpfen. Dann wird für eine **Ausgabensteuer** (Konsumsteuer) plädiert. Der steuerliche Zugriff erfolgt direkt beim Konsumenten, dessen persönliche Verhältnisse (wie Familienstand, Kinderzahl usw.) berücksichtigt werden sollen. Dabei kann durchaus ein progressiver Tarif zur Anwendung kommen. Mit dieser Besteuerungsform werden nicht nur die Ausgaben für spezielle Konsumgüter, sondern für das gesamte beanspruchte Konsumgüterbündel erfasst. Die **Vorteile** der Ausgabensteuer werden vor allem darin gesehen, dass sie lediglich den Konsum, nicht aber das Sparen belastet. Im Gegensatz dazu führt die Belastung von Zinserträgen aus Ersparnissen im Rahmen der Einkommensteuer zu einer **Doppelbesteuerung**, d.h. dass verschiedene Steuerhoheitsträger (Staaten) das Einkommen bei Steuerpflichtigen im gleichen Zeitraum ebenfalls mit Einkommensteuer belasten. Folglich kann die Ausgabensteuer zu einer erhöhten Ersparnis, zu einer höheren Risikobereitschaft der Investoren und somit schließlich zu einem größeren Arbeitsangebot und mehr Wachstum führen. Ob diese Wirkungen indes eintreten, hängt von den Reaktionen der Besteuerten ab. **Probleme** werden insbesondere bei der praktischen Handhabung dieser Abgabe gesehen. Bei der Ermittlung der Bemessungsgrundlage ergeben sich ebenso technische und administrative Probleme wie bei der Lösung von Sonderfragen wie dem Splitting. In Volkswirtschaften mit historisch gewachsenem Steuersystem scheint die Einführung einer solchen Steuer ausgeschlossen.[1]

Hat man sich für eine Messgröße entschieden und sind damit die Zensiten in eine Rangfolge der steuerlichen Leistungsfähigkeit gebracht, ist über die vertikale Differenzierung der Steuerbelastung zu entscheiden. Hierzu sind – im Sinne der neoklassischen Grenznutzenschule – die sogenannten **Opfertheorien** entwickelt worden. Eine „gerechte" Steuerverteilung liegt dann vor, wenn die Steuerzahlung bei jedem Zensiten das gleiche Opfer im Sinne einer gleichen **Einbuße an Wohlfahrt** bedeutet.

[1] Bei der Theorie des gleichen **absoluten** Opfers ist der Tarif so zu gestalten, dass allen Bürgern der gleiche absolute Nutzenentgang auferlegt wird. Dabei ergibt sich ein proportionaler Tarif, wenn sich der Grenznutzen des Geldes umgekehrt proportional zum Einkommen verhält bzw. eine progressive Belastung, wenn der Grenznutzen stärker fällt als in umgekehrter Proportion zum Einkommen.

[2] Dagegen plädiert man in der Theorie des gleichen **relativen** Opfers dafür, dass bei allen Steuerpflichtigen die durch die Besteuerung bewirkte Last im Verhältnis zum Gesamtnutzen des Einkommens gleich sei, der den Zensiten nach der Besteuerung noch verbleibt. Da der Nutzen bei Einkommensstarken trotz der Besteuerung höher ist als bei Einkommensschwachen, wird bei Anwendung dieses Prinzips ein progressiver Tarif abgeleitet werden können. Denn wenn z.B. bei gegebener Grenznutzenkurve – beim Prinzip des gleichen absoluten Opfers – ein proportionaler Tarif abgeleitet wird, würde unter den gleichen nutzentheoretischen Voraussetzungen jetzt ein progressiver Tarif adäquat sein.

[3] Schließlich wollen wir noch auf die Theorie des gleichen **marginalen** Opfers hinweisen. Durch die Besteuerung soll der marginale Nutzenentgang bei allen Steuerzahlern gleich sein, was darauf hinausläuft, dass der Nutzenentgang aller Zensiten ein Minimum erreicht, das kollektive Gesamtopfer würde minimiert. Dies würde bedeuten, dass alle eine bestimmte Grenze überschreitenden Einkommen weggesteuert werden müssten. Auch hier käme ein progressiver Tarif heraus, der aber wegen des Grenzsteuersatzes von 100 % **Anreizprobleme** aufwirft.

Wegen der diesen Theorien zugrunde liegenden Voraussetzungen (Probleme der Nutzenmessbarkeit, der fraglichen Annahme abnehmenden Grenznutzens, identische Nutzenfunktionen bei den Steuerpflichtigen?) fehlt hier die **Operationalität**. Ein wissenschaftlich begründeter Steuertarif kann nicht abgeleitet werden. Letztlich muss über die Steuertarife, wenn sie dem Prinzip der Belastung nach der persönlichen Leistungsfähigkeit folgen sollen, politisch entschieden werden.

Diese Schlussfolgerungen gelten auch für Untersuchungen zur **optimalen Besteuerung**. Das Äquivalenzprinzip bzw. das Leistungsfähigkeitsprinzip sollen zu einer „gerechten" Verteilung der mit der Besteuerung verbundenen Belastung der Zensiten führen. Fokussiert man dagegen die Besteuerung auf allokationspolitische Aspekte, sind weitere Überlegungen anzustellen. Wir haben bereits festgestellt, dass durch jede

---

[1] Experimente mit der Ausgabensteuer gab es von 1958–1962 in Indien, Sri Lanka (1959–1962 und 1976–1978) und Kroatien (1994–2001) vgl. CAESAR, KNOLL, 2008, S. 113ff. Zur ihrer theoretischen Begründung vgl. KALDOR, 1955 sowie PEFFEKOVEN, 1980, S. 418ff.

Steuerzahlung Ressourcen vom privaten auf den öffentlichen Bereich übertragen werden. Durch diesen Entzugseffekt (**Einkommenseffekt**) kommt es zu Wohlstandseinbußen bei den privaten Wirtschaftssubjekten. Wenn außerdem noch sogenannte Zusatzlasten (**excess burden**) dadurch verursacht werden, dass infolge der Besteuerung die Allokation der Ressourcen im privaten Sektor gestört wird (z.B. wenn Substitutionsprozesse einsetzen zwischen Arbeitszeit und Freizeit, zwischen Konsum und Sparen usw.), kommt es zu größeren Wohlstandsverlusten, als es nach den alleinigen Entzugseffekten erforderlich wäre. Dies gilt für alle Steuerarten mit Ausnahme der Kopfsteuer, deren Einführung sich aber aus verteilungspolitischen Gründen verbietet. Steuerpolitisch sollte wenigstens versucht werden, solche Mehrbelastungen zu verringern. Anhand konkreter Steuern kann untersucht werden, in welchen Fällen die Mehrbelastung minimiert werden kann. Dazu sind Modelle entwickelt worden, die entweder nur die Einkommensteuern (optimal income taxation) oder die Konsumbesteuerung (optimal commodity taxation) behandeln, wobei Voraussetzungen in Bezug auf die Höhe des Steueraufkommens (vorgegebenes oder angestrebtes Steueraufkommen?) und die Verwendung der Steuereinnahmen gemacht werden (Bereitstellung von öffentlichen Gütern im bisherigen Umfang? Finanzierung von Transfers an private Wirtschaftssubjekte?). Die Theorie der optimalen Besteuerung hat bisher keine praktikablen Lösungsansätze erarbeiten können.

Für eine **rationale Steuerpolitik** ist weiterhin die Berücksichtigung möglicher **Steuerwirkungen** von Bedeutung. Hier wird zwischen folgenden Phasen unterschieden: (1) Die **Informations- und Wahrnehmungsphase**, in der bereits mit bestimmten Abwehrreaktionen der Steuerzahler, die versuchen werden, die ihnen auferlegte steuerliche Belastung zu verringern (**Steuerabwehrwirkungen** – vgl. Abschnitt 6.2.2), zu rechnen ist. Dies wird in der (2) **Zahlungsphase** besonders deutlich, wenn es beispielsweise zur Steuerüberwälzung kommt. Schließlich führt eine veränderte steuerliche Belastung zu (3) **Einkommenswirkungen**, weil sich durch jede Steuer die Einkommensverteilung verändert. Dies wird auch als **Steuerinzidenz** bezeichnet.

3.4 Theorie der Staatsausgaben

Theoretische Untersuchungen zur Entwicklung der Staatsausgaben lassen sich in mehrere Gruppen einteilen. Zum einen wird versucht, das Wachstum der Staatsausgaben durch historische Entwicklungen oder bestimmte Hypothesen zu erklären, zum anderen kann auch im Rahmen der normativen Theorie erforscht werden, ob es einen optimalen Staatsanteil gibt (vgl. dazu Kapitel 2, Abschnitt 3). Weiterhin können auch die Wirkungen, die von Änderungen des Umfangs der Staatsausgaben (positiver oder negativer Budgetsaldo) oder ihrer Struktur ausgehen, untersucht werden. Darauf wollen wir uns im Folgenden beschränken.

Die **Beschäftigungswirkungen** von Staatsausgaben können im Rahmen einer **Multiplikatoranalyse** näher untersucht werden. Wir gehen von folgendem einfachen **Modell** einer offenen Volkswirtschaft mit ökonomischer Aktivität des Staates aus, in dem der Staat eine Kopfsteuer (T_d) erhebt, Transferzahlungen (T_r) gewährt und selbst Ausgaben für Güter und Dienste in Höhe von (Ast) tätigt. Der private Konsum hängt vom verfügbaren Einkommen (Y^{verf}) ab. Die Importe sind ebenfalls volkseinkommensabhängig [Im(Y)]. Die Staatsausgaben, die privaten Investitionen (I) und die Exporte (Ex) werden als konstant angenommen. Y^A bezeichnet das gesamtwirtschaftliche Güterangebot, Y^N die gesamtwirtschaftliche Güternachfrage. Damit lässt sich folgendes Gleichungsmodell[2] formulieren:

(1)	Y^N	=	$C(Y^{verf}) + I + Ast + Ex - Im(Y)$
(2)	C	=	$C_a + b \cdot Y^{verf}$
(3)	Y^{verf}	=	$Y - T_d + T_r$
(4)	Ast	=	Ast_k
(5)	I	=	I_k
(6)	Ex	=	Ex_k
(7)	Im	=	$Im_a + m \cdot Y$

Durch Einsetzen der Gleichung (3) in (2) und der Gleichungen (2) sowie (4) bis (7) in (1) lässt sich das **Gleichgewichtsinlandsprodukt** berechnen.

(8)	Y^A	$= Y^N \quad = Y$
(9)	Y	$= C_a + b \cdot (Y - T_d + T_r) + I_k + Ast_k + Ex_k - (Im_a + m \cdot Y)$
	Y	$= C_a + b \cdot Y - b \cdot T_d + b \cdot T_r + I_k + Ast_k + Ex_k - Im_a - m \cdot Y$
	$Y - b \cdot Y + m \cdot Y$	$= C_a - b \cdot T_d + b \cdot T_r + I_k + Ast_k + Ex_k - Im_a$
	$Y (1 - b + m)$	$= C_a - b \cdot T_d + b \cdot T_r + I_k + Ast_k + Ex_k - Im_a$
(10)	Y	$= [1/(1 - b + m)] \cdot (C_a - b \cdot T_d + b \cdot T_r + I_k + Ast_k + Ex_k - Im_a)$

Symbole:

Y^A	= Inlandsprodukt	Ast	= Staatsausgaben
Y^N	= gesamtwirtschaftliche Nachfrage	I	= Investitionen
Y^{verf}	= verfügbares Einkommen	C	= privater Konsum (Konsumfunktion)
Im	= Importe (Importfunktion)	b	= marginale Konsumquote
m	= marginale Importquote	C_a	= autonomer Konsum
Im_a	= autonomer Import	Ex	= Exporte
T_d	= direkte Steuern	$_k$	= konstant
T_r	= Transferzahlungen	t	= Steuersatz

Der erste Term auf der rechten Seite von Gleichung (10) stellt den **Multiplikator** in allgemeiner Form dar. Wenn nun beispielsweise ceteris paribus („unter sonst gleichen Umständen") die Staatsausgaben um den Betrag dAst variiert werden, kann die Multiplikatorwirkung auf das Inlandsprodukt (dY) berechnet werden.

(11) $dY = [1 / (1 - b + m)] \cdot (dAst)$

---

[2] Gleichung (1) ist eine **Definitionsgleichung**, während die Konsumfunktion (2) und die Importfunktion (7) **Verhaltensgleichungen** darstellen. Wenn nun versucht wird, ein solches Modell auf eine konkrete Volkswirtschaft anzuwenden, müssen die Parameter in den mathematischen Gleichungen geschätzt werden. Dies gilt z.B. für die marginale Konsumquote, die marginale Importquote usw. Bei der Schätzung werden Zeitreihen und andere statistische Aussagen benötigt. Man spricht dann von **ökonometrischen Modellen** (vgl. Kap. 1, Abschnitt 3.1.1.2). Sie werden oft als **Simulationsmodelle** eingesetzt, um z.B. die Wirkungen von Instrumenten besser abschätzen zu können: Wie wirkt sich die Veränderung von Steuersätzen oder Staatsausgaben auf die Beschäftigung oder die Inflationsrate aus?

▶ Anwendungsfall 1: Multiplikator bei Kreditfinanzierung

Für die Werte b = 0,8 und m = 0,2 ergäbe sich ein Multiplikator von 2,5. Läge eine **geschlossene Volkswirtschaft** vor, würde in (10) die marginale Importquote nicht erscheinen, was zu einem Multiplikator von 5 führen würde. Wir erkennen, dass sich die expansive Wirkung dann ausschließlich im Inland ergeben würde, während bei einer **offenen Volkswirtschaft** mit „Versickerungseffekten" in das Ausland zu rechnen ist.

Wenn die Staatsausgaben in ihrer Höhe variiert werden und man von einer Kreditfinanzierung ausgeht, wären dem abgeleiteten expansiven Effekt eventuelle Einschränkungen der privaten Investitionsgüternachfrage infolge von Zinswirkungen entgegenzustellen (**Crowding-out-Effekt**, vgl. Abschnitte 3.5 und 7). Dies ist in unserem Modell nicht berücksichtigt, es müsste um eine entsprechende Investitionsfunktion [I(i)], in der i den Zinssatz darstellt, erweitert werden. Geht man dagegen von einer Steuerfinanzierung (dT_d) in gleicher Höhe aus, würde das Budgetvolumen unverändert bleiben: $dAst = dT_d$. Auch hier lässt sich feststellen, ob expansive Effekte eintreten.

(12) $dY = [1 / (1 - b + m)] \cdot (dAst - b \cdot dT_d)$, und wegen: $dAst = dT_d$

(13) $dY = [1 / (1 - b + m)] \cdot (1 - b)dAst.$

▶ Anwendungsfall 2: Multiplikator bei Steuerfinanzierung

Für die **offene Volkswirtschaft** lässt sich eine schwache positive Wirkung auf Y ableiten. Wenn wir wieder die Werte b = 0,8 und m = 0,2 einsetzen, würde der Multiplikator 0,5 betragen. Für die **geschlossene Volkswirtschaft** ergibt sich dagegen ein Multiplikator von eins. Selbst eine steuerfinanzierte Erhöhung der Staatsausgaben hätte noch einen expansiven Effekt auf das Inlandsprodukt. Diese Erkenntnis wird auch als das **Haavelmo-Theorem** (nach TRYGVE M. HAAVELMOO [1911–1999]) bezeichnet.

In einem **zweiten Modell** wollen wir nur die Steuerfunktion verändern. Wir gehen jetzt nicht mehr von dem unrealistischen Fall einer Kopfsteuer aus, sondern nehmen eine mit dem Einkommen proportional variierende Steuer an. In der Gleichung des verfügbaren Einkommens (3) wird dies durch den Steuersatz t ausgedrückt.

(1) $Y^N = C(Y^{verf}) + I_k + Ast_k + Ex_k - Im(Y)$

(2) $C = C_a + b \cdot Y^{verf}$

(3) $Y^{verf} = Y - (t \cdot Y)$

(4) – (8) siehe Modell 1.

Wir wollen wieder das Gleichgewichtsinlandsprodukt berechnen:

(8) $Y = C_a + b(Y - t \cdot Y) + I_k + Ast_k + Ex_k - Im_a + m \cdot Y$

$Y - b(Y - t \cdot Y) + m \cdot Y = C_a + I_k + Ast_k + Ex_k - Im_a$

$Y \cdot [1 - b(1 - t) + m] = C_a + I_k + Ast_k + Ex_k - Im_a$

(9) $Y = 1 / [1 - b \cdot (1 - t) + m] \cdot C_a + I_k + Ast_k + Ex_k - Im_a$

(10) $dY = [1 / (1 - b \cdot (1 - t) + m)] \cdot (dAst)$

▶ Anwendungsfall 3: Multiplikator bei proportionaler Einkommensteuer

Die multiplikative Wirkung ist gegenüber dem ersten Modell durchweg geringer. Dies liegt daran, dass nun von jeder Einkommenssteigerung bei den privaten Haushalten ein dem proportionalen Steuersatz entsprechender Betrag abgezogen wird, der für konsumtive Zwecke nicht mehr zur Verfügung steht. Gehen wir wieder von $b = 0{,}8$, $m = 0{,}2$ und $t = 0{,}3$ aus, würde sich ein Staatsausgabenmultiplikator von 1,56 ergeben.

Von der staatlichen Nachfrage nach Gütern und Diensten können auch **Preiswirkungen** ausgehen. Sofern sie in Sektoren ausgeübt wird, in denen eine gute Beschäftigungssituation herrscht, muss tendenziell mit Preissteigerungen gerechnet werden. Zur Vermeidung von binnenwirtschaftlichen Preiswirkungen kann – in bestimmten Fällen – die staatliche Nachfrage auch im Ausland getätigt werden. Dies wird sich im Übrigen immer dann anbieten, wenn die Auslandspreise niedriger sind.

3.5 Theorie der Staatsverschuldung

Wenn die Zwangseinnahmen und sonstigen Einnahmen des Staates nicht ausreichen, um geplante Ausgaben tätigen zu können, müssen Kredite aufgenommen werden. Wir wollen nun fragen, welche Wirkungen davon zu erwarten sind.

Wirkungsanalysen, die untersuchen, ob sich durch die Aufnahme öffentlicher Kredite die gesellschaftlichen (Opportunitäts-)Kosten staatlicher Ausgaben in die Zukunft verschieben lassen, werden unter dem Begriff der **Lastenverschiebungshypothese** zusammengefasst. Eine Verschiebung wurde seit der klassischen Nationalökonomie mit der Begründung verneint, dass der mit der Kreditfinanzierung staatlicher Ausgaben verbundene Entzug von Ressourcen aus dem privaten Bereich jeweils in vollem Umfang in der Gegenwart anfalle. Bei interner Verschuldung werden durch die Kreditaufnahme keine größeren Ressourcen für die Volkswirtschaft geschaffen. Das ist bei externer Kreditaufnahme anders: Im Ausland aufgenommene Kredite können – temporär – die im Inland verfügbare Gütermenge vergrößern.

Für weitere Überlegungen ist es wichtig, den **Begriff der Last** klar zu fassen. Man kann die Last nicht nur gesamtwirtschaftlich im Sinne der Inanspruchnahme von Ressourcen verstehen, sondern auch mikroökonomisch als individuelle Nutzeneinbuße. Im Gegensatz zur Steuerfinanzierung (mit zwangsweiser Verringerung des privaten Einkommens) erfolgt die Übernahme staatlicher Schuldtitel **freiwillig** und ist insofern nicht mit einer Nutzeneinbuße (im Sinne eines Verlustes an individueller Wohlfahrt) verbunden. Davon können wir ausgehen: Zwangsanleihen hat es nur zu Kriegszeiten gegeben. Insofern liegt hier keine „Last" vor, die Forderungen an den Staat bleiben bestehen, sie werden als Vermögen an die nächste Generation vererbt. Die Last entsteht erst in der Zukunft mit der Zahlung von Steuern für den Schuldendienst. Eine solche Sichtweise würde zu dem Ergebnis führen können, dass sich die Last der Staatsverschuldung auf zukünftige Generationen übertragen lässt. Indes werden diese Überlegungen durch die bekannte Kritik am Nutzenkonzept in Frage gestellt.

Aber auch hier ist das Lastkonzept fragwürdig. Die Verzinsung und Tilgung werden aus dem allgemeinen Steueraufkommen geleistet. Für die Beantwortung unserer Frage nach einer möglichen **Belastung zukünftiger Generationen** im Sinne **intertemporaler Verteilungswirkungen** der Staatsverschuldung ist die Kenntnis zweier Sachverhalte notwendig: (1) Wie progressiv ist das gesamte Steuersystem, oder ist die Belastung insgesamt proportional? (2) Wie ist die Gläubigerstruktur des Staatskredits, wie sind die staatlichen Schuldtitel über die Einkommensklassen der privaten Haushalte letztlich verteilt?

Es ist statistisch unmöglich, eine genaue Zuordnung der Verteilung des Besitzes staatlicher Schuldtitel auf die privaten Haushalte (gegliedert nach Einkommensklassen) vorzunehmen (vgl. Abschnitt 2.4.1). Man kann aber vermuten, dass die Bezieher höherer Einkommen aufgrund ihrer größeren Ersparnis mehr Staatspapiere erwerben als die Bezieher niedriger Einkommen, deren Konsumquote bekanntlich sehr hoch ist. Von den staatlichen Zinszahlungen werden also insbesondere die Bezieher hoher Einkommen profitieren. Im Ergebnis käme es nun auf einen Vergleich der Progressivität des Steuersystems mit der Verteilung der steuerfinanzierten Zinserträge über die Einkommensklassen an. Hier liegt die Schlussfolgerung nahe, dass die Bezieher niedriger Einkommen über ihre Steuern (z.B. die Mehrwertsteuer) die Zinserträge der Einkommensreichen mitfinanzieren. Insofern stellt die hohe Staatsverschuldung eine Belastung für die zukünftige Generation dar, aber nicht generell, sondern infolge der **unsozialen Verteilungswirkung** der steuerfinanzierten Zinszahlungen.

Ein anderes Konzept stellt der **Wachstumsansatz** dar. Dabei ist entscheidend, bei welcher Finanzierungsalternative (Steuern oder Kredite?) die für das Wachstum bedeutsamen privaten Investitionen stärker verdrängt werden (**Crowding-out-Effekt**). Hier wird der Begriff der Last als differenzieller Wachstumseffekt verstanden. Werden bei Steuerfinanzierung eher der Konsum, bei Kreditfinanzierung jedoch eher die Investitionen getroffen, wäre der im zweiten Fall für die nächste Generation vorhandene Kapitalstock niedriger als im ersten Fall. Die Last besteht dann in einer Verringerung zukünftigen Realeinkommens. Von Bedeutung für eine endgültige Beurteilung sind in diesem Konzept die jeweils zu Grunde gelegten Konsum- und Investitionsfunktionen. Außerdem müsste untersucht werden, ob nicht durch die Kreditfinanzierung der volkswirtschaftliche Kapitalstock vergrößert wird (z.B. in Form materieller Infrastruktur), wodurch private Investitionen begünstigt werden.

Nach beiden Konzepten wäre es somit grundsätzlich möglich, durch Kreditfinanzierung die sozialen Opportunitätskosten öffentlicher Ausgaben in die Zukunft zu verlagern. Damit würde dem **pay-as-you-use-Prinzip** entsprochen. Es verlangt, dass den Staatsbürgern Ausgaben für langfristig nutzbare öffentliche Einrichtungen (z.B. in der Infrastruktur und im Bildungsbereich) entsprechend der Nutzung angelastet werden. Spätere Generationen, die derartige Einrichtungen in Anspruch nehmen, müssten also auch zur Finanzierung herangezogen werden. Ein Weg dazu wird in der Kreditfinanzierung der betreffenden Ausgaben gesehen, deren Verzinsung und Tilgung aus Steuereinnahmen während der späteren Nutzungszeit erfolgen kann. Eine **Lastenverschiebung** in die Zukunft läge nur dann vor, wenn mit den staatlichen Krediten Ausgaben finanziert wurden, von denen die zukünftige Generation **keinen** Nutzen hat, sie aber dennoch für den Schuldendienst (über Steuern) aufkommen muss.

Durch die staatliche Kreditaufnahme beansprucht der Staat Ressourcen, d.h. Teile des Inlandsprodukts. Von Bedeutung ist nun, für welche Zwecke diese Ressourcen eingesetzt werden (s.o.) und wie die **gesamtwirtschaftliche Lage** einzuschätzen ist. Befindet sich die Volkswirtschaft in einer Phase sehr guter Auslastung der Produktionskapazitäten, entsteht das Problem, dass der Staat seine – kreditfinanzierten – Ansprüche an das Inlandsprodukt zulasten privater Nachfrager durchsetzen kann (er dürfte im Allgemeinen weniger zinsempfindlich sein als private Kreditnachfrager). Für die weitere Beurteilung müsste festgestellt werden, wer von den kreditfinanzierten staatlichen Ausgaben Nutzen hat (**Ausgabeninzidenz –** vgl. Abschnitt 6.3). Wenn dagegen die Produktionskapazitäten nicht voll ausgelastet sind, können die freien Ressourcen ohne Probleme vom Staat in Anspruch genommen werden.

Die **neoklassische Position** stellt dagegen auf die **Neutralität** der Staatsverschuldung ab. Der Staat sollte sich möglichst überhaupt nicht verschulden. Wenn dies aber unumgänglich ist, sollte die Inanspruchnahme der Finanzmärkte möglichst neutral erfolgen, um die Dispositionen der privaten Wirtschaftssubjekte nicht zu beeinträchtigen.

4 Ziele und Strategien der Finanzpolitik

4.1 Ziele

Eine erste wichtige Orientierung für die Ziele der Finanzpolitik hat MUSGRAVE mit der Theorie des multiplen Budgets geliefert (vgl. Abschnitt 3.1). Es geht dabei um allokatonspolitische (bestmöglicher Einsatz der volkswirtschaftlichen Ressourcen), distributionspolitische (Gestaltung der Einkommens- und Vermögensverteilung nach gesellschaftlichen Normen und Vorstellungen) und stabilisierungspolitische Ziele (Vollbeschäftigung [vgl. Kapitel 7], Preisstabilität [vgl. Kapitel 5] und außenwirtschaftliches Gleichgewicht [vgl. Kapitel 8]). Zur Preisstabilität: Dies ist das Oberziel der Geldpolitik der EZB, mit der Abstimmungsmechanismen etabliert sein müssen, da von der Finanzpolitik Beeinträchtigungen für die Zielerreichung ausgehen können. Hinzu kommen aber auch umweltpolitische Ziele, die immer dann mit der Finanzpolitik verzahnt sind, wenn finanzielle Mittel zum Einsatz kommen oder steuerliche Instrumente eingesetzt werden, um als Lenkungssteuern Umweltverhalten zu beeinflussen. Die Ziele sind niemals isoliert ableitbar und zu betrachten, sondern immer im Kontext mit anderen wichtige Politikbereichen.

4.1.1 Haushaltspolitische Ziele

Das Ziel des **Haushaltsausgleichs** – als formal-juristisches Ziel – ist in Art. 110 Abs. 1, Satz 2 GG vorgegeben: „Der Haushaltsplan ist in Einnahme und Ausgabe auszugleichen.“ Wichtiger ist indes das Ziel des **materiellen** Haushaltsausgleichs: Die Ausgaben sollten grundsätzlich ohne Kreditaufnahmen getätigt werden.

Wegen der großen Bedeutung des Haushalts des Staates für die gesamtwirtschaftliche Entwicklung sind Konzepte (z.B. der **konjunkturneutrale Haushalt**) entwickelt worden, die den Haushalt als ein mittelfristig wirkendes Instrument mit dem Ziel der Konjunkturstabilisierung einsetzen wollen. Eine Schlüsselgröße ist dabei der **Budgetsaldo**, der in konjunkturell schwachen Zeiten durchaus negativ sein darf (oder sogar sein soll), und der in Boomphasen möglichst einen positiven Wert annehmen soll. Wie die finanzpolitische Praxis in der Vergangenheit gezeigt hat, ist zwar die Bereitschaft zur Verschuldung in rezessiven Phasen (**deficit spending**) groß, aber aufgrund des Verhaltens von Politikern kommt es kaum zur Bildung von Budgetüberschüssen (**surplus saving**) in Hochkonjunkturphasen. Mit der „Schuldenbremse" in Deutschland (vgl. Abschnitt 2.4.1) und dem EUROPÄISCHEN STABILITÄTS- UND WACHSTUMSPAKT sowie dem Fiskalvertrag (vgl. Abschnitte 4.2.2 und 6.6) ist diese haushaltspolitische Möglichkeit stark eingeschränkt worden. Damit soll die Tragfähigkeit der öffentlichen Haushalte als weiterem wichtigen Ziel erreicht werden. „Die **Tragfähigkeit der öffentlichen Finanzen** wird als die Fähigkeit eines Staates definiert, seine Verbindlichkeiten auf lange Sicht zu bedienen" (EZB, Monatsbericht April 2011, S. 65). Weitere haushaltspolitische Ziele werden durch die Steuer- und Ausgabenpolitik konkretisiert.

4.1.2 Steuerpolitische Ziele

Hauptzweck der Steuererhebung durch den Staat ist nach § 3 AO in der Regel die **Einnahmeerzielung** (vgl. Abschnitt 2.2.1). Es können aber auch andere Ziele verfolgt werden, so dass die Einnahmeerzielung nur Nebenzweck ist. Beispielsweise kann die Steuerpolitik in den Dienst der **konjunkturpolitischen Stabilisierung** gestellt werden (z.B. über die Variation von Steuersätzen oder die Gewährung von steuerlichen Abschreibungsmöglichkeiten zur Beeinflussung der Investitionsgüternachfrage), oder man versucht, durch steuerliche Maßnahmen zur **Einkommens- und Vermögensumverteilung** beizutragen (vgl. Kapitel 6). Der Zweck der Einnahmeerzielung kann in den Hintergrund treten, wenn der Staat durch hohe Steuersätze wie etwa bei der Tabaksteuer versucht, **gesundheitspolitische Ziele** zu erreichen: je geringer die Einnahmen, desto mehr wird die angestrebte Zielsetzung verwirklicht (Prohibitionssteuern). Oder **umweltpolitische Ziele**:

▶ Beispiel

Die Kraftfahrzeugsteuer ist eine Lenkungssteuer. Durch ihre Ausgestaltung wird ein Anreiz geboten, ein möglichst schadstoffarmes Modell zu kaufen. Autos mit hohem Schadstoffausstoß werden stärker besteuert.

Finanzpolitik

Ein materiell wichtiges Ziel der Steuerpolitik dürfte das Streben nach **Steuergerechtigkeit** sein. Nach den theoretischen Erörterungen (Abschnitt 3.3) lässt sich diese Norm nicht konkret bestimmen. Sie steht auch im Konflikt mit Prinzipien, die sich an einer Besteuerung nach der Leistungsfähigkeit oder an sozialen Kriterien orientieren.

In der politischen Auseinandersetzung ist der höchste **Grenzsteuersatz**, die sogenannte Spitzenbelastung, seit jeher stark umstritten. Eine hohe Grenzbelastung steht für eine **umverteilungspolitische Zielsetzung**. Dagegen können niedrigere Grenzsteuersätze als Impulse (Incentives) für mehr Leistung und damit auch mehr Wirtschaftswachstum vertreten werden. Umstritten ist die Spitzenbelastung vor allem deswegen, weil es Grenzen der steuerlichen **Belastbarkeit** geben kann. Würde man sie überschreiten, müsste man mit einer Einschränkung der Leistungsbereitschaft bei den Betroffenen rechnen. Bei einem Grenzsteuersatz von z.B. 100 %, würde es sich allein aus finanziellen Gründen nicht mehr lohnen, mehr Einkommen zu erzielen, da jeder zusätzlich verdiente Euro an den Staat abzuführen wäre. Dabei ist indes zu beachten, dass bei hohem Einkommen durchaus **nicht-finanzielle Leistungsmotive** (Macht, Prestige) in den Vordergrund treten können, die die negativen Leistungsanreize infolge hoher Grenzsteuersätze signifikant abschwächen können.

Die steuerliche Belastung muss aber auch **sozialpolitischen Zielen** genügen:

▶ Beispiele

Aufgrund eines Urteils des BUNDESVERFASSUNGSGERICHTS (BVERFG) aus dem Jahre 1992 musste der Grundfreibetrag bei der Einkommensteuer auf das Existenzminimum erhöht werden. Dies hat der Gesetzgeber ab 1996 berücksichtigt und ihn sukzessive erhöht, ab 2013: 8.130 €. Für Verheiratete verdoppeln sich diese Beträge. Die Festlegungen erfolgen nach den Berechnungen im jeweiligen EXISTENZMINIMUMBERICHTS der BUNDESREGIERUNG (9. Bericht v. 7.11.2012).

Sozialpolitische Bedeutung hatte auch die Senkung des Eingangssteuersatzes, der von 25,9 % (1998) in mehreren Schritten bis 2005 auf 15 % verringert wurde.

Anfang 1999 hat das BVERFG ein Urteil zur Familienbesteuerung gefällt: Der steuerliche Freibetrag musste für Verheiratete mit einem Kind ab dem Jahr 2000 um mehr als 9.500 DM erhöht werden. Bis 1999 hatten nur unverheiratete oder dauernd getrennt lebende Eltern diesen Steuervorteil.

Im Juni 2012 hat das BVERFG die Ungleichbehandlung von eingetragener Lebenspartnerschaft und Ehe beim beamtenrechtlichen Familienzuschlag für verfassungswidrig erklärt. Sie ist unvereinbar mit dem allgemeinen Gleichheitssatz des Art. 3 Abs. 1 GG. Dies hat der Gesetzgeber 2013 umgesetzt.

4.1.3 Ausgabenpolitische Ziele

Mit staatlichen Ausgaben kann eine **Fülle von spezifischen Zielen** verfolgt werden, von denen die allokationspolitischen besonders bedeutsam sind: es geht um die Versorgung der Bevölkerung mit öffentlichen Gütern. Die Höhe von Verteidigungsausgaben oder Ausgaben für innere Sicherheit lässt Rückschlüsse auf **sicherheitspolitische** Ziele zu, während Ausgaben für den Bildungsbereich etwas über **bildungspolitische** Ziele aussagen. Investitionsausgaben des Staates tragen zur Schaffung einer leistungsfähigen **Infrastruktur** bei und tragen damit zu den Voraussetzungen für wirtschaftliches Wachstum bei. Für die ausgabenpolitischen Ziele gilt weiter, dass sie sich an denen des **magischen Vielecks** (vgl. Kapitel 1, Abschnitt 3.2.2.1) orientieren.

> Grundsätzlich gilt: Im Staatshaushalt konkurrieren die Ziele miteinander: Jede verfügbare Geldeinheit kann nur einmal ausgegeben werden. Daher sind bei der Aufstellung des Haushalts Prioritäten für die verfolgten Ziele festzulegen. Sollen die Ausgaben für innere oder äußere Sicherheit, für Investitionen in Humankapital oder für Infrastruktur erhöht oder gekürzt werden?

Eine besondere Kategorie staatlicher Ausgaben (oder im Falle von Steuervergünstigungen der Verzicht auf Steuereinnahmen) stellen die **Subventionen** dar (vgl. Abschnitt 2.3.3). In der Sozialen Marktwirtschaft sollen sie grundsätzlich nur als Hilfe zur Selbsthilfe gewährt werden. Zeitlich befristet und degressiv ausgestaltet können sie in bestimmten Fällen dazu beitragen, den **Strukturwandel** zu erleichtern und unzumutbare Härten abzufedern. Um **gleichwertige Lebensverhältnisse** in Deutschland herzustellen, sollen darüber hinaus auch regionale Disparitäten abgebaut werden. In den Neuen Bundesländern wurden deshalb verstärkt Finanzhilfen und Steuervergünstigungen eingesetzt, um den wirtschaftlichen Anpassungsprozess zu beschleunigen.

4.1.4 Schuldenpolitische Ziele

Die staatliche Kreditaufnahme dient grundsätzlich der Deckung von Einnahmelücken im Haushalt. Dabei sollte die Verschuldung so erfolgen, dass die später zu zahlenden **Zinskosten** minimiert werden. Die Staatsverschuldung kann auch in den Dienst der **Konjunktur- und Beschäftigungspolitik** gestellt werden. Diese Ziele gelten für die Schuldenpolitik allgemein, aber auch für das Debt Management im engeren Sinne, bei dem Schuldenstrukturveränderungen durchgeführt werden, um zur Zinskostenminimierung oder zur Unterstützung von konsolidierungspolitischen Maßnahmen beizutragen. Damit ist die FINANZAGENTUR DES BUNDES beauftragt. Ihre Unternehmensstrategie zielt darauf ab, die Finanzierung des Bundeshaushalts zu optimieren und die Zinskostenbelastung des Bundes bei begrenztem Risiko langfristig zu senken.

Schuldenpolitische Ziele können auch darin bestehen, den Kapitalmarkt, auf dem die Kredite aufgenommen werden, möglichst nicht zu stören, weil sich sonst negative Wirkungen für die privaten Kapitalanleger und -nachfrager ergeben könnten. Aus diesem Grunde findet regelmäßig eine Abstimmung zwischen dem ZENTRALEN KAPITALMARKTAUSSCHUSS (ZKMA) – ein freiwillig von Geschäftsbanken betriebener Finanzausschuss mit 11 Mitgliedern – der BUNDESBANK und den staatlichen Gebietskörperschaften statt, wann und in welcher Reihenfolge („Gänsemarschprinzip“) sie auf dem Kapitalmarkt Kredite aufnehmen. Damit wird das Ziel verfolgt, einer Überforderung des Kapitalmarktes durch eine kontrollierte Emissionsplanung entgegenzuwirken.

4.1.5 Zielhierarchie und Zielkonflikte in der Finanzpolitik

4.1.5.1 Zielhierarchie

Wir wollen diese Überlegungen in einer **Zielhierarchie** zusammenfassen (Abb. 4.2). Auf der obersten Zielebene finden wir die gesellschaftlichen Ziele wieder: die Finanzpolitik hat in Bezug auf diese Ebene Mittelcharakter.

Für die Finanzpolitik spielen allokative (z.B. Wachstum) und distributive (z.B. Einheitlichkeit der Lebensverhältnisse) Ziele eine große Rolle. Dies gilt auch für das Ziel der **wirtschaftlichen Stabilisierung**. Es versteht sich von selbst, dass der Staat im Rahmen seiner finanzpolitischen Ziele auch zur Gewährleistung von **Sicherheit** beizutragen hat (Bereitstellung entsprechender Budgetmittel für innere und äußere Sicherheit). Die Haushaltspolitik hat den **Strukturwandel** zu fördern. Schließlich hängt die Erfüllung haushaltspolitischer Ziele von der Einnahmenerzielung überhaupt, aber auch von hinreichender Budgetflexibilität ab, die ihrerseits u.a. von der Erreichung des schuldenpolitischen Ziels der Zinskostenminimierung beeinflusst wird. Schließlich wollen wir noch auf das Ziel der **Tragfähigkeit** der öffentlichen

Haushalte hinweisen. Es bedeutet letztlich das Wiedererlangen handlungspolitischer Gestaltungsmöglichkeiten in Bezug auf die Ziele auf höheren Zielebenen.

Die **Operationalisierung** finanzpolitischer Ziele ist möglich, aber in der Diskussion deswegen umstritten, weil darin interessenpolitische Vorstellungen einfließen können. Dies zeigt sich z.B. in der Festlegung einer bestimmten **Staatsquote** oder **Steuerquote**: Sollen sie gesenkt werden, bedeutet dies eine Verringerung der Möglichkeiten wirtschaftspolitischer Einflussnahme auf die gesellschaftliche Entwicklung einerseits, stärkt aber die Entfaltungsmöglichkeiten privater Wirtschaftssubjekte andererseits. Auch schuldenpolitische Ziele lassen sich ohne Schwierigkeiten operational festlegen: die Begrenzung der jährlichen Nettoneuverschuldung auf einen bestimmten Betrag (für den Bund seit Einführung der „Schuldenbremse" 2009 grundsätzlich maximal 0,35 % bezogen auf das BIP) oder ihre Rückführung in einem bestimmten Umfang in einem festgelegten Zeitraum (ein Zwanzigstel bei einem Schuldenstand von mehr als 60 %, vgl. die Vereinbarung im FISKALVERTRAG, Abschnitt 6.6 [zu 2]). Die operational formulierten Kriterien beruhen auf politischen Überlegungen und finanzpolitischen Erfahrungen, eine wissenschaftliche Begründung gibt es für sie nicht.

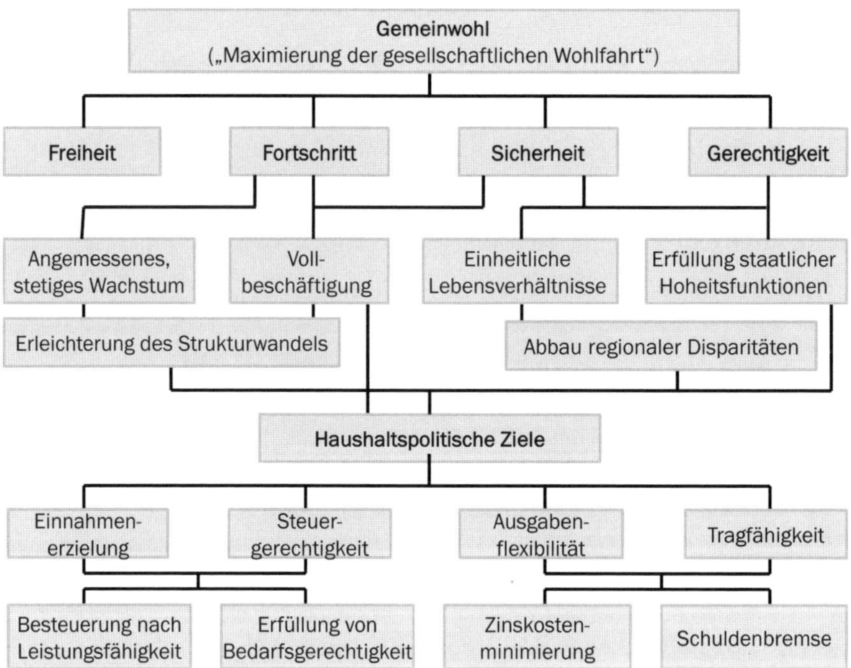

Abb. 4.2: Zielhierarchie der Finanzpolitik (Ausschnitt)

4.1.5.2 Zielkonflikte

Zielkonflikte liegen auf verschiedenen Ebenen:

- Vom magischen Vieleck spricht man deswegen, weil es zwischen den gesamtwirtschaftlichen Zielen eine Reihe von Konflikten gibt (vgl. Kapitel 1, Abschnitt 3.2.2.1). Sie müssen beim Einsatz finanzpolitischer Mittel berücksichtigt werden.
- Zahlreiche Beispiele gibt es zwischen Steuerpolitik und Ausgabenpolitik: Bei Steuersenkungen oder der Abschaffung von Steuern können weniger Ausgaben getätigt werden (wenn die entstehenden Lücken nicht durch Kreditaufnahme gefüllt werden können). Damit lassen sich möglicherweise bestimmte allokative Zielsetzungen nicht mehr verfolgen. Außerdem führen sie zu Verteilungswirkungen, die ungewollt sein können. Beispielsweise war die Aussetzung der Vermögensteuer ab 1997 – auch wenn sie verfassungsrechtlich in der damaligen Form und aus Gründen der Steuerharmonisierung in der EU geboten schien – verteilungspolitisch umstritten.
- Die Gewährung von Subventionen mag zwar zur Sicherung von Beschäftigung beitragen, sie bedeutet aber immer eine Verzerrung der Faktorpreise und führt somit zu einer suboptimalen Allokation.
- Kreditfinanzierte Ausgaben mögen aus – z.B. beschäftigungspolitischen – Gründen erforderlich sein, sie stellen aber dann ein Konfliktpotenzial dar, wenn aufgrund hoher Zinsbelastungen der Handlungsspielraum des Staates eingeschränkt wird.
- Die Orientierung der Besteuerung an der Leistungsfähigkeit ist im Allgemeinen nicht mit dem Prinzip der Bedarfsgerechtigkeit kompatibel (vgl. Kapitel 6, Abschnitt 4.1).
- Konflikte sind auch darin zu sehen, dass das BUNDESFINANZMINISTERIUM häufig **Nichtanwendungserlasse** an die Finanzämter verschickt, Urteile des BUNDESFINANZHOFS (Oberstes Finanzgericht) nicht anzuwenden. Dies ist zwar rechtlich möglich – Gerichtsurteile binden nur die Beteiligten – aber unter dem Blickwinkel der Gewaltenteilung und aus Sicht verunsicherter Steuerzahler nicht verstehbar. In anderen Fällen hat das Ministerium Urteile nicht im BUNDESSTEUERBLATT veröffentlicht, so dass die Finanzämter sie nicht anwenden durften (FAZ v. 26.1.2011).

4.2 Strategien

4.2.1 Die mittelfristige Finanzplanung

Erst in den 1960er Jahren wurde in Deutschland die staatliche Finanzwirtschaft in eine längerfristige Strategie eingebettet und von der ausschließlich an einjährigen Haushalten orientierten Finanzpolitik gelöst: Mit dem STABILITÄTSGESETZ von 1967 wurde u.a. eine **mehrjährige Finanzplanung** eingeführt. Es handelt sich um eine fünfjährige Planung, in der das 1. Jahr dem laufenden Budget, das 2. Jahr dem Budgetvoranschlag des nächsten Haushaltsjahres entspricht. Sie wird jährlich fortgeschrieben und an neue Entwicklungen angepasst (gleitende Planung). Die mittelfristige Finanzplanung stellt das **Handlungsprogramm** der Regierung dar. Es ist indes nicht vollzugsverbindlich. Bundestag und Bundesrat werden über die mittelfristige Finanzplanung informiert.

Damit wurden erstmals in die öffentliche Haushaltswirtschaft Elemente eines sogenannten **outputorientierten Verfahrens** eingeführt. Bei der Planung richtet man sich vorrangig an den zu erfüllenden staatlichen Aufgaben aus und ermittelt dann die dafür grundsätzlich notwendigen finanziellen Ressourcen. Reichen die Einnahmen nicht aus, muss überlegt werden, ob eine Kreditfinanzierung in Frage kommt oder ob Ausgaben gekürzt werden müssen. Dies bedeutet, dass man klare Prioritäten für die staatlichen Ausgabenziele festlegen muss. Dagegen basiert die traditionelle Haushaltswirtschaft auf einem **inputorientierten Verfahren**, d.h. dass bisherige Budgetansätze mehr oder weniger schematisch in die Zukunft fortgeschrieben werden, ohne dabei jedoch systematisch ihre Bedeutung in Bezug auf die staatliche Zielerreichung zu überprüfen. Das Haushaltsvolumen wird durch die vom Staat in Anspruch genommenen Ressourcen, die Summe der Inputs, ermittelt.

Die **Vorteile** der mittelfristigen Finanzplanung: Geplante Aufgabenschwerpunkte sind erkennbar, damit ergibt sich eine höhere **Transparenz** für private Wirtschaftssubjekte. **Verpflichtungsermächtigungen**, durch die die Regierung ermächtigt wird, Verbindlichkeiten auch zu Lasten zukünftiger Haushaltsjahre einzugehen, erleichtern die Vorbereitung zukünftiger Haushalte. Sofern die mittelfristige Steuerschätzung zu einer Unterdeckung der geplanten Ausgaben führt, muss auch der **Kreditbedarf** bestimmt werden. Damit wird die Inanspruchnahme des Kapitalmarktes durch die öffentlichen Hände verdeutlicht. Die Transparenz über geplante Vorhaben im öffentlichen Sektor wird noch dadurch erhöht, dass regelmäßig eine Abstimmung der mittelfristigen Finanzplanungen von Bund, Ländern und Gemeinden im STABILITÄTSRAT (bis Ende 2009 im FINANZPLANUNGSRAT) durchgeführt wird (vgl. Abschnitt 5.4).

4.2.2 Koordination der Finanz- und Haushaltspolitik im Rahmen der europäischen Integration

Die nationale Haushalts- und Finanzpolitik ist nicht mehr völlig autonom. Seit der Einführung des Euro 1999 ist ihre verbesserte Koordination im europäischen Rahmen notwendig geworden, um die Risiken (vor allem Inflationsgefahren), die von den nationalen öffentlichen Haushalten ausgehen können, weitgehend einzugrenzen. Inzwischen wird von der EU verlangt, dass die Haushaltswirtschaft der Mitgliedsländer in einen mittelfristigen **Programm- und Planungsrahmen** eingebettet wird.

Die Aufnahme in die WÄHRUNGSUNION und damit in den Euro-Währungsclub war und ist seit dem VERTRAG VON MAASTRICHT (heute: Art. 140 AEUV) an die Erfüllung von Stabilitätskriterien (**Konvergenzkriterien**) gebunden. Zur Sicherung der Stabilität der gemeinsamen Währung **auf Dauer** beschloss der EUROPÄISCHE RAT Ende 1996 in Dublin die Grundzüge eines STABILITÄTS- UND WACHSTUMSPAKTS, zu dem im April 1997 die Einzelheiten festgelegt wurden. Kernstück dieses Pakts ist die Verpflichtung der beteiligten Staaten auf eine **dauerhafte Haushaltsdisziplin**. Die Euro-Länder müssen **Stabilitätsprogramme** vorlegen, in denen sie ihre mittelfristigen Haushaltsziele ausweisen, die voraussichtliche Entwicklung der Staatsschulden angeben und schließlich darlegen, mit welchen Maßnahmen sie die angestrebten Ziele erreichen wollen. Die Stabilitätsprogramme werden jährlich anhand der neuesten Wirtschafts- und Finanzdaten aktualisiert. EU-Mitgliedstaaten, die nicht an der gemeinsamen Währung beteiligt sind, sollen Konvergenzprogramme mit jährlicher Zielrichtung ausarbeiten. Auch sie werden von der EU-KOMMISSION „überwacht“, sind allerdings Sanktionen nicht unterworfen.

Zu den **zentralen** finanzpolitischen **Vorschriften** gehört Art. 126 AEUV (vgl. Abschnitt 2.1.2):

[1] Die Mitgliedstaaten vermeiden übermäßige öffentliche Defizite.

[2] Die Kommission überwacht die Entwicklung der Haushaltslage und der Höhe des öffentlichen Schuldenstandes in den Mitgliedstaaten im Hinblick auf die Feststellung schwerwiegender Fehler. Insbesondere prüft sie die Einhaltung der Haushaltsdisziplin anhand von zwei Kriterien,

a) ob das Verhältnis des geplanten oder tatsächlichen öffentlichen Defizits zum BIP einen bestimmten Referenzwert überschreitet, es sei denn, dass

- entweder das Verhältnis erheblich und laufend zurückgegangen ist und einen Wert in der Nähe des Referenzwerts erreicht hat

- oder der Referenzwert nur ausnahmsweise und vorübergehend überschritten wird und das Verhältnis in der Nähe des Referenzwerts bleibt,

b) ob das Verhältnis des öffentlichen Schuldenstands zum BIP einen bestimmten Referenzwert überschreitet, es sei denn, dass das Verhältnis hinreichend rückläufig ist und sich rasch genug dem Referenzwert nähert.

Um sicherzustellen, dass in konjunkturell schwierigen Zeiten mit stagnierendem oder leicht rückläufigem realen Inlandsprodukt beim Haushaltsdefizit die Obergrenze von 3% des BIP nicht überschritten wird, haben sich die Mitgliedstaaten verpflichtet, **mittelfristig** das **Ziel** eines nahezu ausgeglichenen oder überschüssigen Haushalts einzuhalten. „Die haushalts- und wirtschaftspolitischen Herausforderungen … unterstreichen die Bedeutung einer soliden Haushaltspolitik während des gesamten Konjunkturzyklus. … Das Ziel ist dabei, in Zeiten günstiger Konjunktur schrittweise einen Haushaltsüberschuss zu erreichen, um in Zeiten der konjunkturellen Abschwächung über den nötigen Spielraum zu verfügen und so zur langfristigen Tragfähigkeit der öffentlichen Finanzen beizutragen" (LENZ, BORCHARDT, 2008, S. 434: Erklärung zu Art. 126 AEUV).

5 Träger der Finanzpolitik

5.1 Träger auf Bundesebene

Neben BUNDESTAG, BUNDESRAT und BUNDESREGIERUNG muss die besondere Rolle des BUNDESMINISTERS DER FINANZEN als Träger der Finanzpolitik hervorgehoben werden. Sie ist im GRUNDGESETZ normiert. Im Rahmen der vom BUNDESKANZLER vorgegebenen Richtlinien koordiniert der BUNDESMINISTER DER FINANZEN die Haushaltsvoranschläge der einzelnen Ministerien und entwirft den jährlichen Bundeshaushalt. Überplanmäßige und außerplanmäßige Ausgaben sind nach Art. 112 GG nur mit seiner Zustimmung möglich. Ihm steht gegen Beschlüsse der BUNDESREGIERUNG in Fragen von finanzieller Bedeutung ein Widerspruchsrecht zu. Sein Widerspruch kann nur mit den Stimmen des BUNDESKANZLERS und der Mehrheit sämtlicher Bundesminister abgewiesen werden.

Das BMF ist in 9 Abteilungen gegliedert: Grundsatzfragen der Finanz- und Wirtschaftspolitik; Bundeshaushalt; Zölle und Verbrauchsteuern; Steuern; Föderale Finanzbeziehungen; Finanzmarktpolitik; Privatisierung, Beteiligungen, Bundesimmobilien; Europapolitik. Im Leitungsstab sind neben dem Minister zwei Parlamentarische Staatssekretäre (sie sind zugleich Abgeordnete des DEUTSCHEN BUNDESTAGES) und drei beamtete Staatssekretäre vertreten. Ihnen obliegen die Koordination der Arbeit der Fachabteilungen sowie die Erarbeitung von Konzepten und Gesetzesvorhaben.

Der Aufsicht des BMF ist eine Reihe von Bundesämtern (Oberbehörden) unterstellt (z.B. die BUNDESANSTALT FÜR FINANZDIENSTLEISTUNGSAUFSICHT – BAFIN, die seit 2002 als Aufsichtsbehörde für Kreditinstitute, Versicherungen, Bausparkassen und Finanzdienstleistungen fungiert). Um das Schuldenmanagement des Bundes kostenoptimiert auszurichten, wurde im Jahre 2000 die „BUNDESREPUBLIK DEUTSCHLAND – FINANZAGENTUR GMBH" geschaffen. Ihre Aufgaben umfassen Dienstleistungen bei der Emission von Bundeswertpapieren (z.B. Anleihen), die direkte Kreditaufnahme (z.B. Schuldscheindarlehen), den Einsatz derivativer Finanzinstrumente sowie Geldmarktgeschäfte. Mitte 2006 hat sie das Privatkundengeschäft für Bundeswertpapiere und das Führen des Bundesschuldbuchs übernommen. Die OBERFINANZDIREKTIONEN weisen – aus Gründen der Praktikabilität – Bundesabteilungen (z.B. für Zölle und Verbrauchsteuern) und Landesabteilungen (z.B. Besitz- und Verkehrssteuern) auf, wobei letztere den Länderfinanzministern der unterstellt sind.

Das BUNDESVERFASSUNGSGERICHT hat gerade im Bereich der Steuerpolitik eine Reihe von Grundsatzurteilen gefällt, die den Gesetzgeber zum Handeln verpflichtet haben, so dass auch dieses Oberste Gericht zu den Trägern der Finanzpolitik gerechnet werden kann (vgl. Abschnitt 4.1.2).

5.2 Träger auf Landes- und kommunaler Ebene

Auf der Ebene der Bundesländer sind – analog zum Bund – die Landesparlamente und die Landesregierungen die wesentlichen Träger der Finanzpolitik. Bei den Kommunen sind dies die kommunalen Vertretungen, deren gesetzliche Grundlage von Bundesland zu Bundesland variieren kann. Wir wollen darauf nicht weiter eingehen.

5.3 Internationale Träger der Finanzpolitik

Für die EUROPÄISCHE UNION ist der ECOFIN-RAT (vgl. Kapitel 1, Abschnitt 5) das maßgebliche Entscheidungsgremium, auch wenn die Finanzpolitik grundsätzlich in nationaler Verantwortung bleibt. Durch den ECOFIN-Rat wird die Koordinierung der allgemeinen Wirtschafts- und Finanzpolitik gewährleistet. Zwischen dem ECOFIN-Rat und der EUROPÄISCHEN ZENTRALBANK (EZB) ist unter Wahrung der Unabhängigkeit des EUROPÄISCHEN SYSTEMS DER ZENTRALBANKEN – ESZB (vgl. Kapitel 5, Abschnitt 5.1) ein „ständiger und fruchtbarer" Dialog vereinbart worden. Er wird vom WIRTSCHAFTS- UND FINANZAUSSCHUSS, dem hohe Beamte der nationalen Notenbanken, der EZB sowie der Finanzministerien angehören, vorbereitet.

Insbesondere für den Bund gewinnen die Entscheidungen auf der Ebene der EUROPÄISCHEN UNION zunehmend an Bedeutung:

▶ **Beispiele**

Subventionen dürfen nur mit Zustimmung der EU an Unternehmen gewährt werden (vgl. Kapitel 3, Abschnitt 6.2.4).

In der Steuerpolitik verständigte man sich schon in den 1960er Jahren darauf, in allen Ländern der Gemeinschaft die Nettoallphasenumsatzsteuer (Mehrwertsteuer) einzuführen, um nur noch die Nettowertschöpfung der Besteuerung zu unterwerfen. Dies war aus Gründen der Schaffung von Wettbewerbsneutralität im grenzüberschreitenden Warenverkehr erforderlich.

Weiterhin hatte man sich geeinigt, in der EU nur noch fünf Verbrauchsteuern (Mineralölsteuer, Biersteuer, Tabaksteuer, Alkoholsteuer, Weinsteuer) zu erheben.

Vorstöße in Bezug auf die Harmonisierung der Kapitalertragsteuern (grenzüberschreitende Zinsbesteuerung) wurden mehrfach unternommen (Abschnitt 6.2.2).

5.4 Abstimmungsmechanismen in der Finanzpolitik

Es entspricht unserem föderalen Staatsaufbau, dass es der Abstimmung zwischen den verschiedenen staatlichen Trägern der Finanzpolitik bedarf. Zu den **Organen**, die für die Koordination und Abstimmung zuständig sind können gerechnet werden:

(1) Der VERMITTLUNGSAUSSCHUSS, gemäß Art. 77 GG Abs. 2 ein gemeinsamer, paritätisch besetzter Ausschuss von BUNDESTAG und BUNDESRAT, kann dann einberufen werden, wenn der BUNDESRAT ein vom BUNDESTAG beschlossenes Gesetz ablehnt. Ist die Zustimmung des BUNDESRATES erforderlich, können auch der BUNDESTAG oder die BUNDESREGIERUNG die Einberufung des Vermittlungsausschusses verlangen. Über vorgeschlagene Gesetzesänderungen muss erneut Beschluss gefasst werden.

(2) Der STABILITÄTSRAT ist im Zuge der **Föderalismusreform II** als Gremium von Bund und Ländern geschaffen worden. Zu seinen Aufgaben gehören gemäß Art. 109a GG die laufende Überwachung der Haushaltswirtschaft von Bund und Ländern, die Untersuchung und die Festlegung des Verfahrens zur Feststellung einer drohenden Haushaltsnotlage sowie die Bestimmung der Grundsätze zur Aufstellung und Durchführung von Sanierungsprogrammen zur Vermeidung von Haushaltsnotlagen. Er hat seine Arbeit 2010 aufgenommen, tagt mindestens zweimal jährlich und veröffentlicht seine Beschlüsse und Beratungsunterlagen. Er ist „Nachfolger" des 1967 mit dem Stabilitätsgesetz geschaffenen KONJUNKTURRATES. Den Vorsitz führen gemeinsam der BUNDESMINISTER DER FINANZEN und der Vorsitzende der FINANZMINISTERKONFERENZ DER LÄNDER. Der BUNDESMINISTER FÜR WIRTSCHAFT ist Mitglied.

Eine weitere wichtige Aufgabe kommt dem STABILITÄTSRAT nach dem HAUSHALTSGRUNDSÄTZEGESETZ (HGrG) zu. Er hat die koordinierende Beratung der Grundannahmen der Haushalts- und Finanzplanungen des früheren FINANZPLANUNGSRATES für die Aufstellung der Finanzplanung von Bund und Ländern übernommen und hat dabei die Verpflichtungen Deutschlands aus EU-Rechtsakten zu beachten:

„Zur Koordinierung der Haushalts- und Finanzplanungen des Bundes, der Länder und der Gemeinden und Gemeindeverbände berät der Stabilitätsrat über die zugrunde liegenden volks- und finanzwirtschaftlichen Annahmen. Dabei ist den Verpflichtungen der BUNDESREPUBLIK DEUTSCHLAND aus Rechtsakten der Europäischen Gemeinschaft auf Grund des Artikels 126 AEUV zur Einhaltung der Haushaltsdisziplin und ... den Erfordernissen des gesamtwirtschaftlichen Gleichgewichts Rechnung zu tragen. Der Stabilitätsrat kann zur Koordinierung der Haushalts- und Finanzplanungen Empfehlungen beschließen“ (§ 51, Abs. 1 HGrG.)

Bund (einschließlich Sondervermögen und BUNDESAGENTUR FÜR ARBEIT), Länder und über sie auch die Gemeinden sowie alle TRÄGER DER SOZIALEN SICHERUNG sind zu umfassenden Auskünften verpflichtet. Damit wird gewährleistet, dass die Haushaltssituationen aller öffentlich-rechtlichen Körperschaften bei den Beratungen des STABILITÄTSRATES berücksichtigt werden.

6 Instrumente der Finanzpolitik

Beim Instrumenteneinsatz (Abb. 4.3) ist zwischen haushalts-, steuer-, ausgaben- und schuldenpolitischen Instrumenten zu unterscheiden. Dabei geht es jeweils um die Identifizierung der **Aktionsparameter**, die dem Staat grundsätzlich zur Verfügung stehen. Weiterhin ist nach den **Wirkungen des Mitteleinsatzes** zu fragen und seine **Zielkonformität** zu überprüfen.

6.1 Haushaltspolitische Instrumente

Im Vordergrund haushaltspolitischer Entscheidungen steht als Aktionsparameter die **Festlegung des Haushaltsvolumens**. Dabei ist von Bedeutung, in welchem Umfang der Staatskredit für die Ausgabenfinanzierung eingesetzt werden soll (Budgetsaldo). Indes ist seit dem Inkrafttreten der „Schuldenbremse“ 2009 (vgl. Abschnitt 2.4.1) dieser Parameter weniger bedeutsam geworden. Setzt man alle geplanten Ausgaben ins Verhältnis zum Bruttoinlandsprodukt, erhält man die **Staatsquote** (vgl. Abschnitt 2.3.2). Ihre Erhöhung kann Ausdruck für einen gewollten größeren Umfang der Staatstätigkeit sein, z.B. wenn – wie im Rahmen einer keynesianisch ausgerichteten Finanzpolitik – dem Haushalt auch die Eignung als konjunkturpolitisches Instrument zugesprochen wird. Dies wird als **Fiskalpolitik** (fiscal policy) bezeichnet. Trotz der kritischen Einschätzung dieses Politikansatzes darf nicht übersehen werden, dass von der Haushaltspolitik konjunkturelle Impulse ausgehen: Die Sparpolitik des Bundes, der Länder und der Kommunen in den Jahren 1995–1997 mit dem Ziel, die Maastricht-Kriterien zu erfüllen, dürfte makroökonomisch negative Effekte auf die Beschäftigung gehabt haben. Dabei spielt die Art der gesenkten Staatsausgaben nur eine nachgeordnete Rolle. Wenn es sich vornehmlich um die Kürzung von Investitionsausgaben handelt (vgl. Tabelle 4.2), wird mittelfristig das Wirtschaftswachstum negativ beeinflusst.

▶ Anwendungsfall 4: Wirkungen der Kürzungen von Staatsausgaben

Im Zuge der Bekämpfung der Finanzkrise seit 2009 ist in mehreren Ländern der EU (z.B. Griechenland, Portugal) die Bedeutung der Staatsausgaben für diesen Zusammenhang deutlich geworden. Ihre starken Kürzungen haben zu Rezessionsentwicklungen beigetragen. Dabei entsteht ein Teufelskreis: Man senkt die Staatsausgaben, das BIP – da die Staatsausgaben gemäß seiner Definitionsgleichung (vgl. Abschnitt 3.4) eine Komponente des BIP sind, sinkt das BIP in der ersten Phase genau um diesen Betrag. Bei gegebenem Schuldenstand des betreffenden Landes steigt die Schuldenstandsquote in Bezug auf das BIP automatisch. Um den Tatbestand der Verletzung des Schuldenstandskriteriums abzumildern, werden weitere Staatsausgaben gesenkt usw. Wenn gleichzeitig – um mehr staatliche Einnahmen zu erzielen – die Steuern erhöht werden, sinkt das verfügbare Einkommen oder bei einer Erhöhung der indirekten Steuern steigt die Inflationsrate, die Realeinkommen sinken mit dämpfenden Wirkungen auf den privaten Konsum. Im Ergebnis führt dies zu einer weiteren Verringerung des BIP usw.

Ein weiterer Parameter ist die Festlegung der einzelnen **Ausgabekategorien** (innere und äußere Sicherheit, Bildung, Wirtschaftsförderung usw.). Durch sie kann die **Haushaltsstruktur** beeinflusst werden. Wenn sich politische Prioritäten verändern (z.B. geringerer Bedarf an äußerer Sicherheit; erhöhte Notwendigkeit für Grundlagenforschung oder berufliche Bildung) kann dem durch Umschichtungen im Haushalt bei unverändertem Haushaltsvolumen Rechnung getragen werden. Für die Haushaltspolitik ist die Bestimmung der staatlichen Investitionen von Bedeutung, deren Umfang am ehesten kurzfristig verändert werden kann, während bei den staatlichen Konsumausgaben oft deren innerer Dynamik gefolgt werden muss (z.B. Personalausgaben).

Beim **Vollzug des Haushaltsplans** hat die BUNDESREGIERUNG grundsätzlich die Aufgabe, den Beschluss des Gesetzgebers zu erfüllen (Bindung der Exekutive an die Legislative). Allerdings muss sie die vorgesehenen Ausgaben nur dann tätigen, wenn besondere Gesetze (z.B. insbesondere die sogenannten Leistungsgesetze) sie dazu verpflichten. **Haushaltsüberschreitungen** bedürfen einer besonderen Legitimation (Art. 112 GG). **Globale Minderausgaben** sind budgetäre Verfügungsbeschränkungen, die als pauschale Ausgabenkürzung beim Vollzug des Haushalts zu erwirtschaften sind. Weiterhin ist das Instrument der **Haushaltssperre** (§ 41 BHO) zu nennen, mit dem der Finanzminister die Möglichkeit hat, das Tätigen von Ausgaben von seiner Einwilligung abhängig zu machen. Davon ist wiederholt Gebrauch gemacht worden. Schließlich können mit **Haushaltsbegleitgesetzen** finanzwirksame Änderungen von Steuergesetzen sowie Leistungsgesetze beschlossen werden, während durch **Haushaltssicherungsgesetze** die Legislative in bereits beschlossene Ausgaben eingreifen kann, um Spareffekte (Einschränkung von staatlichen Leistungen, Ausgabenkürzungen) zu erreichen. Zu bedauern ist, dass die Rechnungsführung zwar auf allen staatlichen Ebenen der **Kontrolle** durch Rechnungshöfe (für den Bund der BUNDESRECHNUNGSHOF [BRH], für die Länder deren LANDESRECHNUNGSHÖFE) unterworfen ist, dass aber die Umsetzung von Kritik und Empfehlungen unzureichend bleibt. Sanktionen gibt es nicht, es sei denn, dass strafrechtliche Vorschriften verletzt wurden.

▶ Beispiele

Unbeachtet blieben die Empfehlungen des BRH zur Transparenz von Steuersubventionen in seinem Bericht v. 15.4.2008 (§ 99 BHO).

Das AUSWÄRTIGE AMT fördert weit mehr deutsche Partnerschulen im Ausland als ursprünglich vorgesehen. Die Ausgaben stiegen in den letzten fünf Jahren von 173 auf 255 Mio. Euro. Es vernachlässigte die vom BRH empfohlenen notwendigen Reformen (Bericht v. November 2012, S. 21).

Der Bau des BUNDESUMWELTAMTES in Dessau im Jahr 2005 sollte möglichst wenig Energie verbrauchen. Das ernüchternde Ergebnis: die Betriebskosten lagen um die Hälfte höher als bei herkömmlichen Verwaltungsgebäuden – im Durchschnitt 400.000 Euro über Plan (Bericht v. November 2012, S. 40).

Seit einigen Jahren gibt es durchaus erfolgreiche Versuche, die öffentliche Haushaltswirtschaft stärker auf eine **Outputorientierung** bzw. Leistungswirkungen auszurichten. Sie lassen sich unter dem Begriff „**New Public Management**" (vgl. SCHEDLER, PROELLER, 2009, S.71ff.) zusammenfassen.

Bei einer gegebenen progressiven Einkommensteuer und gegebenem Sozialversicherungsrecht (Arbeitslosenversicherung) können vom Staatshaushalt automatische Stabilisierungswirkungen (**automatische Stabilisatoren**) ausgehen. Im Fall eines konjunkturellen Aufschwungs (steigendes BIP) werden einerseits immer mehr Einkommensbezieher in höhere Progressionsstufen „hineinwachsen", die Abzugswirkung der Einkommensteuer wird größer, so dass die verfügbaren Einkommen nicht so stark steigen wie die Nominaleinkommen. Andererseits werden auch mehr Arbeitslose in Beschäftigungsverhältnisse zurückkehren, so dass Unterstützungszahlungen zurückgehen. Außerdem werden die Beitragszahlungen an die BUNDESAGENTUR FÜR ARBEIT steigen. Für den Fall einer rezessiven Entwicklung gilt das Umgekehrte. Da keine Instrumente eingesetzt werden, bezeichnet man diesen Effekt als **built-in stability**. Voraussetzung für die Wirksamkeit der automatischen Stabilisatoren ist, dass der Staat im Aufschwung Steuermehreinnahmen nicht ausgibt, sondern auf einem „Sonderkonto" parkt, und in der Rezession seine Ausgaben nicht senkt, sondern eventuelle finanzielle Deckungslücken im Haushalt über Kreditaufnahme oder Entnahmen aus dem Sonderkonto finanziert.

▶ Anwendungsfall 5: Die Krise 2008/2009

„In Deutschland haben die automatischen Stabilisatoren den ... Rückgang der Arbeitseinkommen in Höhe von 1,7 % des BIP in seinen Auswirkungen auf die Konsumnachfrage .. gedämpft. Ohne automatische Stabilisierung wäre der Rückgang ... um 0,7 % des BIP höher ausgefallen. Die automatischen Stabilisatoren haben den .. Makroschock .. um rund ein Drittel abgefedert" (DOLLS u.a., 2010, S. 142).

6.2 Steuerpolitische Instrumente

6.2.1 Steuerpolitische Aktionsparameter

Zunächst kann der Einsatz eines steuerpolitischen Instruments darin bestehen, eine neue Steuer **einzuführen** oder eine bestehende **abzuschaffen**. Davon wurde im Laufe der Finanzgeschichte immer wieder Gebrauch gemacht.

▶ Beispiele

Die Einführung der Erbschaftsteuer (1873 in Preußen, 1906 wurde eine große Erbschaftsteuerreform für das Deutsche Reich durchgeführt), die der Körperschaftsteuer (1920, seinerzeit mit einem Steuersatz von 10 %), die Vermögensteuer (1893 in Preußen als „Ergänzungssteuer" – im Sinne einer Kontrollsteuer – zur Einkommensteuer) usw.

Ein jüngeres Beispiel ist der Solidaritätszuschlag zur Einkommensteuer, der Mitte 1991 für ein Jahr befristet zur Finanzierung des deutschen Beitrags zum ersten Golfkrieg eingeführt wurde, und ab 1995 zur Finanzierung von Wiedervereinigungskosten bis 2019 erhoben wird.

Neue Abgaben sind die Stromsteuer (ab 1999), die Kernbrennstoffsteuer (von 2011–2016) sowie die Luftverkehrsteuer (ab 2011).

Im Zuge des europäischen Integrationsprozesses wurden in Deutschland mehrere Steuern abgeschafft: Zur Beseitigung von Wettbewerbsnachteilen deutscher Finanzmärkte wurden die Börsenumsatzsteuer und die Wechselsteuer 1991 aufgehoben, im Zuge der Harmonisierung der Verbrauchsteuern werden die Salzsteuer, die Teesteuer, die Zuckersteuer und die Leuchtmittelsteuer ab 1993 nicht mehr erhoben.

Auf **kommunaler Ebene** hat es in den letzten Jahren verstärkt Bemühungen um neue steuerliche Einnahmequellen gegeben (Zweitwohnungssteuer, Verpackungsteuer, die von 1992–1999 erhoben wurde).

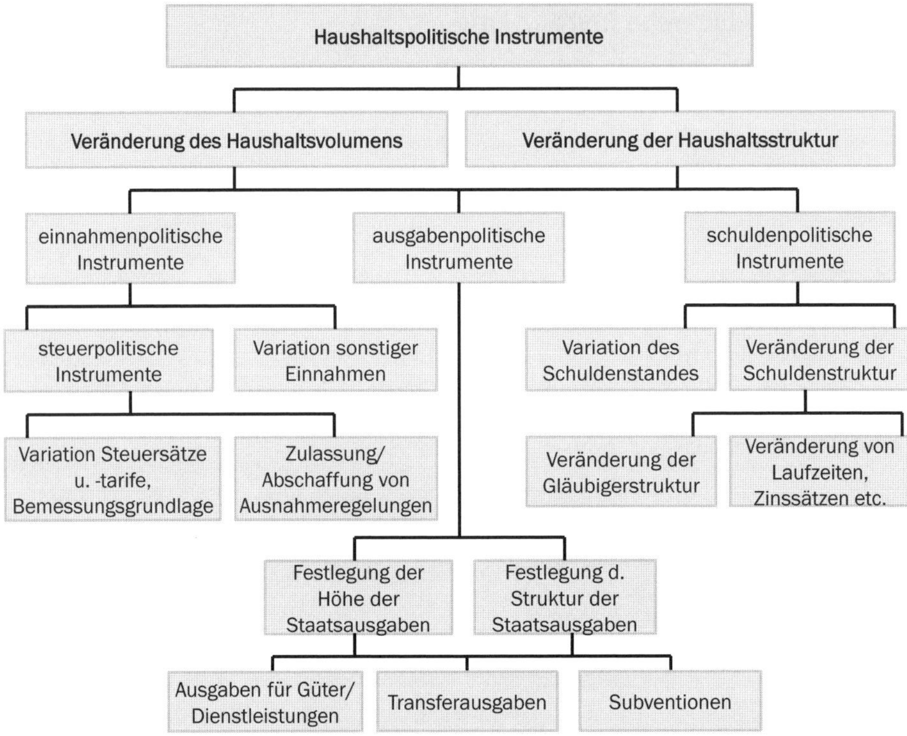

Abb. 4.3: Finanzpolitische Instrumente (Ausschnitt)

Weitere wichtige steuerpolitische Aktionsparameter sind:

- der **Steuertarif**, der das Ausmaß der steuerlichen Belastung angibt (Beispiel: Einkommensteuer einschließlich der Erweiterung um die „Reichensteuer" ab 2007);
- die Festlegung oder Veränderung von **Steuersätzen** (Beispiel: Unternehmensteuerreform 2008 mit der Senkung des Körperschaftsteuersatzes auf 15 %; Vorschläge des BRH für die Ausgestaltung des ermäßigten Umsatzsteuersatzes von 7 %, der für sachlich nicht mehr begründet gehalten wird [BRH, 2010]);
- Gewährung oder Veränderung von Freibeträgen, Ausnahmeregelungen, Steuergestaltungsmöglichkeiten (Beispiele: im Rahmen der Unternehmensteuerreform 2008 Streichung der degressiven Abschreibung für bewegliche Wirtschaftsgüter nach § 7 Abs. 2 EStG; der Grundfreibetrag der Einkommensteuer für das verfassungsrechtlich gebotene Existenzminium steigt für 2013 auf 8.130 €, ab 2014 auf 8.354 €. Er muss gemäß dem EXISTENZMINIMUMBERICHT der BUNDESREGIERUNG angehoben werden. Darin wird untersucht, wie sich die Kosten für Ernährung, Kleidung, Hausrat, Miete, Heizung usw. entwickelt haben. Die Ausgaben für den Mindestbedarf sind nach dem Sozialstaatsprinzip des GG – der Rechtsprechung des BUNDESVERFASSUNGSGERICHTS folgend – vor dem Zugriff des Fiskus geschützt. Der Grundfreibetrag ist somit kein frei festlegbarer Parameter mehr);
- die Änderung oder Ergänzung der **Bemessungsgrundlage** (Beispiele: teilweise Umbasierung der Kfz-Steuer vom Hubraum auf den CO2-Ausstoß seit Juli 2009;

Vorschlag der EU-KOMMISSION im März 2011 zur Einführung einer Gemeinsamen Konsolidierten Körperschaftsteuer Bemessungsgrundlage [GKKB]).

Für die Berechnung der steuerlichen Belastung sind Steuertarif und Steuerbemessungsgrundlage von Bedeutung. Beim **Steuertarif** unterscheidet man drei Typen:

[1] Ein **progressiver Tarif** liegt vor, wenn mit steigender Bemessungsgrundlage (z.B. das zu versteuernde Einkommen) die steuerliche Belastung stärker steigt als die Bemessungsgrundlage. Der Durchschnittssteuersatz nimmt mit wachsender Bemessungsgrundlage zu. Dabei werden u.a. der **Formeltarif** (Ermittlung der Steuerschuld durch mathematische Gleichungen) sowie der **Stufentarif** (die Bemessungsgrundlage ist in Tarifstufen gegliedert, denen jeweils ein bestimmter Steuersatz oder Steuerbetrag zugeordnet ist) unterschieden.

[2] Bei einem **proportionalen Steuertarif** ist die durchschnittliche steuerliche Belastung immer gleich hoch. Beispiele: bei der Mehrwertsteuer beträgt gegenwärtig die Belastung im Regelfall 19 %. In mehreren Ländern Osteuropas gibt es für den gesamten Tarifbereich der Einkommen- und Körperschaftsteuer einen einheitlichen Steuersatz (**Flat-Rate Tax**), der zwischen 10% (Mazedonien) und 25 % (Lettland) variiert. Ein proportionaler Tarif kann durch Gewährung eines Freibetrags in einen indirekt progressiven umgewandelt werden.

[3] Selten sind **regressive Tarife**, bei denen mit wachsender Bemessungsgrundlage der Durchschnittssteuersatz abnimmt. Beispiel: Die **Kopfsteuer**, bei der jeder Staatsbürger unabhängig von der Einkommenshöhe den gleichen Steuerbetrag entrichten muss, die durchschnittliche Belastung sinkt mit steigendem Einkommen.

Neben dem **Durchschnittssteuersatz**, an dessen Veränderung man den Tariftyp erkennen kann, spielt in der steuerpolitischen Diskussion der **Grenzsteuersatz** eine besondere Rolle. Er gibt an, wie viel Steuern man zusätzlich entrichten muss, wenn die Bemessungsgrundlage (z.B. das Einkommen) um eine Einheit steigt. Für höchste Einkommen wird der Grenzsteuersatz auch **Spitzensteuersatz** genannt. Die Besteuerung beginnt mit dem **Eingangssteuersatz**. Beide sind bei Steuerreformen von Bedeutung.

Eine weitere grundsätzliche Frage ist, ob eine Steuerreform **aufkommensneutral**, d.h. mit gleichem Steuerertrag wie zuvor durchgeführt werden, oder ob sie zu einer Entlastung bzw. Mehrbelastung der Steuerzahler führen soll. Die Antwort hängt von den mit der Steuerpolitik verfolgten Prinzipien (z.B. Leistungsgerechtigkeit), Zielen (z.B. umverteilungs-, struktur- oder beschäftigungspolitische Ziele) sowie der Möglichkeit von Interessengruppen ab, für sie günstige steuerrechtliche Regelungen durchzusetzen (Sonderabschreibungen, Ausnahmeregelungen, geringere Steuersätze usw.).

Es gibt immer wieder intensive Diskussionen über die Notwendigkeit und Ausgestaltung von **Einkommensteuerreformen**.

▶ Beispiele

Steuerentlastungsgesetz 1999–2002: Senkung des Spitzensteuersatzes für Privateinkünfte auf 51 % (48,5 %) ab dem Jahr 2000 (2002). Der Höchststeuersatz für gewerbliche Einkünfte wurde von 47 % auf 45 % ab 1999 (43 % ab 2000) gesenkt.

Im Rahmen der Einkommensteuerreform Ende 2003 wurde der Spitzensteuersatz auf 45 % ab 2004 und ab 2005 auf 42 % festgesetzt. Der Körperschaftsteuersatz wurde 2001 von 40 % auf einheitlich 25 % für einbehaltene und ausgeschüttete Gewinne, ab 2008 auf 15 % verringert.

Ab 2013 (2014) gilt folgender **Einkommensteuertarif**: Ist das zu versteuernde Einkommen nicht höher als 8.130 € (8.354 €), fällt keine Einkommensteuer an (**Grundfreibetrag**). Der Steuerpflichtige kann auf Antrag eine Nichtveranlagungsbescheinigung erhalten. Nach dem Grundfreibetrag beginnt die Progressionszone. Im Eingangsbereich der Progressionszone gilt seit 2009 ein Steuersatz von 14 % (**Eingangssteuersatz**); danach steigt er zunächst relativ rasch auf rd. 24 %, ab einem Einkommen von 12.740 € gleichmäßig bis auf 42 % an. Ab einem zu versteuernden Einkommen von 52.882 € bleibt der Steuersatz gleich bei 42 % (**Spitzensteuersatz**); d.h. von jedem Euro, um das sich das zu versteuernde Einkommen in dieser Zone erhöht, wird eine Steuer von 0,42 € fällig. Seit 2007 wurde der Einkommensteuertarif um die sogenannte **Reichensteuer** erweitert. Ab einem zu versteuernden Einkommen von 250.731 € (Ledige) bzw. 501.462 € (Verheiratete) beträgt der Spitzensteuersatz 45 %, d.h. von jedem Euro wird in dieser Zone eine Steuer von 0,45 € fällig, mit Solidaritätszuschlag sind es 47,5 %.

Im Rahmen der europäischen Integration wurde bereits ab 1968 wurde eine **Harmonisierung** bei der **Umsatzsteuer** für die damaligen Mitgliedstaaten der EWG realisiert (Übergang zur Nettoallphasenumsatzsteuer mit Vorsteuerabzug, in Deutschland besser als Mehrwertsteuer bekannt), um Verzerrungen der Wettbewerbsfähigkeit durch unterschiedliche Belastungen des Außenhandels durch indirekte Steuern zu beseitigen. Wegen des immer noch bestehenden **Bestimmungslandprinzips** (die Exporte werden der steuerlichen Belastung des Landes der endgültigen Verwendung der Güter unterworfen), ist ein Steuerausgleich an der „Grenze“ (Entlastung von Mehrwertsteuer im exportierenden Land, Belastung mit Mehrwertsteuer im importierenden Land) erforderlich. Der Übergang zum **Ursprungslandprinzip** (die Güter werden unabhängig von dem Ort ihrer Verwendung mit den Steuern des Landes belastet, in dem sie hergestellt wurden) steht noch aus. Die Anwendung des Ursprungslandprinzips setzt zunächst weitgehend einheitliche Steuersätze voraus. Dies ist in absehbarer Zeit nicht zu erwarten: Der niedrigste Mehrwertsteuersatz von 15 % gilt in Luxemburg, während Ungarn mit 27 % den höchsten Satz in der EU hat (Stand: Januar 2013). Selbst wenn die Steuersätze harmonisiert wären, bestünde weiterhin das Problem des „**Steuerexports**“: Länder mit Exportüberschüssen (z.B. Deutschland) würden bei Anwendung des Ursprungslandprinzips steuerliche Erträge zu Lasten der Importländer (z.B. Frankreich) erzielen. Das wird von den Finanzministern dieser Länder nicht akzeptiert. Es müsste also ein **System des Clearings** bei der Zurechnung der fiskalischen Erträge als Ausgleichsmechanismus geschaffen werden. Dies ist bisher nicht gelungen. Zu einer umfassenden Harmonisierung bei den **direkten Steuern** ist es bisher nicht gekommen. Harmonisierungsansätze beschränken sich auf steuerrechtliche Detailfragen wie z.B. die ZINSRICHTLINIE ÜBER DIE BESTEUERUNG PRIVATER ZINSERTRÄGE von 2003.

6.2.2 Wirkungen der Steuerpolitik

Steuern als Mittel zur Erreichung wirtschafts- und finanzpolitischer Ziele haben eine Fülle von beabsichtigten Wirkungen. Es kann aber auch zu unbeabsichtigten Nebenwirkungen kommen. Zunächst ist zu fragen, ob und wenn ja, wie es den Besteuerten möglich ist, sich der Steuerbelastung zu entziehen (**Steuerabwehrwirkungen**), wobei die Wirkungen gewollt, aber auch ungewollt sein können. Sie sind den **mikroökonomischen Steuerwirkungen** zuzuordnen.

- Die **Steuerhinterziehung** ist eine rechtswidrige, durch das Steuerstrafrecht zu ahndende Form der Steuerminderung (z.B. Abgabe einer falschen Steuererklärung; nicht deklarierte Kapitaleinkünfte auf Auslandsguthaben).
- Demgegenüber ist die **Steuervermeidung** eine rechtlich zulässige, u.U. sogar erwünschte Form der Steuerminderung. Sie besteht in einer Einschränkung des steuerlichen Tatbestandes durch den Besteuerten (z.B. Einschränkung des Verbrauchs besteuerter Güter, Verlegung von Produktionsstätten in „Steueroasen", Änderung der Rechtsform von Unternehmen).
- Als **Steuerüberwälzung** bezeichnet man den gelungenen Versuch des Steuerschuldners, ihm auferlegte Steuern im Preisbildungsprozess auf andere Marktteilnehmer zu verlagern (seinen Nachfragern durch höhere Preise; seinen Lieferanten durch niedrigere Preise). Dies ist finanzpolitisch bei der Mehrwertsteuer und den Verbrauchsteuern durchaus gewollt.
- Unter **Steuereinholung** versteht man das Verhalten der Steuerzahler, durch erhöhte Leistungen steuerliche Mehrbelastungen zu kompensieren.

Das Ausmaß der Überwälzung (**Preiswirkungen**) hängt von mehreren Einflussgrößen ab. Neben der allgemeinen **Konjunkturlage** (in rezessiven Phasen und solchen mit einer eingeschränkten Kaufkraft aufgrund hoher Arbeitslosigkeit wie bei der Erhöhung der Mehrwertsteuer im April 1998 ist die Überwälzungschance geringer einzuschätzen als in Boomperioden) spielen auch die Marktform bzw. die **Wettbewerbsintensität** eine Rolle. Je intensiver der Wettbewerb ist, je weniger starre oligopolistische Strukturen vorhanden sind, umso schwächer sind die Überwälzungsmöglichkeiten. Eine Rolle spielen auch die direkten Preiselastizitäten der Nachfrage.

▶ Beispiele

Für die Mehrwertsteuer- und die Versicherungsteuererhöhung ab 1.1.2007 um jeweils drei Prozentpunkte wurden nach Berechnungen der DEUTSCHEN BUNDESBANK die höheren Steuersätze weitgehend auf die Preise überwälzt, in einigen Bereichen (privater Konsum, Wohnungsbau) traten Vorzieheffekte ein. „Die Konsumschwäche des Jahres 2007 spiegelt neben den temporären Auswirkungen der Ausgabenverlagerung in das Jahr 2006 auch den dauerhaften Kaufkraftentzug der Mehrwertsteuererhöhung wider" (MONATSBERICHT April 2008, S. 3).

Die EZB berechnet regelmäßig den Einfluss von Änderungen indirekter Steuern auf den Harmonisierten Verbraucherpreisindex (HVPI – vgl. Kapitel 5, Abschnitt 4.1) im Eurosystem (vgl. MONATSBERICHT, März 2012, S. 70f.).

Beschäftigungspolitisch ist ein **makroökonomischer** Aspekt von Bedeutung: In dem Maße, in dem sich das **Preisniveau** infolge einer gelungenen Überwälzung erhöht, sinken – bei gegebenen nominellen Leistungs- und Transfereinkommen – die Realeinkommen. Sinkendes Realeinkommen führt zu einer Einschränkung des privaten Konsums (sofern die Konsumenten keiner **Steuerillusion** unterliegen – ein Ausdruck für das subjektive Gefühl, von einer Steuer belastet zu sein, wobei die tatsächliche Belastung höher oder geringer sein kann als die tatsächliche). Darauf dürften die Unternehmen in ihrer Produktions- und Absatzpolitik mit einer **Produktionseinschränkung** reagieren. Die gesamtwirtschaftliche Beschäftigung wird verringert. Es hängt von der jeweiligen gesamtwirtschaftlichen Lage ab, ob dieser Effekt erwünscht oder unerwünscht ist. Eine weitere **Reaktion** kann von Seiten der **Zentralbank** erwartet werden. Wenn nämlich infolge der Erhöhung der indirekten Steuern (z.B. der Mehrwertsteuer) das Preisniveau über die von der Zentralbank noch für verträglich gehaltene Inflationsrate hinausgeht, kann mit einem restriktiveren geldpolitischen Kurs gerechnet werden. Auch davon können negative Beschäftigungswirkungen ausgehen.

Es ist unschwer zu erkennen, dass von steuerpolitischen Instrumenten auch **Wachstumswirkungen** ausgehen können. Wird beispielsweise die Investitionstätigkeit der Unternehmen über Sonderabschreibungen oder die Gewährung von Investitionszulagen gefördert, ist – sofern keine Mitnahmeeffekte eintreten – mit höherem Wirtschaftswachstum zu rechnen. Und umgekehrt dürften sich mit steigenden Steuerbelastungen negative Wachstumswirkungen ergeben.

Außerdem müssen die makroökonomischen **Beschäftigungswirkungen** bei einer **Variation der Einkommen- und Lohnsteuersätze** berücksichtigt werden. Sie führt zu einer Änderung des verfügbaren Einkommens. Da das verfügbare Einkommen eine wichtige Determinante für den privaten Konsum ist, wird auch er berührt. Sofern die Zensiten erwarten, dass die steuerliche Belastung von Dauer ist, werden sie sich mit ihrem Konsumverhalten an diese Situation anpassen. Indes bleiben die tatsächlichen Reaktionen der Konsumenten unsicher: Werden sie bei einer Steuererhöhung (Steuersenkung) ihren Konsum einschränken (erhöhen) oder die Einbuße (Erhöhung) von verfügbarem Einkommen über Entsparen (zusätzliches Sparen) oder vielleicht sogar über Kreditaufnahme kompensieren? Eine Verringerung (Erhöhung) der privaten Konsumausgaben führt unmittelbar zu einer Senkung (Steigerung) des Inlandsproduktes (der Leser erinnere sich an die Definitionsgleichung des Inlandsproduktes nach der Verwendungsseite). Dies ist eine gesamtwirtschaftliche Beschäftigungswirkung. Sofern die Körperschaftsteuer variiert wird, können Wirkungen auf die Investitionsgüternachfrage erwartet werden. Sie dürfte tendenziell steigen, wenn die steuerliche Belastung dauerhaft gesenkt wird und umgekehrt. Auch hier wird die Höhe der Beschäftigung beeinflusst (vgl. Abschnitt 6.2). Ein Beispiel der konjunkturellen Krisenbekämpfung:

▶ Beispiel

Die US-amerikanische Regierung verabschiedete Anfang 2008 ein Programm in der Höhe von 150 Mrd. US-$ (115 Mrd. Euro). Damit sollte die schwache Wirtschaft der USA gestützt werden: Steuersenkungen für Familien und Steuererleichterungen für Unternehmen. Personen, die keine Steuern zahlten, erhielten direkt Schecks vom Staat.

Eine weitere Kategorie der makroökonomischen Steuerwirkungen sind **Umverteilungswirkungen**. Allerdings ist es außerordentlich schwierig, sie für einzelne Steuern oder für die des gesamten Steuersystems zu ermitteln. Die für ihre Erfassung und Beurteilung notwendige statistische Basis ist unzureichend. Hinzu kommt, dass aus der tariflichen Belastung (**formale Steuerinzidenz** – die Belastungswirkung der Zahlungspflicht) – wegen sehr unterschiedlicher steuerrechtlich zulässiger Gestaltungsmöglichkeiten – keine Rückschlüsse auf die effektive Steuerbelastung (**effektive** Steuerinzidenz) möglich sind. Für die progressive Einkommensteuer gilt, dass ihre Umverteilungswirkung umso größer ist, je höher ihr Progressionsgrad faktisch ist, d.h. ohne dass Zensiten über steuerrechtliche Gestaltungsmöglichkeiten verfügen und somit der progressiven Belastung ausweichen können. Bei indirekten Steuern wird oft von einer **Regressionswirkung** gesprochen, die darin gesehen werden kann, dass Bezieher niedriger Einkommen in Bezug auf ihr Einkommen relativ viel für mit indirekten Steuern belastete Konsumgüter ausgeben, während die Einkommensreichen wegen ihrer niedrigeren Konsumquote prozentual weniger indirekte Steuern zu tragen haben. Der Regressionseffekt wird allerdings durch den niedrigeren Mehrwertsteuersatz von 7 % für Grundnahrungsmittel abgemildert. Allein schon diese wenigen Hinweise machen deutlich, dass die Umverteilungswirkungen in der Praxis kaum ermittelbar sind: Was für einzelne Steuern schon problematisch ist, gilt erst recht für die steuerliche Gesamtbelastung.

Zu den Steuerwirkungen rechnet auch die sogenannte „**kalte Progression**“. Darunter versteht man eine „automatische“ Steuererhöhung, bei der Steuersätze und Steuertarif nicht geändert werden. Infolge von nominellen Lohn- und Einkommenssteigerungen wachsen die Steuerzahler in höhere Progressionsstufen hinein, sie werden durchschnittlich stärker belastet, ohne dass ihre Leistungsfähigkeit gestiegen ist. Wenn es dann noch einen Anstieg des Preisniveaus gibt, können die Realeinkommen sogar sinken. Da sich dieser Effekt „heimlich“ ergibt, nennt man ihn „kalte Progression“.

▶ Beispiele

Im Jahr 2010 betrug der Grenzsteuersatz für ein zu versteuerndes Einkommen von 30.000 Euro etwa 32 %. Annahmen: die jährliche Inflationsrate betrage 2 %, die Löhne steigen jährlich auch gerade um diese 2 %. Bis zum Jahr 2020 würde ohne Ausgleich der kalten Progression die Belastung auf ungefähr 35 % steigen.

Ein lediger Arbeitnehmer ohne Kinder habe ein Bruttogehalt von 2.500 €. Nach Abzug der Einkommensteuer verbleiben ihm netto 2.139 €. Wenn er als Ausgleich für die Inflationsrate von 3 % 75 € mehr bekommt (= 2.575 €), bleiben ihm nach Steuern 2.194 €, also netto nur 55 € bzw. 2,6 % mehr, anstelle von 3 % = 64 €. Von dem Inflationsausgleich werden ihm durch die kalte Progression 9 € „weggesteuert“.

Es hat aperiodisch **tarifliche Anpassungen** gegeben, um diesen Effekt zu kompensieren. Der letzte Versuch der BUNDESREGIERUNG, den Tarifverlauf um 4,4 % in 2013 und 2014 anzupassen, scheiterte 2013 bisher am Widerstand des BUNDESRATES. Er wollte die Einnahmeausfälle nicht akzeptieren. In ihrem Gesetzentwurf (BUNDES-

RATSDRUCKSACHE 847/11 v. 30.12.2011) hatte die BUNDESREGIERUNG auch vorgeschlagen, die Wirkung der kalten Progression regelmäßig alle zwei Jahre zu überprüfen.

Beim Einsatz steuerpolitischer Instrumente spielt zunehmend – wie bereits angedeutet – die europäische Integration eine Rolle. Einige Mitgliedstaaten haben sich durch besonders niedrige Steuersätze („Steuersubventionen", „Steuerdumping") Vorteile gegenüber ihren Partnerländern verschafft. Dies ist Ausdruck eines **Steuerwettbewerbs**, der nicht unmaßgeblich die Standortwahl beeinflussen kann. Dabei ist zu berücksichtigen, dass die tariflichen Steuersätze nicht immer vergleichbar sind (steuerrechtliche Gestaltungsmöglichkeiten).

▶ **Beispiele**

Die Republik Irland hatte zwar einen allgemeinen Körperschaftsteuersatz von 38 % festgelegt, aber durch die Möglichkeit eines wesentlich niedrigeren Steuersatzes von 10 % für Herstellerbetriebe (die Maßnahme war bis zum Jahre 2005 begrenzt) schuf sie einen erheblichen Investitionsanreiz. Der Unternehmersteuersatz beträgt 12,5 % (Stand: 2013).

Die Slowakei führte 2004 eine Flat Rate von 19 % auf Einkommen und Gewinne ein. Dies zog zahlreiche Investoren in das Land und führte zu hohen Wachstumsraten. Sie wurde 2012 durch einen progressiven Stufentarif ersetzt.

In Länder, in denen Zinserträge sowie Dividenden, die Nichtgebietsansässigen zufließen, keiner oder nur einer geringen Besteuerung unterliegen (vgl. BMF, 2013, S. 40f.), wurden seit Jahren Kapitalströme verlagert, die sich jedoch nicht an der höchsten Produktivität, sondern an der durch unterschiedliche steuerrechtliche Regelungen verzerrten Rendite orientierten („**Steueroasen**", „**Steuerparadiese**"). Dies ist kein illegaler Vorgang. Illegal ist nur, wenn die in anderen Staaten erzielten Kapitalerträge im Rahmen der Steuerveranlagung in Deutschland verschwiegen werden.

Um „unfairem" Steuerwettbewerb und der ungewollten Verlagerung von Kapitalströmen entgegenzutreten, besteht grundsätzlicher Handlungsbedarf auch bei der **Harmonisierung der direkten Steuern**, insbesondere bei den Kapitalertragsteuern. Ab 2005 ist eine Richtlinie der EU-KOMMISSION in Kraft, nach der inzwischen 23 EU-Staaten Informationen über Zinserträge von EU-Ausländern austauschen. Das Bankgeheimnis wurde gelockert. Luxemburg (Aufhebung des Bankgeheimnisses ab 2015) und Österreich beteiligen sich nicht, aber erheben eine Quellensteuer auf Zinserträge. Dies gilt auch für die Schweiz.

6.3 Ausgabenpolitische Instrumente

Zu den ausgabepolitischen Instrumenten gehören die verschiedenen Kategorien von staatlichen Ausgaben (vgl. Abschnitt 2.3.1). Sie lassen sich in ihrem **Niveau** (Konsum- und Investitionsausgaben, Transformations- und Transferausgaben usw.) und in ihrer **Struktur** verändern.

Geht es um die **Variation des Ausgabenniveaus**, ist kurzfristig die eigentliche „Manövriermasse" auf die staatlichen Investitionen beschränkt. Sie können im Allgemeinen ohne große Probleme in die Zukunft verschoben werden (oder auch vorgezogen werden, sofern „Schubladenprogramme" vorliegen). Grundsätzlich darf nicht übersehen werden, dass von staatlichen Investitionen **Wachstumswirkungen** erwartet werden können. Verbessert der Staat die materielle Infrastruktur oder investiert er im Bildungsbereich, dann sind dies wichtige Voraussetzungen für wirtschaftliches Wachstum und technischen Fortschritt. Dabei ist zu beachten, dass die Investitionen bei den öffentlichen Gebietskörperschaften nicht gleichmäßig anfallen: „Hauptinvestor" sind die Gemeinden. Von den Sachinvestitionen aller Gebietskörperschaften in Höhe von 40 Mrd. Euro (2012) entfielen auf die Kommunen 21,5 Mrd. Euro (54 %). Andere Staatsausgaben sind der kurzfristigen Beeinflussbarkeit entzogen. Dies gilt immer dann, wenn sie aufgrund eines Gesetzes getätigt werden, das erst geändert werden müsste, z.B. die Personalausgaben für Beamte, auch Zinsausgaben lassen sich kurzfristig nicht variieren.

Die Erfahrung zeigt, dass **Ausgabekürzungen** häufig insbesondere im sozialen Bereich durchgeführt werden. Dies liegt auch daran, dass die Empfänger von Sozialtransfers keine Lobby besitzen. Darin können ideologische Einflüsse zum Ausdruck kommen: Wie stark wird in der Wirtschaftsgesellschaft die Verantwortlichkeit des einzelnen für sich selbst betont, oder inwieweit werden staatliche Verantwortlichkeiten gesehen? Kürzungen von sozialen Leistungen haben ihrerseits auch **Beschäftigungswirkungen**: Transferempfängern fließt weniger verfügbares Einkommen zu, sie werden weniger konsumieren, was sich tendenziell in sinkender Beschäftigung auswirkt. Dieser Effekt konnte im Rahmen der Bekämpfung der Finanzkrise in mehreren Ländern des Eurosystems (z.B. Griechenland) beobachtet werden.

Variiert der Staat das Niveau seiner Ausgaben für Güter und Dienste, gehen davon unmittelbare Beschäftigungseffekte aus. Wir erinnern noch einmal daran, dass gemäß der Definitionsgleichung des Inlandsprodukts nach der Verwendungsseite diese Ausgaben des Staates **eine** Komponente der gesamtwirtschaftlichen Nachfrage sind und folglich die Höhe des Inlandsprodukts mitbestimmen.

Aktuellere **Beispiele** für sogenannte **Konjunkturprogramme**:

▶ Beispiele

(1) Die BUNDESREGIERUNG hat Anfang 2006 ein Programm in Höhe von 25 Mrd. Euro für Verkehrsinvestitionen, Forschung und Entwicklung, verbesserte Abschreibungsmöglichkeiten, Förderung von privaten Haushalte als Arbeitgeber usw. mit einer Laufzeit von 4 Jahren aufgelegt.

(2) Die **Umweltprämie**, auch **Abwrackprämie** genannt, war eine staatliche Prämie in Höhe von 2.500 Euro, die in Deutschland unter bestimmten Voraussetzungen gewährt wurde, wenn ein altes Kraftfahrzeug verschrottet und ein Neuwagen oder Jahreswagen zugelassen wurde. Die Prämie wurde 2009 im Rahmen des Konjunkturpakets II eingeführt. Sie wurde aus dem Investitions- und Tilgungsfonds finanziert, einem Sondervermögen des Bundes. Der Finanzrahmen betrug 5 Mrd. Euro. Es wurden über 1 Million Anträge gefördert.

Wir haben in Abschnitt 3.4 einfache **Multiplikatormodelle** präsentiert. Sie reichen indes nicht aus, um die Beschäftigungswirkungen von Ausgabeprogrammen zu ermitteln. Die EUROPÄISCHE ZENTRALBANK hat mittels komplexer allgemeiner Gleichgewichtsmodelle fiskalische Multiplikatoren geschätzt.

▶ Anwendungsfall 6: Multiplikatoren von Konjunkturprogrammen

„Die ... Erkenntnisse deuten darauf hin, dass die Ausgestaltung des Konjunkturpakets eine entscheidende Rolle spielt (d.h., welches fiskalische Instrument gewählt wird, wie lange der Impuls anhält, ob der Nominalzins konstant gehalten wird oder nicht, und wie die Maßnahme finanziert wird)" (MONATSBERICHT, Juli 2010, S. 83ff.). Die Bandbreite der ermittelten Multiplikatoren liegt für eine Erhöhung der Staatsausgaben (Konsum, Investitionen) zwischen 0,7 % und 1,7 % in Bezug auf das BIP. Bei Erhöhungen der Transferzahlungen sind durchweg geringere Werte geschätzt worden (zwischen 0,0 % und 0,5 %). „Ein höherer Offenheitsgrad ... verkleinert den Multiplikator, da sich einige der inländischen Stimulierungsmaßnahmen über den Handel und die Kapitalmärkte auf die übrige Welt ausbreiten" (ebenda, S. 87 – zum Offenheitsgrad vgl. Kapitel 8, Abschnitt 2.4.2) Zur Verdeutlichung: 2012 sind 1% des BIP 26 Mrd. €.

In diesem Zusammenhang wollen wir kurz auf den Unterschied zwischen **konsumtiven** und **investiven Ausgaben** des Staates eingehen (vgl. Abschnitt 2.3.1). Im Rahmen der neoklassischen Doktrin werden staatlichen Konsumausgaben produktive Wirkungen abgesprochen. Es wäre daher angezeigt, sie zugunsten investiver Ausgaben möglichst gering zu halten. Der Staat solle sich auf seine Kernaufgaben beschränken. Gegen solche Aussagen lassen sich wenigstens zwei Argumente vortragen: (1) Investive Ausgaben des Staates können oft erst dann ihre volkswirtschaftliche Produktivität entfalten, wenn sie von konsumtiven Ausgaben begleitet werden. Kindertagesstätten erreichen erst dann ihre Wirksamkeit, wenn auch die laufenden Ausgaben (Mitarbeiterinnengehälter, Sachkosten usw.) bereitgestellt werden (**Komplementarität** von Investitions- und Konsumausgaben). (2) Aus nahezu jeder staatlichen Investition ergeben sich mit Zwangsläufigkeit laufende Ausgaben, die auch als **Folgekosten** bezeichnet werden (eine neue Autobahn bedarf der Überwachung durch eine Straßenmeisterei, es fallen Reparaturkosten nach Unfällen an usw.).

Preiswirkungen infolge der Veränderung von Niveau und / oder Struktur staatlicher Ausgaben lassen sich ohne weitere Annahmen (Kenntnis eines realen Zustands der Volkswirtschaft) nicht ableiten. Sofern der Staat seine Ausgaben variiert, kommt es darauf an, (a) wie die gesamtwirtschaftliche Beschäftigung ist (Höhe von Arbeitslosigkeit oder Vollbeschäftigung, Auslastungsgrad des Produktionspotenzials), (b) welche Ausgaben des Staates erhöht oder verringert werden (Ausgaben für Güter und Dienste, Transferzahlungen, Renten usw.) und ob (c) die Veränderungen im Inland oder im Ausland wirksam werden.

Grundsätzlich können von Staatsausgaben auch **verteilungspolitische Wirkungen** ausgehen. Die entscheidende Frage lautet dann: Wer profitiert von den Staatsausgaben? Dies wird als **Ausgabeninzidenz** bezeichnet. Es ist unmittelbar einsichtig, dass eine einfache Antwort nicht gegeben werden kann. Nehmen wir das Gut 'innere Sicherheit'. Derjenige, der ein hohes Vermögen hat, könnte von diesem Gut einen größeren Nutzen haben als Bürger mit keinem Vermögen. Beim Gut 'Hochschulbildung' muss immer wieder festgestellt werden, dass unter den Studierenden Arbeiterkinder und solche mit Migrationshintergrund deutlich unterrepräsentiert sind. Zu diesem Sachverhalt mag beitragen, dass die hohen Opportunitätskosten eines Studiums für sie nicht tragbar sind. Daraus könnte die Schlussfolgerung gezogen werden, dass auch hier die Bezieher hoher Einkommen – wenn eine positive Korrelation zwischen sozialem Status und Einkommen besteht -, überproportional stark aus den weitgehend kostenlos angebotenen staatlichen Bildungsausgaben Nutzen ziehen. Diese Wirkungen werden durch Leistungen nach dem BUNDESAUSBILDUNGSFÖRDERUNGSGESETZ (BAföG) nur bedingt abgeschwächt.

Zu den **strukturpolitisch** besonders wichtigen Instrumenten gehören die **Subventionen**. Wir wollen hier bei den Ausgaben (gezahlte Finanzsubventionen) auf die Subventionsproblematik eingehen, auch wenn – nicht selten – steuerpolitische Instrumente (Steuervergünstigungen) den Charakter von Subventionen haben.

Bei der Gewährung von Subventionen sind von Bund und Ländern festgelegte **Grundsätze** zu beachten. Daneben gelten auch in der EU und im GATT vereinbarte **Subventionskodizes**. Danach sind Subventionen der Gebietskörperschaften nach Zweck, Umfang und Bedingungen so aufeinander abzustimmen, dass sie sich bei möglichst geringem Aufwand nicht widersprechen.

Alle Subventionen müssen immer wieder auf ihre **Notwendigkeit** überprüft werden. Dazu gehört auch die Kontrolle, ob die Maßnahmen tatsächlich den gewünschten Erfolg zeitigen. Allerdings sind Wirkungsanalysen staatlicher Eingriffe außerordentlich schwierig durchzuführen, da kaum ermittelbar ist, welche Entwicklung der Markt **ohne** den Eingriff des Staates genommen hätte. Es gibt keine allgemein gültigen Methoden, den Erfolg staatlicher Ausgabepolitik – speziell der Subventionspolitik – eindeutig festzustellen. Man kann zwar die finanziellen Hilfen und die damit verbundenen Zielsetzungen darstellen, aber nicht Wirkungsanalysen im Gesamtzusammenhang durchführen und muss sich daher auf Erfolgskontrollen im engeren Rahmen beschränken.

Dies reicht von der Überprüfung des bestimmungsgemäßen Einsatzes der Mittel durch die zuständigen Ressorts über eine **Ergebnisanalyse** – mit Beschreibung z.B. der Verteilung der Mittel, des bewirkten Investitionsvolumens und der Zahl der durch die Maßnahme geschaffenen Arbeitsplätze – bis zu einer Zielerreichungskontrolle mit Soll-Ist-Vergleich. Die Voraussetzungen dafür sind jedoch **messbare Zielkriterien**. Eine darüber hinausgehende Wirkungskontrolle ist sehr schwierig, weil meist nicht ohne weiteres herausgefiltert werden kann, welche Einflussfaktoren für die Effekte wesentlich waren und ob die staatliche Förderung hierfür bestimmend war. Oft wird es daher der politischen Bewertung überlassen bleiben, ob die Zielvorstellungen erreicht worden sind.

6.4 Schuldenpolitische Instrumente

Seit Einführung der „**Schuldenbremse**" 2009 (vgl. Abschnitt 2.4.1) sind die Möglichkeiten der staatlichen Schuldenpolitik stark begrenzt. Sie ist vorrangig auf die Limitierung des strukturellen Defizits ausgerichtet. Erst in zweiter Linie bestehen für den Fall konjunktureller Ausnahmesituationen Verschuldungsspielräume. Sollten sie in Anspruch genommen werden, sind die Kredite in angemessener Zeit wieder abzubauen.

Für das **Debt Management** des Staates sind zwei Hauptaspekte zu unterscheiden:

(1) Es kann um die Variation des Schuldenstandes (**Schuldenniveaupolitik**) und/oder (2) um die Veränderung der Zusammensetzung der Staatsschulden bei gegebenem Schuldenstand (**Schuldenstrukturpolitik**) gehen.

Damit ist seit 2001 die BUNDESREPUBLIK DEUTSCHLAND – FINANZAGENTUR GMBH befasst, die auch das Recht zum Einsatz derivativer Finanzinstrumente (vgl. Kapitel 8, Abschnitt 2.4.1) sowie Geldmarktgeschäften hat.

Die **Staatsverschuldung** könnte als **konjunkturpolitisches Instrument** eingesetzt werden. Dabei geht es um (1) die Wirkungen der Kreditaufnahme und (2) die Wirkungen der Kreditmittelverwendung.

Zu (1): Für die Kreditaufnahme gilt, dass durch sie die Zinssätze auf den Finanzmärkten, auf denen sich der Staat verschuldet, tendenziell steigen werden. Aufgrund der im Geldbereich bekannten Übertragungsmechanismen und der gegenseitigen Abhängigkeit der Geld- und Kapitalmärkte werden sich die Zinssteigerungen auch auf anderen Finanzmärkten auswirken. Sofern die Investitionen in Bezug auf den Zinssatz elastisch sind, kann sich ein Rückgang der privaten Investitionen ergeben (**Crowding-out-Effekt** – vgl. Abschnitt 3.5). Ein solcher Effekt würde eine konjunktur- und beschäftigungspolitisch intendierte expansive Wirkung einschränken.

Zu (2): Durch die Kreditaufnahme sollen finanzielle Mittel für den Staatshaushalt verfügbar gemacht werden. Problematisch ist, dass die Bereitschaft zur Verschuldung groß ist (sie wird von Politikern der Erhöhung von Steuern aus wahlpolitischem Opportunismus vorgezogen – ein Beispiel aus der jüngeren deutschen Wirtschaftsgeschichte ist die anfänglich weitgehende Kreditfinanzierung des Wiedervereinigungsprozesses), dass aber der politische Wille fehlt, die Verschuldung später wieder zu verringern. Dem soll mit der Schuldenbremse entgegengewirkt werden.

Nicht zuletzt ist auf die Gefahr hinzuweisen, dass mit der Staatsverschuldung, wenn auf die Zentralbank als Gläubigerin zurückgegriffen wird, eine **Geldschöpfung** verbunden ist, die ein **inflatorisches Potenzial** beinhaltet. Dieser kritische Punkt wurde intensiv im Verlauf der Finanzkrise ab 2011 diskutiert, als die EZB ankündigte, „unbegrenzt" Staatsanleihen aufkaufen zu wollen. Die Inflationsgefahr besteht im Übrigen auch dann, wenn der **direkte Zugang zur Zentralbank** nicht möglich ist (wie in Deutschland seit 1994, und auch wie im EUROPÄISCHEN SYSTEM DER ZENTRALBANKEN), aber der Bankensektor über hinreichend viele freie Liquiditätsreserven verfügt, die er dem Staat zur Verfügung stellen kann. Die Geldmenge würde dann aufgrund der Giralgeldschöpfung der Geschäftsbanken steigen.

Andererseits kann es auch gesamtwirtschaftliche Situationen geben, in denen die **Zunahme** der öffentlichen Verschuldung sogar geboten sein kann. Wenn sich die Volkswirtschaft in einer Rezession befindet, die Investitionstätigkeit der privaten Unternehmen gering ist, wird zusätzliche staatliche Nachfrage zu höherer Beschäftigung beitragen. In einer solchen Situation ist eine mittelfristig angelegte **angebotsorientierte** Wirtschafts- und Finanzpolitik nicht hilfreich. Problematisch wird eine zusätzliche

Kreditaufnahme des Staates indes dann, wenn der Schuldenstand – und damit die aus ihm erwachsenden Zinskosten – eine Höhe erreicht haben, die zu einer merklichen Einschränkung des **Handlungsspielraums** der Regierung führt. Deswegen ist auch das Ziel der Tragfähigkeit öffentlicher Budgets in der Zielhierarchie enthalten (vgl. Abschnitt 4.1.1).

Geht es um **Schuldenstrukturpolitik** bei konstantem Schuldenstand, kommen als Maßnahmen infrage:

- Die Veränderung der **Laufzeitenstruktur**: Kurz- und mittelfristige Laufzeiten können in Langläufer umgeschuldet werden (z.B. Umwandlung von Schatzwechseln oder Kassenobligationen in Anleihen mit Laufzeiten ab etwa 7 Jahren). Dadurch steigt die durchschnittliche Restlaufzeit und der Staat ist nicht mehr so häufig gezwungen, Umschuldungsmaßnahmen durchzuführen. Ein positiver Nebeneffekt tritt dadurch ein, dass die Entwicklung am Kapitalmarkt stabilisiert wird.
- Auch eine Veränderung der **Gläubigerstruktur** kommt in Betracht. Die obige Analyse (vgl. Abschnitt 2.4.1) hat gezeigt, dass etwa 25 % aller staatlichen Schulden im Bankensektor aufgenommen wurden. Damit ist die Abhängigkeit des Staatskredits von den Kreditinstituten in den letzten Jahren verringert worden. Es kann durchaus wünschenswert sein, mehr Schuldtitel im Sektor der privaten Haushalte unterzubringen (dies würde kontraktiv wirken, wenn die privaten Haushalte aufgrund einer guten Verzinsung **zusätzlich** sparten). Dies ist aber offenbar keine Option mehr für das staatliche Schuldenmanagement: Das Privatkundengeschäft ist ab 2013 von der BUNDESFINANZAGENTUR eingestellt worden.
- In den letzten Jahren ist zunehmend der Auslandskredit in Anspruch genommen worden (Anteil an allen Gläubigern knapp 60 % [2012]). Er bietet sich immer dann an (bei gleicher politischer Stabilität im Gläubigerland), wenn die Verzinsung dort niedriger ist (Beitrag zur **Zinskostenminimierung**) und wenn – möglicherweise – der inländische Kapitalmarkt zugunsten privater Kreditnachfrager geschont werden soll. Allerdings können sich auch unerwünschte Abhängigkeiten vom Ausland ergeben. Im Zuge der Finanzkrise 2009–2012 hat sich der Anteil der Auslandsverschuldung weiter erhöht. Deutsche Staatsanleihen wurden als besonders sichere Anlage angesehen. Es kam sogar zu einer eigentlich absurden Situation von **negativen Zinssätzen** auf deutsche Schuldtitel: Erwerber von Wertpapieren haben eine Prämie bezahlt, um sie kaufen zu können. Man zahlte etwas dafür, dem deutschen Staat Geld leihen zu dürfen!
- Die Veränderung der **Zinsstruktur** (Umschuldung höher verzinslicher Schuldtitel in solche mit niedrigerer Verzinsung) kann zur Erreichung geringerer Zinskosten beitragen.
- Weitere Maßnahmen können die Änderung oder Neueinführung von **Schuldarten** oder deren Beendigung sowie die Variation von spezifischen **Kreditmerkmalen** (Tilgungsvereinbarungen, Marktfähigkeit und Fungibilität usw.) sein.

▶ Beispiele

Ab Juli 2008 hatte die BUNDESREPUBLIK DEUTSCHLAND – FINANZAGENTUR mit der **Tagesanleihe des Bundes** eine neue Schuldform – die kurzfristigste im gesamten Schuldenspektrum – geschaffen: Sie verband die tägliche Verfügbarkeit mit der Rückzahlungssicherheit einer Bundesanleihe. Die Ausgabe neuer Anteile an der Tagesanleihe wurde Ende Dezember 2012 aus Kostengründen eingestellt.

Ab Januar 2013 werden Bundesschatzbriefe nicht mehr begeben.

Seit 2006 werden auch inflationsgeschützte Bundesanleihen (Laufzeit 5 oder 10 Jahre) emittiert. Dabei handelt es sich um Wertpapiere, deren Zins an einen Inflationsindex gekoppelt ist (Ziel: weitgehende Erhaltung des Realwerts der Anlage).

Es versteht sich von selbst, dass die jeweils intendierten Umschuldungsmaßnahmen von der **Ausgangslage**, d.h. dem Schuldenstand und seiner Zusammensetzung abhängen. Je größer der Schuldenstand, umso notwendiger wird ein zielgerichtetes Debt Management sein. Dabei sind die **Anlagemotive** (Rentabilität, Liquidität und Sicherheit) der einzelnen Gläubigergruppen und die jeweilige Konjunkturlage zu beachten. Die **Effizienz** des Debt Management wird letztlich auch durch außenwirtschaftliche Einflüsse mitbestimmt. In der Vergangenheit hat sich immer wieder gezeigt, dass es nicht nur einen internationalen Konjunktur- und Preiszusammenhang, sondern auch einen **internationalen Zinsverbund** gibt. Er bedeutet bei nahezu vollständig liberalisierten internationalen Finanz- und Kapitalmärkten eine Einschränkung in der autonomen Zinspolitik. Durch die Einführung des Euro haben die Träger des Debt Management neue Möglichkeiten auf den europäischen Finanzmärkten.

6.5 Finanzausgleichspolitische Instrumente

Der **vertikale bundesstaatliche Finanzausgleich**, der zum **Ziel einheitlicher Lebensverhältnisse** (Art. 106, Abs. 3 Ziff. 2 GG) im Bundesgebiet beitragen soll, ist durch einen ständigen Machtkampf zwischen Bund und Ländern gekennzeichnet. Dies bezieht sich sowohl auf den (1) passiven wie den (2) aktiven Teil (vgl. Abschnitt 1.1). Auch im **horizontalen Finanzausgleich** auf Länderebene gibt es immer wieder Auseinandersetzungen. Die **Aktionsparameter** sind vor allem ordnungspolitischer Natur: Änderungen des GRUNDGESETZES oder einfacher Gesetze, mit denen Sachverhalte im Rahmen des Finanzausgleichs geregelt werden.

Zu (1): Durch die **Föderalismusreform I** wurde im Jahr 2006 eine „Bereinigung" von Zuständigkeiten bei der **Aufgabenverteilung** im GRUNDGESETZ vorgenommen. Ziel der Reform war die Stärkung der Handlungsautonomie von Bund und Ländern, um die Transparenz staatlicher Entscheidungen zu erhöhen. Dazu sind die Beteiligungsrechte des BUNDESRATES in der Bundesgesetzgebung neu bestimmt worden. Weiter ist den Ländern eine beträchtliche Anzahl von Gesetzgebungskompetenzen übertragen sowie eine Reihe von Abweichungsrechten von Bundesgesetzen eingeräumt worden.

Im Rahmen des **passiven** Finanzausgleichs kann es zu **Verschiebungen** kommen. Z.B. dann, wenn die Aufgabenkompetenz auf andere staatliche Ebenen verlagert wird.

▶ Beispiele

Die Ende 2003 durchgeführte Reform im sogenannten HARTZ IV – GESETZ, brachte die Zusammenlegung von Arbeitslosenhilfe (Zuständigkeit des Bundes) und Sozialhilfe (Aufgabe der Kommunen) zum Arbeitslosengeld II (Alg II) für Langzeitarbeitslose und erwerbsfähige Sozialhilfeempfänger ab 2005. Den Kommunen wurde die Option eingeräumt zu entscheiden, ob sie die Betroffenen selbst betreuen und vermitteln wollen, ein Recht, das vorher ausschließlich die BUNDESAGENTUR FÜR ARBEIT besaß. Üben die Kommunen die Option aus, erhalten sie von der BUNDESAGENTUR FÜR ARBEIT Fallpauschalen. Das **Optionsmodell** war zunächst ein Feldversuch für die Betreuung von Arbeitslosen in Deutschland. Seit 2011 ist das Optionsmodell entfristet (Art. 91e GG). Ende 2012 gab es 110 Optierer, die nach § 6d SGB II die Bezeichnung **Jobcenter** haben. Das von den Kommunen ausgezahlte Alg II und die Verwaltungskosten gehen zu Lasten des Bundes.

Im Zuge der **Föderalismusreform I** sind die Bundesfinanzhilfen der Mischfinanzierung (Art. 91a GG a.F.) neu geregelt worden. Nach Art. 143c GG stehen den Ländern von 2007 bis 2019 für den durch die Abschaffung der früheren **Gemeinschaftsaufgaben** 'Ausbau und Neubau von Hochschulen einschließlich Hochschulkliniken und Bildungsplanung' bedingten Wegfall der Finanzierungsanteile des Bundes jährlich Beträge aus dem Bundeshaushalt zu. Dies gilt auch für den durch die Abschaffung der Finanzhilfen zur Verbesserung der Verkehrsverhältnisse der Gemeinden (Art. 104a GG a.F.) bedingten Wegfall der Finanzanteile des Bundes.

Der Bund kann über die **Gemeinschaftsaufgaben** und **Finanzhilfen** gemäß Art. 104b, Abs. 1 GG Höhe und Struktur der Ausgaben der nachgeordneten Gebietskörperschaften z.T. nicht unwesentlich mitbestimmen: „Der Bund kann … den Ländern Finanzhilfen für besonders bedeutsame Investitionen der Länder und Gemeinden gewähren, die (1) zur Abwehr einer Störung des gesamtwirtschaftlichen Gleichgewichts oder (2) zum Ausgleich unterschiedlicher Wirtschaftskraft im Bundesgebiet oder (3) zur Förderung des wirtschaftlichen Wachstums erforderlich sind.“

Weiterhin können nach der **Föderalismusreform I** Bund und Länder auf Grund von Vereinbarungen in Fällen von überregionaler Bedeutung bei der Förderung von Einrichtungen und Vorhaben der wissenschaftlichen Forschung und bei Forschungsbauten an Hochschulen sowie Großgeräten zusammenwirken (Art. 91b GG).

Zu (2): Die Grundzüge der Finanzausstattung von Bund und Ländern (**aktiver Finanzausgleich**) werden durch das GRUNDGESETZ geregelt. Der Finanzausgleich hat die Aufgabe, alle Länder finanziell in die Lage zu versetzen, ihre verfassungsmäßigen Aufgaben zu erfüllen und somit auch ihre Eigenstaatlichkeit zu entfalten. Die verfassungsrechtlichen Bestimmungen können in **vier Stufen** gegliedert werden:

- Auf der 1. Stufe erfolgt die Verteilung des gesamten Steueraufkommens auf die zwei staatlichen Ebenen – Bund und Gesamtheit der Länder – und eine ergänzende Ertragszuweisung an die Gemeinden (**vertikale Verteilung**).
- Mit der 2. Stufe wird das Steueraufkommen der Ländergesamtheit den einzelnen Ländern zugeordnet (**horizontale Verteilung**).
- Auf der 3. Stufe wird ein Ausgleich zwischen finanzschwachen und finanzstarken Ländern durchgeführt (**Länderfinanzausgleich**).

- 4. Stufe: Leistungsschwache Länder erhalten ergänzend Mittel des Bundes (**Bundesergänzungszuweisungen**).

Zu Stufe 1: Die Anteile am Einkommen- und Körperschaftsteueraufkommen sind grundgesetzlich festgelegt. Ihre Änderung ist schwierig, weil dafür das GRUNDGESETZ geändert werden müsste. Um dennoch hinreichend viel Flexibilität für notwendige Anpassungen in der Finanzausstattung zu haben, können nach der in Art. 106, Abs. 4 GG enthaltenen **Revisionsklausel** der Bund oder die Länder eine andere Aufteilung des Mehrwertsteueraufkommens beantragen, wenn sich das Verhältnis zwischen Einnahmen und Ausgaben des Bundes und der Länder wesentlich anders entwickelt. Dafür ist nur die Verabschiedung eines einfachen Gesetzes notwendig. Charakteristisch für diesen Teils des Finanzausgleichs ist, dass grundlegende Änderungen vergleichsweise selten vorgenommen werden.

Zu Stufe 2: Das System des Länderfinanzausgleichs hat die Aufgabe, die sich durch die Steuerverteilung ergebenden Finanzkraftunterschiede unter den Ländern angemessen auszugleichen, so dass alle Länder in die Lage versetzt werden, den ihnen zugewiesenen Aufgaben nachzukommen. Das horizontale Ausgleichssystem beginnt mit der horizontalen Umsatzsteuerverteilung.

Die gesetzliche Grundlage für die **horizontale Umsatzsteuerverteilung** findet sich in dem mit Zustimmung des BUNDESRATES erlassenen GESETZ ÜBER DEN FINANZAUSGLEICH ZWISCHEN BUND UND LÄNDERN (FAG) sowie dem im Jahr 2001 verabschiedeten MAßSTÄBEGESETZ (GESETZ ÜBER VERFASSUNGSKONKRETISIERENDE ALLGEMEINE MAßSTÄBE FÜR DIE VERTEILUNG DES UMSATZSTEUERAUFKOMMENS, FÜR DEN FINANZAUSGLEICH UNTER DEN LÄNDERN SOWIE FÜR DIE GEWÄHRUNG VON BUNDESERGÄNZUNGSZUWEISUNGEN, BGBl I v. 19.9.2001), in dem der ab 2005 gültige Finanzausgleich geregelt ist. Dabei soll das MAßSTÄBEGESETZ als längerfristig geltende, die verfassungsrechtlichen Vorgaben konkretisierende Grundlage dienen, während das FAG die aktuell geltenden Berechnungsschritte des Ausgleichsmechanismus vorgibt. Mit dieser ungewöhnlichen Konstruktion entsprach der Gesetzgeber Vorgaben des BVERFG in seinem Urteil vom 11.11.1999. Die Gemeindefinanzkraft geht seitdem mit einem Anteil von 64 % statt bis dahin 50 % ein und ein Anteil in Höhe von 12 % der überproportionalen Mehreinnahmen gegenüber dem Vorjahr wird ausgleichsfrei gestellt. Damit werden die ausgleichspflichtigen Länder entlastet.

Während die Verteilung des Aufkommens bei der Einkommen- und Körperschaftsteuer grundsätzlich nach dem **Prinzip des örtlichen Aufkommens** erfolgt, wird bei der **horizontalen Umsatzsteuerverteilung** anders vorgegangen: Bis zu 25 % des Länderanteils an der Umsatzsteuer wird unter den Ländern nach Steuerkraftgesichtspunkten (**Ergänzungsanteile**) verteilt, um die Finanzkraft der schwachen Länder der durchschnittlichen Finanzkraft aller Länder anzunähern (**Umsatzsteuervorwegausgleich**). Dadurch wird die Lücke zwischen den Steuereinnahmen steuerschwacher Länder und dem Länderdurchschnitt teilweise geschlossen. Der restliche Länderanteil wird nach der **Einwohnerzahl** zugerechnet. Dadurch wird eine zusätzliche horizontale Ausgleichswirkung erzielt: aufgrund des höheren Durchschnittseinkommens in den finanzstärkeren Ländern ist dort auch das Umsatzsteueraufkommen höher. Bedingt durch die schwache Steuerkraft der Neuen Bundesländer spielen die Ergänzungsanteile eine erheblich stärkere Rolle als in der Vergangenheit unter den alten Ländern. Das

Volumen des Umsatzsteuerausgleichs betrug 2012 7,3 Mrd. Euro und kam wegen des erheblichen West-Ost-Steuergefälles mit 96 % fast vollständig den Neuen Ländern und Berlin zugute.

Zu Stufe 3: Im anschließenden **horizontalen Länderfinanzausgleich** (LFA) wird dann die Finanzkraft der finanzschwachen Länder durch Ausgleichsleistungen der finanzstarken Länder grundsätzlich auf mindestens 95 v.H. der länderdurchschnittlichen Finanzkraft, die sog. **Ausgleichsmesszahl**, angehoben. Die **Ausgleichspflicht** ergibt sich aus einem Vergleich der Ausgleichsmesszahl mit der Finanzkraftmesszahl. Dabei bildet erstere grundsätzlich ab, was ein Land an Einnahmen erzielt hätte, entsprächen seine Einnahmen den durchschnittlichen Einnahmen der Länder je Einwohner. Die **Finanzkraftmesszahl** ist die Summe der tatsächlichen Einnahmen des jeweiligen Landes aus Steuern und der für das Fördern von Erdöl und Erdgas erhobenen Förderabgabe sowie aktuell 64 % der von den Gemeinden des jeweiligen Landes erhobenen Steuern. Seit 1950 (für die Neuen Bundesländer ab 1995) sind im Rahmen des horizontalen Länderfinanzausgleichs folgende Beträge (in Mrd. Euro) bis Ende 2012 per Saldo gezahlt oder eingenommen worden (+ Empfänger; – Zahler):

Berlin (+48,7); Baden-Württemberg (-52.6); Bayern (-38,9); Brandenburg (+9,8); Bremen (+11,0); Hamburg (- 11,6); Hessen (-47,2); Mecklenburg-Vorpommern (+7,9); Niedersachsen (+22,6); Nordrhein-Westfalen (-16,4); Rheinland-Pfalz (+11,7); Saarland (+6,6); Sachsen (+18,2); Sachsen-Anhalt (+10,6); Schleswig-Holstein (+9,4); Thüringen (+10,2). Hamburg ist im Jahr 2012 erstmals zum Empfängerland geworden (21 Mio. Euro). Nordrhein-Westfalen war bis 2009 weitgehend Geberland, seit 2010 ist es ebenfalls Empfängerland. Den größten Betrag im gesamten Zeitraum hat Berlin erhalten (48,7 Mrd. Euro).

Von 1950 bis 2012 sind insgesamt 166,7 Mrd. Euro gezahlt und empfangen worden. Das Volumen des gesamtdeutschen Länderfinanzausgleichs betrug 2012 7,9 Mrd. €.

Zu Stufe 4: Bundesergänzungszuweisungen (BEZ) kommen als **nachgeordnetes** Finanzausgleichsinstrument in vielfältiger Form zum Tragen: So gewährt der Bund **allgemeine Bundesergänzungszuweisungen** an finanzschwache Länder in Höhe von 90 v.H. der nach dem Länderfinanzausgleich verbleibenden Fehlbeträge zur länderdurchschnittlichen Finanzkraft (2012 rd. 2,9 Mrd. €, davon 2,3 Mrd. Euro für die ostdeutschen Länder). Sie werden gewährt, wenn die Finanzkraft eines Landes auch nach den bisherigen Ausgleichsmechanismen unter 99,5 % des Länderdurchschnitts bleibt. Der Fehlbetrag wird dann zu 77,5 % ausgeglichen. Außerdem erhalten die Neuen Bundesländer **Sonderbedarfsergänzungszuweisungen** (2012 [2013] rd. 11,3 [10,7] Mrd. €). Sie zielen auf den „Ausgleich besonderer Finanzbedarfe leistungsschwacher Länder aufgrund spezifischer Sonderlasten. Sie sind unabhängig von den aktuellen Finanzkraftverhältnissen und auch der Höhe nach im FAG festgeschrieben“ (MONATSBERICHT DES BMF, Februar 2013, S. 42). Sie sind der größere Teil der **Solidarpakt II-Mittel** und werden den ostdeutschen Ländern gewährt, um u.a. die teilungsbedingten Sonderlasten abzubauen und die unterdurchschnittliche Leistungsfähigkeit der ostdeutschen Kommunen zu kompensieren. Die Sonderbedarfsergänzungszuweisungen laufen wie die gesamten Mittel des Solidarpaktes II im Jahr 2020 aus.

Die hier nur knapp dargestellten Regelungen des horizontalen Finanzausgleichssystems sind in Wirklichkeit äußerst komplex. Das **Kernproblem** besteht darin, dass finanzstarke Länder Incentives verlieren, ihre Steuerkraft zu verbessern, wenn sie viel abgeben müssen, während ausgleichsberechtigte Länder keine hinreichenden Initiativen entwickeln, um die eigene Einnahmesituation zu verbessern. Auch hier bestehen – ähnlich wie bei den Steuern – erhebliche **Reformbedarfe**. Die Zahl der ausgleichspflichtigen Länder betrug 2012 nur noch drei: Baden-Württemberg, Bayern und Hessen. Alle anderen Länder sind ausgleichsberechtigt. Dies hat Anfang 2013 zu einer erneuten Klage von Bayern und Hessen vor dem BVG geführt, um eine Neuordnung durchzusetzen.

Die **Finanzbeziehungen** zwischen dem Bund und den Ländern sollten den veränderten Rahmenbedingungen – insbesondere für die Wachstums- und Beschäftigungspolitik – angepasst werden. Dazu wurde 2007 die FÖDERALISMUSKOMMISSION II (KOMMISSION ZUR MODERNISIERUNG DER BUND-LÄNDER-FINANZBEZIEHUNGEN) eingesetzt. Sie bestand aus je 16 Mitgliedern von BUNDESTAG und BUNDESRAT. Hinzu kamen vier nicht stimmberechtigte Vertreter der Landtage. Die Städte und Gemeinden waren durch die kommunalen Spitzenverbände vertreten. Die Ergebnisse der Kommission wurden im März 2009 vorgelegt und weitgehend umgesetzt:

- Grundsätzlich sind die Haushalte von Bund und Ländern ohne Einnahmen aus Krediten auszugleichen („Schuldenbremse" gemäß Art. 109 GG). Dies orientiert sich auch am Mittelfristziel des **strukturell ausgeglichenen Haushalts** gemäß dem EUROPÄISCHEN STABILITÄTS- UND WACHSTUMSPAKT (vgl. Abschnitt 6.6). Der Bund hat dies in Art. 115, Abs. 2 GG bereits umgesetzt (vgl. Abschnitte 1.1 und 2.4.1). Die Länder regeln dies im Rahmen ihrer verfassungsrechtlichen Kompetenzen. Die Schuldenbremse wurde bisher in die Verfassungen von Hessen, Schleswig-Holstein, Rheinland-Pfalz, Mecklenburg-Vorpommern, Hamburg und Sachsen aufgenommen (Stand: Juli 2013).
- Die Einhaltung der Vorgabe des ausgeglichenen Haushalts ist für den Bund ab dem Jahr 2016 zwingend vorgesehen, für die Länder ab 2020 (Art. 143d, Abs. 2 GG).
- Um die Schuldenregeln einhalten zu können, erhalten fünf Länder (Bremen, Saarland, Berlin, Sachsen-Anhalt und Schleswig-Holstein) für den Zeitraum von 2011 bis 2019 finanzielle Unterstützung in Höhe von 800 Mio. Euro jährlich (Art. 143d, Abs. 2 und 3 GG).

6.6 Instrumente der wirtschafts- und finanzpolitischen Koordination in der EU

Die **Grundzüge der Koordination** der Wirtschafts- und Finanzpolitik in der EU sind in Art. 121 AEUV festgelegt (vgl. Abschnitt 4.2.2). Dies ist der Rahmen für den Einsatz von haushaltspolitischen und anderen Instrumenten für einen dauerhaft stabilen Euro. Während der Finanzkrise seit 2009 gerieten mehrere Mitgliedstaaten der EU in bedrohliche finanzielle Probleme. Zu den Ursachen gehörten neben fehlenden strukturellen Reformen (z.B. Arbeitsmarktflexibilisierung) und mangelnder Wettbewerbsfähigkeit auch eine **unzureichende Haushaltspolitik**. Dies hat die Stabilität des Eurosystems gefährdet.

Die Erfahrungen mit dem früheren **Sanktionsmechanismus** waren durchweg negativ. Obwohl schon vor und insbesondere während der Finanzkrise seit 2009 viele Verfahren anhängig waren (bis auf Estland, Finnland, Luxemburg und Schweden wurde gegen **alle anderen 23 Mitgliedstaaten** bereits mindestens einmal ein Defizitverfahren eröffnet!), zu Sanktionen ist es nie gekommen.[3] Ein kritischer Punkt war, dass es keinen Automatismus gab. Die seinerzeitigen Regeln konnten das Entstehen der Finanzkrise seit 2009 nicht verhindern. Um – daraus Lehren ziehend – zu einem effizienteren Verfahren zu gelangen, und die Stabilität des Eurosystems langfristig zu sichern, wurde im Juni 2010 ein umfassender Maßnahmenkatalog beschlossen. Für die nationalen Finanzpolitiken steht die **neue haushaltspolitische Überwachung** im Vordergrund: Dazu gehören

[1] der **FISKALVERTRAG**,

[2] **neue Haushaltsregelungen** im reformierten Stabilitäts- und Wachstumspakt,

[3] die Einführung des sogenannten **Europäischen Semesters**, einem regelmäßigen wirtschafts-, finanz- und beschäftigungspolitischen Koordinierungszyklus.

Zu [1]: Der FISKALVERTRAG (VERTRAG ÜBER STABILITÄT, KOORDINIERUNG UND STEUERUNG DER WIRTSCHAFTS- UND WÄHRUNGSUNION – SKS-VERTRAG [Quelle: http://european-council.europa.eu/media/639244/04_-_tscg.de.12.pdf]) wurde im März 2012 von 25 EU-Mitgliedstaaten (ohne Großbritannien und Tschechien) unterzeichnet. Er trat am 1.1.2013 in Kraft. Seine Bestimmungen gelten uneingeschränkt für die Länder des Euro-Systems und eingeschränkt für die anderen Mitgliedstaaten. Spätestens nach 5 Jahren soll überprüft werden, ob der FISKALVERTRAG in den für alle EU-Mitgliedstaaten geltenden AEUV integriert werden kann. Seine **Inhalte**:

(a) **Niedrigere Defizitgrenze**: das jährliche strukturelle Defizit der Mitgliedsländer darf die Obergrenze von 0,5 % in Bezug auf das BIP nicht übersteigen (Art. 3, Abs. 1b), es sei denn, die Schuldenstandsquote liegt deutlich unter 60 % (Art. 3 Abs. 1d). In diesem Fall kann das **strukturelle Defizit** (vgl. Abschnitt 2.4.1) bis zu 1 % des BIP betragen.

(b) Die Länder verpflichten sich, diese „**Schuldenbremse**" verbindlich und dauerhaft im nationalen Recht – vorzugsweise in der Verfassung – zu verankern (Art. 3 Abs. 2).

(c) Die Umsetzung der Schuldenbremse in nationales Recht ist vor dem EuGH **einklagbar**. Mitgliedstaaten, die eine Entscheidung des EuGH ignorieren, können mit Sanktionen belegt werden, die bis zu 0,1 % des BIP betragen können.

Finanzpolitik

[3] In unserem föderalen System war es lange umstritten, ob und wenn ja in welchem Umfang die Bundesländer an eventuellen Sanktionen zu beteiligen wären. Da die Bezugsgrundlage für die Feststellung der Einhaltung des Defizitkriteriums der öffentliche Gesamthaushalt ist, sprach vieles für die finanzielle Beteiligung der Bundesländer an der Traglast von Sanktionen. Dem ist im Jahre 2006 durch die Föderalismusreform I mit Art. 109 Abs. 5 GG Rechnung getragen worden: „Sanktionsmaßnahmen der Europäischen Gemeinschaft im Zusammenhang mit den Bestimmungen in Art. 104 des Vertrags zur Gründung der Europäischen Gemeinschaft zur Einhaltung der Haushaltsdisziplin tragen Bund und Länder im Verhältnis 65 zu 35. Die Ländergesamtheit trägt solidarisch 35 vom Hundert der auf die Länder entfallenden Lasten entsprechend ihrer Einwohnerzahl; 65 vom Hundert der auf die Länder entfallenden Lasten tragen die Länder entsprechend ihrem Verursachungsbeitrag."

(d) Mitgliedstaaten, die ein Defizitverfahren durchlaufen, müssen ein **Haushalts- und Wirtschaftspartnerschaftsprogramm** auflegen. Es beschreibt die Strukturreformen, die zu einer wirksamen und dauerhaften Korrektur des übermäßigen Defizits führen sollen. Es wird vom RAT und der EU-KOMMISSION genehmigt und überwacht (Art. 5).

(e) **Automatisierung** der Auslösung des **Defizitverfahrens**, es sei denn, eine qualifizierte Mehrheit der Mitgliedstaaten des Euroraums spricht sich dagegen aus (Art. 3 Abs. 1e).

Zu [2]: Durch den reformierten **STABILITÄTS- UND WACHSTUMSPAKT** (er gilt für alle EU-Länder) rückt neben dem maximalen Defizit von 3 % des BIP das mittelfristige Ziel eines strukturell ausgeglichenen Haushalts (vgl. Abschnitt 2.4.1) in den Vordergrund. Geht der Schuldenstand über 60 % des BIP hinaus, verpflichtet sich das betreffende Mitgliedsland, ihn jährlich um durchschnittlich ein Zwanzigstel zu verringern (Art. 4). Die Verringerung der Defizit- und der Schuldenstandsquote wird einem abgestuften und **weitgehend automatisierten Sanktionsverfahren** unterworfen. Nur wenn der ECOFIN-RAT der Euroländer einen Sanktionsbeschluss der EU-KOMMISSION nicht mit qualifizierter Mehrheit ablehnt, wird er rechtswirksam. Weiterhin gelten nun für die Haushaltsregeln der Mitgliedstaaten **Mindeststandards**, durch die ihre Vergleichbarkeit sichergestellt werden soll. Die Haushaltsdaten werden von EUROSTAT nach strengen Regeln erfasst. Wenn ein Land Statistiken zu den Schulden fälscht, sind Strafen vorgesehen.

Damit ist der STABILITÄTS- UND WACHSTUMSPAKT mit Regeln zur **Schuldenvermeidung** (präventiver Teil) und zur **Schuldenbegrenzung** (korrektiver Teil) ausgestattet:

Im Rahmen der **Prävention** müssen die Mitgliedstaaten jährlich **Stabilitäts- und Konvergenzprogramme** vorlegen (Beschreibung der Maßnahmen für einen strukturell ausgeglichenen Haushalt). Sie werden von EU-KOMMISSION und RAT überprüft. Falls Abweichungen von einer soliden Haushaltspolitik festgestellt werden, kann der RAT Empfehlungen zwecks Abhilfe geben.

▶ Anwendungsfall 7: Defizitverfahren gegen Deutschland

Der ECOFIN-Rat hat am 2.12.2009 nach Art. 126 AEUV festgestellt, dass in Deutschland ein übermäßiges Defizit besteht und Empfehlungen zu dessen Abbau ausgesprochen. Darin wurde 2011 als Beginn der Konsolidierung bestimmt, ein struktureller Defizitabbau von durchschnittlich mindestens 0,5 % des BIP gefordert und eine Rückführung des Defizits unter 3 % des BIP bis 2013 sowie die der Bruttoschuldenquote schneller auf 60 % des BIP vorgegeben (vgl. BUNDESFINANZMINISTERIUM, Deutsches Stabilitätsprogramm, Aktualisierung 2011, S. 6).

Im Rahmen der **Korrektur** wird ein Defizitverfahren eingeleitet (bezogen auf Haushaltsdefizit und / oder Schuldenstand). Der RAT empfiehlt fristbezogene Korrekturmaßnahmen. Seit 2011 müssen von den betroffenen Ländern schon bei der Eröffnung des mehrstufigen Defizitverfahrens Einlagen geleistet werden (Sanktionen). Wenn die Empfehlungen nicht fristgesetzt befolgt werden, ist im Zuge der Fortsetzung des Verfahrens mit weiteren Sanktionen zu rechnen.

Zu [3]: Mit dem sogenannten **EUROPÄISCHEN SEMESTER** – erstmals eingesetzt im Jahr 2011 – wurde ein **regelmäßiger Koordinierungszyklus** eingeführt, der den Informationsaustausch zwischen den Regierungen und der EU fördern soll, um damit zur Durchsetzung finanz- und wirtschaftspolitischer Reformen beizutragen. Die Prozesse der **haushaltspolitischen Koordinierung** wurden zeitlich angeglichen und aufeinander abgestimmt. Es folgt einem vorgegebenen **Fahrplan** und beginnt jeweils zum Beginn jeden Jahres mit der Vorlage des **Jahreswachstumsberichts** durch die EU-KOMMISSION. Er wird vom MINISTERRAT und dem EU-PARLAMENT diskutiert. Im März befasst sich der EUROPÄISCHE RAT damit und legt auf dem Frühjahrsgipfel Leitlinien für die Politik fest. Daraufhin verabschieden die Mitgliedstaaten – wenn nötig – ihre **nationalen Reformprogramme** (NRP) sowie ihre **Stabilitäts- und Konvergenzprogramme** (SCP). Sie dienen der EU-KOMMISSION dann (Mai) zur Erarbeitung von Empfehlungen für die Mitgliedstaaten. Schließlich werden vom MINISTERRAT (Juni) länderspezifische Empfehlungen beschlossen, die anschließend vom EUROPÄISCHEN RAT gebilligt werden.

> Es handelt sich um ein sehr ehrgeiziges Verfahren, das alle Beteiligten einschließt. Hier können erste Elemente einer **supranationalen Haushalts- und Finanzpolitik** gesehen werden, trotz der bei den nationalen Regierungen verbleibenden Verantwortung für die Haushaltspolitik. Die Richtung zielt auf eine **Fiskalunion**, worunter man die **gemeinsame** Fiskalpolitik (Finanzpolitik) innerhalb eines föderalen Staates oder mehrerer Länder versteht. Sie hat **gemeinsame Institutionen**, die das Recht haben, mittels der Beeinflussung von Steuern und Staatsausgaben Fiskalpolitik zu betreiben, z.B. zum Ausgleich regionaler und konjunktureller Schwankungen.

Damit ist perspektivisch die „Endstufe" des europäischen Integrationsprozesses angesprochen: die **politische Union**. In ihrer Mitteilung v. 28.11.2012 „Ein Konzept für eine vertiefte und echte Wirtschafts- und Währungsunion – Auftakt für eine europäische Diskussion" entwickelt die EU-KOMMISSION dazu ihre Vorstellungen:

> „Mit der Verwirklichung einer voll integrierten Fiskal- und Wirtschaftsunion wäre die letzte Stufe der WWU erreicht. Dies würde als Endziel die Schaffung einer politischen Union mit einer geeigneten Bündelung der Hoheitsrechte mit sich bringen, die über eine eigene Fiskalkapazität in Form eines zentralen Budgets und über eigene Mechanismen verfügt, die es ihr unter bestimmten genau definierten Voraussetzungen erlauben, haushalts- und wirtschaftspolitische Entscheidungen bei ihren Mitgliedern durchzusetzen. Wie groß dieses zentrale Budget wäre, hängt davon ab, welcher Integrationsgrad gewollt ist und wie groß die Bereitschaft ist, die damit einhergehenden politischen Veränderungen umzusetzen. Durch eine derart tiefgreifende Integration wären die Voraussetzungen für eine gemeinsame Emission von Schuldtiteln in Form von Stabilitätsanleihen entsprechend dem Grünbuch der Kommission aus dem Jahr 2011 gegeben (S. 37)."
> (http://www.parlament.gv.at/PAKT/EU/XXIV/EU/09/95/EU_99518/imfname_10384927.pdf)

7 Probleme und Grenzen

Ein erstes generelles Problem ist, dass das finanzpolitische **Zielsystem** außerordentlich komplex ist. In der praktischen Finanzpolitik wird nicht durchweg klar, welche Ziele verfolgt werden und mit welcher Priorität. Die Durchsetzung rationaler Finanzpolitik wird außerdem durch **interessenpolitische Einflussnahme**, aber auch durch **politischen Opportunismus**, der sich mehr am Machterhalt (oder Strategien zur Erlangung der Macht) als am gesellschaftspolitisch Notwendigen orientiert, erschwert.

Dies gilt auch für den **Mitteleinsatz**. Mit finanzpolitischen Instrumenten werden Einzelziele verfolgt, die nicht immer miteinander kompatibel sind. Wirkungen bestimmter Maßnahmen können in Bezug auf andere Ziele kontraproduktiv sein. Die Wirkungsketten sind lang und nicht immer vollständig bekannt. Dies gilt z.B. für Verteilungswirkungen finanzpolitischer Maßnahmen. Selbst wenn die Eignung von finanzpolitischen Mitteln unstrittig ist, kann der politische Wille zu ihrem Einsatz fehlen.

Ein weiteres Problem besteht in der Notwendigkeit der **Koordination** der öffentlichen Finanzwirtschaften der verschiedenen staatlichen Ebenen. Die **Interessenlage** der Kommunen kann anders sein als die der Länder oder die des Bundes. Die bestehenden Finanzausgleichsregelungen bedürfen der Korrektur, wobei es aber zu Konfliktsituationen zwischen Bund und Ländern und den Ländern untereinander (mehrere Klagen der ausgleichspflichtigen Länder vor dem BVERFG) kommen kann.

Für alle Bereiche der Finanzpolitik gilt, dass sie zunehmend dem **Zwang zur internationalen Koordination** und Harmonisierung unterworfen sind. Haushaltspolitik sowie Haushaltsdefizite der Mitgliedstaaten der EU sind zukünftig einer ständigen Kontrolle unterworfen. Übermäßige Defizite, die nicht konjunkturpolitisch zu rechtfertigen sind, können sanktioniert werden. Dadurch nehmen **nationale Handlungsspielräume** ab.

Eine wichtige Grenze für die **Steuerpolitik** liegt im **Verhalten der Wirtschaftssubjekte**: Es ist nicht sicher, wie und ob sie sich gemäß den angestrebten Zielen verhalten. Es kann sein, dass Unternehmen auf steuerliche Anreize nicht oder nicht im erwünschten Umfang reagieren. Dies kann auch für die privaten Haushalte gelten, wenn z.B. die steuerliche Belastung mit dem Ziel variiert wird, die Konsumausgaben der privaten Haushalte zu beeinflussen, die Haushalte indes entsparen oder Kredite aufnehmen. Es darf gerade in der Steuerpolitik nicht übersehen werden, dass die Steuereinnahmen einen **Erwartungsparameter** darstellen, während die staatlichen **Aktionsparameter** die Festlegung der Bemessungsgrundlage, der Steuertarife usw. sind.

Auf der Ebene der **steuerpolitischen Instrumente** ist mit **time lags** zu rechnen: Wann wirken die steuerpolitischen Maßnahmen? Hier muss mit Übergangszeiten gerechnet werden, weil die Finanzverwaltung erst durch entsprechende Durchführungsverordnungen oder Erlasse auf eine neue Gesetzeslage vorbereitet werden muss. Hinzu kommen verzögerte Reaktionen der betroffenen Wirtschaftssubjekte.

In den vergangenen Jahren sind der Steuerpolitik zunehmend Grenzen durch die **Rechtsprechung** des BVERFG gezogen worden. Zu erwähnen sind als jüngere Beispiele die Erhöhung des Grundfreibetrags bei der Einkommensteuer (ab 1996) und die

Aussetzung der Vermögensteuer (ab 1997), die zudem noch zu Folgewirkungen im Bereich des Finanzausgleichs geführt hat.

Im Allgemeinen hat der Fiskus Interesse an hohen Einnahmen. Damit kann er aber an **Belastungsgrenzen** stoßen, die zu Abwehrreaktionen bei den Zensiten führen. Schattenwirtschaftliche Aktivitäten legen dafür ein deutliches Zeugnis ab. Durch die internationale Integration und Liberalisierung kann es zu Standortverlagerungen kommen (**Steuervermeidung**), die auf die erwarteten Einnahmen kontraproduktiv wirken.

Für die **Ausgabenpolitik** resultiert eine erste Grenze aus der **Einnahmenbegrenzung**. Immer wieder ist es in jüngerer Zeit zu Problemen bei der halbjährlichen Steuerschätzung gekommen, so dass die Planung der möglichen Ausgaben erschwert ist.

Das Erfordernis einer dauerhaften **Kontrolle** der Effizienz staatlicher Aktivitäten wird von den staatlichen Organen nicht gesehen oder nicht realisiert. Die Orientierung an operational formulierten Zielen – wenn sie überhaupt erfolgt -, bleibt vage. Elemente einer **outputorientierten Budgetplanung** sind nur in der mittelfristigen Finanzplanung erkennbar. Andere Verfahren, wie sie z.B. durch Sunset Legislation oder das Zero-Base-Budgeting in den USA entwickelt wurden, haben keinen Eingang in die deutsche Haushaltswirtschaft gefunden. Bei der **Sunset Legislation** werden staatliche Ausgaben von vornherein zeitlich befristet. Sofern die über den Haushalt finanzierte Institution nicht vor Ablauf der Frist nachweist, dass die Ausgaben notwendig sind, entfallen sie. Das **Zero-Base-Budgeting** beruht darauf, dass für Budgetansätze eine Null-Basis definiert wird, die z.B. 80 % des bisherigen Betrages ausmacht. Wenn die betreffende Stelle oder Institution nachweisen kann, dass die Mittel entsprechend produktiv und zielgerichtet eingesetzt werden, kann sie höhere Beträge bekommen.

Die Problematik von **Subventionen** besteht in der Verzerrung der Faktorpreise, politischer Unfähigkeit zum Subventionsabbau, Schwierigkeiten der Erfolgskontrolle usw.

Ein allgemeines Problem der staatlichen Ausgabenpolitik ist, dass die „**Nützlichkeit**" der einzelnen Ausgaben nicht durchweg ermittelbar ist (Problem der öffentlichen Güter). Daher wissen öffentliche Körperschaften nur recht ungenau, wie groß die Nachfrage nach staatlichen Leistungen ist (optimaler Staatsumfang) und wie viel sie eigentlich an öffentlichen Gütern anbieten müssten (vgl. Kapitel 2, Abschnitt 2.2). Hinzu kommt, dass die Staatsbürger die Verbindung zwischen steuerlichen Zwangsabgaben und daraus zu finanzierenden Staatsausgaben, die ihnen Nutzen stiften, nicht sehen. So kann es nicht verwundern, dass auf der einen Seite immer wieder die Intervention des Staates verlangt wird, auf der anderen Seite aber die dafür notwendigen Belastungen nicht akzeptiert werden.

Staatliche Ausgaben sind an **Gesetze** gebunden. Dadurch wird ihre Variierbarkeit im Sinne eines eventuell kurzfristig notwendigen Mitteleinsatzes erschwert. Das **Haushaltsverfahren** selbst ist schwerfällig und oft stärker durch **bürokratische Interessen** als durch eine Orientierung an finanzpolitischen Zielen bestimmt.

Bei den Grenzen für die **staatliche Schuldenpolitik** stoßen wir zunächst auf eine nationale **rechtliche Grenze**, wie sie in Art. 109 und 115 GG für die **Nettokreditaufnahme** vorgegeben ist. Indes könnte diese Vorschrift – mit der notwendigen parlamentarischen Mehrheit – geändert werden. Eine Begrenzung des Schuldenstandes ist in Deutschland verfassungsrechtlich nicht normiert. Aber seit Schaffung der EUROPÄ-

ISCHEN WÄHRUNGSUNION muss hier ebenfalls eine rechtliche Grenze nach dem AEUV (60 % Schuldenstand in Bezug auf das BIP) beachtet werden (vgl. Abschnitt 2.1.2).

Die Frage nach den Grenzen der Staatsverschuldung ist insbesondere **ökonomisch** zu verstehen. Steigen die Schulden in gleichem Maße wie das Inlandsprodukt, bleibt die Belastung für die Volkswirtschaft als Ganzes relativ gleich. Das mit steigendem Inlandsprodukt ebenfalls wachsende Steueraufkommen befähigt den Staat, den **Schuldendienst** für die steigende Staatsschuld zu erbringen. Problematisch wäre nur, wenn sie wesentlich schneller als Inlandsprodukt und Steueraufkommen wüchse. Erst, wenn infolge hoher Zinsen und Tilgungen die Freiheit der Budgetgestaltung merklich eingeengt würde, könnte die Grenze für weitere staatliche Kreditaufnahmen erreicht werden. Die **Handlungsfähigkeit des Staates** wird eingeschränkt. Ist das Zinsniveau niedrig, gibt es Risiken für den Fall, dass es wieder steigt.

Staatliche Kreditaufnahme führt ceteris paribus zu steigenden Zinsen auf dem Kapitalmarkt. Wenn die privaten Investitionen zinselastisch sind, bedeutet der Zinsanstieg tendenziell einen Rückgang der privaten Investitionen. Die **Crowding-out-Hypothese** setzt allerdings voraus, dass die kreditfinanzierten Staatsausgaben eine niedrigere gesamtwirtschaftliche Produktivität aufweisen als die privaten Investitionen. Damit hängt die Antwort auf die Frage nach der Grenze der staatlichen Kreditaufnahme stark von der jeweiligen Verwendung der Kreditmittel ab. Hier kann sich eine **ideologische Argumentation** verbergen: Die Nichtmessbarkeit der Produktivität staatlicher Leistungen bedeutet nicht automatisch, dass sie tatsächlich nicht produktiv sind

Während bei der inneren Verschuldung der Schuldendienst in inländischer Währung zu leisten ist, wird die **äußere Verschuldung** meistens in ausländischer Währung aufgenommen, so dass der Schuldendienst in einem Geld (Devisen) zu bezahlen ist, das die Zentralbank des betreffenden Landes nicht selbst schaffen kann. Vielmehr muss er erst durch Export- und/oder Kapitalimportüberschüsse verdient werden. Vor dieser Situation stehen viele Entwicklungsländer und Schwellenländer (internationale Schuldenkrisen), während für die Bundesrepublik ein Anteil von etwa 60 % Auslandsschulden (z.T. auf Euro lautend) nicht bedenklich ist. Im Übrigen kann darauf hingewiesen werden, dass es sich bei der Staatsverschuldung um Nominalzahlen handelt. Im Laufe des Geldentwertungsprozesses entledigt sich der Staat – bei sinkenden Realwerten – eines Teils seiner Verpflichtungen gewissermaßen von selbst.

Schließlich wollen wir noch auf die **politisch-psychologischen Grenzen** hinweisen: Zwangsanleihen oder ein **Zinsmoratorium** (der Staat setzt die Zinszahlungen aus) dürften dazu führen, dass die betroffenen Gläubiger dem Staat in Zukunft kein Geld mehr oder es nur zu maßgeblich höheren Zinsen (Risikoprämie) leihen werden. Wegen des sonst drohenden Vertrauensverlustes werden fällige Zinsen und Tilgungen auch vor allen anderen staatlichen Verpflichtungen vorrangig erfüllt. Dafür hat die Finanzkrise seit 2008 viele Beispiele gebracht.

8 Wiederholungsfragen

1. Diskutieren Sie die Problematik von Staatsquoten und von finanzpolitischen Indikatoren allgemein.
2. Was versteht man unter dem Schalenkonzept in der Finanzstatistik?
3. Warum wird in der EU beim innergemeinschaftlichen Handel das Bestimmungslandprinzip angewendet?
4. Was versteht man unter dem Äquivalenzprinzip und was unter dem Leistungsfähigkeitsprinzip? Wie könnte man das Leistungsfähigkeitsprinzip umsetzen und welche Probleme tauchen dabei auf?
5. Formulieren Sie Anforderungen an eine „rationale" Steuerpolitik.
6. Stellen Sie die finanzpolitische Zielhierarchie dar und erläutern Sie mögliche Zielkonflikte.
7. Welche steuerpolitischen Aktionsparameter gibt es?
8. Was versteht man unter Subventionen und für welche Zwecke werden sie eingesetzt? Wie sollte die Gewährung von Subventionen gestaltet sein?
9. Welche Parameter stehen der staatlichen Schuldenpolitik zur Verfügung? Wie beurteilen Sie Versuche, die staatliche Kreditaufnahme zu begrenzen?
10. Erörtern Sie die vier Stufen des bundesstaatlichen Finanzausgleichs.
11. Diskutieren Sie die Bedeutung der EU für die deutsche Finanzpolitik. Geben Sie Beispiele.
12. Könnte auf die mittelfristige Finanzplanung verzichtet werden? Begründen Sie Ihre Antwort!
13. Nennen Sie die wesentlichen Bestimmungen des Fiskalvertrags von 2012.
14. Erörtern Sie mögliche Grenzen für die Steuer- und Ausgabenpolitik.
15. Führt eine hohe Staatsverschuldung zur Belastung zukünftiger Generationen? Begründen Sie Ihre Antwort!

Kapitel 5: Geldpolitik

In diesem Kapitel erfahren Sie

- welche Arten von Geld es gibt und welche Funktionen Geld hat,
- welche geldpolitischen Indikatoren verwendet werden,
- welche Theorien der Geldpolitik zugrunde liegen, welche Bedeutung die Quantitätstheorie hat und wie antizyklische Geldpolitik wirkt,
- welche Ziele mit der Geldpolitik verfolgt werden,
- wer für die Geldpolitik zuständig ist,
- welche geldpolitischen Instrumente es gibt und wie sie wirken,
- welche Probleme einer effizienten Geldpolitik entgegenstehen und
- vor welchen Herausforderungen die EUROPÄISCHE ZENTRALBANK steht.

1 Einleitung

Geld wird in der wirtschaftswissenschaftlichen Literatur nicht einheitlich definiert, was daran liegt, dass Geld nicht eindeutig von anderen **Finanzaktiva** abgrenzbar ist. Eine erste Annäherung an den Geldbegriff erfolgt über die **Geldfunktionen**.

[1] **Transaktionsfunktion (Tausch- und Zahlungsmittel)**. Geld wird gegen Güter eingetauscht. Somit lassen sich Tauschvorgänge ökonomisch effizient und rationaler gestalten als in einer Naturaltauschwirtschaft, in der z.B. Ware gegen Ware bzw. Dienstleistung gegen Ware gehandelt wird. Hochentwickelte arbeitsteilige Marktwirtschaften können ohne indirekte Tauschbeziehungen (Ware – Geld – Ware) nicht funktionieren. Tauschwirtschaften (Ware – Ware) finden sich allenfalls noch bei lokalen Gemeinschaften, die auf einer wirtschaftlich sehr niedrigen Entwicklungsstufe stehen, und in Krisenzeiten wie etwa bei rasant steigender Hyperinflation. Geld als **Zahlungsmittel** schließt die **Schuldentilgungsfunktion** ein.

[2] **Wertaufbewahrungsfunktion**. Geld wird nicht nur unmittelbar für Transaktionen verwendet, sondern stellt zugleich Vermögen höchster Liquidität dar. Halten Wirtschaftssubjekte Geld über einen längeren Zeitraum, dient es primär zur Wertaufbewahrung. Aber auch Geld, das primär Transaktionszwecken dient, erfüllt meistens zugleich eine Wertaufbewahrungsfunktion, weil Wirtschaftssubjekte i.d.R. mehr Geld halten möchten, als sie gerade zur Bezahlung benötigen (vgl. Beispiel). Je mehr jedoch das Geld während der Anlagedauer an Wert (Kaufkraft) etwa durch Inflation verliert, umso schlechter kann es seine Wertaufbewahrungsfunktion erfüllen.

[3] **Recheneinheits- und Wertmessfunktion**. Geld macht unterschiedliche Güter über absolute Preise vergleichbar. In einer Naturalwirtschaft kennen wir nur relative Preise von Gütern, was die Bewertung von Gütern erheblich erschwert. Existierten z.B. nur 100 ungleiche Güter, gäbe es bereits 5040 relative Preise. Wird aber

ein Gut (hier: Geld) zum Maßstab des Wertes anderer Güter erhoben, so lässt sich der Wert jedes anderen Gutes als absoluter Preis in Einheiten dieses Gutes (Wertmaßstab) ausdrücken. Damit wird deutlich, dass die Recheneinheits- und Wertmessfunktion letztlich eine notwendige Bedingung für die Transaktionsfunktion des Geldes ist. Gleichzeitig bildet sie die Voraussetzung für die einzel- und gesamtwirtschaftliche Wirtschaftsrechnung.

Sowohl die gesetzlichen Zahlungsmittel (Scheine und Münzen) als auch die auf Giro-, Kontokorrent- und Tagesgeldkonten gehaltenen Sichteinlagen erfüllen alle drei Funktionen und fallen als **Bargeld** bzw. **Giralgeld** eindeutig unter den Geldbegriff.

► Beispiel

Familie X erhält am 1. April 2014 Einkommenszahlungen in Höhe von 4000 €. Sie plant den Monat Ausgaben von 3000 €, davon zum dritten des Monats 1200 €. Weitere 400 € wird sie voraussichtlich gegen Monatsmitte und 200 € gegen Monatsende für den Kauf von Gebrauchsgütern benötigen. Sie veranschlagt außerdem je 40 € pro Tag, die sie für die Bezahlung von Waren und Dienstleistungen des täglichen Bedarfs benötigt. Am 3. April 2014 würde Familie X entsprechend 1240 €, gegen Mitte April 440 € und gegen Monatsende 240 € benötigen. An allen anderen Tagen plant sie, 40 € auszugeben.

Familie X weiß, dass Bar- und Giralgeld keine bzw. sehr niedrige Zinsen abwirft. Daher behauptet sie, dass Geld für sie nicht als Wertaufbewahrungsmittel dient. Dennoch erscheint es ihr rational, wenn sich am 2. April auf den Girokonten der Familie 5700 € und in den Portemonnaies 300 € Bargeld befinden würden, also das 150-Fache des für diesen Tag geplanten Transaktionsvolumens.

Dafür, dass Familie X mehr Geld halten möchte, als sie für ihre jeweiligen täglichen Transaktionen benötigt, gibt es vor allem zwei rationale Motive: (1) Der Aufwand der zeitpunktgenauen Umwandlung von Geld in (andere) Vermögensaktiva – und umgekehrt – erscheint gegenüber den Zinserträgen zu aufwändig. (2) Der tatsächliche Bedarf an Zahlungsmitteln ist nicht bekannt, z.B. herrscht Unsicherheit über die Preise, den exakten Zahlungszeitpunkt oder es müssen kurzfristig unvorhersehbare Zahlungen geleistet werden.

Zusammenfassend hat die Wertaufbewahrungsfunktion des Geldes für Familie X lediglich **scheinbar** keine Bedeutung, tatsächlich aber nutzt sie diese Funktion und setzt sie bei ihrer Planung implizit voraus.

Es wird deutlich, dass die Zahlungsmittelfunktion als Kernfunktion des Geldes erachtet werden kann, welche Geld in der Praxis letztlich nur erfüllen kann, wenn auch die übrigen Funktionen gegeben sind. Daher geht es in diesem Kapitel ganz überwiegend um die Transaktionsfunktion des Geldes, so dass hier gilt:

Geld sind Aktiva, die im Rahmen des nationalen Zahlungsverkehrs zur Bezahlung von Waren und Dienstleistungen und zur Erfüllung von Verbindlichkeiten akzeptiert werden. Geld ist eine **Bestandsgröße.**

▶ Anwendungsfall 1: Bargeldumlauf

Geld fließt von einem Wirtschaftssubjekt zum anderen, es gibt also Geldströme. Dennoch ist Geld eine Bestandsgröße (und **keine** Stromgröße). Der Bargeldbestand der Familie X am Stichtag (2. April 2014) beträgt z.B. genau 400 €. Wenn die Mutter ihrem Sohn davon 120 € und dieser dem Vater wiederum 50 € gibt, dann ist das Bargeld, das in der Familie X in Umlauf ist, nach wie vor 400 €. Der Bestand ist also unverändert.

In der **Eurozone** bestand das Bargeld am 30. Juni 2013 aus 103 Mrd. €-Münzen und 15,5 Mrd. €-Scheinen. Der Wert des Notenumlaufs und des Münzumlaufs betrug zusammen 886 Mrd. € (EZB, 2013a).

Probleme hinsichtlich der begrifflichen Abgrenzung von Geld ergeben sich insbesondere dann, wenn die Umwandelbarkeit von Wertaufbewahrungs- in Transaktionsmittel näher betrachtet wird. Ganz offensichtlich gibt es andere Aktiva, die sehr kurzfristig in Giral- oder Bargeld umgewandelt werden können und damit aus Sicht des Besitzers zumindest eine große Nähe zu Geld besitzen. Dies sind Termin- und Spareinlagen ebenso wie bestimmte Anleihen, etwa solche, die bald fällig werden. Es gibt keine klare Grenze, die festlegt, ob ein Finanzaktivum aufgrund seiner Eigenschaften zum Geld gezählt wird oder nicht. In der Literatur finden sich Begriffe wie Quasi-Geld, Geldsubstitute oder **Spar- und Termingeld**. In der geldpolitischen Praxis wird den Abgrenzungsschwierigkeiten dadurch Rechnung getragen, dass zwischen verschiedenen **Geldmengenaggregaten** unterschieden wird (vgl. Abschnitt 2.1).

Eine gewisse Wertbeständigkeit des Geldes ist unabdingbare Voraussetzung dafür, dass Geld seine Funktionen erfüllen kann. Der Begriff der **Geldwertstabilität** umfasst sowohl den **Binnenwert** als auch den **Außenwert** des Geldes und ist synonym mit **Währungsstabilität**. Während ein stabiler Binnenwert im Wesentlichen dem gesamtwirtschaftlichen Ziel der **Preisniveaustabilität** entspricht, bezieht sich ein stabiler Außenwert auf das Wechselkursverhalten und steht somit in engem Zusammenhang mit dem Ziel des **außenwirtschaftlichen Gleichgewichts** (vgl. Kapitel 8, Abschnitt 4.1). Ein stabiler Außenwert ist in Volkswirtschaften mit intensiven Außenwirtschaftsbeziehungen wie Deutschland besonders wichtig, da er zur Sicherung der internationalen Zahlungsfähigkeit beiträgt und die Gefahr von Export- und Importschwankungen mindert.

Herrscht große Geldwertinstabilität, kann das Geld weder die Transaktions-, noch die anderen Funktionen hinreichend erfüllen. Eine Politik, die die Stabilität des Geldwertes gefährdet, verliert an Glaubwürdigkeit, verunsichert die Wirtschaftssubjekte und zieht Fehlallokationen nach sich. Eine hohe Inflation gefährdet die Funktionsfähigkeit des Preis- und Marktmechanismus, verschlechtert die Exportchancen und führt zu sozial unerwünschten Umverteilungseffekten. Ein rapide sinkender Außenwert der Währung beschleunigt die Inflation, reduziert die Importfähigkeit, erschwert die Bedienung von Auslandsschulden und damit die internationale Kreditwürdigkeit. Das Geld wertbeständig zu halten, ist daher eine der zentralen Aufgaben der Geldpolitik.

Geldpolitik umfasst die Gesamtheit von Maßnahmen, die zum einen auf die Geldversorgung der Volkswirtschaft und zum anderen auf die Sicherung der Geldwertstabilität sowie auf andere makroökonomische Ziele abstellen. Geldpolitik ist Aufgabe der staatlichen **Zentralbank**. Sie besitzt das Monopol auf die Ausgabe von Bargeld und Münzen.

Das primäre Wirkungsfeld der Zentralbank ist der **Geldmarkt**, dem analytischen Ort des Zusammentreffens von Geldangebot und Geldnachfrage. Auf diesem versucht sie das Geldangebot, die **Geldmenge**, zu steuern und den **kurzfristigen Zinssatz** zu kontrollieren. Ein weiteres Wirkungsfeld ist der **Devisenmarkt**, auf dem Zentralbanken als Anbieter bzw. Nachfrager von ausländischen Währungen (Devisen) und Inlandswährung auftreten (vgl. Kap. 8, Abschnitt 2.1.1). Schließlich verfügen Zentralbanken über Goldreserven und haben die Möglichkeit, am **Goldmarkt** als Anbieter und Nachfrager zu agieren, wovon sie im Zuge der jüngsten Finanz- und Eurokrise anders als in wirtschaftlich stabilen Phasen öfter Gebrauch machten.

2 Situationsanalyse

Mit der Einführung des Euro ging die Entscheidungskompetenz für die Geldpolitik von den nationalen Zentralbanken, darunter die DEUTSCHE BUNDESBANK, auf die EUROPÄISCHE ZENTRALBANK (EZB) über. Die Präsidenten der nationalen Notenbanken der 18 EU-Länder (2014) sind stimmberechtigte Mitglieder des 23-köpfigen RATES der EZB. Damit verfügt zwar auch die BUNDESBANK über eine Stimme bei geldpolitischen Entscheidungen, aber ihr direkter Einfluss ist insbesondere im Vergleich mit der Zeit zwischen ihrer Gründung (26.7.1957) und der Euro-Einführung (1.1.1999) sehr gering.

Dieses Kapitel befasst sich außer mit den theoretischen Grundlagen (insbes. Abschnitt 3) hauptsächlich mit der Geldpolitik der EZB. Auf die ehemalige Geldpolitik der BUNDESBANK wird ebenso wie auf die Geldpolitik von Zentralbanken außerhalb der Eurozone nur eingegangen, wenn es zur Erklärung oder Gegenüberstellung besonders angebracht erscheint.

2.1 Entwicklung der Geldbasis und Geldmengen

Angesichts der Vielschichtigkeit des Geldbegriffs unterscheidet die Geldpolitik mindestens zwischen vier verschieden abgegrenzten Größen. Diese werden jeweils mit M wie „money" abgekürzt und umfassen die Geldmengen M1-M3 sowie M0 („M null"). Die Bezeichnung **M0** wird allerdings nur gelegentlich verwendet, gängiger ist **Geldbasis** oder auch **Zentralbankgeld**, **monetäre Basis** bzw. **„high powered money"** (DEUTSCHE BUNDESBANK, 2012, S. 70).

Die **Geldbasis** ist das von der Notenbank eines Landes geschaffene Geld. Es existiert in Form von Bargeld in den Händen von Nichtbanken und als **Zentralbankguthaben**, das im Wesentlichen den Sichtguthaben (Mindest- und Überschussreserven) der Geschäftsbanken bei der Zentralbank entspricht. Die Zentralbank ist verpflichtet, Zentralbankguthaben auf Wunsch jederzeit in Bargeld umzuwandeln. Die Geldbasis bildet die Grundlage für die **Geldschöpfung der Geschäftsbanken.**

Abb. 5.1 zeigt, wie sich die Geldbasis im Euroraum entwickelt hat. In den ersten 8 Jahren (ab Feb. 1999) wuchs sie um durchschnittlich 9,1 % p.a., in den 5 Jahren (ab Jan. 2008) nach Ausbruch der Finanzkrise dagegen um 16,3 % p.a. Dies ist weniger auf die parallel hinzugekommenen Euroländer (Malta, Zypern, Slowakei und Estland) zurückzuführen, als vielmehr auf das Bemühen der EZB, während der Finanzkrise und der anschließenden Verschuldungskrise expansiv auf den Geldmarkt einzuwirken und den weitgehend erlahmten Interbankenhandel zu kompensieren, aber auch auf die wachsende Tendenz der Geschäftsbanken, ab 2009 vermehrt Reserven bei der EZB zu halten, welche 2012 Rekordhöhen erreichten. Dem zuletzt Genannten wirkte die EZB im Jahr 2013 erfolgreich entgegen, indem sie etwa den Zinssatz für Einlagen bei ihr auf 0 % senkte (s. Abb. 5.10). In der Folgezeit schrumpfte die Geldbasis wieder.

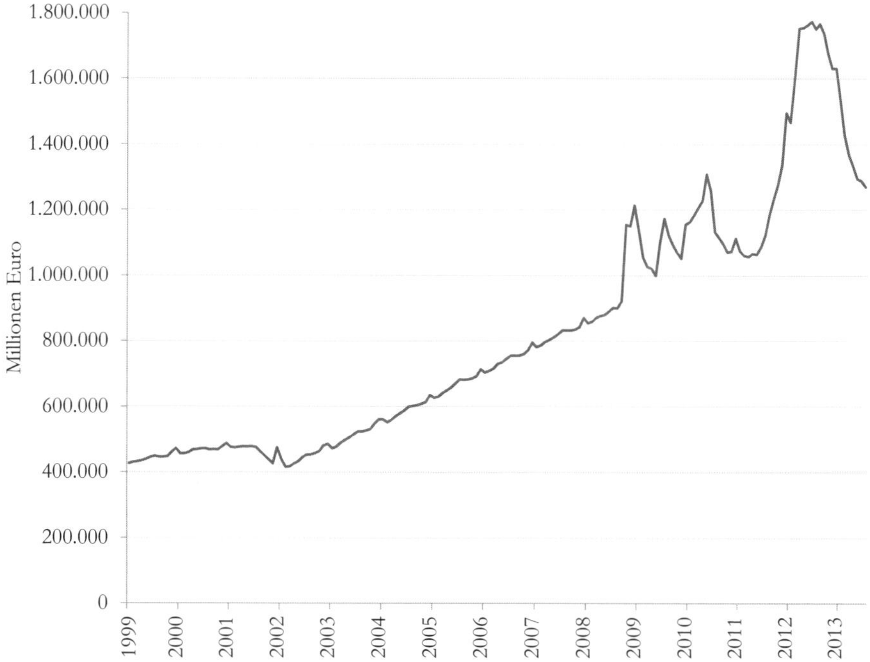

Quelle: EZB, 2013b.

Abb. 5.1: Entwicklung der Geldbasis der Europäischen Zentralbank

Die Geldmengenaggregate, die zur Abbildung des sich im Umlauf befindlichen Geldes verwendet werden, werden auf der Basis des Liquiditätsgrades der enthaltenen Finanzaktiva abgegrenzt. Je niedriger die Kennzeichnungsziffer, desto höher ist der Anteil von Aktiva des höchsten Liquiditätsgrades. M1 enthält entsprechend nur hochliquides Geld, während M3 darüber hinaus u.a. auch Anleihen mit 2-jähriger Laufzeit umfasst.

Die **Geldmenge M1** setzt sich aus dem Bargeld in den Händen inländischer Nichtbanken sowie deren täglich fälligen Einlagen (Giralgeld), etwa auf Giro-, Kontokorrent- und Tagesgeldkonten, bei den **monetären Finanzinstituten (MFI)** zusammen.

Statt im Folgenden stets von MFI zu sprechen, wird der Verständlichkeit halber weiterhin auch am Begriff der (Geschäfts-)Banken festgehalten, wobei der Leser beachte, dass darin dann z.B. auch andere Kreditinstitute und Geldmarktfonds eingeschlossen sind. Gemäß der relativ weiten Definition der EZB gab es zu Beginn 2013 rund 7.000 im Euroraum ansässige MFI.

Die **Geldmenge M2** setzt sich aus M1 (Bargeld und Giralgeld) sowie Spar- und Termineinlagen zusammen. Nach der Abgrenzung der EZB besteht das **Spargeld** aus Einlagen mit vereinbarter Kündigungsfrist bis zu 3 Monaten und das **Termingeld** aus Einlagen mit vereinbarter Laufzeit bis zu 2 Jahren.

Spargeld kann schnell für Zahlungszwecke verwendet werden, da z.B. Bankkunden in Deutschland bis zu 2000 € monatlich ohne Vorankündigung abheben bzw. aufs Girokonto überweisen können. In aller Regel lassen sich sogar sämtliche Spareinlagen mit vereinbarter Kündigungsfrist bis zu 3 Monaten kurzfristig in M1-Komponenten umwandeln, wenn die Kunden im Gegenzug Vorschusszinsen an die Banken leisten.

Die **Geldmenge M3** setzt sich aus M2 (Bar-, Giral-, Spar- und Termingeld) und marktfähigen Finanzinstrumenten zusammen, deren Liquidität ähnlich hoch wie die von Bankeinlagen ist. Nach der Abgrenzung der EZB sind dies Schuldverschreibungen mit max. 2-jähriger Ursprungslaufzeit, Repogeschäfte und Geldmarktfondsanteile.

Nach der EZB-Abgrenzung handelt es sich bei den in M3 enthaltenen **Schuldverschreibungen** um Bankanleihen, die von Geschäftsbank an Nichtbanken ausgegeben werden.

Ein **Repogeschäft** ist eine Verkaufs- und Rückverkaufsvereinbarung über Wertpapiere, meist Schuldverschreibungen. Das heißt, die Geschäftsbank verkauft ein Wertpapier und verpflichtet sich zugleich, das Wertpapier der Nichtbank auf Termin zu einem vorgegebenen Preis zurückzukaufen. Die Bank (Pensionsgeber) „gibt" das Papier quasi in „Pension" und die Nichtbank (Pensionsnehmer) „nimmt" es quasi in „Pension". Repogeschäfte können verkürzt als Bankanleihe gegen Sicherheit verstanden werden. Sie dienen Geschäftsbanken zur kurzfristigen Liquiditätsbeschaffung und haben meist Laufzeiten zwischen ein und wenigen Tagen, selten aber mehr als 12 Monate. Ihre Bedeutung als direktem Finanzierungsinstrument zwischen Bank und Nichtbank während der Finanz- und Bankenkrise zeigt sich an dem Spitzenwert, den sie im Frühjahr 2010 erreichten (vgl. Tab. 5.1).

Geldmarktfondsanteile weisen eine große Nähe zu Geld auf, weil die Anleger, die in Geldmarktfonds investieren, die gekauften „Anteilsscheine" jederzeit bei dem Fonds gegen Giralgeld umtauschen können.

	Dezember 1999	Peak	Dezember 2012
Repogeschäfte*	153 Mrd.	315 Mrd. (Mai 2010)	125 Mrd.
Schuldverschreibungen der Banken (< 2 J.)	144 Mrd.	315 Mrd. (Juli 2008)	186 Mrd.
Geldmarktfondsanteile	482 Mrd.	780 Mrd. (Feb. 2009)	290 Mrd.
Summe	780 Mrd.	---	601 Mrd.

* ohne Repogeschäfte zentraler Kontrahenten[1]

Quelle: EZB, 2013a.

Tab. 5.1: M3-Komponenten der marktfähigen Finanzinstrumente (in €)

Geldmengenaggregate Komponenten	Abgrenzungen M1	 M2	 M3
Bargeldumlauf	X	X	X
Täglich fällige Einlagen (Sichteinlagen)	X	X	X
Einlagen mit Laufzeit bis 2 Jahre		X	X
Einlagen mit vereinbarter Kündigungsfrist bis 3 Monate		X	X
Repogeschäfte			X
Geldmarktfondsanteile			X
Schuldverschreibungen bis zu 2 Jahren			X
Ende Juni 2013: Geldmenge im Euro-Raum (Mrd. €)	5.313	9.165	9.856
ohne Bargeldumlauf	4.427	8.279	8.970
Deutschlands Anteil	1.395	2.243	2.374

Quelle: DEUTSCHE BUNDESBANK, 2013a.

Tab. 5.2: Zusammensetzung verschiedener Geldmengenaggregate

[1] Zentrale Kontrahenten (central counterparts, CCP) sind Vertragspartner sowohl der Nichtbank als auch der Bank. Ein CCP fungiert diesen gegenüber quasi als „Pensionsgeber" bzw. „Pensionsnehmer", ohne dies freilich zu sein. Solche mit CCPs durchgeführten Repogeschäfte werden von der EZB seit Juni 2010 nicht mehr zu M3 gezählt und sind in der Tabelle für kein Berichtsjahr enthalten.

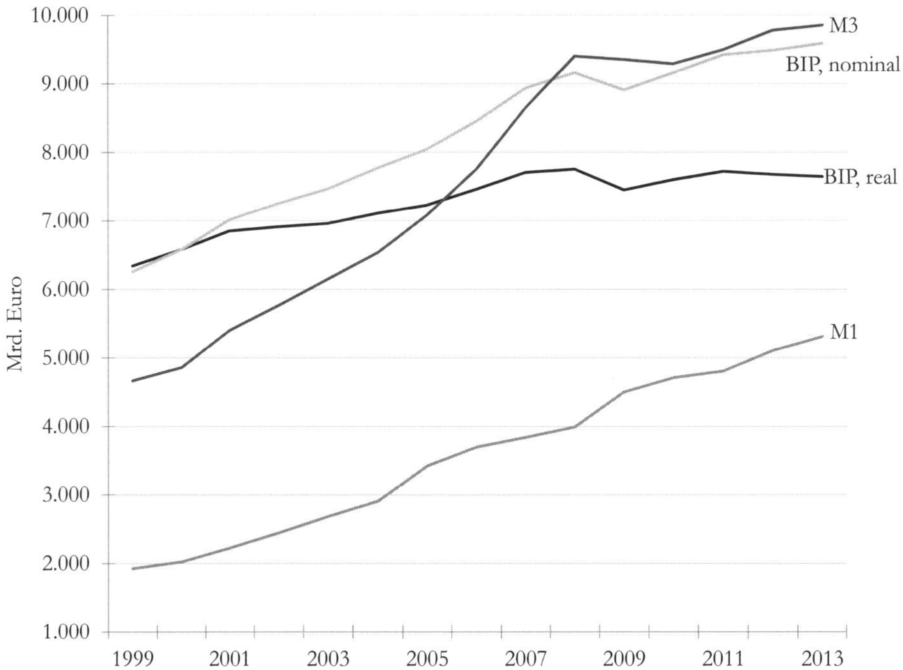

Quelle: EUROSTAT, 2013a, 2013b.

Abb. 5.2: Geldmengen und BIP im Euroraum: 1999–2013

Abbildung 5.2 deutet auf verschiedene Brüche im Zuge der Finanz- und Verschuldungskrise hin:

- M3 wuchs nahezu kontinuierlich bis 2008, schrumpfte dann und kehrte erst nach 3 Jahren auf ihr Ausgangsniveau zurück.
- Parallel brach das reale BIP ein und erreichte bis 2013 nicht das alte Niveau.
- Der Anteil von M1 an M3 ist seit 2008 signifikant gestiegen, von ca. 42,5 auf 54 %.
- M3 wuchs bis 2005 nur ein wenig schneller als das nominale BIP, bis 2008 wuchs M3 deutlich stärker und ist seither größer als der Geldwert des BIP.

Im Zuge des Abschnitts 3 werden die theoretischen Grundlagen erläutert, die zur Erklärung dieser Entwicklungen bis zur Krise und danach herangezogen werden können.

2.2 Elektronisches Geld

Zu einer geldpolitischen Situationsanalyse gehört zweifellos auch, auf die Verbreitung von **elektronischem Geld** (E-Geld) einzugehen.

> **E-Geld** bezeichnet gemäß der EU „einen monetären Wert in Form einer Forderung gegen die ausgebende Stelle, der (i) auf einem Datenträger gespeichert ist, (ii) gegen Entgegennahme eines Geldbetrags ausgegeben wird, dessen Wert nicht geringer ist als der ausgegebene monetäre Wert, (iii) von anderen Unternehmen als der ausge-

benden Stelle als Zahlungsmittel akzeptiert wird." (Richtlinie 2000/46/EG). E-Geld existiert im Wesentlichen in Form **elektronischer Geldbörsen** (insb. E-Geld-Karten), als Zahlungsmittel „over the counter" und in Form von **Netzgeld** (serverbasiertes Geld), das beim elektronischen Handel (e-commerce) eingesetzt wird.

Damit grenzt sich E-Geld von **elektronischen Zugangsprodukten** wie den Debitkarten ab, bei denen Zahlungen stets mittels Kontoüberweisungen abgewickelt werden.

► Beispiel

Überlegen Sie, in welchen der folgenden Fälle E-Geld involviert ist: (1) Im Laufe des 2. Aprils zahlt der Vater im Supermarkt mit seiner EC-Karte. (2) Der Sohn geht in ein Fitnesszentrum und lädt den Chip auf seiner Mitgliedskarte gegen bar auf. (3) Die Tochter zahlt einen Parkschein mit dem Geldchip ihrer EC-Karte. (4) Die Mutter bezahlt eine Restaurantrechnung über 100 € mit ihrer Kreditkarte. (5) Der Sohn kauft an der Tankstelle gegen bar ein im Internet nutzbares Guthaben. (6) Die Tochter zahlt mit ihrem Paypal-Guthaben Fußballschuhe. (7) Der Vater nutzt sein Handy und der Wert seiner Prepaid-Karte sinkt.[2]

Die EZB unterscheidet zwischen E-Geld der monetären Finanzinstitute (MFI) und von „**electronic money institutions**" (ELMIs), die in der EU mittlerweile verschiedensten Regulierungen unterliegen und der Genehmigung bedürfen. Mitte Juli waren in Deutschland vier E-Geld-Institute registriert, darunter easy cash (BAFIN, 2013). Das erste in der EU registrierte Unternehmen ist paysafe, eines der bekanntesten (paypal) ist mittlerweile ein amtlich zugelassenes MFI, um z.B. auch Kreditkarten ausgeben zu können.

Geschäftsbanken (MFIs) geben mit 85 % den Großteil des E-Geldes aus, dessen Bestand Mitte 2013 im Euroraum zwar nur knapp 5 Mrd. € (unter 0,1 % von M1) betrug, aber seit Mitte 2003 um das 17-Fache stieg (EZB, 2013a).

Gegenüber solchem elektronischen Geld, das als gesetzliches Zahlungsmittel zugelassen ist, existiert seit 2009 im Internet mit den **Bitcoins** eine virtuelle Währung, die seit Sommer 2013 in Deutschland als privates Zahlungsmittel zugelassen ist. Bitcoins zählen ebenso wie „echte" Fremdwährungen nicht zur Geldmenge.

2.3 Weitere geldpolitische Entwicklungen

2.3.1 Zinsentwicklungen

In einer Volkswirtschaft gibt es eine nahezu unüberschaubare Zahl von Zinssätzen. Dabei unterscheidet man zunächst aus Bankensicht zwischen **Passivzins** (für Einlagen) und **Aktivzins** (bei Krediten). In Abb. 5.3 ist als Beispiel für einen Aktivzins der effektive Zins für Unternehmenskredite bis 1 Mio. € dargestellt. Er erreichte 2008 mit über 6 % p.a. ein Hoch, im Laufe 2012 ist er um einen ganzen Prozentpunkt gefallen.

[2] E-Geld ist in den Fällen (3), (5) und (6) involviert.

Der Zins für Einlagen mit 2-jähriger Laufzeit ist ein Beispiel für einen Passivzins. Er ist offensichtlich weniger volatil als der Kreditzins, jedoch sind die Ausschläge größer.

Der EURIBOR (Euro Interbank Offered Rate) gibt Auskunft über den Interbankenhandel. In Abb. 5.3 ist dargestellt, welchen Zins Banken untereinander für eine 3-monatige Überlassung von Zentralbankgeld zahlen. Er stieg mit Ausbruch der Finanzkrise spürbar an und ist seit 2009 extrem gesunken, wenn man vom Jahr 2011 absieht, als die Euro-Verschuldungskrise ihren bisherigen Höhepunkt erreichte.

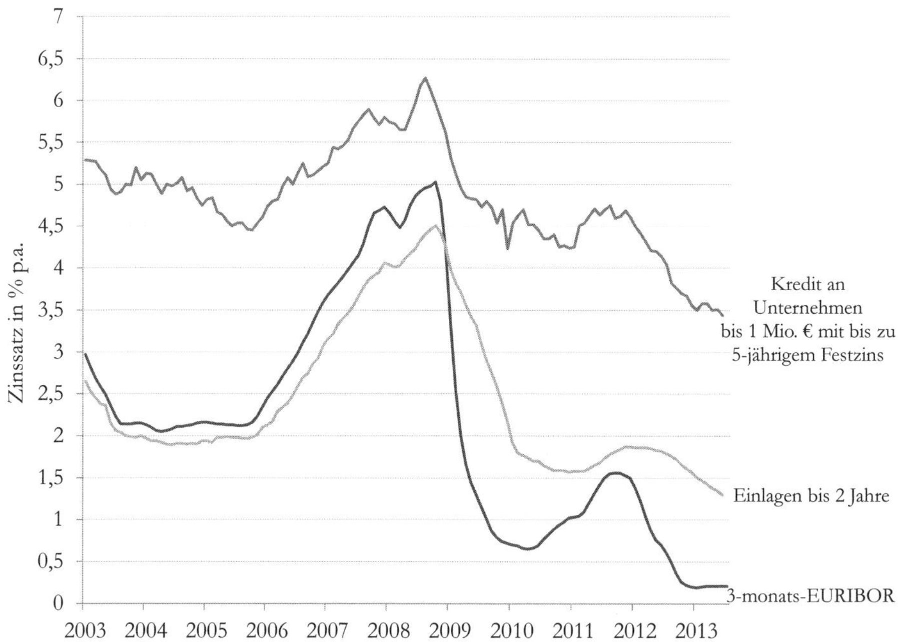

Quelle: DEUTSCHE BUNDESBANK, 2013b.

Abb. 5.3: Ausgewählte Zinssätze Jan. 2003–Juni 2013

2.3.2 Kredit- und Geldmärkte

Die Begriffe **Geld-, Finanz-, und Kreditmarkt** werden je nach dem inhaltlichen Zusammenhang und der zugrundeliegenden Zielsetzung unterschiedlich abgegrenzt. Eine einheitliche Definition wird weder in der Praxis, noch in der Wissenschaft, noch in Lehrbüchern verwendet. Selbst in Lehrbüchern der VWL weichen die Definitionen voneinander ab. Daher kann hier erstens nur eine mögliche Abgrenzung von vielen vorgenommen werden. Zweitens wird von dieser in späteren Abschnitten abgewichen, soweit dies sinnvoll erscheint, was insbesondere bei der geldtheoretischen Grundlegung zutrifft (s. Abschnitt 3).

Die geldpolitische Praxis versteht unter dem **Geldmarkt im engeren Sinne** den analytischen Ort des Handels mit Zentralbankgeld zwischen Zentral- und Geschäftsbanken oder zwischen Geschäftsbanken (Interbankenhandel). Auf dem **Geldmarkt im weiteren Sinne** werden außerdem Refinanzierungsgeschäfte zwischen Zentral- und

Geschäftsbanken sowie Geldmarktpapiere gehandelt. Der Geldmarkt ist Teil des Finanz- und Kreditmarkts.

Die Kredit- und Finanzmärkte lassen sich nach verschiedenen Merkmalen in Teilmärkte aufteilen. Wichtige **Unterscheidungsmerkmale** sind Nachfrager (Staat, Unternehmen, Banken), das Risiko und die **Fristigkeit**. So kann zum Beispiel zwischen Märkten für kurz- und mittelfristige Bankkredite bzw. Bankeinlagen (Sicht-, Termin- und Sparguthaben) und Märkte für langfristige Kredite und Finanzierungsmittel (z.B. langfristige Kredite wie etwa Hypotheken, Wertpapiere, Schuldverschreibungen) unterschieden werden.

Was den Begriff des **Kapitalmarkts** betrifft, so wird auch er unterschiedlich abgegrenzt. Bisweilen wird er als Oberbegriff für alle Kredit- und Finanzmärkte ohne Beteiligung der Zentralbanken und des Interbankenhandels verwendet. Alternativ wird unter Kapitalmarkt der analytische Ort des Zusammentreffens des Angebots und der Nachfrage nach langfristigen Finanzmitteln oder der Finanzmittel, die nicht zur Geldmenge (M1, M2 oder M3) zählen, verstanden. Gelegentlich wird nur der Wertpapiermarkt als Kapitalmarkt (im engeren Sinne) verstanden. In Anlehnung an den realwirtschaftlichen Kapitalbegriff kann jedoch auch nur der Markt für Unternehmensbeteiligungen (z.B. Aktien) gemeint sein.

2.3.3 Internationale Finanzmärkte

In offenen Volkswirtschaften werden die nationalen Währungen nicht nur innerhalb des betreffenden Landes gehandelt. Es haben sich vielmehr seit Ende der 50er Jahre internationale Finanzmärkte herausgebildet, auf denen Fremdwährungen gehandelt werden. Der **Devisenmarkt** ist einer von ihnen. Ihre heutige Bedeutung erlangten die internationalen Finanzmärkte erst durch die Liberalisierung in den 1980/90er Jahren. Die internationalen Finanzmärkte können mittlerweile als die am stärksten globalisierten Märkte bezeichnet werden.

Einen Eindruck über die Zunahme internationaler Finanzbewegungen vermittelt Tabelle 5.3, welche Zahlen der BANK FÜR INTERNATIONALEN ZAHLUNGSAUSGLEICH (BIZ) aus der dreijährlichen Marktbeobachtung der Devisenmärkte enthält.

	1989	1992	1995	1998	2001	2004	2007	2010	2013
Gesamt	620	880	1260	1527	1239	1934	3324	3972	5345
- Kassageschäfte	350	400	520	568	386	631	1005	1488	2046
- Termingeschäfte & Swaps	240	420	670	872	793	1184	2107	2277	2962
- Optionen	30	60	70	87	60	119	212	207	337

Quelle: BIZ (1996, 2013), Triennial Central Bank Survey of Foreign Exchange and Derivatives Market Activity 1995, Final Results, S. 3; Triennial Central Bank Survey of Foreign Exchange and Derivatives Market Activity, Preliminary Results, S. 9.

Tab. 5.3: Weltweiter Devisenumtausch pro Tag in Mrd. US-$ (jeweils im April d. J.)

Entscheidend für den enormen Anstieg der Währungstauschgeschäfte sind nicht zugrunde liegende Güterbewegungen und Auslandsdirektinvestitionen (vgl. Kap. 8, Abschnitt 2.3.1), sondern internationale Portfolioentscheidungen von Anlegern und Kreditsuchenden. Infolge dieser Entwicklung verstärkt sich der **internationale Zinszusammenhang**. Das bedeutet, dass die Entwicklung der Zinsen in weltwirtschaftlich integrierten Staaten nicht mehr allein aus nationaler Perspektive betrachtet werden kann, da ein immer enger werdender Zusammenhang mit den Entwicklungen auf den internationalen Finanzmärkten besteht.

2.4 Geldpolitische Indikatoren

Wie zur Beschreibung und Beurteilung der gesamtwirtschaftlichen Lage (vgl. Kapitel 1, Abschnitt 3.1.1.1) werden auch im Bereich der Geldpolitik Informationen benötigt, um die geldpolitische Situation charakterisieren und die Wirkung geldpolitischer Maßnahmen frühzeitig einschätzen zu können. Angesichts der Länge und Komplexität des Prozesses, mittels der sich geldpolitische Entscheidungen und Maßnahmen auf die Volkswirtschaft auswirken (**geldpolitischer Transmissionsmechanismus**), ist es nicht trivial, geeignete **geldpolitische Indikatoren** zu identifizieren. So müssen aussagekräftige geldpolitische Indikatoren in einem engen Zusammenhang zu den Endzielen der Geldpolitik (z.B. Preisniveaustabilität) stehen. Von geldpolitischen Indikatoren wird also erwartet, dass sie zuverlässige Rückschlüsse auf die Wirkung geldpolitischer Maßnahmen zulassen. **Geldpolitische Zwischenziele** (s. Abschnitt 2.4), die selbst zugleich Indikatoren sein können, müssen darüber hinaus von den geldpolitischen Entscheidungsträgern – also der Zentralbank – gut steuerbar sein.

> Als geldpolitische Indikatoren gelten vor allem Liquiditätsvolumina sowie zins- und kreditmarktpolitische Indikatoren als besonders geeignet, da sie für das Ausgabeverhalten der Wirtschaftssubjekte sowohl aufgrund theoretischer Überlegungen als auch empirischer Befunde bedeutsam sind.

Als Liquiditätsindikatoren können grundsätzlich die Geldbasis (Zentralbankgeld) und die oben beschriebenen Geldmengenaggregate verwendet werden, also im Wesentlichen die Verbindlichkeiten des Bankensektors gegenüber Nichtbanken, die eine gewisse Liquidität aufweisen. Dabei kommt M3 die größte Bedeutung zu, da sie im Vergleich zu M1 (oder M2) von makroökonomisch nicht so bedeutsamen Umschichtungen innerhalb des Liquiditätsportfolios viel weniger beeinflusst wird.

Neben Geldmengenaggregaten kommen **Zinssätze** und die **Zinsstruktur** als geldpolitische Indikatoren in Betracht. Dabei ist nach kurz- und längerfristigen Zinssätzen zu unterscheiden. Die **kurzfristigen, geldmarktnahen Zinssätze** beeinflussen allerdings nicht unmittelbar die Investitions- und Konsumentscheidungen der Wirtschaftssubjekte und lassen daher keine zuverlässigen Rückschlüsse darüber zu, wie das Zinsniveau das zukünftige Ausgabeverhalten der Wirtschaftssubjekte beeinflusst. Sie sind daher als Indikatoren weniger geeignet.

Längerfristige Zinssätze üben hingegen eine stärkere Wirkung auf das Ausgabeverhalten der Wirtschaftssubjekte aus, und sind daher grundsätzlich geeigneter als geldpolitische Indikatoren. Je höher das Zinsniveau ist, umso zurückhaltender sind die Wirtschaftssubjekte mit Investitions- und Konsumgüterausgaben.

Auf den verschiedenen Geld- und Finanzmärkten unterscheiden sich die effektiven Zinssätze in Abhängigkeit von Fristigkeit, Bonität oder Denomination der Kapitalanlagen z.T. erheblich. Die **Zinsstruktur** spiegelt nun das Verhältnis dieser unterschiedlichen Zinssätze zu einem bestimmten Zeitpunkt wider. Aus Gründen der Überschaubarkeit beschränkt sich die Darstellung häufig auf die Differenz zwischen einem kurzfristigen und einem langfristigen Zins. Im Regelfall wird der langfristige über dem kurzfristigen Zinssatz liegen, da bei den Anlegern Unsicherheit über die weiter entfernte Zukunft herrscht und sie im Normalfall für längerfristige Bindungen eine „Liquiditätsprämie" verlangen. Diese Situation wird als **normale Zinsstruktur** bezeichnet.

Bedingt durch eine überproportionale Nachfrage nach Wertpapieren mit kurzer Laufzeit ist es jedoch möglich, dass deren Verzinsung über diejenige der langfristigen Wertpapiere steigt. Ursache kann z.B. sein, dass die Anleger steigende Zinsen erwarten. Dies wird als **inverse Zinsstruktur** bezeichnet. Eine solche Situation trat in Deutschland beispielsweise nach der Wiedervereinigung auf, als Staat und Privatwirtschaft kurzfristig einen hohen Kapitalbedarf zur Finanzierung von Investitionen in den Neuen Bundesländern hatten.

Kurz- und langfristige Zinsen entwickeln sich häufig parallel. Dies muss jedoch nicht zwangsläufig geschehen. Vielmehr kann die Entwicklung auch gegenläufig sein. So kommt es beispielsweise dann nicht zu einem Anstieg langfristiger Zinsen wie etwa am Rentenmarkt oder bei längerfristigen Bankpassivzinsen, wenn andere Einflüsse die Entwicklung der längerfristigen Zinsen überlagern. Solche hemmenden Einflüsse können vom Ausland, aber auch von binnenwirtschaftlichen Faktoren, z.B. Inflationserwartungen, ausgehen. So kann das Ansteigen von Zentralbank- und Geldmarktzinsen als entschlossener Schritt der Zentralbank zur Stabilisierung des Geldwertes angesehen werden. Die Inflationserwartung der Wirtschaftssubjekte würde sich folglich verringern. Das würde aber zugleich zu einem Sinken der längerfristigen Zinsen führen, da nun die Bereitschaft steigt, Mittel längerfristig anzulegen. Auch die Erwartung, dass die eigene Währung aufwertet, können internationale Anleger zu einem Engagement am nationalen Finanzmarkt bewegen, das Kreditangebot erhöhen und so die Zinssätze drücken. Da die längerfristigen Bankkredite über die Refinanzierungskonditionen mit der Entwicklung des Rentenmarktes verbunden sind, schlägt das dann wiederum auch auf die Zinssätze für längerfristige Bankkredite durch.

Gegen eine Ausrichtung der Geldpolitik an der Zinsstruktur (Differenz zwischen den kurz- und langfristigen Zinsen) bestehen ernsthafte Bedenken. Ein möglicher Zusammenhang zwischen Zinsstruktur und geldpolitischen Endzielen wie z.B. der Preisniveaustabilität ist weder theoretisch ausreichend fundiert, noch empirisch eindeutig zu beobachten.

Das **Kreditvolumen** des inländischen Geschäftsbankensystems an private Nichtbanken (Haushalte und Unternehmen) gilt als eine wichtige Größe, über die geldpolitische Impulse weitergegeben werden. Gegen ihre Verwendung als Indikator spricht allerdings, dass Geldströme im Leistungsverkehr mit dem Ausland Einfluss auf die inländische Kreditaufnahme ausüben. So vermindern beispielsweise Zuflüsse aus Leistungsbilanzüberschüssen den Kreditbedarf im Inland. Von einer Parallelität zwischen dem inländischen Kreditvolumen und gesamtwirtschaftlicher Ausgabenentwicklung kann also nur sehr bedingt gesprochen werden. Die Ausweitung des inländischen Kreditvolumens führt auch nur zum Teil zu einer Zunahme der nachfragewirksamen Geldbestände. Vielfach ist sie mit einer Geldkapitalbildung der Nichtbanken im Geschäftsbankensystem verbunden, bei der die Wirtschaftssubjekte ihre ersparten Mittel den Banken längerfristig zur Verfügung stellen. Aus geldpolitischer Sicht ist eine Kreditausweitung, die von einer längerfristigen Ersparnisbildung begleitet wird, anders zu beurteilen, als eine expandierende Kreditaufnahme, die zu einer entsprechenden Erhöhung des umlaufenden Geldes führt.

3 Theoretische Fundierung

Weiter oben wurden die verschiedenen begrifflichen Abgrenzungen des Geldmarkts erörtert und dabei im Wesentlichen auf die Praxis abgestellt. Für den Zweck der Geldtheorie wird unter dem Geldmarkt der analytische Ort des Zusammentreffens von Geldnachfrage und Geldangebot verstanden, wobei unter Geld alle Aktiva verstanden werden, die zur Zahlung von Gütern, Faktorlöhnen und Wertpapieren etc. verwendet werden können. Das Geldangebot entspricht somit der Geldmenge. Meistens wird vereinfachend unterstellt, dass die Geldmenge mit M1 (Bar- und Giralgeld) übereinstimmt. Gelegentlich wird sogar zum leichteren Verständnis angenommen, dass Bargeld das einzige Zahlungsmittel ist.

3.1 Inflationstheorien

Zu den Kernthemen der Geldtheorie zählt die Befassung mit dem Wert von Geld und welche Größen den **Geldwert** beeinflussen. Dabei kann zwischen **innerer** und **äußerer Währungsstabilität** unterschieden werden, wobei der Außenwert einer Währung (Wechselkurs) primär ein Thema der Außenwirtschaftstheorie und -politik (vgl. Kap. 8) ist. Die Frage der inneren Währungsstabilität ist Gegenstand der Inflationstheorie.

Der Begriff „Inflation" bezeichnet einen über einen längeren Zeitraum anhaltenden **Anstieg des gesamtwirtschaftlichen Preisniveaus**. Dies ist gleichbedeutend mit einem dauerhaften Geldentwertungsprozess, da eine Geldeinheit (z.B. 1 €) real an Wert verliert, sprich, man kann sie gegen immer weniger Güter eintauschen. Die **Kaufkraft** des Geldes sinkt also. Steigen dagegen nur einzelne Preise in einer Volkswirtschaft, handelt es sich nicht um Inflation, sondern um Veränderungen in der **Preisstruktur** (der relativen Preise), die für die Funktionsfähigkeit einer Marktwirtschaft unerlässlich sind.

Inflationstendenzen können sowohl von der Nachfrageseite als auch von der Angebotsseite ausgehen. Entsprechend wird von **Nachfrageinflation (demand-pull)** und **Angebotsinflation (cost-push)** gesprochen. Außerdem kann zwischen **nichtmonetären** (keynesianischem) und **monetären** (quantitätstheoretischem) **Erklärungsansätzen** für die Inflationsursachen differenziert werden.

3.1.1 Nichtmonetäre Theorien

Zur Erklärung von nichtmonetärer Nachfrage- und Angebotsinflation wird aus didaktischen und analytischen Gründen meist auf nur eine Ursache abgestellt. Tatsächlich aber treten verschiedene Inflationsursachen gemeinsam auf und beeinflussen sich gegenseitig, so dass ihr jeweiliger Einfluss auf den Inflationsverlauf nur schwer von anderen abgegrenzt werden kann. Dies macht sich auch bei der Einordnung von Inflationsprozessen bemerkbar: So kann es infolge eines nachfrageseitig induzierten Preisanstiegs dazu kommen, dass Angebotsfaktoren den Inflationsprozess verstärken. Zum Beispiel werden die Löhne an das höhere Preisniveau angepasst, folglich steigen c.p. die Stückkosten, deren Überwälzung auf die Nachfrager schließlich zu steigenden Güterpreisen führt etc. (**Lohn-Preis-Spirale**). Obwohl hier also in der zweiten Phase cost-push Inflation auftritt, bezeichnet man den gesamten Prozess nach der auslösenden Ursache als Nachfrageinflation bzw. demand-pull Inflation. In der Praxis ist eine klare Abgrenzung angesichts vielfältiger paralleler Impulse oftmals nicht möglich.

Die Theorie der **keynesianischen Nachfrageinflation** basiert auf der Annahme (**Hypothese**), dass der allgemeine Anstieg des Preisniveaus durch einen Überschuss der Gesamtnachfrage ausgelöst wird. Nachfrageimpulse können dabei durch den Anstieg von privatem Konsum und privaten Investitionen, eine Erhöhung der Staatsausgaben sowie durch eine steigende Exportnachfrage initiiert werden. Nachfrageinflation ist somit das Ergebnis einer **inflatorischen Lücke**. Sie liegt vor, wenn das Güterangebot bei Vollbeschäftigung niedriger als die Gesamtnachfrage ist. Da das Angebotsdefizit mangels freier Kapazitäten (Arbeit und Kapital) nicht beseitigt werden kann, steigen die Preise.

Der Inflationsprozess stößt spätestens dann an seine Grenzen, wenn die Zentralbank ihn nicht durch eine Geldmengenausweitung alimentiert. Zwar sind die Geschäftsbanken in der Lage, Geld zu schaffen (s. Abschnitt 3.2.2), jedoch reicht ihr Geldschöpfungspotenzial allein nicht aus, um einen dauerhaften Inflationsprozess zu „finanzieren".

Angebotsinflation liegt vor, wenn der auslösende Impuls ein Anstieg der Faktorkosten ist oder wenn es z.B. infolge steigender Marktkonzentration zu einem höheren Gewinnaufschlag auf die Kostenpreise kommt. Je nach Ursache wird zwischen **Kostendruck- bzw. Gewinndruckinflation** unterschieden: Bei einer Kostendruckinflation wird der Preisanstieg durch eine Erhöhung der Faktorkosten (wie Lohn- und Lohnnebenkosten, Rohstoffpreise, Verbrauchsteuern oder Zinskosten) ausgelöst. Die Unternehmen versuchen nun, die gestiegenen Kosten auf ihre Endprodukte und damit auf den Käufer zu überwälzen. Die Preise werden nach oben gedrückt (cost-push inflation). Das wird jedoch nur gelingen, wenn die Wettbewerbsbedingungen und die Geldpolitik der Zentralbank es zulassen.

Eine **Gewinndruckinflation** wird primär auf das Angebotsverhalten marktbeherrschender Unternehmen zurückgeführt. Sie versuchen, ihre dominierende Marktposition zu Gewinnsteigerungen über Preiserhöhungen auszunutzen. Zum einen basiert der Gewinndruck auf einer Oligopolisierung bzw. Monopolisierung der Märkte. Infolge dieser Entwicklung treten an die Stelle von Wettbewerbspreisen „administrierte" Preise. Zum anderen lässt sich der Gewinndruck aus der Preiskalkulation ableiten. In der Regel erfolgt sie nach dem **Aufschlagprinzip**. Das bedeutet, dass auf die Stückkosten eine prozentuale Gewinnspanne aufgeschlagen wird (**mark-up pricing**), die eine als angemessen angesehene Verzinsung des eingesetzten Kapitals bzw. Unternehmerlohns sichert. Grundsätzlich gilt: Wächst der Gewinnanspruch, treibt dies die Preise in die Höhe (**profit push inflation**), soweit die übrigen Kosten nicht ausreichend sinken. Auch die Angebotsinflation setzt eine entsprechende Ausweitung der Geldmenge voraus.

In einer offenen Volkswirtschaft schlagen sich außerdem **Wechselkursbewegungen** im Preisniveau nieder. Wertet z.B. die eigene Währung gegenüber den Währungen der Handelspartner ab, steigen die Preise importierter Vorleistungen (z.B. Erdöl) und Endverbrauchsgüter. Zugleich werden inländische Güter aus Sicht der Handelspartner günstiger, so dass die Exportnachfrage steigt (Nachfrageinflation; demand-pull Inflation). Eine Abwertung kann also sowohl zu Angebots- als auch Nachfrageinflation führen.

3.1.2 Zusammenhang zwischen Inflation und Geldmenge

Ob jedoch Inflation im Sinne eines andauernden Preisniveauanstiegs anhält, setzt unabhängig von ihrer Ursache i.d.R. Regel voraus, dass sie durch ein hinreichend hohes Geldangebot alimentiert wird. Die Begründung hierfür liefert die tautologische FISCHER´sche **Verkehrsgleichung des Geldes**:

$M * v = P * Yr.$

Das Produkt aus Geldmenge (M) und Umlaufgeschwindigkeit des Geldes (v) ist gleich dem Produkt aus Preisniveau (P) und realem Volumen der gehandelten Güter (Yr), welches wiederum eng mit dem Produktionsvolumen (BIP) zusammenhängt.

Steigt das Preisniveau, wird mehr Geld für die Bezahlung der Güter benötigt. Trifft die steigende Geldnachfrage nun auf ein gleichbleibendes Geldangebot (M), und ist die Umlaufgeschwindigkeit (v) konstant[3], so müssen das Handelsvolumen (Yr) und/oder der Preisanstieg rein rechnerisch zwingend zurückgehen. Da jedoch ein dauerhafter Rückgang der Menge an gehandelten Gütern c.p. völlig unrealistisch – weil nicht kausal herleitbar – ist, kann sich die Inflation bei konstanter Geldmenge nicht fortsetzen.

> Grundsätzlich kann festgehalten werden, dass Inflation vielfältige Ursachen haben kann. Eine dauerhafte Inflation ist indes ohne eine entsprechende Ausweitung der Geldmenge nicht denkbar. Aus dieser Erkenntnis leitet sich die zentrale Rolle der Zentralbank bei der Verhinderung bzw. Bekämpfung von Inflation ab. Will sie jegliche Preisniveausteigerung verhindern, sollte sie dafür Sorge tragen, dass sich die Entwicklung der Geldmenge langfristig am realen Produktionswachstum ausrichtet.

Damit sind Zusammenhänge genannt, welche zum Verständnis der monetären Inflationstheorien beitragen.

---

[3] Kurz- bis mittelfristig ist v normalerweise konstant, da sich die Zahlungsgewohnheiten – z.B. Lohnzahlungstermine – nicht spontan ändern (lassen).

3.1.3 Monetäre Theorie

Die monetaristische Inflationserklärung sieht als Ursache von Preissteigerungen eine Zuwachsrate des Geldangebots, die deutlich über der Wachstumsrate der realen Produktion liegt. Sie basiert auf quantitätstheoretischen Zusammenhängen, welche sich aus der Verkehrsgleichung herleiten lassen. Auf ein überproportionales Geldmengenwachstum reagieren die Wirtschaftssubjekte mit einer veränderten Zusammensetzung ihrer Vermögenswerte. Zunächst erhöht sich die Nachfrage nach Wertpapieren, wodurch deren Kurse steigen und die Verzinsung abnimmt. Realvermögen erscheint wieder lohnend, was zu einer Zunahme der gesamtwirtschaftlichen Investitionsgüternachfrage führt. Sparen wird bei sinkenden Zinsen weniger attraktiv, wodurch die Konsumgüternachfrage steigt. Infolge dieser Entwicklungen steigt das Preisniveau.

Sowohl beim monetaristischen Ansatz als auch bei der keynesianischen Inflationshypothese wird eine Zunahme der Geldmenge als notwendige Bedingung für einen dauerhaften Inflationsprozess angesehen. Im Ergebnis unterscheiden sich beide Prozesse kaum. Während jedoch bei der nichtmonetären Nachfrageinflation die Ursachen im güterwirtschaftlichen Bereich gesucht werden, geht der Impuls bei dem quantitätstheoretischen Ansatz vom Geldbereich aus.

3.1.4 Geldpolitische Implikationen der Inflationstheorien

Keynesianer und Monetaristen erkennen die wichtige Rolle der Geldmenge für die Entwicklung des Preisniveaus an. Da auch die Geschäftsbanken – also überwiegend privatwirtschaftliche gewinnorientierte Unternehmungen – Geld (Giralgeld) schaffen können, plädieren beide Gruppen für eine Kontrolle der Geldmenge durch die Zentralbank. Aus ihrer speziellen Position ergeben sich indes unterschiedliche Auffassungen über die Rolle der Zentralbank und damit deren Instrumentarium.

Monetaristen fordern eine Geldmengensteuerung der Zentralbank in Form einer quasi automatischen und relativ konstanten Erhöhung der Geldbasis um den Prozentsatz des mittelfristigen Wachstums des realen Produktionspotenzials plus der für unvermeidlich gehaltenen Preissteigerungsrate, ggfs. noch um die langfristige Veränderungsrate der Umlaufgeschwindigkeit des Geldes korrigiert. Dies wird als **potenzialorientierte Geldpolitik** bezeichnet.

Vertreter der monetaristischen Schule wie einer ihrer Begründer MILTON FRIEDMAN (1912–2006, Nobelpreis 1976) betonen die Wichtigkeit einer stetigen und somit voraussehbaren sowie glaubwürdigen Geldpolitik, welche den als weitgehend stabil eingeschätzten privaten Sektor der Volkswirtschaft „unspektakulär" mit Geld versorgt. Jedweden geldpolitischen Aktionismus zur kurz- bis mittelfristigen Konjunktursteuerung lehnen sie ab. Konkret favorisieren sie eine Geldmengensteuerung über eine Regulierung der Zentralbankgeldmenge. Eine solche Politik setzt voraus, dass die Zentralbank die Zentralbankgeldmenge sehr gut steuern kann. Dem steht allerdings die Existenz „potenziellen" Zentralbankgeldes in den Händen der Geschäftsbanken entgegen, das diese jederzeit – auch gegen den Willen der Zentralbank – in Zentralbankgeld umwandeln können. Folglich fordern die Monetaristen, dass dieses Polster der Geschäftsbanken an automatischen Verschuldungsmöglichkeiten bei der Zentralbank möglichst klein gehalten wird.

Keynesianer setzen sich demgegenüber für eine Geldpolitik ein, die darüber hinaus Maßnahmen zur Steuerung der Konjunktur umfasst. Hierbei wird vor allem der Zinssatz als wichtiger Indikator und als zentrale geldpolitische Größe zur Steuerung der gesamtwirtschaftlichen Nachfrage erachtet. Hohe Zinsen dämpfen die Investitions- und Konsumgüternachfrage, während niedrige Zinsen sie anregen. Zur Abwehr von Rezession und Depression plädieren sie daher für eine **expansive Geldpolitik** (Ausweitung der Geldmenge und niedrige Zinsen), einer konjunkturellen Überhitzung soll mit einer **kontraktiven Geldpolitik** (Reduktion der Geldmenge, hohe Zinsen) vorgebeugt werden.

3.2 Geldangebots- und Geldnachfragetheorien

3.2.1 Quantitätstheorie

Die FISCHER´sche Verkehrsgleichung [M * v = P * Yr] (s. Abschnitt 3.1.1) wird als **Quantitätsgleichung** bezeichnet und auch wenn sie zunächst eine Tautologie darstellt, liefert sie elementare Grundlagen für das Verständnis der Geldnachfrage. Bei konstanter Umlaufgeschwindigkeit des Geldes und gegebenem realem Wert des Güterangebots, ergibt sich eine Proportionalität zwischen Geldmenge und Preisniveau. Auf dieser Grundlage stellt die **neoklassische Quantitätstheorie** einen funktionalen (kausalen) Zusammenhang zwischen Geldmenge und Preisniveau her. Da nach neoklassischem Verständnis der Gütermarkt stets im Gleichgewicht ist und Vollbeschäftigung herrscht, ist das reale Güterangebot (Yr) konstant. Demnach ist also allein die Geldmenge entscheidend für die Bestimmung des Preisniveaus. Eine Veränderung der Geldmenge führt zu einer proportionalen Veränderung des Preisniveaus und lässt realwirtschaftliche Größen unberührt. Geld liegt wie ein „Schleier" über den realen Transaktionen, beeinflusst sie aber nicht. Dies wird als **Neutralität des Geldes** bezeichnet. Die Quintessenz besteht darin, dass zwischen monetärem und realem Bereich keine Wechselbeziehungen bestehen (**klassische Dichotomie**).

Die Kritik an der klassischen Quantitätstheorie bezieht sich einerseits auf diese Trennung zwischen monetärem und güterwirtschaftlichem Bereich. Andererseits wird es als unrealistisch erachtet, dass Geld in dieser Theorie nur zu Transaktionszwecken nachgefragt wird. Diese Schwächen versucht die unter FRIEDMAN weiterentwickelte **Neoquantitätstheorie** zu beseitigen. Sie geht von einer differenzierten Geldnachfrage aus. Wirtschaftssubjekte halten demnach Geld nicht nur zur Zahlung von Gütern und zur Entlohnung von Produktionsfaktoren, sondern Geld wird auch als **Wertaufbewahrungsmittel** erachtet. Wirtschaftssubjekte sind bestrebt, ihre **Vermögensstruktur** zu optimieren, wobei Bargeld, Sicht- und Spareinlagen (Kassenhaltung) ein Bestandteil des Portfolios sind, neben z.B. Wertpapieren und Realkapital.

Herrscht gesamtwirtschaftliches Gleichgewicht (Vollbeschäftigung), so stört eine Erhöhung der nominellen Geldmenge das Gleichgewicht in der Vermögenshaltung. Es befindet sich nun zu viel Geld im Vermögensportfolio. Daraufhin setzt ein Anpassungsprozess ein, der das Verhältnis von Geldvermögen zu anderen Vermögenswerten wiederherstellt. Während des Prozesses versuchen die Wirtschaftssubjekte u.a., den Anteil des Realkapitals (Investitionsgüter und sehr langlebige Konsumgüter) am Portfolio zu erhöhen. Die gestiegene Realkapitalnachfrage führt so lange zu steigenden

Güterpreisen, bis die alte Vermögensstruktur wieder hergestellt ist und die reale Geldnachfrage ihr ursprüngliches gleichgewichtiges Niveau erreicht hat. Bei Vollbeschäftigung führen demnach Veränderungen der Geldmenge zu proportionalen Veränderungen im Preisniveau. Herrscht in der Ausgangssituation Unterbeschäftigung, induziert die gestiegene Nachfrage nach realwirtschaftlichem Vermögen eine Ausdehnung der Produktion, in deren Folge das Einkommen und die Geldnachfrage steigen bis sich die Geldnachfrage dem erhöhten Geldangebot angepasst hat und wieder Gleichgewicht herrscht.

3.2.2 Theorie des Geldangebots

Die Geldangebotstheorie beschäftigt sich mit der Frage, wie die Geldversorgung einer Volkswirtschaft funktioniert (**Geldschöpfung**). Sie versucht zu erklären, welche Faktoren die Höhe des Geldangebotes bestimmen und wie dessen Veränderungen auf das Gleichgewicht am Geldmarkt wirken. Der geldschöpfende Sektor im Euro-Währungsgebiet besteht aus den Monetären Finanzinstituten (MFI), der EZB und den nationalen Zentralbanken der Euro-Staaten.

Nach älteren Ansätzen wird das Geldangebot (**Geldmenge**) ausschließlich durch die staatliche Zentralbank bestimmt und als **exogene Größe** behandelt. Die neueren Theorien rücken dagegen das Verhalten der Geschäftsbanken in den Mittelpunkt.

Zum Geldangebot kann es in einem zweistufigen Bankensystem – bestehend aus Zentralbank und Kreditinstituten (Geschäftsbankensystem) – wie folgt kommen: Einmal gelangt Zentralbankgeld durch Aktivitäten der Zentralbank wie z.B. Ankauf von Wertpapieren gegen Banknoten, Zentralbanksichtguthaben bzw. generell durch den Ankauf von Aktiva durch die Zentralbank in Umlauf (Zentralbankgeldschöpfung). Zum anderen wird aber auch durch die Kreditvergabe der Geschäftsbanken das Geldangebot beeinflusst (Schaffung von Geschäftsbankengiralgeld).

▶ Beispiel

Die Geschäftsbanken können Einlagen (Zentralbankgeld) zur Kreditvergabe an Nichtbanken verwenden. Wird dann beispielsweise ein von Bank A gewährter Überziehungskredit vom Kreditnehmer wieder bei einer anderen Bank B eingelegt, so kann diese damit erneut einen Dispositionskredit gewähren, sprich die Sichteinlagen (Giralgeld) steigen. Wird dieses Geld dann wieder bei Bank C eingelegt, kann diese wieder Giralgeld schöpfen usw. usf.

Das theoretisch unbegrenzte **Geldschöpfungspotenzial der Geschäftsbanken** wird allerdings institutionell durch Barabhebungen, deren Höhe von den **Zahlungsgewohnheiten** abhängt, sowie durch die **Mindestreservepflicht** der Geschäftsbanken begrenzt. Die Geschäftsbanken müssen nämlich einen Teil der bei ihnen gehaltenen Einlagen bei der Zentralbank als Mindestreserve einlegen, so dass sie diese Mittel nicht zur Geldschöpfung verwenden können. Außerdem bildet die Möglichkeit der kurzfristigen Beschaffung von Zentralbankgeld eine weitere Grenze. Dies kann z.B. durch Kredit bei der Zentralbank oder Bestand an „potenziellem" Zentralbankgeld (= zentralbankfähige Aktiva) erfolgen. In welchem Umfang die Geschäftsbanken das Zentralbankgeld dann auch tatsächlich zur Kreditvergabe verwenden und damit das Geldangebot erhöhen, hängt davon ab, ob sie eine weitere Kreditgewährung als gewinnmaximierend erachten. Schließlich ist auch die Kreditnachfrage der Nichtbanken und damit die Kreditgeldschöpfung des Bankensektors begrenzt.

Das **Geldangebot** wird im Wesentlichen von der Höhe der **monetären Basis**, der **Mindestreservepolitik** der Zentralbank, den **Bargeldpräferenzen** der Wirtschaftssubjekte und den **Kreditvergabeentscheidungen** der Geschäftsbanken bestimmt.

Der Einfluss der Geschäftsbanken auf das Geldangebot hängt zuvorderst davon ab, welche Zusammensetzung ihrer Aktiva (Portfolio) sie als optimal erachten. Nach den Erkenntnissen der **Portfolio-Theorie** werden sie eine Zusammensetzung ihrer Aktiva wählen, die bei jeder Anlageform die erwarteten Erträge, den unterschiedlichen Liquiditätsgrad und das Risiko der Anlage einbezieht. Eine optimale Zusammensetzung der Bankenaktiva ist erreicht, wenn unter Beachtung der erforderlichen Liquidität bei gegebenem Portfolioertrag das Risiko minimiert oder bei gegebenem Risiko der Portfolioertrag maximiert ist. Dabei kommt dem Zins und der Zinsstruktur für alternative Anlagen große Bedeutung zu. Da die Kreditgewährung die ertragreichste Anlageform darstellt, werden die Geschäftsbanken versuchen, die Kreditgewährung auszudehnen. Allerdings kann das nur unter Beachtung von Liquiditätsüberlegungen geschehen. In welchem Umfang sie jedoch „Liquiditätspolster" an nicht oder niedriger verzinslichen Vermögensteilen halten, wird vor allem von der Höhe des Zinsunterschieds zwischen Krediten und sonstigen Vermögensanlagen sowie von den Möglichkeiten und Zinskosten einer kurzfristig erforderlichen Beschaffung von Zentralbankgeld abhängen. Darüber hinaus müssen die Geschäftsbanken das Risiko einer Nichtrückzahlung gewährter Kredite bei ihren Entscheidungen einkalkulieren.

Kredit- und Geldangebot der Geschäftsbanken werden sich mit wachsenden Möglichkeiten und niedrigen Kosten der Refinanzierung bei der Zentralbank, mit sinkendem Mindestreservesatz und verringerter Mindestkassenhaltung, mit steigenden Zinsen für vergebene Kredite sowie mit sinkenden Zinsen für liquide Anlageformen erhöhen. Entsprechende Überlegungen gelten für die Abnahme des Kredit- und Geldangebotes.

3.2.3 Theorie der Geldnachfrage

Die Theorie der Geldnachfrage beschäftigt sich mit den Faktoren, die Einfluss auf das Volumen der Geldnachfrage der Nichtbanken ausüben. Dabei wird unter Geldnachfrage die von Nichtbanken geplante Kassenhaltung (Bargeld und Sichteinlagen bei Geschäftsbanken) verstanden. Den einzelnen Bestimmungsfaktoren kommt innerhalb der verschiedenen Konzepte, deren theoretische Ansätze nur gestreift werden können, unterschiedliche Bedeutung zu. Gemeinsam ist ihnen zunächst, dass **Einkommen**, **Zins** und **Vermögen** als wesentliche Bestimmungsgrößen gelten. Die Geldnachfrage hängt dabei von den geplanten Transaktionen und den Kosten der Geldanlage (**Opportunitätskosten**) ab, die sich aus den bei alternativer Anlage erzielbaren Renditen ergeben.

Die ältere Geldnachfragetheorie (**Quantitätstheorie**) hebt die Abhängigkeit der Geldnachfrage von den geplanten Transaktionen (Transaktionsmotiv), die unmittelbar durch die Höhe des Einkommens determiniert seien, hervor.

Neuere Theorien, die auf JOHN MAYNARD KEYNES (1883–1946) zurückgehen, rücken weitere Motive der Geldnachfrage in den Mittelpunkt, nämlich **Vorsichts**- und **Spekulationsprinzip**. Die keynesianische Liquiditätstheorie geht von einer **Transaktionskasse** aus, die sich proportional zum Volkseinkommen verhält. Hinzu kommt eine **Vorsichtskasse**, die auf die Unsicherheit der Wirtschaftssubjekte über Höhe und zeitlichen Ablauf der Zahlungsvorgänge zurückzuführen ist. Diese Unsicherheit führt dazu, dass die Wirtschaftssubjekte einen gewissen Zuschlag auf die Transaktionskasse einkalkulieren. Wirtschaftssubjekte halten darüber hinaus **Spekulationskasse**, wenn sie erwarten, dass die Wertpapierkurse unter das von ihnen als „normal" erachtete Niveau fallen. Die Spekulationskasse möchten sie halten, damit sie bei Eintritt dieser Erwartung sofort „günstige" Wertpapiere kaufen können, wobei KEYNES vereinfachend unterstellt, dass festverzinsliche Wertpapiere mit unendlicher Laufzeit (**console bonds**) die einzige spekulative Anlageform darstellen. Damit haben Kurse und Kurserwartungen bzw. effektive Zinsen und Zinserwartungen auf den Wertpapiermärkten Einfluss auf die Geldnachfrage: Je höher der Kurs (je niedriger der effektive Zins), desto höher wird die spekulative Kassenhaltung (Spekulationskasse) sein und umgekehrt. Dies leuchtet auch insoweit unmittelbar ein, da die **Opportunitätskosten der Geldhaltung** bei niedrigem Zins gering und bei hohem Zins hoch sind.

Die **Portfolio-Theorie** entwickelt den Keynesschen Ansatz weiter. Sie betrachtet die Geldnachfrage verstärkt als nur eine unter verschiedenen Möglichkeiten der Vermögensanlage (Bankeinlagen, Wertpapiere, Aktien, Sachvermögen). Neben dem Einkommen und dem Bestand verschiedener Aktiva entscheiden danach die unterschiedlichen Renditeerwartungen und damit die Zinsstruktur über die Nachfrage nach Sach- und Finanzaktiva und damit letztlich auch über die Geldnachfrage.

3.3 Konzept antizyklischer Geldpolitik

Das Konzept **antizyklischer Konjunkturpolitik** geht im Wesentlichen auf die Allgemeine Beschäftigungstheorie von KEYNES zurück. Grundgedanke ist es, die konjunkturellen Schwankungen durch eine staatliche Beeinflussung der gesamtwirtschaftlichen Nachfrage zu glätten. So soll der Staat bei drohender konjunktureller Überhitzung (Boom) der expandierenden Nachfrage der Privaten durch kontraktive Geld- und Fiskalpolitik entgegensteuern. Bei drohender Rezession oder Depression soll der Staat entsprechend expansive Maßnahmen zur Anregung der sinkenden Güternachfrage der Privaten ergreifen.

Antizyklische Geldpolitik bedeutet, dass die Zentralbank zur Dämpfung einer boomenden Güternachfrage Maßnahmen ergreift, welche die Geldmenge reduziert bzw. den Zins in die Höhe treibt (**kontraktive** oder **restriktive Geldpolitik**). Zur Stimulierung der Güternachfrage soll entsprechend die Geldmenge erhöht und der Zins gesenkt werden (**expansive Geldpolitik**). Der Wirkungsmechanismus wird im Folgenden für den Fall der Rezession bzw. drohenden Depression beschrieben.

3.3.1 Expansive Geldpolitik im Abschwung

Eine Rezession ist durch ein **Nachfragedefizit** gekennzeichnet, welches die Unternehmen dazu bewegt, die Produktion zu senken (Unterbeschäftigung der Produktionsfaktoren). Das somit sinkende Volkseinkommen führt zu einem weiteren Rückgang der Konsumgüternachfrage und angesichts unterausgelasteter Produktionskapazitäten reduzieren die Unternehmen ihre Investitionsgüternachfrage. Dieser Nachfragerückgang führt wiederum zu einem Rückgang der Produktion, des Einkommens usw., so dass die Volkswirtschaft in eine Depression rutschen kann. Antizyklische Geldpolitik impliziert, dass die Zentralbank durch eine expansive Geldpolitik versucht, diesen Prozess zu stoppen und idealerweise umzukehren, sobald Anzeichen für eine Rezession eintreten.

Die zugrunde gelegten Wirkungsketten via **Geldmengenerhöhung** ergeben sich aus dem Verhalten der Wirtschaftssubjekte, wenn sie mehr Geld haben als ihrer geplanten Kassenhaltung entspricht, also ein **Geldangebotsüberschuss** vorliegt:

- Die privaten Haushalte verwenden das überschüssige Geld für ungeplante Konsumausgaben, folglich steigt die Konsumgüternachfrage.
- Die Unternehmen tätigen mit dem Kassenüberschuss ungeplante Investitionsausgaben, d.h. die Investitionsgüternachfrage steigt.
- Die Wirtschaftssubjekte verwenden das zusätzliche Geld für den **Kauf von Wertpapieren** (console bonds), der Wertpapierkurs steigt als Folge der zusätzlichen Wertpapiernachfrage, sprich der **effektive Zins** sinkt. Niedrigere Zinsen demotivieren das **private Sparen**, c.p. steigt die **Konsumgüternachfrage**. Außerdem werden Realinvestitionen gegenüber Finanzinvestitionen attraktiver, so dass die **Investitionsgüternachfrage** steigt. (Diese Wirkungsketten gelten auch für eine direkte Beeinflussung der Zinsen durch die Zentralbank).

Der Anstieg der Nachfrage bewegt die Unternehmen zur Erhöhung der Produktion. Das bedeutet, dass das Einkommen und die Beschäftigung steigt, woraufhin wieder die Nachfrage anwächst usw. Idealerweise gelangt die Volkswirtschaft zügig zur Vollbeschäftigung zurück (vgl. Kap. 7, Abschnitte 1 und 4).

3.3.2 Kritik

Das Konzept antizyklischer Konjunkturpolitik galt noch in den 1970er Jahren als Mainstream in der Volkswirtschaftslehre, erfuhr aber zunehmend harsche Kritik, so dass der KEYNESIANISMUS in den 1980er immer mehr an den Rand gedrängt wurde und in den folgenden 20 Jahren von der Mehrheit der Ökonomen eher abgelehnt als befürwortet wurde. Spätestens seit Ausbruch der Finanzkrise 2008 hat diese makroökonomische Schule jedoch wieder an Akzeptanz gewonnen und die Idee antizyklischer Wirtschaftspolitik wird von der wachsenden Zahl undogmatisch ausgerichteter Ökonomen als ein Ansatz erachtet, der unter gewissen gesamtwirtschaftlichen Konstellationen angemessen sein kann.

Hier werden nun zur Illustration der Schwachstellen des Konzepts antizyklischer Geldpolitik einige Probleme skizziert:

- **Time lags:** Das Erkennen einer bestimmten Wirtschaftslage benötigt Zeit, u.a. weil die erforderlichen Daten mit einiger Verzögerung vorliegen; außerdem muss analysiert werden, welche Ursachen einer unerwünscht erachteten Wirtschaftslage zugrunde liegen, z.B. ob sie konjunktureller oder struktureller Natur sind (**Erkenntnis-** oder **Diagnoselag**). Des Weiteren erfordert die Entscheidung über und die Umsetzung der geeigneten Maßnahmen Zeit (**Entscheidungs-** oder **Durchsetzungslag**). Schließlich dauert es, bis z.B. eine Geldmengenänderung ihre Wirkungen im realwirtschaftlichen Sektor entfaltet (**Wirkungslag**). Im Extremfall wirkt eine als antizyklisch konzipierte Geldpolitik durch die zeitlichen Verzögerungen im Endeffekt **prozyklisch**, d.h. die Konjunkturschwankungen werden nicht geglättet, sondern verschärft.
- **Dosierungsproblem:** Da die Wirkungen einer geldpolitischen Maßnahme nicht im Voraus exakt bestimmt werden können, besteht stets das Risiko der Unter- oder Überdosierung. So kann eine zu expansive Politik die Inflation übermäßig anheizen, oder eine kontraktive Politik kann die Volkswirtschaft derart stark beeinflussen, dass statt der Glättung des Aufschwungs ein Abstieg in die Rezession hervorgerufen wird.

Vor allem aber können erhebliche Wirkungsprobleme auftreten. Es ist nämlich möglich, dass die oben beschriebenen Wirkungsketten abreißen, d.h. die erhofften Wirkungen nicht eintreten:

- **Liquiditätsfalle:** Die Wirtschaftssubjekte nehmen jede Menge an Geld – sogar Bargeld – ohne weitere Verhaltensänderungen in ihre Kasse auf. Sie erhöhen z.B. nicht ihre Wertpapiernachfrage, weil sie alle auf sinkende Wertpapierkurse setzen (also beliebig viel Geld in der **Spekulationskasse** halten möchten, um bei fallenden Kursen sofort kaufen zu können). Oder sie haben das Vertrauen in den Finanzsektor verloren und horten das Geld lieber. Wie auch immer begründet, als Folge bleibt der Zins unverändert und entsprechend steigt die Güternachfrage nicht.
- **Zinsfalle:** Bei extrem pessimistischen Erwartungen der Wirtschaftssubjekte führt mehr Liquidität selbst bei sinkendem Zins nicht notwendigerweise zu einer steigenden Güternachfrage, wenn die privaten für die (noch) schlechteren Zeiten lieber mehr sparen bzw. die Unternehmen wegen des ohnehin schwächelnden Absatzes selbst bei Nullzinsen keine zusätzlichen Investitionsgüter kaufen würden.
- **Verhalten der Geschäftsbanken:** Im Zusammenhang mit der Geldangebotstheorie wurde bereits erläutert, dass die Zentralbank weder sicherstellen kann, dass die Geschäftsbanken im gewünschten Maße Buchgeld schöpfen werden, noch dass sie Zinssenkungen der Zentralbank an potenzielle Kreditnehmer weiterreichen.

Schließlich wird in den stark vereinfachten keynesianischen Modellen ein **konstantes Preisniveau** unterstellt. Jedoch ist in Folge einer gestiegenen Güternachfrage damit zu rechnen, dass zumindest ein Teil der Produzenten nicht die Produktion, sondern die Preise anheben werden. Angesichts der Geldmengenexpansion ist dies auch ohne weiteres möglich. Ein steigendes Preisniveau lässt wiederum die Geldnachfrage zu Transaktionszwecken ansteigen, das Wertpapierangebot steigen, die Kurse sinken und den Zins steigen, woraufhin die Güternachfrage und damit die Konjunktur wieder gedämpft wird. Die gleiche kontraproduktive Wirkung tritt ein, wenn die Unternehmen die Produktion und die Beschäftigung zwar erhöhen, aber die Arbeitnehmer bzw.

Gewerkschaften angesichts der dann sinkenden Arbeitslosigkeit an Verhandlungsmacht gegenüber den Arbeitgebern gewinnen und höhere Löhne durchsetzen (vgl. Kap.7, Abschnitt 4.3). Die Folgen sind höhere Stückkosten, die in höhere Preise münden. In der Konsequenz steigen die Geldnachfrage und die Zinsen usw.

Die Umsetzung einer **antizyklischen Geldpolitik** bedarf in der Praxis einer sorgfältigen **Analyse** der Wirtschaftssituation, ihrer Ursachen, und des (zu erwartenden) Verhaltens der Wirtschaftssubjekte. Darüber hinaus muss sie für die Wirtschaftssubjekte nachvollziehbar und **glaubwürdig** sein. Andernfalls kann sie kontraproduktiv wirken und die gesamtwirtschaftliche Lage lediglich verschlimmern, weil sie z.B. wegen der time lags prozyklisch wirkt, erhebliche Unsicherheiten hervorruft oder lediglich zu Inflation (bzw. Deflation) führt.

4 Ziele der Geldpolitik

4.1 Das Ziel der Preisniveaustabilität

Das vorrangige Ziel der Geldpolitik der EZB besteht gemäß Art. 127 AEUV (VERTRAG ÜBER DIE ARBEITSWEISE DER EUROPÄISCHEN UNION) in der Sicherung der Preisniveaustabilität:

„Das vorrangige Ziel des Europäischen Systems der Zentralbanken (ESZB) ist es, die Preisstabilität zu gewährleisten. Soweit dies ohne Beeinträchtigung des Zieles der Preisstabilität möglich ist, unterstützt das ESZB die allgemeine Wirtschaftspolitik in der Union, um zur Verwirklichung der in Artikel 2 des Vertrags über die Europäische Union festgelegten Ziele der Union beizutragen. Das ESZB handelt im Einklang mit dem Grundsatz einer offenen Marktwirtschaft mit freiem Wettbewerb, wodurch ein effizienter Einsatz der Ressourcen gefördert wird."

Zur Operationalisierung des Oberziels Preisniveaustabilität verwendet die EZB den **Harmonisierten Verbraucherpreisindex** (HVPI). Der RAT der EZB, welcher die geldpolitischen Entscheidungen fällt, definiert einen Anstieg des HVPI im Euroraum von **unter, aber nahe 2 %** gegenüber dem Vorjahr als Preisstabilität, die mittelfristig gewährleistet werden soll. Problematisch ist, dass für den gesamten Euroraum eine Durchschnittsrate gewählt wird und kein einheitlicher Güterkorb den Verbraucherpreisindices zugrunde liegt. Abbildung 5.4 belegt, dass die EZB bis dato (Herbst 2013) recht erfolgreich war, und ein signifikantes Überschreiten des Zielwerts (z.B. 2000 u. 2007) ebenso wie ein deutliches Unterschreiten (z.B. 2009/10) nur von kurzer Dauer waren. Die Erfolgsbilanz der EZB ist im Hinblick auf das Ziel der Preisniveaustabilität sogar besser als die der DEUTSCHEN BUNDESBANK in den Jahrzehnten zuvor.

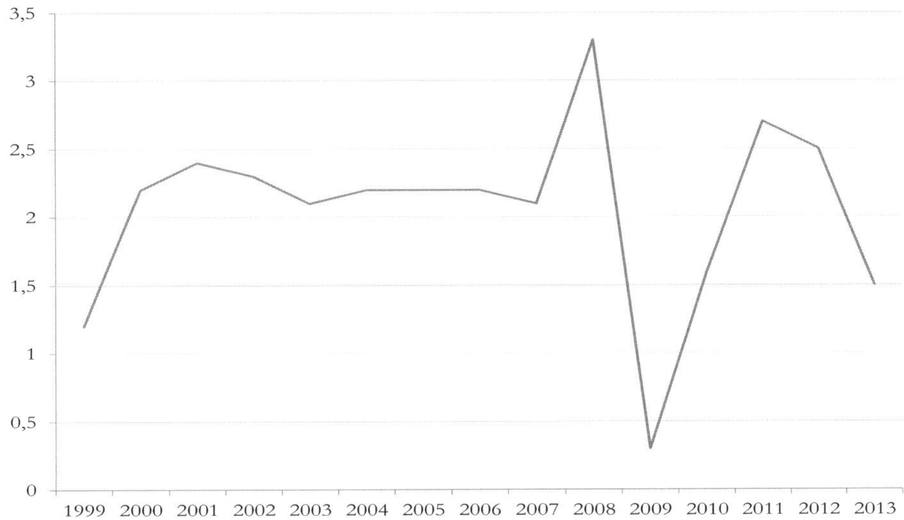

Quelle: EUROSTAT, 2013b (2013: Prognosewert der EZB von September 2013).

Abb. 5.4: Inflationsrate (HVPI) im Euroraum (jährliche Veränderungsrate des Jahresdurchschnitts in %, 1999–2013)

4.2 Zwei-Säulen-Strategie der EZB

Während in den 1990er Jahren im Vorfeld der EUROPÄISCHEN WIRTSCHAFTS- UND WÄHRUNGSUNION (EWWU) relativ bald Konsens hinsichtlich der Endziele der Geldpolitik erzielt wurde, blieb lange strittig, über welche Kerngröße das Oberziel erreicht werden soll: Anhänger der direkten Steuerung der Preisstabilität (**„inflation targeting"**) und Befürworter des **Zwischenziels der Geldmenge** – darunter auch die DEUTSCHE BUNDESBANK – konnten sich zunächst nicht einigen.

Im Dezember 1998 legte der EZB-RAT die **zwei Säulen** seiner geldpolitischen Strategie vor: Zum einen wurde der Geldmenge eine wichtige Rolle zugewiesen und sie gab einen quantitativen **Referenzwert für das Wachstum der Geldmenge M3** im Jahr 1999 in Höhe von 4,5 % für die folgenden zwei Jahre bekannt, an dem bis heute (2013) zumindest formal festgehalten wurde. Dieser Referenzwert wurde als die **erste Säule** der geldpolitischen Strategie der EZB bezeichnet. Die **zweite Säule** war die Orientierung an einem breiten Set von gesamtwirtschaftlich relevanten Daten, welche die Inflationsentwicklung mittelfristig beeinflussen. Dazu zählen Lohnabschlüsse, Kostenindikatoren, Konjunkturerwartungen, Staatsausgaben und Staatseinnahmen, Wechselkursentwicklungen, langfristige Zinsen, Zinsstruktur und viele andere. Sobald diese auf eine dauerhafte Entwicklung der Inflationsrate von über oder deutlich unter der 2 %-Marke hinweisen, greift die EZB zu gegensteuernden Maßnahmen.

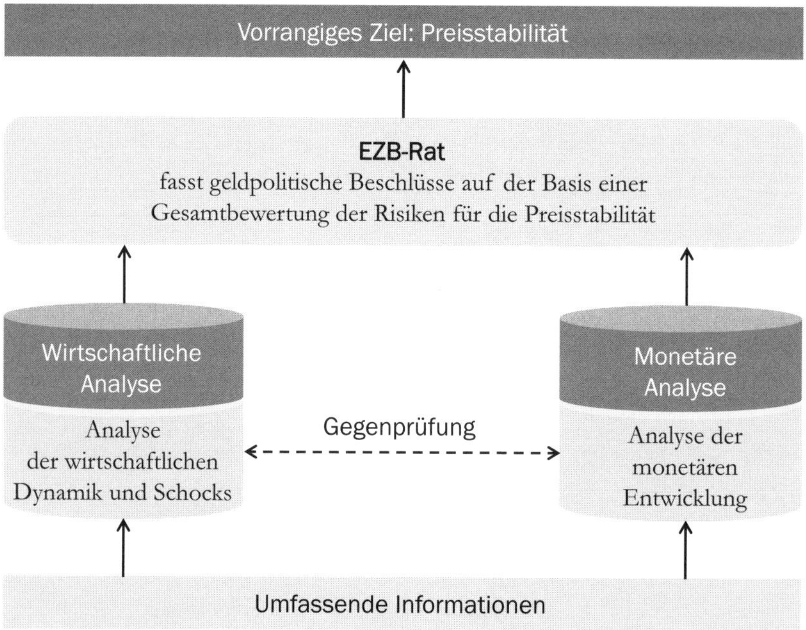

Quelle: EZB, 2011, S. 90.

Abb. 5.1: Schematische Darstellung der geldpolitischen Strategie der EZB

Diese **Zwei-Säulen-Strategie** löste lebhafte Diskussionen aus bis hin zur Empfehlung, das Geldmengenziel ganz aufzugeben. Hier wird auf diese Debatten nicht näher eingegangen, zumal die Geldmengensäule in der Praxis der EZB als Zwischenziel rasch in den Hintergrund rückte und stattdessen M3 eher als Variable der monetären Analyse zu verstehen ist, die bei der Bewertung des aktuellen Risikos für die Preisniveaustabilität als zentrale Größe einfließt. Entsprechend spricht man von der „monetären Analyse" und weniger von einem Ziel. Das liegt u.a. daran, dass M3 nur bedingt durch die Zentralbank steuerbar und die monetaristische Geldmengenwachstumsregel an Dominanz in der Wissenschaft und noch mehr in der Praxis verloren hat. Dass die Geldmenge weniger ein Zwischenziel ist, und auch nicht von Ziel-, sondern Referenzwert gesprochen wird, ist außerdem dem Umstand geschuldet, dass die Politik der EZB angesichts der unsteten Wirtschaftsentwicklungen eher kurz- bis mittelfristig und weniger langfristig ausgerichtet ist. Langfristig ist die Geldmenge unbestritten die dominante Größe, die das Preisniveau beeinflusst. Kurz- bis mittelfristig spielen weitere Größen eine entscheidende Rolle, wie vor allem Kostenindikatoren und das Zinsniveau bzw. die Zinsstruktur. Es ist daher kein Zufall, dass die EZB die „wirtschaftliche Analyse" seit 2003 nicht mehr als zweite, sondern als erste Säule ihrer Strategie darstellt (s. Abb. 5.5).

Bei der geldpolitischen Strategie des Eurosystems handelt es sich also auf den ersten Blick um eine Art **Mischform aus Geldmengensteuerung und „inflation targeting"**. Vor dem Hintergrund einer erheblichen Unsicherheit über die Entwicklung der wirtschaftlichen Situation sowie der unterschiedlichen Philosophien der nationalen Zentralbanken möchte die EZB ihre Entscheidungsfindung grundsätzlich auf eine möglichst breite Datenbasis stellen. Auf den zweiten Blick jedoch ähnelt die EZB-

Strategie deutlich stärker einer Art **inflation targeting**, wobei eine große Zahl flexibler Indikatoren verwendet wird, um die künftige Preisentwicklung abzuschätzen, die sich ergäbe, wenn die Zentralbank keine Änderung ihrer Maßnahmen vornähme (**business-as-usual**-Entwicklung). Dabei kommt der Geldmengenentwicklung zwar die Funktion eines wichtigen (langfristigen) Indikators zu, nicht aber die Rolle eines eigenständigen Zwischenziels.

Bei aller **Kritik** am Zwei-Säulen-Ansatz sollte bedacht werden, dass er eine gewisse Flexibilität erlaubt, die den Umständen Rechnung trägt,

- dass bis heute keine allgemein anerkannte **Erklärung des Inflationsprozesses** existiert,
- dass die monetäre Entwicklung das Preisniveau zwar nicht unbedingt kurzfristig, aber eindeutig langfristig bestimmt,
- dass im RAT der EZB derzeit (2014) **18 nationale Zentralbanken** mit teils unterschiedlichen geldpolitischen Konzeptionen Entscheidungen treffen,
- und dass die gesamtwirtschaftliche Entwicklung in der Praxis gelegentlich mehr des **Pragmatismus** und weniger des Dogmatismus bedarf.

Quelle: EUROSTAT, 2013a.

Abb. 5.6: Wachstum von M3 (saisonbereinigte Prozentveränderung der betreffenden Periode verglichen mit dem vorhergehenden Jahr, 1999–2013)

4.3 Andere gesamtwirtschaftliche Ziele

Die **Wahrung eines stabilen Preisniveaus** im Euro-Währungsgebiet ist – wie eben dargelegt – die vorrangige Aufgabe der EZB. Bei der Erfüllung dieser Aufgabe ist sie laut Art. 130 AEUV unabhängig von Weisungen der Organe und Einrichtungen der EU, Regierungen der Mitgliedstaaten und anderen Institutionen (vgl. Abschnitt 5.1). Das gilt ebenso für die Nationalen Zentralbanken (NZB). Über die Erfüllung des vorrangigen Zieles ihrer Geldpolitik hinaus ist die EZB jedoch auch verpflichtet, die allgemeine Wirtschaftspolitik in der Gemeinschaft zu unterstützen. Soweit es ohne Beeinträchtigung der Preisstabilität möglich ist, trägt sie zur Verwirklichung anderer vertraglich festgeschriebener Ziele bei. Diese Ziele umfassen stabiles nicht-inflationäres **Wirtschaftswachstum**, hohe **Wettbewerbsfähigkeit** und **wirtschaftliche Konvergenz**, hohen **sozialen Schutz**, **Solidarität** zwischen den Mitgliedstaaten und besonders auch **ein hohes Beschäftigungsniveau** und implizit auch **außenwirtschaftliches Gleichgewicht** (vgl. Kap. 8, Abschnitt 4.1). Das Ziel der **Vollbeschäftigung** ist somit, anders als etwa bei der US-Notenbank („US FED"), der Preisniveaustabilität nicht gleichgestellt, sondern ebenso wie andere wirtschaftspolitische Ziele ausdrücklich untergeordnet.

Die EZB geht davon aus, dass ein stabiler Geldwert auf lange Sicht eine wichtige Voraussetzung für stabiles Wirtschaftswachstum und eine hohe Beschäftigung ist. Dies erklärt, warum sie grundsätzlich auf kurzfristig beschäftigungserhöhende Maßnahmen verzichtet, wenn dies mit übermäßiger Inflation erkauft werden müsste, denn letztlich ginge eine hohe Inflation mittel- bis langfristig zu Lasten des Beschäftigungsziels.

Preisniveaustabilität ist längerfristig eine Voraussetzung für stetiges Wirtschaftswachstum und hohe Beschäftigung.

- Hohe oder unstete Inflationsraten führen zu sehr großer Planungsunsicherheit in einer Volkswirtschaft. Planungssicherheit ist jedoch eine der zentralen Voraussetzungen für dauerhaftes Wirtschaftswachstum.
- Ein stabiles Preisniveau ist eine der notwendigen Bedingungen für die Funktionsfähigkeit einer Marktwirtschaft. Kann der Preismechanismus seine Funktionen als Knappheitsindikator, Anreiz-, Sanktions- und Koordinationsmechanismus aufgrund hoher Inflation nicht mehr oder nur sehr eingeschränkt erfüllen, sind erhebliche Fehlallokationen und Wohlstandsverluste die Konsequenz.
- Hohe Inflation ist mit Verteilungswirkungen verbunden, da die nominale Einnahmen- und damit Einkommenssteigerungen in aller Regel ungleich verteilt sind, so dass das reale Einkommen mancher Menschen steigt und das anderer sinkt. Die Wirkungen können sozial unerwünscht, politisch destabilisierend und wachstumshemmend wirken. So zählen Schuldner zu den Gewinnern und Gläubiger (z.B. Sparer) zu den Verlieren, was auf kurz oder lang zu mehr Konsum und weniger wachstumsförderlichen Investitionen führt.

Insbesondere in den letzten Jahren hat die EZB wiederholt darauf hingewiesen, dass sich die von ihr angestrebte Inflationsrate von knapp 2 % auf die mittelfristige Preisentwicklung bezieht. Das begründet sich zum einen daraus, dass die EZB eine erratische und damit letztlich Unsicherheit erzeugende Geldpolitik vermeiden möchte, welche zu befürchten steht, wenn sie versuchen würde, jede kurzfristige Abweichung der Inflationsrate vom Zielwert zu korrigieren. Zum anderen lässt diese mittelfristige Orientierung aber auch den Schluss zu, dass die EZB durchaus gewillt ist, anderen Zielen als der Preisniveaustabilität vorübergehend mehr Beachtung zu schenken, soweit dafür lediglich ein **kurzfristiger** Anstieg der Inflationsrate über 2 % in Kauf zu nehmen ist.

Die Verpflichtungen für Wirtschaftswachstum im Euroraum sowie ganz besonders für den **Zusammenhalt des Euroraums** – gründend auf der im Zielekatalog der EZB enthaltenen **Solidarität** zwischen den EU-Mitgliedstaaten – sind die tragenden Gründe dafür, dass die EZB seit Ausbruch der Verschuldungskrise im Euroraum letztlich an der **„Politik des lockeren Geldes"** festgehalten hat, auch wenn ihr oberstes Ziel der Preisniveaustabilität vorübergehend anderes nahegelegt hätte (s. Abb. 5.4).

4.4 Zinspolitische Referenzgrößen

Die EZB strebt ihr Oberziel und die verschiedenen Nebenziele weniger über die Steuerung der monetären Basis an, sondern tut dies zuvorderst über die direkte Steuerung der Tagesgeldzinsen. Innerhalb des Euro-Währungsraumes nimmt dabei der **EONIA** (Euro Overnight Index Average) eine zentrale Stellung ein. Er bildet die Messgröße für den effektiven Tagesgeldsatz für den Euro. Er wird als umsatzgewichteter Durchschnitt der Sätze für unbesicherte Euro-Übernachtkontrakte, die von einer Gruppe bestimmter Institute im Euro-Währungsgebiet gemeldet werden, berechnet. Der Zinssatz bildet jedoch kein Ziel der europäischen Geldpolitik, sondern durch ihr Wirken am Tagesgeldmarkt versucht die EZB – wie vor ihr übrigens auch die DEUTSCHE BUNDESBANK – einen Zinssatz durchzusetzen, der mit ihren geldpolitischen (Zwischen-)Zielen harmoniert.

Zwar sind die **langfristigen Zinssätze** für die realwirtschaftliche Sphäre deutlich wichtiger als Tagesgeldzinssätze, aber die EZB setzt längerfristige Zinssätze nicht als Hebel für ihre Politik ein, weil sie sich von der Zentralbank nicht gut steuern lassen. Gleichwohl übt das Verhalten der Zentralbank durchaus Einfluss auf die langfristigen Zinsen aus. So führen Erwartungen auf eine höhere Inflation häufig zu einem Anstieg der Langfristzinsen („**Inflationsprämie**"). Gelingt es der Zentralbank durch eine verlässliche und damit glaubwürdige Stabilitätspolitik die Inflationsrate stabil zu halten, wirkt sie Inflationserhöhungserwartungen und somit einer Ursache steigender Langfristzinsen entgegen. Insoweit übt die Zentralbank durchaus Einfluss auf die längerfristigen Finanzmärkte aus, wenn auch indirekt.

Die sehr beschränkte Steuerbarkeit der langfristigen Zinsen rührt außerdem daher, dass zyklische Schwankungen der Wirtschaftsaktivität oder staatliche Schuldenpolitik geldpolitische Kontrolle der langfristigen Zinssätze nahezu unmöglich macht. Erschwerend kommt hinzu, dass sich in der Veränderung von Zinssätzen auch güterwirtschaftliche Vorgänge niederschlagen können, die entgegen der geldpolitischen Zielrichtung auf den Zins einwirken.

▶ Beispiel

Angenommen, die Zentralbank senkt den Zinssatz, den Geschäftsbanken bieten müssen (Mindestbietungssatz), um an Zentralbank-Liquidität zu gelangen (s. Abschnitt 6.3). Das hat zur Folge, dass sich die Refinanzierung der Geschäftsbanken verbilligt und sie ihr Kreditangebot ausweiten können. Die Zinsen für kurz- und langfristige Bankkredite (Sollzinsen) werden dadurch tendenziell sinken. Besonders die Entwicklung der langfristigen Sollzinsen ist für eine erhöhte Investitionsbereitschaft (bei zinselastischen Investitionen) der Unternehmen bedeutsam. Es werden also vermehrt Investitionskredite nachgefragt. Die verstärkte Kreditnachfrage bewirkt jedoch ihrerseits, dass der Zinssatz wieder ansteigt. Dieser Anstieg ist demnach nicht die Folge geldpolitischer Entscheidungen der Zentralbank, sondern vielmehr güterwirtschaftlich verursacht.

Längerfristige Zinssätze können also als geldpolitischer Indikator zur Beschreibung der Situation auf den Geld- und Kapitalmärkten sowie zur Prognose der zukünftigen Inflationsentwicklung herangezogen werden, aber sie eignen sich kaum als geldpolitisches Zwischenziel, da häufig offen bleibt, inwieweit ihre Höhe tatsächlich auf geldpolitische Entscheidungen zurückzuführen ist.

4.5 Zielhierarchie

Die Gewährleistung der Preisstabilität bildet das Oberziel der Geldpolitik. Dieses Ziel steht nicht isoliert, sondern ist im gesamtwirtschaftlichen und gesellschaftlichen Kontext zu sehen (vgl. Kapitel 1, Abschn. 3.2.1). Unter den Zielen, deren Verwirklichung als Voraussetzung für die „Maximierung der ökonomischen Wohlfahrt“ angesehen werden muss, findet sich neben anderen das **Stabilitätsziel**. Dieses Ziel lässt sich nur auf der Grundlage hoher Beschäftigung und Preisniveaustabilität (Geldwertstabilität) realisieren. Die Sicherung der Preisstabilität wiederum steht im Mittelpunkt der Geldpolitik der Zentralbank. Sie kann dieses Ziel jedoch mit ihren geldpolitischen Instrumenten letztlich nur indirekt verwirklichen.

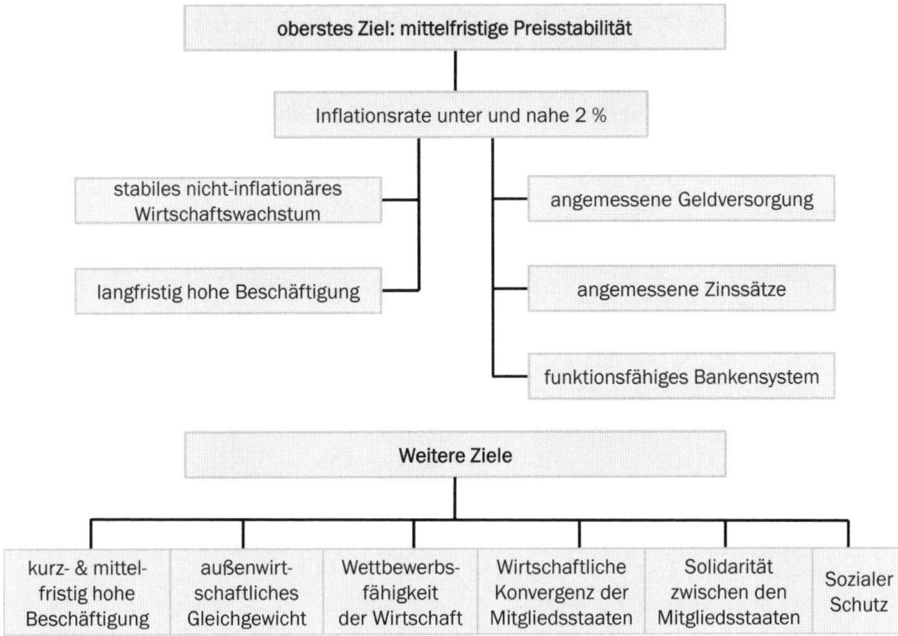

Abb. 5.7: Zielhierarchie der Europäischen Geldpolitik

4.6 Zielkonflikte

Zwischen Geldpolitik und allgemeiner Wirtschaftspolitik besteht ein enger Zusammenhang, der nicht immer konfliktfrei ist. Zielkonflikte treten vor allem mit der **Finanz- und Haushaltspolitik** (insbesondere der Schuldenpolitik) auf. So zählt der Staat als Schuldner und angesichts eines progressiven Einkommenssteuertarifs zu den **Inflationsgewinnern**, und profitiert auf kurze bis mittlere Sicht von hohen Inflationsraten. Außerdem tragen z.B. niedrige Zinsen zur Entlastung des Staatshaushalts bei, können aber im Widerspruch zu einer möglicherweise durch die konjunkturelle Situation bzw. die Inflationsentwicklung bedingten kontraktiven Geldpolitik stehen.

Die Geldpolitik in der EWWU ist darüber hinaus von Beginn an mit dem Konflikt konfrontiert, dass die EZB zwar die (durchschnittliche) Inflationsrate im Euroraum im Auge behält, aber dass eine **regionale Differenzierung** in einem gemeinsamen Währungsraum nicht möglich ist. Konflikte treten auf, wenn die Inflationsraten der Teilnehmerstaaten auseinanderdriften oder wenn die konjunkturelle Situation in einer Volkswirtschaft eine restriktive Geldpolitik, aber in einer anderen Volkswirtschaft eine expansive Geldpolitik nahelegen würde. Gerade die wirtschaftlich kleineren Euroländer kritisieren in dem Zusammenhang, dass sich die EZB zu stark an den geldpolitischen Erfordernissen der großen Volkswirtschaften (Deutschland, Frankreich etc.) ausrichten würde.

Der Konflikt zwischen dem Hang etlicher Regierungen zur Staatsverschuldung und einer Geldpolitik, die auf Preisniveaustabilität fokussiert ist, wurde durch die Gründung der relativ heterogenen EWWU verschärft. Es wurde von Anfang an die Gefahr

Geldpolitik

gesehen, dass die Erweiterung des Währungsraumes parallel den Kreditmarkt erweitern würde. Dadurch könnten besonders kleinere Volkswirtschaften dazu verleitet werden, ihre Kreditaufnahme unbotmäßig zu erhöhen, da ihre gestiegene Kreditaufnahme auf dem nun viel größeren Kreditmarkt nur wenig ins Gewicht falle und keinen Zinsanstieg zur Folge hätte, der wiederum die Zinslast der öffentlichen und privaten Kreditnehmer erhöhen würde. Daher wurden zur Sicherung der Stabilität des Euro auf Drängen Deutschlands hin die Grundzüge eines „**STABILITÄTS- UND WACHSTUMSPAKTES**" (Art. 126 AEUV) verabschiedet. Dieser verpflichtet die Regierungen der am Eurosystem teilnehmenden Staaten, auch nach der Einführung des Euro eine disziplinierte Finanzpolitik durchzusetzen (vgl. Kapitel 4, Abschnitte 4.2.2 und 6.6). Das gilt insbesondere für die Einhaltung der Obergrenze bei der **Neuverschuldung** von 3 % des BIP. Langfristig werden sogar ausgeglichene oder „überschüssige" Gesamthaushalte angestrebt. Dahinter steht die Überzeugung, dass die strenge Haushaltsdisziplin eine wesentliche Voraussetzung für einen stabilen Euro darstellt, da dann die EZB nicht unter Druck gesetzt wird, eine höhere Geldmenge zur Verfügung zu stellen, als mit ihrem Inflationsziel vereinbar ist.

Außerdem wurde eine **no bail out-Klausel** institutionell verankert, d.h. es wurde festgelegt, dass kein Staat im Überschuldungsfalle erwarten könne, dass andere EU-Staaten aushelfen würden, um den Staatsbankrott abzuwenden. Auf diese Weise sollte zusätzlich staatliche Haushaltsdisziplin gewährleistet werden.

Bekanntlich wurden weder die **Verschuldungskriterien** durchgängig eingehalten, noch verweigerten die übrigen Staaten ihre Unterstützung, als Irland, Griechenland und nachfolgende weitere Staaten in eine schwerwiegende Krise gerieten, die nicht nur, aber doch zum Teil durch die Missachtung der Haushaltskriterien hervorgerufen wurde. Auch zeigte sich, dass sich – wie erwartet – wirtschaftlich kleinere Länder stark verschulden können, ohne signifikant höhere Zinsen als andere Euroländer bieten zu müssen, dass dies aber nicht zwingend ist, sondern die Märkte spätestens im Zuge einer Krise (hier: Griechenlandkrise) deutlich spürbare Zinsaufschläge für Anleihen von manchen stark verschuldeten Staaten verlangen.

5 Träger der Geldpolitik

Träger der Geldpolitik in der BUNDESREPUBLIK DEUTSCHLAND war bis Ende 1998 die DEUTSCHE BUNDESBANK. Ihre vorrangige Aufgabe bestand in der Sicherung der Währung (Gewährleistung der Preisstabilität im Inneren und der Wechselkursstabilität nach außen). Darüber hinaus war sie verpflichtet, die allgemeine Wirtschaftspolitik der BUNDESREGIERUNG weisungsunabhängig zu unterstützen. Nach dem VERTRAG VON MAASTRICHT wurde Anfang 1999 die Währungsunion (3. Stufe der EUROPÄISCHEN WIRTSCHAFTS- UND WÄHRUNGSUNION [EWWU]) mit der Einführung des Euro in elf (2014 sind es 18) Ländern der EU, die bestimmte Konvergenzkriterien erfüllten, vollendet. Damit wurden auch die Kompetenzen der BUNDESBANK und der anderen Zentralbanken, deren Länder an der Währungsunion teilnehmen, maßgeblich eingeschränkt: Die Verantwortung für die gemeinsame Geldpolitik übernahm mit Beginn der Währungsunion das Eurosystem.

5.1 Das Europäische System der Zentralbanken und das Eurosystem

Das EUROPÄISCHE SYSTEM DER ZENTRALBANKEN (ESZB) setzt sich aus der EZB und den nationalen Zentralbanken (NZB) aller 28 EU-Mitgliedstaaten zusammen (Abb. 5.8). Im Gegensatz dazu bilden die NZB jener Mitgliedstaaten, die den Euro eingeführt haben, zusammen mit der EZB das **Eurosystem**. Diese Unterscheidung wird solange notwendig bleiben, wie die gemeinsame Währung nicht in allen Mitgliedstaaten eingeführt ist. Die grundlegenden Aufgaben des ESZB bestehen gemäß Art. Art. 127 AEUV darin,

- die Geldpolitik der Gemeinschaft festzulegen und auszuführen,
- Devisengeschäfte durchzuführen,
- die Währungsreserven der Mitgliedstaaten zu halten und zu verwalten,
- und das reibungslose Funktionieren der Zahlungssysteme zu fördern.

Die EZB, die Rechtspersönlichkeit im Sinne des Völkerrechts besitzt, bildet das „Herzstück" von Eurosystem und ESZB. Sie stellt sicher, dass sämtliche Aufgaben der beiden Systeme entweder von ihr selbst oder durch die NZBen erfüllt werden. Während die Entscheidungsfindung innerhalb des Eurosystems und des ESZB zentralisiert ist, folgt die EZB bei der Entscheidung darüber, auf welchem Weg die oben genannten Aufgaben durchzuführen sind, entsprechend der ESZB-Satzung dem „Grundsatz der Dezentralisierung" (EZB, JAHRESBERICHT 2002, S. 197). Mit Beginn der 3. Stufe der EWWU wurde neben der Emission der einheitlichen Zahlungsmittel auch eine einheitliche Devisenpolitik unerlässlich. Das schloss die Übertragung eines Teils der Devisenreserven der nationalen Zentralbanken auf die EZB, die Verwaltung der Devisenreserven sowie schließlich die Organisation der Devisenmarktinterventionen ein. Die EZB ist außerdem für die Zusammenarbeit zwischen dem Euro-Währungsgebiet und den übrigen EU-Mitgliedstaaten auf dem Gebiet der **Wechselkurspolitik** verantwortlich.

Ein besonders wichtiges Element der Tätigkeit der EZB bildet ihre Kommunikationspolitik. Besonderes Augenmerk muss dabei auf hoher Transparenz der Daten (Offenheit und Klarheit) und Verständlichkeit der geldpolitischen Strategie für die Öffentlichkeit liegen. Eine kluge Kommunikationspolitik der EZB hilft den Wirtschaftssubjekten, die geldpolitischen Entscheidungen richtig zu bewerten und künftige geldpolitische Reaktionen auf wirtschaftliche Entwicklungen vorwegzunehmen. D.h., sie müssen in die Lage versetzt werden, aus den Aussagen der EZB die notwendigen Konsequenzen zu ziehen. Der Leser möchte selbst urteilen, ob diese Bedingungen immer erfüllt sind.

Beschlussorgane der EZB sind der RAT und das DIREKTORIUM. Der **EZB-RAT** ist das oberste Beschlussorgan. Ihm gehören neben allen 6 Mitgliedern des DIREKTORIUMS die Präsidenten der 18 NZB des Euroraums an. Er tritt i.d.R. zweimal im Monat zusammen, legt die geldpolitische Leitlinie des Eurosystems fest und trifft die geldpolitischen Kernentscheidungen.

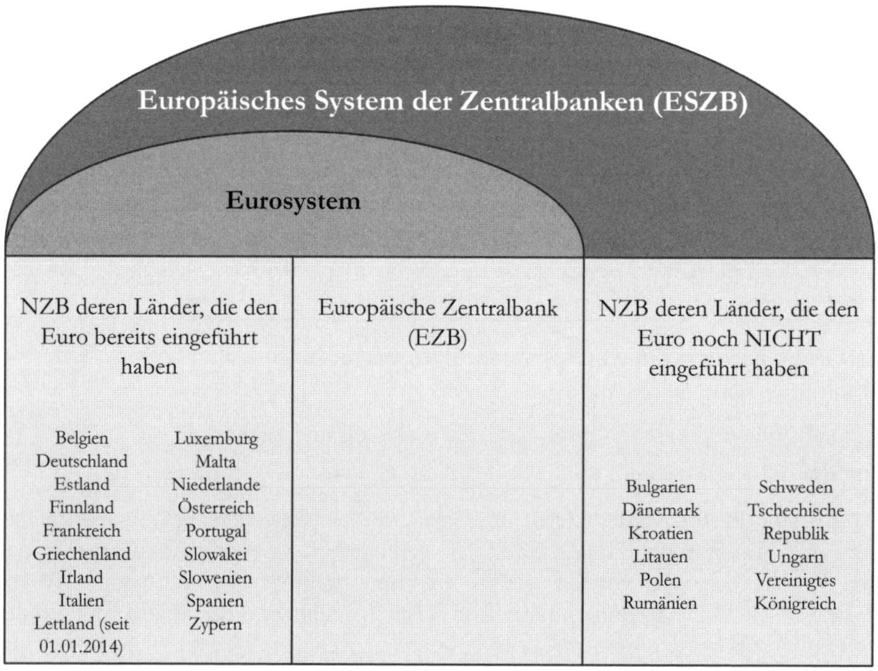

Abb. 5.8: Aufbau des EUROPÄISCHEN SYSTEMS DER ZENTRALBANKEN

Dem **DIREKTORIUM**, das gewöhnlich wöchentlich zusammentritt, gehören neben Präsidenten und Vizepräsidenten der EZB vier weitere Mitglieder (Direktoren) an. Es trägt die Verantwortung für die Durchsetzung der Beschlüsse des EZB-RATES und erteilt hierzu u.a. den nationalen Zentralbanken Weisungen, etwa Offenmarktgeschäfte dezentral abzuwickeln. Zusätzlich bereitet das DIREKTORIUM die EZB-Ratssitzungen vor, führt die laufenden Geschäfte der EZB und übt bestimmte, ihm vom EZB-RAT übertragene Befugnisse aus.

Zusätzlich gibt es den **ERWEITERTEN RAT**, dem der Präsident, der Vizepräsident und die Präsidenten aller Zentralbanken der EU angehören. Seine Aufgaben betreffen vorrangig die Koordinierung der Geld- und Währungspolitik mit den EU-Mitgliedstaaten, die noch nicht am Eurosystem teilnehmen.

Wesentliche Voraussetzung einer zielorientierten Geldpolitik bildet die **Unabhängigkeit** der geldpolitischen Entscheidungsträger. Nur eine **autonome Zentralbank** kann unabhängig von politischer Einflussnahme (und damit unabhängig von Lobbyinteressen und durch Wahltermine determinierte Interessen) eine konsequente stabilitätsorientierte Geldpolitik betreiben. Das bedeutet aber auch, dass bis zum Beginn der Währungsunion die rechtlichen Voraussetzungen für die institutionelle, personelle, funktionelle und finanzielle Unabhängigkeit der nationalen Zentralbanken in allen Teilnehmerstaaten geschaffen werden mussten.

Institutionelle Unabhängigkeit bedeutet, dass weder Regierungen noch Parlamente das Recht haben, den Zentralbanken Weisungen zu erteilen, Entscheidungen aufzuheben, aufzuschieben oder zu zensieren. Regierungs- oder Parlamentsvertreter dürfen in keinem Beschlussorgan einer nationalen Zentralbank mit Stimmrecht vertreten sein und dürfen bei geldpolitischen Entscheidungen nicht im Vorhinein konsultiert werden. Eine Amtszeit von acht Jahren für die Zentralbankpräsidenten und die EZB-Direktoren soll die **personelle Unabhängigkeit** garantieren. Im Rahmen der **funktionellen Unabhängigkeit** wird das vorrangige Ziel der Wahrung der Preisstabilität unterstrichen. Die EZB wählt selbst die für geeignet gehaltenen geldpolitischen Instrumente aus. Die Zentralbanken erhalten ihre **finanzielle Unabhängigkeit** dadurch, dass sie in die Lage versetzt wurden, sich selbst mit den Mitteln auszustatten, die sie für eine ordnungsgemäße Erfüllung ihrer Aufgaben benötigen.

Die liegt wechselkurspolitische Kompetenz weitgehend bei dem ECOFIN, dem RAT DER WIRTSCHAFTS- UND FINANZMINISTER der EU-Staaten. Um zu vermeiden, dass wechselkurspolitische Entscheidungen nicht in Widerspruch zum Ziel der Preisstabilität geraten, wurde im VERTRAG VON MAASTRICHT festgelegt, dass der ECOFIN zwar allgemeine Orientierungen der Wechselkurspolitik gegenüber Drittwährungen aufstellen kann, dass diese das Ziel der Preisstabilität aber nicht in Frage stellen dürfen.

Die EZB war am 01.07.2013 mit einem gezeichneten Kapital von ca. 10,8 Mrd. € ausgestattet (**Kapitalausstattung der EZB**). Der Kapitalschlüssel für die einzelnen Mitgliedstaaten wird nach Wirtschaftskraft und Bevölkerungsgröße berechnet. Die zu 100 % eingezahlten Anteile der NZBen des Eurosystems belaufen sich mit ca. 7,5 Mrd. € auf rund 70 %. Die nicht dem Eurosystem angehörenden NZBen haben die übrigen knapp 30 % eingezahlt.

Die DEUTSCHE BUNDESBANK hat 18,7 % eingezahlt und gemeinsam mit den Zentralbanken der drei nächstgrößeren Volkswirtschaften des Euroraums (Frankreich, Italien, Spanien) beträgt der Anteil über 50 %. Die Gewinne (und Verluste) der EZB werden nach dem Schlüssel der Kapitalanteile an die Zentralbanken des Euroraums verteilt.

Die Rolle der nationalen Zentralbanken

Die Durchführung der geldpolitischen Beschlüsse obliegt den nationalen Zentralbanken. Sie sind eigenständige Institutionen und können andere Aufgaben in eigener Verantwortung erfüllen, soweit sie nicht gegen die einheitliche Geldpolitik verstoßen. Folgende Aufgabengebiete lassen sich für die NZBen ableiten:

- Über ihre jeweiligen Präsidenten wirken die NZBen an allen Entscheidungen des EZB-RATS mit.
- Sie sind verantwortlich für die Umsetzung der Leitlinien der einheitlichen Geld-, Devisen- und Zahlungsverkehrspolitik. Ihre Bedeutung z.B. bei der Sicherung von Zahlungsverkehr und Geldversorgung verringert sich nicht. So werden z.B. viele Transaktionen im Rahmen der Offenmarktpolitik dezentral durch die jeweiligen NZBen abgewickelt. Gleiches gilt für die Realisierung der Mindestreservepolitik.
- Die NZBen tragen ein hohes Maß an Verantwortung hinsichtlich der Information der nationalen Öffentlichkeit.

5.2 Bankenaufsicht

Die Bankenaufsicht, deren allgemeine Aufgabe in der Förderung der Stabilität der Kreditinstitute und des Finanzsystems besteht, wurde bisher von nationalen Behörden wahrgenommen. In Deutschland ist die BUNDESANSTALT FÜR FINANZDIENSTLEISTUNGSAUFSICHT (BAFIN) für die hoheitlichen Aufgaben der Bankenaufsicht zuständig und trägt die Verantwortung, während die BUNDESBANK die operative Bankenaufsicht ausführt. Die EZB übernimmt hingegen bislang nur beratende Aufgaben.

Allerdings wurde gerade im Zuge der internationalen Finanz- und anschließenden Euro-Verschuldungskrise der Ruf nach einer **Europäischen Bankenunion** immer lauter. Im März 2013 beschlossen die (zu dieser Zeit noch) 17 Euro-Staaten als ersten Schritt dorthin, im Herbst 2014 einen **Gemeinsamen Bankenaufsichtsmechanismus** zu etablieren, der die bedeutendsten 150 Geschäftsbanken (mit einer Bilanzsumme von mind. 30 Mrd. Euro oder 20 % des BIP eines Landes) im Euroraum beaufsichtigen soll. Darunter befinden sich 25 deutsche Großbanken. Diese Euro-Bankenaufsicht, der sich andere EU-Staaten freiwillig anschließen können, wird bei der EZB angesiedelt. Im Oktober 2013 einigte man sich auf die hierfür erforderlichen Rechtsgrundlagen. Damit könnte spätestens 2015 der eine Schritt hin zu einer Europäischen Bankenunion vollzogen sein. In einem zweiten Schritt soll die Schaffung eines **Gemeinsamen Mechanismus zur Abwicklung von Banken** erfolgen.

In der BUNDESREPUBLIK DEUTSCHLAND wird die Bankenaufsicht durch das GESETZ ÜBER DAS KREDITWESEN (KWG) geregelt, das seine letzte wesentliche Änderung 2007 erfuhr, als die Eigenkapitalvorschriften gemäß **Basel II** (benannt nach dem BASELER AUSSCHUSS FÜR BANKENAUFSICHT – einem Gremium der BANK FÜR INTERNATIONALEN ZAHLUNGSAUSGLEICH) integriert wurden. Die BAFIN hat demnach im Wesentlichen die Zulassung von MFI zu prüfen und laufend zu beaufsichtigen, dass Bankgeschäfte ordnungsgemäß durchgeführt werden und die Sicherheit der den Instituten anvertrauten Vermögenswerte nicht gefährdet wird (Solvenzaufsicht). Vor Zulassung überprüft die BAFIN beispielsweise, ob eine ausreichende Eigenmittelausstattung vorhanden ist und das Institut von fachlich kompetenten und persönlich zuverlässigen Personen geleitet wird. Bei der laufenden Aufsicht steht im Mittelpunkt der Überwachung, dass die Institute eingegangene Risiken mit entsprechenden Eigenmitteln hinterlegt haben. Die Behörde ahndet außerdem unerlaubt betriebene Bankgeschäfte.

Angesichts der nunmehr vorliegenden Bankenaufsichtsvorschriften **BASEL III**, die BASEL II ergänzen sollen und voraussichtlich 2014 in deutsches Recht integriert werden, steht eine weitere wesentliche Novelle des KWG bevor, die auch die Einführung einer Großbankenaufsicht auf europäischer Ebene berücksichtigen wird.

6 Instrumente der Geldpolitik

Zur Erreichung seiner Aufgaben stehen dem Eurosystem die Instrumente der **Offenmarktpolitik**, der **ständigen Fazilitäten** und der **Mindestreservepolitik** zur Verfügung. Bemerkenswert ist, dass sich die EZB diese Instrumente selbst schaffen und aussuchen konnte, während dafür andernorts – wie auch früher in Deutschland – eine gesetzliche Grundlage erforderlich ist.

6.1 Zahlungssysteme

Eine wirksame Geldpolitik im Eurosystem setzte die Umwandlung der nationalen Geldmärkte in einen einheitlichen Geldmarkt voraus. Als eine institutionelle Voraussetzung für das Zusammenwachsen des europäischen Geldmarkts musste ein adäquates **Zahlungsverkehrssystems** aufgebaut werden, das schnelles und risikoloses Transferieren von Zentralbankgeld zwischen Banken (einschl. Zentralbanken) auch über Landesgrenzen hinweg garantiert: Das sogenannte TARGET-SYSTEM (Transeuropäisches Automatisiertes Echtzeit-Brutto-Express-Überweisungssystem). Dabei handelt es sich um ein dezentrales Zahlungssystem, in dem jede Transaktion in Echtzeit – d.h. kontinuierlich – verarbeitet und ausgeglichen wird. TARGET 2, das im November 2007 das alte TARGET ablöste, nutzt eine einheitliche technische Plattform, an der die EZB, die 17 NZB des Euroraums und 6 weitere NZB teilnehmen. Im Jahr 2012 verarbeitete TARGET durchschnittlich ca. 350.000 Zahlungen pro Tag mit einen Wert von knapp 2,5 Mrd. Euro.

Daneben musste ein grenzüberschreitendes System, das die Haltung und Übertragung von Wertpapieren und sonstigen finanziellen Vermögenswerten ermöglicht (**Wertpapierabwicklungssystem**), etabliert werden. Das SECURITIES SETTLEMENT SYSTEM (SSS) stellt sicher, dass bei geldpolitischen Operationen Mindestbedingungen der operationalen Durchführung erfüllt sind und das Zusammenwachsen der Geldmärkte unterstützt wird. Ab 2015 soll eine einheitliche Plattform für die Abwicklung von Wertpapiergeschäften ihre Funktionen aufnehmen, das T2S (TARGET-2-SECURITIES), womit eine weitere Hürde hin zu einem einheitlichen Finanzmarkt übersprungen wäre.

Von TARGET zu unterscheiden ist der einheitliche Euro-Zahlungsverkehrsraum SEPA („single Euro payments area"). Dies ist ein **System für den bargeldlosen Zahlungsverkehr zwischen Nichtbanken** bzw. zwischen Banken und Nichtbanken. Zweck des ab 2014 verbindlichen SEPA-Verfahrens ist es, dem Ziel des Europäischen Binnenmarkts einen weiteren Schritt näher zu kommen, indem nun auch Verbraucher und Unternehmen nicht mehr zwischen nationalen Überweisungen/Lastschriften und denen in andere EU-Länder unterscheiden müssen.

6.2 Zulassung zu den EZB-Geschäften

Die Teilnahme an den geldpolitischen Geschäften des Eurosystems ist nicht jedem MFI möglich, sondern die Geschäftsbanken müssen hierfür bestimmte Kriterien – insbesondere aufsichtsrechtlicher und operationaler Art – erfüllen. So muss es sich um finanziell solide Kreditinstitute handeln, deren Beaufsichtigung durch nationale Behörden gewissen Mindeststandards unterliegt. Von den knapp 7.000 MFI im Euroraum waren etwa **2.500 Kreditinstitute als Geschäftspartner der EZB** zugelassen (2012), wobei die Zahl je nach Art des Geschäftes variiert. Vereinfachend gilt, dass die Institute, die der Mindestreservepflicht unterliegen, auch zu den Geldgeschäften der EZB zugelassen sind.

Für die Überlassung von Liquidität seitens der EZB müssen die Geschäftsbanken **Sicherheiten** hinterlegen. Die hinterlegten Wertpapiere müssen ebenfalls bestimmten Kriterien genügen, die von der EZB vorab festgelegt sind. Die als Sicherheiten zugelassenen Schuldtitel können von Staaten oder Privaten begeben werden, worin sich die EZB etwa von der US FED unterscheidet, die grundsätzlich nur staatlich begebene Sicherheiten akzeptiert. Außerdem akzeptiert die EZB – anders als die US FED – nicht marktfähige Schuldtitel. Schließlich setzt die Eignung als Sicherheit normalerweise ein gewisses **Mindest-Rating** des Titels (A-) und des Schuldners (BBB-) voraus. Ausschlaggebend ist bei der Besicherung der Marktwert der Papiere, von dem die EZB je nach Risiko einen Bewertungsabschlag abziehen kann.

6.3 Die Instrumente im Einzelnen

6.3.1 Offenmarktpolitik

6.3.1.1 Begriff

Unter Offenmarktpolitik versteht man zunächst einmal geldpolitische Operationen, die auf Initiative der Zentralbank mit dem Ziel durchgeführt werden, die Liquidität am Geldmarkt situationsbedingt zu beeinflussen. Während nach enger Definition unter Offenmarktgeschäften ursprünglich der Kauf und Verkauf von Wertpapieren am offenen Markt verstanden wurde, kommt heute eine umfassendere Interpretation zur Anwendung. Neben dem endgültigen (definitiven) **Kauf und Verkauf von Wertpapieren** gehören auch Operationen mit Rückkaufsvereinbarung (**Wertpapierpensionsgeschäfte**) genauso dazu wie **Kredite gegen Sicherheiten**. Unter letzteren sind die Hauptrefinanzierungsgeschäfte und die längerfristigen Refinanzierungsgeschäften die beiden wichtigsten Offenmarktoperationen der EZB. Bei jeder dieser Operationen fließt den Geschäftsbanken frei verfügbares Zentralbankgeld (Liquidität) zu, das sie für ihr Aktivgeschäft (Kreditvergabe, Kauf von Wertpapieren usw.) nutzen können.

Offenmarktgeschäfte spielen in der Geldpolitik des Eurosystems eine wichtige Rolle. Sie dienen der Kontrolle der Liquiditätssituation am Geldmarkt, der Steuerung der Zinssätze und signalisieren den geldpolitischen Kurs. Dabei stehen ihr verschiedene Techniken zur Verfügung, deren wichtigste die befristeten Transaktionen in Form von Pensionsgeschäften oder Pfandkrediten darstellen. Entsprechend Zielstellung, Durchführungsrhythmus und Verfahren werden **vier Gruppen von Offenmarktgeschäften** – Hauptrefinanzierungsgeschäfte (Laufzeit von einer oder zwei Wochen), längerfristige Refinanzierungsgeschäfte, Feinsteuerungsoperationen und strukturelle Operationen – unterschieden. Die Abwicklung kann über Standardtender, Schnelltender oder bilaterale Geschäfte erfolgen.

6.3.1.2 Techniken

Zur Durchführung der Offenmarktgeschäfte stehen dem Eurosystem verschiedene Techniken zur Verfügung.

- **Befristete Transaktionen**: Sie sind die für die Offenmarktpolitik wichtigste Technik des Eurosystems: Refinanzierungsfähige Sicherheiten werden im Rahmen von Rückkaufsvereinbarungen ge- oder verkauft (Pensionsgeschäfte) oder Kreditgeschäfte gegen Verpfändung refinanzierungsfähiger Sicherheiten (Pfandkredite) durchgeführt. Sie können bei allen vier Gruppen von Offenmarktgeschäften eingesetzt werden, vorrangig jedoch bei Hauptrefinanzierungsgeschäften und längerfristigen Refinanzierungsgeschäften. Bei Pensionsgeschäften schließt der Rückkaufspreis die zu zahlenden Zinsen ein. Bei Pfandkrediten werden sie aus dem festgesetzten Zinssatz auf den ausstehenden Kreditbetrag und der Laufzeit des Geschäfts berechnet.

- **Endgültige Käufe bzw. Verkäufe**: Bei endgültigen Offenmarktgeschäften kauft oder verkauft das Eurosystem refinanzierungsfähige Sicherheiten endgültig am Markt. Sie werden üblicherweise nur zur Feinsteuerung und Beeinflussung der strukturellen Liquidität durchgeführt. Die Zielrichtung dieser Geschäfte kann sowohl liquiditätszuführend (endgültige Käufe) als auch liquiditätsabsorbierend (endgültige Verkäufe) sein. Sie finden unregelmäßig statt und werden als bilaterale Geschäfte realisiert. Der Teilnehmerkreis für diese Geschäfte ist nicht begrenzt. Endgültige Käufe kamen erstmals 2009 zum Einsatz.
- **Emission von Schuldverschreibungen**: Die EZB ist berechtigt, Schuldverschreibungen zu emittieren. Damit wird das Ziel verfolgt, Liquidität abzuschöpfen. Die Schuldverschreibungen stellen eine Verbindlichkeit der EZB gegenüber dem Inhaber dar und sind uneingeschränkt übertragbar. Die Schuldverschreibungen werden in abgezinster Form emittiert. Sie können regelmäßig oder unregelmäßig emittiert werden und haben eine Laufzeit von weniger als zwölf Monaten. Schuldverschreibungen werden über Standardtender dezentral über die nationalen Zentralbanken abgewickelt. Alle zugelassenen Geschäftspartner können Tendergebote abgeben.
- **Devisenswapgeschäfte**: Bei geldpolitisch begründeten Devisenswapgeschäften handelt es sich um gleichzeitig durchgeführte Kassa- und Termingeschäfte in Euro gegen Fremdwährung. Das Eurosystem kauft (verkauft) Euro per Kasse gegen eine Fremdwährung, die sie gleichzeitig per Termin zu einem festgelegten Datum verkauft (bzw. kauft). Dabei wird ein Zinssatz (Swapsatz) in Rechnung gestellt. Der Swapsatz entspricht der Differenz zwischen Termin- und Kassakurs. Diese Art von Devisenswapgeschäften dient der **Feinsteuerung**. Devisenswapgeschäfte, die unregelmäßig stattfinden, können liquiditätszuführend oder liquiditätsabsorbierend durchgeführt werden. Ihre Laufzeit ist nicht standardisiert. Geldpolitisch begründete Devisenswapgeschäfte werden über Schnelltender oder bilaterale Geschäfte dezentral über die nationalen Zentralbanken abgewickelt In Ausnahmefällen können sie von der EZB selbst durchgeführt werden.
- **Hereinnahme von Termineinlagen**: Das Eurosystem kann den Geschäftspartnern die Hereinnahme verzinslicher Termineinlagen bei der entsprechenden nationalen Zentralbank mit dem Ziel der Liquiditätsabschöpfung anbieten. Diese Einlagen haben einen festen Zinssatz und eine feste Laufzeit. Die Zinsen werden bei Fälligkeit gezahlt. Die Hereinnahme von Termineinlagen erfolgt unregelmäßig, ihre Laufzeit ist nicht standardisiert. Das Geschäft wird i.d.R. über Schnelltender abgewickelt (bilaterale Geschäfte sind allerdings nicht ausgeschlossen). Der Teilnehmerkreis kann begrenzt werden.

6.3.1.3 Verfahren

Normalerweise werden die Offenmarktgeschäfte des Eurosystems im **Tenderverfahren**, einer Art Versteigerung, durchgeführt. Dabei wird zwischen zwei grundsätzlichen Arten unterschieden:

Standardtender sind dadurch gekennzeichnet, dass zwischen der Ankündigung des Tenders bis zur Bestätigung der Zuteilung 24 Stunden liegen. Die Hauptrefinanzierungsoperationen (Haupttender), die längerfristigen Refinanzierungsgeschäfte (Basistender) und die strukturellen Operationen (außer endgültige Käufe bzw. Verkäufe) werden generell über Standardtender durchgeführt. Alle Geschäftspartner, die die allgemeinen Zulassungskriterien erfüllen, können teilnehmen. **Schnelltender** werden hingegen innerhalb einer Stunde durchgeführt. Allerdings kann die EZB den zeitlichen Rahmen anpassen, wenn es geboten erscheint. Schnelltender werden nur zur Durchführung von Feinsteuerungsoperationen verwendet. Das Eurosystem kann die Anzahl der Teilnehmer an diesem Verfahren begrenzen.

Die Zuteilung erfolgt entweder über einen **Mengentender**, d.h. eine **beschränkte oder unbeschränkte Menge an Liquidität** wird von der Zentralbank zu einem im Voraus bekannten festen Zinssatz vergeben. Oder die Zuteilung erfolgt durch einen **Zinstender**. Dabei gibt die Zentralbank i.d.R. einen Mindestzinssatz vor, zu dem sie eine **beschränkte Menge an Liquidität** offeriert, und es kommen die Geschäftsbanken zum Zuge, die die höchsten Zinssätze bieten. Dabei müssen alle zum Zuge kommenden Geschäftsbanken jeweils den Zinssatz zahlen, den sie geboten haben (**„Amerikanisches Verfahren“**). Es ist aber auch denkbar, dass zum Zwecke der Gleichbehandlung alle den marginalen Zinssatz zahlen müssen („**Holländisches Verfahren**“). Der **marginale Zinssatz** ist der Zinssatz, den die Geschäftsbank mit dem niedrigsten Angebot geboten hat, die noch zum Zuge gekommen ist.

▶ **Beispiel**

- **Beschränkter Mengentender.** Die Zentralbank ist bereit, 100 Mrd. Euro an Liquidität für 2 Wochen bereitzustellen. Im Gegenzug verlangt sie Sicherheiten und eine Verzinsung von 2 % p.a. (Festzins). Vier Banken (A-D) geben Gebote ab (s. Tabelle 5.4). Da sich die gesamten Liquiditätswünsche auf das Doppelte des vorgesehenen Betrags summieren, erhält jede Bank die Hälfte des Gewünschten. Dieses Verfahren wendete die EZB bis Mitte 2000 bei den HRF an. (Die EZB kann abweichend von der beschriebenen Zuteilung auch jedem Bieter einen Mindestbetrag zuteilen.)
- **Unbeschränkter Mengentender.** Die Zentralbank verleiht Liquidität in unbegrenzter Höhe zu den vorgegeben Konditionen (Sicherheiten, Festzins). Dieses Verfahren wendet die EZB in „normalen“ Zeiten zwar nicht an, aber im Zuge der Finanzkrise ging sie im Herbst 2008 zu diesem auch als **unbeschränktem Festsatztender** bezeichneten Verfahren über und senkte den Leitzins (Festzins) im Laufe der anschließenden Jahre von zunächst 3,75 auf 0,5 % p.a. (Stand: Sept. 2013), um die MFI zur Schöpfung von möglichst viel Geld zu animieren.

- **Zinstender.** Die Zentralbank offeriert 100 Mrd. Euro an Liquidität und lädt die zugelassenen MFI zu Geboten ein. Außer Sicherheiten kann die Zentralbank einen Mindestbietungssatz festlegen, was die EZB auch stets getan hat. In der Folge nennen die Teilnehmer Beträge und Zinssätze, zu denen sie Geschäfte mit der Zentralbank abschließen wollen (s. Tabelle 5.4). Bei den liquiditätszuführenden HRF wird in absteigender Reihenfolge der Zinsgebote – beginnend mit dem höchsten – zugeteilt. Wenn beim marginalen Zinssatz (d.h. dem niedrigsten akzeptierten Zinssatz) der Gesamtbetrag dieser Gebote über dem verbleibenden Zuteilungsvolumen liegt, wird dieses Restvolumen anteilig zugeteilt. Der jeweils zu zahlende Zins ist der gebotene Zinssatz. Der Zinstender nach dem amerikanischen Verfahren gilt seit Mitte 2000 als die übliche Methode bei den HRF der EZB, wurde jedoch – wie oben dargelegt – im Herbst 2008 „vorübergehend" durch den unbeschränkten Mengentender abgelöst.

Beschränkter Mengentender (Festsatztender) **Volumen: 100 Mrd. €**	**Festzins: 2 %**			
MFI	**Angefragter Betrag**	**Zugeteilter Betrag**	**Zu zahlender Zins**	
A	70 Mrd.	35 Mrd.	2 %	
B	40 Mrd.	20 Mrd.	2 %	
C	70 Mrd.	35 Mrd.	2 %	
D	20 Mrd.	10 Mrd.	2 %	
Summe	200 Mrd.	100 Mrd.	2 %	
Zinstender **Volumen: 100 Mrd. €**	**Mindestbietungssatz: 2 %**			
MFI	**Angefragter Betrag und Zinsangebot**	**Zugeteilter Betrag**	**Zu zahlender Zins** **Amerik.**	**Holländ.**
A	70 Mrd., 2,03 %	70 Mrd.	2,03 %	2,02 %
B	40 Mrd., 2,02 %	20 Mrd.	2,02 %	2,02 %
C	60 Mrd., 2,01 %	0	0	0
D	20 Mrd., 2,02 %	10 Mrd.	2,02 %	2,02 %

Tab. 5.4: Arten der Tenderverfahren

Die Vorteile des beschränkten Mengentenders sind die relativ einfache Handhabung, die **Gleichbehandlung der MFI** und dass alle Bieter zum Zuge kommen. Der große

Nachteil ist die extrem hohe Anfälligkeit für **strategisches Bieterverhalten**, denn in Erwartung eines überzeichneten Liquiditätsvolumens werden die MFI mehr Liquidität beantragen, als sie zugeteilt bekommen möchten. Daraus resultiert zum einen die Gefahr, dass die Bieter sich irren und mehr Liquidität erhalten, als sie effizient verwenden können. Zum anderen geht die Informationsfunktion des Tenders verloren, da die Zentralbank aus der Summe der Gebote kaum noch auf die genaue Höhe der Liquiditätsnachfrage der teilnehmenden MFI schließen kann.

Der Zinstender nach dem amerikanischen Verfahren hat den Vorteil, strategisches Verhalten weitestgehend auszuschließen (von unerlaubten Absprachen der Bieter abgesehen). Allerdings werden die Geschäftsbanken unterschiedlich behandelt, da sie vor allem unterschiedliche Zinsen leisten müssen. Diese unterschiedliche Behandlung gleichartiger privater Unternehmen durch den Staat kollidiert mit marktwirtschaftlichen Grundsätzen. Dies wird von der EZB indes in Kauf genommen, da das holländische Verfahren zwar eine wesentlich geringere Ungleichbehandlung hervorruft, aber zu strategischem Verhalten in Form zu hoher Zinsgebote in Erwartung eines niedrigeren marginalen Zinssatzes einlädt. Das birgt die Gefahr, dass manche zum Zuge gekommene Bieter einen für sie unerwartet hohen Zinssatz zahlen müssten, den sie im Grunde nicht erwirtschaften können.

Neben dem Tenderverfahren stehen dem Eurosystem auch die **bilateralen Geschäfte** zur Verfügung. Es handelt sich um Verfahren, bei denen das Eurosystem ein Geschäft mit einem oder mehreren Partnern abschließt, ohne Tender einzusetzen. Die nationalen Zentralbanken können sie zur Feinsteuerung und für strukturelle Operationen mittels endgültiger Käufe bzw. Verkäufe einsetzen. Dabei wird zwischen zwei Arten unterschieden: Geschäfte, bei denen die Teilnehmer direkt angesprochen werden und solchen, die über Börsen und Marktvermittler durchgeführt werden.

6.3.1.4 Offenmarktgeschäfte der EZB

Die EZB bedient sich vier verschiedener Formen von Offenmarktgeschäften:

- **Hauptrefinanzierungsgeschäfte (HRF)** sind die wichtigsten Offenmarktgeschäfte des Eurosystems. Über sie wird dem Finanzsektor der größte Teil des Refinanzierungsvolumens zur Verfügung gestellt. Hauptrefinanzierungsgeschäfte sind liquiditätszuführende Geschäfte (befristete Transaktionen), die regelmäßig jede Woche über Standardtender nach dem im Voraus bekannt gegebenen Tenderkalender durchgeführt werden. Sie weisen eine Laufzeit von einer Woche auf und werden dezentral von den nationalen Zentralbanken durchgeführt. Alle Kreditinstitute, die die allgemeinen Zulassungskriterien erfüllen, können Gebote abgeben.
- **Längerfristige Refinanzierungsgeschäfte (LRG)** dienen dazu, dem Finanzsektor zusätzliche längerfristige Refinanzierungsmittel zur Verfügung zu stellen. Sie machen i.d.R. nur einen begrenzten Teil des gesamten Refinanzierungsvolumens aus. Mit diesen gleichfalls befristeten Geschäften verfolgt das Eurosystem in „normalen" Zeiten nicht die Absicht, geldpolitische Signale zu setzen und tritt damit als Preisnehmer auf. Entsprechend werden längerfristige Refinanzierungsgeschäfte i.d.R. über Zinstender angeboten. Diese ebenfalls liquiditätszuführenden Geschäfte werden üblicherweise monatlich durchgeführt und haben eine Laufzeit von 3 Monaten. Die Realisierung erfolgt dezentral durch die NZBen. Alle zugelassenen Kreditinsti-

tute können Gebote einreichen. Im Zuge der Finanz- und Eurokrise ist die EZB allerdings auch bei den LRG zu Mengentendern übergegangen und hat mehrfach LRG mit Laufzeiten von mehr als 3 Monaten aufgelegt, im Dezember 2012 sogar einen 3-Jahres-Tender über 500 Mrd. Euro.

- **Feinsteuerungsoperationen** werden vom Eurosystem fallweise zur Steuerung von Marktliquidität und Zinssätzen genutzt, insbesondere, um die Auswirkungen unerwarteter Liquiditätsschwankungen auf die Zinssätze auszugleichen. Das erfordert ein hohes Maß an Flexibilität. Die Feinsteuerung erfolgt überwiegend über befristete Transaktionen, jedoch auch in Form von endgültigen Käufen bzw. Verkäufen, Devisenswapgeschäften und Hereinnahme von Termineinlagen. Feinsteuerungsoperationen finden unregelmäßig statt, ihre Laufzeit ist nicht standardisiert. 2007 führte die EZB zwischen August und Anfang September 5 Feinsteuerungsoperationen mit eintägiger Laufzeit durch. Im Gegensatz zu den HRF und LRG können Feinsteuerungsoperationen auch liquiditätsabsorbierend ausgerichtet sein. In diesem Fall werden sie als bilaterale Geschäfte durchgeführt. Liquiditätszuführende Transaktionen werden i.d.R. über Schnelltender realisiert. Üblicherweise werden Feinsteuerungsoperationen dezentral – in Ausnahmefällen durch die EZB selbst – durchgeführt. Der Teilnehmerkreis an diesen Geschäften kann begrenzt werden.

Quelle: EZB, 2013c.

Abb. 5.9: Entwicklung des bereitgestellten Volumens via HRF und LRG (2005–08/2013)

- **Strukturelle Operationen** werden über die Emission von Schuldverschreibungen, befristete Transaktionen und endgültige Käufe bzw. Verkäufe realisiert. Sie werden genutzt, wenn die EZB die strukturellen Liquiditätspositionen des Finanzsektors gegenüber dem Eurosystem anpassen will. Strukturelle Operationen in Form von befristeten Transaktionen oder über Emission von Schuldtiteln werden über Standardtender durchgeführt. Über bilaterale Geschäfte laufen Operationen mittels endgültiger Käufe bzw. Verkäufe. Strukturelle Operationen können regelmäßig oder unregelmäßig stattfinden und werden dezentral durchgeführt. Ihre Laufzeit ist nicht standardisiert. Alle zugelassenen Geschäftspartner können Gebote abgeben.

6.3.2 Das Instrument der ständigen Fazilitäten

Die ständigen Fazilitäten dienen dazu, **Übernachtliquidität** bereitzustellen (Spitzenrefinanzierungsfazilität) oder abzuziehen (Einlagefazilität). Sie setzen Signale hinsichtlich des allgemeinen Kurses der Geldpolitik und stecken die Grenzen der Geldmarktsätze für Tagesgelder ab. Die ständigen Fazilitäten werden dezentral von den nationalen Zentralbanken verwaltet.

Die **Spitzenrefinanzierungsfazilität** dient der Deckung eines vorübergehenden Liquiditätsbedarfs. Sie kann von allen Geschäftspartnern, die die allgemeinen Zulassungskriterien erfüllen, in Anspruch genommen werden, um sich von den NZB Übernachtliquidität zu einem vorgegebenen Zinssatz gegen refinanzierungsfähige Sicherheiten zu beschaffen. Im Mai 2013 wurde er auf den bislang niedrigsten Wert von 1,0 % gesetzt (Stand: Sept. 2013). Keine Geschäftsbank wird auf dem Geldmarkt Liquidität aufnehmen, wenn der Geldmarktzins über dem Satz der Spitzenrefinanzierungsfazilität liegt. Der Spitzenrefinanzierungssatz wirkt somit als **Zinsobergrenze** auf dem Markt für Tagesgeld. Im Rahmen der Spitzenrefinanzierungsfazilität kann Liquidität entweder in Form von Übernacht-Pensionsgeschäften oder als Übernacht-Pfandkredite bereitgestellt werden. Die Laufzeit beträgt einen Geschäftstag. Der Zinssatz wird im Voraus bekannt gegeben. Der Zugang zur Spitzenrefinanzierungsfazilität wird nur in Übereinstimmung mit den allgemeinen geldpolitischen Absichten der EZB gewährt.

Bei der **Einlagefazilität** können die zugelassenen Geschäftspartner Übernachtliquidität bei den NZB anlegen. Die Einlagen werden zu einem festgesetzten Zinssatz verzinst. Er beträgt seit Mai 2013 null Prozent (Stand Sept. 2013), um MFI noch stärker zur Kreditvergabe an Nichtbanken zu motivieren. Zuvor lag der Einlagensatz bei 0,25 %. Bevor eine Geschäftsbank zu einem niedrigeren Zins ihre überschüssigen Gelder am Geldmarkt anlegt, wird sie diese dem Eurosystem überweisen und dafür den entsprechenden Zinssatz der Einlagefazilität erhalten. Somit wirkt der Einlagensatz als **Zinsuntergrenze** für Tagesgeld. Die Einlagen sind bis zum nächsten Geschäftstag befristet. Auch der Zugang zur Einlagefazilität wird nur gemäß den Zielen der EZB gewährt.

Über die Festsetzung der Zinssätze für die ständigen Fazilitäten kann die EZB den Geldmarktzinssatz relativ genau steuern. Sie bilden den sogenannten **Zinskanal für Tagesgeld**, dessen Ober- und Untergrenze der Tagesgeldsatz nicht verlassen kann. Auch der Zinssatz für die Hauptrefinanzierungsgeschäfte liegt innerhalb dieses Zinskanals. Bisherige Erfahrungen zeigen, dass sich der Tagesgeldsatz sehr eng dem Zinssatz für die Hauptrefinanzierungsgeschäfte anpasst. Als Zusatznutzen erhält die EZB damit laufende Informationen über die Liquiditätsausstattung der Geschäftsbanken.

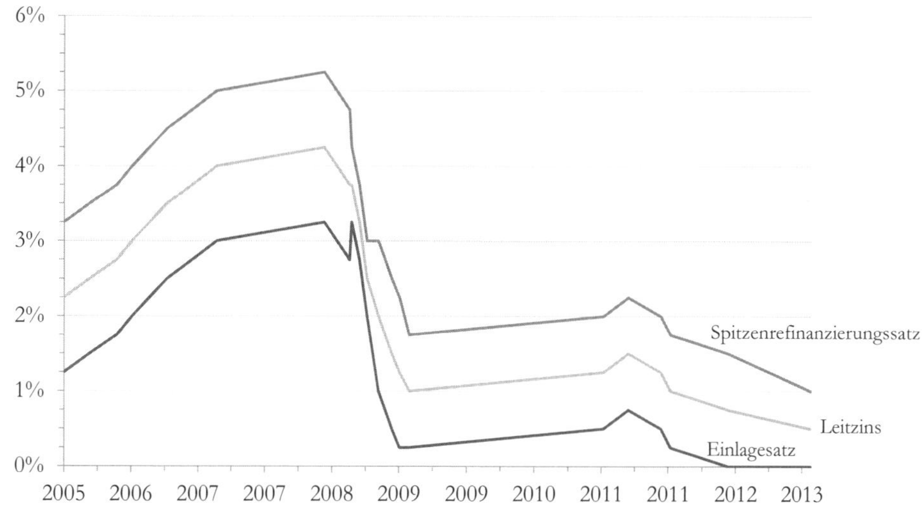

Quelle: EZB, 2013e.

Abb. 5.10: Entwicklung des Leitzinses (HRF-Festzins bzw. Mindestbietungszins), Einlagesatzes und Spitzenrefinanzierungssatzes, 2005–08/2013

6.3.3 Die Mindestreservepolitik

Generell verpflichtet die Mindestreserve die Geschäftsbanken, für bestimmte Verbindlichkeiten in Höhe eines bestimmten Prozentsatzes (**Mindestreservesatz**) Guthaben bei der Zentralbank zu halten. Während sie ursprünglich dem Schutz der Kunden gegenüber den Geschäftsbanken (Liquiditätssicherung) diente, unterstützt die Mindestreserve heute v.a. die Geldmengensteuerung. Im Mittelpunkt steht dabei die Veränderung des Mindestreservesatzes. Durch seine Erhöhung vermindert sich das Geldschöpfungspotenzial der Geschäftsbanken und umgekehrt.

Die EZB verlangt satzungsgemäß (Artikel 19.1) von den Kreditinstituten, dass sie im Rahmen der Mindestreservevorschriften des Eurosystems Mindestreserven auf Konten bei den nationalen Zentralbanken unterhalten. Kreditinstitute können bei der zuständigen NZB beantragen, ihre Mindestreserven indirekt durch einen Mittler zu unterhalten. Diese Möglichkeit ist i.d.R. auf Institute beschränkt, die bereits einen Teil ihrer Geschäftsabwicklung (z.B. das Finanzmanagement) regelmäßig von einem Mittler durchführen lassen. So können beispielsweise Sparkassen und Genossenschaftsbanken ihre Reservehaltung zentralisieren. Der Mindestreservepflicht unterliegen die in den Teilnehmerländern des Eurosystems niedergelassenen Kreditinstitute. Das gilt auch für Zweigstellen von Banken im Euro-Währungsraum, die ihren eingetragenen Sitz außerhalb dieses Raumes haben. Die Reservepflicht gilt jedoch nicht für die Zweigstellen, die im Euro-Währungsraum niedergelassenen Kreditinstitute außerhalb dieses Währungsraumes unterhalten. Die EZB führt Verzeichnisse der Geschäftsbanken, die den Mindestreservevorschriften des Eurosystems unterliegen bzw. davon ausgenommen sind.

Die Höhe der Reservepflicht des einzelnen Kreditinstituts richtet sich nach seiner **Mindestreservebasis.** Sie besteht aus Einlagen und Schuldverschreibungen mit einer

Laufzeit von bis zu zwei Jahren sowie Verbindlichkeiten mit einer Laufzeit über zwei Jahren. Sie wird auf der Grundlage der Meldungen der MFI an die nationalen Zentralbanken berechnet, die im Rahmen der Geld- und Bankenstatistiken der EZB anfallen. Für Verbindlichkeiten gegenüber Instituten, die selbst den Mindestreservevorschriften des Eurosystems unterliegen, gilt die Mindestreservepflicht nicht. Gleiches gilt für Verbindlichkeiten gegenüber Zentralbanken. Die EZB schreibt einen **einheitlichen Mindestreservesatz** vor, der für die meisten in die Mindestreservebasis einbezogenen Verbindlichkeiten größer als null ist (**positiver Reservesatz**). Das betrifft täglich fällige Einlagen, Einlagen mit einer Laufzeit von bis zu zwei Jahren, Einlagen mit vereinbarter Kündigungsfrist von bis zu zwei Jahren, Schuldverschreibungen mit vereinbarter Laufzeit von bis zu zwei Jahren sowie Geldmarktpapiere. Der **Mindestreservesatz** betrug bis Ende 2011 unverändert 2 %. Im Zuge der Euro-Verschuldungskrise wurde er im Dezember 2011 erstmalig gesenkt und beträgt seitdem 1 % (Stand: Sept. 2013). Andere Positionen (Einlagen und Schuldverschreibungen mit vereinbarter Laufzeit von über zwei Jahren, Einlagen mit vereinbarter Kündigungsfrist von über zwei Jahren sowie Repogeschäfte) werden seit Bestehen der EZB mit einem Reservesatz von 0 % belegt.

Die EZB kann die Reservesätze zwar jederzeit ändern, hat dies aber wie beschrieben bisher nur einmal getan. Das impliziert, dass die EZB keine Geldmengensteuerung via Mindestreserven betreibt. Die bisher einzige Änderung ist weniger eine Abkehr von dieser Politik, sondern wohl eher als ein Signal des damals neu angetretenen EZB-Präsidenten aufzufassen, dass er willens ist, den Euroraum in Zeiten der Krise mit möglichst viel Geld zu versorgen.

Das Mindestreservesystem des Eurosystems gestattet den Banken ausdrücklich die **Durchschnittserfüllung der Mindestreserve**. Das bedeutet, dass sich die Erfüllung der Mindestreservepflicht unter Zugrundelegung der durchschnittlichen Tagesendguthaben auf den Reservekonten der Geschäftsbanken innerhalb einer einmonatigen Mindestreserve-Erfüllungsperiode bemisst. Damit wird eine **Stabilisierung der Geldmarktsätze** bezweckt. Infolge der Durchschnittserfüllung werden die Banken stimuliert, die Auswirkungen von zeitweiligen Liquiditätsschwankungen abzufedern. So muss beispielsweise ein kurzfristiger Liquiditätsengpass nicht zwangsläufig durch Operationen am Geldmarkt beseitigt werden. Die Geldmarktzinsen bleiben auf diese Weise von durch Vorgänge des Zahlungsverkehrs verursachten Transaktionen unberührt.

Weiterhin bindet die Mindestreservepflicht die Kreditinstitute an die EZB, da sie eine unendliche Geldschöpfung durch die Geschäftsbanken unterbindet und diese zur Refinanzierung zwingt. Andernfalls wäre es ungleich schwieriger, die Geldschöpfung über geldpolitische Instrumente des Eurosystems zu beeinflussen.

Die Mindestreserveguthaben der Kreditinstitute beim Eurosystem werden zum **durchschnittlichen marginalen Zinssatz** für die Hauptrefinanzierungsgeschäfte über die Mindestreserve-Erfüllungsperiode verzinst. Damit sollen sowohl die aus der Mindestreservepflicht erwachsenen Belastungen der Kreditinstitute vermindert als auch eine weitgehende Wettbewerbsgleichheit gegenüber Märkten außerhalb des Euro-Währungsraums erreicht werden. Guthaben, die die erforderliche Mindestreserve übersteigen, bleiben unverzinst. Erfüllt eine Geschäftsbank die Mindestreservepflicht ganz oder teilweise nicht, kann die EZB Sanktionen in Form von Geldbußen verhängen.

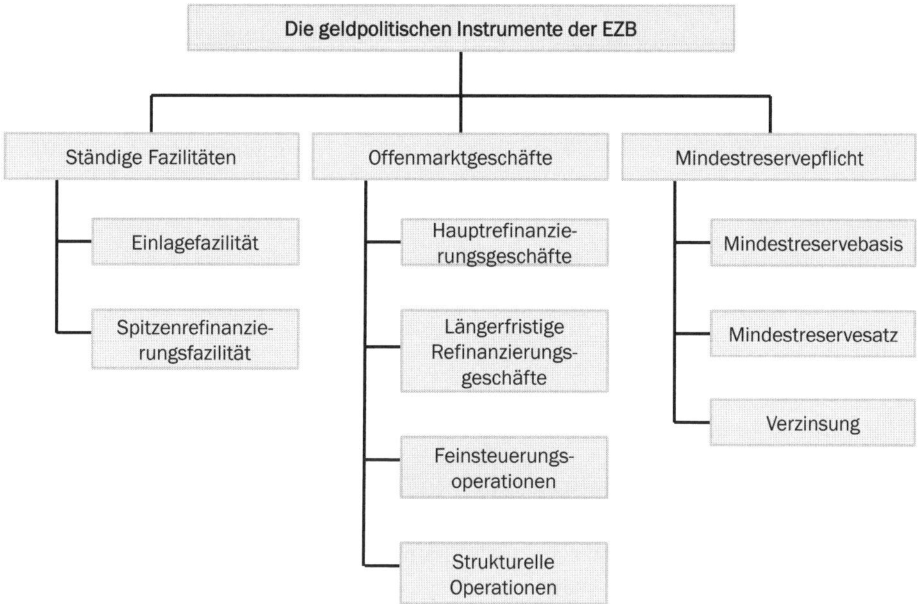

Abb. 5.11: Die geldpolitischen Instrumente der EZB

7 Probleme und Grenzen

Für die Stabilität des Geldwerts ist die Akzeptanz der Geldpolitik durch die Wirtschaftssubjekte von entscheidender Bedeutung. Die Geldpolitik kann nur erfolgreich sein, wenn sie auf Vertrauen stößt. Ohne diese Grundlage werden die beabsichtigten Wirkungen der Geldpolitik schwerlich eintreten. Wesentliche Voraussetzung für die erforderliche **Glaubwürdigkeit** der Zentralbank dürften dabei die Stellung der geldpolitischen Entscheidungsträger, transparente und nachvollziehbare Entscheidungen sowie die Effektivität des Instrumentariums bilden.

Nicht zuletzt die **Unabhängigkeit** der EZB, ihre Festlegung auf ein dominantes **Oberziel** (Preisstabilität), für das sie eine **präzise Definition** hat und vor allem die alles in allem sehr gute Performance hinsichtlich der Zielerreichung während des ersten Jahrzehnts der EWWU haben dazu geführt, dass die EZB lange Zeit als höchst glaubwürdig, effektiv und vertrauensvoll galt. Der erste EZB-Präsident (1998–2003) – der Niederländer WIM DUISENBERG (1935–2005) – hat seinen Teil dazu beigetragen ebenso wie für mehrere Jahre auch sein Nachfolger (2003–2011) – der Franzose JEAN-CLAUDE TRICHET (*1942).

7.1 Herausforderungen durch die Eurokrise

An dem Vertrauen in die EZB änderte sich mit dem Ausbruch der Finanzkrise (2007) und ihrem Überschwappen auf Europa zunächst wenig. Die EZB reagierte entschlossen, versorgte den Euro-Bankensektor ab 2007 zusätzlich mit US-Dollar, senkte den Leitzins und führte 2008 **unbeschränkte einwöchige Mengentender** als HRF ein. Damit versuchte sie mit einigem Erfolg, den zusammenbrechenden **Interbankenhandel** zu kompensieren, damit die Kreditvergabe an den realwirtschaftlichen Sektor nicht vollends einbrach.

Als die Eurozone in die **Verschuldungskrise** – trotz stabilen Außenwerts auch **„Eurokrise"** genannt – rutschte, schöpfte die EZB ihr flexibles Set an Instrumenten voll aus: Sie stufte die **Bonitätsanforderungen** an refinanzierungsfähige Sicherheiten herab und zwar insbesondere irische, griechische und portugiesische Staatanleihen betreffend, senkte Ende 2011 unter ihrem dritten Präsidenten MARIO DRAGHI (*1947) erstmals den **Mindestreservesatz** und legte ab 2012 mehrere **3-Jahres-Tender** auf.

Vor allem aber machte sie das erste Mal von der Möglichkeit der **endgültigen Käufe** Gebrauch und kaufte 2009 und 2011 ungedeckte Schuldverschreibungen (Pfandbriefe u.ä.), womit sie erstmals versuchte, die Kurse und Zinsen an den Wertpapiermärkten unmittelbar zu beeinflussen. Im Frühjahr 2010 legte sie ein in der Höhe beschränktes **Programm für die Wertpapiermärkte** auf (**Securities Market Programme – SMP**), d.h. sie kaufte private und staatliche Anleihen am Sekundärmarkt. Dies diente nicht der Versorgung der Märkte mit Liquidität, da diese direkt wieder durch kontraktive Maßnahmen vom Markt genommen („sterilisiert") wurde. Zweck des SMP war es, die Kurse der Staatsanleihen von Krisenländern nach oben zu revidieren und somit deren Kreditzinsen zu drücken. Im Zuge des SMP, das im Herbst 2012 endete, kaufte die EZB Anleihen im Wert von über 200 Mrd. Euro. Anschließend kündigte sie an, zukünftig **Outright Monetary Transactions (OMT)** in potenziell unbegrenzter Höhe durchzuführen, soweit sie dies für notwendig erachtet. Dahinter verbergen sich sterilisierte Sekundärmarktkäufe von Anleihen von Staaten, die den Auflagen und der Kontrolle der Euro-Rettungsfonds unterliegen. Damit versucht die EZB die Funktionsfähigkeit der Rettungsfonds zur Beruhigung der Finanzmärkte zu stützen, da die EZB anders als die Fonds grundsätzlich die Mittel schaffen könnte, um den Zusammenbruch der Anleihemärkte selbst bei so großen Gläubigerstaaten wie Italien und Spanien zu verhindern. Bis dato genügte jedoch die Ankündigung der OMT, um die Finanzmärkte zu stabilisieren, ohne dass die EZB das Instrument anwendete (Stand: Sept. 2013).

Die EZB wird für den tatsächlichen und potenziellen Kauf von Staatsanleihen heftig kritisiert. In Deutschland wird dieser Kurs besonders kontrovers diskutiert. Mit jeweils einem ehemaligen deutschen EZB-DIREKTOR und BUNDESBANKPRÄSIDENTEN sind die zwei deutschen Mitglieder des EZB-RATES 2011 aus Protest zurückgetreten, und die einzige Gegenstimme im EZB-RAT gegen das OMT stammt vom deutschen BUNDESBANKPRÄSIDENTEN (JENS WEIDMANN, *1968). Außerdem wurde 2013 gegen den OMT Verfassungsbeschwerde in Karlsruhe eingelegt, um die Beteiligung der BUNDESBANK an solchen Geschäften zu verhindern. Schließlich haben rund 140 deutschsprachige Ökonomen im gleichen Jahr einen offenen Appell gegen den OMT veröffentlicht, auf den wiederum ein Gegenappell folgte, der von ca. 240 Volkswirten von Universitäten und Banken aus aller Welt unterzeichnet wurde, darunter ca. 60 deutsche Ökonomen (Stand: Sept. 2013). Zwei zentrale **Argumentationsmuster** lauten:

- Laut **Art. 123 AEUV** ist die Staatenfinanzierung durch die EZB untersagt. Die EZB und Befürworter argumentieren dagegen, dass nur der unmittelbare Erwerb von Staatsanleihen durch die Zentralbank verboten sei, nicht aber der Erwerb von Banken und anderen Investoren (Kauf am Sekundärmarkt). Bei Sekundärmarktgeschäften könne von einer Finanzierung von Staaten nicht die Rede sein, vielmehr verhindere die EZB damit den Zerfall der EWWU, welche zu hoher Inflation in einigen und zu Deflation in anderen Staaten führen würde. Somit wären SMP und OMT durch das Mandat der EZB – Preisstabilität zu wahren – abgedeckt.
- Dadurch, dass die EZB mit ihrem potenziell unendlich hohen Geldbestand die Anleihen hochverschuldeter Staaten kauft, verleitet sie die Staaten dazu, sich auch und gerade zukünftig hoch zu verschulden, da sie die Gewissheit hätten, dass die EZB sie im Falle des Falles vor dem Bankrott retten würde (**monetäres Bail-out**). Damit würde der ausufernden **monetären Staatsfinanzierung** der Weg geebnet mit den bekannten schädlichen Folgen für **Preisniveaustabilität**, **Zentralbankunabhängigkeit** und **Glaubwürdigkeit** der europäischen Geldpolitik. Dieses Argument ist nicht von der Hand zu weisen, indes spiegelt es das übliche Dilemma wider, dass eine supranationale Institution keine unmittelbare **Durchgriffsmöglichkeit** auf die **Fiskalpolitik** souveräner Staaten hat. Anders als etwa ein Bundesland, das bankrotten Kommunen zwar finanziell unter die Arme greift, aber zugleich die Entscheidungshoheit über deren Haushaltspolitik an sich ziehen darf, kann dies die EZB ebenso wenig wie z.B. der INTERNATIONALE WÄHRUNGSFONDS (IWF). Folglich argumentieren die Befürworter der EZB-Staatsanleihegeschäfte, dass die EZB nicht dafür verantwortlich gemacht werden könne, dass der STABILITÄTS- UND WACHSTUMSPAKT versagt habe bzw. die EU-Staaten es versäumt hätten, die Einheitswährung durch eine **Fiskalunion** (vgl. Kap. 4, Abschnitt 6.6) zu untermauern.

Zum derzeitigen Zeitpunkt (Herbst 2013) ist noch nicht abzusehen, ob das Vertrauen in die Geldpolitik der EZB im Zuge der Eurokrise bestehen bleibt oder erheblich beschädigt wird. Dies dürfte primär davon abhängen, inwieweit es gelingen wird, den Euroraum zu erhalten und zu stabilisieren, die realwirtschaftlichen Folgen der Krise zu meistern, den Finanzsektor zu stabilisieren und effektiv zu beaufsichtigen, inflationäre Tendenzen zu verhindern und nicht zuletzt, von welchen geldtheoretischen und -politischen Anschauungen die Marktakteure geleitet sind.

7.2 Sonstige Probleme und Herausforderungen

Die praktisch ausschließliche Orientierung der EZB am gesamtwirtschaftlichen Ziel der Preisstabilität setzt eine Trennung wirtschaftspolitischer Kompetenzen voraus, wobei nicht sichergestellt ist, dass die Abstimmung zwischen der EZB und nationalen Regierungen – bei unterschiedlicher Bewertung von Einzelzielen im gesamtwirtschaftlichen Zielbündel – reibungslos funktioniert.

In den Teilnehmerstaaten des Eurosystems lässt sich seit längerem ein bemerkenswerter **Fusions- und Konzentrationsprozess im Bankensektor** beobachten. Damit werden **sekundäre Geldkreisläufe** geschaffen, da nun z.B. ein Teil des bargeldlosen Zahlungsverkehrs im „gleichem Haus“ abgewickelt wird, wodurch eine geldpolitische

Steuerung erschwert werden kann. Diese Problematik könnte durch eine verstärkte Verbreitung von **elektronischem Geld** verstärkt werden.

Ein weiteres Problem resultiert aus der Wirksamkeit der geldpolitischen Maßnahmen. Geldpolitik ist zwar ein wesentlicher Bestandteil der allgemeinen Wirtschaftspolitik, kann jedoch allein eine stabile makroökonomische Entwicklung nicht sicherstellen. Der **Übertragungsmechanismus** (Transmissionsmechanismus) geldpolitischer Impulse auf den realwirtschaftlichen Bereich kann blockiert sein. Das bedeutet aber, dass eine geldpolitische Maßnahme in Bezug auf die gesamtwirtschaftlichen Ziele letztlich wirkungslos sein kann. Noch problematischer erscheint es, wenn geldpolitische Maßnahmen aufgrund **zeitlicher Verzögerungen** kontraproduktiv wirken. Schätzungen gehen von **time lags** von 3–20 Monaten aus.

Die einheitliche Geldpolitik im Euro-Währungsraum eignet sich allenfalls bedingt und auch nur mit Risiken behaftet zur Lösung nationaler wirtschaftlicher Probleme. Letztlich müssen nationale ebenso wie regionale Ungleichgewichte über Maßnahmen der **Fiskal- und Strukturpolitik** bewältigt werden, da die einheitliche Geldpolitik keine Differenzierung der Leit- und Geldmarktzinsen herbeiführen kann und Wechselkursanpassungen nicht möglich sind.

Ein Konfliktpotenzial besteht darüber hinaus auch zwischen der **inneren und äußeren Währungsstabilität** – Preisniveau- bzw. Wechselkursstabilität im Eurosystem. Im Gegensatz zur Geldpolitik liegt die Kompetenz für die Wechselkurspolitik beim ECOFIN, der die grundlegenden Orientierungen für das Wechselkursregime gegenüber Drittländern festlegt. Beim Primat der Wechselkursstabilisierung könnte dies im ungünstigsten Falle dazu führen, dass die EZB z.B. ihre Zinspolitik diesem Ziel unterzuordnen hätte und im Einzelfall das Ziel der Preisstabilität verfehlen oder nur zu hohen gesamtwirtschaftlichen Kosten erzielen könnte. Dies ist insoweit bedeutsam, weil Inflationsdruck auch durch Impulse aus dem Ausland entstehen kann, die von der EZB nicht beherrscht werden können. Dazu zählen **steigende Öl- und Gaspreise** im Speziellen oder **importierte Inflation** im Allgemeinen.

Schließlich erschwert die **wirtschaftliche Globalisierung** die geldpolitische Steuerung und Aufrechterhaltung der Preisniveaustabilität. Der **internationale Zinszusammenhang** wird immer stärker und breitet sich auf immer mehr Teilmärkte aus. Die Krisen der **internationalen Finanzmärkte** in den letzten Jahren haben zudem gezeigt, dass diese eine Tendenz zur Instabilität aufweisen. Der Bedarf an einer politischen Regulierung der internationalen Finanzmärkte zur Vermeidung von Fehlentwicklungen wird kaum noch in Frage gestellt, jedoch stellt sich die Frage nach der konkreten Gestaltung und Durchsetzung. Die **Globalisierung der Güter- und Realkapitalmärkte** (internationaler Handel und Auslandsdirektinvestitionen) hat ebenfalls Auswirkungen auf die Effektivität nationaler bzw. europäischer Geldpolitik. So schmälert eine hohe Exportquote die Beschäftigungswirkungen der Geldpolitik, da nur ein Teil der Güternachfrage inländischer Wirtschaftssubjekte auf die inländische Produktion Einfluss hat.

8 Wiederholungsfragen

1. Was beinhalten die Geldmengenkonzepte M1-M3 bzw. M0?
2. Stellen Sie kurz wichtige geldpolitische Indikatoren dar.
3. Welche Inflationsursachen sind Ihnen bekannt und nach welchen Gesichtspunkten könnten diese klassifiziert werden?
4. Erläutern Sie die Quantitätsgleichung und welchen kausalen Zusammenhang die Monetaristen aus ihr ableiten. Welche geldpolitische Empfehlung ziehen die Monetaristen aus diesem Zusammenhang?
5. Erläutern Sie das Konzept der antizyklischen Geldpolitik. Welche Probleme sind mit der Umsetzung verbunden?
6. Welche Ziele verfolgt die EUROPÄISCHE ZENTRALBANK mit ihrer Geldpolitik und was verstehen Sie unter der Zwei-Säulen-Strategie?
7. Diskutieren Sie die Zielhierarchie der EZB und mögliche Zielkonflikte.
8. Welche Rolle spielen die Nationalen Zentralbanken im EUROPÄISCHEN SYSTEM DER ZENTRALBANKEN (ESZB)?
9. Wie ist die Unabhängigkeit der EZB begründet und gestaltet?
10. Welche geldpolitischen Instrumente stehen der EZB zur Verfügung?
11. Erklären Sie die jeweiligen Vor- und Nachteile des Mengen- und Zinstenders bei den Hauptrefinanzierungsgeschäften.
12. Welche Rolle spielen die ständigen Fazilitäten für die Bildung des Zinssatzes für Tagesgeld?
13. Erläutern Sie die Mindestreservepflicht und ihre Funktionen.

Kapitel 6: Sozialpolitik – Verteilungspolitik

In diesem Kapitel erfahren Sie

- worin die grundlegenden Aufgaben der Sozialpolitik bestehen und wodurch sich ihre Teilbereiche unterscheiden,
- in welchem Umfang eine Umverteilung zugunsten von sozial Schwächeren stattfindet,
- welche Bedeutung der sozialen Absicherung zukommt,
- wie sozialpolitische Ziele bestimmt werden und welche Rolle dabei Werturteile spielen,
- welche Konsequenzen sich aus den unterschiedlichen Zielbeziehungen ergeben,
- mit welchen Instrumenten sich Sozialpolitik und Verteilungspolitik umsetzen lässt,
- wer die sozialpolitischen Träger sind.

1 Einleitung

Seit Jahrzehnten werden soziale Fragen in der politischen Diskussion höchst kontrovers erörtert. Dabei geht es wirtschaftspolitisch sowohl um Aspekte der Umverteilung von Einkommen und Vermögen als auch um die soziale Sicherung gegen die Risiken und Wechselfälle des Lebens. Die soziale Lage benachteiligter Individuen und Gruppen soll verbessert werden, insbesondere durch eine Angleichung der Lebenschancen und Existenzbedingungen.

Entsprechende staatliche Maßnahmen sind häufig durch sozialpolitische **Gerechtigkeitsvorstellungen** begründet: So führt der Marktmechanismus tendenziell zu einer ungleichen Einkommens- und Vermögensverteilung, weil Tatbestände wie Intelligenz, Geschicklichkeit oder Durchsetzungsvermögen, die letztlich zu Einkommen und Vermögensbildung nach dem Leistungsprinzip führen, zufällig und ungleich verteilt sind. Diese Tendenz verstärkt sich im Laufe der Zeit. Auch können die materiellen Lebensgrundlagen durch verschiedene Umstände (Alter, Arbeitslosigkeit, Kinderreichtum oder Krankheit) „erschüttert" werden. Die Konzeption der Sozialen Marktwirtschaft sieht für beide Fälle **Korrekturen** vor. Basierend auf dem **Sozialstaatsprinzip**, das den Staat zur sozialen Gerechtigkeit in Gesetzgebung, Verwaltung und Rechtsprechung verpflichtet, können solche Korrekturen beispielsweise über eine differenzierte Einkommensbesteuerung oder Sozialleistungen erfolgen (vgl. Abschnitt 6.2.1).

Sozialpolitik bezeichnet alle Handlungen und Maßnahmen des Staates, die auf den Schutz hilfebedürftiger Personengruppen, die Sicherung der Bevölkerung gegen existenzielle Lebensrisiken, Chancengleichheit sowie die Förderung Benachteiligter abzielen. Durch Sozialpolitik sollen darüber hinaus bestehende soziale Gegensätze innerhalb der Gesellschaft gemildert werden.

Legt man diese Definition zugrunde, bezieht sich Sozialpolitik nicht nur auf Sozialleistungen des **Systems der sozialen Sicherung** sondern auch auf zahlreiche andere staatliche (und nicht-staatliche) Leistungen, die auf die Kompensation sozialer Nachteile ausgerichtet sind. So führt der Sozialbericht des BUNDESMINISTERIUMS FÜR ARBEIT UND SOZIALES (BAMS) in seinem Sozialbudget folgende staatliche Leistungsbereiche auf: Ehe und Familie, Gesundheit, Beschäftigung, Alter und Hinterbliebene, Wohnen, etc. Einige Autoren (LAMPERT und ALTHAMMER, 2004) gehen noch einen Schritt weiter und beziehen in die Sozialpolitik alle Politikfelder ein, in denen Maßnahmen zur Durchsetzung oder Wahrung sozialer Rechte ergriffen werden. Dies würde auch Maßnahmen in den Bereichen Bildungs-, Verbraucherschutz-, Umwelt und Strukturpolitik einschließen.

Wir wollen uns im Folgenden auf denjenigen Bereich der Sozialpolitik beschränken, der sozialpolitische Maßnahmen im Rahmen des Systems der sozialen Sicherung und Maßnahmen der Umverteilung von Einkommen und Vermögen umfasst.

Im modernen Wohlfahrtsstaat sichert das System der sozialen Sicherung die Individuen gegen Risiken ab, die deren Existenzgrundlage zu beeinträchtigen drohen. Hierzu gehören Alter, Krankheit und Arbeitslosigkeit.

Zu den staatlichen Leistungen des Systems der sozialen Sicherung gehören alle Maßnahmen des Staates, die auf eine Sicherung gegen soziale Risiken gerichtet sind: Die Sozialversicherungen (Renten-, Kranken-, Pflege-, Arbeitslosen- und Unfallversicherung), Versorgungsleistungen (z.B. Beamtenversorgung) und Fürsorgeleistungen (z.B. Sozialhilfe).

Um die soziale Lage benachteiligter Gruppen zu verbessern, benötigt der Staat finanzielle Mittel, die eine Einkommens- (und Vermögens-)umverteilung implizieren. Dies geschieht im Rahmen der Einkommenspolitik. Dabei stehen zunächst die im marktwirtschaftlichen Leistungsprozess erzielten Einkommen im Vordergrund. Da es aber vielen Menschen aus unterschiedlichsten Gründen nicht möglich ist, ein Leistungseinkommen zu erzielen, bedarf es in einem Wirtschaftssystem, das sich sozial nennt, eines Ausgleichs. Demzufolge gehört auch die Umverteilungspolitik, zu der im Wesentlichen die Sozialpolitik zu rechnen ist, zur **Einkommenspolitik**. Die so verteilten Einkommen werden als **Transfereinkommen** bezeichnet.

Im engeren Sinne bezeichnet staatliche Einkommenspolitik alle Maßnahmen des Staates, die auf eine bewusste **Beeinflussung der Einkommensentstehung** ausgerichtet sind. Im weiteren Sinne gehören zur staatlichen Einkommenspolitik aber auch solche Maßnahmen, die auf eine nachträgliche Korrektur der marktbedingten Einkommen abzielen (**Einkommensumverteilungspolitik**).

Art und Umfang sozialpolitischer Maßnahmen werden entscheidend von den gesellschaftlichen und sozialen Grundzielen bestimmt. Die Frage, welche Ziele in diesem Zusammenhang wünschenswert sind, lässt sich nicht frei von **Werturteilen** beantworten (vgl. Kapitel 1, Abschnitt 3.1 und 3.2). Vielmehr werden die Antworten stark normativ geprägt sein und von solchen Faktoren wie dem bestehenden Gesellschaftssystem, der Zugehörigkeit zur einer bestimmten sozialen Gruppe oder auch der wirtschaftlichen und historischen Situation abhängen.

2 Situationsanalyse

2.1 Allgemeine Entwicklung

Die absolute Höhe von Einkommen wird häufig als eine entscheidende Komponente bei der Ermittlung der gesellschaftlichen Wohlfahrt angesehen. Dabei wird in der Regel eine Durchschnittsbildung vorgenommen. Tabelle 6.1 gibt einen Überblick über die Entwicklung derartiger Größen.

Der **Nachteil solcher Durchschnittswerte** liegt darin, dass wichtige Informationen über die Verteilung der Einkommen verloren gehen. So wird bekanntlich die Lebensqualität des Einzelnen maßgeblich durch die Höhe seines individuellen Einkommens bestimmt. Einem Bezieher von Arbeitslosengeld II oder Sozialgeld (es wird im Gegensatz zur Sozialhilfe vom Bund bezahlt) hilft es wenig, dass das durchschnittliche Nettoeinkommen von Arbeitnehmern in der Bundesrepublik 2012 bei 20.292 Euro lag. Der monatliche Regelsatz für Haushaltsvorstände oder Alleinstehende liegt seit dem 01. Januar 2014 bei 391 Euro. Partner erhalten davon 90% (351 Euro). Für ein Kind bis zur Vollendung des 14. Lebensjahres liegt der Regelsatz bei 261 Euro (229 Euro bis 7 Jahre). Er steigt ab dem 15. Lebensjahr auf 296 Euro.

Jahr	Volkseinkommen je Einwohner (in €)	Nettolöhne und -gehälter je Arbeitnehmer (in €)
1991	15.164	14.088
1995	17.403	16.092
1990	18.732	16.932
2005	20.787	18.156
2006	21.965	18.120
2007	22.825	18.319
2008	23.092	18.557
2009	22.084	18.464
2010	23.478	19.344
2011	24.250	19.560
2012	24.680	20.292

Quelle: Zusammengestellt nach: Deutschland in Zahlen 2013, Institut der Deutschen Wirtschaft; basierend auf STATISTISCHES BUNDESAMT.

Tab. 6.1: Volkseinkommen je Einwohner, Nettolohn- und Gehaltssumme je beschäftigten Arbeitnehmer von 1991 bis 2012

Hinzu kommen Kosten für Wohnung und Heizung („in angemessener Höhe") und Beiträge zur Kranken-, Pflege- und Rentenversicherung (nach BUNDESSOZIALHILFEGESETZ [BSHG], SOZIALGESETZBUCH XII [SGB]). Um zu aussagefähigeren Urteilen über die Wohlfahrt aller Gesellschaftsmitglieder zu gelangen, muss also ein genauerer Blick auf die Einkommensverteilung geworfen werden.

2.2 Formen der Einkommensverteilung

Die Einkommensverteilung lässt sich unter verschiedenen Gesichtspunkten betrachten:

- Die **funktionelle Einkommensverteilung** bezieht sich auf die an der Wertschöpfung beteiligten Produktionsfaktoren. Sie ist das Resultat von marktwirtschaftlichen Prozessen (Lohn-, Zins- und Güterpreisbildung) und liefert den entscheidenden Orientierungsrahmen für die Einkommenspolitik der Tarifvertragsparteien (vgl. Abschnitt 5.2).
- Für die staatliche Einkommenspolitik, die auf dem Sozialstaatsprinzip basiert, steht dagegen die **personelle Einkommensverteilung** im Vordergrund. Sie fragt nach dem Einkommen der Haushalte unabhängig von seiner funktionellen Herkunft (Faktoreinkommen, Vermögenseinkommen oder Transfereinkommen). Das persönliche Einkommen bildet die Grundlage für die Bestimmung des Lebensstandards der einzelnen Gesellschaftsmitglieder und wird in seiner Höhe nicht nur durch die Marktkräfte gesteuert, sondern hängt zusätzlich von einer Vielzahl von Einflussgrößen wie Steuergesetzgebung, System der sozialen Sicherung usw. ab.
- Bei der Betrachtung der Einkommensverteilung muss ein weiterer Aspekt beachtet werden. Einerseits kommt es zu einer Verteilung, die sich ausschließlich als Resultat von Produktions- und Marktprozessen ergibt (**primäre Einkommensverteilung**). Andererseits aber werden die auf diese Weise erzielten Einkommen zum Teil durch staatliche Maßnahmen umverteilt (**sekundäre Einkommensverteilung**).

Weiterhin kann noch zwischen folgenden Einkommensverteilungen unterschieden werden

- **sozioökonomische** Einkommensverteilung nach sozialen Gruppen wie Arbeiter und Angestellte, Selbständige, Beamte, Studierende oder Rentner,
- **intertemporale** Einkommensverteilung zwischen den Generationen,
- **sektorale** Einkommensverteilung nach Wirtschaftsbereichen gemäß der Volkswirtschaftlichen Gesamtrechnung,
- **regionale** Einkommensverteilung (z.B. nach Bundesländern) und
- **internationale** Einkommensverteilung (z.B. zwischen Industriestaaten und Entwicklungsländern).

2.2.1 Funktionelle und personelle Einkommensverteilung

Mit der **funktionellen Einkommensverteilung** wird die Verteilung des geschaffenen Volkseinkommens auf die Produktionsfaktoren dargestellt, die an der Entstehung der gesamtwirtschaftlichen Wertschöpfung beteiligt sind.

Tabelle 6.2 zeigt die Entwicklung des Volkseinkommens in der BUNDESREPUBLIK DEUTSCHLAND und seine Verteilung auf verschiedene Einkommensarten. Während sich die Arbeitnehmerentgelte im Zeitraum zwischen 2000 und 2012 lediglich um 23,8% erhöhten, stiegen die Unternehmens- und Vermögenseinkommen um 50,7 %.

Diese Verteilung des Volkseinkommens kann allerdings nur mit gewissen Vorbehalten als funktional bezeichnet werden, da die Einkommen aus unselbständiger Arbeit nur annähernd die Einkommen des Produktionsfaktors Arbeit und die Unternehmens- und Vermögenseinkommen nur annähernd das Einkommen des Faktors Kapital wiedergeben. Die Einschränkung bezieht sich insbesondere auf die Tatsache, dass letztere auch Einkommen des Produktionsfaktors Arbeit enthalten, den Wert der von Selbständigen (und unbezahlten, mithelfenden Familienangehörigen) geleisteten Arbeit.

Jahr	**Erwerbstätige**	**Volks-einkommen**	**Arbeitnehmer-entgelte**		**Unternehmens- u. Vermögenseinkommen**	
	(in Tausend)	**in Mrd. €**	**in Mrd. €**	**in %**	**in Mrd. €**	**in %**
1980	27.377	609,3	445,9	73,2	163,4	26,8
1990	30.406	1.017,9	690,0	67,8	327,9	32,2
1991[1]	38.664	1.089,0	747,2	68,6	341,8	31,4
1995	37.546	1.423,9	1.012,8	71,1	411,1	28,9
2000	39.038	1.540,9	1.111,2	72,1	429,7	27,9
2005	38.726	1.713,7	1.137,6	66,4	576,1	33,6
2010	40.603	1.919,3	1.271,0	66,2	648,3	33,8
2011	41.164	1.984,6	1.328,0	66,9	656,6	33,1
2012	41.619	2.035,1	1.377,6	67,7	657,4	32,3

1) bis 1990 früheres Bundesgebiet, ab 1991 einschließlich Neue Bundesländer.

Quelle: Statistisches Jahrbuch 2013, STATISTISCHES BUNDESAMT, Wiesbaden 2013, S. 315/316

Tab. 6.2: Entwicklung von Erwerbsbevölkerung und Bruttoeinkommen aus unselbständiger Arbeit bzw. Unternehmertätigkeit und Vermögen von 1980–2012

Für eine Beurteilung möglicher Auswirkungen in Hinblick auf die Kaufkraftentwicklung, die Analyse des Lebensstandards oder auf soziale Aspekte reicht die funktionelle Einkommensverteilung nicht aus. Die wirtschaftspolitischen Entscheidungsträger brauchen zusätzlich Informationen darüber, wie sich das Einkommen auf einzelne Personen oder Personengruppen verteilt. Das bedeutet, dass zunächst ein Zusammenhang zwischen den einkommensschaffenden Produktionsfaktoren und den einkommensbeziehenden Personen hergestellt werden muss. Häufig fließt ihnen nicht nur ein Einkommen zu, sondern ihr gesamtes Einkommen setzt sich aus verschiedenen Quellen zusammen. Diese Tatsache berücksichtigt die **personelle Einkommensverteilung**, bei der die verschiedenen Einkommensarten wie Gehalts-, Zins oder Pachteinnahmen zusammengerechnet werden. Im Vordergrund steht dabei die Erfassung von Personengruppen (Haushalten). Begründet wird das damit, dass die Entscheidungen über Faktorangebot und Verwendung der erwirtschafteten Einkommen in der Regel innerhalb der jeweiligen Haushalte getroffen werden. Haushalte werden also als Einheit genommen und können zusätzlich nach der Höhe ihrer Einkommen oder ihrer sozialer Zugehörigkeit gruppiert werden.

Unter verteilungspolitischem Blickwinkel ist die **Einkommensschichtung** von besonderer Bedeutung. Darunter wird die Zuordnung der Höhe des gesamten Einkommens auf die Personen/Personengruppen, die zusätzlich in **Einkommensklassen** gegliedert werden, verstanden. Das ist erforderlich, weil – wie bereits dargestellt – Einkommensbezieher mehrere funktionelle Einkommen haben können. Dieser Tatbestand wird allgemein mit dem Begriff der **Querverteilung** bezeichnet (STOBBE, 1962, S. 35ff.). Liegt eine Querverteilung vor, so unterscheiden sich funktionelle und personelle Einkommensverteilung (einschließlich der Verteilung auf verschiedene sozioökonomische Gruppen). Eine eindeutige Zuordnung zwischen Einkommensbezieher und Einkommensart besteht also nicht. Interessant ist in diesem Zusammenhang vor allem, in welchem Umfang Empfänger von Lohn- und Gehaltseinkommen weitere Einkommen z.B. in Form von Zinsen, Dividenden, Mieten und Pachten oder aus speziellen Unternehmensbeteiligungen (Gewinnanteile) beziehen.

2.2.2 Primäre und sekundäre Einkommensverteilung

Die **primäre Einkommensverteilung** des Volkseinkommens ergibt sich unmittelbar aus dem Produktionsprozess. Sie bringt die Entlohnung der Produktionsfaktoren zum Ausdruck, wie sie sich – ohne Eingreifen des Staates – durch den Preismechanismus auf den Märkten ergibt. Die Primärverteilung spiegelt die Knappheitsrelationen der Produktionsfaktoren wider und drückt zugleich die relative Faktorausstattung der Wirtschaftssubjekte in Menge und Qualität aus (KATH, 2002, S. 447). Infolge staatlicher Umverteilung durch direkte Steuern und Sozialabgaben sowie Transferleistungen wird aus der primären die **sekundäre** Einkommensverteilung. Der Staat verwendet Teile seiner Einnahmen für Transfers nach sozialen Gesichtspunkten (z.B. Kindergeld, Arbeitslosengeld II, Wohngeld). Im Ergebnis kommt es zu einer Einkommensverteilung, die eine Korrektur der marktgesteuerten Verteilung gemäß sozialpolitischer Zielvorstellungen bezweckt. Der Unterschied zwischen primärer und sekundärer Einkommensverteilung lässt sich im einzelwirtschaftlichen Bereich vereinfacht auch als Unterschied zwischen **Bruttoeinkommen** und **verfügbarem Einkommen** ausdrücken.

2.3 Verteilungspolitische Indikatoren

Aus den Ergebnissen der funktionellen Einkommensverteilung lassen sich wichtige **verteilungspolitische Indikatoren** ableiten. Sie messen insbesondere die **Ungleichheit der Verteilung**. Ihre Aufgabe ist es nicht, zur Frage der „Gerechtigkeit" einer Verteilung Stellung zu nehmen (vgl. Abschnitt 4). Sie dienen daher nur als Ausgangsbasis für eine tiefergehende verteilungspolitische Diskussion. Im Mittelpunkt steht dabei die Lohnquote als Messgröße der funktionellen Einkommensverteilung. Hiervon zu unterscheiden sind Messgrößen der personellen Einkommensverteilung.

2.3.1 Lohnquote und ihre verteilungspolitische Bedeutung

Die **Lohnquote** wird definiert als prozentualer Anteil der Arbeitnehmerentgelte (früher: Bruttoeinkommen aus unselbständiger Arbeit) am gesamten Volkseinkommen. Ihr steht die **Gewinnquote** gegenüber, die den Anteil des Gewinneinkommens am Volkseinkommen angibt.

Die Lohnquote wird häufig als Maßstab für die Einkommensverteilung angesehen. Dabei ist zu berücksichtigen, dass Schwankungen der Lohnquote im Konjunkturverlauf zu beobachten sind: Sie sinkt im Konjunkturaufschwung, da hier die Unternehmereinkommen der allgemeinen Einkommensentwicklung vorauseilen. Sie steigt dagegen im Abschwung, da die Arbeitnehmer in dieser Phase des Konjunkturzyklus Rückstände (**Lohn-Lag**) wieder aufholen.

Nach Angaben des STATISTISCHEN BUNDESAMTES ist die **tatsächliche bzw. unbereinigte Lohnquote** in Deutschland seit Mitte der 1990er leicht zurückgegangen, von ca. 71 % im Jahr 1995 auf 68 % im Jahr 2012 (vgl. Tabelle 6.2). Die Entwicklung dieser Quote kann dadurch verzerrt werden, dass sie die Umschichtung der Beschäftigtenstruktur vernachlässigt: So ist die Zahl der Selbständigen zurückgegangen (z.B. durch die Abwanderung selbständiger Landwirte), während sich die Zahl der unselbständig Beschäftigten erhöhte. Um also zu vergleichbaren Aussagen zu gelangen, muss die Veränderung der Beschäftigtenstruktur berücksichtigt werden. Das geschieht über die Ermittlung der sogenannten **bereinigten Lohnquote** (Lohnquote ohne Änderung der Beschäftigtenstruktur). Dazu wird ein Basisjahr gewählt, von dem an für die folgenden Jahre mit einem konstanten Anteil der unselbständig Beschäftigten gerechnet wird. Sie ist seit Mitte der 70er Jahre nach Angaben des STATISTISCHEN BUNDESAMTES von 75,2 % (1974) auf 64,7 % im Jahre 2007 gesunken und hat sich erst in den letzen Jahren analog zur unbereinigten Lohnquote wieder leicht erhöht (auf 69,4 % in 2012). Im langfristigen Trend deuten die Zahlen auf eine Verschlechterung der relativen Verteilungsposition der Arbeitnehmer hin.

Wir haben bereits darauf hingewiesen, dass die Verteilung des Volkseinkommens auf Einkommen aus unselbständiger Arbeit und Einkommen aus Unternehmertätigkeit und Vermögen die **funktionelle Einkommensverteilung** nur sehr begrenzt widerspiegeln kann. Diese Aussage gilt zwangsläufig auch für die Lohnquote, weil sie ebenfalls bestimmte Arbeitseinkommen nicht enthält. Um einen Indikator zur erhalten, der die funktionale Verteilung annähernd richtig wiedergibt, müssen die Einkommenswerte aus unselbständiger Arbeit sowie aus Unternehmertätigkeit und Vermögen entsprechend korrigiert werden. Dazu wird vom Einkommen aus Unternehmertätigkeit und Vermögen ein dem Lohneinkommen der Arbeitnehmer entsprechendes Arbeitseinkommen der Selbständigen abgezogen und dem Einkommen aus unselbständiger Tätigkeit zugeschlagen. Auf diese Weise ergibt sich die sogenannte **Arbeitseinkommensquote** (auch „ergänzte Lohnquote"). Sie lag im Jahre 2000 bei 80,2 % ist bis 2007 auf 71,3 % gesunken und in den Folgejahren bis 2012 wieder auf 76,5 % angestiegen (STATISTISCHES BUNDESAMT, Volkswirtschaftliche Gesamtrechnungen 2012, Tab. 5, S. 21). Das bedeutet, dass die „Entlohnung" des Faktors Arbeit relativ zum Kapitaleinkommen insgesamt abgenommen hat.

Trotz der kritischen Einwände spielt die tatsächliche Lohnquote in der politischen Diskussion nach wie vor eine bedeutende Rolle. Warum? Zunächst einmal ist sie statistisch schnell verfügbar. Außerdem ist es praktisch, grundlegende Verteilungstendenzen mit Hilfe eines einzigen und leicht verständlichen Indikators darzustellen. Allerdings ist es unmöglich, aus ihrer Entwicklung eine schlüssige Bewertung über die Verteilungsungleichheit (Einkommensschichtung) abzuleiten. Die Lohn- und Gehaltssumme der unselbständig Beschäftigten setzt sich aus sehr heterogenen Einkommensklassen zusammen. In ihr sind die Spitzeneinkommen leitender Angestellter genauso erfasst wie die Niedrigeinkommen von Hilfsarbeitern. Um hier zu realistischen Ergebnissen zu gelangen, ist eine stärkere **Disaggregation** (Bildung von Einkommensgruppen, Haushaltsgruppen) unvermeidlich. Nur so kann letztlich die Frage beantwortet werden, wie sich das Volkseinkommen auf Personen, Haushalte oder soziale Gruppen aufteilt (personelle Einkommensverteilung). Sie ist für die wirtschaftspolitische Beurteilung der Einkommensverteilung entscheidend.

2.3.2 Messgrößen der personellen Einkommensverteilung

Im Gegensatz zu den Indikatoren der funktionellen Einkommensverteilung erfassen Messgrößen der personellen Einkommensverteilung das **Gesamteinkommen**. Dabei wird berücksichtigt, dass Personen oder Personengruppen (Haushalte oder Haushaltsgruppen) über mehrere Einkommensquellen verfügen. Folglich muss der Anteil einer Personengruppe am Volkseinkommen (z.B. Arbeitnehmer) nicht mit dem Anteil einer bestimmten Einkommensart (in diesem Fall Lohn oder Gehalt) übereinstimmen.

Empirische Untersuchungen zur **personellen Einkommensverteilung** basieren meist auf den Einkommens- und Verbrauchsstichproben sowie auf Modellrechnungen verschiedener Wirtschaftsforschungsinstitute (z.B. DEUTSCHES INSTITUT FÜR WIRTSCHAFTSFORSCHUNG). Ihre Erstellung stößt jedoch auf Schwierigkeiten: Das verfügbare statistische Material ist oft lückenhaft und für eine spezielle Darstellung der personellen Einkommensverteilung ungenügend aufbereitet. Gewisse Rückschlüsse über die personelle Einkommensverteilung lassen sich auch aus Lohn- und Einkommensteuerstatistiken gewinnen (vgl. Tab. 6.3).

Es zeichnet sich eine Tendenz zur **Einkommenskonzentration** ab, die sich u.a. in der Ungleichheit der den Haushalten zufließenden Primäreinkommen zeigt. Große Einkommensteile konzentrieren sich auf relativ kleine Gruppen von Einkommensbeziehern: So bezogen nach der Lohn- und Einkommensstatistik 2013 die Steuerpflichtigen der unteren Einkommensgruppen (bis unter 15.000 Euro), die fast ein Viertel aller Steuerpflichtigen ausmachen, nur 4,3 % der Gesamteinkünfte. Die Steuerpflichtigen der oberen Einkommensklassen (ab 100.000 Euro) dagegen, deren Anteil an den Steuerpflichtigen 5,4 % beträgt, erzielen aber mehr als ein Viertel der Gesamteinkünfte. Aussagen über die Entwicklung nach sozialen Gruppierungen können allerdings auf der Grundlage dieser Analyse nicht getroffen werden. Die Differenzierung schwächt sich unwesentlich ab, wenn die Ergebnisse der Sekundärverteilung einbezogen werden.

Größenklassen Von … bis unter … €	Anzahl der Steuerpflichtigen	Anteil (in %)	Gesamtbetrag der Einkünfte (in Mio. €)	Anteil (in %)
0 – 7.500	2.267.909	8,7	7.814.951	0,7
7.500 – 15.000	3.466.624	13,3	39.519.472	3,6
15.000 – 25.000	4 .835.945	18,5	96.920.589	8,8
25.000 – 50.000	9.273.448	35,5	331.557.432	30,2
50.000 – 100.000	4 912 .760	18,8	330.701.096	30,1
100.000 – 250.000	1.167.519	4,5	162.997.132	14,8
250.000 – 500.000	145.385	0,6	48.605.012	4,4
500.000 – 1.000.000	40.119	0,2	26.914.233	2,4
1.000.000 oder mehr	18.598	0,1	54.198.439	4,8
Zusammen	26.128.307	100,0	1.099.228.356	100,0

Quelle: Berechnet nach Statistisches Jahrbuch 2013, S. 272.

Tab. 6.3: Anzahl der Steuerpflichtigen sowie Gesamtbetrag der Einkünfte nach Einkommensgruppen sowie jeweiliger Anteil am Gesamtaufkommen (2008)

Die personelle Einkommensverteilung lässt sich auch grafisch sehr anschaulich abbilden. Die gebräuchlichste Darstellung ist die **Lorenzkurve** (MAX OTTO LORENZ, 1905 [1876–1959]). In einem Diagramm werden die Haushalte nach Höhe ihrer Einkommen gruppiert auf der Abszisse in zunehmender Richtung kumuliert (0 bis 100 Prozent) abgetragen, wobei mit der Klasse der geringsten Einkommen begonnen wird. Auf der Ordinate erscheint in gleicher Weise das gesamte zur Verteilung kommende Einkommen. Durch die Verbindung der einzelnen Punkte ergibt sich die Lorenzkurve. Aus ihrem Verlauf kann abgelesen werden, wie viel Prozent des Gesamteinkommens auf eine bestimmte kumulierte Prozentzahl der Haushalte entfallen. Eine Gleichverteilung wäre erreicht, wenn z.B. 10 (20, 30 usw.) Prozent der Haushalte auch 10 (20, 30 usw.) Prozent des Gesamteinkommens erhielten (45^0-Linie oder Kurve der Gleichverteilung). Je stärker dagegen die Krümmung der Lorenzkurve ist, desto ungleicher sind die Einkommen zwischen den Haushalten verteilt.

Um die Verteilungssituation quantifizieren zu können, wird häufig als Konzentrationsmaß der sogenannte **Gini-Koeffizient** (CORRADO GINI, 1912 [1884–1965]) ermittelt. Der Gini-Koeffizient ist eine Maßzahl zwischen 0 und 1 zur Beschreibung der Ungleichheit der **personellen Einkommensverteilung**. Er wird berechnet, indem die Fläche zwischen der Kurve der Gleichverteilung und der Lorenzkurve durch die Fläche des Dreiecks unterhalb der Kurve der Gleichverteilung dividiert wird. Je ungleicher die Verteilung ist, desto näher liegt der Wert bei 1.

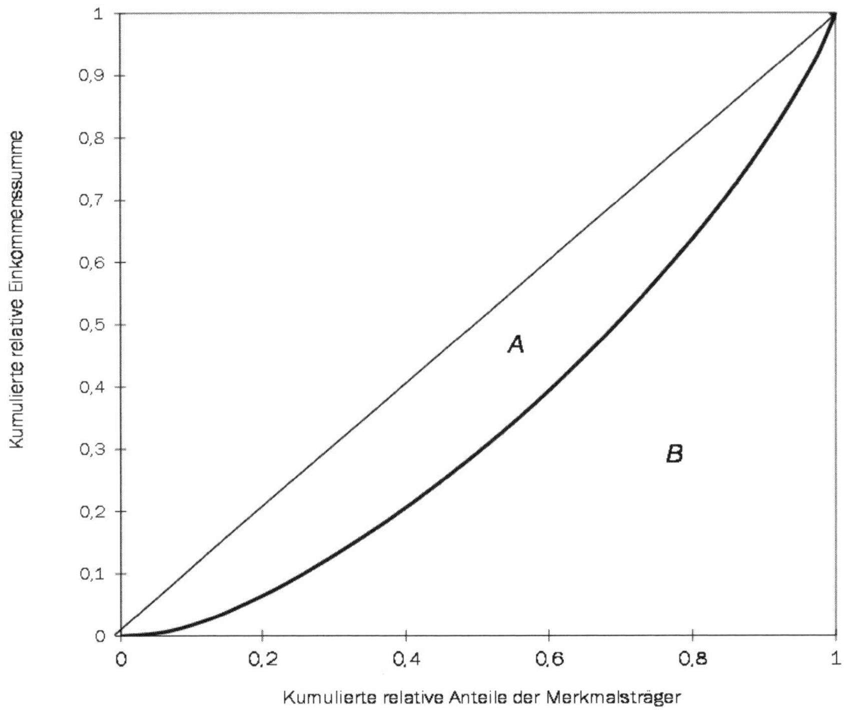

Abb. 6.1: Lorenzkurve der Einkommensverteilung

In Deutschland wird die Einkommensverteilung mit Hilfe des Gini-Koeffizienten regelmäßig vom DEUTSCHEN INSTITUT FÜR WIRTSCHAFTSFORSCHUNG (DIW) auf Basis der Daten des Sozio-ökonomischen Panels (SOEP)[1] ermittelt (Abb. 6.2). Betrachtet man die Einkommensverteilung seit dem Jahr 2000, so lässt sich beobachten, dass die Ungleichheit in der Verteilung der verfügbaren Haushaltsnettoeinkommen bis 2005 signifikant zunahm. Der Gini-Koeffizient stieg in diesem Zeitraum um ca. 13 % von 0,258 auf 0,29 an. Von 2005 bis 2010 hat die Einkommensungleichheit zwischen privaten Haushalten wieder geringfügig abgenommen. Hauptverantwortlich hierfür ist die gute Arbeitsmarktentwicklung.

[1] Das SOEP ist eine (seit 1984) jährliche Wiederholungsbefragung in den alten und neuen Bundesländern. Die Ergebnisse von 2011 basieren auf der Befragung von ca. 11.000 Haushalten mit mehr als 20.000 Personen.

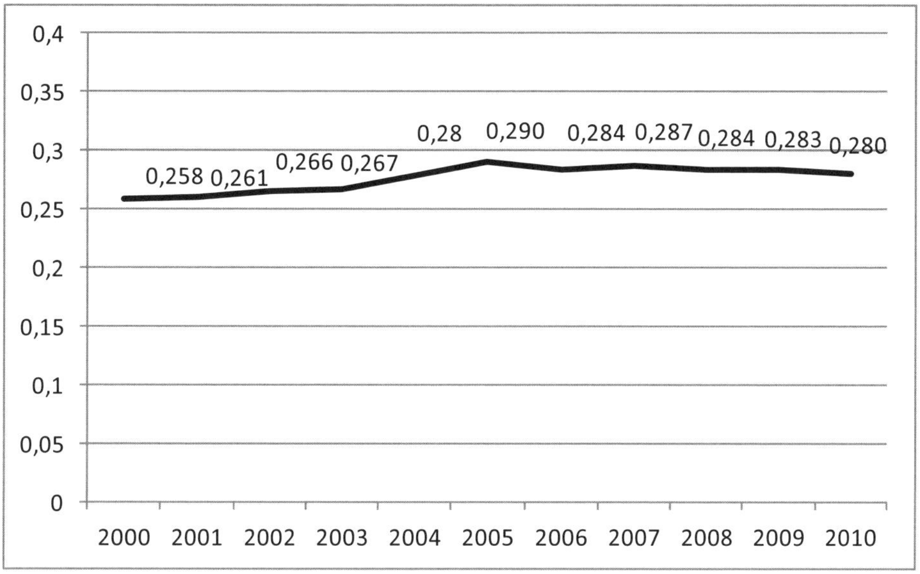

Quelle: GRABKA, GROEBEL, SCHUPP, DIW Wochenbericht 43/2012.

Abb. 6.2: Ungleichheit der Einkommensverteilung in Deutschland, 2000–2010 (Gini-Koeffizient)

▶ Anwendungsfall 1: Der vierte Armuts- und Reichtumsbericht

Seit 2001 veröffentlicht die BUNDESREGIERUNG jeweils zur Mitte der Legislaturperiode einen sogenannten „Armuts- und Reichtumsbericht" zur wirtschaftlichen und sozialen Lage der Bürger Deutschlands. Ziel des Berichts ist es, die Situation der **Armut** in Deutschland darzustellen und politische Handlungsoptionen aufzuzeigen In dem im Frühjahr 2013 publizierten vierten Armutsbericht, der grundsätzlich den Zeitraum 2007 bis 2011 umfasst, liegt der Schwerpunkt auf der sozialen Mobilität (BUNDESREGIERUNG, 2013). Ausgehend von der Hypothese, dass Armutsrisiken als veränderbarer Prozess zu betrachten seien, wird den Fragen nachgegangen, wie Lebenslagen verändert und gesellschaftliche Teilhabe verbessert werden können.

In dem Bericht kommt die BUNDESREGIERUNG zu dem Ergebnis, dass die Einkommen zugenommen haben und das **Armutsrisiko** nicht gestiegen ist. So sind die verfügbaren Einkommen privater Haushalte von 2005 bis 2010 um durchschnittlich 700 Euro gestiegen und die Einkommensschwächeren haben von dieser positiven Entwicklung überdurchschnittlich profitiert. Dies ist insbesondere darauf zurückzuführen, dass die Arbeitslosigkeit im Berichtszeitraum auf den niedrigsten Stand seit der Wiedervereinigung sank. Hervorgehoben wird, dass die Zahl der Langzeitarbeitslosen zwischen 2007 und 2012 um mehr als 40 % abnahm und Deutschland in der EU die niedrigste Jugendarbeitslosigkeit aufweist. Gleichzeitig stieg der Anteil der Beschäftigten im Niedriglohnsektor (Lohn bis

9,15 Euro pro Stunde) und lag mit 7,9 Millionen Arbeitnehmer im Jahr 2010 bei ca. 23 %.

Ein Mensch gilt dann als von Armut bedroht, wenn er weniger als 60 % des mittleren Haushalts-Nettoeinkommens der Gesamtbevölkerung hat. In Deutschland liegt die „Armutsgefährdungsschwelle" demnach derzeit bei 952 Euro im Monat. Von diesem Betrag ausgehend liegt das Armutsrisiko in Deutschland mit 15,8 % unter dem Durchschnitt in der EU (16,9 %). Die Hauptgruppe, die dem Armutsrisiko ausgesetzt ist, sind (neben Alleinerziehenden) Arbeitslose. Die BUNDESREGIERUNG kommt deshalb zu dem Schluss, dass „Erwerbstätigkeit die beste Armutsprävention" sei.

Kinder haben von der positiven Entwicklung am Arbeitsmarkt profitiert. So ist von 2007 bis 2012 die Zahl der unter 15-Jährigen, die Grundsicherung erhielten, von 1,89 auf 1,63 Millionen gesunken. Auch beim Bildungsniveau, das für die Chancen im Arbeitsleben mitentscheidet, gab es Fortschritte: Von 2006 bis 2010 sank die Zahl der Schüler ohne Abschluss von 8 auf 6,5 %. Allerdings wird in dem Bericht auch nicht verschwiegen, dass Kinder von Eltern, die bildungsfern oder langzeitarbeitslos sind, weiterhin ein hohes Risiko haben, selbst ungelernt zu bleiben und nicht dauerhaft erwerbstätig zu sein.

2.3.3 Umfang und Struktur sozialer Leistungen

Aussagen zur Einkommensverteilung müssen durch Informationen über Umfang und Struktur der sozialen Leistungen ergänzt werden. Diese Angaben sollen helfen, den Umfang der Umverteilung (sekundäre Einkommensverteilung) im statistischen Sinne zu verdeutlichen. Einen guten Überblick gibt das SOZIALBUDGET 2011 (Tab. 6.4). Die Gliederung des **Sozialbudgets** (d.h. die Summe aller Sozialleistungen und deren Finanzierung in einem Jahr) erfolgt dabei nach „**Institutionen**". Mit 61,4 % nahmen 2011 die „Allgemeinen Systeme" der sozialen Sicherung den weitaus größten Teil des Sozialbudgets in Anspruch, wobei die Rentenversicherung (33,3 %) sowie Kranken- und Pflegeversicherung (26 %) die größten Posten bildeten.

	2000 in Mio. €	2005 in Mio. €	2009 in Mio. €	2011 in Mio. €
Sozialbudget (incl. Beiträge des Staates)	662.687	699.105	700.165	767.600
Allgemeine Systeme incl. Beiträge des Staates	396.714	426.096	464.382	471.302
Rentenversicherung	217.429	239.877	250.281	255.634
Krankenversicherung	132.080	142.123	169.137	177.874
Pflegeversicherung	16.668	17.831	20.257	21.876
Unfallversicherung	10.834	11.228	11.867	12.205
Arbeitslosenversicherung	49.696	44.272	39.587	29.346
Sondersysteme	5.733	6.776	24.128	25.597
Darunter Altersversicherung Landwirte	3.271	3.180	2.991	2.585
Versorgungswerke	1.958	3.008	3.885	4.118
Private Kranken- und Pflegeversicherung	504	588	17.251	18.446
Leitungssysteme öffentlicher Dienst (Pensionen, Familienzuschläge, Beihilfen)	51.295	55.444	57.844	60.584
Leistungssysteme der Arbeitgeber (Entgeltfortzahlung, betriebl. Altersvorsorge, Zusatzversorgung,	53.457	56.543	63.543	66.801
Entschädigungssysteme (soziale Entschädigung, Lastenausgleich, Wiedergutmachung, sonst. Entschädigung	6.422	4.560	3.401	3.055
Förder- und Fürsorgesysteme	100.254	130.517	142.743	146.497
Kindergeld u. Familienleistungsausgleich	33.145	37.017	39.273	41.620
Erziehungsgeld/Elterngeld	3.732	3.133	4.703	4.886
Grundsicherung für Arbeitssuchende		43.765	46.068	41.588
Arbeitslosenhilfe/sonst. Arbeitsförderung	15.094	2.447	617	565
Ausbildungs- und Aufstiegsförderung	875	1.745	2.057	2.469
Sozialhilfe	25.763	21.881	24.685	26567
Kinder- und Jugendhilfe	17.328	19.065	23.642	27.257
Wohngeld	4.315	1.463	1.698	1.615

Quelle: Zusammengestellt nach Sozialbudget 2011, Tabellenauszug, Tabelle I-2, S.9.

Tab. 6.4: Soziale Leistungen nach Institutionen in Deutschland, Jahre 2000, 2005, 2009, 2011

Fassen wir die Leistungen des Sozialbudgets nach **Funktionen** zusammen, so ergibt sich für das Jahr 2011 folgendes Bild (Tab. 6.5): An erster Stelle stehen die Ausgaben für Gesundheit mit einem Anteil von 41,3 %, gefolgt von Alter und Hinterbliebene (40,4 %) sowie Ehe und Familie (11,1 %). Ein Vergleich zu 1995 zeigt nur geringfügige Veränderungen, wobei der Anstieg der Leistungen für Ehe und Familie herausragt.

	1995	2000	2005	2009	2011
Ehe und Familie (Kinder u. Jugendliche, Ehegatten, Mutterschaft)	8,1	11,3	10,8	10,5	11,1
Gesundheit (Krankheit, Invalidität)	40,2	37,8	36,9	40,2	41,3
Beschäftigung (Arbeitslosigkeit)	8,5	7,5	7,3	6,3	4,7
Alter und Hinterbliebene	41,2	41,7	42,5	40,4	40,4
Übrige Funktionen (Wohnen, allgem. Lebenshilfen)[1)]	1,9	1,6	2,7	2,7	2,6

[1)] ohne Verwaltungs- und sonstige Ausgaben (30,78 Mrd. €).

Quelle: Zusammengestellt nach Sozialbudget 2011, Tabellenauszug, Tabelle II, S.14.

Tab. 6.5: Struktur der Sozialleistungen nach Funktionen in Deutschland insgesamt, Anteil am Sozialbudget in Prozent

Interessant ist darüber hinaus die Entwicklung der **Sozialleistungsquote**. Sie ist das in Prozent ausgedrückte Verhältnis des Sozialbudgets zum Bruttoinlandsprodukt des gleichen Jahres. Inhaltlich kann sie als eine Kennziffer interpretiert werden, „die das Ausmaß der Einkommensumverteilung, das für die Finanzierung des sozialen Sicherungssystems erforderlich ist, und eben dadurch die Belastung der Faktoreinkommen mit Sozialabgaben und direkten Steuern sowie der Güterverwendung mit indirekten Steuern wiedergibt" (SOZIALBERICHT 1997, S. 191). Ihre Höhe wird allerdings von **Abgrenzungs- und Erfassungsproblemen** beeinflusst. So enthält das Sozialbudget im Gegensatz zum BIP auch Leistungen, denen kein Zahlungsstrom entspricht. Im Sozialbudget sind auch Einkommensströme als soziale Leistung der gesamtwirtschaftlichen Sekundärverteilung zugeordnet, die in der VGR als Lohnbestandteil (Primärverteilung) aufgefasst werden. Aussagefähiger als die Höhe der Sozialleistungsquote ist ihre Veränderung im Zeitablauf: In den alten Bundesländern lag die Sozialleistungsquote 1960 bei 21,1 % und stieg bis 1975 auf 28,8 %. Dies ist v.a. mit der Ausweitung der Leistungen infolge der Sozialreformen in den frühen 70er Jahren zu erklären. Danach lag sie in etwa bei 30 % und erreichte 1990 mit 25,8 % ihren niedrigsten Wert. In den Folgejahren (bis 1995) stieg sie wieder auf über 30 % an, was auf die starke Zunahme der Leistungen bei der Überführung der Sonder- und Zusatzversorgungssysteme und auf die Einführung der einigungsbedingten Leistungen zurückzuführen ist. 2012 lag die Sozialleistungsquote bei 29,6 %, ein Wert, um den sie seit Mitte der 1990er Jahre schwankt (SOZIALBERICHT 2012, S. 172).

Betrachten wir nun, wie sich die **Sozialleistungen pro Kopf** entwickelt haben (Tab. 6.6). Die Berechnung von Durchschnittswerten bedeutet nicht, dass tatsächlich jedem Bürger gleiche soziale Leistungen zufließen. Es fällt auf, dass sich die Sozialleistungen pro Einwohner seit der Wiedervereinigung stetig erhöht haben. Betrugen sie noch 1991 weniger als 5.000 € pro Einwohner, so waren es 20 Jahre später bereits über 9.000 € pro Einwohner.

Als **weitere Indikatoren** im sozialpolitischen Bereich sind zu nennen: Entwicklung der Arbeitslosenzahlen (vgl. Kapitel 7, Abschnitt 2.2.1) und Volumen von Arbeitslosengeld I und II sowie die Anzahl der Wohngeld beziehenden Haushalte einschließlich der Wohngeldausgaben, oder Angaben über die Entwicklung der Rentnerzahl (absolut und relativ in Prozent der Gesamtbevölkerung bzw. der Erwerbsbevölkerung) sowie den Umfang der Rentenzahlungen. Dadurch lässt sich der Umfang der sozialpolitischen Interventionen aufzeigen. Gleichzeitig wird es möglich, auf sozialpolitische Ziele wie Sicherheit und Gerechtigkeit aufmerksam zu machen (vgl. Abschnitt 4.1).

	1991	1995	2000	2005	2009	2011
Sozialleistungen pro Einwohner in €[1)]	4.855	6.384	7.391	8.115	8.932	9.168

1) ohne private Aufwendungen für Kranken- und Pflegeversicherung

Quelle: Berechnet nach SOZIALBUDGET 2011, Tabelle I-2

Tab. 6.6: Entwicklung der Sozialleistungen in Deutschland

2.3.4 Vermögensverteilung

Als grundsätzliche Voraussetzung jeder Vermögensrechnung ist der **Vermögensbegriff** zu klären und eine **Bewertung** der Vermögensteile vorzunehmen. Die dabei auftretenden Probleme können an dieser Stelle nicht näher erörtert werden. Hat man jedoch erst einmal die Höhe des Vermögens einer Volkswirtschaft ermittelt, so ist seine Verteilung (1) auf verschiedene Vermögensarten, (2) zwischen der verschiedenen Wirtschaftssubjekten sowie (3) innerhalb des Sektors Private Haushalte von besonderem Interesse. Die Gründe dafür sind v.a. darin zu suchen, dass bestimmte Vermögenskomponenten (Produktivvermögen) den Eigentümer mit einer gewissen Verfügungsmacht über andere Produktionsfaktoren, insbesondere über den Faktor Arbeit, ausstatten und aus Vermögen in erheblichem Umfang Einkommen fließen können.

Bei der Analyse der **Vermögensverteilung** treten erhebliche konzeptionelle und statistische Schwierigkeiten (z.B. lückenhaftes Material) auf. Trotzdem lassen sich gewisse grobe Einblicke in die Vermögensverteilung gewinnen. Auffällig ist dabei, dass die Vermögensverteilung wesentlich konzentrierter als die Einkommensverteilung ist. Daraus lässt sich die These ableiten, wonach Bezieher niedriger Einkommen bei der Vermögensbildung mehrfach benachteiligt sind. Sie können einmal aus ihrem laufenden Einkommen nur geringe Beiträge einer Vermögensbildung zuführen, zum anderen bringen diese dann auch kleinere Erträge im Vergleich zu den Anlagen der Besserverdienenden. Vermögen führt also tendenziell dazu, Einkommensunterschiede – die aus dem Einsatz des Faktors Arbeit resultieren – weiter zu vertiefen. Dies steht im Widerspruch zu den Zielen einer Gesellschaft, die innerhalb des marktwirtschaftlichen Rahmens den sozialen Aspekt betont.

Einige Rückschlüsse über die Vermögensentwicklung lassen sich auf der Grundlage des sozio-ökonomischen Panels (SOEP) treffen. Nach Berechnungen auf Basis der zuletzt 2007 erhobenen Vermögensdaten verfügen die oberen 10 % der privaten Haushalte in Deutschland über fast 57,1 % des gesamten Nettovermögens, während auf die unteren 50 % der Haushalte nur ein Anteil von 1,2 % kommt. Der Gini-Koeffizient der Vermögensverteilung liegt mit 0,766 deutlich höher als bei der Einkommensverteilung. Die Summe aller Nettogesamtvermögen (Geldvermögen und Verkehrswerte von Immobilien) in Deutschland betrug im Jahre 2008 rund 4,6 Billionen Euro und damit im Durchschnitt rund 118.000 Euro je Haushalt (BUNDESREGIERUNG, 2013, S. 342). Dabei zeigt sich eine starke Ungleichverteilung zwischen westdeutschen privaten Haushalte, die im Durchschnitt über ein Immobilien- und Geldvermögen von ca. 132.000 Euro verfügen, und ostdeutschen Haushalten (ca. 55.000 Euro).

3 Theoretische Fundierung

Die **Theorie der Sozialpolitik** analysiert das sozialpolitische Handeln mit Hilfe ökonomischer Methoden. Im Mittelpunkt der Betrachtung stehen dabei sowohl „soziale Probleme", die zu sozialpolitischem Handeln veranlassen als auch Maßnahmen und Instrumente der praktischen Sozialpolitik. Ohne den Anspruch auf Vollständigkeit zu erheben, werden in diesem Abschnitt kurz einige theoretische Ansätze vorgestellt, die auf einer thematischen Unterteilung in **Verteilungstheorie** und **Versicherungstheorie** basieren.

3.1 Verteilungstheorie

> Die Verteilungstheorie hat die Aufgabe, die Entstehung des Einkommens sowie seine Aufteilung auf Produktionsfaktoren, gesellschaftliche Klassen und Schichten, Wirtschaftssektoren usw. zu erklären. Dabei geht es v.a. darum, die Bestimmungsfaktoren (Bestimmungsgründe) der Einkommensverteilung (und der Vermögensverteilung) sowie die Beziehungen zwischen diesen Faktoren und der Einkommensverteilung darzustellen.

Im Ergebnis werden im Folgenden **Hypothesen** formuliert, die sich nach (1) Theorien zur funktionellen Einkommensverteilung und (2) Theorien zur personellen Einkommensverteilung unterscheiden lassen. Es muss jedoch festgestellt werden, dass – auch heute noch – die funktionelle Einkommensverteilung im Mittelpunkt der Verteilungstheorie steht.

3.1.1 Theorien zur funktionellen Einkommensverteilung

Die Theorien zur funktionellen Einkommensverteilung setzen bei der **Entstehung der Einkommen** an. Dabei soll zunächst geklärt werden, welche Faktoren überhaupt imstande sind, neue Werte zu schaffen. Dabei gingen die **Physiokraten** davon aus, dass nur der Boden die Eigenschaft der Wertschöpfung besitzt. Vertreter der **Arbeitswertlehre** dagegen behaupteten, dass ausschließlich die menschliche Arbeit imstande sei, neue Werte zu schaffen. Heute ist allgemein anerkannt, dass Wertschöpfung durch das **Zusammenwirken aller Produktionsfaktoren** entsteht. Dann muss aber untersucht werden, wie die in der Produktion entstandenen Einkommen den verschiedenen Produktionsfaktoren zugerechnet werden können.

Den Ausgangspunkt bildet dabei die auf JEAN BAPTISTE SAY (1767–1832) zurückgehende Einteilung in **Arbeit**, **Boden** und **Kapital**, denen die entsprechenden Einkommensarten zugeordnet werden. Während bei ADAM SMITH (1723–1790) die Einkommensverteilung nur am Rande behandelt wurde, rückte sie DAVID RICARDO (1772–1823) in den Vordergrund. Die von ihm unterschiedenen Einkommensarten Lohn,

(Grund-)Rente (die Entlohnung des Bodens, Mieten, Pachten) und als Restgröße der Profit fließen letztlich bestimmten gesellschaftlichen Klassen zu. Im Ergebnis der Verteilung bleibt bei RICARDO der Anteil des Lohns am Volkseinkommen stabil niedrig und wird durch die Höhe eines gewohnheitsmäßigen **Existenzminimums** bestimmt. Demgegenüber wächst – infolge der relativen Bodenverknappung durch Bevölkerungswachstum – der Anteil der Grundrente. Diese Entwicklung führt tendenziell zu einem Sinken der Profitquote, was gleichbedeutend mit der Abnahme der Profitrate – die als das Verhältnis von Gewinn zum eingesetzten Gesamtkapital definiert wird (betriebswirtschaftlich: Gesamtkapitalrentabilität) – ist. Danach profitieren also nur die Grundbesitzer vom Wirtschaftswachstum, das Akkumulationsmotiv entfällt und die wirtschaftliche Entwicklung geht in einen stationären Zustand über. Dieser Auffassung widersprach der Vertreter der Arbeitswertlehre KARL MARX (1818–1883), indem er vom technischen Fortschritt als Triebkraft für die wirtschaftliche Entwicklung ausging. Dieser zwinge in Verbindung mit dem Konkurrenzkampf die Kapitalisten (Grund- und Kapitalbesitzer werden zu einer Klasse zusammengefasst) zu investieren, wodurch die Kapitalintensität der Produktion („organische Zusammensetzung des Kapitals") steigt. Bei konstanter **Mehrwertrate** – definiert als Verhältnis von Mehrwert zum variablen Kapital (Arbeit) – würde auch hier die Profitrate sinken (**Gesetz des tendenziellen Falls der Profitrate**). Jedoch könnte infolge höherer Produktivität ihr Sinken zumindest temporär ausgeglichen werden. Produktivitätssteigerungen und Bevölkerungswachstum würden aber eine sogenannte **„industrielle Reservearmee"** (Arbeitslosigkeit) entstehen lassen, die auf die Löhne drückt. Zusätzlich bewirkt die zunehmende Konkurrenz auf den Märkten, dass nur die stärksten Unternehmen überleben werden. Das führt in der Endkonsequenz dazu, dass einer wachsenden Konzentration von Reichtum und Kapital auf der einen Seite, die zunehmende Verelendung immer größerer Teile der Bevölkerung gegenübersteht. Der daraus resultierende Verteilungskampf wird schließlich zum Untergang des kapitalistischen Systems führen. Dabei lässt MARX allerdings außer Acht, dass bei nach unten flexiblen Löhnen infolge von Arbeitslosigkeit, arbeitsintensive Produktion gegenüber kapitalintensiver Produktion wieder rentabler wird und eine Tendenz zur Vollbeschäftigung bestehen kann. Somit kommt es auch nicht notwendigerweise zu einer industriellen Reservearmee und die **Verelendungstheorie** bricht in sich zusammen.

Während also der Lohn und die Grundrente im Mittelpunkt der verteilungspolitischen Überlegungen der Klassiker standen, wurde der Profit von ihnen nur als **Residualgröße** beachtet. Die Vernachlässigung des Profits überwand MARX, indem er Grundeigentümer und industrielle Unternehmer zu einer Klasse vereinigte und seine Theorie des Mehrwerts in das klassische System einfügte. Die Weiterentwicklung der Theorie der funktionellen Einkommensverteilung hat in der Folgezeit eine Reihe unterschiedlicher Erklärungsansätze geliefert, von denen einige kurz vorgestellt werden sollen.

3.1.1.1 Grenzproduktivitätstheorie

Die Grenzproduktivitätstheorie dominierte trotz wesentlicher Mängel lange Zeit die verteilungspolitische Diskussion. Nicht wenige Volkswirte waren der Auffassung, dass mit ihr ein objektiv „gerechter" Verteilungsschlüssel der funktionellen Einkommen gefunden sei.

Im Mittelpunkt der Grenzproduktivitätstheorie steht eine **gesamtwirtschaftliche Produktionsfunktion** mit bestimmten Eigenschaften (abnehmende Ertragszuwächse gemäß Ertragsgesetz, konstante Skalenerträge, substitutive Produktionsfaktoren). Zunächst werden die verfügbaren Mengen an Arbeit, Kapital und Boden als gegeben unterstellt. Wächst nun aber das Faktorangebot, so kann ein erhöhter Faktoreinsatz aufgrund der sinkenden **Grenzprodukte** (zusätzlicher Ertrag pro mehr eingesetzter Faktoreinheit) nur bei sinkenden Faktorentgelten erfolgen. Die Verfügbarkeit eines Produktionsfaktors bestimmt somit bei vollständiger Konkurrenz auf den Märkten sein Faktoreinkommen. Je weniger von ihm (relativ) vorhanden ist, desto höher wird er entlohnt. Greifen wir den Faktor Arbeit heraus: Seine relative Verknappung würde demnach zu einer Erhöhung der Lohnquote führen und umgekehrt würde eine Verringerung der Arbeitsnachfrage z.B. infolge des technischen Fortschritts negative Auswirkungen auf ihre Entwicklung haben.

Der Grenzproduktivitätsansatz wird heute weitgehend in Frage gestellt. Die **Kritik** richtet sich dabei vor allem auf folgende Probleme: (1) Die Verteilung der funktionellen Einkommen erscheint ausschließlich technisch durch Produktionsfunktion und Faktormengen determiniert. Wesentliche wirtschaftliche und gesellschaftliche Aspekte (z.B. die Ausübung von Macht durch Monopolstellungen oder das Verhältnis zwischen Gewerkschaften und Arbeitgeberverbänden) bleiben unberücksichtigt. (2) Zudem wird eingewandt, dass die Annahme von vollständiger Konkurrenz heute unhaltbar sei (vgl. Kapitel 3, Abschnitt 3.1) und konstante Skalenerträge einen Spezialfall darstellen, der verhindert, dass Unternehmergewinne im Sinne dynamischer Pioniergewinne erklärt werden können (statischer Charakter der Grenzproduktivitätstheorie). (3) Sind außerdem mehrere Produktionsfaktoren an der Produktion beteiligt, so lässt der Wert des Grenzprodukts eines Produktionsfaktors keine Rückschlüsse auf den Beitrag des einzelnen Produktionsfaktors zu. Das Grenzprodukt wird im Zusammenwirken aller drei Produktionsfaktoren geschaffen. Ergebnis: Der Wert des Grenzprodukts lässt sich zwar ermitteln, aber ein objektiver Verteilungsmaßstab wird dadurch nicht gewonnen.

3.1.1.2 Weitere Theorien

Die unterschiedlichen Varianten der **Macht**- und **Monopolgradtheorie** der Verteilung basieren im Gegensatz zur Grenzproduktivitätstheorie auf oligopolistischen und monopolistischen Marktformen. Danach verfügen die Unternehmer über eine ausreichende Marktmacht, um bei der Preisfestsetzung Gewinnzuschläge auf die Durchschnittskosten durchzusetzen. Der Zuschlagsatz spiegelt dabei den Monopolgrad wider, der innerhalb der verschiedenen Varianten differenziert interpretiert wird: z.B. als Verhältnis des Umsatzes zu den variablen Kosten (MICHAEL KALECKI, 1939 [1899–1970]) oder als Verhältnis von Gewinn- und Lohneinkommen. Je höher der Monopolgrad ist, desto mehr verschiebt sich die Einkommensverteilung zugunsten der Unternehmer bzw. der Lohnanteil am Volkseinkommen sinkt.

Sowohl die Grenzproduktivitätstheorie als auch der Monopolgradansatz vernachlässigen den Kreislaufzusammenhang und konzentrieren sich ausschließlich auf die Einkommensentstehung im Produktionsprozess (**Angebotsorientierung**). Infolge der „Keynesianischen Revolution“ entwickelten sich zahlreiche **kreislauftheoretische Ansätze**, die die Verwendung des Einkommens und ihren Einfluss auf die Einkommensverteilung in den Vordergrund stellten. Die Verteilung wird hier primär aus den

gesamtwirtschaftlichen Nachfragebedingungen erklärt. So wählte beispielsweise NIKOLAS KALDOR (1955 [1908–1986]) mit Bezug auf JOHN MAYNARD KEYNES (1883–1946) als Ausgangspunkt die gesamtwirtschaftlichen Nachfragegrößen Konsum (C) und Investition (I) sowie die Bedingung für ein Kreislaufgleichgewicht: Der Teil des Volkseinkommens, der nicht konsumiert wird (Ersparnis S), muss für Investitionen verwendet werden (I = S). Gespart wird sowohl von Gewinn- als auch von Lohnbeziehern, wobei die Sparneigung (Sparquote) der Gewinnbezieher größer ist. Darauf aufbauend entwickelte er eine Formel, in deren Ergebnis die Verteilung durch die Spargewohnheiten (bzw. Konsumgewohnheiten) und die Investitionshöhe (wegen I = S) bestimmt wird. Damit treten Ausgabenströme ins Zentrum verteilungspolitischer Betrachtungen, während technische Bestimmungsgründe und monopolistische Einflüsse der Verteilung „unsichtbar" werden. Dieser wegen grober Vereinfachungen stark kritisierte Ansatz wurde mehrfach weiterentwickelt (W. KRELLE, 1962, S. 59–72).

Trotz starker Mängel – so werden beispielsweise einkommensunabhängige (autonome) Spar- bzw. Konsumkomponenten ebenso vernachlässigt, wie der Unterschied zwischen ausgeschütteten und einbehaltenen Gewinnen – war der **KEYNES-KALDOR**-Ansatz von Interesse, weil er die Bedeutung der Einkommensverteilung für ein gesamtwirtschaftliches Gleichgewicht hervorhob.

3.1.2 Theorien zur personellen Einkommensverteilung

Während die Theorien der funktionellen Einkommensverteilung zu klären versuchen, wie das Volkseinkommen auf die gesellschaftlichen Gruppen in Abhängigkeit von ihrer Funktion im Wirtschaftsprozess (Verfügungsgewalt über Produktionsfaktoren) verteilt wird, wählt die Theorie der personellen Einkommensverteilung einen anderen Ausgangspunkt. Sie stellt die Frage nach dem Gesamteinkommen von Personen oder Haushalten. Dabei wird berücksichtigt, dass diese über mehrere Produktionsfaktoren verfügen können (vgl. Abschnitt 2.2.1). Somit ist ihr Anteil am Volkseinkommen nicht zwangsläufig mit einer bestimmten Einkommensart (z.B. Lohn) identisch. Die Theorie der personellen Einkommensverteilung hat neben der **Höhe** der Einkommen also auch deren **Streuung** zum Gegenstand.

Ein Beispiel für **stochastische Ansätze**[2] zur personellen Einkommensverteilung lieferte uns VILFREDO PARETO (1848–1923). Nach PARETO ist zwar die Fähigkeit zur Einkommenserzielung in der Bevölkerung um einen Mittelwert normalverteilt. Eine Häufigkeitsverteilung der Einkommen stellt sich jedoch in der Regel asymmetrisch dar. Dafür macht er die Tatsache verantwortlich, dass die Streuung der Einkommen nach unten durch das notwenige Existenzminimum begrenzt wird.

---

[2] Der Begriff Stochastik stammt aus dem Griechischen und lässt sich mit „Kunst des Mutmaßens" übersetzen. Mathematische Stochastik ist die Untersuchung bzw. Beschreibung von: (1) Zufallsexperimenten (zum Beispiel Würfeln, Münzwurf und deren Ausgang (Ereignis), (2) zeitlichen Entwicklungen bzw. (3) räumlichen Strukturen, die vom Zufall beeinflusst werden. Ereignisse, Entwicklungen bzw. Strukturen werden oft durch Daten dokumentiert, für deren Untersuchung die Statistik geeignete Methoden entwickelt hat. Mit Hilfe der Stochastik kann man etwa die Wahrscheinlichkeit von Lottogewinnen berechnen oder die Größe des möglichen Fehlers bei Meinungsumfragen bestimmen.

Den wahrscheinlichkeitstheoretischen Ansätzen, die die personelle Einkommensverteilung mehr abbilden als erklären, stehen Ansätze gegenüber, die stärker die Faktoren hervorheben, die **kausal** auf die Einkommensverteilung einwirken. Nach ARTHUR C. PIGOU (1877–1959) hängt die Einkommensverteilung vorrangig von der **Verteilung der Fähigkeiten** ab. Dabei werden die Fähigkeiten in einem weiten Sinne definiert. Es geht also nicht nur um die Arbeitsfähigkeit, sondern vielmehr generell um die Fähigkeit, Einkommen zu erwerben.

Eine oft vertretene These sieht die Einkommensverteilung als eine Reaktion auf die Struktur des Bildungssystems an (**bildungstheoretischer Ansatz** oder **human capital-Ansatz**). Neben den natürlichen Fähigkeiten werden dabei auch der Ausbildung (Bildungsinvestitionen) Einflüsse auf die Einkommensverteilung zugesprochen. Ohne hier auf Unterschiede in der Methodik eingehen zu können, lässt sich doch eine allgemeine Aussage treffen: Mit steigendem Bildungsniveau bestimmter gesellschaftlicher Gruppen wird die Einkommensverteilung ungleicher.

Neuere Ansätze analysieren die Einkommensverteilung unter Einbeziehung von politischen Prozessen und Einflüssen (**Konflikt-Modelle**). Dabei wird die Auseinandersetzung zwischen Kapital und Arbeit durch den Verteilungskonflikt zwischen Institutionen und Generationen (z.B. Rentendiskussion – vgl. Abschnitt 6.2.2) erweitert. Abschließend muss kritisch eingeschätzt werden, dass trotz vielfältiger Versuche keine vollständig überzeugende und in sich geschlossene Theorie der personellen Einkommensverteilung existiert.

3.2 Versicherungstheorie

3.2.1 Marktversagen bei Sozialversicherungen

Die in modernen Volkswirtschaften vorzufindenden Systeme der sozialen Sicherung zeichnen sich zum einen dadurch aus, dass zahlreiche damit verbundene Leistungen staatlich bereitgestellt werden und zum anderen dadurch, dass bei den meisten Leistungen eine **Versicherungspflicht** besteht.

Der Wunsch nach Absicherung gegen Einkommensschwankungen im Lebenszyklus sowie gegen hohe finanzielle Belastungen durch Krankheit oder Arbeitslosigkeit kann in zentralen Bereichen der sozialen Sicherung (Alter, Krankheit, Pflege) prinzipiell auch durch **private Versicherungsmärkte** erfolgen. Es stellt sich deshalb die Frage, warum es trotzdem vielfältige staatliche Maßnahmen bei der Absicherung elementarer Lebensrisiken gibt. Nur wenn der Markt volkswirtschaftlich zu keinem wohlfahrtsoptimalen Ergebnis führt und die staatliche Bereitstellung des Versicherungsschutzes eine bessere Lösung als der freie Markt hervorbringt, wäre sie aus ökonomischer Sicht gerechtfertigt.

Gleiches gilt für die Versicherungspflicht, die sowohl gegen das **Prinzip der Vertragsfreiheit** verstößt, das in Deutschland gemäß Verfassung (Art. 2 Abs. 1 GG) ein Grundrecht darstellt, als auch gegen das ökonomische Effizienzkriterium. Der Zwang zum Abschluss einer Versicherung wirkt insofern effizienzmindernd, als der Nutzen des Versicherungsnehmers aus einer anderen Verwendung des hierfür aufzubringenden Geldes höher wäre. Aus diesen Gründen bedarf auch die Versicherungspflicht einer gesonderten Begründung.

Gemäß dem ersten Hauptsatz der **Wohlfahrtstheorie** ist in einer Ökonomie mit rein privaten Gütern und einer gesicherten Eigentumsordnung jedes Marktgleichgewicht bei vollkommener Konkurrenz und vollkommener Information ein **Pareto-Optimum** (vgl. Kapitel 2, Abschnitt 3.2). Staatliche Eingriffe sind nur dann wohlfahrtssteigernd, wenn die Voraussetzungen dieses Theorems nicht erfüllt sind.

Im Bereich der sozialen Absicherung ist dies vor allem aufgrund unvollkommener Informationen der Fall. **Asymmetrische Informationen** treten zwischen Versicherern und Versicherten in zwei Ausprägungen auf:

- **Moral Hazard** (Verhaltensrisiko): Die Beeinflussbarkeit des Schadensrisikos durch die Versicherten, sowie
- **Adverse Selektion** (Typenrisiko): Die Unbeobachtbarkeit von Merkmalen der Versicherten (durch die Versicherer):

Moral Hazard liegt vor, wenn Individuen sich aus Eigeninteresse leichtfertig verhalten, weil sie sich gewiss sein können, dass mögliche Schadensrisiken von Dritten getragen werden. Durch ein bestimmtes Verhalten des Versicherten erhöht sich folglich dessen Risiko, was wiederum die Kosten der Versicherung erhöht. Dieser Fall kann bei **Rentenzahlungen** im Alter eintreten. Um sich gegen die Risiken von Armut im Alter abzusichern, hat jeder die Möglichkeit, eine private **Rentenversicherung** abzuschließen. Abgesehen davon, dass Personen mit geringem Einkommen häufig nicht über die dazu erforderlichen finanziellen Mittel verfügen, haben sie einen verminderten Anreiz, einen Teil ihres Einkommens für ihre private Altersvorsorge zurückzulegen. Der Grund liegt in **verzerrten Präferenzen**. Haushalte neigen dazu, den gegenwärtigen Konsum höher einzuschätzen als zukünftigen Konsum. Sofern sie im Alter nicht in der Lage sind, ihren Lebensunterhalt selbst zu finanzieren, können sie damit rechnen, dass sie von der Solidargemeinschaft finanziert werden, so zum Beispiel durch Sozialleistungen des Staates. Das Risiko, im Alter nicht für den eigenen Lebensunterhalt aufkommen zu können, erhöht sich demnach gerade bei dieser Gruppe durch fehlende Anreize zum Sparen. Um ein solches Moral Hazard auszuschließen, ist eine Pflichtversicherung für Bedürftige notwendig. Würde man lediglich einen verpflichtenden Versicherungsschutz für Arme vorsehen, hätte dies zur Folge, dass die Gesellschaft in zwei Klassen gespalten wäre. Um dies zu vermeiden, gibt es in den meisten westlichen Industriestaaten eine gesetzliche (Pflicht-)Rentenversicherung für alle.

Moral Hazard kann darüber hinaus auch bei **Gesundheitsleistungen** auftreten: Sofern eine Person krankenversichert ist, haftet sie nicht für ihr Verhalten, da im Bedarfsfall die Solidargemeinschaft der gesetzlichen **Krankenversicherung** für die Behandlungskosten aufkommt. Folglich hat die Person einen verminderten Anreiz, risikoreiche Freizeitbeschäftigungen oder ungesunde Lebensweisen einzuschränken. In der Gesundheitsökonomie wird dieses Verhalten als **Ex-Ante-Moral-Hazard** bezeichnet. Hiervon zu unterscheiden ist das sogenannte **Ex-Post-Moral-Hazard**, welches darin besteht, dass Patienten zu viele Leistungen nachfragen, weil die Kosten der Inanspruchnahme ärztlicher Leistungen von der Solidargemeinschaft getragen werden. Moral Hazard kann schließlich auch bei den Leistungserbringern auftreten: Weil die Kosten einer Behandlung von der Versicherung beglichen werden und nicht vom

Patienten direkt, kann ein Arzt in die Versuchung kommen, unnötige oder zu teure Behandlungen durchzuführen.

Eine weitere Form von **Marktversagen** bei der Absicherung von (sozialen) Lebensrisiken tritt dadurch auf, dass eine Informationsasymmetrie zwischen den beteiligten Akteuren besteht, die zu **adverser Selektion** führt und damit systematisch zu nicht pareto-optimalen Ergebnissen. Informationsasymmetrien sind häufig auf Versicherungsmärkten anzutreffen und können im Extremfall zur Folge haben, dass überhaupt keine Leistungen versichert werden, obwohl dies ökonomisch vorteilhaft wäre.

▶ Beispiel

Ein Anbieter von Krankenversicherungen steht zwei (gleich großen) Gruppen von Nachfragern nach Versicherungsleistungen gegenüber: Die erste Gruppe setzt sich aus Personen zusammen die sehr gesundheitsbewusst lebt und deshalb jährliche Gesundheitskosten von durchschnittlich 500 Euro verursacht. Die zweite Gruppe setzt sich aus Personen zusammen, die weniger gesundheitsbewusst lebt und folglich jährliche Gesundheitskosten von durchschnittlich 1.000 Euro hat. Verfügt nun das Versicherungsunternehmen über die Informationen hinsichtlich der Risiken der Versicherungsnehmer, müsste die Gruppe mit hohem Gesundheitsrisiko einen Betrag von 1.000 Euro zu ihrer Absicherung aufbringen und die Gruppe mit dem geringeren Risiko lediglich eine Betrag von 500 Euro. Diese Informationen hinsichtlich des Versicherungsrisikos stehen den Versicherungsunternehmen nicht zur Verfügung, so dass die Versicherung weniger gut über die individuellen Risiken informiert ist als der Versicherte. Unter der Annahme, dass der Anbieter von Krankenversicherungen also nicht zwischen den beiden Gruppen unterscheiden kann, wird er für die Versicherung einen Preis verlangen, der dem erwarteten Mittelwert der Kosten beider Gruppen entspricht, in diesem Fall also 750 Euro. Bei einem Preis von 750 Euro ist die gesundheitsbewusste Gruppe jedoch nicht bereit, eine Krankenversicherung abzuschließen. Es wäre für diese Gruppe vorteilhafter, die anfallenden Kosten selber zu tragen. Für die weniger gesundheitsbewusste Gruppe, die sehr wohl die Versicherung abschließen würde, wäre ein Preis von 750 Euro nicht mehr kostendeckend, so dass der Versicherer den Preis auf 1.000 Euro erhöhen müsste. Obwohl die gesundheitsbewusste Gruppe gerne eine Versicherung abschließen würde und der Versicherer ein Interesse daran hätte ihnen eine Krankenversicherung anzubieten, kommt es nicht zu einem Abschluss.

Ein weiteres Argument für die staatliche Absicherung sozialer Risiken geht auf **negative externe Effekte** zurück. So steigern Armut und Arbeitslosigkeit – insbesondere unter Jugendlichen – die Gewaltbereitschaft und Kriminalität. Auch wenn die Höhe solcher negativen externen Effekte nur schwer abschätzbar ist, lässt sich ihre Existenz dieser Effekte leugnen. Der soziale Friede (Verzicht auf Gewaltbereitschaft) ist ein öffentliches Gut, das bei einer starken sozialen Ungleichheit gefährdet ist. Er kann dauerhaft nur gewährleistet werden, wenn allen Mitgliedern einer Gesellschaft Teilhabe ermöglicht wird.

Eine **Internalisierung** der externen Effekte durch eine Subventionierung der Marktpreise ist bei dem Gut soziale Sicherheit kaum möglich, da sich das Gut in seinen Eigenschaften von gewöhnlichen Gütern unterscheidet. So ist das Gut Gesundheit in seiner gesellschaftlichen (und auch volkswirtschaftlichen) Bedeutung kaum hoch genug einzuschätzen. Gleiches gilt für das Gut Arbeit, das neben der Funktion der Einkommenserzielung auch eine sinngebende Komponente hat (vgl. Kap. 7, Abschnitt 4.1).

Schließlich wird als Argument für einen **Kontrahierungszwang** bei Sozialversicherungen die Vermeidung einer **Unterversorgung** angeführt. Bei bestimmten Versicherungen (insbesondere bei der Rentenversicherung) handelt es sich um ein Gut, dessen Bedarf von den Individuen systematisch unterschätzt wird. Ihre Rente würde deshalb ohne eine Pflichtversicherung zu niedrig ausfallen.

3.2.2 Die Versicherungsfunktion des Sozialstaates

Ein anderer Ansatz, aus dem die Notwendigkeit hergeleitet wird, dass ein moderner Staat umfassende Sozialleistungen bereitzustellen hat, geht auf SINN (1995, 1996) zurück. Da der Versicherungsschutz sehr langfristig angelegt ist, findet sich kein privates Versicherungsunternehmen, das einen solchen Versicherungsschutz bereitstellt. Folgendes Beispiel von SINN verdeutlicht dies:

▶ Beispiel

Ein junges Elternpaar möchte ihr gerade geborenes Kind vor den Unwägbarkeiten des Lebens absichern. Die Eltern stehen vor dem Problem, dass sie nicht wissen, wie erfolgreich ihr Kind später einmal sein wird, da sie weder die schulischen Begabungen ihres Kindes noch wirtschaftliche Entwicklungen vorhersehen können. Da sie angesichts der Unwägbarkeiten des Arbeitsmarktes allenfalls eingeschränkt vorhersagen können, ob und welche Ausbildung sich für ihr Kind lohnt, sind sie bei der Bildung von Humankapital einem besonders hohen Investitionsrisiko ausgesetzt. Es erhöht sich zusätzlich dadurch, dass Krankheiten oder Unfälle sowie wirtschaftliche Prozesse das Humankapital schlagartig entwerten können. Schließlich hängt es auch von Glück oder Pech ab, ob Individuen im Laufe ihres Lebens reich oder arm werden. Aus diesen Gründen möchten die Eltern gerne für ihr Kind eine (Lebens-)Versicherung abschließen, die diese Risiken mindert. Für den Fall, dass ihr Kind als Erwachsener erfolgreich ist, würden sie eine Zahlung leisten, im umgekehrten Fall erhalten sie Leistungen von der Versicherung. Da ein solcher Versicherungskontrakt jedoch rechtlich nicht zulässig ist (Verträge, die zu Verpflichtungen für Dritte führen, die dem Vertrag nicht zugestimmt haben), können die Beteiligten den Vertrag auch nicht abschließen. Zu einem späteren Zeitpunkt würde ein solcher Vertrag jedoch nicht mehr zustande kommen, da entweder der Versicherungsnachfrager so erfolgreich ist, dass er kein Interesse an einem solchen Versicherungsvertrag hätte, oder die Erfolglosigkeit des Versicherungsnehmers die Versicherung davon abhalten würde, einen solchen Vertrag einzugehen.

Eine umfassende Lebensversicherung kommt folglich nicht am Markt zustande. Hier bietet sich nun eine **Lösung durch den Sozialstaat** an. Dieser kann die langfristigen

Lebensrisiken des Kindes durch umfassende sozialstaatliche Transfersysteme vermindern und somit den Eltern einen langfristigen Versicherungsschutz bereitstellen. Dies hat zur Folge, dass die Versicherten nun eher bereit sind, mit hohen Risiken behaftete Berufe zu erlernen oder ihren Arbeitsplatz bzw. ihren Wohnort zu wechseln. Insbesondere risikoaverse Personen werden eher bereit sein, riskante Investitionen zu tätigen, wenn sie durch den Sozialstaat abgesichert sind. Dies wiederum fördert den Strukturwandel der Wirtschaft und verbessert so direkt und indirekt das Wachstumspotenzial der Volkswirtschaft.

Die im Rahmen des Systems der Sozialen Sicherung stattfindende Umverteilung von Vermögen und Einkommen ist so gesehen auch eine **generationenübergreifende Sozialversicherung** gegen das langfristige Karriererisiko. Eine solche Sozialversicherung erhöht die Effizienz der Risikoallokation in der Gesellschaft.

4 Ziele der Sozialpolitik und Verteilungspolitik

4.1 Sozialpolitische Ziele und Prinzipien

Sozialpolitik folgt im Rahmen der Sozialen Marktwirtschaft dem übergeordneten Ziel (**Leitbild**), benachteiligten Mitgliedern oder Gruppen der Gesellschaft ein menschenwürdiges Dasein zu ermöglichen. Die daraus abgeleiteten **sozialpolitischen Ziele** lassen sich in **zwei Gruppen** einteilen:

- In der **ersten** Gruppe werden solche Ziele wie Gesundheit, Erwerbsfähigkeit und -möglichkeit, Arbeitsbedingungen (z.B. Arbeitsschutz), Altersvorsorge aber auch Einkommens- und Vermögensverteilung zusammengefasst.
- Die **zweite** Gruppe umfasst Ziele, die auf die Sicherung des gesellschaftlich anerkannten Grundbedarfs (Nahrung, Kleidung, Wohnung, Teilhabe an kulturellen Gütern) für hilfsbedürftige Personen gerichtet sind. Welcher Umfang an Leistungen im Einzelnen als sozial gewünscht angesehen wird, hängt von einer Reihe von Voraussetzungen (wie Zugehörigkeit zu einer gesellschaftlichen Gruppe, wirtschaftliche Leistungskraft der Volkswirtschaft, historische Situation, Einfluss von Interessenverbänden) ab.[3]

Je nach der Rangfolge bzw. Veränderung gesellschaftlicher Werte (Normen), werden sich die Vorstellungen über einen **sozialpolitischen Handlungsbedarf** unterscheiden. Die BUNDESREGIERUNG sieht die Sozialpolitik vor die Aufgabe gestellt, „wirtschaftliche Dynamik und soziale Sicherheit“ miteinander zu verbinden. Dabei „steht nicht mehr vor allem der Statuserhalt, sondern die Vermeidung von sozialer Ausgrenzung und die Förderung sozialer Eingliederung“ im Vordergrund (SOZIALBERICHT 2005, S. 4). In diesem Sinne wird stark auf **Eigenverantwortung** und Eigenleistung gesetzt. Im Sozialbericht von 2009 wird seitens der BUNDESREGIERUNG die „Siche-

[3] KATH geht speziell auf die Auswirkungen politischer Machtwechsel ein und kommt zu dem Schluss, dass die konkreten Sozialordnungen parlamentarischer Demokratien meist auf diese Weise historisch gewachsen und folglich nicht widerspruchsfrei sind (vgl. KATH, 2002, S. 405).

rung sozialer und gesellschaftlicher Teilhabe und Integration durch Aktivierung und Befähigung“ (S. 5) hervorgehoben. Darüber hinaus wird die Notwendigkeit betont, „den Sozialstaat und seine Institutionen leistungsfähig und effizient zu halten“ (S. 7). Dabei soll der Sozialstaat sicherstellen, „dass sich Engagement auszahlt, dass jeder, der Leistungsbereitschaft zeigt, damit sein Leben verbessern kann, und dass jedem in Not geholfen wird.“

Abgesehen von den konkreten Inhalten wird die **Gestaltung sozialer Sicherungssysteme** von einigen grundlegenden **Prinzipien** bestimmt. Sie sind darauf ausgerichtet, eine Bedarfsdeckung privater Haushalte auch in kritischen Lebenslagen sicherzustellen. Dies kann grundsätzlich durch **Eigenvorsorge** nach dem **Individualprinzip** oder durch **kollektive Vorsorge** nach dem Sozialprinzip organisiert werden. Als Grundsätze des letzteren sind das **Sozialversicherungsprinzip**, das **Versorgungsprinzip** und das **Fürsorgeprinzip** zu nennen.

- Das **Individualprinzip** entspricht dem sozialpolitischen Leitbild einer „reinen“ Leistungsgesellschaft. Hier wird Gerechtigkeit nicht auf ein konkretes Verteilungsergebnis, sondern auf allgemeine Handlungsregeln bei gleicher Ausstattung mit immateriellen Grundgütern – Freiheiten, Rechte, Chancen – bezogen. Danach verfügt jedes Gesellschaftsmitglied über die Freiheit, seine Lebensbedingungen selbst zu gestalten. Dies schließt die **eigenverantwortliche Vorsorge** für Notfälle (z.B. Krankheit, Arbeitslosigkeit, Invalidität) und Ereignisse des normalen Lebenszyklus (Familie, Kinder, Alter) mit ein. Sie kann durch **Ersparnisbildung** oder den **Abschluss von Versicherungen** erfolgen. Da Sparen besonders bei Beziehern niedriger Einkommen als Sicherung nicht ausreichen dürfte, bietet bei Unsicherheit über den Eintritt des Vorsorgefalls und dessen finanziellen Folgen allein eine Versicherung vollen Risikoschutz. Je nach individueller Wahrscheinlichkeit für den Eintritt des Versicherungsfalls wird der Beitrag des einzelnen Versicherten zum Gesamtrisiko (**Äquivalenzprinzip**) festgelegt. Allerdings muss eingeräumt werden, dass das **Versicherungsprinzip** z.B. bei konjunkturbedingter Massenarbeitslosigkeit und der Sicherung gegen Kriegsfolgen versagt. In solchen Fällen ist eine **kollektive Sicherung** unabdingbar.
- Dem Individualprinzip steht das **sozialpolitische Leitbild** einer Gesellschaft gegenüber, die für sich den ordnungspolitischen Rahmen der Sozialen Marktwirtschaft gewählt hat. Die marktwirtschaftlichen Prinzipien – wie Leistungswettbewerb, Privateigentum oder Marktpreisbildung – werden beibehalten. Die Ergebnisse des Marktes bedürfen jedoch einer Korrektur. Mithin trägt die Gesellschaft eine Mitverantwortung für die Gestaltung der individuellen Lebensbedingungen (**Sozialprinzip**). Die diesem Prinzip entsprechenden sozialen Sicherungssysteme – weitgehend durch das Merkmal einer **staatlichen Zwangsversicherung** geprägt – sind indes nicht allein durch die angesprochenen nichtversicherbaren Risiken begründet. Vielmehr ergeben sich auch aus der **unzureichenden Bereitschaft** und **mangelnder Fähigkeit** zu individueller Vorsorge distributive Aufgaben des Staates. So schätzen viele Menschen ihre künftigen Bedürfnisse und Einkommenserwartungen falsch ein. Auch werden die Risiken der Arbeitswelt nicht zwangsläufig von den Nutznießern der damit verbundenen Wohlfahrtssteigerungen getragen. Außerdem hat nicht nur der Einzelne, sondern die gesamte Gesellschaft ein Interesse an der Erhaltung des human capital (Wirkung positiver externer Effekte).

Für die **Gestaltung des staatlichen Sozialversicherungssystems** folgt daraus, dass unterschiedliche Prinzipien wie (1) das Sozialversicherungs-, (2) das Versorgungs- und (3) das Fürsorgeprinzip in Betracht und in der praktischen Sozialpolitik auch – in Kombination – zur Anwendung kommen:

[1] Beim **Sozialversicherungsprinzip**, – teilweise über Steuern finanziert -, wird das Äquivalenzprinzip modifiziert. Nach dem Solidarprinzip erfolgen hiernach auch Leistungen beitragsunabhängig (mitversicherte Familienangehörige) und Risiko- und Leistungsausschlüsse werden – unter Berücksichtigung der sozialen Lage der Versicherten – vermieden.

[2] Das **Versorgungsprinzip** garantiert allen Gesellschaftsmitgliedern entsprechend einer „generellen" Bedürftigkeit eine einheitliche Grundversorgung aus Steuermitteln und Abgaben. Die Kosten der Risikosicherung werden also nicht dem Verursacher angelastet. In der BUNDESREPUBLIK DEUTSCHLAND wurde dieses Prinzip für Kriegsopfer (Kriegsopferversorgung) und Vertriebene (Lastenausgleich) eingeführt. In anderen Ländern ist das Versorgungsprinzip im Gegensatz dazu allgemeine Grundlage der sozialen Sicherungssysteme (Grundrente, „Staatsbürgerversorgung"). Unabhängig von der individuellen Bedürftigkeit wird dabei im Versorgungsfall (Krankheit, Invalidität, Alter) eine einheitliche Grundversorgung gewährt.

[3] Voraussetzung für die Gewährung von Leistungen nach dem **Fürsorgeprinzip** (Sozialhilfe) ist eine „spezielle Bedürftigkeit". Danach soll ein menschenwürdiges Leben auch für diejenigen möglich sein, die – auch selbst verschuldet – in eine Notlage geraten sind. Auf Sozialhilfe besteht ein Rechtsanspruch ohne Gegenleistung bzw. Rückzahlungsverpflichtung, wenn die Bedürftigkeit nachgewiesen wird und unterhaltspflichtige Verwandte nicht herangezogen werden können. Sozialhilfe wird aus Steuern finanziert (Transferzahlung). Sie ist Aufgabe der Gemeinden und Städte.

In der praktischen Sozialpolitik werden diese Prinzipien in Abhängigkeit vom sozialpolitischen Leitbild in unterschiedlicher Richtung angewendet. Für die Daseinsvorsorge in der BUNDESREPUBLIK DEUTSCHLAND ist darüber hinaus das **Selbstverwaltungsprinzip** maßgebend. Danach beschränkt sich der Staat auf die reine Rechtsaufsicht und überlässt die Durchführung der gesetzlichen Aufgaben den Sozialversicherungsträgern. Diese Aufgabenteilung kann als Ausdruck für eine indirekte parlamentarische Demokratie und die Mitbestimmung der Bürger angesehen werden.

Ergänzend sei darauf hingewiesen, dass die **sozialpolitische Zielorientierung** nach dem Kausalprinzip oder dem Finalprinzip erfolgen kann. Nach dem **Kausalprinzip** wird jedes Risiko versichert. Der Versicherte kann so Ansprüche auf Leistungen aus verschiedenen Gründen erwerben und kumulieren. Das **Finalprinzip** orientiert sich an der Bedarfsgerechtigkeit. Hat ein Versicherter Ansprüche aus mehreren Gründen, muss er sich die Leistungen anrechnen lassen.

4.2 Verteilungspolitische Ziele und Prinzipien

Die Lösung des Verteilungsproblems ist wahrscheinlich eine der schwierigsten ökonomischen Herausforderungen. Das ist nicht zuletzt durch das Problem der **Vertei-**

lungsgerechtigkeit begründet. Demnach kann die Formulierung von Verteilungszielen nicht mit den Mitteln einer kausal orientierten Wirtschaftstheorie gelöst werden weil die Frage nach der Verteilungsgerechtigkeit stark von normativen Aussagen und Werturteilen geprägt ist.

Folgende **Ausgangspositionen** lassen sich formulieren: Das Problem der Verteilungsgerechtigkeit kann nur anhand von konkretisierbaren Sachverhalten erfasst werden. Gerechtigkeitspostulate werden dabei immer entscheidend von der herrschenden gesellschaftlichen Organisationsform und dem Wertesystem einer Gesellschaft determiniert. Sie bilden die Grundlage, von der verteilungspolitische Normen des menschlichen Zusammenlebens abgeleitet werden. Der Ruf nach größerer Gerechtigkeit – was immer darunter verstanden werden mag – wird immer dann lauter, wenn die bestehende Einkommens- und Vermögensverteilung den gesellschaftlichen Frieden zwischen den verschiedenen Bevölkerungsgruppen gefährdet (vgl. z.B. WERNER, 1987, S. 48ff.). Bereits hier dürfte deutlich werden, dass die Frage nach einer „gerechten" Einkommens- und Vermögensverteilung nicht wissenschaftlich beantwortet werden kann. Jeder Antwort liegen **gesellschaftliche Werturteile** zugrunde, an denen sich praktische Wirtschaftspolitik orientiert. Bleibt zu klären, welche Bezugsgrößen dabei eine Rolle spielen: Zum einen geht es um den Beitrag zur Erstellung des Inlandsproduktes (**Leistungsprinzip**), zum anderen um die Inanspruchnahme des Inlandsproduktes (**Bedarfsprinzip**).

Das **Leistungsprinzip** geht von dem Grundsatz aus, dass die Einkommen der Wirtschaftssubjekte in Abhängigkeit von der erbrachten Leistung stehen sollten. Diejenigen, die eine hohe individuelle (Arbeits-)Leistung erbringen, erhalten auch einen größeren Anteil an der gesellschaftlichen Wertschöpfung. Oder anders ausgedrückt: In einer nach Wettbewerbsregeln funktionierenden Marktwirtschaft entspricht das „Marktentgelt" (z.B. Lohn, Gewinn) der erbrachten Leistung. Auf der Grundlage von Marktsignalen werden Faktorleistungen nachgefragt. In Abhängigkeit vom jeweiligen Angebot bilden sich dann Faktorpreise, die dem volkswirtschaftlichen Bedarf entsprechen. Das Leistungsprinzip setzt voraus, dass die einzelne Leistung auch genau gemessen und bewertet werden kann. Diese Voraussetzung erscheint unter den Bedingungen einer stark arbeitsteiligen Volkswirtschaft kaum erfüllbar. Auch ist nicht jede Leistung an sich messbar, weil ein **geeigneter Maßstab** fehlt (z.B. Lehrer). Problematisch ist ebenso der Vergleich von Leistungen, die in unterschiedlichen Bereichen (z.B. Altenpfleger und Rennfahrer) erbracht werden. Der oben formulierte Zusammenhang zwischen Einkommen und Leistung darf somit bezweifelt werden.

Neben der Leistungsmessung/-bewertung müssen **weitere Probleme** erwähnt werden, die eine Gleichsetzung von Einkommen (Marktentgelt) und Leistung fraglich erscheinen lassen. Wir konzentrieren uns dabei auf die im Sinne eines „Outputs" erbrachten Leistungen.[4] Danach wird eine leistungsgerechte Einkommensverteilung

---

[4] In der Verteilungsdiskussion spielen auch „inputorientierte" Aspekte eine Rolle. Dabei geht es u.a. um die individuelle Beanspruchung (wie die physische oder psychische Belastung) der Leistungserbringer. Dass dies zu anderen Verteilungsergebnissen führen wird, liegt auf der Hand. So kann beispielsweise eine marktmäßig kaum honorierte Leistung für das sie erbringende Individuum sehr wohl mit erheblichen Belastungen verbunden sein.

vorrangig durch die Unvollkommenheiten der Märkte (z.B. Wettbewerbsbeschränkungen) „verzerrt". Zahlreiche Leistungen (wie ehrenamtliche Tätigkeiten in diakonischen und karitativen Einrichtungen, private Kindererziehung) werden nicht „entgolten", da sie nicht marktgerichtet sind. Auch bewertet der Markt häufig nicht nach „gesellschaftsdienlichen" Kriterien. Als Beispiel sei die Wirkung externer Effekte angeführt, die in erster Linie aus der Umweltdiskussion bekannt sind (vgl. Kapitel 9, Abschnitte 1 und 3.2). Und schließlich belohnt der Markt Leistungen, die nicht auf die individuelle Leistung zurückzuführen sind. Beispielsweise stellt die bei Immobilienverkäufen realisierte Wertsteigerung häufig nicht das Ergebnis der Leistung des Eigentümers dar.

Das **Bedarfsprinzip** geht von der Stellung der Wirtschaftssubjekte als Konsumenten aus. Auch die Verwendung des Bedarfs als Norm für die Einkommensverteilung wirft Fragen auf: Wer bestimmt den gesellschaftlich verbindlichen Bedarf und welches Wertesystem bildet die Grundlage für seine Bestimmung? Für die Beantwortung dieser Frage sind verschiedene Ansätze denkbar. So kann beispielsweise vom Ziel der Befriedigung eines **Mindestbedarfs** oder aber vom Ziel der Gleichheit ausgegangen werden. Betrachten wir das **Gleichheitspostulat** etwas genauer. Es wäre erfüllt, wenn alle Gesellschaftsmitglieder die gleiche Wohlfahrtsposition (gleicher Grad der Befriedigung von materiellen und sozialen Bedürfnissen) erreichen. Diese Ansatz geht von der Gleichheit aller Menschen aus: Weil sie gleich sind, sollen auch ihre Bedürfnisse gleich befriedigt werden. Da sich Menschen aber z.B. nach Geschlecht, Alter, Familienstand, Gesundheit unterscheiden, sind auch ihre Bedürfnisse (Bedarfe) ungleich. Das bedeutet jedoch nichts anderes, als dass die unterschiedlichen Bedürfnisse der Menschen nach ihrer Dringlichkeit zu berücksichtigen wären. Wie aber lassen sich Bedürfnisse und Nutzen, die subjektiv empfunden werden, interpersonell vergleichen? Wir wissen, dass dieses Problem unlösbar ist. Folglich erweist sich unter dem Gerechtigkeitsgesichtspunkt auch die Norm der Bedarfsgerechtigkeit als unzulänglich.

Deshalb wird auch heute die Forderung nach „uneingeschränkter" Verteilungsgleichheit (absolutes Egalitätsprinzip) kaum noch ernsthaft erhoben. In einem marktwirtschaftlich orientierten Wirtschaftssystem sind **Einkommensunterschiede als Leistungsanreiz** und als Lenkungsinstrument unerlässlich. Marktwirtschaft basiert auf Wettbewerb, der sich letztlich als Leistungswettbewerb darstellt. Die Knappheit an Produktionsfaktoren zwingt darüber hinaus jedes Wirtschaftssystem, aus den vorhandenen Ressourcen ein größtmögliches Inlandsprodukt zu erwirtschaften (Leistungsmaximierung). Diese Forderung führt fast zwangsläufig zu entsprechenden Differenzierungen der Einkommen (**leistungsbezogene Einkommensverteilung**). Untersuchungen zur Lohnstruktur haben jedoch auch gezeigt, dass für die Leistungsmotivation nicht nur die absolute Lohnhöhe, sondern insbesondere auch die **relative Lohnposition** (wo befindet man sich in der Lohnhierarchie im Vergleich zu Kollegen, die ähnliche oder gleiche Tätigkeiten verrichten?) bedeutungsvoll ist.

Die bisherigen Ausführungen dürften deutlich gemacht haben, wie unterschiedlich und kontrovers Verteilungsgerechtigkeit definiert werden kann. Folglich lässt sich über den Endzustand einer **gerechten Einkommensverteilung** wenig Konkretes – im Sinne eines operationalen Ziels – sagen. Jede Antwort ist mit Werturteilen verbunden.

Wir haben festgestellt, dass sowohl das Leistungs- als auch das Bedarfsprinzip als alleinige Zuteilungsnorm der Einkommensverteilung ungeeignet sind. Einerseits „unterschlägt" das Leistungsprinzip die ungleichen individuellen Voraussetzungen der Menschen zur Einkommenserzielung, andererseits vernachlässigt das Bedarfsprinzip die erbrachte Leistung und den individuellen Leistungswillen (Leistungswillige und Leistungsunwillige werden gleich behandelt). In welchem Verhältnis diese beiden Prinzipien zur Anwendung kommen, hängt vom gesellschaftlichen Wertesystem, aber auch von dem bestehenden politischen System ab.

Weitgehende Einigkeit besteht darüber, dass allen Gesellschaftsmitgliedern ein **Mindesteinkommen** zu garantieren ist. Dieses Einkommen wird in der Regel güterwirtschaftlich mit dem **Existenzminimum**[5] gleichgesetzt, wobei nach dem BSHG nicht nur die unmittelbaren Bedürfnisse (Ernährung, Unterkunft, Kleidung, Körperpflege, Hausrat oder Heizung), sondern nach § 12 Abs. 1 auch in vertretbarem Umfang die persönlichen Bedürfnisse des täglichen Lebens (soziale Kontakte, Kultur) gehören. Für Kinder und Jugendliche umfasst der notwendige Lebensunterhalt nach Abs. 2 auch den „durch ihre Entwicklung und ihr Heranwachsen bedingten Bedarf". Problematisch wird es aber – wie z.B. die Urteile des BUNDESVERFASSUNGSGERICHTS zum Grundfreibetrag (vgl. Kapitel 4, Abschnitt 4.1.2) oder zum Kindergeld zeigen – immer dann, wenn dieses allgemein anerkannte Ziel konkretisiert (operationalisiert) werden soll. Das gilt ebenso für ein weiteres Ziel der Einkommensverteilung, über das weitgehende Übereinstimmung besteht: **Verringerung bzw. Beschränkung von Einkommensdifferenzierung**. Substantiell lässt sich auch dieses Verteilungsziel dem Bedarfsprinzip zuordnen. Dabei bleibt allerdings in der Regel offen, welches Niveau der Differenzierung gesellschaftlich erwünscht ist.

Der Leser kennt bereits die Probleme, die bei der Bestimmung von verteilungspolitischen **Indikatoren** auftreten. Die Grenzen der Aussagefähigkeit von Lohnquote und anderen Größen wurde ausführlich diskutiert. Neben den genannten Gründen erweist sich eine Orientierung der verteilungspolitischen Diskussion z.B. an der Lohnquote auch deshalb als problematisch, weil sich bei einer Gegenüberstellung der beiden großen Aggregate „Einkommen aus Unternehmertätigkeit und Vermögen" und „Einkommen aus unselbständiger Arbeit" die erheblichen Einkommensunterschiede zwischen den einzelnen zu derselben Gruppe gehörigen Erwerbstätigen nicht erkennen lassen. So finden sich Arbeitnehmer mit niedrigem Einkommen in derselben Gruppe wieder wie abhängig beschäftigte Führungskräfte. Aufgrund der **Durchschnittsbildung** gehen wichtige Informationen über die Verteilungssituation verloren. Aber gerade ihre Kenntnis kann von großer Bedeutung sein: Zum einen hinsichtlich der Entwicklung der gesamtwirtschaftlichen Nachfrage, da Bezieher niedriger Einkommen im Allgemeinen eine höhere marginale Konsumquote aufweisen. Zum anderen hinsichtlich der Erhaltung des sozialen Friedens in der Gesellschaft. In seinem Jahresgutachten 1998/1999 (S. 163) kommt der SACHVERSTÄNDIGENRAT zu der Einschätzung, dass das Ziel einer **gleichmäßigeren Einkommensverteilung** bisher nicht erreicht wurde.

Bliebe abschließend kurz zu erörtern, welche wirtschaftspolitischen Ziele hinsichtlich der **Vermögensverteilung** (Vermögenspolitik) bestehen. Generell wird von der vertei-

---

[5] Darunter ist das Minimum an Mitteln zur Bedürfnisbefriedigung zu verstehen, das einem Menschen die Lebenserhaltung ermöglicht. Nach § 11 Abs. 1 BSHG wird jedem Hilfe zum Lebensunterhalt gewährt, „der seinen notwendigen Lebensunterhalt nicht oder nicht ausreichend aus eigenen Kräften und Mitteln, vor allem aus seinem Einkommen und Vermögen, beschaffen kann."

lungspolitischen Zielsetzung ausgegangen, eine **breitere Streuung der privaten Vermögen** zu verwirklichen. Dahinter steht zunächst das Ziel, (1) die persönliche materielle Freiheit zu erhöhen und damit die individuellen Entfaltungsspielräume und Lebenschancen sozial gerechter zu verteilen. Ein weiteres Ziel der Vermögenspolitik besteht darin, (2) die Konzentration wirtschaftlicher Machtpositionen (Produktivvermögen) zu bremsen bzw. abzubauen, um das Wettbewerbspotenzial auf den Märkten zu sichern. Gegenwärtig ist es jedoch vielmehr so, dass sich Konzentrationstendenzen – wie sie bereits bei der Einkommensverteilung zu Tage treten – in Bezug auf die Vermögensverteilung noch verstärken.

Verteilungspolitik muss immer auch als Korrektur marktwirtschaftlicher Verteilungsergebnisse verstanden werden, womit sie gleichzeitig Umverteilungspolitik ist. **Umverteilungspolitische Ziele** – die in ihrer Gesamtheit auf eine von der Gesellschaft gewünschte Verteilung von Einkommen, Vermögen und sozialen Chancen gerichtet sind – können nur aufgestellt und verstanden werden, wenn sie auf einer bekannten Einkommensverteilung basieren.

4.3 Zielhierarchie und Zielbeziehungen

Fassen wir die Überlegungen zu den sozialpolitischen Zielen zusammen (Abb. 6.3): An oberster Stelle steht wieder die gesamtgesellschaftliche Wohlfahrt, zu der die Ziele Gerechtigkeit und Sicherheit beitragen (vgl. Kapitel 1, Abb. 1.2).

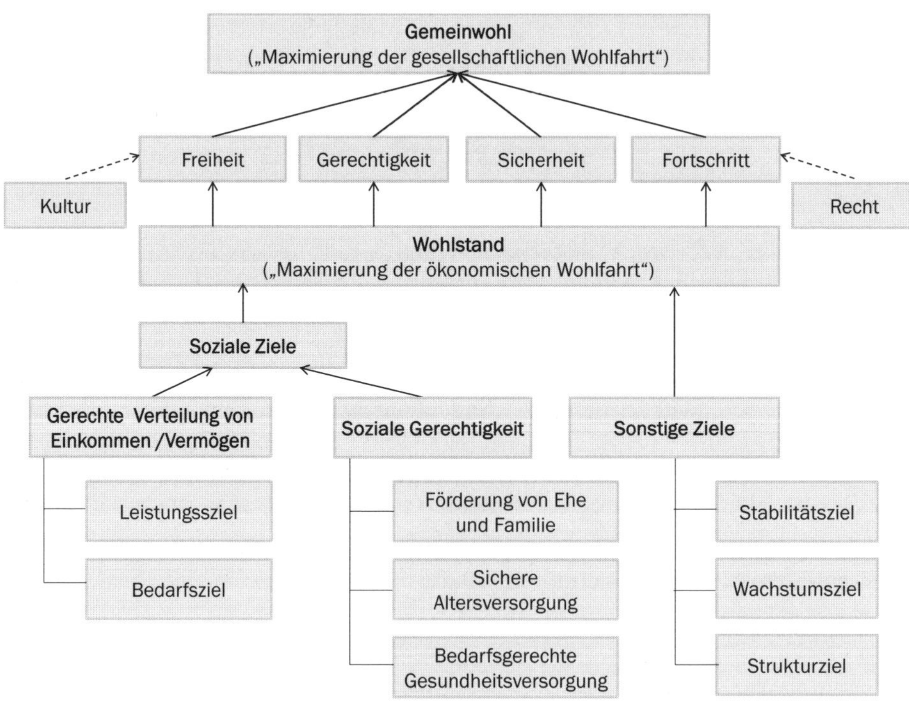

Abb. 6:3: Zielhierarchie der Sozialpolitik

Die Grundlage eines größtmöglichen Gemeinwohls bildet bekanntlich die „Maximierung der Wohlfahrt", die ihrerseits nur über eine Vielzahl ökonomischer Zwischenziele wie Stabilitäts-, Wachstums-, Struktur- oder Verteilungsziele erreicht werden kann. Die **Verteilungsziele** können grob in die (Unter)Ziele Durchsetzung einer gerechten Einkommens- und Vermögensverteilung sowie Herstellung sozial gerechter Arbeits- und Lebensbedingungen unterteilt werden. Zwischen beiden Zielen bestehen enge Wechselbeziehungen. Eine gerechte Einkommens- und Vermögensverteilung hängt wiederum von der Durchsetzung des Leistungsprinzips und des Bedarfsprinzips ab, deren Verhältnis sich – wie gezeigt – keinesfalls widerspruchsfrei gestaltet.

Zwischen sozialen Zielen können auch **Konflikte** – insbesondere in Zeiten wirtschaftlicher Stagnation – auftreten. Finanzielle und materielle Mittel, die einer sozialen „Funktion" (vgl. Abschnitt 2.3.3) zufließen, fehlen bei der Realisierung anderer Ziele. Beispielsweise werden bei hoher Arbeitslosigkeit nicht nur besondere Anstrengungen zur Förderung von mehr Beschäftigung erforderlich, sondern infolge sinkender Zahlen von Beitragszahlern können große Probleme in anderen Zielbereichen – wie Alterssicherung oder Gesundheitswesen – auftreten.

5 Träger der Sozialpolitik und Verteilungspolitik

5.1 Die Rolle des Staates

Der Staat ist als Gesetzgeber ein prägender Akteur der deutschen Sozialpolitik. In der direkten Einkommenspolitik (Primärverteilung) ist sein Einfluss aufgrund der Tarifvertragsautonomie zwar begrenzt. Die zuständigen staatlichen Organe können jedoch ordnungsrechtliche **Rahmenbedingungen** festlegen, die konkrete Umsetzung obliegt dann den autonomen Tarifparteien (vgl. Abschnitt 5.2).

Ein interessantes Beispiel gab es, als der Bundestag Ende 1996 beschloss, die Lohnfortzahlung im Krankheitsfalle auf 80 % zu kürzen (GESETZ ZUR SOZIALRECHTLICHEN BEHANDLUNG VON EINMALIG GEZAHLTEM ARBEITSENTGELT vom 12. Dezember 1996). Dagegen liefen viele Gewerkschaften Sturm und setzten in der nächsten Tarifrunde durch, dass die Lohnfortzahlung bei 100 % blieb. Allerdings mussten dafür kompensatorisch wirkende Maßnahmen (z.B. Reduzierung von Weihnachts- und Urlaubsgeld) eingeräumt werden. Das generelle Ziel der BUNDESREGIERUNG, einen Druck auf die Lohnnebenkosten auszuüben, wurde also insgesamt erreicht.

▶ Anwendungsfall 2: Mindestlöhne

Derzeit wird in Deutschland eine heftige Debatte um die Einführung von gesetzlichen Mindestlöhnen ausgetragen. Einen solchen gesetzlichen Mindestlohn gibt es bereits in 21 von 28 EU Mitgliedstaaten. Während Gegner von Mindestlöhnen die Ansicht vertreten, diese würden die Tarifautonomie untergraben und Arbeitsplätze gefährden, argumentieren Befürworter, Mindestlöhne seien erforderlich um sicherzustellen, dass Menschen von ihrer Arbeit leben können und keine weitere Unterstützung vom Staat benötigen. Aktuell seien 7,5 Millionen Menschen in Deutschland trotz Arbeit arm.

Die Positionen der Parteien zu diesem Thema sind höchst unterschiedlich. SPD und Grüne machen sich für einen flächendeckenden, gesetzlichen Mindestlohn stark. Vor diesem Hintergrund hat der Bundesrat im März 2013 mit seiner Mehrheit von SPD- und Grünen-geführten Ländern für einen flächendeckenden gesetzlichen Mindestlohn von 8,50 Euro votiert.

Die CDU spricht sich lediglich für eine Lohnuntergrenze aus, die von einer Kommission der Tarifpartner und nicht per Gesetz festgelegt werden soll. Die Höhe soll sich an den für allgemeinverbindlich erklärten tariflich vereinbarten Lohnuntergrenzen orientieren, die derzeit zwischen 6,53 Euro und 13,00 Euro liegen. Die Lohnuntergrenze soll nur für die Bereiche gelten, in denen kein tarifvertraglich festgelegter Lohn existiert. Lediglich die FDP lehnt gesetzliche Mindestlöhne bislang strikt ab (Stand: Juli 2013).

Anders als im Rahmen der Tarifvertragspolitik, wo die Rolle des Staates auf die Festlegung von Rahmenbedingungen beschränkt ist und er nur dort eingreifen kann, wo er selbst Tarifvertragspartei ist (Tarifverhandlungen im öffentlichen Dienst), kommt dem Staat bei der **Umverteilungspolitik** eine zentrale Bedeutung zu. Auf die Einkommensverteilung wirkt der Staat durch eine Reihe von Politiken ein. Dazu gehören neben der Sozialpolitik die Wettbewerbspolitik ebenso wie die Finanzpolitik und die Arbeitsmarktpolitik (vgl. Kap. 3, 4 und 7). Die Einwirkung auf die Einkommensverteilung durch den Staat beschränkt sich keineswegs auf die differenzierte Besteuerung der privaten Haushalte. Vielmehr tragen auch die Transferzahlungen (wie Renten, Arbeitslosengeld, Sozialhilfe, Kindergeld oder Wohngeld) in beträchtlichem Umfang zur Korrektur der Verteilung der (Netto)Einkommen bei.

Das federführende BUNDESMINISTERIUM FÜR ARBEIT UND SOZIALES hat drei **zentrale Aufgaben** zu bewältigen: (1) die Rahmenbedingungen für mehr Beschäftigung zu schaffen; (2) die Funktionsfähigkeit der sozialen Systeme zu erhalten und (3) die soziale Integration zu sichern. Zum Geschäftsbereich des Ministeriums zählen die nachgeordneten Behörden (BUNDESANSTALT FÜR ARBEITSSCHUTZ UND ARBEITSMEDIZIN, BUNDESVERSICHERUNGSAMT) und über 30 selbstverwaltete Behörden (z.B. BUNDESAGENTUR FÜR ARBEIT, DEUTSCHE RENTENVERSICHERUNG BUND [bis zum 30.09.2005 BUNDESVERSICHERUNGSANSTALT FÜR ANGESTELLTE – BfA und RENTENVERSICHERUNG DER ARBEITER]). Das BUNDESSOZIALGERICHT und das BUNDESARBEITSGERICHT sind ebenfalls den staatlichen Trägern zuzuordnen. Sie prägen das Sozial- und Arbeitsrecht und seine Anwendung maßgeblich mit.

5.2 Die Rolle der Tarifvertragsparteien

In Deutschland liegen die Festlegung von Löhnen und Gehältern sowie die Gestaltung sonstiger Arbeitsbedingungen in den Händen von Arbeitnehmer- und Arbeitsgeberorganisationen, d.h. den **Gewerkschaften** und den **Arbeitgeberverbänden** (vgl. Kap. 7, Abschnitt 5.3). Die Tarifpartner sind dabei an die staatlichen Rechtssätze gebunden, aber ansonsten hält sich der Staat aus allen Entscheidungen zur Bestimmung von

Lohn- und anderen Arbeitsbedingungen weitestgehend heraus. Diese Situation wird allgemein als **Tarifautonomie** bezeichnet (vgl. Kap. 7, Abschnitt 5.3).

Gewerkschaften sind Vereinigungen der Arbeitnehmer, die sich zur Durchsetzung ihrer wirtschaftlichen, sozialen und politischen Interessen zusammengeschlossen haben. Ihre Hauptaufgabe besteht in der Lohn- und Tarifpolitik. Darüber hinaus versuchen sie über ihren Einfluss auf Regierung und Parlament gesellschaftliche Forderungen – wie Umverteilung von Arbeit durch den Abbau von Überstunden, Arbeitszeitverkürzung, gerechtere Vermögensverteilung, gleiche Bildungschancen, Ausdehnung der betrieblichen und überbetrieblichen Mitbestimmung, größere soziale Sicherheit – durchzusetzen, da diese nicht ausschließlich über bilaterale Tarifverhandlungen geregelt werden können.

Arbeitsgeberverbände sind Organisationen, deren Ziel in der Durchsetzung kollektiver Arbeitgeberinteressen (insbesondere Tarifpolitik) besteht. Ihre Spitzenorganisation ist die BUNDESVEREINIGUNG DER DEUTSCHEN ARBEITGEBERVERBÄNDE (BDA) (vgl. Kap. 7, Abschnitt 5.3). Sie nimmt außer tarifpolitischen Aufgaben auch die Vertretung sozialpolitischer Belange von Unternehmen gegenüber Staat und Gesellschaft wahr.

Neben der Bundesvereinigung setzt sich eine Vielzahl weiterer Wirtschaftsvereinigungen – unterschiedlicher Organisationsform – für die Interessen der Arbeitgeber ein. So nehmen **Wirtschaftsverbände** als Fachverbände die spezifischen Interessen der Unternehmen ihres Wirtschaftszweiges wahr. Obwohl die Wirtschaftsverbände regional organisiert sind (Orts-, Bezirks- und Landesverbände), ist die fachliche Gliederung ihr entscheidendes Merkmal. In Dachorganisationen sind die fachlich nahen Verbände noch einmal zusammengefasst. Wir wollen uns auf den im Oktober 1949 gegründeten BUNDESVERBAND DER DEUTSCHEN INDUSTRIE (BDI) beschränken. Ihm gehören aktuell 38 Mitgliedsverbände, darunter 2 Arbeitsgemeinschaften an, die die Interessen von rd. 100.000 Unternehmen mit 8 Mio. Beschäftigten an. Der BDI setzt sich u.a. für die Verbesserung der wirtschaftlichen Rahmenbedingungen oder Stärkung des Wirtschaftsstandortes ein und vertritt die wirtschaftspolitischen Interessen seiner Mitglieder auf nationaler – gegenüber Regierung, Parteien, Gewerkschaften und Öffentlichkeit – und internationaler Ebene. Zusätzlich erfüllt der BDI umfangreiche Beratungs-, Informations- und Koordinationsaufgaben. Der inhaltliche Schwerpunkt liegt dabei in den Bereichen Wirtschafts- und Wettbewerbspolitik, Mittelstandspolitik, Finanzpolitik und Recht, Infrastruktur und Forschung sowie Außenwirtschafts- und Europapolitik. Seine wichtigsten Organe sind die Mitgliederversammlung (abgestuftes Stimmrecht nach Beschäftigtenzahl) sowie der Vorstand und das Präsidium. Dabei legt der Vorstand die Richtlinien der Arbeit fest, während das Präsidium die gesamte Verbandstätigkeit leitet. Es wird bei den laufenden Aufgaben von der Geschäftsführung unterstützt. Der BDI unterhält zahlreiche Landesvertretungen und an wichtigen Standorten (Brüssel, Tokio und Washington) Auslandsvertretungen.

Der BDI hat sich mit weiteren Wirtschaftsverbänden (u.a. BUNDESVERBAND DEUTSCHER BANKEN, DEUTSCHER INDUSTRIE- UND HANDELSKAMMERTAG, BUNDESVEREINIGUNG DEUTSCHER ARBEITGEBER oder VERBAND DEUTSCHER REEDER) zum GEMEINSCHAFTSAUSSCHUSS DER DEUTSCHEN GEWERBLICHEN WIRTSCHAFT zusammengeschlossen. Greifen wir mit dem ZENTRALVERBAND DES DEUTSCHEN HANDWERKS (ZDH) exemplarisch einen der 15 Verbände heraus: Im ZDH sind 53

Handwerkskammern und 37 Zentralfachverbände des Handwerks zusammengeschlossen. Gremien sind das Präsidium, die Vollversammlung und der Handwerksrat. Mitte 2012 waren ca. 5,2 Mio. Arbeitnehmer in den 998.664 Handwerksbetrieben (einschließlich Nebenbetriebe) beschäftigt. Die Handwerksbetriebe sind einer Pflichtmitgliedschaft in ihren Kammern unterworfen.

5.3 Die Rolle der Sozialversicherungsträger

In den meisten westlichen Industriestaaten bilden die **Sozialversicherungen** die wichtigste Institution der sozialen Sicherung. Sozialversicherungen können von staatlichen Institutionen, öffentlich-rechtlichen Körperschaften oder privaten Körperschaften betrieben werden. In Deutschland wird die Sozialversicherung von **selbstverwalteten Versicherungsträgern** organisiert. Als Solidargemeinschaft bietet das Versicherungssystem wirksamen finanziellen Schutz vor den großen Lebensrisiken und deren Folgen wie Krankheit, Arbeitslosigkeit, Alter, Betriebsunfällen und Pflegebedürftigkeit. Zur Sicherung des Beitragsaufkommens besteht überwiegend **Versicherungspflicht**. Es gibt verschiedene Zweige der gesetzlichen Sozialversicherung:

- die Rentenversicherung,
- die Krankenversicherung,
- die Pflegeversicherung,
- die Arbeitslosenversicherung und
- die Versicherung gegen Arbeitsunfälle.

Die Einrichtungen des sozialen Sicherungssystems in Deutschland werden im Rahmen der bestehenden Sozialordnung durch **öffentlich-rechtliche Körperschaften** und Anstalten sowie zum Teil durch **private Selbsthilfeorganisationen** (z.B. Berufsgenossenschaften als Träger der Unfallversicherung, Kirchen und Wohlfahrtsverbände in der Altenbetreuung und im Gesundheitswesen) verwaltet. Dabei sind die – uns hier interessierenden – parastaatlichen[6] Institutionen vorrangig Vollzugsorgane und nur bedingt Entscheidungsträger. Im Mittelpunkt ihrer Arbeit stehen Leistungen zur Erhöhung der individuellen Sicherheit sowie zur Erhaltung des „human capital".

Das System der szialen Sicherung stützt sich auf **drei große Säulen**: 1) das Sozialversicherungssystem, 2) das Versorgungssystem sowie 3) das Fürsorgesystem. Daneben werden weitere Ausgleichs- und Vorsorgeleistungen (z.B. Bildungs- und Ausbildungsförderung, Kinder- und Jugendhilfe, Rehabilitation) gewährt, die verschiedenen Leistungsträgern zugeordnet sind. Wenden wir uns nun kurz den drei Säulen im Einzelnen zu.

[1] Die **Sozialversicherung** gewährt den Versicherten und ihren Hinterbliebenen soziale Rechte nach dem SOZIALGESETZBUCH I (SGB I). Im § 4 werden diese Rechte näher definiert. Danach besteht ein Anspruch auf „1. Die notwendigen

---

[6] Als **parastaatlich** bezeichnet man öffentlich-rechtliche (oder private) Institutionen, die anstelle staatlicher Einrichtungen öffentliche Aufgaben erfüllen. Die Gründe dafür können u.a. ordnungs- aber auch kostenpolitischer (Kostensenkung) Art sein.

Maßnahmen zum Schutz, zur Erhaltung, zur Besserung und Wiederherstellung der Gesundheit und der Leistungsfähigkeit und 2. wirtschaftliche Sicherung bei Krankheit, Mutterschaft, Minderung der Erwerbsfähigkeit und Alter." Zum Sozialversicherungssystem gehören:

(a) Die **Gesetzliche Rentenversicherung** (GRV): Zu ihren Aufgaben gehören neben der Zahlung der Renten wegen Alters oder verminderter Erwerbsfähigkeit (einschließlich Hinterbliebenen-Renten) ebenfalls Maßnahmen der medizinischen und beruflichen Rehabilitation wie Heilbehandlung, Berufsförderung und ergänzende Leistungen, Zuschüsse zur Krankenversicherung, aber auch Leistungen für Kindererziehung. Träger ist die DEUTSCHE RENTENVERSICHERUNG (DRV). Sie ist eine (bundesunmittelbare) Körperschaft des öffentlichen Rechts, die von den Versicherten und den Arbeitgebern in Selbstverwaltung geführt wird. Nach Angaben der DRV gab es Ende 2011 in der Rentenversicherung 52,5 Mio. Versicherte. Knapp 25,2 Mio. laufende Renten[7] wurden an etwa 20,6 Mio. Rentner (Mitte 2012) ausgezahlt (DRV, Statistische Analysen). Gegenüber 1995 ist damit die Gesamtzahl der gezahlten Renten um 4,4 Mio. gestiegen.

(b) Die **Gesetzliche Krankenversicherung** (GKV): Zum Leistungsumfang gehören u.a. die Förderung der Gesundheit, die Verhütung und Früherkennung von Krankheiten, Krankenbehandlung, Schwangerschafts- und Mutterschaftshilfe. Träger sind die Orts-, Betriebs- und Innungskrankenkassen, die See-Krankenkasse, die landwirtschaftlichen Krankenkassen, die Bundesknappschaft und die Ersatzkassen. Die Zahl der gesetzlichen Krankenkassen in Deutschland ist in den vergangenen Jahren stark zurückgegangen, von 420 im Jahr 2000 auf 134 in 2013. Nach Angaben des BUNDESMINISTERIUMS FÜR GESUNDHEIT (GKV-Statistik) waren im Dezember 2012 insgesamt 52,442 Mio. Mitglieder und knapp 18 Mio. Familienangehörige durch die GKV gesetzlich abgesichert.

(c) In der **Gesetzlichen Pflegeversicherung** (GPV), die am 1.1.1995 als eigenständiger Zweig der Sozialversicherung eingeführt wurde, gehören zum Leistungskatalog u.a. Pflegesachleistungen, Pflegegeld, häusliche Pflege bei Verhinderung der Pflegeperson, Pflegehilfsmittel und technische Hilfen, Leistungen für Pflegepersonen oder teilstationäre bzw. vollstationäre Pflege. In der sozialen Pflegeversicherung waren am 1. Juli 2012 nach Angaben des BUNDESMINISTERIUMS FÜR GESUNDHEIT rund 69,726 Mio. Personen versichert. Die Gesamtzahl der Leistungsbezieher lag bei 2,4 Mio. (1,67 Mio. ambulant, 0,73 Mio. stationär).

(d) Zu den Aufgaben der **Gesetzlichen Arbeitslosenversicherung** (GAV), deren Träger die BUNDESAGENTUR FÜR ARBEIT ist (vgl. Kapitel 7, Abschnitt 5.2), gehören neben der Sicherung des Lebensunterhalts der Betroffenen durch Zahlung von Arbeitslosengeld, Kurzarbeitergeld, Schlechtwettergeld oder Konkursausfallgeld auch die Förderung der Arbeitsaufnahme z.B. durch Eingliederungszuschüsse an

---

[7] Die Höhe der Monatsrente wird nach der sogenannten Rentenformel berechnet und ergibt sich aus der Multiplikation von persönlichen Entgeltpunkten, Zugangsfaktor, Rentenartfaktor sowie aktuellem Rentenwert. Dies ist in § 64 des Sechsten Teils des SGB normiert. Seit dem 1. Juli 2005 wird ein Nachhaltigkeitsfaktor in die Berechnung einbezogen. Demnach wird bei der jährlichen Rentenanpassung die Veränderung des Verhältnisses der Beitragszahler zu den Rentenbeziehern berücksichtigt, was zur Folge hat, dass das Rentenniveau abgesenkt worden ist.

Arbeitgeber oder Arbeitsbeschaffungsmaßnahmen (Lohnkostenzuschüsse für zusätzliche Arbeiten im öffentlichen Interesse), die Förderung der beruflichen Bildung und Rehabilitation sowie die Arbeits- und Berufsberatung einschließlich der Arbeits- und Ausbildungsplatzvermittlung.

(e) Die **Gesetzliche Unfallversicherung** (GUV) ist zuständig für Maßnahmen zur Unfallverhütung und Früherkennung von Berufskrankheiten, erste Hilfe, Heilbehandlung, Berufsförderung und ergänzende Leistungen, Haushaltshilfe sowie Renten und Betriebshilfe für Landwirte. Als Träger können u.a. die gewerblichen Berufsgenossenschaften der verschiedenen Wirtschaftszweige oder die Eigenunfallträger der öffentlichen Hand auftreten.

[2] Die zweite Säule des sozialen Sicherungssystems, das **Versorgungssystem**, bezieht sich auf **Entschädigung bei Gesundheitsschäden** infolge eines Sonderopfers (insbesondere Kriegs-, Wehr- oder Zivildienstbeschädigung) oder aus anderen Gründen (z.B. Opfer einer Gewalttat). Die Betroffenen und ihre Hinterbliebenen haben nach § 5 SGB I ein Recht auf „1. die notwendigen Maßnahmen zur Erhaltung, zur Besserung und zur Wiederherstellung der Gesundheit und der Leistungsfähigkeit und 2. angemessene wirtschaftliche Versorgung." Dazu gehören im einzelnen Heil- und Krankenbehandlung sowie andere Maßnahmen zur Erhaltung, Verbesserung und Wiederherstellung der Leistungsfähigkeit einschließlich wirtschaftlicher Hilfen, zusätzliche Hilfen im Einzelfall wie Berufsförderung, Renten wegen geminderter Erwerbsfähigkeit, Hinterbliebenen-Renten, Kapitalabfindungen und anderes mehr. Träger sind die Versorgungsämter, Landesversorgungsämter, die orthopädischen Versorgungsstellen, die Kreise und kreisfreien Städte sowie die Hauptfürsorgestellen. Die Träger der gesetzlichen Krankenversicherung werden gegebenenfalls zur Mitwirkung herangezogen.

[3] Das Fürsorgesystem als dritte Säule beinhaltet die Leistungen der **Sozialhilfe** und der Kriegsopferfürsorge. Das Sozialhilferecht wurde 2003 grundlegend reformiert und als Zwölftes Buch in das SGB eingegliedert (SGB XII). Es trat – im Zuge der sogenannten **Hartz-Reformen** – am 1. Januar 2005 in Kraft. Die bisherige Arbeitslosenhilfe und die Sozialhilfe für grundsätzlich erwerbsfähige Hilfsbedürftige und deren Familien wurden im Zweiten Buch des SGB als Grundsicherung für Arbeitssuchende (**Arbeitslosengeld II)** zusammengefasst. Auf Sozialhilfe im engeren Sinne haben seitdem nur noch Erwerbsunfähige auf Zeit, Vorruheständler mit niedriger Rente, längerfristig Erkrankte und hilfsbedürftige Kinder einen Anspruch. Daneben sind im SGB XII auch die Regelungen für die Grundsicherungsleistungen für dauerhaft Erwerbsunfähige enthalten (zuvor im GRUNDSICHERUNGSGESETZ [GSiG]). Nach Angaben des STATISTISCHEN BUNDESAMTES wurden 2011 in Deutschland netto 22,7 Mrd. Euro für Sozialhilfeleistungen nach dem zum 1. Januar 2005 neugeschaffenen SGB XII ausgegeben (2006: 20,7 Mrd. Euro).

5.4 Die Rolle der Europäischen Union

Die EUROPÄISCHE UNION besitzt nur begrenzte Zuständigkeiten in der Sozialpolitik. Sie liegen v.a. in der **Beschäftigungs- und Gleichstellungspolitik**. Neben der Absicherung der Freizügigkeit der Arbeitnehmer durch Anwendung des Prinzips der Inländerbehandlung bei der Arbeitslosen-, Kranken- und Rentenversicherung sowie Sozialhilfe (der ausländische Arbeitnehmer soll im Aufnahmeland wie ein Inländer behandelt werden), wurde innerhalb der EU zunächst die Harmonisierung der Arbeitsbedingungen vorangetrieben. Nach Art. Art.153 AEUV kann der EU-MINISTERRAT mit qualifizierter Mehrheit **Mindeststandards** für Sicherheit und Gesundheitsschutz der Arbeitnehmer beschließen. Art. 156 AEUV bezieht sich auf die Förderung der sozialpolitischen Zusammenarbeit außerhalb rechtsbildender Maßnahmen.

Entsprechend der Kompetenzverteilung (primäre Verantwortlichkeit der Mitgliedstaaten im Sozialbereich innerhalb der EU) fehlt hier weitestgehend ein institutioneller Rahmen. Beschränken wir uns auf den **Finanzierungsaspekt** von sozialen Leistungen, ließe sich der 1958 geschaffene EUROPÄISCHE SOZIALFONDS (ESF) nennen. Er wurde mit dem Ziel eingerichtet, die Unterschiede im Lebensstandard in den Mitgliedstaaten und Regionen der EU abzubauen. Im Zeitraum von 2007 bis 2013 standen dem ESF Mittel in Höhe von etwa 75 Mrd. Euro zur Verbesserung der Lebensbedingungen aller EU-Bürger bereit (u.a. durch höhere Qualifizierung und bessere Berufsaussichten) an Mitgliedstaaten und Regionen (vgl. Kapitel 7, Abschnitt 6.7). Nach einem Vorschlag der EU-KOMMISSION sollen für den Zeitraum 2014 bis 2020 ESF-Mittel in Höhe von mindestens 84 Mrd. Euro bereitgestellt werden.

6 Instrumente der Sozialpolitik und Verteilungspolitik

Die Instrumente der Sozialpolitik und Verteilungspolitik lassen sich nach unterschiedlichen Gesichtspunkten systematisieren. Wir wählen hier den gleichen Ausgangspunkt, der auch den Ausführungen in Abschnitt 2.2.2 zugrunde liegt: Instrumente der Primärverteilung und Instrumente der Sekundärverteilung. Zusätzlich zu den in Abb. 6.4 aufgeführten Instrumenten zur Beeinflussung der Einkommensverteilung kann auch auf die Vermögensverteilung mit den Instrumenten Sparförderung, Investivlohn und Ertragsbeteiligung eingewirkt werden.

6.1 Instrumente der Primärverteilung

6.1.1 Direkte Instrumente der autonomen Tarifpartner

In Deutschland liegt die Lohnfindung in den Händen von Arbeitnehmern und Arbeitgebern (Tarifautonomie) (vgl. Kapitel 7, Abschnitt 5.3). **Aktionsparameter** sind dabei (a) der **Lohnsatz**, (b) die **Lohnstruktur** (Anzahl und Spreizung der Lohngruppen), (c) **Bedingungen der Arbeitsplatzgestaltung**, (d) **Festlegung sozialer Bedingungen** (Kantinenessen, betrieblicher Kindergarten usw.) sowie auch (e) **Arbeitszeitmodelle**. Die Beschäftigung eines Arbeitnehmers erfolgt in Deutschland auf der Grundlage eines zwischen Arbeitgeber und Arbeitnehmer abgeschlossenen **individuellen Arbeitsvertrages**. Die Vertragspartner sind dabei allerdings sowohl an die Bestimmungen des Arbeitsrechts, als auch an die Regelungen des **Tarifvertrags**, der die Einhaltung bestimmter Mindestlöhne und anderer tariflicher Regelungen sichern soll (**kollektives Arbeitsrecht**), gebunden.

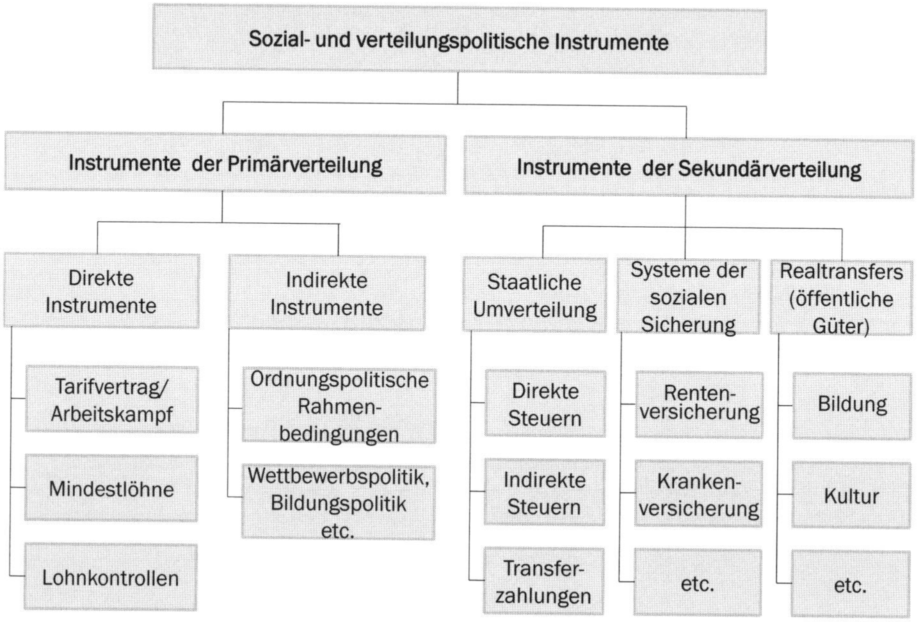

Abb. 6.4: Sozial- und verteilungspolitische Instrumente (ohne Vermögensbildung)

6.1.2 Indirekte staatliche Instrumente

Wegen der grundgesetzlich garantierten Tarifautonomie sind **marktkonforme** staatliche Instrumente, die direkt auf die Veränderung der Primärverteilung (funktionelle Einkommensverteilung) zielen, in Deutschland prinzipiell nicht anzutreffen. Wenn also durch staatliche Wirtschaftspolitik Einfluss auf die Einkommensverteilung ausgeübt werden soll, so kann dies nur **indirekt** über **andere Politikfelder** erfolgen.

Als Beispiele seien hier nur die **Wettbewerbspolitik**, aber vor allem die **Arbeitsmarkt- und Bildungspolitik** angeführt. Da auf die erstgenannten Politikbereiche an anderer Stelle (vgl. Kapitel 3 und 7) ausführlich eingegangen wird, können wir uns hier auf die bildungspolitischen Aspekte beschränken. Es muss sicherlich nicht erst begründet werden, dass Bildung und Ausbildung die Chancen von Arbeitnehmern auf die Erzielung eines höheren funktionellen Einkommens entscheidend steigern. Das setzt jedoch voraus, dass die Bildungspolitik **Chancengleichheit** hinsichtlich der Zugangsmöglichkeiten für alle gesellschaftlichen Schichten ermöglicht. Bildungspolitische Maßnahmen können in Kombination mit Maßnahmen der Arbeitsmarktpolitik ganz speziell auf die Förderung einzelner besonders benachteiligter Schichten (z.B. Langzeitarbeitslose, Behinderte) ausgerichtet sein, um deren Chancen auf dem Arbeitsmarkt zu erhöhen. In diesem Sinne erfüllt die Bildungspolitik eine wichtige verteilungspolitische Aufgabe.

▶ Anwendungsfall 3: Studiengebühren

In Deutschland wurde seit 2005 heftig über das Für und Wider von Studiengeldern gestritten. Nachdem das BUNDESVERFASSUNGSGERICHT deren Erhebung für zulässig erklärt hatte, führten 7 Bundesländer Studiengebühren ein (500 Euro pro Semester). Allerdings hat sich der Trend bereits wieder umgekehrt: Ende 2013 erhob lediglich noch Niedersachsen Studiengebühren. Und auch in diesem Bundesland werden die Studiengebühren zum Wintersemester 2014/15 abgeschafft.

Gegner von Studiengebühren argumentieren, diese seien sozial ungerecht und würden insbesondere einkommensschwache Bevölkerungsschichten von einem Studium abhalten. Befürworter halten dem entgegen, Studiengebühren seien angesichts knapper öffentlicher Kassen unbedingt notwendig. Aus **ökonomischer** Sicht spricht für Studiengebühren, dass sie Studierende zu einem zielgerichteten Lernen mit zügigen Abschlüssen anhalten. Auch kommt die Hochschulbildung den Studierenden überwiegend selbst zugute, da sie bessere Jobperspektiven haben und ein deutlich höheres Einkommen erzielen als Nicht-Akademiker.

Andererseits sind in den vergangenen dreißig Jahren die Unterschiede der **sozialen Herkunft** bei den Studienanfängern größer geworden. Betrug der Anteil der Studierenden aus nicht-wohlhabenden Familien in den 1980er Jahren noch über 50 %, kamen einer Studie des Deutschen Studentenwerks zufolge 2009 lediglich noch 41 % der Hochschüler aus Familien der unteren und mittleren Gesellschaftsschichten. Vor allem Defizite in der frühkindlichen Erziehung sozialschwacher Familien sind für den geringen Anteil verantwortlich.

Nicht nur in einzelnen Politikbereichen, auch über die konkrete Ausgestaltung des ordnungspolitischen Rahmens kann der Staat versuchen, seinen Einfluss zu verstärken. In der Bundesrepublik konnte die **Konzertierte Aktion** nach dem STABILITÄTSGESETZ (STABG, § 3) von 1967 als Versuch in diesem Sinne angesehen werden. Dabei handelte es sich um ein Forum, über das im Interesse der Verwirklichung gesamtwirtschaftlicher Ziele Gebietskörperschaften, Gewerkschaften und Arbeitgeberverbände zu einem gleichzeitigen aufeinander abgestimmten Verhalten bewogen werden sollten. Dabei stand der BUNDESREGIERUNG letztlich nur das Mittel von Appellen (**moral suasion**) zur Verfügung. Auf der Basis vorgelegter Orientierungsdaten sollte eine gewisse „Vorformung" der Tarifpolitik der autonomen Tarifpartner erreicht werden. Der Erfolg blieb allerdings gering. Die Diskrepanz zwischen Orientierungsdaten und tatsächlicher Lohnerhöhungen infolge aggressiver Verhandlungspolitik der Gewerkschaften in den Tarifauseinandersetzungen wurde immer größer. Die Konzertierte Aktion entwickelte zu einer Institution des reinen Meinungsaustauschs, die nach Auseinandersetzungen über die Mitbestimmung (Mitbestimmungsklage der Arbeitgeber vor dem BUNDESVERFASSUNGSGERICHT 1977) von den Gewerkschaften verlassen wurde. Mit **Bündnissen für Arbeit** (Bündnis für Arbeit und Standortsicherung [1996], Bündnis für Arbeit, Ausbildung und Wettbewerbsfähigkeit [1998]) wurden neue Versuche unternommen, die Grundgedanken der Konzertierten Aktion wieder zu beleben – allerdings mit ebenfalls enttäuschendem Ergebnis.

Neben der indirekten Beeinflussung kann ein Staat durch **marktinkonforme** Maßnahmen **direkt** auf die Primärverteilung einwirken. Solche Maßnahmen können dabei ganz unterschiedlich motiviert sein. So kann ein Ziel beispielsweise darin bestehen, über die **gesetzliche** Festlegung von **Mindestlöhnen** Lohnniveau und Lohnstruktur entsprechend verteilungspolitischer Vorstellungen zu beeinflussen (vgl. Kapitel 7, Abschnitt 6.4.1). Wegen der grundgesetzlich verankerten Tarifautonomie (Art. 9 Abs. 3,

GG) war ein gesetzlicher Mindestlohn lange kein Thema in Deutschland. Vielmehr wirken die von den Tarifparteien vereinbarten Entgelte im Wesentlichen wie branchenspezifische Mindestlöhne.

6.2 Instrumente der Sekundärverteilung

Durch eine Reihe von Maßnahmen wird über die staatliche Umverteilungspolitik die primäre Einkommensverteilung in die sekundäre Einkommensverteilung transformiert. In einer sozial orientierten Markwirtschaft lassen sich folgende **vier Grundtypen** sozialpolitischer Instrumente unterscheiden: Transferzahlungen, Beschränkungen der Vertragsfreiheit (z.B. Ge- und Verbote im Arbeitsschutz), Vollstreckungshemmungen (z.B. Einsatz staatlicher Bürgschaften bei drohender Freisetzung von Arbeitskräften infolge Unternehmenskonkurs) und Subventionen (z.B. sozialer Wohnungsbau, Wohnungsbauförderung). Eine andere weit **verbreitete Klassifizierung** unterscheidet zwischen steuerpolitischen Instrumenten und Transferzahlungen, Systemen der sozialen Sicherung und Realtransfers (öffentliche Güter). Sie bildet die Grundlage der weiteren Ausführungen.

6.2.1 Verteilungspolitische Aspekte von Steuern und Transferzahlungen

Staatliche Umverteilung zielt darauf ab, die Verteilung der verfügbaren Einkommen (sekundäre Einkommensverteilung) gleichmäßiger zu gestalten als die Verteilung der Bruttoeinkommen (primäre Einkommensverteilung). Verteilungswirkungen sind dort am größten, wo sie einen möglichst großen Adressatenkreis erreichen. Diese Voraussetzung ist vor allem bei Maßnahmen erfüllt, die die personelle Einkommensverteilung berühren, also Steuern und Transferzahlungen.

Steuern stellen Zwangsabgaben an den Staat dar, aus denen kein Anspruch auf eine direkt zurechenbare Gegenleistung abgeleitet werden kann (vgl. Kapitel 4, Abschnitt 2.2.1). Prinzipiell werden alle Wirtschaftssubjekte erfasst (Gleichheitspostulat), die steuerlich relevante Tatbestände erfüllen. Von besonderer verteilungspolitischer Bedeutung sind dabei die **direkten Steuern**, da sie am Faktoreinkommen ansetzen und zu einer Verringerung des verfügbaren Einkommens führen. Über eine differenzierte Gestaltung der Steuertarife kann gezielt Einfluss auf die Höhe dieses Einkommens genommen werden. Sollen also die bestehenden Einkommensunterschiede verringert werden, müssen die funktionellen Einkommen **progressiv** besteuert werden, d.h., dass der Durchschnittssteuersatz mit steigendem Einkommen (Bemessungsgrundlage) zunimmt. Dabei sollte allerdings gewährleistet werden, dass von der progressiven Besteuerung keine leistungshemmenden Effekte ausgehen (Problem des Spitzensteuersatzes) (vgl. Kapitel 4, Abschnitt 3.3).

Im Gegensatz zu den direkten Steuern üben die **indirekten Steuern** zunächst keinen Einfluss auf die Einkommensverteilung aus. Infolge der weitgehenden Überwälzung auf die Preise bleibt die primäre Einkommensverteilung unberührt. Das gilt auch für die sekundäre Einkommensverteilung, wenn sie rein formal als die Verteilung der Nettoeinkommen angesehen wird. Ein realistischeres Urteil erhält man indes, wenn die **Einkommensverwendung** berücksichtigt wird. Durch den Kauf der besteuerten Güter tragen die Haushalte die indirekten Steuern aus ihrem Nettoeinkommen. Somit verringert sich bei gleich bleibendem Nominaleinkommen das Realeinkommen. Da die Empfänger niedrigerer Einkommen einen größeren Anteil ihres Einkommens konsumieren als die Bezieher höherer Einkommen, führt das zu einer stärkeren relativen Belastung der unteren Einkommensgruppen durch die indirekten Steuern (**Regressionswirkung** der indirekten Steuern in Bezug auf das Einkommen, vgl. Kapitel 4, Abschnitt 6.2.2). Sie wird dann abgeschwächt, wenn die Bezieher niedriger Einkommen vorzugsweise Güter kaufen, die mit dem ermäßigten Mehrwertsteuersatz belastet sind, so zum Beispiel Lebensmittel.

Ein wirksames Instrument der einkommenspolitischen Umverteilung stellen **Transferzahlungen** (interpersonelle Einkommensübertragungen) dar. Transferzahlungen sind staatliche Geldzuwendungen an private Haushalte (nur sie interessieren uns in diesem Zusammenhang), die diese ohne Gegenleistung aufgrund rechtlicher Ansprüche (z.B. Sozialhilfe, staatliche Sparzulagen, Sozialrenten, Studienbeihilfen) erhalten. Transferzahlungen des Staates führen zu einer **Erhöhung des verfügbaren Einkommens** bei den Empfängern.

Transferzahlungen können sowohl einkommensunabhängig als auch einkommensabhängig erfolgen. **Einkommensunabhängige Transferzahlungen** stellen die formale Gleichbehandlung der Empfänger unabhängig vom Einkommen sicher. Zu nennen sind hier beispielsweise die Kriegsopferversorgung (die Höhe der Grundrente orientiert sich ausschließlich am Grad der Kriegsbeschädigung) oder das einkommensunabhängige Kindergeld. **Einkommensabhängige Transferzahlungen** stehen dagegen in direkter Beziehung zur Einkommenshöhe. Ihre Inanspruchnahme wird von bestimmten Einkommenshöchstgrenzen abhängig gemacht. Die konkreten Sätze für bestimmte Transferzahlungen können dabei entweder einheitlich geregelt (z.B. Arbeitnehmersparzulage) oder abgestuft nach der Einkommenshöhe (u.a. Wohngeldzuschuss, Sozialhilfe bei verringerter Erwerbstätigkeit) festgelegt sein. Die vorgesehenen Leistungen werden nur in vollem Umfang gewährt, wenn bestimmte **Einkommensgrenzen** nicht überschritten werden. Ansonsten werden die Transferzahlungen entsprechend gekürzt. Direkte einkommensabhängige Transfers haben den **Vorteil**, dass sie weitgehend der individuellen Situation der Empfänger angepasst werden können. Das entspricht der verteilungspolitischen Zielvorstellung, nach der Hilfe gemäß dem Grundsatz der „speziellen Bedürftigkeit" gewährt werden sollte. Zuwendungen, die aufgrund einer unterstellten „generellen Bedürftigkeit" an bestimmte Bevölkerungsgruppen (Rentner, Studenten, Kinderreiche, Behinderte) erfolgen, sind dagegen für die Begünstigung ausschließlich bedürftiger Personen nicht geeignet. Ein weiteres Problem der Transferzahlungen besteht darin, dass leistungshemmende Effekte auftreten können, wenn die Empfänger der Transfers ihre Bemühungen zur Selbsthilfe einschränken. Trotzdem können die Transferzahlungen insgesamt als ein effizientes Verteilungsinstrument angesehen werden.

6.2.2 Instrumente der sozialen Sicherung

Im Bereich der sozialen Sicherung kann ebenfalls eine Reihe von Instrumenten unterschieden werden. Deren Bedeutung resultiert nicht zuletzt daraus, dass grundsätzlich für alle Sozialversicherungen eine **Versicherungspflicht** gilt, die in ihrem Umfang unterschiedlich geregelt ist. Die meisten Arbeitnehmer sind automatisch pflichtversichert. Lediglich in der Krankenversicherung sind Arbeitnehmer oberhalb und unterhalb einer bestimmten Einkommensgrenze von der Versicherungspflicht befreit. Für geringfügige Beschäftigungsverhältnisse (sogenannte „450-Euro-Jobs“, vgl. Kapitel 7, Abschnitt 6.5.2) zahlt der Arbeitgeber zwar einen gewissen Beitrag zur Kranken- und Rentenversicherung (§ 249b SGB V, § 172 Abs. 3 SGB VI), allerdings entstehen dadurch keine Ansprüche auf Versicherungsleistungen. Nur wenn der Arbeitnehmer zusätzliche Beiträge einzahlt, erwirbt er vollwertige Beitragszeiten (§ 5 Abs. 2 Satz 2 SGB VI).

Es ist zweckmäßig, die Instrumente der sozialen Sicherung in allgemeine sowie bereichsspezifische Instrumente einzuteilen. In allen Zweigen der sozialen Sicherung wird in Deutschland die **Finanzierung** im Wesentlichen über Beiträge gewährleistet. Dabei ist zu entscheiden, wer die Beiträge oder sonstigen finanziellen Lasten übernimmt (Unternehmen, Arbeitnehmer, die öffentliche Hand). Des Weiteren müssen nicht nur der **Beitragssatz** und die **Bemessungsgrundlage** (meist die Bruttoeinkommen) festgelegt werden, sondern auch, ob es eine **Beitragsbemessungsgrenze** (BBG) geben soll.

> Die Beitragssätze geben an, wie viel Prozent des Bruttolohns/-gehalts an die einzelnen Bereiche der Sozialversicherung überwiesen werden müssen. Die Beitragsbemessungsgrenze stellt dagegen die Obergrenze dar, bis zu der das Bruttomonatsentgelt mit Sozialabgaben belastet wird.

Dabei können Umverteilungseffekte auftreten (**Regressionswirkung**): Bei Beziehern von Einkommen, die über der BBG liegen, bleiben die höheren Einkommen „belastungsfrei“, so dass in Bezug auf das Gesamteinkommen die durchschnittliche Belastung sinkt.

Die Beiträge und sonstigen Einnahmen dienen zur Finanzierung von **Leistungen**, die ebenfalls bestimmt werden müssen. Es ist festzulegen, an welchen Kriterien die Leistungspflicht in den einzelnen Bereichen anknüpft und ob – wie z.B. im Falle der GKV – **Zuzahlungspflichten** der Versicherten vorhanden sein sollen. Von Interesse ist auch, wer letztlich die einzelnen **Aktionsparameter** (Beitragssatz, Beitragsbemessungsgrenze, Leistungen) festlegt: Entweder ist dies der Staat oder es sind die betreffenden Sozialversicherungsträger selbst, an deren Entscheidungsfindung die Versicherten eine gewisse Mitwirkungsmöglichkeit haben (z.B. GKV). Hinzu kommt, dass veränderte Rahmenbedingungen berücksichtigt werden müssen. Dem versucht die am 1. April 2007 in Kraft getretene jüngste Gesundheitsreform (GKV-WETTBEWERBSSTÄRKUNGSGESETZ) gerecht zu werden. Zentrale Eckpunkte sind dabei: (1) Die Einführung eines **Gesundheitsfonds** ab 2009; (2) die Versicherungspflicht für alle ab 2009 sowie (3) der Einstieg in die Steuerfinanzierung für die bisher in den GKV beitragsfrei mitversicherten Kinder.

In Deutschland gelten in allen gesetzlichen Sozialversicherungen bundeseinheitliche Beitragssätze: In der Rentenversicherung, Krankenversicherung, Arbeitslosenversicherung und Pflegeversicherung. Die Finanzierung der Sozialversicherungsträger erfolgt über Beiträge der Arbeitnehmer und Arbeitgeber, die – außer in der GKV – jeweils zur Hälfte von Arbeitnehmern und Arbeitgebern getragen werden. Die Beiträge werden für beide Seiten durch den Arbeitgeber an die jeweilige Versicherung abgeführt.

In der **GRV** hat sich der Beitragssatz seit 1990 kaum verändert. Er betrug in diesem Zeitraum immer zwischen 18,5 und 20 % und wurde 2013 sogar um 0,7 Punkte auf 18,9 % gesenkt. Die Stabilisierung der Beitragssätze zur GRV gelang trotz der ungünstigen demographischen Entwicklung aufgrund einer Reihe von Maßnahmen:

- der Bundeszuschuss zur Rentenversicherung ist in den zurückliegenden Jahren sukzessive erhöht worden.
- 2001 wurde die gesetzliche Rente um einen Anteil privater Vorsorge („**Riesterrente**") ergänzt.
- 2004 wurde die Rentenformel durch die Einführung des **Nachhaltigkeitsfaktors** geändert.
- 2007 wurde beschlossen, das Renteneintrittsalter von 2012 an in kleinen Schritten bis 2029 auf 67 Jahre zu erhöhen (RENTENVERSICHERUNGSALTERSANPASSUNGSGESETZ).

In der **GKV** sind die **Beitragssätze** seit Einführung des Gesundheitsfonds in 2009 für alle Krankenkassen einheitlich. Er liegt seit Anfang 2013 bei 15,5 % (§ 241 SGB V) (Rentner zahlen einen ermäßigten Beitrag und für Arbeitslose zahlt die BUNDESAGENTUR FÜR ARBEIT die Beiträge). Die Arbeitgeber tragen hiervon 7,3 % und die Arbeitnehmer 8,2 %. Wie aus Tabelle 6.7 ersichtlich wird, verzeichnet die GKV den mit Abstand stärksten Anstieg der Beitragssätze. Dies liegt daran, dass die Gesundheitsausgaben – trotz mehrerer Reformen im Gesundheitswesen stetig gestiegen sind, allein zwischen 1992 und 2010 von 157,9 Mrd. Euro auf 287,4 Mrd. Euro (STATISTISCHES BUNDESAMT). Dies entspricht einen Anteil von 11,6 % am BIP (1991: 9,6 %).

In der **GPV** lag der **Beitragssatz** zwischen 1996 und 2007 konstant bei 1,7%. Er wurde – verbunden mit Leistungsverbesserungen – 2008 auf 1,95 % und 2013 auf 2,05 % angehoben. Kinderlose zahlen seit 2005 einen Zusatzbeitrag von 0,25 %. Ähnlich wie in der GRV wird der Beitrag – mit Ausnahme von Sachsen – jeweils zur Hälfte von Arbeitnehmern und Arbeitgebern getragen. Allerdings wurden die Arbeitgeber durch die Streichung eines bezahlten Feiertags entlastet. Die Leistungsausgaben der GPV stiegen zwischen 1997 und 2007 von 14,3 Mrd. Euro auf 17,4 Mrd. Euro.

Der **Beitragssatz** zur **GAV** beträgt derzeit 3 % und damit weniger als halb so viel wie noch 2006. Die Absenkung geht auf mehrere Faktoren zurück: die Verringerung der Arbeitslosenzahlen, Kürzungen im Bereich der Arbeitsförderung und der finanziellen Absicherung bei Arbeitslosigkeit sowie höhere Steuerzuschüsse durch den Bund.

Die **Beitragshöhe** zu den Versicherungen wird nach den Bruttolöhnen berechnet, wobei die Beitragsbemessungsgrenze jährlich aktualisiert wird. 2013 lag sie für die Renten- und Arbeitslosenversicherung in den alten Bundesländern bei 69.600 Euro (58.800 Euro in den neuen Bundesländern). Die Beitragsbemessungsgrenze für Kranken- und Pflegeversicherung wurde 2013 um 1.350 Euro auf 47.250 Euro angehoben.

In allen gesetzlichen Sozialversicherungen werden **staatliche Zuschüsse** gewährt, als Ausgleich für sogenannte **versicherungsfremde Leistungen**. Hierzu zählen

- in der GRV Renten nach dem Fremdrentengesetz, Anrechnungszeiten, die Höherbewertung der Berufsausbildung und der Sachbezugszeiten, sowie abschlagsfreie Renten vor Erreichen des gesetzlichen Renteneintrittsalters.

- in der GKV bestimmte Leistungen bei Schwanger- und Mutterschaft, Leistungen der Prävention und Gesundheitsförderung sowie kinderabhängige Leistungen.
- in der GPV die Förderung des Auf- und Ausbaus ehrenamtlicher Pflege sowie Pflegekurse für Angehörige und ehrenamtliche Pflegepersonen.
- in der GAV zahlreiche Leistungen der Arbeitsförderung sowie Kinderzuschlag für kindererziehende Arbeitslose.

Versicherung	1980	1990	1995	2000	2005	2010	2013
Rentenversicherung	18,0	18,7	18,6	19,6	19,5	19,9	18,9
Krankenversicherung[1)]	11,4	12,6	13,2	13,6	14,3	14,9	15,5
Pflegeversicherung	-	-	1,0	1,7	1,7	1,95	2,05
Kinderlose			1,0	1,7	1,95	2,2	2,3
Arbeitslosenversicherung	3	4,3	6,5	6,5	6,5	2,8	3
Gesamt[2)]	**32,4**	**35,6**	**39,3**	**41,1**	**41,9**	**39,6**	**39,5**

1) bis 2008: durchschnittlicher Beitragssatz, 2) 1980: alte Bundesländer, ab 1990 Deutschland

Quelle: Zusammengestellt nach SOZIALPOLITIK AKTUELL 2013.

Tab. 6.7: Entwicklung der deutschen Sozialversicherungsbeiträge, in % des Bruttolohns

Was die Frage nach möglichen **verteilungspolitischen Wirkungen** des Sozialversicherungssystems betrifft, so ist zunächst festzuhalten, dass grundsätzlich für alle Sozialversicherungen das **Solidaritätsprinzip** gilt, demzufolge die zu versichernden Risiken von allen Versicherten gemeinsam getragen werden. So erhalten in der Kranken- und Pflegeversicherung alle Versicherten – unabhängig davon, wie viel sie an Beiträgen gezahlt haben – im Krankheitsfall die gleichen Sachleistungen. Rentner erhalten für die Zeit ihres Rentnerdaseins eine bestimmte Rente und Arbeitnehmer für den Fall der Arbeitslosigkeit für eine begrenzte Dauer Arbeitslosengeld. Durch diesen solidarischen Ansatz wird ein Risikoausgleich zwischen den Betroffenen geschaffen, der unterschiedliche Verteilungswirkungen mit sich bringt. Dabei kann zwischen **interpersonellen** und **intergenerativen Umverteilungskomponenten** unterschieden werden.

Die größten **interpersonellen Verteilungseffekte** treten in den Bereichen auf, in denen Leistungen einkommensunabhängig gewährt werden. Das trifft in erster Linie auf die **GKV** zu. Da die Beiträge zur gesetzlichen Krankenversicherung an das Lohneinkommen gekoppelt sind, erfolgt eine Einkommensumverteilung von den Besserverdienern zu den Geringverdienern (ZIMMERMANN 2007, S. 29).

▶ **Beispiel**

Während ein Arbeitnehmer mit einem monatlichen Bruttogehalt von 3.660 Euro auf Basis des Beitragssatzes von 8,2 %, einen Versicherungsbeitrag von 300 Euro zahlt, muss ein Arbeitnehmer mit einem monatlichen Bruttogehalt von 1.220 Euro lediglich einen Beitrag von 100 Euro entrichten. Unter der Annahme, dass beide jährliche Gesundheitsleistungen in Höhe von 2.400 Euro in Anspruch nehmen, werden 1.200 Euro vom Besserverdiener auf den Geringverdiener umverteilt.

Da die Versicherungsbeiträge der **GKV** geschlechtsunabhängig sind, kommt es zudem zu einer **Umverteilung von Männern zu Frauen**. Dies liegt daran, dass die Pro-Kopf Gesundheitsausgaben für Frauen (insbesondere im mittleren Lebensabschnitt) deutlich höher sind als die der Männer. Ein weiterer interpersoneller Umverteilungsaspekt resultiert daraus, dass nicht erwerbstätige Ehepartner und Kinder sind in der GKV beitragsfrei mitversichert. Hier kommt es zu einer **Umverteilung von Alleinstehenden zu Familien** (IGL et al. 1999, S. 131).

Die **intergenerative Umverteilungskomponente** resultiert aus der Tatsache, dass im Rahmen des **Umlageverfahrens** alle anfallenden Krankheitskosten aus den laufenden Beiträgen gezahlt werden. Somit werden die höheren Kosten der älteren Generation auf alle Versicherten umgelegt. Infolgedessen finanzieren die jüngeren Versicherten die älteren mit, da die durchschnittlichen Pro-Kopf-Ausgaben mit dem Alter steigen (ZIMMERMANN 2007, S. 52).

Von der GRV gehen weniger starke Verteilungseffekte aus, da bei der Berechnung der Rente die persönlichen Umstände (insbesondere Arbeitsverdienst und Versicherungsdauer) berücksichtigt werden. Die genaue Rentenhöhe richtet sich nach vier Grundprinzipien, die sich in der Rentenformel widerspiegeln:

[1] Das **Versicherungsprinzip**. Die Rente wird erst nach einer bestimmten Zeit bezahlt, die die Höhe der Beitragszahlung und die Dauer der Mitgliedschaft und die Altersgrenze berücksichtigt.

[2] Das **Solidaritätsprinzip**. Auch Zeiten ohne Beitragsleistung bedingt durch schulische Ausbildung, Krankheit, Arbeitslosigkeit und Erziehung wirken sich auf die Höhe der Rentenansprüche aus.

[3] Das **Äquivalenzprinzip.** Renten sind beitrags- und leistungsbezogen. Sie richten sich nach der Lebensarbeitsleistung und der Einkommensentwicklung.

[4] **Dynamisierung**. Renten werden (unter Berücksichtigung eines demographischen Faktors) jährlich an die Entwicklung der Arbeitseinkommen angepasst.

Auch in der **GAV** gilt zusätzlich das **Äquivalenzprinzip**. So erhält jemand, der geringere Beiträge in die Arbeitslosenversicherung gezahlt hat, ein niedrigeres Arbeitslosengeld im Fall von Arbeitslosigkeit als eine Person, die höhere Beiträge gezahlt hat.

6.2.3 Realtransfers (Bereitstellung öffentlicher Güter)

Verteilungspolitische Wirkungen können auch dadurch erzielt werden, dass der Staat zur Befriedigung von Kollektivbedürfnissen **öffentliche Güter** zur Verfügung stellt. Diese Güter werden von den unterschiedlichen Gruppen der Bevölkerung in verschiedenem Ausmaß in Anspruch genommen (sogenannte **Realtransfers**). Erst hieraus entspringen mögliche Umverteilungswirkungen, denn an sich hat die Versorgung mit öffentlichen Gütern noch keine allgemeine verteilungspolitische Relevanz (vgl. Kapitel 4, Abschnitt 6.3).

Zur Bestimmung verteilungspolitischer Effekte müsste näher analysiert werden, welche Einkommensschichten bestimmte öffentliche Güter in welchem Umfang „konsumieren". Im Allgemeinen wird unterstellt, dass Bezieher hoher Einkommen solche Güter wie Bildung oder Kultur besonders intensiv nutzen, während Beziehern unterer Einkommen nur über Realtransfers der Zugang beispielsweise zu einer ausreichenden gesundheitlichen Versorgung ermöglicht wird. Ob öffentliche Güter die Unterschiede in der Sekundärverteilung vermindern oder erhöhen, kann hier nicht endgültig beantwortet werden. Wissenschaftliche Untersuchungen zu dieser Frage haben bisher zu keinem abschließenden Ergebnis geführt. Dies liegt z.T. daran, dass öffentliche Güter nur sehr bedingt einzelnen Bevölkerungsgruppen zugeordnet werden können. Außerdem müssen die Bürger ihre Präferenzen beim Konsum öffentlicher Güter nicht offen legen (das Ausschlussprinzip des Marktes gilt hier nicht). Insofern fehlen Maßstäbe für ihren individuellen Konsum weitgehend. Allerdings lassen einige frühe Untersuchungen z.B. durch HENKE (1975) die Vermutung zu, dass im Gegensatz zu den Beziehern hoher Einkommen bei den unteren Einkommensschichten ein beträchtlicher Realtransfer zu ihren Gunsten stattfindet.

6.3 Vermögensbildungspolitische Instrumente

Das Ziel der **Vermögensverteilungspolitik**, eine breitere Streuung der privaten Vermögenswerte – einschließlich des Produktivvermögens – zu fördern, könnte über verschiedene Maßnahmen verwirklicht werden.

Die Umverteilung kann am bereits vorhandenen Vermögen ansetzen. Das würde aber bedeuten, dass ein **Eingriff in bestehende Eigentumsverhältnisse** erfolgen müsste. Eine direkte Enteignung als Mittel einer Vermögensumverteilung wird in den meisten westlichen Ländern wegen tief greifender ordnungspolitischer Bedenken abgelehnt. Also bleiben als Instrumente der Vermögensverteilung zunächst nur Steuern (Vermögen- und Erbschaftsteuer). Da die Umverteilung jedoch die Funktion des verfassungsrechtlich anerkannten Privatvermögens berücksichtigen muss, sind von vornherein Grenzen gesetzt. Weder eine Vermögen- noch eine Erbschaftsteuer darf die Anreizwirkung, die vom Privateigentum erwartet wird, beseitigen oder unverhältnismäßig einschränken. In diesem Sinne ist wohl auch die umstrittene Aussetzung der Vermögensteuer in der Bundesrepublik seit dem 1.1.1997 infolge eines Urteils des BUNDESVERFASSUNGSGERICHTS zu interpretieren.

Da weitgehende Eingriffe in die bestehenden Eigentumsverhältnisse ausscheiden, bleibt die Möglichkeit, an der **Entstehung von Vermögen** anzusetzen (**Beeinflussung der Vermögenszuwächse**). Dabei geht es darum, die weniger Vermögenden an den Vermögenszuwächsen zu beteiligen. In aller Regel werden sie aber nur durch das Sparen von Einkommensteilen erzielt. Folglich müsste eine Erfolg verheißende Vermögenspolitik auch die Einkommen erfassen.

Bereits in den Anfangsjahren der BUNDESREPUBLIK DEUTSCHLAND wurden verschiedene Maßnahmen der **privaten Ersparnis- und Vermögensbildung** vom Staat gefördert. Allerdings konnten die damit verbundenen steuerlichen Vorteile vom einkommensschwächeren Teil der Bevölkerung kaum genutzt werden. Deshalb wurden Anfang der 1960er Jahre besondere Maßnahmen zur **Vermögensbildung in Arbeitnehmerhand** eingeführt. Heute ergänzen insbesondere eine **Arbeitnehmer-Sparzulage** auf vermögenswirksame Leistungen sowie die Steuerbegünstigung beim kostenlosen oder verbilligten Bezug von Belegschaftsaktien und die allgemein verfügbaren Hilfen zur Eigentumsförderung wie die Wohnungsbauprämie oder den Sonderausgabenabzug von Versicherungsbeiträgen. Anfang der 1990er Jahre wurde die vermögenspolitische Diskussion erneut belebt. Ins Zentrum rückten dabei Fragen, die im Zusammenhang mit einer breiteren Streuung des Eigentums am Produktivvermögen oder auch ertragsorientierten Lohn- und Gehaltssystemen stehen. Im Folgenden wird die staatliche Förderung von vermögenswirksamen Leistungen betrachtet.

Vermögenswirksame Leistungen sind eine Form der Vermögensbildung für Arbeitnehmer. Nach dem 5. VERMÖGENSBILDUNGSGESETZ (1994, zuletzt geändert im Dezember 2011) sind darunter Leistungen zu verstehen, die der Arbeitgeber für den Arbeitnehmer anlegt. Die vermögenswirksamen Leistungen werden tariflich oder per Arbeitsvertrag vereinbart. Sie werden durch staatliche Zulagen „aufgestockt". Bei Verträgen nach dem WOHNUNGSBAU-PRÄMIENGESETZ und bei Anlagen zum Wohnungsbau (**Bausparverträge**) sind vermögenswirksame Leistungen seit 2004 bis zu einem Höchstbetrag von 940 Euro pro Jahr für Ehepaare (470 Euro für Ledige) zulagen-begünstigt. Der Sparzulagensatz beträgt 9 % so dass die maximale Sparzulage auf 42,30 Euro begrenzt ist. Beim vermögenswirksamen **Investmentsparen** mit Aktienfonds liegen die Grenzen bei 800 Euro bzw. 400 Euro (Sparzulagensatz 20 %, maximale Sparzulage 80 Euro). Zu beachten ist, dass die Arbeitgeber-Sparzulage nur gewährt wird, wenn das zu versteuernde Einkommen 35.800 Euro (bei Verheirateten) bzw. 17.900 € (bei Alleinstehenden) nicht überschreitet. Bei **Vermögensbeteiligungen** beträgt die Einkommensgrenze seit 2009 40.000 Euro für Verheiratete und 20.000 Euro für Alleinstehende. Die Förderungen Bausparvertrag und Aufwendungen des Arbeitnehmers zum Wohnungsbau sowie für Vermögensbeteiligungen können nebeneinander bis zu den Höchstbeträgen in Anspruch genommen werden. Damit beträgt die max. mögliche Arbeitnehmer-Sparzulage 122,30 Euro pro Jahr. Die vermögenswirksamen Leistungen werden vom Arbeitgeber unmittelbar an die Stelle geleitet, bei der die Anlage erfolgt. Dagegen wird die Arbeitnehmer-Sparzulage jährlich nachträglich auf Antrag vom zuständigen Finanzamt festgesetzt (Anlage VL).

In den letzten Jahren setzt die staatliche Förderung der Vermögensbildung verstärkt auf die **Beteiligung der Arbeitnehmer am Produktivkapital** (VERMÖGENSBETEILIGUNGSGESETZ vom September 1998). Seit dem Jahr 2002 sind mit dem ALTERSVERMÖGENSGESETZ insbesondere die Rahmenbedingungen für die Vermögensbildung der Arbeitnehmer zur Alterssicherung verbessert worden. Demnach wird unter bestimmten Voraussetzungen die private Altersvorsorge sowohl durch Steuervergünstigungen als auch durch staatliche Zulagen gefördert. Verschiedene Anlageformen wie Rentenversicherungen, Fondssparpläne und Banksparpläne stehen hierfür zur Verfügung.

7 Probleme und Grenzen

Sozialpolitik und Verteilungspolitik sollen zur Erreichung **gesellschaftlicher Ziele** beitragen. Ein erstes Problem liegt darin, dass sie nur unzureichend operationalisiert werden können. Dies wurde am Ziel „Verteilungsgerechtigkeit" deutlich. Wir haben auf den Konflikt zwischen Leistungs- und Bedarfsgerechtigkeit hingewiesen. Dabei ist klar geworden, dass es eine werturteilsfreie „gerechte" Einkommensverteilung nicht gibt. Beispielsweise beruht die Feststellung, dass die bestehende Verteilung ungerecht und damit für die Gesellschaft – weil sie den sozialen Frieden gefährdet – nachteilig ist, auf **Werturteilen**. Aber auch die Gegenthese von einer Verteilungsgerechtigkeit, die als Ergebnis der Faktorpreisbildung und -allokation auf den Märkten zustande kommt, ist nicht wertfrei.

Ein **zweites** Grundproblem resultiert aus der **unzureichenden statistischen Basis**. Wenn der Staat nicht über ausreichend empirisch gesicherte Informationen zur Einkommens- und Vermögensverteilung verfügt, kann er auch schwerlich eine zielgerichtete Einkommenspolitik betreiben.

Ein **drittes** Problem ergibt sich aus dem **Einsatz der verteilungspolitischen Instrumente**. Zum einen ist die Wirkungsweise einzelner Instrumente nicht immer exakt vorherzusagen, da häufig das konkrete **Verhalten der Adressaten** nicht kausal determiniert ist. So könnte ein engmaschiges Netz der sozialen Sicherung auch dazu führen, dass die Eigeninitiative der Betroffenen „einschläft". Zum anderen kann ein oft nicht ausreichend koordinierter Einsatz der unterschiedlichen Instrumente (v.a. der Transferzahlungen) zu **unerwünschten Verteilungsergebnissen** führen. Unerwünscht in diesem Sinne wäre beispielsweise, wenn Haushalte mit geringem Erwerbseinkommen schlechter gestellt würden als Bezieher von Transfereinkommen oder wenn durch den Wegfall staatlicher Leistungen infolge des Überschreitens der Bemessungsgrundlage bei Erhöhung des funktionellen Einkommens eine Verringerung der verfügbaren personellen Netto-Einkommen eintritt. Solche Situationen können nur vermieden werden, wenn der **Systemcharakter** verteilungspolitischer Maßnahmen bei staatlichen Entscheidungen besser berücksichtigt wird. Das ist äußert schwierig, da neben der Vielzahl von verteilungspolitischen Einzelregelungen auch eine **Pluralität von Entscheidungsträgern** der Verteilungspolitik (Bund, Länder, Kommunen, Tarifvertragsparteien, teilweise die Sozialversicherungsträger) und **Einflussträgern** (Verbände, Krankenkassen usw.) existiert, deren Zielvorstellungen und Maßnahmen nicht zwangsläufig deckungsgleich sein müssen. Hinzu kommt, dass den einzelnen Instrumenten (z.B. Steuern) zu oft eine **ausreichende Flexibilität fehlt**. Insbesondere können Steuern nicht differenziert und einzelfallgerecht eingesetzt werden.

Grenzen der Sozial- und Verteilungspolitik werden offensichtlich, wenn es um die Umverteilung von Vermögen geht. Die Maßnahmen zur **Förderung der Vermögensbildung** (wie Arbeitnehmer-Sparzulage, Wohnungsbau-Prämien oder steuerliche Maßnahmen) in Arbeitnehmerhand konnten der zunehmenden Vermögenskonzentration nicht entscheidend entgegenwirken. Zwar haben sie die Vermögensbildung der Arbeitnehmer gefördert (Zunahme von Spareinlagen, Bausparverträgen und Versicherungsverträgen sowie des privaten Wohneigentums), das Ziel einer gleichmäßigeren Vermögensverteilung ist aber nicht annähernd erreicht worden.

Der staatliche Einfluss auf die funktionelle Einkommensverteilung ist wegen der bestehenden **Tarifautonomie** eng begrenzt. In diesem Bereich beschränken sich die Möglichkeiten des Staates darauf, über die Veränderung von Rahmenbedingungen (z.B. Arbeitsmarktpolitik, Bildungspolitik, Gesundheitspolitik) bzw. Koordination und Information der Tarifpartner indirekt eine Entwicklung im Sinne von mehr Verteilungsgerechtigkeit zu fördern. Die Effizienz derartiger Maßnahmen hängt jedoch immer vom Verhalten der unabhängigen Tarifpartner ab. Die **Instrumente der Sekun-**

därverteilung (insbesondere Transferzahlungen, Steuern) sind generell auf die Korrektur der ungleichen funktionellen Einkommensverteilung gerichtet.

Zwischen Sozial- und Verteilungspolitik und anderen Bereichen der Wirtschaftspolitik besteht ein enger Zusammenhang. Besonders **enge Wechselbeziehungen** gibt es zwischen Wachstums- und Konjunkturpolitik einerseits und Sozialpolitik andererseits. Zunächst führen Eingriffe des Staates im Rahmen der Wachstums- und Konjunkturpolitik direkt und indirekt auch immer zur Begünstigung oder Benachteiligung bestimmter gesellschaftlicher Gruppen. Darüber hinaus bildet die ökonomische Leistungsfähigkeit einer Volkswirtschaft die grundlegende Voraussetzung für die Gestaltung der sozialen Sicherungssysteme. Die Grenzen der Sozial- und Verteilungspolitik werden also entscheidend vom wirtschaftlichen Wachstum beeinflusst. Mit anderen Worten: Die **Wirtschaftskraft setzt der Sozialpolitik Grenzen**.

Eine **psychologische Grenze** ist zweifelsfrei dann erreicht, wenn aufgrund ständig steigender Sozialabgaben (gleichbedeutend mit einer Verringerung der verfügbaren Einkommen von Arbeitnehmerhaushalten) die **Bereitschaft zu solidarischem Verhalten** „untergraben" wird. Im Vordergrund der Diskussion stehen mithin die **hohen Kosten der sozialen Sicherungssysteme**. Die Reformen zur Kostensenkung im Gesundheitswesen sind eine „never ending story". Dauerhafte Kosteneinsparungen konnten bisher nicht oder nur zulasten des Leistungsumfangs (Leistungsbegrenzung, Zuzahlungspflicht) erreicht werden. Oder greifen wir die Probleme bei der **Alterssicherung** heraus. Für die steigenden Kosten sind hier insbesondere die Entwicklung der Altersstruktur sowie die Beschäftigungslage maßgebend. Zur Kennzeichnung der **Altersstruktur** ist festzustellen, dass die Lebenserwartung ständig gestiegen ist. So beziehen Rentner heute im Schnitt 18,5 Jahre ihre gesetzliche Rente – und damit sieben Jahre länger als noch vor 40 Jahren. Entsprechend hat sich die Anzahl der Rentner allein in Westdeutschland mehr als verdoppelt, von 9,9 auf 20 Millionen (IW-Nachrichten, 2013). Da im selben Zeitraum die Geburtenhäufigkeit gesunken ist, kommen immer weniger junge Menschen für die Renten von immer mehr alten Menschen auf.

Der zweite wichtige Faktor für die Entwicklung der Rentenfinanzen ist die **Beschäftigungslage und -entwicklung**. Nahm das tatsächliche Renteneintrittsalter in den 1990er Jahren immer weiter ab, hat es seit dem Jahr 2000 wieder leicht zugenommen. 2012 lag das durchschnittliche Renteneintrittsalter in Deutschland bei 63,5 Jahren und somit gut ein Jahr höher als 10 Jahre zuvor. Infolge der Anhebung der Regelaltersgrenze auf zukünftig 67 Jahre dürfte es in den nächsten Jahren weiter ansteigen. Zusätzlich hat der Rückgang der Arbeitslosigkeit auf unter 3 Mio. Arbeitslose die Rentenversicherung entlastet, da entsprechende Beitragszahlungen zugenommen haben. Dennoch besteht das Problem der Arbeitslosigkeit fort. Es bedeutet darüber hinaus, dass ein Teil der erwerbsfähigen Bevölkerung von der funktionellen Einkommensverteilung ausgeschlossen bleibt. Die Zukunftschancen einer Demokratie beruhen aber nicht zuletzt auch auf einer von der Gesellschaft allgemein akzeptierten Einkommensverteilung. Sofern also aus dem Arbeitsmarkt gesellschaftliche Gruppen auf Dauer ausgegrenzt werden und es zu einer Gesellschaft kommt, die in „Klassen" der Arbeithabenden und der Arbeitslosen aufgeteilt ist, bedrohen soziale Konflikte ihre Stabilität und Sicherheit. Damit wird auch hier wieder der Zusammenhang zwischen den verschiedenen Politikbereichen deutlich: Erfolgreiche **Arbeitsmarktpolitik** ist zugleich **Sozialpolitik**.

Angesichts der hohen Kosten der sozialen Sicherungssysteme wurden Reformvorhaben auf den Weg gebracht. Sie zeugen vom politischen Willen zur **Konsolidierung** des Systems der sozialen Sicherung. Der politische Entscheidungsprozess ist eigentlich nie abgeschlossen! Erkennbar aber ist, dass das Prinzip **Eigenvorsorge** zulasten einer noch umfassenderen staatlichen Versorgungspolitik stärker betont wird. Ob dadurch indes die dem System innewohnende Dynamik gebrochen, den Rahmenbedingungen Rechnung getragen und somit eine Konsolidierung mit Tragfähigkeit erreicht wird, kann erst die Entwicklung der nächsten Jahre zeigen.

8 Wiederholungsfragen

1. Erläutern Sie den Unterschied zwischen funktioneller und personeller Einkommensverteilung.
2. Welche Probleme treten bei der Berechnung der Lohnquote auf?
3. Was verstehen Sie unter Einkommenspolitik im engeren und weiteren Sinne?
4. Nennen Sie verteilungspolitische Indikatoren und gehen Sie auf Probleme ihrer Messung ein.
5. Welche Ziele verfolgt die Verteilungspolitik? Kann es zu Konflikten zwischen verteilungspolitischen Zielen kommen? Nennen Sie Beispiele.
6. Welche Kompetenz hat die EU im Bereich der Sozialpolitik?
7. Welche Probleme können bei der Definition des Begriffs Verteilungsgerechtigkeit auftreten? Wie würden Sie sich selbst eine gerechte Einkommensverteilung vorstellen?
8. Welche Träger der Verteilungspolitik sind Ihnen bekannt? Unterscheiden Sie dabei zwischen Einkommens- und Sozialpolitik.
9. Nennen Sie wesentliche verteilungspolitische Instrumente.
10. Was verstehen Sie unter dem System der sozialen Sicherung?
11. Beurteilen Sie die Wirksamkeit von staatlichen Instrumenten der Umverteilung. Welche Probleme können bei ihrem Einsatz auftreten?
12. Unter welchen Gesichtspunkten ist es gerechtfertigt, über Möglichkeiten der Konsolidierung der sozialen Sicherungssysteme nachzudenken?
13. Worin sehen Sie Ursachen für die Reformen im Gesundheitswesen und bei der Alterssicherung?
14. Diskutieren Sie Grenzen der Verteilungspolitik.

Kapitel 7: Arbeitsmarkt- und Beschäftigungspolitik

In diesem Kapitel erfahren Sie

- wie sich Arbeitsmarkt- und Beschäftigungspolitik abgrenzen lassen,
- was sich hinter verschiedenen Zielerreichungsindikatoren verbirgt,
- wie sich die Lage am Arbeitsmarkt in Deutschland entwickelt hat,
- Grundlegendes über die Funktionsweise des Arbeitsmarkts in der ökonomische Theorie und was es darüber hinaus in der Wirtschaftspolitik zu berücksichtigen gilt,
- wie sich das Ziel eines hohen Beschäftigungsstandes begründen lässt,
- wer zu den Trägern der Arbeitsmarkt- und Beschäftigungspolitik in Deutschland zählt,
- welche arbeitsmarktpolitischen Instrumente zur Verfügung stehen und welche Wirkungen von ihnen zu erwarten sind.

1 Einleitung

Unter **Arbeitsmarktpolitik** werden hier die **ordnungspolitischen Rahmensetzungen** (z.B. Tarifrecht) und **prozesspolitischen Maßnahmen** (z.B. Weiterbildungsmaßnahmen) verstanden, die sich **unmittelbar** auf den **Arbeitsmarkt** richten.

Im Vordergrund stehen **mikroökonomische** Überlegungen. Dabei stehen häufig Teilmärkte im Mittelpunkt des Interesses. Arbeitsmarktpolitik umfasst eine Fülle staatlicher Maßnahmen, darunter solche zur Erhöhung der Transparenz, der räumlichen Mobilität sowie der Zahl und Qualifikation der verfügbaren Arbeitskräfte. Weitere Ansatzpunkte sind die Arbeitsbedingungen und die Arbeitsplatzsicherheit. Schließlich kann der Staat durch Mindestlöhne oder Allgemeinverbindlichkeitserklärungen von Tarifverträgen den Lohn direkt beeinflussen.

Unter **Beschäftigungspolitik** werden demgegenüber staatliche Maßnahmen zur Steuerung der **gesamtwirtschaftlichen Güternachfrage** verstanden, welche die Auslastung der volkswirtschaftlichen Produktionsfaktoren mittelbar bestimmt.

Sie basiert auf **makroökonomischen** Überlegungen. Im Wesentlichen geht es darum, einer nachfragebedingten Unter- oder Überbeschäftigung von Arbeit und Kapital durch eine geeignete Fiskal- und Geldpolitik entgegenzuwirken. Der Beschäftigung von Arbeitskräften wird dabei deutlich mehr Augenmerk geschenkt als der des Realkapitals.

Beide Politiken zielen also – wenn auch nicht nur – auf die Vollbeschäftigung der Arbeitskräfte, weswegen sie in diesem Kapitel zusammen behandelt werden. Entsprechend stellen die folgenden Ausführungen zum ganz überwiegenden Teil auf den Arbeitsmarkt ab. Gleichwohl ist zu betonen, dass der Auslastungsgrad des Realkapitals keineswegs irrelevant ist: Zum einen ist er für den materiellen Wohlstand einer Gesellschaft von großer und für den Lebensstandard der Kapitaleigentümer von zentraler Bedeutung. Zum anderen besteht ein enger Zusammenhang zwischen der Auslastung des Realkapitals und der Beschäftigung sowie der Entlohnung von Arbeitskräften.

Wann von **Vollbeschäftigung** des Produktionsfaktors gesprochen werden kann, erweist sich besonders in der Praxis als eine schwierige Frage, für die es keine eindeutige Antwort gibt. In der Wirtschaftstheorie gilt Vollbeschäftigung in einer Marktwirtschaft üblicherweise als erreicht, wenn jeder Arbeitsfähige, der zum herrschenden Lohnsatz arbeiten möchte, einen Arbeitsplatz hat. Dieser Definition liegt eine Reihe von Annahmen zugrunde, die auf die Realität zum Teil nicht zutreffen, so dass Vollbeschäftigung in diesem Sinne nicht erreichbar ist. Daher verwendet man in der Wirtschaftspolitik bevorzugt den Begriff des **hohen Beschäftigungsstandes**, wie er auch im STABILITÄTSGESETZ steht. Sofern sich das Ziel des hohen Beschäftigungsstands durch Marktprozesse nicht quasi automatisch einstellt oder nur zu Bedingungen, welche von der Gesellschaft abgelehnt werden, lässt sich der Einsatz arbeitsmarkt- und beschäftigungspolitischer Instrumente grundsätzlich rechtfertigen.

Eine Gesamtbetrachtung des Arbeitsmarktes ist zwar in der Theorie, nicht jedoch in der Praxis der Arbeitsmarktpolitik möglich. Vielmehr ist eine Aufgliederung in **Teilarbeitsmärkte** erforderlich. So lassen sich Arbeitsmärkte nach verschiedenen Merkmalen der Arbeitskräfte (u.a. Qualifikation und Alter), nach der arbeitsrechtlichen Stellung (z.B. Arbeiter, Angestellte, Beamte), der geografischen Abgrenzung (z.B. regional, national, international), der Branche, der Legalität (z.B. Schwarzarbeit) oder des Umfangs (Vollzeit- und Teilzeit) einteilen. Darüber hinaus wird nach **erstem** und **zweitem Arbeitsmarkt unterschieden.** Der **erste Arbeitsmark**t ist durch relativ hohe Arbeitsplatzsicherheit, einen hohen Anteil an Vollzeitstellen und eine sozialversicherungs-, arbeits- sowie oft auch tarifrechtlich weitgehende Absicherung charakterisiert. Daneben hat sich ein sogenannter **zweiter Arbeitsmarkt** etabliert, mit dem in Deutschland zunächst vor allem das Marktsegment gemeint war, das Arbeitskräften eine Betätigung in „**Maßnahmen aktiver Arbeitsmarktpolitik**" bietet (vgl. Abschnitt 6.2). Zunehmend wird unter dem zweiten Arbeitsmarkt aber auch der Markt für Neben- und Aushilfstätigkeiten verstanden, etwa für sog. „Minijobs". Diese werden mehrheitlich zu den sog. **prekären Arbeitsverhältnissen** gezählt. Diese weisen sehr niedrige Löhne und nur geringe arbeitsrechtliche Schutzrechte auf, sind nicht auf Dauer angelegt und generieren kaum soziale Sicherheitsansprüche (vgl. Abschnitt 3.5). Der Begriff „prekär" ist allerdings umstritten, da er sehr normativ geprägt ist: Er bedeutet nicht nur unsicher und labil, sondern auch heikel, schwierig, misslich, unangenehm oder peinlich.

2 Situationsanalyse

2.1 Grundlagen

2.1.1 Arbeitslosigkeit: Formen und Konzepte

Volkswirtschaften unterliegen einem ständigen, endogen und exogen hervorgerufenen **sektoralen Strukturwandel**. Nachfragepräfenzen ändern sich, Rohstoffe werden knapper, Innovationen führen zu neuen Produkten und Verfahren, der Wertewandel trägt zu verändertem Konsumverhalten bei, die Globalisierung erhöht den Wettbewerbsdruck usw. Einige Branchen schrumpfen, während andere expandieren und neue Branchen entstehen. So sinkt beispielsweise der Anteil des primären Sektors (Land- und Forstwirtschaft, Fischerei) an der Bruttowertschöpfung Deutschlands seit den 1950er Jahren, der Anteil des sekundären Sektors (verarbeitende Industrie) geht seit den 1970er Jahren zurück, und der tertiäre Sektor (Dienstleistungen) gewinnt demgegenüber an Gewicht. Es liegt auf der Hand, dass damit eine Veränderung der Beschäftigungsstruktur (vgl. Tab. 7.1) und neue Anforderungen an die Arbeitnehmer einhergehen.

Jahr	1950	1960	1970	1980	1990	2000	2012
Primärer Sektor	25	14	8	5	4	2	2
Sekundärer Sektor	43	48	47	41	37	29	25
Tertiärer Sektor	33	39	45	55	60	69	74

Quelle: STATISTISCHES BUNDESAMT, 2013a, Ergebnisse der Erwerbstätigenrechnung in der Abgrenzung der Volkswirtschaftlichen Gesamtrechnungen (VGR).

Tab. 7.1: Erwerbstätige in Deutschland nach Wirtschaftssektoren in Prozent aller Erwerbstätigen (gerundet)

Der sektorale erzeugt ebenso wie der regionale Strukturwandel Anpassungsbedarf auf den Arbeitsmärkten, der zu Beschäftigungsschwankungen führt – sowohl in Form von Arbeitslosigkeit als auch von Arbeitskräftemangel. **Sektorale bzw. regionale Arbeitslosigkeit** ist in einer Marktwirtschaft nicht nur unvermeidlich, sondern eine geradezu zwingende Begleiterscheinung von Wirtschaftswachstum. Dieses ist wiederum notwendig, damit die Beschäftigung bei steigender Produktivität nicht abnimmt.

Neben sektoralen und regionalen Beschäftigungsschwankungen gibt es Arbeitsmarktprobleme, die durch institutionelle Regelungen (z.B. Arbeitsrecht, soziales Sicherungssystem, Mindestlöhne) hervorgerufen werden und als **institutionelle Arbeitsmarktprobleme** bezeichnet werden.

Im Folgenden wird von **strukturellen Beschäftigungsproblemen** gesprochen, wenn

- **sektorale Beschäftigungsprobleme**, also das qualifikationsbedingte Auseinanderklaffen von Arbeitskräften und offenen Stellen (qualifikatorischer Mismatch),
- **regionale Beschäftigungsprobleme, also** das geografisch bedingte Auseinanderklaffen (regionaler Mismatch)
- oder **institutionelle Beschäftigungsprobleme** gemeint sind.

Des Weiteren haben Arbeitgeber und Arbeitnehmer keine vollständige Marktübersicht, sondern es dauert eine Weile, bis ein Arbeitssuchender auf eine geeignete offene Stelle trifft und umgekehrt. Je zeitaufwändiger der Matching-Prozess, desto höher die **friktionelle Arbeitslosigkeit** (vgl. Abschnitt 3.2).

Außerdem gibt es **saisonale Schwankungen**. Zum Beispiel weisen die Bau- und Agrarwirtschaft sowie der Sommertourismus im Winter einen Beschäftigungsrückgang auf, der durch „winterliche" Branchen (z.B. Skitourismus, Weihnachtsgeschäft) nicht kompensiert wird. Die Arbeitslosen- und Beschäftigungsstatistik enthält daher überwiegend saisonbereinigte Zahlen.

Schließlich sei die Kategorie der **freiwillig Arbeitslosen** angesprochen. In der Theorie sind dies Arbeitsanbieter, die nicht bereit sind zu den herrschenden Arbeitsmarktbedingungen eine Beschäftigung aufzunehmen. In der Praxis fallen hierunter auch Personen, die grundsätzlich keine Arbeit anbieten, aber in der Statistik (fälschlicherweise) als grundsätzlich arbeitsbereit und arbeitsfähig auftauchen.

> Vereinfacht kann gesagt werden, dass die **Bewältigung struktureller, friktioneller und saisonaler Beschäftigungsprobleme** in das Ressort der Arbeitsmarktpolitik fällt. Soweit Maßnahmen im Hinblick auf freiwillige Arbeitslosigkeit ergriffen werden, können auch diese zur Arbeitsmarktpolitik gezählt werden.

Die Beschäftigungspolitik ist demgegenüber zuständig, **wenn Abweichungen vom Ziel des hohen Beschäftigungstandes** durch die Entwicklung **makroökonomischer Aggregate** bedingt sind. Steigt eine Komponente der gesamtwirtschaftlichen Nachfrage, werden unter sonst gleichen Bedingungen (**ceteris paribus**) mehr Arbeitskräfte benötigt. Sinkt die Güternachfrage, werden weniger Arbeitskräfte benötigt. Resultat sind im Wesentlichen **konjunkturbedingte Beschäftigungsschwankungen**. Ist der Nachfragemangel permanenter Natur, wird vereinzelt auch der Begriff der **keynesianischen Arbeitslosigkeit** (vgl. Abschnitt 3.6) verwendet.

Die Grenzen zwischen strukturellen und makroökonomisch bedingten Beschäftigungsproblemen sind allerdings fließend. Beispielsweise kann einem Rückgang der Beschäftigung in Folge sinkender Auslandsnachfrage je nach Ursache besser mit konjunkturpolitischen Maßnahmen oder besser mit strukturellen Arbeitsmarktmaßnahmen begegnet werden. In der wirtschaftspolitischen Praxis ist es keineswegs immer eindeutig, welche Ursachen einem unerwünschten Beschäftigungsniveau zugrunde liegen.

Während die neoklassische Theorie davon ausgeht, dass der Marktmechanismus prinzipiell in der Lage ist, für Vollbeschäftigung zu sorgen (vgl. Abschnitt 3.1), wird dies von keynesianischen und mittlerweile auch von vielen anderen Arbeitsmarkttheoretikern differenzierter gesehen. So gehen moderne Theorien davon aus, dass ein gewisser Grad an Unterbeschäftigung aufgrund von Spezifika des Arbeitsmarkts dauerhaft bestehen bleibt. Für diese andauernde unfreiwillige Arbeitslosigkeit wurden Begriffe wie z.B. **„natürliche"**, **„(quasi) gleichgewichtige"** und **„inflationsstabile" Arbeitslosigkeit** geprägt. Ursprünglich verbargen sich hinter den Bezeichnungen unterschiedliche, wenngleich überlappende Theorien. Mittlerweile aber hat sich das Konzept der inflationsstabilen Arbeitslosigkeit weitgehend durchgesetzt und zugleich auch der Begriff der **„NAIRU"** (non-accelerating inflation rate of unemployment).

2.1.2 Konjunktur und Wachstum

Die **makroökonomische** Beschäftigungstheorie befasst sich primär mit **konjunkturellen Beschäftigungsschwankungen**. Sie sind Ausdruck des Konjunkturzyklus. Es ist umstritten, inwieweit es wirtschaftlich weit entwickelten Volkswirtschaften möglich ist, dem konjunkturellen Auf und Ab zu entrinnen. So gab es in den 1990er Jahren die Meinung, dass es den USA gelungen sei, den Konjunkturzyklus zu überwinden. Spätestens mit dem Crash an den Börsen im Jahr 2001 und der durch den Terroranschlag vom 11. September verschärften Rezession, kann indes konstatiert werden, dass alle weit entwickelten Volkswirtschaften nach wie vor konjunkturellen Schwankungen unterliegen.

Der **Konjunkturzyklus** bezeichnet kurzfristige Schwankungen des realen Bruttoinlandsprodukts (BIP). Die langfristige Erhöhung des BIP wird hingegen als **Wirtschaftswachstum** bezeichnet, das durch einen quantitativen Zuwachs der verfügbaren Produktionsfaktoren (Arbeit, Kapital) oder Produktivitätszuwächse (technischer Fortschritt, Humankapital) verursacht wird. Arbeitsmarktpolitik zielt unter anderem auf eine Erhöhung des Arbeitsangebots und der Arbeitsproduktivität, und ist insoweit auch Wachstumspolitik.

Abb. 7.1 zeigt die jährlichen realen Wachstumsraten für die BUNDESREPUBLIK DEUTSCHLAND seit der Nachkriegszeit. Konjunkturelle Schwankungen lassen sich an den Unterschieden der jährlichen Wachstumsraten ebenso erkennen wie das langfristige durchschnittliche Wachstum.

> **Konjunkturschwankungen** sind kurz- bis mittelfristige Änderungen im Auslastungsgrad des gesamtwirtschaftlichen Produktionspotenzials. **Wirtschaftswachstum** ist hingegen der Anstieg des Produktionspotenzials im Zeitverlauf, also ein langfristiger Trend. Das **Produktionspotenzial** einer Volkswirtschaft ist die Menge an Waren und Dienstleistungen, die bei „normaler Auslastung" der Produktionsfaktoren in einer Zeitperiode für den Endverbrauch produziert werden kann.

Der **Konjunkturzyklus** lässt sich idealtypisch in vier Phasen unterteilen. In der Phase des **Aufschwungs** (Expansion) kommt es zu einer erst langsamen, dann sich verstärkenden Zunahme der Produktion und der Absätze. Die Gewinne steigen, weil höhere Preise am Markt durchgesetzt werden können und mit zunehmender Kapazitätsauslastung auch die Stückkosten sinken. Geringere freie Kapazitäten führen zu steigender Investitionstätigkeit, in der Regel wird die Arbeitslosigkeit abnehmen bzw. die Beschäftigung zunehmen.

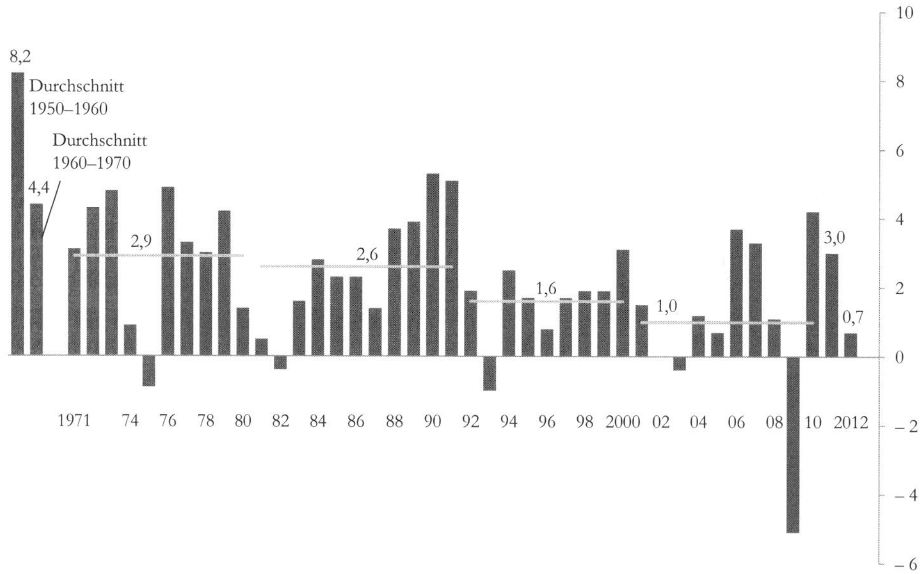

Quelle: STATISTISCHES BUNDESAMT, 2013b, Bruttoinlandsprodukt 2012 für Deutschland, S. 6.

Abb. 7.1: Wachstumsraten des BIP (Veränderung gegenüber dem Vorjahr in %)

Die **Hochkonjunktur (Boom)** lässt sich durch beginnende Engpässe in verschiedenen Wirtschaftszweigen, intensive Investitionstätigkeit und stärkere Preis- und Zinssteigerungen beschreiben. Die Beschäftigungssituation ist durch geringe Arbeitslosigkeit, relativ viele offene Stellen, stark steigende Löhne usw. gekennzeichnet. Anders als die Konnotation der Phasenbezeichnung vermuten lässt, ist der Boom keine wünschenswerte Wirtschaftslage, sondern stellt eine **konjunkturelle Überhitzung** der Volkswirtschaft dar, die außer durch hohe Inflationsraten oftmals durch Arbeitskräftemangel, Fehlinvestitionen, den Aufbau von Überkapazitäten und Blasen auf Aktienmärkten (oder anderen wie den Immobilien- und Devisenmärkten) gekennzeichnet ist.

Die Hochkonjunktur mündet im Allgemeinen in einen **Abschwung (Rezession)**. Neue Investitionen werden gerade angesichts der getätigten Fehlinvestitionen und Überkapazitäten stark eingeschränkt, der Rückgang der wirtschaftlichen Aktivitäten verstärkt sich allmählich. Wenn gesamtwirtschaftliche Nachfrage und Produktion – und in deren Folge auch die Gewinne – sinken, geht die Beschäftigung spürbar zurück, Konsum- und Investitionsgüternachfrage sinken weiter, wodurch Einkommen, Nachfrage und Beschäftigung weiter sinken und sich Pessimismus breit macht.

In der **Krise (Depression)** ist die Arbeitslosigkeit am höchsten und die Kapazitätsauslastung am geringsten. Das Vertrauen in die wirtschaftliche Entwicklung und die Bereitschaft, Investitionen zu tätigen, sind schwach. Zukunftsängste lassen die Menschen vermehrt Ersparnisse anlegen, d.h. der Konsum geht noch weiter zurück. Im Extrem kommt **Deflation** hinzu, d.h. das durchschnittliche Preisniveau sinkt oder die Inflationsrate ist ungewöhnlich niedrig. Deflation veranlasst Unternehmen und Haushalte mit dem Kauf von Gütern, in der Hoffnung auf weiterhin sinkende Preise, zu **warten (Attentismus)**, woraufhin die Nachfrage und Produktion zusätzlich geschwächt werden, die Preise erneut sinken etc. Dieser Mechanismus wird als **Deflationsspirale** bezeichnet.

Abb. 7.2 zeigt das **Grundmuster des Konjunkturzyklus**, wobei die Grenzen zwischen den einzelnen Konjunkturphasen fließend sind und branchenspezifisch divergieren können. Der idealtypische Verlauf ist empirisch höchst selten anzutreffen. Außer dem U-förmigen Verlauf des Abschwungs treten auch V-förmige und L-förmige Rezessionsverläufe auf. Liegt ein W-förmiger Verlauf vor, spricht man auch von einem „**Double-dip**", d.h. einem kurzen Aufschwung folgt ein neuerlicher Abschwung. Selbst „**Triple-dips**" kommen vor. Ein Zyklus dauert meist zwischen drei und fünf Jahren, kann aber im Einzelfall kürzer oder auch deutlich länger sein.

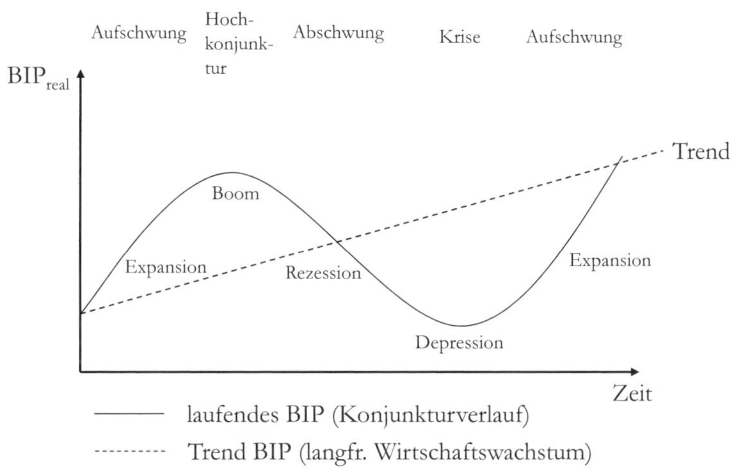

Abb. 7.2: Idealtypischer Konjunkturverlauf

Zusammengefasst: Sofern zum gegebenen Lohnsatz die Arbeitgeber genau die Menge an Arbeitsleistung nachfragen, die von den Arbeitskräften angeboten wird, läge in der neoklassischen Theorie ein Gleichgewicht auf dem Arbeitsmarkt vor. In anderen Worten, es herrscht Vollbeschäftigung in dem Sinne, dass es keine unfreiwillig Arbeitslosen gibt. In keiner realen Volkswirtschaft kann ein solches Gleichgewicht auf allen Teilarbeitsmärkten gleichzeitig vorliegen. Ein gewisses Maß an saisonaler, friktioneller, sektoraler und regionaler Unter- bzw. Überbeschäftigung ist in der Realität vielmehr unvermeidbar. Gleiches scheint für konjunkturelle Beschäftigungsprobleme zu gelten, wenngleich deren Zwangsläufigkeit umstritten ist.

2.2 Arbeitsmarktindikatoren

2.2.1 Arbeitslosenquoten

Die Arbeitslosenquote lässt sich auf verschiedene Arten berechnen. Dividend ist stets die Zahl der Arbeitslosen. Als Divisor lassen sich hingegen die verschiedensten Größen einsetzen. Zunächst muss entschieden werden, ob die Bezugsgröße alle Erwerbsfähigen oder nur einen Teil von ihnen umfasst. Sollen zum Beispiel alle **Erwerbsfähi-**

gen oder nur die **Erwerbswilligen** erfasst werden? In liberal geprägten politischen bzw. wirtschaftlichen Systemen, in denen individuelle Freiheit zu den politischen Eckpfeilern zählt bzw. die marktwirtschaftliche Ordnung auf dem Individualprinzip basiert, erscheinen im Nenner grundsätzlich nur die Menschen, die auch bereit sind, erwerbstätig zu sein. Denn Ziel ist gerade nicht, dass alle Menschen arbeiten müssen, um das BIP zu maximieren. Entsprechend gelten auch nur arbeitsbereite (und zugleich arbeitsfähige) Menschen, die keiner Erwerbstätigkeit nachgehen, als Arbeitslose. Erwerbstätige und Arbeitslose ergeben die Gruppe der Erwerbspersonen.

Allgemeine Definition: $$ALQ = \frac{\text{Arbeitslose}}{\text{Erwerbspersonen}} * 100$$

Die **BUNDESAGENTUR FÜR ARBEIT (BA)** rechnet Bundeswehrangehörige heraus und unterscheidet darüber hinaus zwischen „abhängigen zivilen Erwerbspersonen" und „allen zivilen Erwerbspersonen" (d.h. einschließlich Selbständige und mithelfende Familienangehörige). Wenngleich die ALQ bezogen auf die abhängigen zivilen Erwerbspersonen in Deutschland eine längere Tradition hat, spielt sie in der Praxis nur noch bei der Betrachtung von Teilarbeitsmärkten (z.B. nach Alter oder Geschlecht strukturierten ALQ) eine zentrale Rolle. Gebräuchlicher ist die andere Quote.

Bundesagentur für Arbeit: $$ALQ = \frac{\text{Arbeitslose}}{\text{zilive Erwerbstätige und Arbeitslose}} * 100$$

Die **Zahl der Arbeitslosen** ist gleich der Zahl der bei den Arbeitsagenturen als arbeitslos gemeldeten Personen. Der Begriff der Arbeitslosigkeit ergibt sich aus dem SOZIALGESETZBUCH (SGB III). Arbeitslos ist demnach, wer

- nicht oder unter 15 Wochenstunden beschäftigt ist,
- zugleich bereit ist, mind. 15 Wochenstunden zu arbeiten und den Vermittlungsbemühungen der AGENTUR FÜR ARBEIT zur Verfügung steht,
- sich persönlich bei der zuständigen Arbeitsagentur arbeitslos gemeldet hat,
- mind. 15 Jahre alt ist und das Renteneintrittsalter (65–67 J.) noch nicht erreicht hat,
- nicht arbeitsunfähig (z.B. wegen Krankheit) ist und
- keinen anderen Tatbestand erfüllt, der die Zählung als Nichtarbeitsloser bedingt.

Arbeitssuchende werden als **Nichtarbeitslose** gezählt, wenn sie zum Beispiel

- Schüler, Studierende oder Rentner sind,
- über 58 Jahre alt sind und seit 12 Monaten kein sozialversicherungspflichtiges Beschäftigungsangebot erhalten haben,
- Teilzeitbeschäftigte mit mind. 15 Wochenstunden sind, aber mehr arbeiten möchten („unfreiwillig Teilzeitbeschäftigte"),
- wegen familiärer Erziehungs- oder Pflegearbeit nicht arbeiten können,
- oder sich in arbeitsmarktpolitischen Maßnahmen befinden (z.B. „Ein-Euro-Jobs").

In die Quote gehen folglich auch diejenigen nicht ein, die zwar gern arbeiten würden, sich aber nicht registrieren lassen, da sie keine Ansprüche aus der Arbeitslosenversicherung haben und ihre Beschäftigungschancen sehr niedrig einschätzen. Sie bilden die sog. **stille Reserve im engeren Sinne** (Konzept der BA). Die **stille Reserve im weiteren Sinne** nach dem **Labour-Force-Konzept** (s.u.) der INTERNATIONAL LABOUR

ORGANISATION (ILO) berücksichtigt hingegen auch Arbeitssuchende, die das Renteneintrittsalter überschritten haben oder keine (bezahlbare) Betreuung von Familienangehörigen finden sowie **Unterbeschäftigte** (vgl. Abschnitt 2.2) (RENGERS, 2012, S. 300f.).

Auf der anderen Seite wird die Arbeitslosigkeit zu hoch ausgewiesen, weil manch ein registrierter Arbeitsloser gar nicht die Absicht hat zu arbeiten, und weil schattenwirtschaftliche Tätigkeiten (Schwarzarbeit) nicht hinreichend erfasst werden. Die Berechnung der Arbeitslosenquote über die Schlüsselgröße der registrierten und nach dem SGB definierten Arbeitslosen ist insofern nicht unproblematisch.

Tab. 7.2 zeigt die Entwicklung der Arbeitslosigkeit in Deutschland von 1992–2013. Sie ist nach 2006 trotz der Finanz- und Weltwirtschaftskrise kontinuierlich gefallen.

In den Medien wird meistens die ALQ der BA wiedergegeben. Im internationalen und im wirtschaftswissenschaftlichen Kontext wird hingegen überwiegend die „unemployment rate" der ILO (vgl. Abschnitt 5.4) verwendet. Die nach der ILO-Methodik ermittelte ALQ wird in Abgrenzung zur ALQ der BUNDESAGENTUR häufig als **Erwerbslosenquote** bezeichnet. Ihr liegen Daten aus **Repräsentativbefragungen** und **Mikrozensen** zugrunde, die gemäß dem **Labour-Force-Konzept** ermittelt wurden. Hierbei spielt es keine Rolle, ob ein Arbeitssuchender als arbeitslos gemeldet ist oder nicht.

Jahr	Gemeldete Arbeitslose		Erwerbslose		Gemeldete (offene) Stellen	Bewegungen in bzw. aus der Arbeitslosigkeit	
	Zahl	Quote	Zahl	Quote	Zahl	Zugänge	Abgänge
1992	2979	7,7	n.V.	n.V.	356	n.V.	n.V.
1996	3965	10,4	3505	8,6	327	n.V.	n.V.
2000	3890	9,6	3137	7,4	450	6811	7049
2002	4061	9,8	3523	8,3	375	7255	6992
2004	4381	10,5	4160	9,7	207	8235	8086
2006	4487	10,8	4250	9,8	354	7533	8047
2008	3258	7,8	3141	7,2	389	8301	8602
2010	3238	7,7	2930	6,8	359	9150	9407
2012	2897	6,8	2311	5,3	477	7773	7716
2013	2865 [a)]	6,6 [a)]	2250 [a)]	5,3 [a)]	437 [a)]	7760 [a)]	7710 [a)]

[a)] Stand Mai/Juni 2013.

Quellen: BA, 2010, 2013a, 2013b u. 2013c; SVR, 2012; STATISTISCHES BUNDESAMT, 2011 u. 2013c.

Tab. 7.2: Entwicklung von Arbeits- und Erwerbslosigkeit in Deutschland von 1992–2013 (in 1.000 bzw. %)

Das **Labour-Force-Konzept** unterscheidet sich von der amtlichen Statistik vor allem durch eine andere Definition der **Beschäftigungslosigkeit**.

So gelten Menschen nach dem Labour-Force-Konzept als **erwerbslos**, wenn sie

- überhaupt keiner Erwerbsbeschäftigung nachgehen,
- eine Beschäftigung von mindestens einer Wochenstunde suchen und in den letzten vier Wochen spezifische Suchschritte unternommen haben,
- kurzfristig eine Tätigkeit aufnehmen können,
- 15 bis 74 Jahre alt sind (bzw. in der EU: bis zum gesetzlichen Renteneintrittsalter).

Die standardisierte Arbeitslosenquote der ILO ergibt sich aus dem Verhältnis der Erwerbslosen zur Gesamtzahl aller Erwerbspersonen.

International Labour Organisation: $$ELQ = \frac{\text{Erwerbslose}}{\text{Erwerbspersonen}} * 100$$

Tab. 7.2 lässt erkennen, dass die ILO-Quote kleiner als die BA-Quote ist. Da der Nenner mit 42,4 Mio. bzw. 42,6 Mio. Personen (2012) nahezu gleich groß ist, muss die Differenz durch den kleineren Zähler der ILO-Quote begründet sein. Hier dürften vor allem die unfreiwillig Teilzeitbeschäftigten mit weniger als 15 Wochenstunden den Ausschlag geben, da sie zu den Arbeitslosen (BA), nicht aber zu den Erwerbslosen (ILO) zählen. Ihre Zahl ist offensichtlich höher als die Summe aus der Zahl der arbeitssuchenden Schüler, Studierende und Rentner sowie der 0,9 Mio. Arbeitssuchenden in arbeitsmarktpolitischen Maßnahmen (STATISTISCHES BUNDESAMT, 2012a, S. 7f.), die alle in den Zähler der ILO-Quote, nicht aber in den der BA-Quote eingehen.

2.2.2 Ergänzende Arbeitsmarktindikatoren

Die Arbeitslosenquote liefert allein kein ausreichendes Bild über das Vorliegen etwaiger Arbeitsmarktprobleme. Außer der verdeckten Arbeitslosigkeit sollte zunächst vor allem das Ausmaß der **Langzeitarbeitslosigkeit** betrachtet werden. So kann nämlich eine offizielle ALQ von beispielsweise 8 % als wirtschaftspolitisch tendenziell unproblematisch erachtet werden, wenn es keine nennenswerte versteckte Arbeitslosigkeit gibt und wenn die meisten Arbeitssuchenden nur kurzfristig arbeitslos sind. Eine niedrigere ALQ von z.B. 5 % kann hingegen wirtschaftspolitischen Handlungsbedarf erzeugen, wenn die verdeckte Arbeitslosigkeit und der Anteil Langzeitarbeitsloser hoch sind.

Angaben über die Relation zwischen Arbeitslosen und **offenen Stellen** sowie die **Arbeitsmarktströme** sollten bei der Beurteilung der Arbeitsmarktsituation ebenfalls herangezogen werden. Eine Größenvorstellung über solche ergänzenden Sachverhalte liefert Tab. 7.2. Kamen 2006 noch ca. 13 Arbeitslose auf eine offene Stelle, waren es 2012 nur noch 6. Es ist jedoch zu berücksichtigen, dass die Zahl der **offenen Stellen** auf Suchmeldungen der Unternehmen an die Arbeitsagenturen basiert. Die jährlichen Zugänge in die Arbeitslosigkeit sind seit 2006 zunächst gestiegen, um sich mittlerweile wieder dem alten Niveau anzunähern. Diese Zahlen sind u.a. Ausdruck demografischer und bildungspolitischer Entwicklungen, da sie Abgänge in den Ruhestand bzw. Zugänge von Berufsanfängern enthalten. Arbeitsmarktpolitische Maßnahmen, vorruhestandsähnliche Regelungen (vgl. Tab. 7.3) und die Entwicklung der Mini- und Midi-Jobs (vgl. Tab. 7.4) tragen auch zur Erklärung des Befunds bei. Die relativ hohe Zahl der Zu- und Abgänge im Vergleich mit der Arbeitslosenzahl lässt darauf schließen, dass ein Großteil der Arbeitslosigkeit kurzfristig ist. Diese **friktionelle Arbeitslosigkeit** ist hauptsächlich Sucharbeitslosigkeit, die gesamtwirtschaftlich weniger problematisch ist (vgl. Abschnitt 3.2). Allerdings ist über ein Drittel der Arbeitslosen mehr als 12 Monate arbeitslos (BA, 2013b). Die hohe **Langzeitarbeitslosigkeit** (36 % aller Arbeitslosen in 2012) und die vielen verdeckt Arbeitslosen (vgl. Tab. 7.3) weisen darauf hin, dass nur ein Teil der gesamten Arbeitslosigkeit in Deutschland friktionell ist.

Wie bereits erwähnt, ist die eingeschränkte Aussagekraft der Arbeitslosenquote auch auf arbeitsmarktpolitische Maßnahmen zurückzuführen, die die Zahl der gemeldeten Arbeitslosen zwar reduziert, nicht aber die Zahl der Beschäftigten erhöht (vgl. Abschnitt 2.1). Werden diese Personen (vgl. Tab. 7.3) mit eingerechnet, gelangt man zur **Unterbeschäftigungsquote der BA**, die über 9 % liegt (Juli 2013) (BA, 2013c). Die **Unterbeschäftigungsquote nach dem ILO-Konzept** liegt dagegen bei rund 11 %, da sie auch diejenigen der ca. 2 Mio. unfreiwillig Teilzeitbeschäftigten mit mehr als 15 Std./Woche und ca. 2 Mio. Vollzeitbeschäftigte mit Wunsch nach Mehrarbeit berücksichtigt (RENGERS, 2012, S. 301f.).

Jahr	Personen in arbeitsmarktpolitischen Maßnahmen und vorruhestandsähnlichen Regelungen [a)]	Kurzarbeit
1992	1.901.000	281.000
1996	1.301.000	113.000
2000	1.030.000	46.000
2002	1.101.000	88.000
2004	1.336.000	74.000
2006	1.296.000	35.000
2008	1.558.000	46.000
2010	1.509.000	168.000
2012	1.030.000	42.000
2013	976.000 [b)]	40.000 [b)]

[a)] Maßnahmen zur Aktivierung und beruflichen Eingliederung + Teilnehmer in Eignungsfeststellungs- und Trainingsmaßnahmen einschl. Reha + Anwendung der vorruhestandsähnlichen Regelung des § 53a SGB II + Teilnehmer in Beruflicher Weiterbildung inkl. Weiterbildung Behinderter + Teilnehmer in Fremdförderungen (z.B. Integrationskursen) + Arbeitsgelegenheiten + ABM + Beschäftigungszuschuss + vorruhestandsähnliche Regelungen der §§ 428 SGB III ggf. i.V.m. § 65 Abs.4 SGB II und § 252 Abs. 8 SGB VI + kurzfristige Arbeitsunfähigkeit + Beschäftigungsphase Bürgerarbeit + Förderung der Selbständigkeit + Altersteilzeit.

[b)] Stand Juni 2013.

Quelle: BA, 2011, 2013a, S. 52, 2013d, S. 31.

Tab. 7.3: Verdeckte Arbeitslosigkeit und Kurzarbeit

Schließlich ist die Beschäftigungsentwicklung für die Einschätzung der Effektivität der Arbeitsmarktpolitik von Bedeutung (vgl. Abschnitt 6). Tab. 7.4 zeigt, dass die Zahl der Beschäftigten zwischen 2001 und 2011 insgesamt um fast 2 Mio. gestiegen ist. Allerdings ist die Zahl der Vollzeitbeschäftigten um 1,2 Mio. gesunken. Bis Mitte 2013 stieg die Beschäftigtenzahl nochmals um 0,2 Mio. auf 34,1 Mio., darunter 29,3 Mio. sozialversicherungspflichtig Beschäftigte.

Sozialversicherungspflichtig Beschäftigte						**ausschließliche „Mini-Jobber“**		**Teilzeitbeschäftigte insgesamt**	
Vollzeit (Mio.)		Teilzeit ohne „Midi-Jobber“ (Mio.)		„Midi-Jobber“ (Mio.)		Mio.		Mio.	
06/2001	06/2011	06/2001	06/2011	06/2001	06/2011	06/2001	06/2011	06/2001	06/2011
23,9	22,7	3,9	5,7	0,6	1,3	4,1	4,9	8,6	11,9

Quelle: KÖRNER, 2013.

Tab. 7.4: Beschäftigte in Deutschland

2.3 Makroökonomische Beschäftigungsindikatoren

Der **Auslastungsgrad des Produktionspotenzials** ist ein **parallel verlaufender Konjunktur- bzw. Beschäftigungsindikator**. Es gibt eine Reihe anderer Indikatoren, die der Konjunktur teils vorauslaufen (**lead-Indikatoren**) und teils nachlaufen (**lag-Indikatoren**). Die Einordnung eines bestimmten Indikators als lead, parallel oder lag ist empirisch keineswegs eindeutig, divergiert von Zyklus zu Zyklus und von Land zu Land. Zu den lag-Indikatoren lassen sich in Deutschland Trendabweichungen der Beschäftigtenzahl, der Löhne, der Dauer der Arbeitslosigkeit, die Lagerbestände und die Verbraucherpreise zählen. Lead-Indikatoren sind zum Beispiel Aktienkurse, Auftragslage, Investitionsgüternachfrage, Absatz- und Konjunkturerwartungen. Manche Indikatoren lassen sich kaum pauschal einordnen, so etwa die Konsumgüternachfrage.

Lead-Indikatoren sind zentral für die Erstellung von **Konjunkturprognosen**. Diese wiederum sind für die Effektivität beschäftigungspolitischer Maßnahmen von Bedeutung. Beschäftigungspolitik zielt auf die Beeinflussung der gesamtwirtschaftlichen Nachfrage, um sie in Phasen des Abschwungs anzukurbeln und bei drohender Überhitzung zu drosseln. Dafür ist es wichtig, dass die staatlichen Maßnahmen zum richtigen Zeitpunkt einsetzen, damit z.B. nachfragedämpfende Maßnahmen, die einer konjunkturellen Überhitzung entgegenwirken sollen, nicht etwa erst im Abschwung wirken und diesen dann verschlimmern. Da jedoch die Erhebung, Zusammenstellung und Auswertung volkswirtschaftlicher Daten sowie die anschließenden politischen Entscheidungen und deren Umsetzung Zeit erfordern und es zu weiteren **zeitlichen Verzögerungen** kommt, bis die Maßnahmen wirken, ist eine effektiv gegensteuernde Konjunkturpolitik auf brauchbare Frühindikatoren angewiesen.

Zu den bekanntesten konjunkturellen Frühindikatoren zählt in Deutschland der **Geschäftsklimaindex** des IFO INSTITUTS, einem der großen deutschen Wirtschaftsforschungsinstitute. Dieser Index fasst die Geschäftslage und die Erwartungen von 7.000 Unternehmen der verarbeitenden Industrie, des Bau- und des Handelsgewerbes zusammen. Daneben gibt es etliche weitere „Konjunkturbarometer" von Forschungsinstituten, Banken sowie seitens einschlägiger Zeitungen.

Die Erfahrungen lehren jedoch, wie schwierig es ist, das jährliche Wirtschaftswachstum im Voraus einzuschätzen. Ende 2012 schwankten die Wachstumsprognosen renommierter Institutionen für das Jahr 2012 (!) zum Beispiel zwischen 0,3 und 0,9 % (BUNDESMINISTERIUM FÜR WIRTSCHAFT UND TECHNOLOGIE (BMWi), 2013). Tatsächlich betrug es dann 0,7 %.

3 Theoretische Fundierung

3.1 Funktionsweise des Arbeitsmarktes im neoklassischen Modell

Im Folgenden wird ein vollkommener Arbeitsmarkt mit völlig flexiblen Geldlöhnen und ohne staatliche Eingriffe vorausgesetzt. Außerdem werden vollkommene, polypolistische und gleichgewichtige Gütermärkte unterstellt, so dass der Preis der einzelnen Güter für das Unternehmen ein Datum ist. Ferner wird angenommen, dass das Grenzprodukt der Arbeit mit steigendem Arbeitseinsatz zurückgeht.

Unternehmen fragen Arbeitsleistung nach, wenn es sich für sie wirtschaftlich lohnt. Sieht man zur Vereinfachung von anderen Kosten ab, werden die Unternehmen den Arbeitseinsatz erhöhen, wenn der Ertrag durch die zusätzliche Arbeitseinheit (Grenzprodukt) größer oder gleich den Kosten einer zusätzlichen Arbeitseinheit (Grenzkosten) ist. Die in Geldeinheiten ausgedrückte Produktivität der Arbeitseinheit muss also mindestens so hoch wie der Lohn der Arbeitseinheit sein. Das Gewinnmaximum ist erreicht, wenn der Wert des Grenzprodukts der Arbeit gleich dem Nominallohn ist.

Die **Arbeitsnachfrage** hängt somit von folgenden Größen ab: dem Grenzprodukt der Arbeit a, dem Preis des Produkts p und dem Nominallohn w.

▶ Beispiel

Ein Unternehmen erzielt auf dem Reifenmarkt einen Stückpreis von p = 100. Der Monatslohn einer Arbeitskraft ist der einzige zusätzliche Kostenfaktor und beträgt w = 2000. Dann wird das Unternehmen solange Arbeitskräfte einstellen, wie die zuletzt eingestellte Arbeitskraft zu einem Produktionsanstieg von 20 Reifen beiträgt. Denn dann kostet die Arbeitskraft nicht mehr als der durch ihn zusätzlich erzielte Erlös von 20 mal 100. Würde das Unternehmen nun noch eine Arbeitskraft einstellen, wodurch der monatliche Output um beispielsweise 19 Reifen steigt, würden die Gesamtkosten um 2000 und der Gesamterlös um 1900 steigen. Der Gesamtgewinn würde um 100 sinken. Folglich verzichtet ein rationales Unternehmen auf diese Arbeitskraft.

Bei abnehmendem Grenzprodukt der Arbeit herrscht ein Gewinnmaximum, wenn $w = a * p$. Sinkt der Nominallohn (w), werden mehr Arbeitskräfte eingestellt. Gleiches gilt, wenn das Grenzprodukt (a) etwa in Folge technischen Fortschritts oder einer Höherqualifizierung der Arbeitskräfte steigt. Der Reifenhersteller aus obigem Beispiel wird außerdem mehr Arbeitskräfte einstellen, wenn der Reifenpreis (p) steigt.

Die neoklassische Theorie **aggregiert** nun die Arbeitsnachfrage aller Unternehmen in der Volkswirtschaft. Damit sind gesamtwirtschaftliche Durchschnittsgrößen relevant: der durchschnittliche Lohnsatz (W), das Preisniveau (P) und die mit gesamtwirtschaftlichen Einsatz sinkende durchschnittliche Arbeitsproduktivität (A). Der Zusammenhang wird üblicherweise in Abhängigkeit vom Reallohn (W/P) dargestellt. Je höher der Reallohn, desto niedriger ist ceteris paribus (c.p.) die Arbeitsnachfrage (Abb. 7.3).

Die privaten Haushalte richten ihre Arbeitsbereitschaft ebenfalls am Reallohn aus. In der Regel gilt: Je höher der Reallohn, desto höher das Arbeitsangebot. Dieser Verhaltensannahme liegt die Überlegung zugrunde, dass die Haushalte Freizeit als Konsumgut erachten. Je höher der Reallohn, umso höher sind die **Opportunitätskosten** – der „Preis" – der Freizeit. Wenn in einer Arbeitsstunde zum Beispiel ein Einkommen von real 10 Gütereinheiten generiert wird, ist dies der Preis einer Stunde Freizeit. Je teurer die Stunde Freizeit, umso weniger Freizeit möchten die Haushalte „konsumieren" und umso mehr möchten sie arbeiten. Folglich hat die **Arbeitsangebotskurve** in Abb. 7.3 eine positive Steigung.

Wenn bei einem gegebenen Reallohnsatz (W/P) die von den Unternehmen geplante Nachfrage nach Arbeitsleistung und das von den Haushalten geplante Arbeitsangebot übereinstimmen, herrscht **Gleichgewicht** auf dem Arbeitsmarkt. Die Situation wird im Modell als **Vollbeschäftigung** bezeichnet und liegt in Abb. 7.3 bei einem Reallohn in Höhe (W/P)* vor. Kein Unternehmen, das eine Arbeitskraft sucht, findet diese nicht. Und keine Arbeitskraft, die bereit ist, zum herrschenden Reallohn zu arbeiten, ist arbeitslos. Dennoch bestehende Arbeitslosigkeit oder Arbeitskräftemangel gelten als „freiwillig". Ist ein Arbeitssuchender nur bereit, zu einem höheren als dem Gleichgewichtslohn zu arbeiten, spricht man somit von einem **freiwillig Arbeitslosen**.

Unfreiwillige Arbeitslosigkeit läge bei einem Lohn über dem Gleichgewichtslohn, z.B. $(W/P)_1$. Dieser **Angebotsüberschuss** ist jedoch allenfalls vorübergehend, da die unfreiwillig Arbeitslosen ihre Arbeit dann zu einem geringeren Reallohn anbieten, woraufhin der Lohn sinkt bis wieder Vollbeschäftigung herrscht. Analog würde bei einem Ausgangslohn unter (W/P)* ein **Nachfrageüberhang** vorliegen, woraufhin die konkurrierenden Arbeitgeber den Lohn nach oben drücken bis Vollbeschäftigung herrscht.

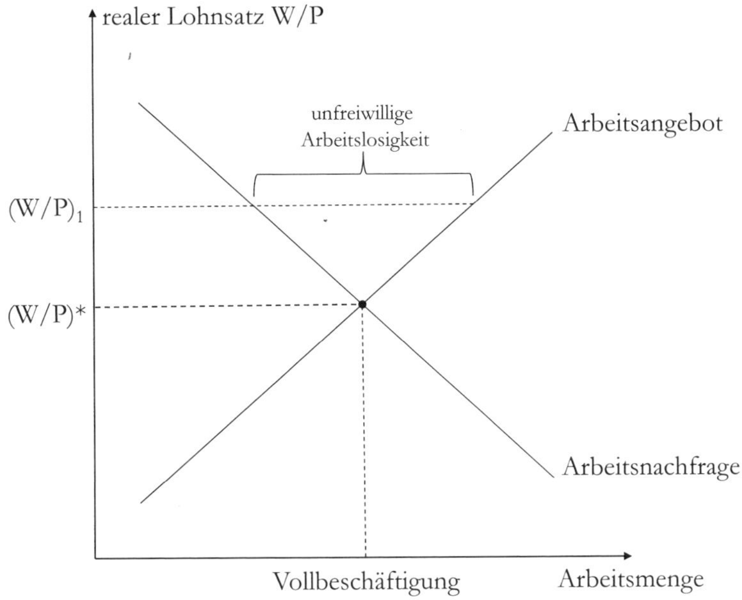

Abb. 7.3: Neoklassisches Arbeitsangebot und Arbeitsnachfrage

3.2 Suchtheorie

Die realiter anzutreffende unvollständige Markttransparenz führt zu **Sucharbeitslosigkeit**. Diese tritt auf, wenn eine Person neu auf den Arbeitsmarkt tritt oder aus einem Beschäftigungsverhältnis ausgeschieden ist, aber noch keine neue Stelle gefunden hat. Dabei ist zu berücksichtigten, dass Arbeitskräfte ebenso wie die Arbeitsanforderungen **nicht homogen** sind. Die **Inhomogenität des Produktionsfaktors Arbeit und der Arbeitsplätze** lässt Suchprozesse nicht nur unumgänglich, sondern teils auch volkswirtschaftlich wünschenswert erscheinen. So geht es nicht allein darum, dass möglichst viele Erwerbspersonen beschäftigt und möglichst viele Arbeitsplätze besetzt sind, sondern Arbeitskräfte sollten unter dem Gesichtspunkt ökonomischer Wohlfahrtsmaximierung in eine möglichst produktive Verwendung gelenkt werden.

▶ Beispiel

Eine Finanzmathematikerin wird arbeitslos. Nach zwei Tagen möchte ihr Onkel, dass sie eine Stelle als Küchenhilfe in einem ihm bekannten Lokal annimmt. Täte sie dies, würde zwar die Beschäftigung quantitativ zunehmen, aber die Mathematikerin wäre nicht nur unzufrieden, sondern auch der Volkswirtschaft entginge die höhere Wertschöpfung, die sie als Erwerbstätige im Finanzdienstleistungssektor erzielt hätte. Ebenso kann es sein, dass das Lokal besser fährt, wenn es eine geeignetere Person einstellt. Dauert die Arbeitslosigkeit der Finanzmathematikerin hingegen lange an und sucht das Lokal immer noch, kann die Beschäftigung der Mathematikerin als Küchenhilfe volkswirtschaftlich durchaus effizient sein.

Der Begriff der **friktionellen Arbeitslosigkeit** bringt treffend zum Ausdruck, dass sich die Wirtschaftssubjekte während des Suchprozesses nicht nur Informationen über die offenen Stellen bzw. verfügbaren Arbeitskräfte verschaffen müssen, sondern zusätzlich die eigene Konkurrenzsituation, den angemessenen Lohn und ihre Attraktivität als Arbeitnehmer bzw. -geber einschätzen lernen müssen. Gegebenenfalls müssen sie ihre Vorstellungen revidieren.

Die durchschnittliche Dauer friktioneller Arbeitslosigkeit und die resultierende Erwerbslosenquote bzw. der Anteil offener Stellen hängen wesentlich von den erwarteten **Suchkosten** und **Sucherträgen** ab. Damit sind die Kosten bzw. Erträge des Weitersuchens gemeint, wenn ein Arbeitsplatzangebot bzw. Bewerber abgelehnt wird. Die Suchkosten eines Arbeitslosen sind primär der Lohnverzicht während des Weitersuchens (ggfs. abzüglich Lohnersatzleistungen) sowie Bewerbungskosten. Der Suchertrag ist das höhere Lohneinkommen, das sich der Arbeitslose von einer längeren Suche verspricht. Der gebotene Lohn, bei dem die Suchkosten den erwarteten Sucherträgen entsprechen, wird als **Anspruchslohn** bezeichnet. Der Arbeitssuchende wird jedes Lohnangebot unter dem Anspruchslohn ablehnen (Suchertrag > Suchkosten) und jedes darüber liegende annehmen (Suchkosten > Suchertrag). Steigen die Suchkosten, weil z.B. Lohnersatzleistungen gekürzt werden, wird c.p. der Anspruchslohn sinken. Sinkt der erwartete Suchertrag, z.B. weil mit zunehmender Suchdauer die (subjektive) Wahrscheinlichkeit eines höheren Lohnangebots sinkt, sinkt c.p. der Anspruchslohn. Oder: wird die Ex-Frau eines Arbeitslosen gerichtlich verpflichtet, ihn finanziell zu unterstützen, bis er eine Stelle gefunden hat, steigt der Anspruchslohn. Dabei ist für das Ergebnis unerheblich, ob die Unterhaltszahlung als Rückgang der Suchkosten oder als Anstieg der Sucherträge interpretiert wird. Es sei beachtet, dass es ein unteres Limit für den Anspruchslohn gibt, den sog. Reservationslohn.

Der **Reservationslohn**[1] ist der Lohn, unter dem eine Arbeitskraft keinesfalls zur Aufnahme einer Erwerbstätigkeit bereit ist. Er hängt u.a. von der Höhe ihres Vermögeneinkommen und staatlicher oder privater Lohnersatzzahlungen sowie ihrer individuellen Arbeitsmotivation ab. Verfügt der Arbeitssuchende allerdings über keine potenziellen alternativen Einkommensquellen, liegt der Reservationslohn in der Nähe des für sein Überleben notwendigen Minimums.

Auf Seiten des Unternehmens gestaltet sich das Entscheidungskalkül analog. Der unternehmerische Suchertrag besteht überwiegend aus dem erwarteten Gewinn (Ertrag – Lohnkosten), wenn eine produktivere oder billigere Arbeitskraft gefunden würde. Die Suchkosten sind der Verzicht auf den erwarteten Gewinn durch Einstellung des Bewerbers während der Suchzeit sowie direkte Transaktionskosten (z.B. Kosten der Personalabteilung). Je höher die erwarteten Suchkosten sind, umso höher ist der Lohnsatz, den das Unternehmen bereit ist, einem Bewerber zu bieten. Es existiert ein maximaler Lohnsatz, den der Arbeitgeber zu bieten bereit ist. Diese Obergrenze ist spätestens ab einem Lohnsatz in Höhe des zusätzlichen Ertrags erreicht, den sich das Unternehmen

---

[1] In der Literatur und im Internet wird der Anspruchslohn häufig als Reservationslohn bezeichnet. In diesem Lehrbuch findet eine Unterscheidung statt: Während der Anspruchslohn im Laufe des Suchprozesses sinken kann, bleibt der Reservationslohn stabil.

von der Einstellung der Arbeitskraft verspricht, also dem erwarteten **Grenzprodukt der Arbeit** (GPA).

Arbeitsmärkte sind also **Suchmärkte**. Wichtig ist dabei die **Heterogenität** sowohl auf Seiten der Bewerber wie auch der Unternehmen. Sie zeigt sich in einer Vielzahl von Merkmalen: Fachliche Fähigkeiten und soziale Kompetenzen, Arbeitszeiten, Betriebsklima und Führungsstile, der geografischen Verteilung von Stellen und Arbeitsanbietern. Hier wird der maßgebliche Unterschied zwischen der neoklassischen Theorie und Suchtheorien nochmals deutlich: Erstere setzen vollständige Information über alle relevanten Daten voraus, während die anderen von Ungewissheit ausgehen. Nur mit eingeschränkter Wahrscheinlichkeit wird ein geeigneter Arbeitsplatz gefunden bzw. eine freie Stelle besetzt werden.

3.3 Matching-Theorie

In der Literatur wird die **Matching-Theorie** von der Suchtheorie entweder nicht oder recht unterschiedlich abgegrenzt. Hier wird die Matching-Theorie als eine eigene Theorie aufgeführt, auch wenn sie letztlich „nur" eine Fortentwicklung und Ergänzung suchtheoretischer Überlegungen bildet. Dieser Stellenwert wird ihr beigemessen, um den hier als bedeutsam erachteten Leistungen der Autoren gerecht zu werden, mit denen der Begriff der Matching-Theorie verbunden ist. Darunter befinden sich drei hierfür im Jahr 2010 ausgezeichnete Nobelpreisträger, PETER A. DIAMOND, DALE T. MORTENSEN und CHRISTOPHER A. PISSARIDES.

Ausgangspunkt ist die weiter oben gemachte Annahme, dass die volkswirtschaftliche Wohlfahrt steigt, wenn sich Arbeitssuchende und Anbieter offener Stellen Zeit nehmen. Je sorgfältiger gesucht wird, umso geringer ist das Risiko der Passungenauigkeit.

Je stärker anfänglich formulierter Anspruchslohn und maximal gebotener Lohn divergieren, umso mehr Zeit wird für den Suchprozess aufgewendet. Das führt zu umso längerer Arbeitslosigkeit und Stellenvakanz, aber unter den gemachten Annahmen auch dazu, dass die am Ende des **Matching-Prozesses** erreichte Passgenauigkeit umso größer wird. Die Kosten höherer Arbeitslosigkeit[2] müssen also den Erträgen höherer Passgenauigkeit gegenüber gestellt werden.

Die Matching-Theorie stellt die weit verbreitete Meinung in Frage, dass aus einer **höheren Arbeitslosenquote** c.p. auf eine **geringere volkwirtschaftliche Wohlfahrt** geschlossen werden kann.

Der tatsächlich gezahlte Lohn wird mindestens dem Reservationslohn und höchstens dem (erwarteten) Grenzprodukt der Arbeitskraft entsprechen. In der Praxis liegt er üblicherweise dazwischen. Die Parteien teilen sich also die Differenz zwischen den zwei Extrema. Verhandlungsmacht und -geschick entscheiden über die konkrete Auf-

[2] Längere Suchzeiten implizieren bei konstanten Zu- und Abgängen von Arbeitsanbietern sowie konstanter Zahl offener Stellen eine höhere Arbeitslosigkeit.

teilung der Rente. Im einfachen neoklassischen Arbeitsmarktmodell hingegen entspricht der Lohn exakt dem Grenzprodukt der Arbeit.

Man bezeichnet die Gesamtheit aller am **Matching** beteiligten Organisationen und den Prozess der Zusammenführung von Stellensuchern und -anbietern als **Matching-Technologie**. Das Aufeinandertreffen der beiden Suchparteien kann über verschiedene Kanäle erfolgen (z.B. Stellenausschreibungen, Hinweise durch Arbeitsvermittler oder andere informierte Personen). Eine Verbesserung der **Matching-Technologie** erhöht die Markttransparenz und reduziert somit die Suchkosten des Arbeitsanbieters, woraufhin der Anspruchslohn steigt. Gemäß der Theorie steigt außerdem die Arbeitsnachfrage der Unternehmen, da die Suchkosten und damit auch die Grenzkosten der Einstellung von Arbeitnehmern sinken. In einem neoklassischen Arbeitsmarktdiagramm (Abb. 7.3) würde sich die Arbeitsnachfragekurve nach oben verschieben. Außer der Beschäftigung steigt also auch der Lohn, wofür die Matching-Theorie allerdings weniger die Neoklassik bemüht, sondern die zunehmende **Verhandlungsmacht** der Arbeitsanbieter: Weil sich die Suchkosten der Unternehmen mit zunehmender „Knappheit“ an Arbeitslosen erhöhen, steigt der gebotene Lohnsatz.

Sofern ein Match erfolgreich war, bestehen Barrieren, das Beschäftigungsverhältnis aufzulösen: Arbeitgeber und Beschäftigter müssten den Suchprozess erneut beginnen, es entstünden Opportunitätskosten (z.B. Einnahmen- bzw. Einkommensverzicht, Störung des Betriebsfriedens) und direkte Kosten (z.B. Suchkosten im engen Sinne, Einarbeitungs- oder Umzugskosten). Such- und Matching-Theorien leisten somit Beiträge zur Erklärung der sog. **Insider-Outsider-Problematik** auf dem Arbeitsmarkt.

3.4 Insider-Outsider-Theorien

3.4.1 Benachteiligung von Arbeitslosen

Beschäftigte **(Insider)** haben gegenüber Arbeitslosen **(Outsider)** Vorteile:

- Insider können beim jetzigen Arbeitgeber höhere Löhne aushandeln, da das Unternehmen bereit sein dürfte, dem Insider zumindest einen Teil der Kosten für die Suche und Einarbeitung eines neuen Mitarbeiters als Lohn zuzugestehen.
- Sie haben bei externen Bewerbungen einen Verhandlungsvorteil, da ihre Stellensuche geringere Opportunitätskosten verursacht.

Ein in der neoklassischen Theorie geschulter Leser mag sich fragen, warum der zweite Insidervorteil nicht durch konkurrierende Arbeitssuchende – die Outsider – weggeschmolzen wird, so dass Beschäftigte keine besseren Löhne oder Arbeitsbedingungen aushandeln können. Dies liegt ebenfalls in der Eigenschaft des Arbeitsmarktes als Suchmarkt begründet, der durch Intransparenz einschließlich asymmetrischer Information (vgl. Kap. 2, Abschnitt 2.2.1) und große Heterogenität der Anbieter und offenen Stellen gekennzeichnet ist. Die zugrunde liegenden Überlegungen lassen sich an einem stark vereinfachten Beispiel illustrieren.

▶ **Beispiel**

Angenommen seien zwei objektiv nahezu homogene Erwerbspersonen (A und B), die sich darin unterscheiden, dass A beschäftigt und B erwerbslos ist. Beide stehen durch den (teils) zufallsbedingten Matching-Prozess in Einstellungsverhandlungen mit einem neuen Arbeitgeber C, der die wahren Fähigkeiten (Qualifikation, soziale Kompetenz, z.B. Leistungsbereitschaft und -fähigkeit) nicht vollständig kennt. Dann ist die Wahrscheinlichkeit groß, dass B benachteiligt wird:

A wird bevorzugt, weil C annimmt, dass A über schneller abrufbares beruflich relevantes Wissen (Humankapital) verfügt. Wäre dem tatsächlich so, wäre die scheinbare **Diskriminierung** eine **Differenzierung** und **humankapitaltheoretisch** begründbar. Da dies im konkreten Fall aber nicht zutrifft, kann die personalpolitische Entscheidung Ausdruck der üblichen **Bewerberrangordnung** sein, d.h. bei mehreren Bewerbern sortiert C die Bewerber nach bestimmten Kriterien, wobei Arbeitslosigkeit negativ bewertet wird. Da diese Abwertung im Beispiel nicht objektiv gerechtfertigt ist, könnte eine **statistische Diskriminierung** vorliegen. D.h. C trifft eine Fehleinschätzung aufgrund empirischer Erkenntnisse, etwa von Studien oder eigener Erfahrungen. Trifft C die Auswahl hingegen sachlich unfundiert, liegt **willkürliche Diskriminierung** vor, die sich ökonomisch schwer erklären lässt.

A wird bevorzugt, weil sie eventuell bessere Möglichkeiten hat, das Informationsdefizit von C über ihre Eigenschaften als Arbeitskraft zu verringern, indem sie ein aktuelles Arbeitszeugnis vorlegen oder den jetzigen Arbeitgeber als Referenz nennen kann. Zwar ist die Wahrscheinlichkeit in der Praxis eher gering, da A ihren jetzigen Arbeitgeber über ihre Stellensuche nicht informieren möchte, allerdings können die genannten Vorteile zur Erklärung beitragen, warum **Langzeitarbeitslose** gegenüber **Kurzzeitarbeitslosen**, oder **Newcomer** (z.B. Schulabgänger) gegenüber **berufserfahrenen Arbeitssuchenden** schlechtere Chancen haben.

3.4.2 Der Arbeitsmarkt als bilaterales Monopol

Werden Löhne und Arbeitsbedingungen von Gewerkschaften und Arbeitgeberverbänden kollektiv ausgehandelt (s. Abschnitt 5.3), ähnelt der Arbeitsmarkt einem **bilateralen Monopol**. Löhne und Arbeitsbedingungen werden unter der Voraussetzung eines ansonsten unregulierten Arbeitsmarkts in signifikantem Maße machtpolitisch bestimmt, d.h. sie sind nicht zwingend Resultat eines Ausgleichs von Arbeitsangebot und -nachfrage. Eine gängige Auffassung der neoklassisch fundierten Theorie der Arbeitsmarktpolitik lautet, dass das bilaterale Monopol aus Arbeitgebern auf der einen und Gewerkschaft auf der anderen Seite zu Löhnen über dem markträumenden Lohn führen (vgl. Abschnitt 6.4.2). Die Folge ist **Tariflohnarbeitslosigkeit**.

Dagegen wendet sich das aus den 1950er Jahren stammende **Gegenmachtkonzept** (countervailing power) von JOHN KENNETH GALBRAITH (1908–2006), welches die Bildung von Gewerkschaften als notwendige Reaktion auf die monopolartige Nachfragemacht der Unternehmen erachtet und grundsätzlich von einer erheblichen Ungleichverteilung der Verhandlungsmacht zugunsten der Arbeitgeber ausgeht.

3.4.3 Differenzierungs- und Diskriminierungstheorien

Arbeitslose und Arbeitsplatzbesitzer sind bei Weitem nicht die einzige Möglichkeit der Gruppeneinteilung, auf die sich die I-O-Theorie anwenden lässt. Differenzierung und Diskriminierung lassen sich vielmehr für eine unübersichtlich hohe Zahl von Merkmalen beobachten. Sie findet am Arbeitsmarkt u.a. statt aufgrund

- des formalen Bildungs- oder Ausbildungsabschlusses,
- der sozialen Herkunft,
- des Alters, des Geschlechts und der sexuellen Ausrichtung,
- der Staatsangehörigkeit, der geografischen oder ethnischen Herkunft sowie des Wohnorts,
- der Zugehörigkeit zu einer kulturell oder anschauungspolitisch definierten Gruppe wie etwa Religionsgemeinschaften oder Parteien,
- des Grades körperlicher oder geistiger Behinderung, der physischen oder psychischen Gesundheit,
- der Sprachkenntnisse,
- oder des Aussehens (z.B. größere Abweichungen vom gängigen Schönheitsideal).

Eine Rangfolge der gesellschafts- oder wirtschaftspolitischen Bedeutung der Benachteiligung wird auf unterschiedlichen Kriterien und unter Heranziehung einer Vielzahl alternativer Gewichtungsschemata versucht. Das Ergebnis ist in jedem Fall sehr normativ und ändert sich im Zeitablauf.

In jüngster Zeit ist die Benachteiligung von jungen Menschen auf dem Arbeitsmarkt eines der Kernthemen in Politik und Gesellschaft. Fast alle europäischen Länder weisen eine hohe bis sehr hohe Jugendarbeitslosigkeit auf, wenn auch nicht Deutschland (vgl. Abschnitt 6.7). Gründe für die überdurchschnittlich **hohe Jugendarbeitslosigkeit** sind **humankapitaltheoretisch** bedingt (keine bzw. geringe Berufserfahrung), resultieren aus ihrem Status als Newcomer (**I-O-Theorie**) oder ihren geringeren Kenntnissen über den Arbeitsmarkt (**Suchtheorie**) und allgemeiner Skepsis gegenüber jungen Arbeitskräften (**Diskriminierungstheorie**).

Die oben erläuterten Theorien zur Erklärung von Differenzierung bzw. Diskriminierung (Abschnitt 3.4.1) können grundsätzlich auf alle Merkmale von Arbeitskräften angewendet werden. Allerdings macht die neoklassisch orientierte **Diskriminierungstheorie** von GARY S. BECKER (*1932, Nobelpreisträger 1992) darauf aufmerksam, dass vor allem willkürliche Diskriminierungen bei wirksamem Wettbewerb verschwinden müssten. Zur Erläuterung wird hier stark vereinfacht angenommen, es gäbe zwei Gruppen von konkurrierenden Unternehmen. Gruppe I verfügt zunächst über den deutlich größeren Marktanteil. Arbeitgeber der Gruppe I haben **Diskriminierungsneigungen** („**taste for discrimination**") und stellen keine Frauen ein. Arbeitgeber der Gruppe II haben keinerlei Diskriminierungsneigungen und beschäftigen die Arbeitskräfte, deren Produktivitäts-Lohn-Verhältnis am besten ist. Dies sind Frauen, weil sie bei hier unterstellter gleicher Qualifikation auf eine insgesamt niedrigere Arbeitsnachfrage treffen. In der Folge können Gruppe-II-Unternehmen günstiger als Gruppe-I-Unternehmen produzieren, niedrigere Preise verlangen und somit würden diskriminierende Unternehmen vom Markt verdrängt. Die Nachfrage nach weiblichen Arbeitskräften würde steigen und die nach Männern sinken, bis sich die Löhne angeglichen haben. Diese Theorie leidet zwar einerseits an den teils realitätsfernen Annahmen der Neoklassik, kann aber andererseits als ein plausibler Ansatz mit zur Erklärung dafür herangezogen werden, dass verschiedenste Diskriminierungen am Arbeitsmarkt im Laufe der Zeit deutlich abgenommen haben.

Eine weitere Anwendung des Ansatzes des „**taste for discrimination**" ist die **Theorie der psychischen Kosten**. Die Benachteiligung einer Erwerbsperson entsteht, weil sie ein Merkmal aufweist, das für das Unternehmen monetäre Nachteile impliziert, obwohl nicht-monetäre psychische Faktoren ursächlich sind. So können z.B. Kunden zu statistischer oder willkürlicher Diskriminierung gegenüber älteren Menschen neigen, so dass selbst ein Arbeitgeber, der an sich keinerlei Diskriminierungsneigung aufweist, die Einstellung jüngerer Erwerbspersonen bevorzugt bzw. Älteren niedrigere Löhne zahlt. Während subjektive Präferenzen der Kunden als ökonomische Begründung von Diskriminierung vor allem im Dienstleistungssektor, im Handel und Unterhaltungsgeschäft wenig umstritten sind, wird die Anwendung von BECKERS Theorie auf die Diskriminierungsneigungen von Vorgesetzten, Kollegen und Mitarbeitern extrem kontrovers diskutiert: Der Ansatz impliziert, dass Arbeitskräfte, die sich nur in einem Merkmal unterscheiden, deshalb unterschiedlich entlohnt werden, weil ihre Beschäftigung bei Mitarbeitern, Kollegen oder Vorgesetzten zu psychischen Kosten führt, zu deren Ausgleich dem Merkmalsträger ein niedrigerer Lohn gezahlt wird. Beispiele sind Mitarbeiter, die unter einem Kollegen mit Migrationshintergrund oder körperlicher Behinderung, einem weiblichen oder jungen Chef leiden. Es sei hier dahingestellt, inwieweit es plausibel oder ökonomisch effizient ist, wenn Unternehmen den betroffenen Merkmalsträgern niedrigere Löhne zahlen und nicht denjenigen, die durch ihr Verhalten letztlich Produktivitätseinbußen verursachen.

3.5 Segmentationstheorie

Während die bisher vorgestellten Arbeitsmarkttheorien den Arbeitsmarkt im Wesentlichen als **einen** Markt betrachten, geht die Segmentationstheorie explizit von einem **segregierten Arbeitsmarkt** aus. Zu ihren Pionieren gehören PETER B. DOERINGER und MICHAEL J. PIORE (1971), deren erklärtes Ziel ein Modell war, das der empirischen Struktur des Arbeitsmarktes besser gerecht wird. Die Autoren unterscheiden zwischen **internem** und **externem Arbeitsmarkt**. Der externe Arbeitsmarkt unterliegt dem freien Spiel der Marktkräfte, während der interne Markt institutionalisiert ist, d.h. es gibt institutionelle Regelungen, welche die Löhne, die Arbeitsplatzsicherheit und Zugangsbarrieren spürbar beeinflussen. Auf dem internen Markt befinden sich etwa die Stammbelegschaft von Industriebetrieben und öffentlichem Dienst, Führungs- und Fachkräfte. Auf dem externen Markt treffen Angebot und Nachfrage nach Leiharbeitern, Saisonarbeitern, befristet beschäftigten Ungelernten usw. aufeinander.

Im Zuge der Fortentwicklung fanden die Begriffe des **primären** und **sekundären**, des **ersten** und **zweiten**, des **strukturierten** und des **unstrukturierten Arbeitsmarkts** sowie eine Mehr- statt Zweiteilung des Arbeitsmarktes Eingang in die Theorie. Den Ansätzen ist die wesentliche Annahme gemeinsam, dass ein Wechsel zum primären Arbeitsmarkt durch Markteintrittsbarrieren erheblich erschwert wird. Verschiedene

Faktoren entscheiden darüber, ob sich ein Arbeitsanbieter auf dem ersten oder zweiten Arbeitsmarkt wiederfindet. Dazu zählen:

- Humankapital (z.B. Bildung, Berufserfahrung),
- Dauer der Arbeitslosigkeit,
- Mobilität und Flexibilität (z.B. räumliche Gebundenheit, zeitliche Verfügbarkeit),
- Alter, Geschlecht, Herkunft usw. (Differenzierung/Diskriminierung),
- Mitgliedschaft in Gewerkschaften[3], „Beziehungen“,
- Informationsgrad und Zufall (Such- und Matching-Theorie).

3.6 Beschäftigungstheorie

Da die Arbeitsnachfrage der Unternehmen eine von den Gütermärkten abgeleitete Nachfrage ist, wird die Arbeitsmarktsituation von den Entwicklungen auf dem gesamtwirtschaftlichen Gütermarkt beeinflusst, insbesondere der **gesamtwirtschaftlichen Nachfrage**.

In der traditionellen Neoklassik führen die getroffenen Annahmen zwar dazu, dass das gesamtwirtschaftliche Güterangebot auch in Gänze nachgefragt wird (**SAY'SCHES THEOREM**), so dass der Arbeitsmarkt (und der Kapitalmarkt) über Produktion und Beschäftigung entscheidet. Ein Teil der neueren neoklassisch basierten Modelle lässt jedoch durchaus Raum für vorübergehende Abweichungen vom Produktionspotenzial. Störungen können zu Anpassungsprozessen auf dem gesamtwirtschaftlichen Gütermarkt hin zu einem kurzfristigen Gleichgewicht führen, das mit einem Ungleichgewicht auf dem Arbeitsmarkt einhergeht. Nun dauert es eine Weile, bis Anpassungsprozesse auf dem Arbeitsmarkt einsetzen und durch Rückwirkungen auf den Güter-, Geld- und Finanzmarkt die Volkswirtschaft wieder in ein gesamtwirtschaftliches Gleichgewicht (vgl. Kapitel 1, Abschnitt 3.2.2.1) bringen. Auslöser solcher „konjunktureller“ Beschäftigungsschwankungen können exogene Störungen in Form von Nachfrage- oder von Angebotsschocks sein.

Die beschäftigungspolitischen Schlussfolgerungen neoklassisch orientierter Ökonomen unterscheiden sich deutlich von denen der Anhänger der **keynesianischen Theorie**, die auf **JOHN MAYNARD KEYNES** (1888–1946) zurückgeht: Während neoklassische Theorien eine zügige Rückkehr zur Vollbeschäftigung voraussetzen und staatlichen Eingriffen zur Glättung der Beschäftigungsschwankungen mehr als skeptisch gegenüberstehen, plädieren KEYNESIANER für eine staatliche Steuerung der gesamtwirtschaftlichen Nachfrage. Instrumente der **Fiskalpolitik** (vgl. Kapitel 4, Abschnitt 6.1) und **Geldpolitik** (vgl. Kap. 5, Abschnitt 6) gelten als Mittel der Wahl.

Im keynesianischen Modell ist anders als in der Neoklassik auch persistente nachfragebedingte Unterbeschäftigung denkbar. Diese ist in Abb. 7.4 als Vertikale eingezeichnet.

---

[3] Die Zugehörigkeit zu einer Gewerkschaft galt in angelsächsischen Ländern – in denen die Segmentationstheorie entwickelt wurde – lange Zeit als zentral für den Zugang zu gesicherten gutbezahlten Arbeitsplätzen. Das Extrem bilden die in Deutschland verbotenen closed shops: Der Arbeitgeber verpflichtet sich, nur Arbeitskräfte einstellen, die Mitglied der zuständigen Gewerkschaft sind.

Liegt **keynesianische Arbeitslosigkeit** vor, ändern Lohnbewegungen zwischen Maximal- und Minimallohn das Beschäftigungsniveau nicht. Jeder Lohn über dem Minimallohn wird von den Arbeitssuchenden nach unten konkurriert. Die Differenz zwischen Maximal- und Minimallohn geht als Rente an die Arbeitgeber, wenn im Übrigen an den Annahmen des neoklassischen Arbeitsmarkts festgehalten wird. Diese Konstellation erklärt u.a., warum Gewerkschaften in Zeiten hoher Arbeitslosigkeit oftmals nicht zu Lohnverzicht bereit sind: Mit Verweis auf eine konjunkturelle oder keynesianische Unterbeschäftigung rechtfertigen sie Forderungen nach Lohnsteigerungen und plädieren zugleich für eine expansive staatliche Nachfragepolitik.

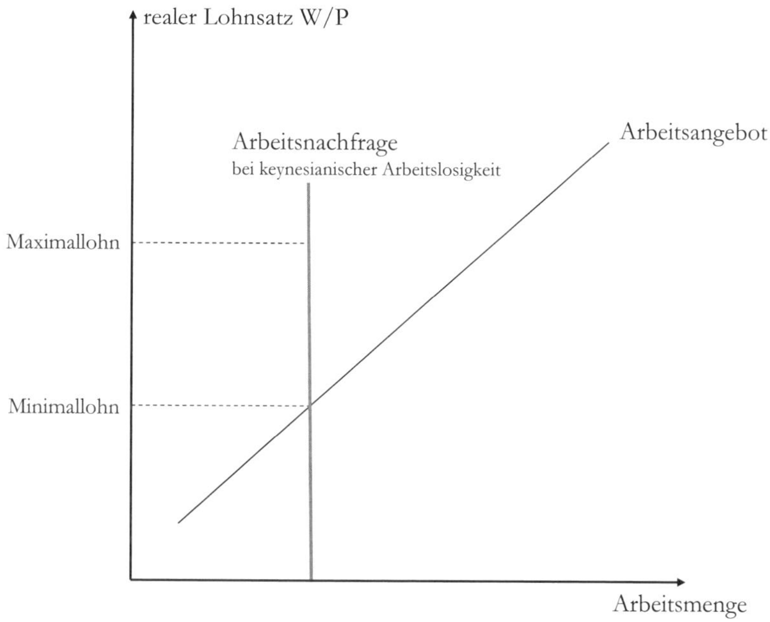

Abb. 7.4: Beschäftigungsneutrale Lohnspanne bei keynesianischer Arbeitslosigkeit

4 Ziele

4.1 Normative Begründung für Vollbeschäftigung

Bei arbeitsmarkt- und beschäftigungspolitischen Fragestellungen ist stets zu bedenken, dass es unmittelbar um Menschen geht. Normative Überlegungen spielen somit bei der Definition eines hohen Beschäftigungsstands eine zentrale Rolle. Gleichwohl ist zu beachten, dass die Beschäftigung des Faktors Kapital auch von Bedeutung für das Wohlergehen der Gesellschaft und Einzelner ist. Schließlich mündet ein hoher Auslastungsgrad in eine entsprechende materielle Versorgung der Gesellschaft im Allgemeinen. Je höher die Auslastung des Kapitalstocks ist, desto höher sind das Bruttoinlandsprodukt und c.p. die Staatseinnahmen, die im Idealfall wohlfahrtssteigernd verausgabt werden. Für das Einkommen der Eigentümer von Realkapital erklärt sich die Bedeutung einer hohen Auslastung von selbst.

Das **Ziel eines hohen Beschäftigungsstands** des Faktors Arbeit lässt sich ebenfalls mit dem Ziel eines **höchstmöglichen materiellen Wohlstands** und mit **fiskalischen Gründen** rechtfertigen. Hinzu kommen jedoch angesichts der untrennbaren Bindung der Arbeitsleistung an den Menschen folgende Argumente für das Beschäftigungsziel:

- **Individualökonomische und -psychologische Ziele:** Einkommenssicherung, Selbstwertgefühl, soziale Wertschätzung, soziale Kontakte, Erwerb/Erhalt von Wissen und Qualifikation, Gesundheit, Erhalt der Arbeitsfähigkeit, Teilhabe an Wirtschaft und Gesellschaft.
- **Gesamtwirtschaftliche und gesellschaftliche Gründe: S**ozialer Frieden, Kriminalitäts-/Gewaltprävention, Erhalt des Produktionsfaktors Arbeit in qualitativer (Wissen/Humankapital) und quantitativer (Zahl der Arbeitsfähigen) Hinsicht.

4.2 Zielkonkretisierung

Die theoretischen Grundlagen haben verdeutlicht, dass ein gewisses Maß an Arbeitslosigkeit unvermeidbar ist. Außerdem ist eine gewisse Arbeitslosigkeit aus stabilitätspolitischer Sicht möglicherweise sogar erwünscht, damit die Löhne nicht unbotmäßig steigen und eine Lohn-Preis-Spirale in Gang kommt (vgl. Abschnitt 4.3) Daher muss in der Politik eine pragmatische Definition der Vollbeschäftigung zur Anwendung kommen. Im Einzelfall hängt diese u.a. von dem wirtschaftlichen Entwicklungsstand, empirischen Vergleichen, alternativen Einkommensquellen und der sozialen Absicherung sowie dem gesellschaftlichen Stellenwert der Erwerbstätigkeit und natürlich von der Berechnungsmethode der ALQ ab. In zahlreichen Internetquellen und in manchem Lehrbuch wird zwar eine ALQ von 3 % als hoher Beschäftigungsstand bezeichnet, aber dies suggeriert eine Genauigkeit, die der Komplexität des Sachverhalts nicht gerecht wird. Für ein wirtschaftlich weit entwickeltes Land deuten empirische Entwicklungen und Plausibilitätsüberlegungen dahin, dass ein hoher Beschäftigungsstand bei einer ALQ „irgendwo" in dem Intervall zwischen 4 und 7 % vorliegt, wobei verdeckte Unterbeschäftigung zumindest zum Teil einbezogen werden sollte (vgl. Abschnitt 2.2.2). Insoweit herrscht in Deutschland derzeit keine Vollbeschäftigung (vgl. Abschnitt 2.2.2 zu den ergänzenden Arbeitslosenindikatoren).

Das Beschäftigungsziel lässt sich auch als **quantitativer und qualitativer Ausgleich von Arbeitsangebot und Arbeitsnachfrage** formulieren. Dieses Ziel berücksichtigt zum einen das Verhältnis von Arbeitslosen zu offenen Stellen. Zum anderen umfasst es, dass Erwerbspersonen gemäß ihrer Eignung und Produktivität beschäftigt werden sollen sowie, dass Stellen mit passenden Arbeitskräften besetzt sind.

Darüber hinaus können dem wirtschaftlichen und sozialen Entwicklungsstand **angemessene Arbeitsbedingungen** einschließlich der **Einhaltung sozialer Mindeststandards** als zentrale Ziele der Arbeitsmarktpolitik begriffen werden.

Weitere Ziele sind die allgemeine Verbesserung des **Humankapitals** und **Erhöhung des Arbeitsangebots** sowie der Arbeitsproduktivität, womit der arbeitsmarktpolitische Beitrag zur langfristig ausgerichteten **Wachstumspolitik** deutlich wird.

Die Herstellung von **Chancengleichheit** und die **Beseitigung von Diskriminierung** zählen ebenfalls zu den erklärten Zielen der deutschen Arbeitsmarktpolitik. **Lohngerechtigkeit** ist ein verwandtes, weiteres Ziel, über dessen Inhalt jedoch sehr unterschiedliche Auffassungen herrschen.

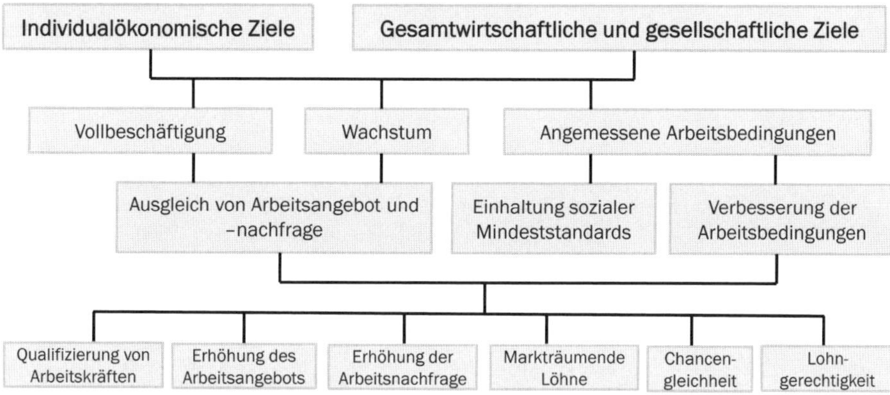

Abb. 7.5: Zielhierarchie der Arbeitsmarkt- und Beschäftigungspolitik (Ausschnitt)

4.3 Zielkonflikte

Auf der Makroebene ist auf den „klassischen" Zielkonflikt zwischen **Vollbeschäftigung** und **Preisniveaustabilität** hinzuweisen. In diesem Zusammenhang ist die Diskussion über die **inflationsstabile Arbeitslosenquote** aufschlussreich. Die inflationsstabile **Arbeitslosigkeit** ergibt sich aus dem Zusammenspiel von Lohnbildungsprozess, Lohnkosten-Preis-Zusammenhängen und Inflationswirkungen auf die gesamtwirtschaftliche Nachfrage.

Zur Erklärung des Ansatzes wird von Überbeschäftigung, sprich Arbeitskräftemangel, ausgegangen. Diese impliziert eine hohe Lohnverhandlungsmacht der Arbeitnehmer bzw. eine geringe Verhandlungsmacht der Arbeitgeber, da die Suchkosten des Arbeitgebers hoch und die des Arbeitnehmers niedrig sind. In der Folge steigt das gesamtwirtschaftliche Lohniveau. Daraufhin steigen c.p. (konstante Produktivität, gleich bleibende übrige Faktorentgelte und Importpreise) die Stückkosten und schließlich das Preisniveau. Ein höheres Preisniveau zieht wiederum höhere Löhne zwecks Inflationsausgleichs nach sich, woraufhin die Kosten, das Preisniveau usw. steigen. Dieser Prozess wird als **Lohn-Preis-Spirale** bezeichnet. Der Anstieg des Preisniveaus beeinflusst den Geld- und Finanzmarkt. So steigen die Zinsen, was sich wiederum negativ auf die gesamtwirtschaftliche Güternachfrage auswirkt. In der Folge gehen die Produktion und die Beschäftigung zurück. Es lässt sich modelltheoretisch zeigen, dass die gesamtwirtschaftliche Produktion sowohl bei Überbeschäftigung als auch Unterbeschäftigung auf kurz oder lang immer wieder zur Normalauslastung der Produktionsfaktoren zurückkehrt. Die dann herrschende inflationsstabile Arbeitslosenquote wird im Englischen als **NAIRU (non-accelerating inflation rate of unemployment) bezeichnet.**

Schlussfolgernd lassen diese Überlegungen eine gewisse Arbeitslosigkeit als hilfreich erscheinen, um der Lohnsetzungsmacht der Arbeitskräfte (bzw. der Gewerkschaften) Grenzen zu setzen und die Gefahr steigender Inflationsraten in der Folge von **Lohn-Preis-Spiralen** zu verringern.

Ein weiterer makroökonomischer Zielkonflikt trat im Zuge der Eurokrise deutlich zu Tage, nämlich derjenige zwischen **Vollbeschäftigung** und **außenwirtschaftlichem Gleichgewicht** (vgl. Kap. 1, Abschnitt 3.2.2.1 und Kap 8., Abschnitt 4.1). In Deutschland, den Niederlanden und Österreich führten Lohnzurückhaltung und relative Produktivitätssteigerungen im ersten Jahrzehnt der Währungsunion (vgl. Kap. 5, Abschnitt 5) zu einem relativen Rückgang der Lohnstückkosten.

	2002	2003	2004	2005	2006	2007	2008	2009	2010–13
D	0,7	0,9	-0,5	-0,9	-2,0	-0,8	2,2	5,6	1,3
EZ (17)	2,4	2,0	0,7	1,2	0,7	1,3	3,9	4,5	1,0
GR	10,2	1,5	2,2	4,2	-1,1	2,5	5,2	6,6	-4,0
I	2,0	2,4	2,0	2,3	2,0	1,6	4,7	4,3	1,2
P	3,2	3,8	1,0	3,4	0,9	1,2	3,5	3,3	-1,1
E	3,1	2,7	2,5	3,2	3,1	4,3	6,0	1,7	-1,7

Prozentuale Veränderung ggü. Vorjahr bzw. Durchschnitt von 2010 bis 2013.

Quelle: EUROSTAT, 2013

Tab. 7.5: Entwicklung der nominalen Lohnstückkosten in ausgewählten EU-Staaten 2002–2013

Dadurch erhöhte sich die Wettbewerbsfähigkeit der Produkte aus diesen Ländern. Stark vereinfachend kann gesagt werden: Deutsche Exporte in die Eurozone stiegen an, während Importe aus der Eurozone sanken. Da die Einheitswährung (Euro) keine Wechselkursanpassungen ermöglicht (vgl. Kap. 8, Abschnitt 6.4), stiegen die Leistungsbilanzüberschüsse auf der einen und die Defizite auf der anderen Seite. Das wachsende außenwirtschaftliche Ungleichgewicht zwischen den Euroländern förderte in den Überschussländern die Beschäftigung, stützte das Wirtschaftswachstum und wirkte stabilisierend auf den Staatshaushalt. In den Defizitländern wuchs dagegen die öffentliche und private Verschuldung. Diese Entwicklungen haben mit zu der europäischen Verschuldungskrise beigetragen. Allerdings ist umstritten, in welchem Maße sie dies getan haben und, ob man die relative Lohnzurückhaltung in einigen Ländern als Ursache bezeichnen kann oder ob nicht vielmehr Fehlentwicklungen in den Defizitländern hauptursächlich sind.

Schließlich kann das arbeitsmarktpolitische Ziel gerechter Löhne mit dem **Wachstumsziel** in Konflikt geraten und zwar je nachdem, was unter „gerecht" verstanden wird und welche Maßnahmen zum Einsatz kommen. Dies sei hier nicht ausführlich erörtert, sondern lediglich an einem Extrembeispiel veranschaulicht: Würde hierunter z.B. **Lohngleichheit** verstanden, sänken die Leistungsanreize für die Arbeitskräfte. Die Folge wären eine niedrigere Arbeitsproduktivität und wesentlich weniger Innovationen. Andererseits kann eine sehr starke **Lohnungleichheit** auch mit dem Wachstumsziel in Konflikt treten, da sie den innerbetrieblichen und sozialen Frieden gefährden kann, wodurch die Leistungserstellung gleichfalls zurückginge.

5 Träger der Arbeitsmarkt- und Beschäftigungspolitik

5.1 Bund, Länder und Gemeinden

Das BUNDESMINISTERIUM FÜR ARBEIT UND SOZIALES (BMAS) ist in der Gestaltung der Arbeitsmarktpolitik federführend. Dagegen hat im Rahmen der Beschäftigungspolitik auch der BUNDESMINISTER DER FINANZEN (BMF) Kompetenzen als staatlicher Träger dieses Politikbereichs. Für die Länder und Stadtstaaten gelten nach deren Rechtsgrundlagen ähnliche Kompetenzzuordnungen.

Die kommunale Ebene betreibt lokale Arbeitsmarktpolitik. Hier ist es möglich, mit den Unternehmen in einen direkten Dialog zu treten und über Appelle (**„moral suasion"**) zur Einstellung von Arbeitslosen zu gelangen. Die Bedeutung der Kommunen und Städte und ihr Eigeninteresse an einer effektiven Arbeitsmarktpolitik sollten nicht unterschätzt werden. Sie müssen viele der negativen Folgen von Arbeitslosigkeit auffangen und sind in haushaltspolitischer Hinsicht auf prosperierende Unternehmen angewiesen.

5.2 Die Bundesagentur für Arbeit

Im Jahr 1927 wurde die **Arbeitslosenversicherung (ALV)** geschaffen, aus der die Arbeitsverwaltung hervorging. Sie ist inzwischen für den gesamten Bereich der Arbeitsförderung zuständig. Träger ist die BUNDESAGENTUR FÜR ARBEIT (BA) als rechtsfähige bundesunmittelbare Körperschaft des öffentlichen Rechts mit Selbstverwaltung. Ihre Selbstverwaltungsorgane sind **drittelparitätisch** aus berufenen Vertretern der Arbeitnehmer, der Arbeitgeber und der öffentlichen Körperschaften zusammengesetzt. Sie ist der Rechtsaufsicht des BMAS unterstellt. An der Spitze der BA steht der hauptamtliche Vorstand und als Organ der Selbstverwaltung der Verwaltungsrat. Er überwacht den Vorstand und die Verwaltung. Zugleich beschließt er als „Legislativorgan" die Satzung und erlässt Anordnungen nach TEIL III des SOZIALGESETZBUCHES (SGB III) als wichtigster Rechtsgrundlage für die deutsche Arbeitsmarktpolitik.

Zu den **Aufgabenbereichen** der BA gehören u.a.:

- Berufsberatung sowie Vermittlung in Ausbildungs- und Arbeitsstellen,

- Arbeitgeberberatung,
- Förderung der Berufsausbildung und beruflichen Weiterbildung,
- Förderung der beruflichen Eingliederung von Menschen mit Behinderung,
- Leistungen zur Erhaltung und Schaffung von Arbeitsplätzen, einschl. der Beratung und Bezuschussung für Existenzgründungen von Arbeitslosen,
- Entgeltersatzleistungen, wie z.B. Arbeitslosen-, Insolvenz- und Kurzarbeitergeld,
- Bekämpfung von Leistungsmissbrauch und illegaler Beschäftigung,
- Arbeitsmarkt- und Berufsforschung sowie die Erstellung von Arbeitsmarktstatistiken.

5.3 Gewerkschaften und Arbeitgeberverbände

In der Bundesrepublik sind es vor allem die **Tarifvertragsparteien**, die als Träger wichtiger Teile der Arbeitsmarktpolitik fungieren. Die deutsche Verfassung sieht **Vereinigungs- und Koalitionsfreiheit** vor (Art. 19 GG), die ebenso wie das Recht auf kollektive Arbeitsverhandlungen zu den Kernarbeitsnormen der ILO (vgl. Abschnitt 2.2) zählen. In Deutschland folgt daraus die **Tarifautonomie**, d.h. die Festlegung von Löhnen und Gehältern sowie die Gestaltung sonstiger Arbeitsbedingungen liegen in den Händen von Arbeitgeber- und Arbeitnehmerorganisationen. Sie sind jedoch dabei an die staatlichen Rechtssätze gebunden, die beispielsweise im BETRIEBSVERFASSUNGSGESETZ (BetrVG), den Arbeitsschutzbestimmungen oder im KÜNDIGUNGSSCHUTZGESETZ vorgegeben sind. Ansonsten hält sich der Staat aus allen Entscheidungen zur Bestimmung von Lohn- und anderen Arbeitsbedingungen weitgehend heraus.

> **Tarifautonomie** ist das verfassungsmäßig sanktionierte Recht von Gewerkschaften und Arbeitgeberverbänden (Tarifpartner), über Inhalt, Abschluss und Beendigung von Arbeitsverhältnissen Verträge abzuschließen. Der Staat hat dabei kein Mitwirkungs- oder Entscheidungsrecht. Für die Tarifparteien sind die ausgehandelten Tarifbestimmungen rechtsverbindlich. Sie wirken wie Gesetzesbestimmungen (Rechtsnormen).

Eine genaue Definition über den Umfang dieser Befugnis ist im GRUNDGESETZ nicht enthalten. Alle konkreten rechtlichen Grundlagen für Tarifverträge sind im TARIFVERTRAGSGESETZ festgeschrieben. In ihm ist auch die Tarifautonomie gesetzlich verankert. In der Vergangenheit hat es zwar wiederholt Versuche gegeben, Tarifautonomie und staatliche Arbeitsmarkt- und Beschäftigungspolitik (z.B. Konzertierte Aktion, Bündnis für Arbeit) zu koordinieren, aber sie blieben im Kern erfolglos.

Für fast alle Branchen werden zwischen Arbeitsgeberverbänden und Gewerkschaften Tarifverträge ausgehandelt. Nur noch jede siebte Erwerbsperson und jeder fünfte Arbeitnehmer sind organisiert. Über die Mitgliedschaft der Unternehmen in einem der ca. 1000 Arbeitsgeberverbände liegen zwar keine verlässlichen Zahlen vor, aber es wird generell angenommen, dass der Anteil organisierter Unternehmen in den letzten 15 Jahren spürbar zurückging. Dennoch liegt der Anteil der Beschäftigten in tariflich gebundenen Unternehmen bei noch rund 60 % (SCHULTEN, 2010).

Die deutsche Tarifautonomie wird auf Seiten der Arbeitnehmer weitgehend durch den **DEUTSCHEN GEWERKSCHAFTSBUND (DGB)** ausgefüllt. Der DGB ist in acht nach Branchen zugeordneten Einzelgewerkschaften mit über 6 Millionen Mitgliedern untergliedert. Die Einzelgewerkschaften sind dabei überwiegend nach dem sogenannten **Industrieverbandsprinzip** organisiert. Es bedeutet, dass die Arbeitnehmer eines Betriebs unabhängig von Ihrer Tätigkeit der Gewerkschaft angehören, zu deren Industriezweig er gehört. Im Gegensatz dazu bedeutet **Berufsverbandsprinzip**, dass nur Mitglieder aufgenommen werden, die einem bestimmten Berufszweig angehören.

DER CHRISTLICHE GEWERKSCHAFTSBUND (CGB) mit knapp einem Zehntel an Mitgliedern spielt für Tarifverhandlungen dagegen eine untergeordnete Rolle. Einige Arbeitnehmergruppen sind außerhalb dieser beiden Gewerkschaften organisiert (z.B. Beamte, Ärzte, Journalisten). In einzelnen Branchen ist die Macht konkurrierender **Splittergewerkschaften** merklich gestiegen (z.B. Luft- und Schienenverkehr), aber ihre gesamtwirtschaftliche Bedeutung ist nach wie vor eher gering.

Auf Seiten der Arbeitgeber gibt es zahlreiche Zusammenschlüsse der Arbeitgeber (**Arbeitgeberverbände**), die tarifpolitische Aufgaben ausüben. Ihre Spitzenorganisation ist die **BUNDESVEREINIGUNG DER DEUTSCHEN ARBEITGEBERVERBÄNDE (BDA)**. Mitglieder sind 51 Bundesfachspitzenverbände (aus Industrie, Handel, Finanzwirtschaft, Verkehr, Handwerk, Dienstleistungen und Landwirtschaft) sowie 14 Landesvereinigungen (www.bda-online.de). Damit werden über 1000 rechtlich und wirtschaftlich selbständige Arbeitgeberverbände erreicht. Es ist die Aufgabe der BDA, deren gemeinsame Interessen – die über den Wirkungsbereich eines Landes oder einer Branche hinausgehen – zu wahren. Die BDA ist der einzige Unternehmensverband, der sämtliche Wirtschaftszweige vertritt.[4]

> Arbeitgeberverbände sind Organisationen, deren Ziel in der Durchsetzung kollektiver Arbeitgeberinteressen (insbesondere Tarifpolitik) besteht. Sie sind als privatrechtliche Vereine nach fachlichen und regionalen Gesichtspunkten überwiegend nach dem Industrieverbandsprinzip organisiert. Die Mitgliedschaft ist freiwillig. Wie auch die Gewerkschaften wirken ihre Vertreter zusätzlich in den Arbeits- und Sozialgerichten sowie den Selbstverwaltungsorganen der Sozialversicherung mit.

Die zwischen den Tarifpartnern ausgehandelten Verträge haben recht unterschiedliche Geltungsbereiche: Sie reichen vom **Firmentarifvertrag** über regionale bis hin zu bundesweiten **Flächentarifverträgen**. In den mehrjährigen **Rahmen- bzw. Manteltarifverträgen** werden festgelegt: Allgemeine Arbeitsbedingungen wie Einstellung und Kündigung, Arbeitszeit, Überstunden, Urlaub, Akkordbedingungen, Lohn- und Gehaltsgruppen, Arbeits- und Leistungsbewertung, Entgeltfortzahlung im Krankheitsfall, vermögenswirksame Leistungen usw. Bei den meist kürzer laufenden **Lohntarifverträgen** geht es im Wesentlichen um die Festlegung der Entlohnung und Ausbildungsvergütung.

---

[4] Einzig die öffentlichen Arbeitgeber sowie der Arbeitgeberverband der Eisen- und Stahlindustrie sind nicht vertreten. Bei den öffentlichen Arbeitgebern dürfte der Grund auf der Hand liegen. Der Arbeitgeberverband der Eisen- und Stahlindustrie ist nicht Mitglied, weil in seiner Tarifkommission Arbeitsdirektoren vertreten sind, die wegen der Montan-Mitbestimmung in ihrer Bestellung mittelbar von den Gewerkschaften abhängig sind.

Tariflöhne können in den meisten EU-Staaten durch **Allgemeinverbindlichkeitserklärungen** per Gesetz auf die gesamte Branche übertragen werden. In Deutschland waren dies 2013 weniger als 1 % der 68.000 im Tarifregister eingetragenen Verträge (BMAS, 2013).

5.4 Internationale Träger

Auf Europäischer Ebene haben die Befürworter einer koordinierten **Europäischen Beschäftigungspolitik** seit der Finanzkrise an Unterstützung gewonnen. In der Präambel des VERTRAGES ÜBER DIE ARBEITSWEISE DER EU (AEUV) steht, dass die EU zur stetigen Besserung der Lebens- und Beschäftigungsbedingungen ihrer Völker als wesentlichem Ziel beitragen soll. Die Organe der EU betreiben zwar keine aktive Arbeitsmarktpolitik, geben aber bindende Mindeststandards für Arbeitsbedingungen vor, verabschieden lenkende Leitlinien und fördern Arbeitsmarkt- und Beschäftigungsprogramme. Außerdem wirkt das Gebot der **Arbeitnehmerfreizügigkeit** auf Arbeitsmärkte. Schließlich entscheidet der EuGH immer wieder über Fälle von Arbeitsmarktdiskriminierung in Folge (abweichender) nationaler Gesetzeslage und nimmt so Einfluss auf die nationale Arbeitsmarktpolitik.

Nach Art. 145–147 AEUV trägt die EU zu einem hohen Beschäftigungsniveau bei und ergänzt ggfs. nationale Maßnahmen, legt beschäftigungspolitische Leitlinien fest und arbeitet auf die Entwicklung einer **koordinierten Beschäftigungsstrategie** sowie die Fähigkeit der Arbeitsmärkte hin, auf die Erfordernisse des wirtschaftlichen Wandels zu reagieren.

Auf der Ebene der VEREINTEN NATIONEN (UN) ist zuvorderst die ILO für Arbeitsmarkt- und Beschäftigungspolitik zuständig. Sie ist die einzige **drittelparitätisch** besetzte UN-Organisation und hatte 2013 insgesamt 185 Mitgliedstaaten. Auch ohne eigene arbeitsmarktpolitische Entscheidungskompetenzen nimmt sie durch völkerrechtliche Konventionen und deren Überwachung Einfluss auf nationale Standards zu arbeitsmarktrelevanten Menschenrechten, Tarifverhandlungen, Arbeitsbedingungen, Kinderarbeit, sozialer Sicherung usw. Außerdem erstellt die ILO Statistiken und Berichte, betreibt Forschung und bietet technische Unterstützung bei der Umsetzung von Normen.

Darüber hinaus nehmen diverse internationale Organisationen Einfluss auf die nationale Arbeitsmarkt- und Beschäftigungspolitik, darunter der INTERNATIONALE WÄHRUNGSFONDS (IWF) und die WELTBANKGRUPPE (vgl. Kap. 8, Abschnitt 5.2.2.4). Die Kreditvergabe des IWF im Rahmen von Stabilisierungsprogrammen ist nahezu ausnahmslos an eine kontraktive Fiskalpolitik und oftmals an deregulierende arbeitsmarktpolitische Auflagen gebunden. Die Auflagen der Struktur- und Sektoranpassung seitens der WELTBANK betreffen teilweise ebenfalls den Arbeitsmarkt.

6 Instrumente der Arbeitsmarkt- und Beschäftigungspolitik

6.1 Übersicht

Die verschiedenen Instrumente lassen sich **fünf Bereichen** zuordnen: Aktive und passive Arbeitsmarktpolitik, Ordnungs- und Tarifpolitik, gesamtwirtschaftliche Beschäftigungspolitik und als Sammelkategorie die sonstigen Instrumente (Abb. 7.6).

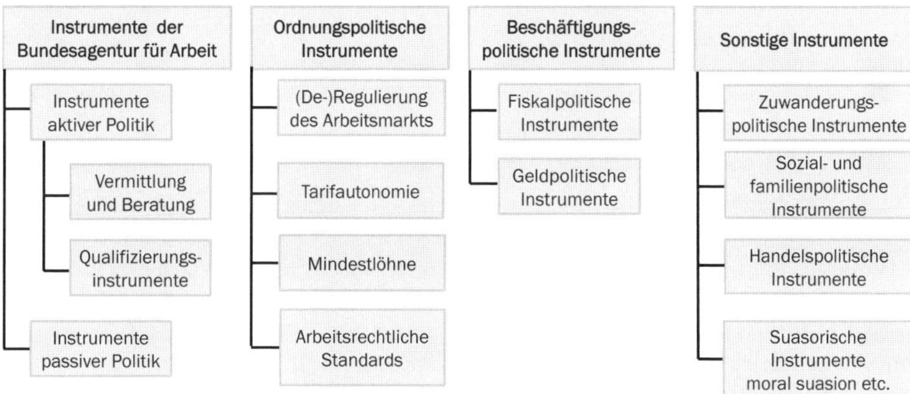

Abb. 7.6: Arbeitsmarkt- und beschäftigungspolitische Instrumente (Ausschnitt)

6.2 Instrumente aktiver Arbeitsmarktpolitik

Im Rahmen der **aktiven Arbeitsmarktpolitik** können zwei Komponenten unterschieden werden: **Arbeitsvermittlung** und **aktive Interventionen auf dem Arbeitsmarkt.**

Das GESETZ ZUR REFORM DER ARBEITSMARKTPOLITISCHEN INSTRUMENTE von 2001 ergänzte das bis dahin eher reaktive Arbeitsförderungsrecht durch präventive Ansätze des „Aktivierens, Qualifizierens, Trainierens, Investierens und Vermitteln" und wird daher mit JOB-AQTIV-GESETZ abgekürzt.

Im Bereich der Arbeitsvermittlung machte sich dies u.a. durch „Vermittlungsgutscheine" zur Nutzung bei privaten Vermittlern und die Einrichtung von **Job-Centern** bemerkbar. **In ca. 11 Tsd. der rund 12 Tsd. deutschen Kommunen sind Job-Center** zugleich für die Beratung, Arbeitsvermittlung und die Auszahlung von **Arbeitslosengeld I und II** zuständig (vgl. Abschnitt 6.5.2). Dass die Kommunen mittlerweile an der Vermittlung beteiligt sind, trägt dem Umstand Rechnung, dass sie knapp 30 % der Ausgaben tragen und daher ein Eigeninteresse an einer effektiven Vermittlung haben.

Zu den Instrumenten der Arbeitsvermittlung zählen auch **Eingliederungszuschüsse** für Arbeitslose an Arbeitsgeber. Diese **Lohnsubventionen** können in Deutschland bis zur Hälfte der gesamten Lohnkosten (Bruttolohn plus Arbeitgeberanteil an der Sozialversicherung) ausmachen und werden für maximal 1 Jahr gezahlt.

▶ Anwendungsfall 1: Eingliederungszuschüsse

Einstellungssubventionen an Arbeitgeber sind **positiv zu bewerten**, wenn:

- Arbeitssuchende, deren tatsächliche oder vom Arbeitsgeber vermutete Produktivität unter dem herrschenden Lohn oder dem Anspruchslohn liegt, die Möglichkeit erhalten, „on the job" ihre Produktivität zu steigern bzw. den Arbeitgeber von ihrer Produktivität zu überzeugen,
- neue Arbeitsplätze geschaffen werden können.

Sie sind **negativ zu bewerten**, wenn:

- der Arbeitsgeber den oder einen ähnlichen Arbeitslosen ohnehin eingestellt hätte (**Mitnahmeeffekte**) oder
- subventionierte Arbeitskräfte andere Erwerbstätige verdrängen (**Substitutionseffekte**).

Existenzgründungssubventionen wirken ähnlich wie Eingliederungszuschüsse und weisen analoge Vor- und Nachteile auf. In Deutschland existieren neben den **Existenzgründungszuschüssen** der Arbeitsagenturen eine Reihe anderer Institutionen zur Unterstützung von Existenzgründungen.

Bildungs- und Qualifizierungsprojekte formulieren ihre Zielsetzung mit der Hinführung ihrer Zielgruppe zum regulären Arbeitsmarkt. Dabei wird angenommen, dass es Arbeitslosen ohne berufliche Ausbildung an bestimmten fachlichen, sozialen oder kulturellen Fähigkeiten fehlt, die es zu erwerben gilt. Arbeitnehmer, die die Voraussetzungen für eine Förderung der beruflichen Weiterbildung erfüllen, erhalten in Deutschland einen **Bildungsgutschein, der** bei einem zugelassenen Bildungsträger eigener Wahl eingelöst werden kann. Die aktive Ausbildungspolitik fördert darüber hinaus **Umschulungsmaßnahmen**, wenn die sektorale Arbeitsnachfrage oder persönliche Gründe (z.B. Allergien gegen Arbeitsstoffe) der Beschäftigung einer qualifizierten Erwerbsperson im Wege stehen.

▶ Anwendungsfall 2: Umschulungs-, Fort- und Weiterbildungsmaßnahmen

Qualifizierungsmaßnahmen sind **positiv zu bewerten**, weil sie

- die Produktivität von Arbeitssuchenden erhöhen, und
- dazu beitragen, Arbeitslose aktiv zu halten und somit dem Verlust von Humankapital und gesundheitlichen Beschwerden entgegenwirken.

Sie sind **negativ zu bewerten**, wenn sie

- „am Markt" vorbei oder gar nicht qualifizieren und somit den Kosten kein (hinreichender) Nutzen gegenübersteht, und
- Mitnahme- und Verdrängungseffekte hervorrufen.

6.3 Instrumente passiver Arbeitsmarktpolitik

Bei der **passiven Arbeitsmarktpolitik** geht es primär um die Gewährung von vorübergehenden Lohnersatzleistungen an ehemals Erwerbstätige.

Das „klassische“ Instrument der passiven Arbeitsmarktpolitik ist das **Arbeitslosengeld**. Diese Leistung wird in Deutschland als **ALG I** bezeichnet und aus Mitteln der gesetzlichen ALV gezahlt, in die abhängig Beschäftigte – mit Ausnahme der Beamten – und ihr Arbeitgeber derzeit je 1,5 % des Bruttolohns einzahlen. Das ALG I wird für 12 Monate gezahlt und liegt derzeit bei 60 % (67 % für Eltern) des letzten Nettoentgelts. Das ALG I dient einerseits der sozialen Absicherung der (ehemals) Beschäftigten, anderseits ist es ein wichtiges Instrument im Kontext der Such- und Matching-Theorie: Dadurch, dass Arbeitslosen für begrenzte Zeit der wirtschaftliche Spielraum für die Arbeitsplatzsuche garantiert wird, steigt die Wahrscheinlichkeit, dass ein volkswirtschaftlich effizientes Matching zustande kommt (vgl. Abschnitt 3.2). Der Nachteil ist jedoch, dass Arbeitssuchende mit übertriebenem Anspruchslohn passgenaue Arbeitsangebote während der Laufzeit des ALG I ausschlagen könnten, weil das ALG I ihre Suchkosten verringert und somit eine Absenkung des Anspruchslohns vergleichsweise spät erfolgt. Um dem entgegenzuwirken, sind in § 121 SGB III **Zumutbarkeitskriterien** enthalten, die sich auf den maximal zumutbaren Lohnverlust und die Entfernung zum Wohnort beziehen. Für Langzeitarbeitslose, die kein ALG I, sondern ALG II (vgl. Abschnitt 6.5.2) beziehen, gilt nahezu jedes Arbeitsplatzangebot als zumutbar, solange nicht sittenwidrige Löhne oder Arbeitsbedingungen vorliegen.

Insolvenz- sowie **Kurzarbeitergeld** zählen ebenfalls zur den Instrumenten passiver Arbeitsmarktpolitik. Das **konjunkturelle Kurzarbeitergeld** ist allerdings primär ein Instrument der Beschäftigungspolitik (vgl. Abschnitt 6.6).

6.4 Ordnungspolitische Instrumente

6.4.1 Gesetzliche Vorgaben

Im Folgenden geht es nicht um elementare Mindeststandards, wie sie in den Konventionen der ILO zu Kinder- und Zwangsarbeit, Vereinigungs- und Verhandlungsfreiheit, gleicher Entlohnung gleichwertiger Arbeit und dem Verbot willkürlicher Diskriminierung verankert sind. Sie sind in einer **Sozialen Marktwirtschaft** selbstverständlich und hierzulande Konsens zwischen Gewerkschaften und Unternehmensverbänden. Gleiches gilt für grundlegende Bestimmungen zum Schutz der Gesundheit.

Eine **gesetzliche Höchstarbeitszeit** dient zum einen ebenfalls dem Gesundheitsschutz, zum anderen soll sie anormales Arbeitsangebotsverhalten verhindern helfen (vgl. Abb. 7.7). **Anormales Arbeitsangebotsverhalten** bedeutet, dass die Erwerbsfähigen ihr Arbeitsangebot bei fallenden Löhnen ausweiten, wodurch es zu immer weiter sinkenden Marktlöhnen kommen kann, sodass die Lohneinkommen letztlich das soziokulturelle Existenzminium unterschreiten. Es lässt sich indes darüber streiten, ob die deutsche Höchstgrenze von kurzfristig 58 Std./Woche und langfristig 48 Std./Woche angemessen ist, zumal sie zwar im Bundesdurchschnitt unterschritten, aber in verschiedenen Berufen oder durch Zweit- und Drittjobs auch regelmäßig überschritten wird (STATISTISCHES BUNDESAMT, 2012a, S. 26).

Arbeitsrechtliche Vorgaben können zu **Zielkonflikten** zwischen dem Schutz Beschäftigter (Insider) und den Belangen der Arbeitslosen oder prekär Beschäftigten führen (s. Abschnitte 3.4.1 und 3.5). Dies wird u.a. am **Kündigungsschutz** und **Abfindungen** deutlich: Einerseits wird der Arbeitnehmer vor willkürlicher Entlassung und Ausbeutung geschützt, zum anderen werden außenstehende Arbeitskräfte benachteiligt. Das Kündigungsrecht wirkt als Einstellungsbarriere und erhöht ebenso – wie viele andere arbeitsrechtliche Bestimmungen zum Schutz des Arbeitnehmers – letztlich die Kosten des Faktors Arbeit. Dadurch werden Arbeitsnachfrage und Beschäftigung gedämpft. Besonderer Kündigungsschutz für spezifische Personengruppen kann kontraproduktiv wirken, da sie aus Sicht des Arbeitgebers einen Nachteil auf Seiten des „besonders Schutzbedürftigen" gegenüber Gleichgeeigneten darstellen. Beispielhaft sei auf das allgemeine Kündigungsverbot für Schwerbehinderte oder Personen in Eltern- oder Pflegezeit aufmerksam gemacht. Eine unerwünschte Nebenwirkung ist, dass Arbeitgeber hierdurch einen Anreiz haben, Nichtbehinderte bzw. Männer bei gleicher Eignung des Behinderten bzw. der Frau bevorzugt einzustellen.

Der deutsche Gesetzgeber hat versucht, die potenziell negativen Wirkungen des KÜNDIGUNGSSCHUTZGESETZES (KSCHG) durch eine Erleichterung der Bedingungen für den Abschluss **befristeter Arbeitsverträge** zu mindern. So sieht das TEILZEIT- UND BEFRISTUNGSGESETZ (TZBF) vor, dass Arbeitsverhältnisse mit sachlich begründeter Befristung ebenso zulässig sind wie Arbeitsverträge, die auf höchstens zwei Jahre befristet sind.

Wegen der grundgesetzlich verankerten Tarifautonomie (Art. 9 Abs. 3 GG) waren gesetzliche Mindestlöhne lange kein Thema in Deutschland. Vielmehr wirkten die von den Tarifparteien vereinbarten Entgelte ähnlich wie branchenspezifische Mindestlöhne. Eine Untergrenze hinsichtlich der Höhe des Arbeitsentgelts ergibt sich in Deutschland zudem aus dem Verbot sittenwidriger Löhne (§ 138 Abs. 1 BGB). Als sittenwidrig gelten Löhne dann, wenn sie mindestens ein Drittel unterhalb eines in der betreffenden Branche und Wirtschaftsregion üblicherweise gezahlten Tariflohns liegen.

Seit einigen Jahren gibt es jedoch eine breite politische Diskussion über Mindestlöhne. Seit April 2009 ist das neue **ARBEITNEHMER-ENTSENDEGESETZ** (AENTG) in Kraft, auf dessen Grundlage in Deutschland in bestimmten Branchen Mindestarbeitsbedingungen für alle im Inland tätigen Arbeitnehmer festgelegt werden können. Demnach können rechtsverbindliche Mindestlöhne (wie auch Mindeststandards für Urlaubsanspruch und Arbeits- und Gesundheitsschutz) eingeführt werden, wenn diese in einem nach § 5 TARIFVERTRAGSGESETZ (TVG) allgemeinverbindlichen oder durch Rechtsverordnung des BMAS aufgrund des AENTG dazu erklärten Tarifvertrag festgelegt worden sind. Von Ende 2011 bis Mitte 2013 sind in Deutschland für 14 Branchen Mindestlöhne auf der Grundlage von Tarifverhandlungen eingeführt worden, teils mit bundesweiter Wirkung. Der höchste Mindestlohn (13,70 €) gilt für Fachwerker im Bauhauptgewerbe West, der niedrigste (7,00 €) für Wach- und Sicherheitspersonal (DGB, 2013).

In jüngster Zeit ist die Implementierung eines branchenübergreifenden **gesetzlichen Mindestlohns** in Höhe von 7–10 €/Std. im Gespräch. Hintergrund ist die Expansion des Niedriglohnsektors. Im Jahr 2010 waren im früheren Bundesgebiet rund 18 % und in den „neuen Ländern" rund 37 % aller Erwerbstätigen im Niedriglohnsektor beschäftigt, d.h. ihr Bruttostundenlohn unterschritt 10,36 € (STATISTISCHES BUNDESAMT, 2012b). Überdurchschnittlich betroffen sind Personen ohne Berufsausbildung (53 %), Frauen (27 %) und junge Menschen zwischen 15 und 24 Jahren (51 %). Besonders gering ist die Wahrscheinlichkeit dagegen bei Akademikern (2 %).

Gesetzliche Mindestlöhne gibt es in 26 der insgesamt 34 OECD-Mitgliedstaaten und in 20 EU-Mitgliedsländern. Zu den EU-Ländern ohne allgemeinen gesetzlichen Mindestlohn gehören neben Deutschland u.a. Dänemark und Finnland.

Rumänien	**Türkei**	**Portugal**	**Spanien**	**USA**	**Belgien**	**NL**	**Frankreich**	**Luxemburg**
0,80*	1,96*	2,92	3,89	5,21*	8,75	8,88	9,22	10,41

*umgerechnet mit den jeweiligen Wechselkursen 2011

Quelle: WSI, Mindestlohndatenbank 2012, S. 7.

Tab. 7.6: Reale Mindestlöhne (2012) in ausgewählten OECD-Ländern in Euro

Mindestlöhne lassen sich außer mit sozialen Gründen auch mit der Gefahr instabiler Arbeitsmärkte begründen. Das neoklassische Modell geht zwar von einem stets steigenden Arbeitsangebotsverlauf aus, jedoch bedarf diese Annahme in der Realität der Relativierung. Mit sinkendem Reallohn kann nämlich – wie oben bereits erwähnt – die Notwendigkeit auftreten, mehr arbeiten zu müssen. Haushalte dehnen folglich ihr Arbeitsangebot aus, um ihr **sozio-kulturelles Existenzminimum** oder das gewohnte Einkommensniveau zu sichern. Das Vorliegen eines **anormalen Arbeitsangebotsverhaltens** kann zu einem instabilen Arbeitsmarktgleichgewicht führen. Instabilität eines Gleichgewichts bedeutet, dass der Markt nach einer Störung nicht oder erst nach sehr langer Zeit in ein Gleichgewicht zurückfindet. Läge der Lohn unter dem Gleichgewichtslohn $(W/P)^*_{niedrig}$, dehnen die Arbeitskräfte ihr Angebot immer weiter aus mit der Folge weiter sinkender Reallöhne, so dass freiwillige Arbeitslosigkeit trotz sinkender Löhne nicht abgebaut würde und es zu einer Verelendung der auf Lohneinkommen angewiesenen Arbeitskräfte käme. Abb. 7.7 illustriert den resultierenden Arbeitsmarkt. Die Arbeitsangebotsangebotskurve hat ab dem **Existenzlohn** eine negative Steigung und verläuft ab hier mithin anormal.

Um existenzgefährdende Lohnsenkungen in Folge anormalen Arbeitsangebotsverhaltens zu vermeiden, käme ein Mindestlohn in Höhe des Existenzlohns in Betracht. Wird der Mindestlohn jedoch über $(W/P)^*_{hoch}$ fixiert, ist unfreiwillige Arbeitslosigkeit in Höhe der Strecke AB die Folge. Den unfreiwillig Arbeitslosen blieben dann die Aufnahme einer illegalen Beschäftigung oder die Selbständigkeit, welche aber mit signifikanten Risiken verbunden ist und für die viele Menschen nicht geeignet sind.

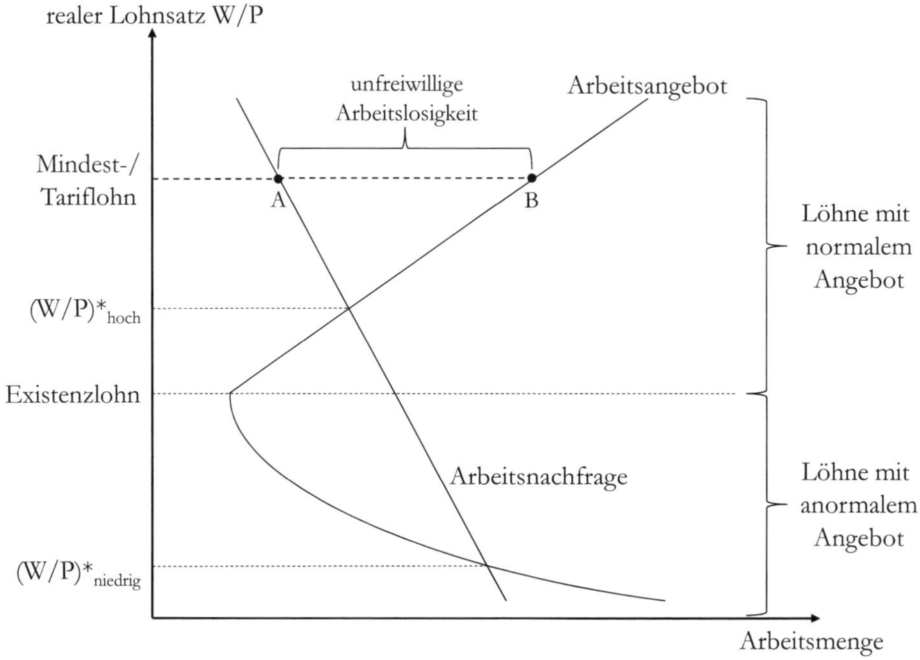

Abb. 7.7: Arbeitsmarktwirkungen von Mindest- oder Tariflöhnen

► Anwendungsfall 3: Gesetzliche Mindestlöhne

Mindestlöhne sind **positiv zu bewerten**,

- weil sie dazu beitragen können, ein Lohneinkommen zu generieren, welches das sozio-kulturelle Minimum abdeckt,
- und dadurch die soziale Sicherheit erhöhen, die Kluft zwischen Niedriglohnbeziehern und den übrigen Erwerbspersonen zu mindern und mithin einen Beitrag zum sozialen Frieden beisteuern können,

oder wenn sie unter dem **Grenzprodukt der Arbeit** liegen, weil sie dann

- das Absinken des Lohnes in Folge anormalen Arbeitsangebotsverhaltens verhindern,
- die Nachfragemacht der Arbeitgeber einschränken, so dass ein höherer Teil der Differenz zwischen Grenzprodukt und ansonsten gezahltem Lohn dem Arbeitnehmer zu Gute kommt.

Sie sind negativ zu bewerten,

- wenn sie über dem Grenzprodukt der Arbeit liegen und somit Arbeitsnachfrage und Beschäftigung reduzieren.

6.4.2 Tarifpolitische Vorgaben

Aktionsparameter der Tarifverhandlungen sind (a) der Lohnsatz, wobei in Tarifverhandlungen meist nur der „Ecklohn" (Orientierungsgröße für andere Lohngruppen) festgelegt wird, (b) Lohnstruktur (Anzahl und Spreizung der Lohngruppen), (c) Bedingungen der Arbeitsplatzgestaltung (Ausführung staatlicher Rahmenbedingungen wie Arbeitsschutz usw.), (d) Festlegung sozialer Bedingungen (Kantinenessen, betrieblicher Kindergarten usw.) sowie auch (e) Arbeitszeitmodelle.

Die Beschäftigung eines Arbeitnehmers erfolgt in Deutschland auf der Grundlage eines zwischen Arbeitgeber und Arbeitnehmer abgeschlossenen **individuellen Arbeitsvertrages**. Die Vertragspartner sind dabei allerdings sowohl an die Bestimmungen des Arbeitsrechts, als auch an die Regelungen des **Tarifvertrags**, der die Einhaltung bestimmter Lohnuntergrenzen und anderer tariflicher Regelungen sichern soll (**kollektives Arbeitsrecht**), gebunden.

Ein **Tarifvertrag** ist ein privatrechtlicher Normenvertrag zwischen einer oder mehreren Arbeitnehmervertretungen (Gewerkschaften) und einem Arbeitgeber (beim Firmentarifvertrag) bzw. einer Vereinigung von Arbeitgebern (beim Flächen-, Branchentarifvertrag). Rechtliche Grundlage ist das TARIFVERTRAGSGESETZ (TVG).

Im Einzelnen enthält der Tarifvertrag **erstens** im **schuldrechtlichen Teil** Regelungen über die Rechte und Pflichten der Tarifvertragsparteien (wie Friedenspflicht für die Laufzeit des Vertrags), die im Zusammenhang mit Inhalt, Abschluss, Durchführung und Beendigung des Tarifvertrags stehen oder weitere betriebliche und betriebsverfassungsrechtliche Fragen regeln können. **Zweitens** werden im **normativen Teil** die Arbeitsbedingungen (z.B. Lohn- und Gehaltstarife, Arbeitszeit, Urlaub, Kündigungsverfahren) durch verbindliche Rechtsnormen geregelt. Diese Normen wirken zunächst nur auf Arbeitsverhältnisse ein, bei denen beide Partner einem der tarifbeteiligten Verbände angehören. Jedoch werden im Falle der **Allgemeinverbindlichkeitserklärung**, die auf Antrag eines Tarifvertragspartners vom zuständigen Bundesminister im Einvernehmen mit dem paritätisch von den Tarifparteien besetzten Tarifausschuss erlassen werden kann (§ 5 TGV), die Festlegungen des Tarifvertrags auch für die Nichtorganisierten im Geltungsbereich unmittelbar zwingend. Die Allgemeinverbindlichkeitserklärung von Tarifverträgen in Deutschland kommt in seiner Wirkung einer gesetzlichen Mindestlohnregelung sehr nahe. Allerdings muss einschränkend bemerkt werden, dass häufig gerade die weniger leistungsfähigen Arbeitnehmer mit den geringsten Einkommen in tariflich nicht abgesicherte Beschäftigungen abgedrängt sind.

Tariflich ausgehandelte Löhne und Arbeitsbedingungen können grundsätzlich analog zu gesetzlichen Mindeststandards beurteilt werden. Allerdings weisen sie Spezifika auf, welche am Beispiel von Tariflöhnen grundsätzlich erläutert werden.

Tarifliche können ebenso wie gesetzliche Mindestlöhne zu unfreiwilliger Arbeitslosigkeit führen (vgl. Abb. 7.7). Je höher der Tariflohn, umso höher ist die Gefahr von **Tariflohnarbeitslosigkeit**. Nach der **Insider-Outsider-Theorie** ist die Höhe des ausgehandelten Tariflohns wiederum maßgeblich davon beeinflusst, wie stark die Gewerkschaften die Interessen Arbeitsloser (Outsider) vertreten. Die **I-O-Theorie** geht grundsätzlich davon aus, dass die (unbefristet) beschäftigten Arbeitnehmer (Insider) über mehr Einfluss als die Outsider verfügen. Dafür spricht u.a., dass die meisten Gewerkschaften einkommensabhängige Mitgliedsbeiträge erheben und die Wahrscheinlichkeit des Gewerkschaftsaustritts bei der Gruppe der (Langzeit-)Arbeitslosen üblicherweise über dem Durchschnitt liegt. Als Folge würden Gewerkschaftsfunktionäre dazu neigen, Löhne über dem Gleichgewichtslohn auszuhandeln.

Unter Zuhilfenahme der Segmentationstheorie (vgl. Abschnitt 3.5) folgt, dass je höher der Arbeitsangebotsüberschuss auf dem ersten Arbeitsmarkt ist, umso mehr Arbeitskräfte werden auf den sekundären Markt gedrängt und desto niedriger sind die dortigen Löhne. Damit tragen überhöhte Tarifabschlüsse anders als gesetzliche Mindestlöhne zur **Segmentation des Arbeitsmarktes** (vgl. Abschnitt 3.5) bei und erzeugen eine zusätzliche **Insider-Outsider-Problematik** (vgl. Abschnitt 3.4.2).[5] Je weiter die Tariflöhne vom Gleichgewichtslohn nach oben abweichen, desto größer wird die Einkommensschere zwischen primär und sekundär Beschäftigten.

Im Rahmen der Such- und Matching-Theorien lassen sich gewerkschaftskritische Schlussfolgerungen für den Arbeitsmarkt hingegen relativieren. Wenn die einzelnen Arbeitssuchenden ihrer Gewerkschaft und deren Verhandlungsgeschick vertrauen, werden sie ihren Anspruchslohn nahe am Tariflohn fixieren, während der Tariflohn für Arbeitgeber eine Untergrenze für ihr Lohnangebot darstellt. Dadurch wird der Suchprozess verkürzt, da weniger Zeit für das Austesten zu hoher Anspruchslöhne bzw. zu niedriger Lohnangebote verwendet wird. Die Folge sind niedrigere Suchkosten, eine höhere Passgenauigkeit und eine niedrigere Sucharbeitslosigkeit (vgl. Abschnitt 3.2). Gesetzliche Mindestlöhne erfüllen solch eine Funktion i.d.R. nicht.

Weitere Unterschiede zwischen tariflich ausgehandelten Standards und gesetzlichen Vorgaben werden im Folgenden für Deutschland erläutert.

Tarifliche Mindestvorgaben sind i. d. R. deutlich höher als gesetzliche Vorgaben. Hinzu kommt, dass sie in wenigen Fällen auf betrieblicher Ebene ausgehandelt werden, sondern Flächentarifverträge die Regel sind. Da sie sich meistens an der durchschnittlichen Ertragssituation orientieren, wird unternehmensspezifischen Besonderheiten kaum Rechnung getragen. Folglich sind **negative Beschäftigungsfolgen in Grenzbetrieben** zu erwarten. Ferner können sie seitens der Unternehmen für **Verdrängungsstrategien** und als **Markteintrittsbarrieren** genutzt werden. Dem wird entgegengehalten, dass Löhne, die sich an der Produktivität des Branchendurchschnitts orientieren, den ohnehin stattfindenden Bereinigungsprozess lediglich beschleunigen würden. Diesem Argument sollte besonders auf konzentrierten Gütermärkten mit Vorsicht begegnet werden. Liegen die Preise signifikant über den wettbewerblichen Grenzkosten, kann es nämlich sein, dass hohe Durchschnittslöhne nicht auf Effizienz, sondern auf Monopolrenten zurückzuführen sind. Relativ hohe Tariflöhne können dann von Unternehmen als Instrument eingesetzt werden, um zu verhindern, dass nachstoßende Konkurrenten den Wettbewerb durch niedrigere Preise intensivieren (vgl. Beispiel Post-Mindestlohn).

---

[5] Genau genommen können gesetzliche Mindestlöhne – wie weiter oben erwähnt – ebenfalls den Arbeitsmarkt aufspalten, nämlich in den legalen und illegalen Arbeitsmarkt.

▶ Beispiel

Der „ARBEITSGEBERVERBAND DEUTSCHE POSTDIENSTE" und die DGB-Einzelgewerkschaft „VER.DI" hatten 2007 einen Tariflohn von 9,80 € ausgehandelt. Die DEUTSCHE POST besaß damals über 90 % Marktanteil und gehörte zu 30,5 % dem Staat. Mehrere Mitbewerber protestierten gegen die im Arbeitgeberverband sehr einflussreiche DEUTSCHE POST, weil sie so ein hohes Lohnniveau auf Dauer nicht durchhalten könnten.

In der Folge gründeten Konkurrenzunternehmen ihren eigenen Arbeitsgeberverband und handelten 8,50 €/Std. aus. 2008 erklärte das Arbeitsministerium den höheren ver.di-Lohn für allgemeinverbindlich, was das Bundesverwaltungsgericht 2010 als verfassungswidrig einstufte. Ein Jahr später führte der neue Verband aus: „Durch die erfolgreiche Arbeit des Verbandes wurden zentrale Markteingangshürden wie [der] **Postmindestlohn** ... beseitigt und der Weg für mehr **Wettbewerb im Brief- und Zustellmarkt** geebnet." (WIRTSCHAFTSVERBAND BUNDESVERBAND BRIEFDIENSTE, 2011)

Diese Nachteile der Flächentarifverträge werden teils durch **Tariföffnungsklauseln** und **reduzierte Einstiegslöhne** abgemildert: Viele Flächenverträge sehen vor, dass Unternehmen in bestimmten wirtschaftlich begründeten Fällen nach unten abweichen dürfen. Gleichwohl ist die Inanspruchnahme der Klauseln ein aufwändiger Prozess und sie ersetzen nicht eine produktivitätsorientierte Lohndifferenzierung zwischen Unternehmen und Arbeitskräften mit gleicher Tätigkeit.

Daher wird von Ökonomen und Unternehmensvertretern oftmals die **Abschaffung der Flächentarifverträge** gefordert oder aber **Lohnzurückhaltung** etwa in Form von Tarifabschlüssen, die sich an den schwächsten Betrieben orientieren. Gegen eine Abschaffung der Flächentarife werden die hohen Verhandlungskosten von Firmentarifverträgen für jedes einzelne Unternehmen und die sozial unerwünschte, sinkende Verhandlungsmacht der Arbeitnehmer vorgebracht. Hinzu kommt, dass der Tariflohn Teile seiner Sucharbeitslosigkeit senkenden Wirkung verlieren würde, da Arbeitsuchende sich nunmehr Informationen über eine unüberschaubare Zahl von Lohnsätzen verschaffen müssten (vgl. Abschnitt 3.3).

Gegen eine Tarifpolitik der **Lohnzurückhaltung** werden nachfragepolitische Gründe angeführt, nämlich dass es zu Kaufkraftverlusten der Lohnbezieher käme, deren Konsumneigung überdurchschnittlich hoch ist. Außerdem führe Lohnzurückhaltung insbesondere in einer Währungsunion nur zu kurzfristigen Beschäftigungsvorteilen, mittelfristig jedoch verschärfe sie außenwirtschaftliche Ungleichgewichte, wodurch langfristig auch die deutsche Volkswirtschaft destabilisiert würde (vgl. Abschnitt 4.3). Alles in allem sei es daher vorzuziehen, wenn sich der Tariflohn nicht an dem schwächsten Unternehmen, sondern wenn sich das Lohnniveau an der durchschnittlichen Produktivität der jeweiligen Branche orientiert. Dies entspricht aus gesamtwirtschaftlicher Perspektive dem **Konzept der produktivitätsorientierten Lohnpolitik**.

> „Die **produktivitätsorientierte Lohnpolitik** stellt auf den Fall eines hohen Beschäftigungsstandes ab und besagt, dass sich die Lohnpolitik im Hinblick auf die Beschäftigungssituation annähernd neutral verhält, wenn der Lohn im Ausmaß der

> Fortschrittsrate der Arbeitsproduktivität steigt. ... Zunächst ist zu klären, ob der Reallohn oder nur der Nominallohn im Ausmaß der Fortschrittsrate der Arbeitsproduktivität steigen kann. Bei einer ausschließlichen Nominallohnorientierung wird den Arbeitnehmern kein Ausgleich für Preissteigerungen gewährt, bei einer Reallohnorientierung erhalten sie eine volle Kompensation."
> Gegen eine Orientierung am Reallohn spricht u.a., dass „... Preissteigerungen auf eine Erhöhung der indirekten Steuern oder auf eine relative Verteuerung von Einfuhrgütern ... zurückgehen. Diese Preiserhöhungen dürfen nicht kompensiert werden, denn dieser Teil des Sozialprodukts steht für eine Verteilung nicht mehr zur Verfügung, er ist bereits verteilt." (SACHVERSTÄNDIGENRAT ZUR BEGUTACHTUNG DER GESAMTWIRTSCHAFTLICHEN ENTWICKLUNG, 1997, S. 202).

Ordnungspolitisch wird auch das in Abschnitt 3.4.2 dargestellte bilaterale Monopol auf dem Arbeitsmarkt in Frage gestellt. Indes dürfte es schwierig sein, an der grundgesetzlich verankerten **Tarifautonomie** etwas zu ändern. Außerdem ist fraglich, ob eine Einschränkung der Tarifautonomie überhaupt wünschenswert ist. Es darf nicht übersehen werden, dass in der Vergangenheit die Wahrnehmung der tarifvertragspolitischen Regelungskompetenz durch die Sozialpartner weitgehend mit großer Verantwortung erfolgt ist. Die **soziale Stabilität** in der BUNDESREPUBLIK DEUTSCHLAND ist nicht zuletzt auch auf die Tarifautonomie zurückzuführen.

Der Gesetzgeber ist zwar aufgrund der Tarifautonomie verpflichtet, nicht unmittelbar in die Tariffindung einzugreifen. Wohl aber kann er durch „**moral suasion**", d.h. Appelle an die Tarifparteien, versuchen, Einfluss zu nehmen. Darüber hinaus beeinflusst das Arbeitsrecht das Verhandlungsergebnis, insbesondere das Streik- und Aussperrungsrecht. Der Staat nimmt außerdem als Arbeitgeber maßgeblich Einfluss. Schließlich hat die Judikative im Zuge ihrer Auslegung des Arbeitsrechts signifikanten Einfluss.

6.5 Sonstige Instrumente

6.5.1 Wachstumspolitisch motivierte Eingriffe in den Arbeitsmarkt

Vorwiegend sind wachstumspolitische Gründe maßgeblich, wenn Instrumente zur **Erhöhung des Arbeitsangebots** zur Beseitigung eines aktuellen oder erwarteten Arbeitskräftemangels ergriffen werden. Hierzu zählen Maßnahmen zur **Erhöhung des Arbeitsangebots von Frauen** (einschließlich Kinderbetreuungsangebote), steuerliche Anreize und die **Verkürzung der Schul- und Ausbildungszeiten** (z.B. Einführung von G8-Schulen und von Bachelorstudiengängen) sowie die **Erhöhung des Renteneintrittsalters** (vgl. Kap. 4, Abschnitt 6.2.2 und Kap. 6, Abschnitt 7).

▶ Beispiele

Beispiele für die aktive Anwerbung ausländischer Arbeitskräfte

- Im **19. Jahrhundert** zog es etwa 1,2 Mio. Arbeitsmigranten ins Deutsche Reich. Im letzten Viertel des Jahrhunderts kam es nicht zuletzt aufgrund massiver Anwerbungen zu einem kräftigen Zuzug u.a. aus Oberschlesien,

Masuren und Kaschubien. Zur Jahrhundertwende lebten im Ruhrgebiet etwa 0,5 Mio. „Ruhrpolen", wie die Zuwanderer eher abfällig genannt wurden.

- Arbeitskräftemangel in den **1950/60er Jahren** veranlasste die Bundesrepublik Anwerbeverträge für Arbeitskräfte mit Italien (1955), der Türkei (1961), Marokko (1965), dem damaligen Jugoslawien (1968) und fünf anderen Ländern zu schließen. Rund zwei Millionen **Gastarbeiter** zogen bis 1969 nach Deutschland. Ein großer Teil der ganz überwiegend männlichen und jungen Arbeitnehmer blieb in Deutschland und holte Familienangehörige nach.
- Zur gleichen Zeit rekrutierte die DDR **Vertragsarbeiter**, u.a. aus Ungarn und Algerien. Später kamen vor allem Vietnamesen als Textilvertragsarbeiter in die DDR. Die Zahl der Vertragsarbeiter überstieg niemals 100.000. Ihre Aufenthaltsdauer war streng befristet.
- Angesichts des **Facharbeitskräftemangels** in einigen Branchen (z.B. IT-Sektor, Pflege- und Gesundheitswesen) und des erwarteten tiefgreifenden **demografischen Wandels** steht die aktive Anwerbung ausländischer Arbeitskräfte seit etlichen Jahren wieder zur Diskussion. Dieses Mal steht nicht die körperliche Leistungsfähigkeit der Anzuwerbenden im Vordergrund, sondern Bildungsstand und berufliche Qualifikation. In jüngster Zeit zeichnet sich außerdem ab, dass der deutsche Arbeitsmarkt insoweit Nutznießer der schwierigen Beschäftigungslage in anderen EU-Ländern ist, als immer mehr junge Europäer das Arbeitsangebot in Deutschland erhöhen, darunter Hochschulabsolventen und beruflich gut ausgebildete Personen.

Zuwanderung kann Arbeitskräfteknappheit mindern und die Gesellschaft in mannigfaltiger Hinsicht bereichern. Sie kann aber auch zu individuellen und gesellschaftlichen Problemen und somit zu Spannungen bis hin zu offenen Anfeindungen führen.

▶ Beispiel

Der Gelsenkirchener Fußballverein Schalke 04 wurde fast von Beginn an als „Pollackenverein" beschimpft, da die meisten Spieler polnische Nachnamen trugen. Nach der Meisterschaft 1934 (!) eskalierten die Anfeindungen derart, dass die Vereinsführung in einem offenen Brief an die Zeitschrift „Kicker" nachwies, dass alle Spieler gebürtige Deutsche seien. Rund 30 Jahre später, als bereits etliche Gastarbeiter in Gelsenkirchen lebten, bezeichneten gegnerische Fans die Schalker abfällig als „Ruhrpottkanacken". Bemerkenswerterweise adaptierten die Fans von Schalke den Begriff und integrierten ihn in eine – ebenfalls nicht ganz unumstrittene – „Fußballhymne".

Im 21. Jahrhundert steht in Deutschland nicht mehr die Anwerbung ungelernter Arbeitskräfte im Vordergrund der aktiven Zuwanderungspolitik. Angesichts des demografischen Wandels und des zunehmenden Fachkräftemangels ist der Staat vielmehr bemüht, Pflegekräfte, Ingenieure und andere Akademiker ins Land zu holen. Das ZU-

WANDERUNGSGESETZ[6] von 2004 hat es diesen Personengruppen erheblich erleichtert, eine Aufenthalts- und Arbeitsgenehmigung zu erhalten, wenn sie ein Beschäftigungsangebot vorweisen können. Seit 2007 erhalten ausländische Studierende ein Bleiberecht, wenn sie binnen einem Jahr nach Hochschulabschluss einen Arbeitsplatz gefunden haben.

6.5.2 Sozialpolitische Instrumente mit Arbeitsmarkteffekten

Neben der Alterssicherungspolitik rufen weitere sozialpolitische Instrumente unmittelbare Arbeitsmarktwirkungen hervor. Bestes Beispiel ist die **Sozialhilfe**, die den **Reservationslohn** (vgl. Abschnitt 3.2) wesentlich bestimmt. Sie wurde im Zuge der sog. HARTZ-Reformen in **Sozialgeld** umbenannt und mit dem sog. **Arbeitslosengeld II (ALG II)** für erwerbsfähige Leistungsberechtigte zusammengeführt, die zusammen oft als **„Hartz-IV“** bezeichnet werden.

2013 betrug der Regelsatz für Singles über 25 Jahre 382,- € pro Monat, 2014 ist er um 9 € (2,27%) auf 391 € angehoben worden. Hinzu kommen lokal differenzierte Wohnkostenzuschüsse (in Berlin z.B. 378,- €) und einmalige Leistungen für die Wohnungserstausstattung oder orthopädische Produkte. Damit ALG-II-Bezieher größere Anreize zur Aufnahme auch einer gering entlohnten Beschäftigung haben, dürfen sie 100 € ohne Abzüge und zwischen 10 und 20 % eines darüber hinausgehenden Lohnentgelts bis zu derzeit 1200,- € (1500,- € mit Kindern) behalten (§11 SGB II).

Das **ALG II** trägt Züge eines **Kombilohns**, also der staatlichen Aufstockung des Marktlohns. Laut der gewerkschaftsnahen HANS-BÖCKLER-STIFTUNG (2013) machten 2012 mehr als 1,3 Millionen Erwerbstätige, d.h. ca. 30 % aller Hartz-IV-Empfänger hiervon Gebrauch. Mit dieser staatlichen Aufstockung können einerseits nicht existenzsichernde Beschäftigungsfelder z.B. im Dienstleistungsbereich erschlossen werden. Andererseits können aber Mitnahme- und Verdrängungseffekte nicht ausgeschlossen werden (vgl. Abschnitt 6.2).

Das deutsche System der gesetzlichen Sozialversicherungen für abhängig Beschäftigte basiert auf den Prinzipien des Umlageverfahrens, der Zwangsmitgliedschaft und der Finanzierung durch **Arbeitnehmer- und Arbeitgeberbeiträge** (vgl. Kap. 6, Abschnitte 5.3 und 6.2.2). Der Arbeitgeberanteil stellt direkte Lohnnebenkosten dar, während die Arbeitnehmeranteile den Anspruchslohn erhöhen und somit tendenziell ebenfalls arbeitskostensteigernd wirken. Ferner reduzieren sie den Nettolohn und mindern dadurch Arbeitsanreize. **Lohnnebenkosten** können somit als beschäftigungssenkend eingestuft werden. Auf der anderen Seite tragen die Sozialversicherungen erheblich zur **sozialen Stabilität** bei, die nicht nur gesellschaftspolitisches Ziel ist, sondern aus gesamtwirtschaftlicher und letztlich auch unternehmerischer Sicht einen wachstumsrelevanten **Wettbewerbsvorteil** darstellt. Entsprechend gilt auch hier, dass im Einzelfall Vor- und Nachteile abzuwägen sind. Negative Beschäftigungswirkungen sind umso spürbarer, je höher die Lohnnebenkosten in Relation zum Bruttoverdienst sind. Deutschland stand 2012 diesbezüglich mit 27 % an 16. Stelle in der EU. Der Durch-

---

[6] GESETZ ZUR STEUERUNG UND BEGRENZUNG DER ZUWANDERUNG UND ZUR REGELUNG DES AUFENTHALTS UND DER INTEGRATION VON UNIONSBÜRGERN UND AUSLÄNDERN.

schnitt betrug 32 % in der EU und 36 % in der Eurozone (STATISTISCHES BUNDESAMT, 2013d).

In Kenntnis der negativen Beschäftigungswirkungen von Lohnnebenkosten führte der deutsche Gesetzgeber im Jahr 1977 das Instrument der **geringfügigen Beschäftigungsverhältnisse** ein, die von der Sozialversicherungs- und Einkommensteuerpflicht ganz oder teilweise befreit sind. Im Zuge etlicher Reformen wurde die Höchststundengrenze abgeschafft und die Einkommensgrenze sog. **Mini-Jobs** und **Midi-Jobs** auf 450 € bzw. 850 € pro Monat (2013) erhöht. Minijobber sind im Wesentlichen von der Sozialversicherungspflicht befreit[7], während der Arbeitgeber einen recht hohen Pauschalbetrag von derzeit 38 % des Lohns abführen muss, ohne dass der Beschäftigte aber Versicherungsansprüche erwirbt. Midi-Jobber sind teils befreit. Dadurch, dass der Arbeitnehmeranteil und die Einkommensteuer bei Mini-Jobs entfallen, steigen Arbeitsanreize, sinken tendenziell die Anspruchslöhne und damit auch die Lohnkosten, wodurch letztlich die Einstellungsbereitschaft der Unternehmen zunimmt.

Außer der **Schaffung von Arbeitsplätzen** ist erklärtes Ziel der Mini-Jobs die **Brückenfunktion** zum ersten Arbeitsmarkt für Langzeitarbeitslose und Mütter nach familienbedingter Erwerbsunterbrechung. Die Bekämpfung von Schwarzarbeit und die unbürokratische Schaffung von Jobs für Studierende und Rentner sind weitere Ziele (BUNDESMINISTERIUM FÜR FAMILIE, SENIOREN, FRAUEN UND JUGEND (BMFSFJ), 2012, S. 5). Erwerbstätige dürfen maximal einen Mini-Job ausüben, ALG-II-Bezieher dürfen bis zu insgesamt 15 Std./Woche mehrere Verträge ausschöpfen. Im Jahr 2012 gab es rund 7 Millionen Mini-Jobber, davon über 60 % Frauen (BMFSFJ, 2012, S. 6).

Zu der Kritik an den geringfügigen Beschäftigungsverhältnissen zählen ähnlich wie bei Lohnsubventionen Mitnahme- und Verdrängungseffekte. Zwar deuten die Zahlen darauf hin, dass ein großer Teil der Arbeitsplätze neu geschaffen wird (Tab. 7.4), aber ein gewisser Teil wird lediglich vom ersten auf den zweiten Arbeitsmarkt verlagert. Des Weiteren scheinen sich Mini-Jobs gerade für erwerbstätige Mütter nicht als Brücke zum ersten Arbeitsmarkt, sondern als Klebstoff zu erweisen. Hauptursache dieser **Klebewirkung** dürfte die enorme Grenzbelastung durch Sozialbeiträge und Steuern sein, wenn zu einem regulären Beschäftigungsverhältnis übergegangen wird (BMFSFJ, 2012, S. 16f.) Vor allem verheiratete Frauen verharren in **Minijobs**, da Ehegattensplitting bzw. Steuerklasse die Grenzbelastung noch größer macht bzw. erscheinen lässt. Midijobs, die bei zunehmendem Verdienst eine degressive Abgabenbefreiung vorsehen, können – empirischen Studien zufolge – nicht hinreichend entgegenwirken. Mitursächlich mag auch eine Stigmatisierung als ausschließlicher Minijobberin sein, die zur Diskriminierung auf dem ersten Arbeitsmarkt beiträgt (BMFSFJ, 2012, S. 16).

> **Zusammenfassend** kann konstatiert werden, dass Minijobs offensichtlich sowohl die Arbeitsnachfrage als auch das Arbeitsangebot erhöht haben. Zugleich wirken sie jedoch aufgrund ihrer Klebewirkung als limitierender Faktor für eine weitere Ausdehnung des Arbeitsangebots, besonders von verheirateten Frauen.

Weitere Instrumente, die hier unter sonstige Instrumente gefasst werden, sind **Instrumente der Handelspolitik** einschließlich von Handelsbeschränkungen für Importgü-

[7] Seit 2013 besteht eine Rentenversicherungspflicht mit Möglichkeit zur Befreiung.

ter, bei deren Produktion bestimmte Arbeits- und Lohnstandards verletzt wurden. Da der **Protektionismus** jedoch oftmals zu Lasten der gesamtwirtschaftlichen Wohlfahrt geht und die Handelspolitik weitgehend der nationalen Ebene entzogen ist, werden die in Frage kommenden Maßnahmen hier sehr skeptisch beurteilt und nicht erörtert. Stattdessen sei auf das Kapitel 8 (Abschnitt 2.4.3, 3.1.2 u. 4.2) verwiesen.

6.6 Beschäftigungspolitische Instrumente

Die Beschäftigungspolitik bedient sich fiskal- und geldpolitischer Instrumente, um die gesamtwirtschaftliche Güternachfrage zu beeinflussen. Während im Falle **keynesianischer Arbeitslosigkeit** grundsätzlich eine Erhöhung der Nachfrage angestrebt wird, steht bei konjunkturellen Beschäftigungsproblemen das **Konzept der antizyklischen Nachfragepolitik** im Zentrum. Das bedeutet, dass bei drohender Überhitzung (Boom) die Nachfrage durch **kontraktive Maßnahmen** gedrosselt und in der Rezession bzw. Depression durch **expansive Maßnahmen** angekurbelt wird. Die **Fiskalpolitik** bedient sich dabei ausgaben- und einnahmenpolitischer Instrumente. Kontraktiv wirken z.B. Steuererhöhungen, Transfer- und Subventionskürzungen und eine Abnahme der Staatsnachfrage. Der **Geldpolitik** stehen im Wesentlichen die Beeinflussung der Geldmenge und der Leitzins zur Verfügung. Im Abschwung kommen etwa Geldmengenerhöhungen und Zinssenkungen als expansive Maßnahmen in Betracht.

Zu den Instrumenten einer expansiven Fiskalpolitik kann das **konjunkturelle Kurzarbeitergeld** gezählt werden. Arbeitnehmer können Lohnzuschüsse in Höhe von bis zu 67 % der Differenz ihres üblichen Nettoentgelts und dem, was ihnen der Arbeitgeber aufgrund der verkürzten Arbeitszeit zahlt, erhalten. Die Voraussetzungen für die Genehmigung von Kurzarbeit und die Zahlung des Kurzarbeitergelds für maximal 6 Monate sind an relativ strenge Voraussetzungen geknüpft (§§ 95ff. SGB III). Im Zuge der Finanzkrise wurden die Fristen und Bedingungen erheblich gelockert: In Folge stieg die Kurzarbeiterzahl von 68 Tsd. (2007) auf das 16-Fache im Jahr 2009 (1,1 Mio.). Dies ist ein wesentlicher Grund dafür, dass die Arbeitslosenquote Deutschlands anders als in vielen anderen Industrieländern vergleichsweise stabil bleib (vgl. Tab. 7.2).

Eine effektive **antizyklische Konjunkturpolitik** ist mit verschiedenen Problemen behaftet. Dazu gehören Zeitverzögerungen („**time lags**") und Unsicherheiten beim **Erkennen** der Konjunkturphase und der **Entscheidung** über den Instrumenteneinsatz sowie **Wirkungsverzögerungen**. So ist es möglich, dass die Maßnahmen erst wirken, wenn der Konjunkturzyklus bereits in die gegenteilige Phase eingetreten ist, so dass die Maßnahmen prozyklisch wirken: Beschäftigungsschwankungen werden verschärft statt geglättet. Ein anderes Problem tritt auf, wenn die privaten Wirtschaftssubjekte aufgrund ihrer Erwartungen nicht wie erhofft reagieren und die erwünschten Effekte verpuffen, während die negativen Effekte wie z.B. Inflation oder Staatsverschuldung verstärkt werden.

6.7 Instrumente der europäischen Arbeitsmarktpolitik

Wie erwähnt, betreibt die EU nahezu keine aktive Arbeitsmarktpolitik (vgl. Abschnitt 5.4). Sie wirkt jedoch über den **Europäischen Strukturfonds** auf die Beschäftigung in den Regionen ein. Originäres Ziel ist es, das wirtschaftliche Gefälle zwischen den Regionen zu verringern. Das Förderprogramm 2007–2013 zielte auf „mehr Wachstum und Beschäftigung in allen Regionen und Städten der EU". Das Programm belief sich auf insgesamt 308 Mio. €. Davon flossen ca. 70 Mio. in den **Europäischen Sozialfonds** für Weiter- und Berufsausbildung, die Arbeitsmarktintegration Benachteiligter und die berufliche Gleichberechtigung der Geschlechter.

Im Jahr 2010 verabschiedete die EU die **„Strategie 2020"** für Wachstum (EUROPÄISCHE KOMMISSION, 2010). In ihren Kernzielen bzw. Leitlinien werden u.a. genannt:

- Anstieg der **Beschäftigungsquote** der 15–64 Jährigen von 69 auf 75 %,
- Anstieg der **Akademikerquote** der 30–34-Jährigen von 31 auf mind. 40 %,
- erleichterter Zutritt junger Menschen auf den Arbeitsmarkt,
- lebenslanger Erwerb von Qualifikationen
- und Modernisierung des Arbeitsmarktes.

Die EU-KOMMISSION sagte im Rahmen der Strategie 2020 zum Beispiel zu, Mobilitätsförderung für junge Arbeitssuchende bereitzustellen und die Berufseinstiegschancen junger Menschen durch integrierte Maßnahmen (z.B. Praktika) zu verbessern. Der EU-Ministerrat kündigte im Sommer 2013 an, 24 Mrd. € zur Verringerung der Jugendarbeitslosigkeit bereitzustellen, etwa für Lohnkostenzuschüsse und Ausbildungsmaßnahmen.

Die hohe **Jugendarbeitslosigkeit** zählt zu den drängendsten Arbeitsmarktproblemen in der EU. Die Wahrscheinlichkeit, als junger Mensch arbeitslos zu sein, ist in der EU fast 2,5-mal so hoch wie für die übrigen Erwerbspersonen. Dieser Wert liegt unter dem globalen Durchschnitt (ca. 2,8), aber während die international standardisierte ALQ der 15–24-Jährigen im Jahr 2012 bei weltweit etwa 12,5 % lag, erreichte sie in der EU fast 23 % (ILO, 2013). Für das Jahr 2013 wird sie auf mind. 25 % geschätzt. In Spanien und Griechenland ist jeder zweite junge Mensch arbeitslos; in Portugal, Italien, Irland, der Slowakei und Kroatien etwa jeder Dritte. Fast die Hälfte ist seit über 6 Monaten arbeitslos.

Eine hohe Arbeitslosigkeit unter jungen Menschen gilt gesellschaftspolitisch als besonders gravierend, weil Menschen bis zu einem Alter von 25 bzw. max. 30 Jahren das Wissen und die ersten Berufserfahrungen erwerben, die den Grundstock für ein existenzsicherndes Erwerbsleben bilden. Können sie diese Erfahrungen nicht sammeln, droht ein jahrzehntelanges Verharren im Niedriglohnsektor oder im Extrem lebenslange Arbeitslosigkeit. So wird in dem Zusammenhang auch von der „**lost generation**" gesprochen. Der Verlust an Selbstwertgefühl und objektive oder vermeintliche Perspektivlosigkeit, die zu Depression, anderen Krankheitsbildern oder zu Aggression führen können, gefährden sowohl die Betroffenen als auch die gesellschaftliche Wohlfahrt und Stabilität. Die Folgen reichen von steigender Kriminalität bis hin zu gewalttätigen Unruhen.

Weitere 25 % der jungen Erwerbstätigen sind in der EU teilzeitbeschäftigt, über 40 % haben befristete Beschäftigungsverhältnisse. Knapp 17 % der 15–29-Jährigen befanden sich 2012 weder in Schule/Ausbildung, noch im Beruf. Gut qualifizierte Arbeitskräfte, darunter auch Akademiker, verdrängen immer mehr gering qualifizierte Jugendliche sogar vom zweiten Arbeitsmarkt (ILO, 2013).

Deutschland zählt zu den 3 EU-Ländern, in denen die Jugend-ALQ ebenso wie in Norwegen und der Schweiz unter 10 % liegt (vgl. Tab 7.7). Dies liegt primär an der ohnehin niedrigen Arbeitslosigkeit in diesen Ländern. Allerdings nimmt Deutschland darüber hinaus eine Sonderstellung ein: In keinem OECD-Staat ist die relative Unterschied zwischen Jugendlichen und den übrigen Erwerbspersonen bei der ALQ so gering wie hierzulande (1,5:1). Besonders hoch ist dagegen der Unterschied in Italien (3,9:1) und Schweden (4,1:1).

	ALQ: 25–64 Jährige				**ALQ: 15–24 Jährige**				**Relation**			
	2004	2007	2011	2012	2004	2007	2011	2012	2004	2007	2011	2012
OECD	5,9	4,8	7,0	7,0	13,7	12,0	16,2	16,3	2,3	2,5	2,3	2,3
EU	8,0	6,2	8,4	9,3	18,0	15,4	20,8	22,7	2,3	2,5	2,5	2,4
Deutschland	10,1	8,3	5,7	5,3	12,6	11,7	8,5	8,1	1,2	1,4	1,5	1,5
Dänemark	5,2	3,2	6,5	6,5	8,2	4,5	14,2	14,1	1,6	1,4	2,2	2,2
Frankreich	7,6	6,7	7,9	8,4	19,7	19,1	22,1	23,8	2,6	2,9	2,8	2,8
Griechenland	8,9	7,2	16,0	22,4	26,9	22,9	44,4	55,3	3,0	3,2	2,8	2,5
Italien	6,6	5,0	7,0	9,0	23,5	20,3	29,1	35,3	3,6	4,1	4,2	3,9
Niederlande	4,3	3,0	3,8	4,5	9,0	7,0	7,7	9,5	2,1	2,3	2,0	2,1
Österreich	4,2	3,8	3,5	3,7	9,7	8,7	8,3	8,7	2,3	2,3	2,4	2,4
Schweden	5,3	4,3	5,3	5,8	16,6	18,8	22,9	23,7	3,1	4,4	4,3	4,1
Spanien	9,5	7,1	19,5	22,8	22,0	18,2	46,5	53,2	2,3	2,6	2,4	2,3
Türkei	8,6	8,2	8,2	7,8	20,6	20,0	18,4	17,5	2,4	2,4	2,2	2,2

Quelle: OECD, 2013, http://stats.oecd.org

Tab. 7.7: Jugendarbeitslosigkeit in der EU und der OECD 2004–2012 (in Prozent)

Ein weiterer Erklärungsansatz für die geringe Jugendarbeitslosigkeit in Deutschland, Österreich und der Schweiz ist das **duale Ausbildungssystem** (EBNER, 2009). Auch in den Niederlanden, in denen 2012 rund ein Drittel der Auszubildenden den dualen Zweig wählten, ist die Relation zwischen Jugend- und anderer Arbeitslosenquote bemerkenswert niedrig. Dual Ausgebildete haben gegenüber rein schulisch Ausgebildeten arbeitsmarktrelevante Vorteile: Sie verfügen über höheres marktrelevantes Humankapital (z.B. Berufserfahrung, Bewerbungs-Knowhow, Weiterentwicklung von Sekundärtugenden) und besitzen Insider-Privilegien. Außerdem erhöht eine Vergütung Ausbildungsanreize, während Ausbildungsgebühren dämpfend wirken.

Daher planen verschiedene europäische Länder ebenfalls die Einführung eines dualen Ausbildungssystems. Dazu ist kritisch anzumerken, dass das deutsche System beruflicher Ausbildung über Jahrhunderte hinweg gewachsen ist, an lokale Gegebenheiten angepasst werden muss und sich nicht kurz- bis mittelfristig implementieren lässt. Ferner ist der empirische Beleg, dass duale Ausbildungssysteme der Jugendarbeitslosigkeit vorbeugen, insoweit brüchig, als Dänemark mit einem als geradezu vorbildlich geltenden dualen Ausbildungssystem (EBNER, 2009) mittlerweile eine auffallend hohe Jugendarbeitslosigkeit aufweist. Zu berücksichtigen ist ferner, dass das explizite Ziel, die Akademikerquote in der EU um 9 Prozentpunkte auf 40 % zu erhöhen, durchaus in Konflikt mit einer Aufwertung der beruflichen Ausbildung stehen kann.

Es sollte auch nicht vergessen werden, dass die Fokussierung auf eine auf dem Arbeitsmarkt benachteiligte Gruppe in wirtschaftlich schwierigen Zeiten und paralleler Haushaltskonsolidierung stets zu Lasten anderer Benachteiligter geht. Dessen ungeachtet weist die Lage in den betroffenen Ländern eindeutig darauf hin, dass die Beschäftigungsprobleme – und zwar auch der jungen Menschen – primär ein konjunktur- und wachstumspolitisches Problem ist, an dem ein duales Ausbildungssystem oder spezielle Fördermaßnahmen nur wenig ändern können.

7 Probleme und Grenzen

Probleme bereitet zunächst die **theoretische Fundierung** der Arbeitsmarkt- und Beschäftigungspolitik. Die Theorien bleiben kontrovers, insbesondere zwischen den neoklassisch orientierten, den auf Ungleichgewichten basierenden (neo-)keynesianischen sowie schließlich den auf Marktunvollkommenheiten basierenden neueren Theorien.

Seit rund zwei Jahrzehnten und ganz besonders seit der Finanzkrise nimmt jedoch die Zahl der Ökonomen zu, die einen pragmatischen Zugang zu den Theorien bevorzugen. Hierunter fallen auch die Vertreter der noch jungen und sehr kontroversen **„Real World Economics“** (PEUKERT, 2013). Gemeinsam ist diesen Ökonomen, dass sie ihre Überlegungen stärker in den empirischen Rahmen einbetten und weniger einer einzigen theoretischen Schule verhaftet sind. Für die Arbeitsmarkt- und Beschäftigungspolitik versucht diese eher pragmatische Sichtweise, je nach konkreter Situation die vorliegenden Arten der Arbeitslosigkeit und ihre Ursachen auf der Grundlage empirischer Analysen herauszuarbeiten, um anschließend die passenden Theorien anzuwenden. Letztlich zeigt sich hier eine Tendenz, zu dem „alten“ Ansatz der (deutschen) **Theorie der Wirtschaftspolitik** zurückzukehren, nämlich historisch gewachsene, kulturelle, gesellschaftliche, soziale und politische Gegebenheiten und Inflexibilitäten in die Schlussfolgerungen einzubeziehen, ohne sie wie etwa die Neoklassik als Markt- und Politikunvollkommenheiten zu klassifizieren, die es idealtypisch zu beseitigen oder praktisch zumindest zu minimieren gelte. Dieser Wandel zeigt sich auch an den Konzeptionen der **internationalen Wirtschaftsorganisationen**, die zu den einflussreichen Diffusoren arbeits- und beschäftigungstheoretischer Erkenntnisse in die praktische Politik zählen. Diese waren – tendenziell mit Ausnahme der ILO – in den 1980er und 90er Jahren stark von einem bestimmten Paradigma geprägt: Neoklassiker und (Neo)Keynesianer standen sich vergleichsweise unversöhnlich gegenüber (KULESSA, 1996). In den letzten Jahren hingegen haben sich die Konzeptionen geöffnet und auf einander zubewegt.

Grenzen zeigen sich weiterhin beim **Instrumenteneinsatz**. Obwohl der Instrumentenkasten gut gefüllt ist, wird eine Reihe von grundsätzlich geeigneten Instrumenten nicht eingesetzt. Das kann an den Tarifpartnern, unzureichendem Kenntnisstand oder an Zielkonflikten liegen. Mehrere der Instrumente sind mit negativen sozialen Wirkungen zumindest für Teile der Bevölkerung verbunden. Manche sind tatsächlich oder vermeintlich so groß, dass sie von der breiten Mehrheit der Menschen abgelehnt werden. Ursächlich können ethische Überzeugungen, Traditionen oder die Angst vor sozialer Instabilität sein. Problematischer erscheint es da, wenn auf den Einsatz geeigneter arbeitsmarktpolitischer Instrumente wegen des Widerstands kleiner, aber einflussreicher Lobbygruppen verzichtet wird.

Eine wenig effektive Arbeitsmarkt- und Beschäftigungspolitik kann auch Ausdruck des **Diagnoseproblems** sein, das sich trotz der Hinwendung vieler Wirtschaftswissenschaftler zu empirisch geleiteten Handlungsempfehlungen nicht auflösen lässt, da in aller Regeln die Diagnosen einzelner Wissenschaftler oder Forschungsinstitutionen divergieren. Das Diagnoseproblem wird dadurch erschwert, dass verschiedene Gruppen bei der Ursachendiagnose von **Eigeninteressen** geleitet sind. Gewerkschaften tendieren z.B. stärker zur Diagnose keynesianischer und konjunktureller Arbeitslosigkeit, während Unternehmensverbände eher Arbeitsmarktregulierungen, Löhne und Lohnnebenkosten als Ursachen anführen. Je nach der vorliegenden Diagnose sind unterschiedliche Instrumente geeignet. So führt etwa eine expansive Beschäftigungspolitik bei struktureller Arbeitslosigkeit nicht zum Erfolg, sondern heizt die Inflation völlig unnötig über Gebühr an. Qualifizierungsmaßnahmen und Mobilitätshilfen nützen wiederum bei konjunktureller Arbeitslosigkeit wenig, sondern belasten primär das Staatsbudget. Gleiches gilt für eine Absenkung des Lohnniveaus bei keynesianischer oder Sucharbeitslosigkeit. Die Liste ließe sich beliebig fortsetzen.

Durch die **Prozesse der europäischen Integration** und der **Globalisierung** sind weitere Herausforderungen für die Arbeitsmarkt- und Beschäftigungspolitik hinzugekommen. **Standortverlagerungen** sind einfacher geworden, ihr Potenzial als Drohmittel zur Einforderung von Lohnsenkungen oder dem Rückbau von Arbeitsschutzbestimmungen ist gewachsen. Die Wirksamkeit nationaler Beschäftigungspolitik ist durch **Absickereffekte** ins Ausland gesunken; in der Eurozone ist den Mitgliedern die Möglichkeit der geldpolitischen Steuerung der Beschäftigung sogar weitgehend aus der Hand genommen.

8 Wiederholungsfragen

1. Wie wird Arbeitslosigkeit gemessen? Diskutieren Sie in diesem Zusammenhang die in Deutschland ermittelten Arbeitslosenquoten.
2. Wie lassen sich Arbeitsmarktpolitik und Beschäftigungspolitik unterscheiden und wie wirkt sich dies auf den jeweiligen Instrumentenkatalog aus?
3. Welche Arten von Arbeitslosigkeit kann man unterscheiden?
4. Erörtern Sie, welche individual- und gesamtwirtschaftlichen Folgen sich aus einer hohen Arbeitslosigkeit ergeben können. Welche der Folgen sind bei einer sehr hohen Jugendarbeitslosigkeit besonders gravierend?
5. Stellen Sie kurz die Funktionsweise des Arbeitsmarktes im neoklassischen Modell dar.
6. Stellen Sie kurz die Grundidee der Suchtheorie und der Insider-Outsider-Theorie dar.
7. Veranschaulichen Sie an einem selbst gewählten Beispiel, was unter BECKERS Ansatz psychischer Kosten zur Erklärung von Lohnunterschieden zu verstehen ist.
8. Was ist unter anormalem Arbeitsangebotsverhalten zu verstehen, weshalb kann es dazu kommen und wie kann der Staat ihm entgegenwirken?
9. Erläutern Sie, weswegen anormales Arbeitsangebotsverhalten zu einem instabilen Arbeitsmarktgleichgewicht führen kann.
10. Nennen Sie die Ziele der Arbeitsmarkt- und Beschäftigungspolitik. Erläutern Sie drei denkbare Zielkonflikte.
11. Erörtern Sie Vor- und Nachteile gesetzlicher Mindestlöhne.
12. Was versteht man unter aktiver und passiver Arbeitsmarktpolitik?
13. Skizzieren Sie die ordnungspolitischen Instrumente, die für die Arbeitsmarktpolitik von besonderer Bedeutung sind.
14. Erläutern Sie den Ansatzpunkt der „Real World Economics“ am Beispiel des Arbeitsmarkts und der Arbeitsmarktpolitik.
15. Mit welchen Problemen ist eine antizyklische Beschäftigungspolitik behaftet?

Kapitel 8: Außenwirtschaftspolitik

In diesem Kapitel erfahren Sie

- warum Freihandel für Volkswirtschaften vorteilhaft ist,
- wie Wechselkurssysteme mit freien und festen Wechselkursen funktionieren,
- mit welchen Indikatoren außenwirtschaftliche Entwicklungen beschrieben werden können,
- welche regionalen Integrationsformen es gibt und welche Bedeutung sie haben,
- welche Ziele mit der Außenwirtschaftspolitik verfolgt werden,
- welche Träger national und international Außenwirtschaftspolitik betreiben,
- welche außenwirtschaftspolitischen Instrumente zur Verfügung stehen,
- welche Grenzen für die nationale Außenwirtschaftspolitik bestehen.

1 Einleitung

Die **Außenwirtschaftspolitik** gewinnt infolge der immer intensiveren internationalen Verflechtung an Bedeutung. Internationaler Austausch kann das Leistungsvermögen der nationalen Volkswirtschaften fördern.

> Außenwirtschaftspolitik ist die Gesamtheit staatlicher Aktivitäten, die darauf gerichtet sind, die Rahmenbedingungen internationaler Wirtschaftsbeziehungen (Waren-, Leistungs- und Faktorverkehr) zu gestalten sowie internationale Transaktionen zur Erreichung binnen- und außenwirtschaftlicher Ziele zu beeinflussen.

Dies bezieht sich zunächst auf die Herstellung und Aufrechterhaltung des **ordnungspolitischen Rahmens**, der **Außenwirtschaftsordnung**. Sie umfasst alle institutionellen und rechtlichen Regelungen, innerhalb derer die Wirtschaftssubjekte außenwirtschaftliche Transaktionen durchführen können. Die konkrete Form der Außenwirtschaftsordnung wird durch die bestehende binnenwirtschaftliche Ordnung sowie die Organisation der internationalen Wirtschaftsbeziehungen (Weltwirtschaftsordnung) bestimmt: Während marktwirtschaftlich orientierte Volkswirtschaften auf eine im Grundsatz uneingeschränkte Entscheidungsfreiheit der Wirtschaftssubjekte im Außenwirtschaftsverkehr setzen, ist das Außenhandelsmonopol des Staates kennzeichnend für die sozialistische Zentralverwaltungswirtschaft.

Auch für die Außenwirtschaftspolitik gilt, dass der Ordnungsrahmen vom **ablaufpolitischen Bereich** unterschieden werden muss. Dies wird v.a. beim Instrumenteneinsatz deutlich. Kein Land kann erfolgreiche Außenwirtschaftspolitik im nationalen Alleingang betreiben. Beispielsweise ruft die Anwendung protektionistischer Maßnahmen Abwehrreaktionen anderer Staaten hervor. Einseitig vorgenommene Abwertungen von

Währungen, durch die eine verbesserte Exportsituation erreicht werden sollte, haben immer wieder zu „Abwertungswettläufen" geführt: Die Handelspartner reagieren ebenfalls mit Abwertungen!

In der Außenwirtschaftspolitik wird nach **güterwirtschaftlichen** und **monetären Aspekten** unterschieden. Daher wird sie häufig in die Außenhandelspolitik und die Währungspolitik unterteilt. Zwischen ihnen bestehen enge Wechselbeziehungen.

> Während die Außenhandelspolitik die Gesamtheit staatlicher Maßnahmen zur Gestaltung und Beeinflussung des internationalen Austauschs von Waren und Dienstleistungen umfasst, sind die Maßnahmen der Währungspolitik im engeren Sinne auf die Sicherung des Außenwerts der Währung gerichtet.

Mit der **Außenhandelspolitik** greifen die dafür zuständigen Entscheidungsträger in den Ex- und Import von Gütern und Dienstleistungen ein. Sie kann darauf abzielen, Handelshemmnisse abzubauen und den Freihandel zu fördern oder durch entsprechende Maßnahmen Exporte des eigenen Landes zu fördern und/oder Importe aus dem Ausland zu begrenzen (Protektionismus).

Währungspolitik im weiteren Sinne umfasst alle Maßnahmen zur Regelung von Geldumlauf und Kreditversorgung der Volkswirtschaft. Dazu gehören in erster Linie alle binnenwirtschaftlichen Maßnahmen, die im Rahmen z.B. der Liquiditäts- und Zinspolitik ergriffen werden (vgl. Kapitel 5). Es können aber auch Maßnahmen eingeordnet werden, die den Außenwirtschaftsverkehr und den Devisenmarkt betreffen (z.B. Eingriffe in den Handels-, Dienstleistungs- und den internationalen Kapitalverkehr). Nicht selten werden unter Währungspolitik nur die ordnungs- und ablaufpolitischen Maßnahmen verstanden, die unmittelbare Bedeutung für den Devisenmarkt haben.

In der Währungspolitik müssen grundlegende ordnungspolitische Entscheidungen hinsichtlich der **Ausgangspositionen** getroffen werden. Dabei geht es **erstens** um die Wahl zwischen Konvertibilität (Konvertierbarkeit) und Devisenbewirtschaftung.

(1) Freie **Konvertibilität** ist gegeben, wenn ein Land Zahlungen aus grenzüberschreitendem Geschäftsverkehr unbeschränkt zulässt und einen Umtausch von Währungen anderer Länder in unbeschränkter Höhe garantiert. Sie kann nach bestimmten Aspekten eingeschränkt werden: Bei der **Inländer-Konvertibilität** ist der freie Währungsumtausch bei Zahlungen von Inländern an das Ausland erlaubt (z.B. als Kauf ausländischer Wertpapiere, Vergabe von Krediten an Ausländer), bei der **Ausländer-Konvertibilität** wird die freie Konvertibilität nur Ausländern (Gebietsfremden) gewährt. Sie haben das Recht auf die freie Austauschbarkeit einer Währung in andere Währungen bei Zahlungen ins Inland.

(2) Demgegenüber ist eine **Devisenbewirtschaftung** generell durch staatliche Maßnahmen zur Überwachung und Beschränkung des internationalen Zahlungsverkehrs charakterisiert (Reglementierung des Außenwirtschaftsverkehrs). Das zeigt sich im Einzelnen darin, dass z.B. die Währung der betreffenden Länder **nicht konvertibel** ist. Häufig besteht die Auflage, im Ausland verdiente Devisen zentral abzuliefern. Für den Import benötigte Devisen müssen beantragt werden. Das System der Devisenbewirtschaftung macht **Kontrollen** erforderlich und führt zu einem Schwarzmarkt, auf dem die Währung des betreffenden Landes die Bewertung erfährt, die ihr der Markt gibt.

Eine **zweite** Entscheidung bezieht sich auf die Wahl des **Währungssystems** (Wechselkurssystem). Das Austauschverhältnis der Währungen untereinander wird als **Wechselkurs** (genauer: nominaler Wechselkurs) bezeichnet. Als Symbol verwenden wir dafür w. Unter Vernachlässigung verschiedener Zwischenformen (z.B. Währungssystem mit stufenflexiblen Wechselkursen, bei dem die Paritäten (s.u.) bei gravierenden Zahlungsbilanzschwierigkeiten schrittweise angepasst werden können), bestehen bei freier Konvertibilität der Währungen zwei Alternativen:

- Währungssystem mit freien (flexiblen) Wechselkursen und
- Währungssystem mit festen Wechselkursen (ggf. mit Bandbreiten).

Ein **freier Wechselkurs** liegt vor, wenn er sich allein aufgrund von Angebot und Nachfrage auf dem Devisenmarkt bildet (**floating**). Die Folge von Angebots- und / oder Nachfrageschwankungen sind Auf- bzw. Abwertungen. Ausschließlich die Dispositionen der Marktteilnehmer bestimmen also hier die Höhe des Wechselkurses – unbeeinflusst durch Interventionen. Die Zentralbanken greifen nur bei außerordentlich hohen, kurzfristigen Kursschwankungen ein (**managed floating**), um das Funktionieren des Währungssystems aufrecht zu erhalten.

Ein Wechselkurs wird als **fest** bezeichnet, wenn er durch die Regierung festgesetzt (**Paritätskurs**) und das Austauschverhältnis garantiert wird. Häufig wird jedoch eine geringe Schwankung innerhalb einer Bandbreite aus technischen Gründen zugelassen. Bei Überschreiten ihrer Grenzen (**Interventionspunkte**), greifen die Zentralbanken zur Stützung des Kurses durch Käufe oder Verkäufe der entsprechenden Währung ein.

2 Situationsanalyse

2.1 Devisenmarkt und Zahlungsbilanz

2.1.1 Der Devisenmarkt

Für die Betrachtung von außenwirtschaftlichen Vorgängen spielt der **Devisenmarkt** (auch die **Zahlungsbilanz ex ante** oder Zahlungsbilanz im Marktsinne genannt) eine wichtige Rolle. Auf dem Devisenmarkt werden ausländische Währungen gehandelt.

Zunächst zur Preisbildung im **System frei flexibler Wechselkurse** und damit zum Geschehen auf dem **Devisenmarkt**. Wir wollen bei unserer Analyse vom Devisenmarkt in Frankfurt ausgehen, wo Euro u.a. gegen US-$ getauscht werden. Hier treffen Nachfrager nach und Anbieter von Euro zusammen.

Zur **Euro-Nachfrage** kommt es, weil einerseits die Exporteure des Euroraums im Ausland verdiente Devisen z.B. US-$ anbieten. Andererseits wird auch eine Nachfrage von ausländischen Kapitalanlegern entfaltet, die in Euro-Anlagen wechseln wollen (Kapitalimport). Unter **Kapitalimport** wird die Anlage von Vermögen oder Ersparnissen im Inland (allgemein: der Erwerb inländischer Aktiva durch Ausländer) verstanden. Dazu gehören u.a. Kauf inländischer Wertpapiere und Aktien (Portfolioinvestitionen),

Immobilienerwerb und Direktinvestitionen (vgl. dazu die Definition in Abschnitt 2.3.1) von Ausländern im Inland oder die Aufnahme von Krediten im Ausland. Die Definition ist bewusst breit gehalten, um alle möglichen Transaktionen einbeziehen zu können. Sie gilt auch für Devisenspekulationen.

Das **Euro-Angebot** wiederum entsteht durch die Importeure des Euroraums, die US-$ zur Bezahlung ihrer Rechnungen benötigen. Weiteres Euro-Angebot geht von inländischen Kapitalanlegern aus, die Anlagen in US-$ erwerben möchten und dafür US-$ nachfragen. Dies bezeichnet man als **Kapitalexport** (allgemein: der Erwerb ausländischer Aktiva durch Inländer).

Durch den nominellen Wechselkurs werden die jeweils in Inlandswährung ausgedrückten Preise verschiedener Länder vergleichbar. Der Wechselkurs kann in Preis- bzw. Mengennotierung angegeben werden. Zum 01.01.1999 wurde in allen Ländern des Euroraums auf die **Mengennotierung** umgestellt. Sie gibt an, wie viel Fremdwährung man für 1 Einheit inländischer Währung bekommt oder wie viel US-$ man bezahlen muss, um 1 € zu kaufen (also: 1 € = w US-$). Die bis dahin in Deutschland übliche **Preisnotierung** gab an, wie viel eine Einheit Fremdwährung in inländischen Währungseinheiten kostet (also: 1 US-$ kostet w €). Die Umstellung auf die Mengennotierung hatte zur Folge, dass jetzt die Inlandswährung als feste Bezugsgröße dient. Übertragen wir diese Überlegungen grafisch auf den Devisenmarkt (Abb. 8.1):

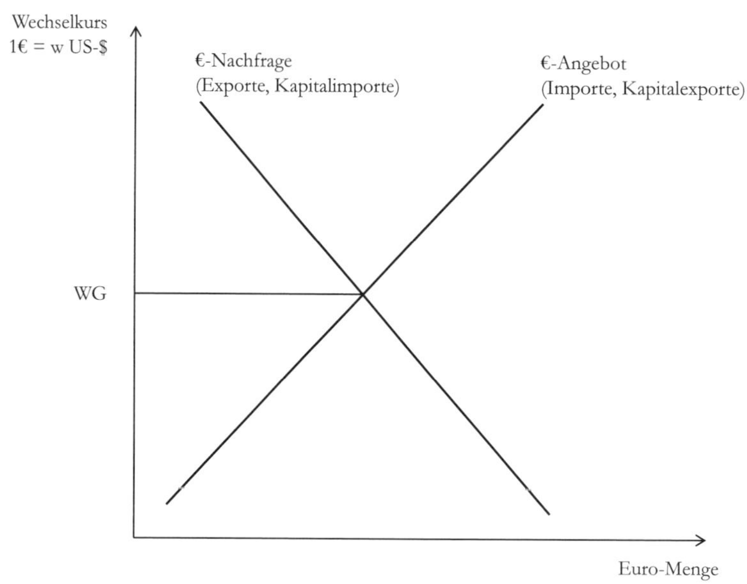

Abb. 8.1: Devisenmarkt bei Mengennotierung

Darauf aufbauend lassen sich wesentliche Wirkungen herausarbeiten, die auf eine Auf- bzw. Abwertung des Euro zurückgehen:

Unter einer **Aufwertung** (Revalvation) wird die Erhöhung des Außenwertes einer Währung verstanden. Bei der Mengennotierung der inländischen Währung bedeutet sie, dass der Wechselkurs (w) steigt. Nachfrager von Euro müssen mehr ausländische

Währung für einen Euro bezahlen. Im Allgemeinen geht das zu Lasten der Exportwirtschaft, da Exporte aus dem aufwertenden Land im Ausland bei sonst gleichen Bedingungen teurer werden. Dagegen werden Importe aus dem Ausland billiger. Für einen Euro kann der Importeur mehr ausländische Güter – wenn ihre Preise konstant bleiben – erwerben. Dies wirkt sich grundsätzlich positiv auf die inländische Inflationsrate aus.

Unter einer **Abwertung** (Devalvation) wird die Verminderung des Außenwertes einer Währung verstanden. Das bedeutet bei Mengennotierung der inländischen Währung, dass der Wechselkurs sinkt. Davon profitiert die Exportindustrie, weil die Exporte des abwertenden Landes im Ausland billiger werden. Allerdings werden gleichzeitig ausländische Güter (Importe) teurer. Was bedeutet eine Auf- bzw. Abwertung des Euro gegenüber dem US-$ (Mengennotierung, also 1 Euro = w US-$)?

			Euro wertet auf	Euro wertet ab
1 €	=	1,25 US-$	↓	↑
1 €	=	1,35 US-$		

Eine Aufwertung des Euro gegenüber dem US-$ hat zur Folge, dass der Wechselkurs steigt. Für 1 € bekommt man statt vorher 1,25 US-$ nun 1,35 US-$. Bei einer Abwertung sinkt dagegen der Wechselkurs. Das bedeutet, dass man für 1 € nun nicht mehr 1,35 US-$, sondern nur noch 1,25 US-$ erhält. Eine Aufwertung (Abwertung) des Euro ist gleichbedeutend mit einer Abwertung (Aufwertung) des US-$. Ob Auf- oder Abwertung, immer wird durch die Marktkräfte ein neuer **Gleichgewichtswechselkurs** (wG) erreicht.

2.1.2 Die Zahlungsbilanz

Wichtige Informationen über die außenwirtschaftliche Situation liefert die **Zahlungsbilanz ex post** (Zahlungsbilanz im statistischen Sinne). Dabei handelt es sich um eine systematische Gegenüberstellung aller innerhalb eines bestimmten Zeitraums erfolgter – in Geld ausgedrückter – ökonomischer Transaktionen einer Volkswirtschaft mit dem Ausland. Die folgende schematische Übersicht 8.1 ist aus der von der DEUTSCHEN BUNDESBANK (2012) S. 6f. verwendeten Gliederung abgeleitet. Aus der Darstellung wird deutlich, wie vielfältig die außenwirtschaftlichen Beziehungen sein können.

Der **Gesamtsaldo der Zahlungsbilanz** muss immer Null sein: Die Verbuchung der außenwirtschaftlichen Aktivitäten erfolgt nach den Regeln der doppelten Buchführung, so dass jeder Vorgang einmal im Soll und gleichzeitig im Haben erfasst wird. Damit ist die Zahlungsbilanz **formal** immer ausgeglichen. Die Teilbilanzen der Zahlungsbilanz wie die Handelsbilanz, die Leistungsbilanz oder die Kapitalbilanz können aber positive oder negative Salden aufweisen. **Zahlungsbilanzgleichgewicht** wird oft mit einer ausgeglichenen **Leistungsbilanz** gleichgesetzt. Dies bedeutet jedoch noch nicht, dass ein **außenwirtschaftliches Gleichgewicht** vorliegt. Davon kann erst gesprochen werden, wenn die Zahlungsbilanz auch **materiell** ausgeglichen ist (vgl. Abschnitt 4.1).

	Soll	Haben
(1) Handelsbilanz	Export	Import
(2) Dienstleistungsbilanz	Einnahmen	Ausgaben
(3) Erwerbs- u. Vermögenseinkommen	empfangen	geleistet
(4) Laufende Übertragungen	empfangen	geleistet
(1) bis (4) Leistungsbilanz		
(5) Bilanz der Vermögensübertragungen (erfasst unregelmäßig anfallende Transfers)		
(6) Direktinvestitionen (7) Wertpapiere u. Finanzderivate (8) Kreditverkehr – langfristig – kurzfristig – öffentlich – privat (9) Sonstige Kapitalanlagen	im Ausland Abnahme bzw. Zunahme der Verbindlichkeiten	im Inland Zunahme bzw. Abnahme der Verbindlichkeiten
(6) bis (9) Bilanz des Kapitalverkehrs		
(10) Devisenbilanz (Veränderung der Auslandsaktiva)		
(11) Bilanz der ungeklärten Posten (statistisch nicht aufgliederbare Restposten)		

Übersicht 8.1: Grundaufbau der Zahlungsbilanz

2.2 Internationale Liquidität

2.2.1 Begriff und allgemeine Bedeutung

Unter Liquidität verstehen wir allgemein die Fähigkeit eines Wirtschaftssubjektes, seinen Zahlungsverpflichtungen jederzeit nachkommen zu können. Dies setzt einerseits die freie oder die kurzfristig erreichbare Verfügbarkeit über liquide Mittel voraus, andererseits müssen diese Mittel von den Zahlungsempfängern auch akzeptiert werden. Außenwirtschaftliche Vorgänge müssen zahlungstechnisch in einer Währung abgewickelt werden, die international als Zahlungsmittel akzeptiert wird: internationale Liquidität. Sie wird nach **offizieller** (Devisenbestände von Zentralbanken) und **privater** Liquidität (Devisenreserven von Geschäftsbanken und international tätiger Unternehmen) unterschieden. Letztere wird üblicherweise nicht den **offiziellen Währungsreserven** einen Landes zugerechnet, da die Zentralbanken nicht auf sie zurückgreifen können. Konzentrieren wir uns deshalb auf die offizielle internationale Liquidität:

> Unter **internationaler Liquidität** wird das Finanzierungspotenzial verstanden, über das die Zentralbank eines Landes verfügt. Sie wird gehalten, um am Devisenmarkt intervenieren, den Wechselkurs stützen sowie Defizite in der Zahlungsbilanz ausgleichen zu können.

Dazu zählen solche Aktiva der Zentralbank, die entweder direkt oder nach kurzfristig möglicher Umwandlung als interventionsfähige Aktiva für Devisenmarktinterventionen und zur Finanzierung von Außenhandelsdefiziten eingesetzt werden können.

Nach dem **INTERNATIONALEN WÄHRUNGSFONDS** (IWF) sind das nur die offiziellen Reserven an

- Gold,
- Devisen,
- IWF-bezogenen Aktiva wie Sonderziehungsrechten – SZR (vgl. unten) und
- Reservepositionen beim IWF.

In der Zahlungsbilanz ex post werden sie im Unterkonto „Devisenbilanz" der Kapitalbilanz ausgewiesen. Die offiziellen Währungsreserven nach dem IWF (Currency Composition of Official Foreign Exchange Reserves – **COFER**) bestehen vor allem aus US-$, Euro, englischen £, japanischen Yen und Schweizer Franken. Es handelt sich durchweg um Währungen, die wegen ihrer internationalen Bedeutung und ihrer erwarteten Wertstabilität von den Zentralbanken gehalten und die in der Regel von anderen Zentralbanken akzeptiert werden. **Gold** spielt heute als Zahlungsmittel nur noch eine untergeordnete Rolle. Es wird gehalten, um im Bedarfsfall kurzfristig dafür benötigte Devisen kaufen zu können. Es wird wegen seiner Wertbeständigkeit geschätzt, bringt aber keine Zinserträge. Gold ist für die Währungsbehörden also nur noch **Wertaufbewahrungsmittel**.

Weltweit wächst der **Bedarf an internationaler Liquidität** im Sinne von Transaktionskasse. Warum?

(1) Eine Zunahme des internationalen Handels erhöht die Nachfrage nach entsprechenden Zahlungsmitteln (Devisen). Das gilt ebenso für

(2) die Zunahme des internationalen Kapitalverkehrs. Weiterhin ist

(3) auch die Zahlungsbilanzdisziplin von Bedeutung. Länder, die ständig Defizite in ihren Zahlungsbilanzen (im Marktsinne) aufweisen, haben einen höheren Bedarf an internationaler Liquidität. Dabei sollte beachtet werden, dass solche Defizite auch Ausdruck für eine bestimmte interne Wirtschaftspolitik oder eine andere Bewertung gesamtwirtschaftlicher Ziele (z.B. Vorrang der Beschäftigungspolitik vor der Preisniveaustabilität) sein können. Wir wollen dies nicht bewerten, sondern nur als Ursache für den Bedarf an internationaler Liquidität nennen.

Wenden wir uns nun der Frage zu, wie internationale Liquidität geschaffen wird. Dabei geht es zunächst um Gold und Devisen (US-$ und andere „starke" Währungen). Anschließend stellen wir die Sonderziehungsrechte des IWF dar.

- Die Menge an verfügbarem Währungsgold ist abhängig von der Goldproduktion. Sie ist wegen der beschränkten Goldvorkommen und der Höhe der Produktionskosten sowie auch dem Bedarf an Gold für andere Zwecke begrenzt.
- Zur Verfügbarkeit von US-$ als internationaler Liquidität ein historischer **Exkurs**:

Im Rahmen des unmittelbar nach dem Zweiten Weltkrieg gegründeten **IWF** (vgl. Abschnitt 5.2.2.3) wurde zunächst ein **Gold-Dollar-Standard** bei festen Wechselkursen vereinbart: Der US-$ war an das Gold gebunden, wobei eine Gold-Dollar-Parität von 1 Feinunze Gold = 35 US-$ festgelegt wurde. Zentralbanken hatten grundsätzlich das Recht, ihre Dollarbestände in Gold umzutauschen (Ausländerkonvertibilität). Andere Länder bestimmten die Parität ihrer Währung im Verhältnis zum Dollar oder definierten ebenfalls ihren Feingoldgehalt. Jeder Mitgliedstaat verpflichtete sich, den Marktkurs seiner Währung höchstens innerhalb festgelegter Schwankungsbreiten von der festgelegten Parität abweichen zu lassen. Die Paritäten konnten nur bei grundlegenden Zahlungsbilanzungleichgewichten verändert werden. Der **US-Dollar** fungierte somit als **Leitwährung** im IWF-System und wurde zur wichtigsten internationalen Liquidität. Über zwei Jahrzehnte funktionierte dieses System und trug zur Expansion des Welthandels bei. Zunehmende Leistungsbilanzdefizite der USA (vor allem infolge des Vietnam-Krieges) führten zu wachsenden Beständen an US-$ bei Zentralbanken außerhalb der USA, die deren Goldvorrat überstiegen. Wie wir aus den geldpolitischen Überlegungen wissen (vgl. Kapitel 5, Abschnitt 3.2.2), wird Geld dadurch geschaffen, dass die Zentralbank des betreffenden Landes Aktiva ankauft und mit Zentralbankgeld bezahlt. Die USA bezahlten also ihre Defizite mit US-$, die von den Gläubigerländern akzeptiert und als internationales Zahlungsmittel eingesetzt wurden. Insofern waren diese Defizite zur Schaffung internationaler Liquidität **sogar notwendig**. Es ist bemerkenswert, dass für die USA aufgrund ihrer Sonderstellung im IWF keine Anpassungsmaßnahmen erforderlich waren. Sie konnten sogar wegen der Leit- und Reservewährungsfunktion des US-$ die Partner durch die „Produktion" immer größerer Zahlungsbilanzdefizite zur Finanzierung des eigenen Staatshaushalts heranziehen: Die Devisen, die von anderen Ländern verdient worden waren, stellten „idle money" dar. Das sind Überschussreserven, die nicht zum Kauf von Waren und Dienstleistungen oder investitionsfördernden Anlageformen genutzt werden und keine Zinsen erbrachten. So wurde nach zinstragenden Anlagemöglichkeiten gesucht, die sich wiederum auf dem amerikanischen Markt eröffneten, der – u.a. wegen permanent hoher Defizite im Staatshaushalt – auf den Zufluss von Auslandskapital angewiesen war. **Dauerhafte Leistungsbilanzdefizite** bedeuten, dass die Importe des betreffenden Landes größer sind als die Exporte. Güterwirtschaftlich gesehen nimmt ein Land mit Leistungsbilanzdefiziten Ressourcen des Auslands für eigene Zwecke (privater Konsum, private Investitionen oder der Staat) in Anspruch. Das Ausland gewährt diesem Land folglich Kredite.

Im August 1971 hoben die USA die Konvertibilität der Dollarbestände der Zentralbanken in Gold auf, ohne den Wechselkurs des US-$ durch Interventionen am Devisenmarkt zu stabilisieren. Dieser Schritt bedeutete den Übergang zu flexiblen Wechselkursen. Bis zu diesem Zeitpunkt wurde der Paritätswert der Währung jedes IWF-Mitgliedes in Gold oder in US-$ ausgedrückt, wodurch die meisten Währungen der Welt über ihre Goldparität miteinander verknüpft waren. Mittlerweile ist das Gold auch als Recheneinheit abgeschafft, es gibt weder eine offizielle Gold-Dollar-Parität noch eine offizielle Gold-SZR-Parität.

Das **Ende des Goldstandards** bedeutete den Auftakt für den allmählichen Zusammenbruch des Währungssystems von **BRETTON WOODS** (vgl. Abschnitt 5.2.2) zwischen 1971 und 1973 und den Übergang zu flexiblen Wechselkursen. Die Wahl seines Wechselkurssystems ist seitdem jedem Land vom IWF freigestellt. Dementsprechend unterschiedlich sind die Wechselkursregelungen: Derzeit haben 92 Länder feste Wechselkurse, 66 flexible Wechselkurse und 32 Staaten wenden Mischsysteme an (vgl. DEUTSCHE BUNDESBANK, Monatsbericht Juli 2012, S. 16ff.).

- Um die internationale Liquidität unabhängiger vom US-$ und vom Gold zu machen und einem Mangel an internationaler Liquidität vorzubeugen, schuf der IWF im Jahre 1969 die **Sonderziehungsrechte** (SZR). Mit ihnen können Währungsreserven gezielt aufgrund internationaler Vereinbarung geschaffen werden. Damit gehören SZR zur internationalen Liquidität (vgl. den Exkurs in Abschnitt 5.2.2.3).

2.2.2 Weltwährungsreserven

In Tabelle 8.1 ist die Zusammensetzung der vom IWF erfassten offiziellen Weltwährungsreserven nach Währungen für einige ausgewählte Jahre widergegeben.

Die Werte in der Zeile „Insgesamt“ (Bestand Ende 2012: 6.084 Mrd. US-$) beinhalten nur einen Teil der offiziellen Währungsreserven. Ihr gesamter Umfang („Alle Währungsreserven insgesamt“) belief sich Ende 2012 auf 10.951,7 US-$. Die Umrechnung auf US-$ erfolgte mit den jeweiligen Wechselkursen am Ende der betreffenden Periode. Zwar sind die meisten Länder der Welt Mitglied im IWF, aber die von den jeweiligen Zentralbanken gehaltenen Bestände der Einzelwährungen und die sonstigen Reserven werden vom IWF nicht vollständig erfasst. Deswegen sind die tatsächlichen Währungsreserven insgesamt beträchtlich höher. Bemerkenswert ist die Zunahme des Euro als Reservewährung: Hatte er Ende 2001 einen Anteil von 19,2 %, stieg er bis Ende 2012 auf knapp 25 %. Die Reserveposition des US-$ nahm dagegen von 71,5 % (Ende 2001) um etwa 10 Prozentpunkte auf 61,2 % (Ende 2012) ab.

Währung	**31.12.2001**		**31.12.2005**		**31.12.2009**		**31.12.2012**	
US-$	1.122,4	(71,5)	1.902,5	(66,9)	2.847,7	(62,0)	3.725,5	(61,9)
Englische £	42,4	(2,7)	102,2	(3,6)	194,9	(4,2)	243,6	(3,9)
Japanische Yen	79,2	(5,0)	101,7	(3,6)	133,0	(2,9)	245,0	(3,8)
Schweizer Franken	4,4	(0,3)	4,1	(0,1)	5,3	(0,1)	17,2	(0,0)
Euro	301,1	(19,2)	683,9	(24,1)	1.269,6	(27,7)	1.471,5	(25,1)
Andere Währungen	20,1	(1,3)	49,0	(1,7)	140,0	(3,1)	381,2	(5,3)
Insgesamt	1.569,6	(100,0)	2.843,6	(100,0)	4.590,5	(100,0)	6.084,0	(100,0)
Reserven ohne Zuordnung	479,6		1.476,3		3.573,6		4.867,7	
Alle Währungsreserven insgesamt	2.049,2		4.319,9		8.164,1		10.951,7	

Quelle: http://www.imf.org/external/np/sta/cofer/eng/ Stand: Juli 2013.

Tab. 8.1: Offizielle Weltwährungsreserven in Mrd. US-$ und Prozent (in Klammern)

Ein wichtiger Aspekt ist in diesem Zusammenhang, in welcher Währung internationale Geschäfte fakturiert werden. Dabei dominiert der **US-$** mit etwa 90% Marktanteil, während der Euro an etwa 40% aller internationalen Kontrakte beteiligt ist. Für das britische £ beträgt er etwa 16%. Dabei ist zu beachten, dass für die **internationale Fakturierung** immer zwei Währungen erfasst werden: Die internationalen Zahlungsvereinbarungen (payment-versus-payment settlements) schließen immer zwei Währungen ein, so dass die Summe aller Währungsanteile 200% beträgt. Der **Euro** konnte in den letzten Jahren eine starke Stellung insbesondere im Handel zwischen den EU-Ländern erlangen. Die Exporte (Importe) in Euro von Euro-Ländern mit Ländern außerhalb der Eurobereichs machten 2012 62,5% (49%) aus (EUROPEAN CENTRAL BANK, The international role of the Euro, Frankfurt a. M. 2013, S. 28f., Tab. A 12.).

2.2.3 Währungsreserven im Euroraum und der Bundesbank

Mit der Schaffung der EUROPÄISCHEN ZENTRALBANK (EZB) mussten die NATIONALEN ZENTRALBANKEN (NZB) des Eurosystems Anfang 1999 einen Teil ihrer Währungsreserven auf die EZB übertragen (Tab. 8.2). Dies war ihr anfängliches **Währungsreserveportfolio.** Seine Zusammensetzung ändert sich im Zeitablauf aufgrund des Marktwertes der angelegten Reserven und wegen der von der EZB durchgeführten Transaktionen. Veränderungen ergeben sich auch immer dann, wenn ein weiteres Land in die Eurozone aufgenommen wird (zuletzt Estland 2011 und Lettland 2014). Zum Jahresende 2012 betrug der Wert der Währungsreserven 64,8 Mrd. Euro. Davon waren 43,8 Mrd. Euro Fremdwährungsbestände (79% in US-$ und 21% in Yen) und 21 Mrd. Euro auf Gold- und SZR-Bestände angelegt (EZB, Jahresbericht für 2012, S. 96). Ende 2012 umfassten die **Währungsreserven im Eurosystem** 705,5 Mrd. €.

Position	1.1.1999	31.12.2007	31.12.2010	31.12.2012
1. Monetäre Goldreserven	99,6	201,0	366,2	453,4
2. SZR-Bestände	5,1	4,6	54,2	52,8
3. Reserveposition im IWF	23,4	3,5	15,8	31,9
4. Devisenreserven insgesamt	199,8	138,2	155,0	166,8
davon:				
Bargeld und Einlagen	0,8	29,2	23,8	14,9
Wertpapiere	169,1	108,5	131,2	151,3
5. Sonstige Reserven	1,5	0,0	0,0	0,6
Insgesamt	329,4	347,3	591,2	705,5

Quelle: EZB, MONATSBERICHTE, Dezember 1999, S. 40*, März 2008, S 67, Juni 2013, S 68.

Tab. 8.2: Währungsreserven im Eurosystem in Mrd. Euro

Betrachten wir nun die Komponenten der internationalen Liquidität am Beispiel der DEUTSCHEN BUNDESBANK etwas genauer. Tab. 8.3 veranschaulicht die Struktur ihrer Währungsreserven und sonstigen Auslandsforderungen (Fremdwährungsaktiva). Sie haben sich im Betrachtungszeitraum unterschiedlich entwickelt:

Die **Währungsreserven** (A) haben sich mehr als verdoppelt, was im Wesentlichen auf die Position „Gold“ zurückzuführen ist. Seit dem Übergang zum Euro wird Gold zu Marktpreisen bewertet – der Marktpreis für Gold ist zwischenzeitlich stark angestiegen. Diese „Forderungen“ auf das im Ausland (New York, London, Paris) lagernde, der DEUTSCHEN BUNDESBANK gehörende, Gold – stellen mit einem Anteil von 14,9% einen wichtigen Aktivposten der deutschen Währungsreserven dar. Die Sonderziehungsrechte sind absolut ebenfalls angestiegen auf 22,3 Mrd. Euro. Von den 28,8 Mrd. Euro an Devisenreserven wird der überwiegende Teil in US-$ gehalten.

Auffällig ist bei den **sonstigen Fremdwährungsaktiva** (B) der sehr starke Zuwachs bei den Forderungen innerhalb des Eurosystems. Sie machen mit 668,6 Mrd. Euro

72,6% aller Währungsreserven der Deutschen Bundesbank aus. Dabei handelt es sich überwiegend um Forderungen im Rahmen des **TARGET2-Systems** (vgl. Kapitel 5, Abschnitt 6.1). Wird aus einem Land Zentralbankgeld über die EZB in ein anderes Land überwiesen, entstehen Verbindlichkeiten und Forderungen gegenüber der EZB, die als Clearingstelle fungiert. Bei der belasteten Notenbank entsteht ein negativer TARGET2-Saldo (Verbindlichkeit gegenüber der EZB) und bei der empfangenden Notenbank entsteht ein positiver Saldo (Forderung gegenüber der EZB). Nur solange es die Währungsunion gibt und kein Land die Euro-Zone verlässt, gehen von den Target-Salden keine unmittelbaren finanziellen Belastungen für ein Land wie Deutschland aufgrund seiner hohen Forderungen innerhalb des Eurosystems aus. Wir wollen auf die damit verbundenen Risiken an dieser Stelle nicht weiter eingehen.

Position	1.1.1999[a)]	31.12.2007	31.12.2010	30.12.2012
A. Währungsreserven	93,9	92,6	162,1	188,6
1. Gold und Goldforderungen	29,3	62,4	115,4	137,5
2. Reserveposition im IWF und Sonderziehungsrechte	8,4	2,4	18,7	22,3
3. Devisenreserven	56,2	27,7	28,0	28,8
B. Sonstige Fremdwährungsaktiva	1,4	86,9	362,6	732,4
1. Sonstige Forderungen an Ansässige außerhalb des Euro-Währungsgebietes	0,1	0,4	0,1	0,1
2. Forderungen innerhalb des Eurosystems	1,2	84,1	337,9	668,6
3. Sonstige Forderungen an Ansässige in anderen EWU-Ländern	0,1	2,5	24,7	63,7
C. Insgesamt (A. + B.)	95,3	179,5	524,7	921,0

Quelle: Zusammengestellt nach Daten der DEUTSCHEN BUNDESBANK, MONATSBERICHT, Oktober 2012, S. 73*. [a)] Währungsreserven der Euro-Eröffnungsbilanz der DEUTSCHEN BUNDESBANK.

Tab. 8.3: Währungsreserven und sonstige Auslandsforderungen der DEUTSCHEN BUNDESBANK In Mrd. Euro

2.3 Außenwirtschaftliche Verflechtungen

2.3.1 Internationaler Handel und Direktinvestitionen

Während früher der internationale Handel mit Waren im Mittelpunkt außenwirtschaftlicher Beziehungen stand, ist seit Jahren der Anteil von Dienstleistungen (Bank- und Versicherungsleistungen, internationaler Tourismus, Lizenzhandel u.a.) ansteigend. Auch internationale Kapitaltransaktionen (Direktinvestitionen im Ausland, Aktivitäten an den internationalen Geld- und Kapitalmärkten) gewinnen weiter an Bedeutung.

Diese Entwicklungen sind auch Ausdruck für die fortschreitende **Globalisierung**. Darunter wird nicht nur das internationale Zusammenwachsen von Gütermärkten verstanden. Vielmehr stehen bei der Globalisierung immer stärker direkte Produktionsverflechtungen über Ländergrenzen hinweg in Form von Direktinvestitionen, „Global Sourcing" (Internationalisierung des Beschaffungswesens) oder strategischen Unternehmensallianzen im Mittelpunkt. Die Ursachen für die zunehmende Globalisierung sind im Zusammentreffen technologischer und ökonomischer Entwicklungen sowie politischer Entscheidungen zu sehen, die erst die praktischen Möglichkeiten einer wachsenden Internationalisierung der Wirtschaftsbeziehungen schufen und dadurch den Wettbewerbsdruck für die Volkswirtschaften erhöhten.

Von 1951 bis 2012 stieg das **Welthandelsvolumen**, d.h. die Summe des Warenwertes aller Güter, die weltweit zwischen den Ländern oder den Wirtschaftsräumen gehandelt werden, von 84 Mrd. US-$ auf 17.850 Mrd. US-$, also um das 212-fache.[1] Die jährliche Wachstumsrate lag dabei deutlich über dem Wachstum der Weltproduktion (Bruttoinlandsprodukt aller Länder) (WORLD TRADE ORGANIZATION – WTO [2009], Table A1a, A1b; WTO [2013], S. 32). Wesentliche Ursachen für diese Entwicklung liegen in einer Liberalisierung des Handels und sinkenden Kommunikations- und Transportkosten (infolge technischen Fortschritts). Auch Zollsenkungen haben zur Ausweitung des Welthandels beigetragen. Die handelsgewichteten **Zollbelastungen** in Prozent sind seit 1980 von durchschnittlich 22,2% bis heute auf 2,2% im Handel zwischen den entwickelten Ländern gesunken (Quelle: UNCTAD: Development and Globalization: Facts and Figures, 2004 und 2008, S. 12).

Unter **handelsgewichteter** Zollbelastung wird verstanden, dass bei der Bestimmung der Zollbelastung der Anteil berücksichtigt wird, den die einzelnen Waren am Handel haben. Dadurch sollen Verzerrungen vermieden werden. Waren, die selten gehandelt werden, fallen so weniger stark ins Gewicht. Güter, die in großen Mengen umgesetzt werden, werden entsprechend stärker gewichtet.

▶ Beispiel

Für die Ware A wird ein Zoll von 10 Prozent und für die Ware B ein Zoll von 20 Prozent erhoben. Bei der Einfuhr von 200 Einheiten A und 100 Einheiten B liegt die handelsgewichtete Zollbelastung bei 13,3 Prozent. Bei der Einfuhr von 100 Einheiten A und 200 Einheiten B liegt sie entsprechend bei 16,7 Prozent.

Mit der globalen, von den USA ausgelösten Wirtschafts- und Finanzkrise im Jahr 2008 gab es bis zum Frühjahr 2009 einen massiven **Einbruch des internationalen Handelsvolumens** von real über 20%. Bei den Exporten sank der Wert von 16,2 Billionen US-$ (2008) auf 12,5 Billionen US-$ (2009). Erst im Jahr 2012 wurde das Vorkrisenniveau wieder erreicht (vgl. UNCTAD, Development and Globalization – Facts and Figures 2012. http://dgff.unctad.org/chapter1/1.1.html).

Die EUROPÄISCHE UNION (EU) hatte 1981 mit 27,8% den größten Anteil am globalen Bruttoinlandsprodukt (BIP) von über 11 Billionen US-$ und mit 40,9% an den Weltexporten in Höhe von 2 Billionen US-$. Chinas Anteil am Weltexport belief sich sei-

---

[1] Eine spezielle Erscheinungsform des internationalen Handels ist der **barter trade**, **counter trade** oder **Kompensationshandel** bei Devisenknappheit. Es ist ein **Naturaltausch** Waren gegen Waren ohne Zahlungsmittel (Devisen). Der Anteil am Welthandelsvolumen wird auf zwischen 15–25 % geschätzt.

nerzeit auf 1%, am globalen BIP auf 2,4%. Dieses Bild hat sich bis heute stark verändert: Schon 15 Jahre später hatte China seinen Exportanteil auf 2,4% gesteigert, bis 2010 sogar auf 9,2%. Von 1981 bis 2010 hatte die EU mit 25,8% sowohl beim globalen BIP (über 63 Billionen US-$) als auch mit 35,5% bei den Exporten (15,3 Billionen US-$) Anteilsrückgänge zu verzeichnen. Seit 2009 ist China „Exportweltmeister" (Development and Globalization: Facts and Figures 2012, Chapter 1: Globalization and the shifting balance in the world economy. Global trade trends).

Im Rahmen der internationalen Wirtschaftsbeziehungen spielen auch die **Direktinvestitionen (Foreign Direct Investment – FDI)** eine wichtige Rolle.

> Als Direktinvestitionen gelten Finanzbeziehungen zu in- und ausländischen Unternehmen, an denen der Investor 10% oder mehr der Anteile oder Stimmrechte unmittelbar hält. Erfasst werden Beteiligungskapital, reinvestierte Gewinne, Grundbesitz, langfristige Kredite und ab 1996 auch kurzfristige Kredite und Handelskredite. Die Direktinvestition sichert Einfluss und Kontrollmöglichkeiten der Geschäftstätigkeit im Ausland. Als wichtiges Abgrenzungskriterium gilt die Erzielung von Erträgen. Es fließen nicht nur Kapital, sondern auch Wissen und Technologie. Sie sind Teil des internationalen Kapitalverkehrs.

Bei Direktinvestitionen ist (1) **zeitraumbezogen** zu unterscheiden zwischen Kapitalzuflüssen (Länder investieren z.B. in Deutschland) und Kapitalabflüssen (Deutschland investiert in anderen Ländern). (2) Von den Zentralbanken werden auch die Direktinvestitionsbestände zu einem bestimmten **Zeitpunkt** (z.B. Jahresende) erfasst.

Die Direktinvestitionen der Industrieländer haben seit den 1980er Jahren stark – indes nicht stabil – zugenommen. Die **Ursachen für Schwankungen** in der grenzüberschreitenden Investitionstätigkeit sind vielfältig. Neben der Erschließung neuer Absatzmärkte stehen auch Kostengesichtspunkte (z.B. günstigere Lohnkosten in einem Niedriglohnland, Transportkosten, Outsourcing) sowie der Versuch, Wechselkursrisiken durch Verlagerung von Produktionsstätten in die Absatzländer im Vordergrund: Es bestehen somit mehrere Gründe für Auslandsinvestitionen.

Bemerkenswert ist, dass Schwellenländer, Entwicklungsländer und Volkswirtschaften im Transformationsprozess 2012 von den zugeflossenen Direktinvestitionen in Höhe von weltweit 1.351 Mrd. US-$ einen Anteil von 58,5% verzeichneten, während er sich 2005 bei Direktinvestitionen von 962,6 Mrd. US-$ erst auf 34% belief. Weltweit erreichten sie im Jahr 2000 ihr Maximum, bevor sie im Zuge der schwächelnden Weltwirtschaft wieder zurückgingen. Im Zuge der globalen Finanzkrise, beginnend 2007 (Direktinvestitionen: 2.003 Mrd. US-$), waren starke Einbrüche zu verzeichnen: 2008: 1.816 Mrd. US-$, 2009: 1.215 Mrd. US-$, 2010: 1.409 Mrd. US-$, 2011: 1.652 Mrd. US$ (vgl. WORLD INVESTMENT REPORT 2013, S. 213ff.). Eine Länderbetrachtung zeigt, dass die USA bei den Kapitalzuflüssen stets die erste Stelle einnahmen.

Die WTO bezeichnet das Anwachsen der ausländischen Direktinvestitionen als „das herausragendste Merkmal der Globalisierung".

2.3.2 Außenwirtschaftliche Verflechtung der Bundesrepublik

> „Deutsche Wirtschaft in hohem Maße **exportorientiert**. Ausfuhren überstiegen 2011 mit 1 060 Mrd. € erstmals die **1-Billion-Euro-Grenze**. Wichtigste **Empfängerländer** deutscher Waren sind **Frankreich**, Vereinigte Staaten und Niederlande. Wichtigste **Exportgüter** sind Kraftfahrzeuge und Kraftfahrzeugteile, gefolgt von Maschinen. Importe übertrafen mit 902 Mrd. € bisherigen **Höchstwert** im Jahr 2008 (806 Mrd. €) deutlich." (Statistisches Jahrbuch 2012, S. 411.)

Dieses Zitat fasst einige wesentliche Daten für die BUNDESREPUBLIK DEUTSCHLAND zusammen. Werfen wir darauf einen genaueren Blick. Der internationale Handel ist für die Bundesrepublik von zentraler Bedeutung. Sie gehört seit Jahren mit den USA, Japan und neuerdings China zu den vier führenden Ländern im Welthandel.

Saldo der Leistungsbilanz

Zeitraum	**Insgesamt**	**Außenhandel**			**Ergänzungen Warenverkehr**	**Saldo Dienstleistungen**	**Saldo Erw.- u. Verm.-eink.-**	**Saldo laufende Übertragungen**
		Exporte	Importe	Saldo				
1990	+ 73,0	680,8	575,4	+105,4	– 3,8	– 26,1	+ 32,8	– 35,3
1991	– 36,3	665,8	643,9	+ 21,9	– 2,8	– 30,7	+ 33,1	– 57,8
1995	– 38,7	749,5	664,2	+ 85,3	– 4,7	– 64,0	+ 0,1	– 55,4
1998	– 21,7	955,2	828,2	+ 127,0	– 5,9	– 76,1	– 13,4	– 53,3
1999	– 25,8	510,0	444,8	+ 65,2	– 8,2	– 46,0	– 12,5	– 24,4
2000	– 35,5	597,4	538,3	+ 59,1	– 9,1	– 49,0	– 8,7	– 27,8
2001	0,0	638,3	542,8	+ 95,5	– 7,4	– 49,9	– 11,5	– 26,7
2002	+ 42,7	651,3	518,5	+132,9	– 8,6	– 35,7	– 18,9	– 27,0
2005	+ 112,6	786,3	628,1	+158,2	– 14,1	– 27,4	+ 24,4	– 28,5
2006	+ 144,7	893,0	734,0	+159,0	– 12,9	– 17,3	+ 44,5	– 28,5
2007	+ 180,9	965,2	769,9	+195,3	– 9,8	– 14,9	+ 42,9	– 32,7
2008	+ 153,6	984,1	805,8	+178,3	– 13,6	– 10,3	+ 32,4	– 33,2
2009	+ 140,6	803,3	664,6	+138,7	– 15,1	– 8,0	+ 58,1	– 33,2
2010	+ 150,7	952,0	797,1	+154,9	– 11,6	– 4,3	+ 49,9	– 38,2
2011	+ 146,6	1060,0	902,0	+158,1	– 18,8	– 7,6	+ 48,4	– 33,5
2012	+185,4	1.097,3	909,1	+ 188,2	– 27,3	– 3,1	+ 64,5	– 36,8

Quelle: SACHVERSTÄNDIGENRAT ZUR BEGUTACHTUNG DER GESAMTWIRTSCHAFTLICHEN ENTWICKLUNG, JG 2007/08, November 2007, Tabelle 36*.1; STATISTISCHES BUNDESAMT, Fachserie 7 Reihe 1, Außenhandel, 2010, S. 27; DEUTSCHE BUNDESBANK, MONATSBERICHTE, laufend.

Tab. 8.4: Entwicklung der deutschen Leistungsbilanz von 1990–2012 in Mrd. €

Im Jahr 2000 machten die jährlichen Exporte von Gütern etwa ein Drittel des deutschen Bruttoinlandsprodukts aus, bis 2012 stieg der Anteil auf 41,5%. Die deutsche Wirtschaft ist auch in hohem Maße von Importen abhängig. In Bezug auf das BIP betrugen sie im Jahr 2000 26,3%, 2012 waren es 34,4%.

Wie Tab. 8.5 zeigt, sind die EU-Staaten die wichtigsten **Handelspartner Deutschlands** gefolgt von den übrigen westlichen Industrienationen (insbesondere den USA). Im Jahre 2012 wickelte die Bundesrepublik 57% ihrer Exporte und 56,1% ihrer Importe mit Ländern der EU ab. Dabei fällt auf, dass die Anteile an Exporten und Importen über den Zeitraum von über 20 Jahren relativ konstant geblieben sind. Der Rückgang von 2010 auf 2012 ist im Zusammenhang mit der Finanzkrise zu erklären. Von den Entwicklungsländern (u.a. Indien und China), weist insbesondere China einen stark steigenden Außenhandel mit Deutschland auf. Der Warenaustausch mit den USA ist überraschenderweise seit dem Jahr 2000 anteilsbezogen tendenziell rückläufig.

	1990	**1995**	**2000**	**2005**	**2010**	**2012**
	Warenausfuhr nach Ländergruppen (in %)					
EU-Länder	54,5	58,2	56,5	64,3	60,4	57,1
Mittel-/osteuropäische Länder	3,6	8,1	10,2	3,6	4,3	–[1]
Übrige europäische Länder	18,8	7,5	6,6	6,3	6,9	11,9
Außereuropäische Länder	23,1	26,2	26,7	25,8	28,4	31,0
darunter						
Industriestaaten	12,2	11,9	14,5	12,8	10,6	12,9
darunter USA	7,3	7,3	10,3	8,8	6,8	7,9
Entwicklungsländer	10,1	12,5	10,3	10,3	12,3	18,1
	Wareneinfuhr nach Ländergruppen (in %)					
EU-Länder	52,0	56,4	50,9	59,1	56,7	56,1
Mittel-/Osteuropäische Länder	4,0	8,8	11,9	4,5	5,2	[1]
Übrige europäische Länder	16,0	7,3	6,8	7,5	7,5	13,8
Außereuropäische Länder	28,0	27,5	30,4	28,9	30,6	30,1
darunter						
Industriestaaten	14,5	13,8	15,3	11,4	9,9	10,4
darunter USA	6,7	6,8	8,8	6,7	5,6	5,6
Entwicklungsländer	12,0	11,1	11,2	11,0	11,0	19,7

[1] Kategorie ist nicht mehr sinnvoll: Die meisten mittel- u. osteuropäischen Länder gehören zur EU.

Quelle: Eigene Berechnungen nach SACHVERSTÄNDIGENRAT ZUR BEGUTACHTUNG DER GESAMTWIRTSCHAFTLICHEN ENTWICKLUNG, JG 2007/2008, Tabellen 52* und 53*; JG 2011 / 2012, Tabellen 39* und 40*; STATISTISCHES BUNDESAMT, STATISTISCHES JAHRBUCH 2012, S. 415–416.

Tab. 8.5: Handelspartner der BUNDESREPUBLIK DEUTSCHLAND (1990–2012)

Betrachten wir den deutschen Außenhandel 2012 nach Warengruppen der Ernährungswirtschaft und der Gewerblichen Wirtschaft ergibt sich folgendes Bild:

[1] Bei den **Ausfuhren** der Gewerblichen Wirtschaft dominieren eindeutig mit einem Anteil von 79,2% die Enderzeugnisse. Mit weitem Abstand folgen Vorerzeugnisse mit 12,5%. Rohstoffe und Halbwaren machen 8,3% aus. Von allen Exporten entfallen 92% auf die Gewerbliche Wirtschaft, auf die Ernährungswirtschaft 5,7%.

[2] Fertigwaren bilden mit 62,7% auch bei den **Einfuhren** der Gewerblichen Wirtschaft die wichtigste Warengruppe. Dahinter rangieren Rohstoffe und Halbwaren mit 25,4% und 11,9% für Vorerzeugnisse. Von allen Importen entfallen 86,9% auf die Gewerbliche Wirtschaft, auf die Ernährungswirtschaft 7,8%. Die Differenzen zu 100% erklären sich mit anderen nicht aufgliederbaren Wirtschaftsverkehren (STATISTISCHES BUNDESAMT, 2013, Außenhandel, Fachserie 7 Reihe 1, S. 70f.).

Bei der Aus- und Einfuhr nach **industriellen Hauptgruppen** überrascht nicht, dass bei der **Ausfuhr** 2012 Investitionsgüter mit 44,1% überwiegen, gefolgt von Vorleistungsgütern mit 30,9%, während der Export von Energie nur 2,6% ausmacht. Das ist bei den **Einfuhren** erwartungsgemäß anders: Hier betragen die Werte für Energie 14,7%, während die Anteile für Vorleistungsgüter mit 28,8% und die für Investitionsgüter mit 27,5% ausgewiesen werden (ebenda, S. 66).

Neben der Entwicklung des Außenhandels spiegeln sich die wachsenden außenwirtschaftlichen Verflechtungen der Bundesrepublik auch in den **Direktinvestitionen** wider. Im Jahre 2012 beliefen sich die deutschen Direktinvestitionen im Ausland (Zunahme der **Kapitalausfuhr**) nach Angaben der DEUTSCHEN BUNDESBANK (Zahlungsbilanzstatistik, Statistisches Beiheft 3 zum Monatsbericht Juni 2013, S. 48*, 49*) auf insgesamt 52,1 Mrd. € (2010: 91,8 Mrd. €). Die ausländischen Direktinvestitionen in Deutschland (Zunahme der **Kapitaleinfuhr**) lagen in gleichen Jahr mit 5,1 Mrd. € (2010: 35,2 Mrd. €) deutlich niedriger. Die Aussagekraft dieser Zahlen ist sehr begrenzt, weil sie (1) die Summen aus sehr verschiedenen Aktivitäten darstellen: Beteiligungskapital, nicht ausgeschüttete Gewinne, Kreditverkehr bei ausländischen Direktinvestitionen in kurz- und langfristigen Finanzkrediten sowie Handelskrediten. Und (2) unterliegen Direktinvestitionen von Jahr zu Jahr starken Schwankungen, deren Ursachen nur durch Untersuchung der jeweiligen Transaktionen ermittelbar sind.

Der Bestand deutscher Direktinvestitionen im Ausland belief sich Ende 2011 auf über 1,1 Billionen Euro. Dagegen weist die Statistik für den Bestand an ausländischen Direktinvestitionen in Deutschland den Betrag von 548,6 Mrd. Euro aus (DEUTSCHE BUNDESBANK, Bestandserhebung über Direktinvestitionen, Statistische Sonderveröffentlichung 10, April 2013, S. 6, 44).

2.4 Außenwirtschaftliche Indikatoren

Einige wichtige außenwirtschaftliche Indikatoren hat der Leser bereits kennen gelernt: Handelsvolumen differenziert nach Export und Import, Handels- und Leistungsbilanzsaldo, Außenwert der Währung, Direktinvestitionen. Wir wollen sie noch durch weitere Kennzahlen für den monetären und güterwirtschaftlichen Bereich ergänzen.

2.4.1 Monetäre Indikatoren

Als erster monetärer Indikator können die **Währungsreserven** (bzw. ihre Veränderung) eines Landes genannt werden. Sie sind für die Beurteilung der **internationalen Zahlungsfähigkeit** von Bedeutung (vgl. Abschnitt 2.2.1).

Ein weiterer Indikator ist die **Wechselkursentwicklung**. Dabei steht der Wechselkurs des Euro zu anderen Währungen (US-$, Yen, Pfund Sterling, Schweizer Franken usw.)

im Vordergrund. Die Bundesbank berechnet die durchschnittlichen **Euro-Referenzkurse** auf Basis der täglichen Euro-Referenzkurse der EZB.

Indes ist die Aussagekraft des nominellen Wechselkurses (w) oft nicht ausreichend. Bei Berücksichtigung des Preisverhältnisses zwischen Inland und Ausland ergibt sich der **reale Wechselkurs** (wr): das ausländische Preisniveau (Pa) wird mit dem nominellen Wechselkurs (w) multipliziert und durch das inländische Preisniveau (Pi) dividiert. Das ausländische Preisniveau ist dann gewissermaßen in Inlandswährung ausgedrückt:

$$wr = (w * Pa) \div Pi$$

Seine Entwicklung dient häufig als Indikator für die **internationale Wettbewerbsfähigkeit** einer Volkswirtschaft, da er bedeutsam für die Richtung internationaler Güterströme ist. Steigt beispielsweise der inländische reale Wechselkurs (Aufwertung der inländischen Währung), so werden inländische Güter im Ausland in der jeweiligen Landeswährung bewertet teurer, wodurch Exporte erschwert und Importe erleichtert werden (Nachfragewirkungen) (vgl. Abschnitt 6.4).

Die Indizes der **nominalen effektiven Wechselkurse** des Euro sollen die Auswirkungen der Wechselkursänderungen auf die **preisliche Wettbewerbsfähigkeit** der Industrie des Euro-Raums erfassen. Sie werden auf Basis gewichteter Durchschnitte der relativen Veränderungen bilateraler Wechselkurse des Euro gegenüber den Währungen der Handelspartner des Euro-Währungsgebiets berechnet. Eine positive Veränderung zeigt eine Aufwertung des Euro und damit einen negativen Einfluss auf die preisliche Wettbewerbsfähigkeit der heimischen Produktion an. Die Gewichte beruhen insbesondere auf dem Handel mit gewerblichen Erzeugnissen. Bei den **realen effektiven Wechselkursen** des Euro werden zusätzlich noch die unterschiedlichen Preisentwicklungen in den betrachteten Ländern berücksichtigt. (Zur Berechnungsmethode vgl. das Konzept der EZB für die realen Wechselkurse, MONATSBERICHT, März 2012, Seiten 21-25; Occasional Paper Nr. 134, EZB Juni 2012.)

Ein wesentliches Kennzeichen der außenwirtschaftlichen Beziehungen ist die starke Zunahme des **internationalen Kapitalverkehrs**[2], der uns weitere Indikatoren liefert. Informationen dazu finden wir in der Zahlungsbilanz ex post. Üblicherweise wird dabei in der **Kapitalverkehrsbilanz** der Kapitalverkehr von Unternehmen, Geschäftsbanken, privaten und öffentlichen Haushalten (ohne Zentralbank) ausgewiesen, während der Kapitalverkehr der Zentralbank in der Devisenbilanz erfasst wird. Kapitaltransaktionen der Zentralbank werden vor allem durch Interventionen am Devisenmarkt ausgelöst (Stützung des Paritätskurses im System fester Wechselkurse, „Kursglättung" im System flexibler Wechselkurse). Daneben treten Kapitalbewegungen im Zusammenhang mit dem IWF (z.B. Veränderung der Quoten – vgl. Abschnitt 5.2.2.3, Inanspruchnahme von Kreditfazilitäten – vgl. Abschnitt 6.4.1.2) und der WELTBANK sowie bei Kreditgewährung an andere Zentralbanken auf.

[2] Der internationale Kapitalverkehr wurde lange Zeit weitgehend als das „finanzielle Spiegelbild" der Leistungsbilanzsalden verstanden. Nach dem weitgehenden Abbau von Kapitalverkehrsbeschränkungen und begünstigt durch Innovationen im weltweiten Informationsaustausch hat er sich zunehmend „verselbständigt", woraus große Risiken erwachsen können. Dies wurde in der Finanzkrise ab 2008 besonders deutlich.

Konzentrieren wir uns auf die Aktivitäten, die in der **Kapitalverkehrsbilanz** widergespiegelt werden. Hier finden sich Indikatoren wie Wertpapieranlagen (Portfolioinvestitionen), die Kreditvergabe und die bereits behandelten Direktinvestitionen.

Unter **Portfolioinvestitionen** werden allgemein Anlagen in Wertpapieren (Aktien, festverzinsliche Wertpapiere, Geldmarktpapiere, Finanzderivate[3] und Investmentzertifikate) verstanden. Umfang und Struktur der Portfolios werden durch Faktoren wie internationale Zinsdifferenzen, erwartete Preis- bzw. Kursänderungen, Anlagerisiko und erwartete Änderungen von Währungsparitäten beeinflusst. So erfolgt eine Umstrukturierung des Portfolios zugunsten inländischer Wertpapieranlagen, wenn beispielsweise der ausländische Zins sinkt oder das Anlagerisiko im Ausland steigt (Kapitalimport). Das Umgekehrte gilt für den Kapitalexport.

Bei der **Kreditvergabe** wird zwischen Finanzkrediten und Handelskrediten unterschieden. **Finanzkredite** der Banken sind reine Finanztransaktionen, bei denen wie bei den Wertpapieranlagen das Ertragsmotiv dominiert. Demzufolge spielen auch hier internationale Zinsdifferenzen und erwartete Veränderungen des Wechselkurses eine entscheidende Rolle. Allerdings können auch Zusammenhänge zu Leistungstransaktionen hergestellt werden. Beispielsweise kann das Ausland die Finanzkredite (Devisenzufluss) nutzen, um vermehrt Güter zu importieren. Da davon höchstwahrscheinlich auch das kreditgewährende Land betroffen wäre, würde sich dessen Leistungsbilanz verbessern. Direkter treten diese Zusammenhänge jedoch bei den **Handelskrediten** der Unternehmen in Verbindung mit Güterexporten bzw. Güterimporten (z.B. Gewährung von Zahlungszielen, Vorauszahlungen für Warenlieferungen) auf.

Direktinvestitionen bilden in der Regel direkte, stabile und langfristige Verflechtungen zwischen Volkswirtschaften ab. Direktinvestitionen in Prozent des nominellen Bruttoinlandproduktes (BIP) gelten als das am häufigsten verwendete, aus der Direktinvestitionsstatistik ableitbare **Maß für die Globalisierung** einer Volkswirtschaft. Dieser Indikator wird für die Zuflüsse, die Bestände oder die Einkommen aus Direktinvestitionen erstellt. Für längerfristige Betrachtungen eignet sich besonders der Kapitalbestand in Prozent des BIP.

2.4.2 Güterwirtschaftliche Indikatoren

Eine Untersuchung der **Entwicklung des Außenhandels** im Zeitverlauf (STATISTISCHES BUNDESAMT, 2010, S. 27ff.; DASSELBE**,** 2013, S. 34ff.) gibt Auskunft über (1) Zuwächse oder Rückgänge insgesamt oder in Bezug auf bestimmte (2) Partnerländer.

Zu (1) Um das Außenhandelsgeschehen anhand von **Entwicklungen der deutschen Volkswirtschaft** zu beurteilen, können verschiedene Größen herangezogen werden: z.B. die Entwicklung des Bruttoinlandsprodukts (BIP) und der Exportquote, aber auch des Außenhandelssaldos, des Offenheitsgrads und der Importdurchdringung.

- **Außenhandels- und BIP-Wachstum**: Der deutsche Außenhandel ist von 1991 bis 2012 mit durchschnittlich 5,8 % (Ausfuhr) bzw. 5,9 % (Einfuhr) schneller gewach-

---

[3] Finanzderivate sind Anlageformen, die von einfachen direkten Finanzanlagen abgeleitet werden. Der Wert des Derivats hängt dabei vom Wert des zugrundeliegenden Instruments ab. Am häufigsten kommen Terminkontrakte und Optionen vor.

sen als die deutsche Wirtschaft insgesamt (2,95 %). Mit Ausnahme des Zeitraums 1991 bis 1995 ist dies in allen Teilabschnitten dieses Zeitraums so gewesen.

- **Exportquote**: Sie ist ein gängiges Maß für die Exportorientierung einer Volkswirtschaft. Bei ihr werden die Ausfuhren ins Verhältnis zum BIP gesetzt. Je höher sie ist, desto mehr entsteht die wirtschaftliche Leistung durch Exporte. Damit wird die Abhängigkeit von der ausländischen Nachfrage stärker und weltwirtschaftliche Krisen schlagen leichter auf die Volkswirtschaft durch. Allerdings muss der Index in Abhängigkeit von der Größe eines Landes und seinen Ressourcen interpretiert werden. 1991 wurden Waren im Wert von 24 % des BIP exportiert, 2012 waren es 41,5 %. Bezieht man die Exportquote nicht nur auf die Ausfuhr von Waren, sondern auf die Ausfuhr von Waren und Dienstleistungen, so ist sie noch höher (1991: 26 %; 2012: 52,3 %). Der Exportanteil der deutschen Volkswirtschaft hat sich seit 1993 kontinuierlich erhöht.
- **Außenhandelssaldo**: Nicht nur die Exporte lassen sich ins Verhältnis zum BIP setzen, sondern auch der Außenhandelssaldo, der sich aus der **Differenz von Exporten und Importen** ergibt. Der Außenhandelssaldo ist in Deutschland traditionell positiv, das heißt, es wird mehr exportiert als importiert. Gemessen am BIP hat sich der Außenhandelssaldo von 0,7% des BIP in 1991 bis 2012 auf 7,1% gesteigert.
- **Offenheitsgrad:** Neben den Exporten und dem Außenhandelssaldo lässt sich der **Anteil der Summe der Exporte und Importe am BIP** betrachten. Anhand dieses Index kann man den Offenheitsgrad einer Volkswirtschaft messen und damit die Bedeutung des internationalen Handels einschätzen. Je höher er ist, desto offener ist die Volkswirtschaft. Der deutsche Offenheitsgrad hat sich seit den 1990er Jahren verdoppelt und lag 2012 bei 75,9%.
- **Importdurchdringung:** Dieser Index bezieht sich auf eine Teilgröße des BIP. Die Importdurchdringung wird ermittelt als **Anteil aller Importe an der inländischen Nachfrage** einer Volkswirtschaft. Die inländische Nachfrage ergibt sich als das um den Außenbeitrag verminderte BIP. Sie gibt an, was die Volkswirtschaft insgesamt für Investitionen, Konsum und Staatsausgaben verwendet. Je höher der Wert der Importdurchdringung ist, desto größer ist die **Importabhängigkeit**. Dieser Indikator ist ein Maß für die Deckung der Inlandsnachfrage durch ausländische Produkte. Auch müssen bei der Interpretation die Größe und die verfügbaren Ressourcen eines Landes beachtet werden: kleinere Länder sind grundsätzlich eher auf Importe zur Deckung ihrer Nachfrage angewiesen als größere Volkswirtschaften. In Deutschland wurde Anfang der 1990er Jahre weniger als 20% der inländischen Nachfrage durch Importe gedeckt, 2012 mit 48,7 % fast die Hälfte.

Zusammenfassung: alle Indikatoren zeigen, dass die Bedeutung des Außenhandels für die deutsche Volkswirtschaft im betrachteten Zeitraum zugenommen hat.

Zu (2): Es gibt weiterhin verschiedene Möglichkeiten, die **Entwicklung des deutschen Außenhandels** im **Vergleich zu anderen Ländern** zu beleuchten: Zum Beispiel kann der deutsche Anteil am Welthandel errechnet werden, oder es werden Kennziffern wie die der Export-Performance oder die Terms of Trade ermittelt.

- **Export-Performance:** Sie ist ein Index, mit dessen Hilfe die **Wettbewerbsfähigkeit** des deutschen Außenhandels gemessen wird. Gezeigt wird die relative Bedeutung eines deutschen Exportanstiegs, indem sie ihn ins Verhältnis zur Importentwicklung der Partnerländer setzt. Die Frage dabei ist, wie sich der deutsche Marktanteil verändert. Die Export-Performance verbessert sich, wenn sich die deutschen Exporte dynamischer entwickeln als die Importe der Partnerländer. Der deutsche Export wächst dann nicht nur, weil die Partner ihre Importe ausweiten, sondern er wächst stärker. Das STATISTISCHE BUNDESAMT (2012, S. 49) hat für die vergangenen Jahre folgende Werte für den deutschen Export-Performance-Index (mit der Basis des Jahres 2010 = 100) berechnet: 2007: 113; 2008: 107; 2009: 109; 2010: 100; 2011: 99.

- **Terms of Trade:** Sie sind weiterer zentraler außenwirtschaftlicher Indikator. Wörtlich übersetzt bedeuten die Terms of Trade die realen Handelsbedingungen, aber sinngemäß ist es besser, vom **internationalen Tauschverhältnis** zu sprechen. Sie können vereinfacht als der in Einheiten anderer Güter ausgedrückte Preis eines international gehandelten Gutes auf dem Weltmarkt bezeichnet werden. In einem einfachen Zwei-Güter-Fall kann dieser Preis als naturale Austauschbeziehung leicht bestimmt werden. In der Realität werden aber nicht nur zwei, sondern sehr viele Güter international gehandelt. Deshalb werden in der Praxis zur Berechnung des realen Austauschverhältnisses **Preisindizes** verwendet.

> Die Terms of Trade werden als das reale Austauschverhältnis zwischen einer Volkswirtschaft und dem Ausland (übrige Welt) definiert, das in der Relation des Exportgüter-Preisniveaus zum Importgüter-Preisniveau ausgedrückt und jeweils in einer bestimmten Währung (also inländische oder ausländische) nominiert wird.

Die Terms of Trade – genauer die Terms of Trade auf Güterbasis – werden also durch das prozentuale Verhältnis des Preisniveaus von Export- und Importgütern bestimmt:

Terms of Trade = (Preisindex der Exporte ÷ Preisindex der Importe) x 100

Sie werden durch Änderungen von Mengen und Preisen exportierter und importierter Güter beeinflusst. Allgemein gilt: Steigen die Exportpreise bei konstanten (oder sinkenden) Importpreisen bzw. sinken die Importpreise bei konstanten Exportpreisen, verbessern sich die Terms of Trade. Das bedeutet, dass für die gleiche Menge an Exportgütern mehr Importgüter bzw. die gleiche Menge an Importgütern für eine geringere Menge an Exportgütern eingeführt werden kann. Ein bekanntes Beispiel ist, dass immer mehr Ananas exportiert werden müssen, um einen importierten Traktor zu bezahlen – wobei aber die Qualität von Industriegütern wie die des Traktors allmählich steigen kann, während die Qualität von Ananas unverändert bleibt.

- Aus der Entwicklung der Terms of Trade können Rückschlüsse auf die **Leistungsbilanz** gezogen werden: Ihre Verschlechterung zwingt das betreffende Land zu intensiveren Exportanstrengungen und/oder zur Einschränkung seiner Importtätigkeit, um einen gegebenen Saldo der Leistungsbilanz aufrechterhalten zu können. Ihre Verbesserung ermöglicht dagegen höhere Importe ohne Saldoveränderung. Daher dienen sie auch als **Indikator** für die **internationale Wettbewerbssituation** einer Volkswirtschaft. Sie zeigen also, ob sich die Ausfuhr insgesamt gegenüber dem Basisjahr stärker oder weniger stark verteuert hat als die Einfuhr.

Für Deutschland hat das STATISTISCHE BUNDESAMT (2013, S.111) folgende Werte errechnet: 2010 wurde der Index = 100 gesetzt. Für 2008 wurden 98,6 berechnet.

2009: 103,8; 2010: 100; 2011: 98,7; 2012: = 97,1. Dies bedeutet, dass sich die Terms of Trade für Deutschland in den letzten Jahren verschlechtert haben.

2.4.3 Sonstige Indikatoren

Außer den bisher dargestellten Indikatoren gibt es zur Beschreibung außenwirtschaftlicher Entwicklungen – insbesondere zu Vergleichszwecken mit anderen Ländern – Kaufkraftparitäten und den Grad der tarifären und nicht-tarifären Protektion.

Aussagefähigere Ergebnisse als Wechselkursentwicklungen (z.B. beim Vergleich des Bruttoinlandsprodukts zweier Volkswirtschaften) liefern die **Kaufkraftparitäten**. Sie bezeichnen das **Verhältnis zwischen der Kaufkraft zweier Währungen**: Wie viel inländische Geldeinheiten im Inland besitzen die gleiche Kaufkraft wie eine ausländische Geldeinheit im Ausland? So gibt beispielsweise die Kaufkraftparität Deutschlands gegenüber den USA (KP^D_{USA}) an, wie viel Euro in Deutschland die gleiche Kaufkraft besitzen wie ein US-$ in den USA. Kaufkraftparitäten ermöglichen also den Vergleich von in unterschiedlichen Währungseinheiten ausgedrückten Größen. Sie lassen sich jedoch nur für einzelne Güter oder bestimmte Warenkörbe (durchschnittliche Kaufkraftparität) ermitteln. Die Zusammensetzung der Warenkörbe hängt von der jeweiligen Zielstellung ab. Soll beispielsweise das Realeinkommen bestimmter sozialer Gruppen international verglichen werden, so gehen die von dieser Gruppe verbrauchten Güter in den Warenkorb ein und bilden die Grundlage zur Berechnung der durchschnittlichen Kaufkraftparität. Dabei werden die in den Warenkorb aufgenommenen und in Inlandspreisen (P^I) bewerteten Mengen an Gütern und Dienstleistungen (X_i) dividiert durch denselben Warenkorb bewertet zu Auslandspreisen (P^A):

$$KP^I_A = \frac{\sum_{i=1}^{n} P_i^I \cdot X_i}{\sum_{i=1}^{n} P_i^A \cdot X_i}$$

Das **Hauptproblem** dabei besteht v.a. darin, die repräsentativen Gütermengen des Warenkorbes auszuwählen. Zusätzlich könnte bei festen Wechselkursen ein Problem auftreten, wenn der Paritätskurs nicht entsprechend den ökonomischen Verhältnissen auf dem Devisenmarkt festgesetzt wurde. Über- oder Unterbewertungen einer Währung würden dann die Aussagefähigkeit der Kaufkraftparitäten verfälschen.

Als weitere außenwirtschaftliche Indikatoren seien abschließend der **Grad der tarifären Protektion** (v.a. Zölle) sowie der **Umfang der nichttarifären Handelshindernisse** (Einfuhrbeschränkungen in Form von Kontingenten, Importquoten, Normen und Sicherheitsbestimmungen, Verfahren staatlicher Auftragsvergabe – vgl. Abschnitt 6.2.2) erwähnt. Tarifäre Maßnahmen verringern die Möglichkeiten, inländische Produktionskostenvorteile auf den Auslandsmärkten in Preisvorteile umzusetzen. Allerdings wird der internationale Handel derzeit stärker durch nichttarifäre Maßnahmen behindert. Sie sind in Umfang und Wirkung im Gegensatz z.B. zu Zöllen oft schwer zu durchschauen und ihre Intensität kann kurzfristig und stark variiert werden.

▶ **Beispiele**

Die EUROPÄISCHE UNION schottet ihren Markt für Agrargüter durch absurde Gesundheitsvorschriften ab: exotische Früchte werden kurzerhand zu neuartigen Lebensmitteln erklärt und komplizierten Prüfungen unterzogen. EU-Beamte geben offen zu, dass Kartoffeln unter den heutigen Bestimmungen keine Chance mehr hätten, in die EU eingeführt zu werden – ihrer leicht giftigen Blätter wegen.

Die USA haben 2002 die Containersicherheitsinitiative ins Leben gerufen, nach der alle in die USA verschifften Container durch europäische Hafenbehörden geprüft werden sollen, um potenziellen Terroranschlägen auf das internationale maritime Handelssystem vorzubeugen. Diese Überprüfungen und weitere Routinekontrollen der US-Zollbehörden bringen zusätzliche Kosten und Verzögerungen bei Verschiffungen von Maschinen und Elektrogeräten aus der EU in die USA.

Ergebnis: Die exakte empirische Erfassung der Wirkungen protektionistischer Maßnahmen stößt auf eine Reihe von Schwierigkeiten, die schwer lösbar sind: Wie können beispielsweise Zölle mit anderen protektionistischen Maßnahmen vergleichbar gemacht werden? Fest steht: der Grad von Protektionismus lässt sich nicht allein aufgrund der Belastung (Steuern, Zölle) des Endprodukts ermitteln.

Das CENTRUM FÜR EUROPÄISCHE POLITIK in Freiburg berechnet seit 2011 mit dem **CEP-Default-Index** die Fähigkeit von Ländern zur Rückzahlung von Auslandskrediten und damit ihre Kreditwürdigkeit bzw. die Insolvenzgefahr. „Er geht von der Prämisse aus, dass Nettokapitalimporte möglichst umfassend nicht für Konsumausgaben, sondern für Investitionen eingesetzt werden sollten, dass ... einem neuen Auslandskredit kapazitätserhöhende Neuinvestitionen gegenüberstehen sollten, aus deren zusätzlicher Wertschöpfung die Zinsen und die Tilgung des Kredits finanziert werden können."(GERKEN, KULLAS, 2011, S. 9.) In die Berechnung des Index geht (1) der gesamtwirtschaftliche Finanzierungssaldo (näherungsweise der Leistungsbilanzsaldo) und (2) der Umfang der kapazitätssteigernden Investitionen in einer Periode ein. Länder mit Leistungsbilanzüberschüssen exportieren Kapital, sie brauchen keine Auslandskredite. Bei Ländern mit Leistungsbilanzdefiziten, die die Notwendigkeit eines ausländischen Kapitalbedarfs zeigen, ist entscheidend, wofür die Auslandskredite im Inland eingesetzt werden: kapazitätssteigernde Investitionen oder Konsumgüter. Ein negativer CEP-Default-Index bedeutet, dass die Nettokapitalimporte die produktionsschaffenden Investitionen übersteigen, also auch für Konsumfinanzierung verwendet werden. Damit können Risiken für die zukünftige Kreditfähigkeit verbunden sein.

3 Theoretische Fundierung

In diesem Abschnitt folgen wir der Unterteilung in eine **reale** (güterwirtschaftliche) und eine **monetäre** Außenwirtschaftstheorie. Aufgrund der starken gegenseitigen Abhängigkeit zwischen realen und monetären Größen kann eine solche Trennung nicht vollständig befriedigen. Es fehlt bisher jedoch ein in sich geschlossener integrativer Ansatz.

3.1 Reale Außenwirtschaftstheorie

3.1.1 Bestimmungsgründe des internationalen Handels

Die **Vorteile** einer weltweiten Arbeitsteilung begründete ADAM SMITH (1723–1790) bereits im Jahre 1776:

„Bei jedem klugen Hausvater ist es eine Regel, niemals etwas im Hause machen zu lassen, was ihn weniger kosten würde, wenn er es kaufte. Dem Schneider fällt es nicht ein, seine Schuhe zu machen, sondern er kauft sie vom Schuhmacher; dem Schuhmacher fällt es nicht ein, sich seine Kleider zu machen, sondern er beschäftigt den Schneider, und dem Landmann fällt es nicht ein, sich eines oder das andere zu machen, sondern er setzt jene beiden Handwerker in Nahrung. Alle diese Leute finden es in ihrem Interesse, ihren Gewerbefleiß auf diejenige Art anzuwenden, in der sie etwas vor ihrem Nachbarn voraushaben, und dann ihren übrigen Bedarf mit einem Teile ihres eigenen Erzeugnisses oder ... mit dem Preis eines seines Teiles zu kaufen.

Was aber in der Handlungsweise einer Familie Klugheit ist, das kann in der eines großen Reiches wohl schwerlich Torheit sein. Wenn uns ein fremdes Land mit einer Ware wohlfeiler versehen kann, als wir sie selbst zu machen imstande sind, so ist es besser, dass wir sie ihm mit einem Teile vom Erzeugnis unseres eigenen Gewerbefleißes, in welchem wir vor dem Auslande etwas voraushaben, abkaufen" (A. SMITH, Der Reichtum der Nationen, 2. Band, Leipzig 1924, S. 30f.).

3.1.1.1 Ursachen für die Vorteilhaftigkeit des internationalen Handels

SMITH sah die Vorteilhaftigkeit des internationalen Handels in **unterschiedlichen Produktionskosten**, die sich letztlich in Preisunterschieden niederschlagen. Daneben lassen sich weitere objektive Tatbestände und subjektive Entscheidungen finden: (1) Nichtverfügbarkeit von Gütern im Inland und (2) Käuferpräferenzen infolge von z.B. Produktdifferenzierungen oder Qualitätsvorteilen:

[1] Bei der **Nichtverfügbarkeit von Gütern** spielen Preisunterschiede für den internationalen Handel keine oder nur eine untergeordnete Rolle. Im Vordergrund steht vielmehr die Befriedigung produktions- und/oder konsumseitiger Nachfrage. Ein Land importiert Güter, wenn ihre Erzeugung nicht oder nur in unzureichendem Maße im Inland möglich ist. Dafür gibt es verschiedene Ursachen. So können die natürlichen Voraussetzungen (geologisch, klimatisch) fehlen. Es kann aber auch an den Produktionstechnologien (technologische Lücke) bzw. an der Qualifikation des Humankapitals mangeln oder Produktionsengpässe begrenzen die inländische Herstellung. Nicht alle Produktionsrestriktionen können im Laufe der Entwicklung überwunden werden. Deshalb macht es Sinn, zwischen **dauerhaftem** und **temporärem** Mangel an Verfügbarkeit zu unterscheiden. Klimatische und andere natürliche Bedingungen begrenzen dauerhaft die Produktionsmöglichkeiten einer Volkswirtschaft, fehlende Rohstoffe können nur langfristig und auch nur teilweise substituiert werden. Andere Restriktionen dagegen lassen sich z.B. durch Innovation, Ausbildung oder Investitionen (Kapazitätsengpässe) beseitigen.

[2] Wäre die unterschiedliche Güterverfügbarkeit alleinige Ursache für Handelsströme, so ergäbe sich aus der Sicht des jeweiligen Landes eine eindeutige Richtung (gleiches gilt auch bei Preisdifferenzierungen): Einige Güter wären ausschließlich

Importgüter, andere Exportgüter. Es zeigt sich aber, dass **Produktdifferenzierungen** innerhalb der gleichen Güterart im internationalen Handel – insbesondere zwischen den Industrienationen – zu einer Diversifikation der Nachfrage führen. Dies wird auch als **intrasektoraler Außenhandel** bezeichnet. Dabei findet die internationale Spezialisierung zwischen Teilsektoren eines Wirtschaftszweiges statt. Es werden ähnliche oder sogar gleiche Güter ausgetauscht. Beispiel: Deutsche kaufen französische und Franzosen deutsche Autos. Der Käufer entscheidet auf der Grundlage **individueller Präferenzen**, die Ausdruck subjektiver Bewertungen sind: Güter werden aus Gründen echter oder eingebildeter Qualitätsvorteile (**sachliche** Präferenz) oder aus besonderer persönlicher Neigung zum Lieferland (**persönliche** Präferenz) gekauft. Der Vorteil gegenüber vergleichbaren einheimischen Produkten resultiert dabei aus dem höheren subjektiven Nutzen. Dieser – von Preisüberlegungen oft unbeeinflusste – internationale Austausch nimmt mit steigendem Pro-Kopf-Einkommen zu.

In der güterwirtschaftlichen Außenwirtschaftstheorie spielen das Verfügbarkeitsargument und die Produktdifferenzierungen (Käuferpräferenzen) eine wichtige Rolle. Allerdings fehlt es aufgrund der zeitlichen Komponente (Güterverfügbarkeit) bzw. und rein subjektiver Bewertungskriterien (Käuferpräferenzen) an geschlossenen theoretischen Modellansätzen. Nicht nur deshalb steht der Aspekt der **internationalen Preisdifferenzierungen** im Mittelpunkt der Außenhandelstheorie. Nach dem **Freihandelsargument** ist es sinnvoll, Güter in dem Land zu kaufen, wo sie am billigsten hergestellt werden können. Jedes Land verfügt über eine begrenzte Menge unterschiedlicher Produktionsfaktoren. Das führt letztlich dazu, dass einzelne Wirtschaftszweige mit einer „natürlichen Überlegenheit" gegenüber anderen Ländern ausgestattet sind und entsprechende Güter billiger produzieren und verkaufen können. Ergebnis: Ein Land sollte im Rahmen der internationalen Arbeitsteilung solche Güter exportieren, die es mit geringeren Kosten selbst produzieren kann, und Güter importieren, bei denen es gegenüber dem Ausland höhere Produktionskosten hätte. Wo liegen die **Ursachen** von Kosten- und Preisvorteilen? Sie lassen sich letztlich v.a. auf Unterschiede in den Produktionsbedingungen (Produktionsverfahren und die Ausstattung mit Produktionsfaktoren) zurückführen. Bezogen auf die **Unterschiede in den Produktionsverfahren** wären (a) natürliche Produktionsbedingungen (z.B. unterschiedliche Abbautiefen, Bodenqualität), (b) unterschiedliche technologische Verfügbarkeit (**technologische Lücke**) und (c) die Größe der **Binnenmärkte** (**Vorteile der Massenproduktion –** economies of scale) zu nennen.

3.1.1.2 Unterschiedliche Faktorausstattungen

Bisher wurden internationale Preisdifferenzen nur auf (relative) Produktivitätsunterschiede infolge unterschiedlicher Produktionsverfahren zurückgeführt. Die quantitative Faktorausstattung wird dabei weitgehend vernachlässigt. Der internationale Handel kann sich jedoch ebenfalls lohnen, wenn sich die Länder auf gleichem Produktivitätsniveau befinden. Voraussetzung ist dann, dass sie sich durch die Ausstattung mit Produktionsfaktoren unterscheiden (**unterschiedliche Faktorausstattung**). 1919 entwickelte ELI FILIP HECKSCHER (1879–1952) einen diesbezüglichen Erklärungsansatz über Richtung und Struktur internationaler Güterströme, der 1933 von BERTIL OHLIN (1899–1979) weiterentwickelt wurde. Das sogenannte **Heckscher-Ohlin-Theorem** (Faktorproportionen-Theorem) macht deutlich, dass die relative Ausstattung mit Produktionsfaktoren zu einer **wichtigen Bestimmungsgröße** für die Richtung internationaler Güterströme und das Volumen des Außenhandels werden kann.

▶ **Beispiel**

Land A sei reich an Kapital und arm an Arbeitskräften, während es im Land B umgekehrt ist. Entsprechend dem Wirkungsmechanismus von Angebot und Nachfrage führen diese unterschiedlichen Faktorproportionen zu differenzierten **Faktorpreisproportionen**. Im Land A wird Kapital relativ zum Faktor Arbeit billig sein. Umgekehrt im Land B, das reich an Arbeitskräften ist. Es unterscheiden sich folglich die Faktorpreise (Zins und Lohn) in ihren Proportionen. Das führt dazu, dass (relativ) kapitalreiche Länder kapitalintensive Güter exportieren und arbeitsintensive Güter importieren (umgekehrt bei arbeitsreichen Ländern).

Nach dem Heckscher-Ohlin-Theorem gilt allgemein, dass ein Land die Güter exportieren (importieren) wird, bei dessen Produktion der relativ reichlich (knapp) vorhandene Produktionsfaktor besonders intensiv genutzt wird.

Allerdings lässt sich diese Hypothese heute nicht mehr für die Handelsbeziehungen zwischen allen Ländergruppen empirisch belegen. Zwar kann man zwischen Industrie- und Entwicklungsländern eine deutliche Richtung der jeweiligen Güterströme nachweisen: Industrieländer exportieren in Entwicklungsländer fast ausschließlich kapitalintensive Güter und importieren aus diesen Ländern Güter, die mit hoher Arbeitsintensität hergestellt wurden. Und umgekehrt. Aber für die Handelsbeziehungen zwischen entwickelten Industrieländern lassen sich so eindeutige Aussagen nicht treffen (**Leontief-Paradoxon**). Empirische Untersuchungen, die WASSILY LEONTIEF (1909–1999) für die USA erstmals 1947 und in späteren Jahren durchführte, widersprachen dem Heckscher-Ohlin-Theorem: Die USA exportierten überwiegend arbeitsintensive Güter und importierten vorwiegend kapitalintensive Güter. Als mögliche Gründe dafür seien hier nur **umschlagende Faktorintensitäten**, **Faktordifferenzierungen** oder **Protektionismus** genannt. Bei umschlagenden Faktorintensitäten wird bei einer Zunahme der Produktionsmenge aus einer arbeitsintensiven eine kapitalintensive Produktion (oder umgekehrt). Von Faktordifferenzierungen sprechen wir, wenn ein Produktionsfaktor nicht homogen ist. So exportieren die USA zwar arbeitsintensive Güter, aber die Arbeit ist hochqualifiziert, beispielsweise bei Mikrochips.

Die Bestimmungsgründe für die Vorteilhaftigkeit des Außenhandels wirken meist in Kombination. Das gilt auch für Länder, die bei allen Gütern absolute Kosten- bzw. Preisvorteile aufweisen. Die Erklärung hierfür liegt in der Bedeutung komparativer (relativer) Kostenvorteile. Denn die Vorteilhaftigkeit des internationalen Handels bei Existenz **absoluter Kostenvorteile** (ADAM SMITH) ist offensichtlich. Danach ist ein Güteraustausch sinnvoll, wenn Güter in einem Land absolut kostengünstiger produziert und preisgünstiger angeboten werden können als in einem anderen Land.

3.1.1.3 Theorie der komparativen Kostenvorteile

Wären die absoluten Kostenvorteile der einzige Grund, so hätte ein Land, das alle Güter billiger produzieren kann, keine Vorteile aus dem internationalen Handel. Indes begünstigen nicht nur absolute Kostenvorteile, sondern auch **komparative (relative) Kostenvorteile** einen internationalen Güteraustausch.

Unter komparativen Kosten ist das Verhältnis der Produktionskosten eines Gutes zu einem anderen – ausgedrückt in realen Größen – zu verstehen. Es gehört zu den herausragenden Leistungen von DAVID RICARDO (1772–1823), die Bedeutung der komparativen Kostenvorteile für den internationalen Handel herausgearbeitet zu haben. Zusammengefasst beinhaltet sein **Theorem der komparativen Kosten** (1817):

> Internationaler Handel und internationale Arbeitsteilung lohnen sich selbst für solche Länder, die alle Güter zu geringeren (absoluten) Kosten als das Ausland produzieren können. Wichtig ist nur, dass bestimmte Güter in den Ländern mit komparativen (relativen) Kostenvorteilen produziert werden oder: Die Kostenüberlegenheit muss bei den einzelnen Gütern unterschiedlich groß sein.

Ein einfaches Beispiel – angelehnt an RICARDO – soll diese Aussage verdeutlichen.

▶ Beispiel

In einem einfachen Modell produzieren zwei Länder (Portugal und England) jeweils zwei Güter (Wein und Tuch), wobei beide jeweils nur ein Gut handeln. Obwohl Portugal Wein und Tuch zu niedrigeren Kosten (gemessen in Arbeitszeit) herstellen kann, kommt es zu folgenden Handelsströmen: Portugal exportiert Wein nach England und importiert englisches Tuch. In England ist es genau umgekehrt. Warum? In Portugal ist der Kostenvorteil bei der Weinproduktion deutlich größer als bei der Tuchherstellung (Produktivitätsunterschiede). Daraus folgt, dass der komparative Kostenvorteil Portugals bei der Weinproduktion liegt. Eine Spezialisierung auf Wein lohnt sich, wenn Tuch im Handel mit England gegen Wein eingetauscht wird: Weil in Portugal weniger Arbeit für die Erzeugung von Wein benötigt wird als für die Eigenproduktion von Tuch (geringere Opportunitätskosten bei Wein). Im Gegensatz dazu liegt der komparative Kostenvorteil in England bei der Tuchherstellung. Die Arbeitszeit, die hier zur Erzeugung des Tuchäquivalents für den Weinimport aus Portugal anfällt, ist geringer als bei der eigenen Weinherstellung. Portugal (Wein) und England (Tuch) werden sich auf jeweils das Gut spezialisieren, das sie relativ an günstigsten herstellen können. Spezialisierung und gegenseitiger Austausch ermöglichen beiden Ländern, ihre Produktionsfaktoren optimal auszunutzen. Dadurch schaffen sie ein Güterangebot (Verschiebung der Transformationskurve nach außen), das sie bei Selbstproduktion beider Güter nicht erreichen könnten. Beide Länder steigern durch den internationalen Handel ihre Wohlfahrt.

> Ergebnis: Der internationale Handel ermöglicht den beteiligten Ländern eine Ausweitung der Produktionskapazitäten (effektiver Ressourceneinsatz) und vergrößert damit letztlich die Konsummöglichkeiten (Steigerung des Wohlstandes).

Ein weiterer Grund: Freier Handel bedeutet Öffnung der nationalen Märkte für ausländische Konkurrenz. Infolge sich **verstärkenden Wettbewerbs** erhöhen sich Wachstumsdynamik, innovative Aktivitäten und Anpassungsflexibilität. Mit steigender

Produktdifferenzierung erweitern sich die Auswahlmöglichkeiten der Konsumenten. Dies sind überzeugende Argumente für freien internationalen Handel.

3.1.2 Freihandel oder Protektionismus?

Aufbauend auf den Vorteilen der internationalen Arbeitsteilung entwickelten ADAM SMITH, DAVID RICARDO, JOHN STEWART MILL (1806–1873) u.a. das **außenwirtschaftliche Leitbild** des Freihandels (**Freihandelsprinzip**). Sein Ziel besteht letztlich in der Schaffung „binnenmarktähnlicher Verhältnisse" für den internationalen Güter- und Dienstleistungsverkehr.

> **Freihandel** bedeutet, dass im Rahmen der staatlichen Außenwirtschaftspolitik auf alle Maßnahmen verzichtet wird, die den Waren- und Leistungsaustausch zwischen den Volkswirtschaften einschränken. Ein solcher Verzicht umfasst güterwirtschaftliche (Zölle, Kontingente, nicht-tarifäre Maßnahmen, Steuern oder Subventionen) und auch währungspolitische Maßnahmen wie z.B. Devisenbewirtschaftung.

Auf dieser Grundlage würden die **Vorteile der internationalen Arbeitsteilung** umfassend realisiert: Freier Wettbewerb unabhängiger Produzenten und Konsumenten bewirkt dann ohne Eingriffe des Staates eine Erhöhung des Wohlstandes (Wachstumsimpuls) in allen Ländern, die wirtschaftlich miteinander verbunden sind. Vor diesem Hintergrund kann im Freihandel eine notwendige Bedingung für ein höheres Einkommens- und Beschäftigungsniveau gesehen werden.

Den entsprechenden **Wachstumsimpuls** wollen wir mit Hilfe eines einfachen Modells (**Lokomotiventheorie**) verdeutlichen:

Die Höhe des Inlandsprodukts im Inland (Y_i) wird bestimmt durch Konsum (C_i), Investitionen (I_i), Staatsausgaben (Ast_i) und den Saldo aus Export (Ex_i) minus Import (Im_i). Werden nun im Inland z.B. die Staatsausgaben erhöht, steigt hier das Inlandsprodukt. Da die Importe gemäß Importfunktion neben der autonomen Komponente ($Im_{aut\ i}$) von der Höhe des Inlandsprodukts bestimmt werden (2), steigen ceteris paribus die Importe gemäß der marginalen Importquote (m). Die Importe des Inlands sind gleichzeitig die Exporte des Auslands (Ex_a), wo nun ebenfalls das Inlandsprodukt steigt (3). Da auch im Ausland die Importe inlandsproduktabhängig sind (4), werden nun die Importe des Auslands steigen, die ihrerseits die Exporte des Inlands sind, usw.

(1) $Y_i = C_i + I_i + Ast_i + Ex_i - Im_i$

(2) $Im_i = Im_{aut\ i} + mY_i$

(3) $Y_a = C_a + I_a + Ast_a + Ex_a - Im_a$

(4) $Im_a = Im_{aut\ a} + mY_a$

Über diesen Mechanismus können Wachstumsimpulse (aber auch Abwärtsbewegungen) von einer Volkswirtschaft auf andere übertragen werden. Das setzt jedoch Freihandel voraus. Weitere Voraussetzungen: die Partnerländer weisen politische und wirtschaftliche Stabilität auf und die „Lokomotive" ist eine große Volkswirtschaft.

Die wachstumssteigernden Impulse des freien Handels sind unbestritten. Offen bleibt allerdings, ob alle Länder daraus den gleichen Vorteil ziehen können. Die bisherige Entwicklung führte zu einem anderen Ergebnis: Länder, die auf den Export von agrarischen Erzeugnissen und Rohstoffen angewiesen sind, sind schlechter gestellt als

Länder, die industrielle Fertigprodukte exportieren. Die Preisschere zwischen Agrarprodukten und Rohstoffen einerseits und industriellen Erzeugnissen anderseits ist weiter auseinander gegangen. Das erschwert den Industrialisierungsprozess in den weniger entwickelten Ländern. Wenn jedoch die Entwicklung der Produktivkräfte dieser Länder vom Freihandel nicht unterstützt wird, erscheinen protektionistische Maßnahmen dieser Länder – und nur dieser Länder – in einem anderen Licht.

Protektionismus umfasst die Gesamtheit von staatlichen Maßnahmen (Zölle, Kontingente, nicht-tarifäre Handelshemmnisse, Steuern, Subventionen oder Devisenbewirtschaftung), die zum Schutz der einheimischen Industrie oder bestimmter Wirtschaftszweige vor ausländischer Konkurrenz ergriffen werden.

Bereits die Begründer des Freihandelsprinzips erkannten, dass unter bestimmten Bedingungen Eingriffe des Staates und damit **Einschränkungen des freien Handels** gerechtfertigt sein können. Sie sollen – wie z.B. Importquoten – die Entwicklung der heimischen Industrie für einen begrenzten Zeitraum vor der Konkurrenz der entwickelten Länder schützen. Dies ist das sogenannte **Schutzzoll- bzw. Erziehungszollargument** von FRIEDRICH LIST (1789–1846). Schutzzölle förderten beispielsweise in Deutschland im 19. Jahrhundert den Industrialisierungsprozess, der sich vor dem Hintergrund einer bereits mächtigen englischen Konkurrenz vollziehen musste.

Weitere **Gründe für protektionistische Maßnahmen** können sein: (1) Schutz „strategischer“ Wirtschaftszweige (Autarkiebestrebungen), (2) Schutz von Strukturanpassungsprozessen (z.B. Überwindung von Monokulturen) oder (3) Importzölle für Luxusgüter in unterentwickelten Ländern (Quelle von Staatseinnahmen, Beschränkung des Devisenabflusses – **Finanzzollargument**).

Unterentwickelten Ländern wird im Allgemeinen ein **zeitlich befristeter Schutz** vor der Konkurrenz der Industrienationen zugestanden. Solche Ausnahmen dürfen jedoch nicht als Rechtfertigung für Schutzzölle bzw. Importkontingente dienen, die entwickelte Industriestaaten zugunsten einheimischer Wirtschaftszweige ergriffen haben. Trotz des prinzipiellen Bekenntnisses zum außenwirtschaftlichen Leitbild des Freihandels finden wir auch hier Beispiele protektionistischer Maßnahmen zum Schutz einheimischer Wirtschaftszweige vor ausländischer Konkurrenz:

▶ Beispiele

- Im Dezember 2003 mussten z.B. die USA nach zähen Verhandlungen und der Androhung von Sanktionen die Zwangszölle auf Stahl aufheben.
- Im Mai 2012 führten die USA Strafzölle von 31 % bis 250 % auf chinesische Solarprodukte mit der Begründung ihrer hohen Subventionierung durch den chinesischen Staat ein. Die EU folgte Mitte 2013.

Die **Regelungen des EU-Agrarmarktes** behindern den Import von agrarischen Erzeugnissen aus anderen Ländern – insbesondere aus Entwicklungsländern. Derartige oft beschäftigungspolitisch begründete Maßnahmen greifen – wenn überhaupt – sehr kurz. Einerseits ist fraglich, ob diese Politik langfristig tatsächlich mehr Wachstum und Beschäftigung schafft. Sie lässt andererseits wichtige Zusammenhänge außer Acht:

[1] Die betroffenen Länder werden mit Gegenmaßnahmen (z.B. sogenannten **Retorsionszöllen** – das sind Kampfzölle, Vergeltungszölle) reagieren.

[2] Die entgangenen Exporteinnahmen fehlen diesen Ländern für Importe (vgl. Lokomotiventheorie).

[3] Die Subventionierung wettbewerbsschwacher Branchen bindet produktive Ressourcen, die Wachstumsbereichen nicht zur Verfügung stehen (**Potenzialentzug**). Folge: Verschlechterung der Investitions- und Innovationsbedingungen.

[4] Und nicht zuletzt können protektionistische Maßnahmen zu **negativen Nachfragewirkungen** führen, die als Folge höherer Verbraucherpreise für einheimische Produkte auftreten.

Diese wenigen Pro-und-Contra-Argumente lassen bereits erkennen, dass letztlich zwischen **Effizienz** und **sozialer Gerechtigkeit** abzuwägen ist: Freihandel ist zwar effizient, bietet aber den unterentwickelten Ländern keine Gewähr für eine langfristig optimale Entwicklung ihrer Wirtschaftsstruktur. Zudem führt eine Abschottung möglicherweise zu einer positiven Entwicklung, von der aber vornehmlich privilegierte Gruppen und nicht die Bevölkerung insgesamt profitieren.

3.2 Monetäre Außenwirtschaftstheorie

Die monetäre Außenwirtschaftstheorie befasst sich vorrangig mit der **Zahlungsbilanz ex ante** und ihren Einflussgrößen (**Zahlungsbilanzmechanismen**). Als bestimmende Größen werden (1) der Wechselkurs, (2) das Preisniveau (Einfluss unterschiedlicher Inflationsraten auf die Richtung von Handelsströmen), (3) die Höhe des Volkseinkommens (einkommensabhängiger Teil der Importe gemäß Importfunktion) und (4) die Höhe und Struktur der Zinssätze (Determinante für Entscheidungen im Rahmen des Kapitalverkehrs) angesehen. Wir wollen uns auf die **Wechselkurstheorie** konzentrieren, die im Mittelpunkt der monetären Außenwirtschaftstheorie steht. Sie erklärt den Stand und die Entwicklung von flexiblen Wechselkursen.

(1) Wir wissen bereits, dass der Wechselkurs durch Devisenangebot und Devisennachfrage bestimmt wird. Wichtige Einflussgrößen (Preisverhältnisse, Zinsunterschiede oder Wechselkurserwartungen) müssen aber einbezogen werden, wenn es um die **grundlegenden Bestimmungsgründe des Wechselkurses** geht. Sie entscheiden – neben den Interventionen der Zentralbank – über seine Höhe. Allerdings sind die auftretenden Zusammenhänge derart komplex, dass wir uns auf einige zentrale Einflussgrößen konzentrieren werden (vgl. zu kurz-, mittel- und langfristiger Beeinflussung des Wechselkurses DIECKHEUER, 2001, S. 293ff.).

(2) Zuerst soll der **Preismechanismus** untersucht werden.

▶ Anwendungsfall 1: Preismechanismus

In der Ausgangssituation sei die Inflationsrate in Deutschland niedriger als in den USA: deutsche Güter werden auf dem amerikanischen Markt mit der Zeit relativ billiger. Die deutschen Exporte werden steigen. Folglich erhöht sich die Nachfrage deutscher Exporteure nach Euro auf dem Frankfurter Devisenmarkt. Gleichzeitig – da der Einkauf für deutsche Unternehmen bei einer steigenden Inflationsrate in den USA teurer wird – werden die Importe zurückgehen. Deutsche Importeure werden weniger Dollar benötigen und ihr Angebot an Euro verringern. Der Wechselkurs des Euro wird steigen, was eine Aufwertung des Euro (Abwertung des US-$ – vgl. Abschnitt 2.1.1) bedeutet. In der Folge werden die deutschen Exporte in die USA tendenziell – bei gleichzeitiger Zunahme der Importe aus den USA – zurückgehen. Der Wechselkurs passt sich dieser Entwicklung an.

Bei unterschiedlichem Preisniveau zwischen zwei Ländern, werden die Exporte des preisstabilen Landes zunehmen, seine Importe abnehmen. Dagegen werden die Exporte des inflationären Landes abnehmen, während seine Importe gleichzeitig zunehmen. Unterschiedliche Preisrelationen führen somit zur Änderung internationaler Güterströme. Sie tragen einerseits zur Bestimmung der Höhe des Wechselkurses bei, andererseits sind sie jedoch auch eine Wirkung von Wechselkursänderungen.

(3) Unter der Voraussetzung konstanter Preise und konstanter Wechselkurse soll nun die Wirkung des **Einkommensmechanismus** dargestellt werden.

▶ Anwendungsfall 2: Einkommensmechanismus

Exporte sind eine Komponente der gesamtwirtschaftlichen Nachfrage. Sie wirken wie die übrigen Komponenten auf die Höhe des Volkseinkommens. Steigen sie, erhöht es sich. Der Multiplikatorprozess sorgt dafür, dass von den Einkommenssteigerungen in der Exportgüterindustrie alle Bereiche der Volkswirtschaft profitieren. Die Höhe der Exporte eines Landes wird allerdings nicht unmittelbar durch Veränderungen des inländischen Volkseinkommens berührt. Sie hängt vielmehr vom Volkseinkommen des Auslands ab. Bei Importen ist es anders Sie werden vom sogenannten autonomen (einkommensunabhängigen) und dem einkommensabhängigen Import bestimmt (**Importfunktion**: $Im = Im_{aut} + mY$, wobei m = marginale Importquote). Mit steigendem Volkseinkommen erhöht sich also die Nachfrage nach Importgütern und umgekehrt (vgl. Abschnitt 3.1.2). Dadurch entsteht ebenfalls eine Tendenz zum Ausgleich der Zahlungsbilanz.

(4) Bedeutsam ist auch der **Zinsmechanismus** für die Wechselkursentwicklung.

▶ Anwendungsfall 3: Zinsmechanismus

Ausgangssituation: Das deutsche Zinsniveau sei niedriger als das im Ausland ($i_{Inland} < i_{Ausland}$). Das führt (Fall der USA) dazu, dass Deutsche verstärkt ihr Geld dort anlegen, der Kapitalexport steigt. Die deutschen Anleger werden mehr Euro anbieten, um Dollar zu erwerben. Gleichzeitig werden zinstragende Aktiva in Deutschland für Amerikaner unattraktiver. Der deutsche Kapitalimport und damit die Nachfrage nach Euro gehen zurück. Ergebnis: der Wechselkurs sinkt (Abwertung des Euro). Dadurch verringert sich der Zinsvorteil, was eine Abnahme der Kapitalexporte und eine Zunahme der Kapitalimporte bewirkt usw.

Zweifelsfrei spielen auch **Arbitrage- und Spekulationsgeschäfte** eine Rolle bei der Bestimmung des Wechselkurses. Bei Arbitragegeschäften handelt es sich um Transaktionen, die nach Prüfung der konkreten Bedingungen auf verschiedenen Teilmärkten realisiert werden. Dadurch kommt es zu einer weitgehenden Preisangleichung zwischen den Teilmärkten.

Bei **Wechselkursarbitrage** werden die bestehenden Kursdifferenzen zwischen Währungen auf verschiedenen Devisenmärkten (z.B. London und New York) ausgenutzt. Währungen werden am „billigen" Markt gekauft und am „teureren" Markt mit Gewinn verkauft (Devisenhändler).

Wenn zwischen inländischem und ausländischem Zinsniveau Unterschiede auftreten, nutzen die Marktteilnehmer diese Differenz (**Zinsarbitrage**), um die Renditen von Geld- und Kapitalmarktforderungen zu erhöhen oder Kreditkosten zu verringern. Bei derartigen Überlegungen muss auch das **Wechselkursrisiko** berücksichtigt werden: Eine Anlage in US-Wertpapieren würde sich auf den ersten Blick lohnen, wenn das Zinsniveau in den USA höher ist als im Euroraum. Auf den zweiten Blick könnte der Zinsgewinn aber durch einen auftretenden Kursverlust beim Rücktausch von US-$ in Euro kompensiert oder überkompensiert werden.

Von den Arbitragegeschäften unterscheiden sich die **Spekulationsgeschäfte** grundsätzlich. Ihr Motiv besteht darin, durch Preis- oder Kursdifferenzen auf demselben Markt im Zeitablauf Gewinne zu erzielen. Bei **Devisenspekulationen** beispielsweise kaufen bzw. verkaufen Marktteilnehmer Devisen, um aus den erwarteten Wechselkursänderungen Gewinne zu realisieren. Grundlage sind hier im Gegensatz zu Arbitragen **subjektive Kurserwartungen**. (1) Wird eine gegenläufige Kursentwicklung erwartet, wird bei steigenden Kursen verkauft oder im umgekehrten Fall gekauft. Kursschwankungen werden folglich gedämpft (**marktregulierende Funktion**). (2) Wird dagegen von einem Anstieg bzw. Fallen der Wechselkurse ausgegangen, wird weiter gekauft bzw. verkauft. Dadurch werden Ausmaß und Geschwindigkeit der Kursschwankungen verschärft (**Destabilisierung**).

Arbitrage und Spekulation treten selten in „reiner" Form auf. Vielmehr sind Spekulationsgeschäfte oft mit Arbitragegeschäften (insbesondere mit der Zinsarbitrage) gekoppelt und werden häufig gleichzeitig auf dem Kassamarkt und dem Terminmarkt getätigt. Auf dem **Kassamarkt** sind die Käufe/Verkäufe von Devisen unverzüglich abzuwickeln. In der Praxis wird ein Teil der Geschäfte innerhalb von zwei Werktagen nach Abschluss des Geschäfts ausgeführt. Seit 2002 gibt es das **Continuous Linked Settlement** – CLS, über das dieser Prozess taggleich erfolgt. Demgegenüber sind Geschäfte auf dem **Terminmarkt** auf einen Kauf/Verkauf von Devisen in der Zukunft gerichtet (Terminkurs). Die Laufzeiten von Termingeschäften liegen üblicherweise bei 30, 60 oder 90 Tagen sowie bei sechs und zwölf Monaten (längere Fristen sind die Ausnahme). Auf dem Terminmarkt werden also Geschäfte abgeschlossen, bei denen die Konditionen „heute" festgelegt werden, der Umtausch indes erst später per Termin erfolgt. So kann beispielsweise ein Zinsarbitrageur, der sein Geld heute in amerikanischen Wertpapieren angelegt, die am Fälligkeitstag erwarteten US-$ gleichzeitig zum heute gültigen Terminkurs[4] verkaufen. Dadurch vermeidet er das Wechselkursrisiko. Kassa- und Terminkurse verlaufen in hohem Maße parallel.

Arbitrage- und Spekulationsgeschäfte werden von tiefergehenden Ursachen (**Fundamentalfaktoren**) überlagert, die sich auf Güterströme (Kaufkraftparitäten) bzw. Kapitalströme (Zinsparitäten) beziehen können.

Der **Kaufkraftparitätentheorie** kommt bei der Bestimmung des Wechselkurses eine zentrale Bedeutung zu. Sie erklärt den Wechselkurs im System freier Wechselkurse mit der inneren Kaufkraft bzw. dem Geldwert der Währungen (vgl. Abschnitt 2.4.3). In der **absoluten Version** des Kaufkraftparitätentheorems (klassischer Ansatz) wird davon ausgegangen, dass der Wechselkurs ausschließlich durch das Verhältnis zwischen inländischem und ausländischem Preisniveau bestimmt wird. Danach entspricht der Gleichgewichtskurs auf dem Devisenmarkt diesem Preisverhältnis. Bei Abweichungen des Wechselkurses von der Kaufkraftparität entstehen folglich Salden in der Leistungsbilanz und der Wechselkurs passt sich in einem System freier Wechselkurse automatisch der Parität an. Dieser stringente Ansatz wurde später „aufgeweicht". In der heute bevorzugten **komparativen (relativen) Version** wird davon ausgegangen, dass der Gleichgewichtswechselkurs eben nicht nur allein vom Preisverhältnis zwischen Inland und Ausland abhängt. Vielmehr wird er zusätzlich von einer „Strukturkomponente" beeinflusst. Größe und Variabilität dieser Komponente – die nach DIECKHEUER den inländischen Terms of Trade entspricht – werden von den Rahmenbedingungen und Veränderungen auf den nationalen und internationalen Gütermärkten bestimmt. Damit kann sich auch die Strukturkomponente selbst im Zeitablauf verändern. Dann sind Veränderungen des Gleichgewichtswechselkurses denkbar, die nicht auf einem veränderten Preisverhältnis beruhen. Häufig wird jedoch die Strukturkomponente als eine Größe aufgefasst, die konstant ist oder sich nur wenig verändert.

Der **Haupteinwand** gegen die Kaufkraftparitätentheorie – und zwar in beiden Versionen – richtet sich darauf, dass der Wechselkurs nur aus güterwirtschaftlichen Strömen abgeleitet wird. Bei der Bestimmung des Wechselkurses sind aber reale **und** monetäre Aspekte eng miteinander verknüpft. Devisenangebot und Devisennachfrage resultieren zunehmend auch aus internationalen Kapitalströmen, die von Güterbewegungen abgekoppelt sind und für die Unterschiede im internationalen Preisniveau unbedeutend sind. Das heißt: Der Einfluss von Kapitalbewegungen auf den Wechselkurs muss berücksichtigt werden. Neben der (langfristig) wirkenden Kaufkraftparität sind die Zinssätze einzubeziehen, die die Entwicklung des Wechselkurses (kurzfristig) beeinflussen.

Nach der **Zinsparitätentheorie** ist der Wechselkurs von der Differenz zwischen in- und ausländischem Zinsniveau abhängig. Die kurzfristige Bestimmung des Wechselkurses erfolgt demnach durch die Zinssätze. Dabei passt sich der Wechselkurs so an, dass der Zinsunterschied zwischen inländischen und ausländischen Finanzaktiva der Differenz zwischen dem effektiven (tatsächlichen) und dem erwarteten Wechselkurs entspricht. Hierbei wird unterstellt, dass inländische und ausländische Finanzaktiva perfekte Substitute sind und eine vollständige internationale Kapitalmobilität herrscht.

---

[4] Der Terminkurs steht über Aufschläge (Report) bzw. Abschläge (Deport) zum Kassakurs mit diesem in Beziehung. Dabei wird die prozentuale Abweichung des Terminkurses vom Kassakurs auch als **Swapsatz** bezeichnet (vgl. Kapitel 5, Abschnitt 6.3.1.2).

Steigt unter diesen Voraussetzungen der Zinssatz ausländischer Finanzaktiva relativ zu der Rendite von Finanzaktiva im Inland, so wird Kapital ins Ausland fließen. Die Nachfrage nach ausländischer Währung wird ansteigen, was zur Abwertung der Inlandswährung führt. Auch hier soll ein Beispiel beim Verständnis helfen:

▶ Beispiel

Den Ausgangspunkt bilde ein Portfolio-Gleichgewicht (gleichgewichtige Geldanlage von Zinsen und erwarteten Kursänderungen). Steigen nun in diesem Land – z.B. Großbritannien – die Zinsen, lohnt sich die Umschichtung der Finanzaktiva zugunsten einer Anlage in Pfund Sterling. Voraussetzung ist allerdings, dass keine Abwertung der britischen Währung – die den britischen Zinsvorteil kompensieren würde – erwartet wird. In Folge der Umschichtung der Finanzaktiva stiege dann die Nachfrage nach Pfund Sterling, was zu einer Aufwertung führen würde.

Kaufkraftparitäten- und Zinsparitätentheorie bestimmen gemeinsam den Wechselkurs. Zusätzlich wird der (effektive) Wechselkurs nachhaltig von den **Erwartungen** hinsichtlich der künftigen Kursentwicklung beeinflusst. Sie bilden sich aufgrund vieler objektiver Informationen und subjektiver Einschätzungen der Marktteilnehmer.

▶ Beispiel

Wenn in Großbritannien die Zinsen steigen, wird die Mehrheit der Marktteilnehmer erwarten, dass die britische Währung aufgewertet wird. Folglich wird die Nachfrage nach Pfund Sterling steigen, weil man von der erwarteten Wertsteigerung profitieren möchte. Im Ergebnis wertet das Pfund Sterling tatsächlich auf.

Zu den Fundamentalfaktoren gehören weiterhin:

Produktivitätsunterschiede: Ein Land, dessen Produktivität schneller steigt – aufgrund von höherer Effizienz des Ressourceneinsatzes und mit tendenziell sinkenden Kosten – als die der anderen Länder, wird mit einer steigenden Nachfrage aus dem Ausland und damit auch die nach seiner Währung rechnen können. Der Preis der Währung wird steigen (tendenzielle Aufwertung). Damit eng verbunden sind

Wachstumsunterschiede: Dynamisches Wirtschaftswachstum wegen steigender Güternachfrage eröffnet den Produzenten Preisgestaltungsspielräume. Es werden weitere Investitionen induziert, die die Produktivitätsunterschiede vergrößern können. Mit dem Wachstum des BIP gehen steigende Importe einher, die die eigene Währung tendenziell schwächen können. Entscheidend ist, wie sich das Preisniveau im Vergleich zu den Handelspartnerländern entwickelt (vgl. die Kaufkraftparitätentheorie) und mit welcher Entwicklung bei den Zinssätzen (vgl. Zinsparitätentheorie) zu rechnen ist.

3.3 Theorie der wirtschaftlichen Integration

3.3.1 Formen der wirtschaftlichen Integration

Wenn der Freihandel und möglichst ungehinderte Faktormobilität viele Vorteile mit sich bringen und Länder von diesen Vorteilen profitieren wollen, liegt es nahe, sich zu bestimmten Formen der Kooperation zusammenzuschließen und dafür erforderliche Abstimmungsmechanismen, Verfahrensweisen usw. zu vereinbaren. Da einzelne Länder Vorteile des Freihandels nicht immer allen anderen Ländern gewähren wollen, werden sie danach streben, sich mit „geeigneten“ Partnern zusammenzutun.

Den eigentlichen **Integrationsformen** „vorgeschaltet“ sind **Präferenzzonen**. Darunter versteht man, dass sich Handelspartner vertraglich gegenseitig Zollvorteile oder Ein- bzw. Ausfuhrquoten **bei bestimmten Gütern** gewähren.

Die möglichen **Stufen der Integration** und die **Integrationstiefe** können durch den Umfang der vertraglich vereinbarten Regelungen beschrieben werden. Je höher die Integrationsform, desto größer ist der Umfang der in den Zusammenschluss einbezogenen Parameter, wobei im Zuge des Integrationsprozesses kumulativ vorgegangen wird. Höhere Integrationsformen schließen die Merkmale der schwächeren Integrationen ein. Dabei beginnt man mit einfachen Formen wie

[1] der **Freihandelszone**, bei der lediglich eine weitgehende oder vollständige Liberalisierung des Warenverkehrs zwischen den Integrationspartnern vereinbart wird (vgl. Abschnitt 6.2.3). Ein Hauptproblem ist dabei, dass **Ursprungszeugnisse** für das Funktionieren der Freihandelszone unverzichtbar sind. Sonst würden Drittländer ihre Waren über das Mitgliedsland einführen, dessen Außenzoll am niedrigsten ist und es dann in das eigentliche Zielland zollfrei bringen können. Daher liegt es nahe, auch Vereinbarungen über den Außenzolltarif zu treffen.

[2] Dann spricht man von der **Zollunion**. Zu beachten ist, dass es hier nur um den Güterhandel geht. Die zwangsläufige Folge bei der Errichtung einer Zollunion besteht darin, dass man den einheitlichen Außenzolltarif **gemeinsam** beschließen muss und ihn auch nur noch gemeinsam ändern kann. Da der Güterhandel in der Zollunion ohne Zollbelastungen erfolgt, müssen auch steuerliche Vorschriften im Handel zwischen den Partnern harmonisiert werden (Beispiel: Umsatzsteuer). Denn aus unterschiedlichen Steuerbelastungen können Wettbewerbsvorteile resultieren, die nicht auf unterschiedlichen Faktorkosten oder aufgrund von Produktivitätsunterschieden beruhen. Dies sind wichtige Schritte zu einer umfassenderen gemeinsamen Außenwirtschaftspolitik. Auch über Kontingente, d.h. mengenmäßige Beschränkungen bei der Einfuhr kann man nur noch gemeinsam entscheiden.

[3] Bei der nächst höheren Integrationsform, in der zusätzlich Vereinbarungen über die Freizügigkeit der Produktionsfaktoren Arbeit und Kapital getroffen werden, spricht man von einem **Gemeinsamen Markt**. Er entsteht, wenn zusätzlich bestimmte Schranken abgebaut werden. Dabei unterscheidet man (a) **materielle** Schranken (wie z.B. Grenzkontrollen für Güter und Personen), (b) **technische** Schranken (z.B. unterschiedliche Normen und Vorschriften) und (c) **steuerliche** Schranken, die in Form verschiedener Steuersysteme und unterschiedlichen Steuersätzen bestehen können. Auch die Niederlassungsfreiheit gehört dazu.

[4] Wenn weitere Wirtschaftspolitiken (z.B. Umweltpolitik, Wettbewerbspolitik, Verkehrspolitik, Geldpolitik) zu **gemeinsamen Politiken** werden, spricht man von der **Wirtschafts- und Währungsunion**. Am deutlichsten ist das Beispiel der Geldpolitik: Wenn die Geldpolitik verschiedener Mitgliedstaaten zu einer gemeinsamen Politik wird, setzt dies voraus, dass man zu unwiderruflich festen Wechselkursen zwischen den Partnern übergeht und ein gemeinsames Geld (Euro) einführt. Am Ende eines solchen Integrationsprozesses würde die Gründung einer

[5] **politischen Union** stehen, deren konstitutionelle Form sehr verschieden sein kann: Bundesstaat oder Staatenbund.

Die Analyse von Integrationsprozessen führt zu einer bemerkenswerten Erkenntnis: **Durchgeführte Integrationsschritte** erzeugen oft einen **Handlungszwang**, auch Folgemaßnahmen ergreifen zu müssen:

▶ Beispiele

Aus der Einführung eines gemeinsamen Außenzolltarifs folgt, dass eine gemeinsame Beschlussfassung über die Änderung der Zollsätze erforderlich ist.

In einem Gemeinsamen Markt ist es unabdingbar, das wettbewerbliche Verhalten von Unternehmen nach gleichen Maßstäben für den ganzen Integrationsraum zu beurteilen. Dies bedeutet die Errichtung einer eigenen Wettbewerbsbehörde.

Wenn Freizügigkeit für alle Personen im Unionsraum gewährleistet ist und sie auch für aus dritten Ländern Einreisende gilt, bedarf es der Harmonisierung des Asylrechts. Sonst würden Asylsuchende über das Land in die Gemeinschaft kommen, dessen Einwanderungshürden am niedrigsten sind und anschließend in das Land ihrer persönlichen Präferenz gehen.

3.3.2 Theorie der Zollunion

Da wir nicht alle Aspekte der verschiedenen Integrationsformen diskutieren können, greifen wir ein Beispiel heraus: die Zollunion.

Eine **Zollunion** ist der vertraglich geregelte Zusammenschluss von zwei oder mehr politisch selbständigen Staaten zu einem einheitlichen (nach außen geschlossenen) Zollgebiet. Beim Güterhandel zwischen den Staaten werden keine Zölle erhoben, gegenüber Drittstaaten wird ein einheitlicher gemeinsamer Zolltarif angewendet.

Ihr **Ziel** besteht in der Liberalisierung des Handels durch Abbau der bestehenden Handelshemmnisse. Das betrifft nicht nur den Wegfall von Binnenzöllen (freie Ein- und Ausfuhr im Handel zwischen den Mitgliedsländern), sondern auch den anderer Beschränkungen (Kontingente). Gegenüber Drittländern setzen die Mitgliedsländer gemeinsame einheitliche Außenzölle fest (Gleichförmigkeit von Zollgesetzen und Zolltarifen) und stimmen auch andere protektionistische Maßnahmen ab. Die Zolleinnahmen werden nach einem vereinbarten Schlüssel verteilt oder fließen wie im Falle der EUROPÄISCHEN UNION dem gemeinsamen Haushalt (Ertragskompetenz) zu.

	Freihandel zwischen den Mitgliedstaaten	**Gemeinsamer Außenzolltarif**	**Freizügigkeit für alle Produktionsfaktoren**	**Harmonisierung von Bereichen der Wirtschaftspolitik**
Freihandelszone	ja	nein	nein	nein
Zollunion	ja	ja	nein	nein
Gemeinsamer Markt	ja	ja	ja	nein
Wirtschafts- und Währungsunion	ja	ja	ja	ja

Übersicht 8.2: Formen der regionalen Integration

Die möglichen **Wirkungen** einer Zollunion (vgl. ausführlich: DIECKHEUER, 2001, S. 205ff.) lassen sich wie folgt zusammenfassen:

- Infolge des Wegfalls der Binnenzölle und der Erhebung eines einheitlichen Außenzolls verschieben sich die Preisrelationen auf den Importgütermärkten. Waren aus Drittländern werden relativ teurer. Es darf erwartet werden, dass sich dadurch die Nachfrage zugunsten von Gütern aus den Mitgliedstaaten verlagert (**handelsumlenkender Effekt**). Da wegen gleicher Zollsätze der Einfuhrort keine Bedeutung mehr hat, kommt es zu Verlagerungen der Handelsströme wegen des Strebens nach minimalen Transportkosten.
- Die Inlandspreise von Importgütern aus den Mitgliedstaaten können absolut sinken (Wegfall der Zollbelastung), was zu einer erhöhten Nachfrage führen würde (**handelsschaffender Effekt**).
- Der handelsschaffende Effekt verbessert in der Regel die Allokation der Produktionsfaktoren innerhalb einer Zollunion im Sinne von Kostenminimierung und Produktivitätssteigerung (**Produktionseffekt**). Der größere einheitliche Markt ermöglicht zusätzlich ein Sinken der Stückkosten (economies of scale).
- Erhöhte Nachfrage nach Gütern aus Ländern der Zollunion, verschärfter Wettbewerb, Beseitigung von handelspolitischen Unsicherheiten, die Ausnutzung von Skalenvorteilen u.a. versprechen höheres Wirtschaftswachstum (**Wachstumseffekt**).
- Die Erhebung eines Außenzolls verbessert normalerweise die Terms of Trade gegenüber Drittländern (**Terms-of-Trade-Effekt**).
- Vermutlich wird mit Gründung einer Zollunion erst einmal die Zahl der Konkurrenten steigen (**Wettbewerbseffekt**). Es bleibt aber die Frage, ob die Ausnutzung der Skalenvorteile nicht letztlich den Konzentrationsprozess fördert. Dabei besteht die Gefahr, dass eine internationale Kartellbehörde dagegen weniger wirksam arbeiten kann, als dies im Rahmen einer nationalen Gesetzgebung möglich ist.
- Eine Umlenkung der Handelsströme zugunsten der Mitgliedstaaten kann zu einer Erhöhung der Wohlfahrt innerhalb der gesamten Zollunion führen (**Wohlfahrtseffekte**). Sie können niedriger sein, wenn das Preisniveau für Importgüter aus den Mitgliedsländern der Zollunion nach dem Wegfall der Binnenzölle über dem Preis ohne Zoll (internationaler Preis) der Drittländer liegt. Mögliche Wohlfahrtsverluste können auch durch eine Verringerung von Zolleinnahmen infolge handelsum-

lenkender Effekte eintreten (z.B. Ausgleich durch Steuererhöhungen sowie Ausgabenkürzungen im Staatshaushalt). Mit einer Erhöhung der Wohlfahrt ist dann zu rechnen, wenn der handelsschaffende Effekt besonders stark wirkt und die Ablösung von Importen aus Drittländern durch relativ teurere Güter aus dem Zollgebiet (handelsumlenkender Effekt) gering ausfällt.

Die Bildung einer Zollunion führt nicht zwangsläufig zu einer Verringerung regionaler Entwicklungsunterschiede. Es kann im Gegenteil sogar – bei unterschiedlicher Wettbewerbsfähigkeit der Mitgliedsländer – zu einer weiteren Verschärfung **regionaler Ungleichgewichte** kommen. Um den Integrationsprozess nicht zu gefährden, müssen **zusätzliche Maßnahmen** wie Schaffung regionaler Entwicklungsfonds und regionale Investitionsprogramme ergriffen werden.

3.3.3 Formen der währungspolitischen Zusammenarbeit

Durch geld- und finanzpolitische Maßnahmen können einzelne Länder Wettbewerbsvorteile erlangen, die zu spürbaren güterwirtschaftlichen und monetären Verzerrungen führen. Daher erweist es sich als notwendig, in den Integrationsprozess auch die Währungspolitik einzubeziehen. Bei der Zusammenarbeit lassen sich zwei grundlegende Formen unterscheiden: Währungskooperation und Währungsintegration.

Bei der **Währungskooperation** (z.B. gemeinsames Währungssystem) bleiben die nationalen Währungen der teilnehmenden Staaten erhalten. Es erfolgt zwar eine mehr oder minder enge Abstimmung der Geldpolitik, die aber – eingeschränkt – weiterhin der nationalen Verantwortlichkeit unterliegt. Auch beim Einsatz anderer wirtschaftspolitischer Instrumente bleiben die Teilnehmerstaaten weitgehend autonom.

Demgegenüber verzichten die Länder im Rahmen einer **Währungsintegration** auf ihre nationale Autonomie und übertragen die Entscheidungskompetenz auf eine gemeinsame Zentralbank. Zusätzlich müssen sie zu einer eingeschränkten Autonomie in anderen Bereichen der Wirtschaftspolitik (z.B. Finanzpolitik) bereit sein. Währungsintegration bedeutet die Schaffung einer **Währungsunion** der Mitgliedstaaten, die durch

- uneingeschränkte Konvertibilität der Währungen,
- unwiderruflich feste Wechselkurse und
- vollständige Freiheit des Kapital- und Zahlungsverkehrs

gekennzeichnet ist. Dies bedeutet letztlich die Einführung einer Einheitswährung.

Die **Theorie der Währungsunion** beschäftigt sich damit, wie über verschiedene Phasen der geldpolitischen Zusammenarbeit die Vorteile der internationalen Arbeitsteilung durch eine optimale Marktintegration besser genutzt werden können und welche Voraussetzungen (optimales Währungsgebiet, gemeinsame Wirtschaftspolitik, gemeinsame geldpolitische Entscheidungsträger) dabei zu erfüllen sind.

Das weitgehende Aufgeben einer nationalen autonomen Wirtschaftspolitik innerhalb einer Währungsunion ist nicht konfliktfrei. So können zwischen dem Ziel der umfassenden Marktintegration und gesamtwirtschaftlichen Zielen der Mitgliedstaaten Konflikte auftreten. Die Währungsunion ist also nicht zwangsläufig die vorteilhafteste Form einer währungspolitischen Zusammenarbeit. Daher ist zu klären, für welche Länder und unter welchen Voraussetzungen eine Währungsunion ökonomisch überhaupt sinnvoll ist (optimaler Währungsraum). Diese Bezeichnung stammt von ROBERT A. MUNDELL (geb. 1932), der 1961 dazu eine grundlegende Arbeit vorgelegt hat.

> Ein **optimaler Währungsraum** (Optimal Currency Area – OCA) liegt dann vor, wenn bei festen Wechselkursen (bzw. Einheitswährung) innerhalb eines Wirtschaftsraums und flexiblen Wechselkursen gegenüber Drittländern die größtmögliche Verwirklichung der gesamtwirtschaftlichen Ziele gewährleistet wird.

In der Literatur werden verschiedene Kriterien genannt, die für die Bestimmung eines optimalen Währungsraumes relevant sind. Wir wollen uns auf die zentralen Kriterien Wettbewerbsfähigkeit, Faktormobilität und Offenheitsgrad beschränken:

(1) Die betreffenden Länder müssen eine vergleichbare **Wettbewerbsfähigkeit** aufweisen, die in starkem Maße durch die Höhe der Inflationsraten bestimmt wird. Wesentliche Gründe für Unterschiede sind (a) güterwirtschaftlich im Verhältnis der Entwicklung von Nominallöhnen und Arbeitsproduktivität sowie (b) monetär in geldpolitischen Maßnahmen zu suchen. Folglich eignen sich für eine Währungsunion Länder, die eine **gleichartige Lohn- und Geldpolitik** betreiben.

(2) Bei unterschiedlicher Wettbewerbsfähigkeit müssen Korrekturmechanismen existieren, da ein Ausgleich über Wechselkursänderungen innerhalb einer Währungsunion nicht möglich ist. Dafür käme vorrangig die Mobilität der Produktionsfaktoren (**Faktormobilität**) in Betracht: die Produktionsfaktoren Arbeit und Kapital müssen flexibel auf regionale Nachfrageverschiebungen reagieren können. Während in der EU diese Bedingung für den Faktor Kapital erfüllt ist, gilt das noch nicht im gleichen Maße für den Faktor Arbeit.

(3) Währungsunionen scheinen dann eher einen optimalen Währungsraum bilden zu können, wenn der Handel zwischen ihnen hoch ist. Denn in Volkswirtschaften mit einem großen **Offenheitsgrad** sind Auswirkungen einer Wechselkursänderung zwischen beiden Währungen besonders schädlich.

In der EUROPÄISCHEN UNION beschloss man, den Weg zu einer gemeinsamen Währungspolitik zu gehen, die über mehrere Phasen der währungspolitischen Zusammenarbeit letztlich in der Einführung des Euro im Januar 1999 gipfelte (vgl. Abschnitt 6.5).

4 Ziele der Außenwirtschaftspolitik

4.1 Allgemeine Ziele und Zielhierarchie

Aus der Theorie des internationalen Handels lässt sich das außenwirtschaftliche Grundziel ableiten: Erhöhung der Wohlfahrt (**Wohlfahrtsziel**) durch die Nutzung der Vorteile der internationalen Arbeitsteilung. Diesem Ziel dienen das außenwirtschaftliche Leitbild des Freihandels und das der möglichst uneingeschränkten Freizügigkeit der Produktionsfaktoren Arbeit und Kapital. Eine liberale Außenwirtschaftsordnung hat keinen Wert an sich. Ihrer Durchsetzung kommt vielmehr ein instrumentaler Charakter in Bezug auf das Ziel der Wohlfahrtsmaximierung zu.

Die **Ziele der Außenwirtschaftspolitik** als Teilbereich der allgemeinen Wirtschaftspolitik leiten sich aus deren Zielen ab. Wir können auch sagen, sie sind Unterziele für die übergeordneten gesamtwirtschaftlichen Ziele. Das im § 1 STABILITÄTSGESETZ formulierte Ziel des „außenwirtschaftlichen Gleichgewichts" ist nicht Selbstzweck, sondern eine notwendige Voraussetzung für die Verwirklichung der wirtschaftspolitischen Ziele Wachstum, Beschäftigung und Preisstabilität.

Das **außenwirtschaftliche Gleichgewicht** (Zahlungsbilanzgleichgewicht) ist ein in der Außenwirtschaftslehre für unterschiedliche Sachverhalte verwendeter Begriff. Bei der Forderung nach einem außenwirtschaftlichen Gleichgewicht geht es darum, dass die wirtschaftliche Entwicklung eines Landes nicht durch schädliche Außenwirtschaftsbeziehungen belastet wird, wie etwa durch negative Auswirkungen auf den Geldwert und die Beschäftigung im Inland. Störungen können bei dauernd unausgeglichener Leistungsbilanz bzw. bei dauerhaft unausgeglichenem Außenbeitrag auftreten.

> Als **Außenbeitrag** wird vom STATISTISCHEN BUNDESAMT in Statistiken über die Außenwirtschaft vornehmlich der Saldo der Handelsbilanz verstanden. Dagegen wird in der VGR der Saldo der Handels- **und** Dienstleistungsbilanz als Außenbeitrag berechnet. Es ist also klarzustellen, welche Abgrenzung zugrunde gelegt wird.

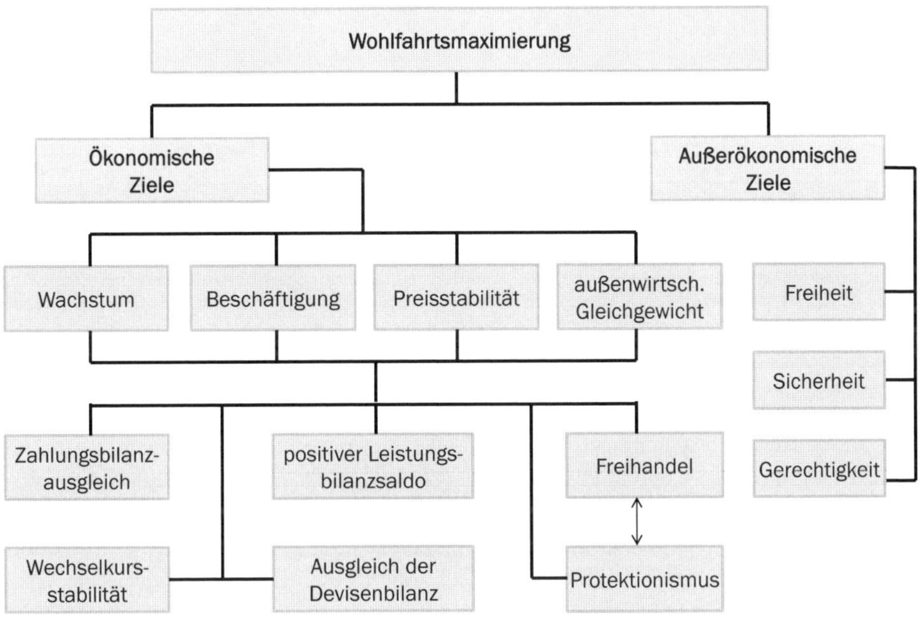

Abb. 8.2: Ziele der Außenwirtschaftspolitik

Das Wohlfahrtsziel als oberstes Ziel jeder **nationalen Außenwirtschaftspolitik** lässt sich bekanntlich nicht operationalisieren (vgl. Kapitel 1, Abschnitt 3.2.1). Deshalb müssen solche Ziele gefunden werden, die in direkter oder indirekter Beziehung zur Wohlfahrtssteigerung stehen. Als Unterziele des außenwirtschaftlichen Gleichgewichts gelten vor allem (1) ein bestimmter Leistungsbilanzsaldo, (2) die Höhe des Außenbeitrags oder (3) der Ausgleich der Devisenbilanz. Daneben kann für einzelne Länder (Beispiel: Schweiz) auch die Wechselkursstabilität von großer Bedeutung sein.

Der **Saldo der Leistungsbilanz** (1) ist eine wichtige Zielgröße der außenwirtschaftlichen Entwicklung. Bei dauerhaft hohen Überschüssen (China, Japan, Deutschland) baut das betreffende Land Netto-Auslandsforderungen (Vermögen) auf. Ressourcen der Überschussländer werden vom Ausland in Anspruch genommen. Defizite (USA) in der Leistungsbilanz führen zu steigenden Netto-Auslandsverbindlichkeiten. Defizitländer verbrauchen Ressourcen des Auslands „auf Kredit". Das kann zu Problemen führen, wenn die Auslandsschulden nicht mehr bedient werden können.

Die **Höhe eines positiven Außenbeitrags** (2) ist als Ziel dann zweckmäßig, wenn damit Defizite in anderen Teilbilanzen der Leistungsbilanz ausgeglichen werden sollen.

Der **Ausgleich der Devisenbilanz** (3) bedeutet, dass sich die Auslandsaktiva (d.h. die Währungsreserven der Zentralbank) per Saldo nicht geändert haben. Alle Leistungs- und Finanztransaktionen zwischen Inländern und dem Ausland gleichen sich gerade aus. In diesem Fall kann man von einem **materiellen Zahlungsbilanzausgleich** sprechen. Dabei ist berücksichtigt, dass der Kapitalverkehr nicht mehr nur der „Reflex" des Waren- und Dienstleistungsverkehrs ist, sondern davon weitgehend unabhängig abläuft. Das Erreichen eines solchen Gleichgewichts zeigt auch, dass sich keine starken Schwankungen des Wechselkurses einstellen werden.

In der BUNDESREPUBLIK DEUTSCHLAND wird das Ziel „außenwirtschaftliches Gleichgewicht" vor allem mit Hilfe des **Außenbeitrags** (Saldo aus Export und Import von Gütern und Dienstleistungen) bestimmt (s.o.). Erstmals 1969 (JAHRESWIRTSCHAFTSBERICHT DER BUNDESREGIERUNG) erfolgte eine Quantifizierung dieses außenwirtschaftlichen Ziels. Danach wird ein positiver Außenbeitrag in Höhe von etwa 1,5 Prozent des BSP/BIP angestrebt. Tabelle 1.1 aus Kapitel 1 vermittelt einen Überblick über die tatsächliche Entwicklung bis einschließlich 2012 und vergleicht diese mit den Projektionswerten. Mit Ausnahme des v.a. durch die Belastungen der deutschen Wiedervereinigung bedingten Rückgangs Mitte der neunziger Jahre (negativer Außenbeitrag) wurde das Ziel von 1,5 Prozent zum Teil deutlich überschritten.

Außenwirtschaftspolitik steht indes nicht nur im „Dienste" ökonomischer Ziele, sondern kann auch zur Realisierung **gesellschaftspolitischer Ziele** wie Freiheit, Sicherheit und Gerechtigkeit beitragen (Abb. 8.2). Weiterhin können auch allgemeine politische Ziele angestrebt werden. Exemplarisch seien folgende Ziele genannt:

[1] In einigen Ländern wurde (v.a. in Kriegs- und Krisenzeiten) zur Erhaltung der politischen und wirtschaftlichen Unabhängigkeit eine weitgehende Selbstversorgung bei strategischen Gütern (Autarkie) angestrebt. Auch militärpolitische Argumente spielen dabei häufig eine Rolle.

[2] Durch eine außenwirtschaftliche Boykottpolitik wird der Versuch unternommen, Einfluss auf das politische System in anderen Ländern zu nehmen (z.B. früherer Handelsboykott gegen die Politik der Rassentrennung in Südafrika oder Verbot des Exports „strategischer" Güter in Länder wie Iran, Syrien, Nordkorea).

[3] Außenwirtschaftspolitik kann auch als Instrument der Machtpolitik zur Stärkung des eigenen weltpolitischen Einflusses, zur Kontrolle internationaler Verkehrswege oder zur Sicherung von Rohstoffmärkten eingesetzt werden.

4.2 Zielkonflikte

Das „übergeordnete" Ziel des außenwirtschaftlichen Gleichgewichts kann sich in einem **konfliktreichen Verhältnis** zu anderen ökonomischen Zielen befinden. So stehen z.B. bei einem Nachfrageüberschuss nach Devisen (**Zahlungsbilanzdefizit** in einem System fester Wechselkurse) die Ziele außenwirtschaftliches Gleichgewicht und Beschäftigungsgrad im Widerspruch zueinander. Bei hoher interner Arbeitslosigkeit würden die kontraktiven wirtschaftspolitischen Maßnahmen zum Ausgleich der Zahlungsbilanz die Beschäftigung weiter verringern. Ein **Zahlungsbilanzüberschuss** kann über die Erhöhung der inländischen Geldmenge – wegen des Ankaufs von Devisen durch die Zentralbank – zu einem Konflikt mit dem Ziel der Preisstabilität führen.

Das Ziel der **Wechselkursstabilität** ist im Gegensatz zum Zahlungsbilanzausgleich umstritten. Mit Recht wird darauf verwiesen, dass in einem System fester Wechselkurse die Möglichkeit entfällt, internationale Unterschiede in der Preis- und Kostenentwicklung ohne eine Gefährdung binnenwirtschaftlicher Ziele durch eine Änderung des Paritätskurses auszugleichen – es kann zu **Zielkonflikten** kommen.

▶ Beispiel

Die **Ausgangssituation** sei durch ein Defizit in der Zahlungsbilanz ex ante (Devisenmarkt) gekennzeichnet (vgl. Abschnitt 6.4). Das bedeutet, dass die Nachfrage nach Devisen das Angebot – aus welchen konkreten Gründen auch immer – übersteigt. Da die Zentralbank die Differenz nur im Rahmen ihrer begrenzten Devisenreserven verringern kann, wird letztlich nur über kontraktive Maßnahmen der Geld- und Fiskalpolitik eine Verringerung der Importe (Devisennachfrage / Angebot an Euro) und eine Erhöhung der Exporte (Devisenangebot / Nachfrage nach Euro) die **Beibehaltung des Paritätskurses** erreicht. Das wiederum gefährdet die (kurzfristige) Verwirklichung von hoher Beschäftigung und angemessenem Wirtschaftswachstum. Das Ziel der Wechselkursstabilität macht also nur Sinn, wenn in der Ausgangslage bereits ein binnenwirtschaftliches Gleichgewicht herrscht oder wenn Defizitländer z.B. im Rahmen eines internationalen Zusammenschlusses bereit sind, ihre binnenwirtschaftlichen Ziele den Interessen einer gemeinsamen Wirtschaftspolitik gegenüber Dritten unterzuordnen.

Mit der Entscheidung für ein bestimmtes Wechselkurssystem versuchen die Zentralbanken häufig, bestimmte Wechselkursziele zu verwirklichen. Dabei ist zu beachten, dass die drei Ziele **Wechselkursstabilität**, **Kapitalverkehrsfreiheit** (bzw. Währungskonvertibilität) und **Autonomie der Geldpolitik** nicht gleichzeitig und nicht vollständig erreicht werden können. Diesen Zielkonflikt bezeichnet man als **„unmögliche Dreiheit"** (engl.: impossible trinity) oder Unmöglichkeitsdreieck[5]. Sollen die Wechsel-

[5] Es wird auch als **Mundell-Fleming-Trilemma** bezeichnet. In den 1960er Jahren entwickelten ROBERT A. MUNDELL (geb. 1932) und MARCUS FLEMING (1911–1976) unabhängig voneinander das makroökonomische Modell einer kleinen offenen Volkswirtschaft, die Außenhandel betreibt und mit anderen Ländern durch grenzüberschreitende Kapitalströme verbunden ist. Wenn das Land auf Veränderungen von inneren und äußeren Rahmenbedingungen reagieren will, erweist es sich als unmöglich, gleichzeitig die Verwirklichung aller drei Ziele zu gewährleisten.

kurse stabil gehalten werden (System fester Wechselkurse), muss entweder auf die eigenständige Geldpolitik oder die Kapitalverkehrsfreiheit verzichtet werden. Bevorzugt ein Land dagegen Kapitalverkehrsfreiheit und eine autonome Geldpolitik, geht dies zu Lasten der Wechselkursstabilität und bedeutet letztlich eine Entscheidung für flexible Wechselkurse. Nur zwei der drei Ziele können gleichzeitig erreicht werden. Für eine Gruppe von stark integrierten Ländern kann eine gemeinsame Währung der richtige Weg sein, also eine Währungsunion wie beim Europäischen Währungssystem.

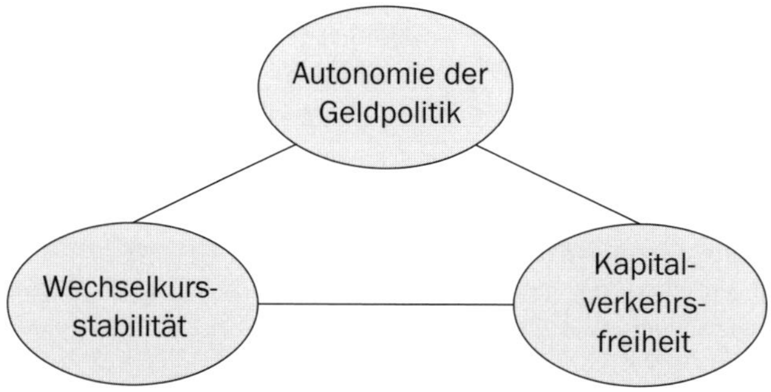

Abb. 8.1: Die „unmögliche Dreiheit“

Langfristig sichert nur die Durchsetzung des **außenwirtschaftlichen Leitbilds** vom weltweiten Freihandel eine optimale Wohlfahrtssteigerung. Die Förderung des internationalen Freihandels bedarf eines entsprechenden ordnungspolitischen Rahmens. Das schließt die Gestaltung einer funktionsfähigen Weltwirtschaftsordnung ein.

1.1 Ziele regionaler Integrationen: Die Europäische Union

Die EUROPÄISCHE UNION ist – trotz aller Probleme – der erfolgreichste regionale Zusammenschluss mit der größten Integrationstiefe. Ihre derzeit 28 Mitgliedstaaten (Stand Juli 2013) bilden zusammen den **größten Binnenmarkt der Welt** und erwirtschaften etwa ein Drittel des „Weltinlandsprodukts“. Die Mitgliedstaaten der EUROPÄISCHEN UNION verbindet mehr als nur eine gemeinsame ökonomische Zielstellung.

Ihr **Ziel** besteht gemäß Art. 3 Ziff. (1) des VERTRAGS ÜBER DIE EUROPÄISCHE UNION (EUV) **–** darin, „den Frieden, ihre Werte und das Wohlergehen ihrer Völker zu fördern“. In Ziff. (2) – (5) werden weitere Ziele genannt:

- Sie wirkt auf die nachhaltige Entwicklung Europas hin auf der Grundlage eines ausgewogenen Wirtschaftswachstums und von Preisstabilität.
- Eine in hohem Maße wettbewerbsfähige soziale Marktwirtschaft, die auf Vollbeschäftigung und sozialen Fortschritt abzielt sowie ein hohes Maß an Umweltschutz und Verbesserung der Umweltqualität.
- Sie fördert den wissenschaftlichen und technischen Fortschritt.
- Sie errichtet eine Wirtschafts- und Währungsunion, deren Währung der Euro ist.
- Sie bietet ihren Bürgerinnen und Bürgern einen Raum der Freiheit, der Sicherheit und des Rechts ohne Binnengrenzen, in dem ... der freie Personenverkehr gewährleistet ist.

In diesem auszugsweise widergegebenen Katalog sind auch die **wirtschaftlichen Ziele** der EUROPÄISCHEN UNION enthalten, neben der Preisstabilität und dem Wirtschaftswachstum auch die Vollbeschäftigung und die Förderung des technischen Fortschritts.

Diese allgemeinen Ziele wollen wir für die **gemeinsame Handelspolitik** präzisieren. In Art. 206 des VERTRAGS ÜBER DIE ARBEITSWEISE DER EUROPÄISCHE UNION (AEUV) sind die handelspolitischen Ziele der Union festgeschrieben:

„Durch die Schaffung einer Zollunion … trägt die Union im gemeinsamen Interesse zur harmonischen Entwicklung des Welthandels, zur schrittweisen Beseitigung der Beschränkungen im internationalen Handelsverkehr und bei den ausländischen Direktinvestitionen sowie zum Abbau der Zollschranken und anderer Schranken bei."

Zu den **Grundsätzen der Handelspolitik** heißt es in Art. 207 (Ziff. 1) AEUV weiter:

„Die gemeinsame Handelspolitik wird nach einheitlichen Grundsätzen gestaltet; dies gilt insbesondere für die Änderung von Zollsätzen für den Abschluss von Zoll- und Handelsabkommen, die den Handel mit Waren und Dienstleistungen betreffen, und für die Handelsaspekte des geistigen Eigentums, die ausländischen Direktinvestitionen, die Vereinheitlichung der Liberalisierungsmaßnahmen, die Ausfuhrpolitik sowie die handelspolitischen Schutzmaßnahmen, zum Beispiel im Fall von Dumping und Subventionen."

Beim **Kapital- und Zahlungsverkehr** (Art. 63 AEUV) sind Beschränkungen zwischen den Mitgliedstaaten sowie zwischen ihnen und dritten Ländern verboten.

Die **allgemeinen Ziele** einer währungspolitischen Zusammenarbeit bestehen in erster Linie in der Vermeidung bzw. Verringerung von Risiken und Kosten:

- Wechselkursrisiko (Risiko der Wechselkursschwankungen) und den Kosten seiner Absicherung;
- Konvertibilitätsrisiko (Risiko der Einführung von Devisenkontrollen);
- Kosten der Informationsbeschaffung über Wechselkurse und Devisenkontrollen;
- Kosten der Währungstransaktionen und der Umgehung von Devisenkontrollen.

Eine umfassende Realisierung dieser Ziele ist nur im Rahmen einer **Währungsunion mit Einheitswährung** möglich. Die dorthin führenden Formen der **währungspolitischen Kooperation** brachten nur teilweise die erhofften Ergebnisse.

5 Träger der Außenwirtschaftspolitik

5.1 Nationale Träger

Nationale Entscheidungsträger der Außenwirtschaftspolitik sind für gesetzliche Grundlagen der BUNDESTAG und für die Umsetzung die BUNDESREGIERUNG. Sie bereitet den rechtlichen Rahmen für den Außenwirtschaftsverkehr vor (AUßENWIRT-

SCHAFTSGESETZ – AWG und AUßENWIRTSCHAFTSVERORDNUNG – AWV)[6] oder trifft Beschlüsse hinsichtlich der Mitgliedschaft Deutschlands in internationalen Organisationen. Darüber hinaus wird der ordnungspolitische Rahmen der deutschen Außenwirtschaftspolitik mit anderen Ländern abgestimmt. Für die Durchführung der Außenhandelspolitik ist das BUNDESMINISTERIUM FÜR WIRTSCHAFT verantwortlich. Es trifft seine Entscheidungen in enger Zusammenarbeit mit dem AUSWÄRTIGEN AMT (v.a. beim Abschluss von Handelsverträgen) und dem BUNDESMINISTERIUM FÜR WIRTSCHAFTLICHE ZUSAMMENARBEIT UND ENTWICKLUNG (Abkommen mit Entwicklungsländern). Indes sind außenwirtschaftliche Kompetenzen zu einem großen Teil bereits auf die EU übertragen worden. Sofern auf EU-Ebene RICHTLINIEN mit außenwirtschaftlichen Bestimmungen erlassen werden, müssen sie in einer bestimmten Frist in nationales Recht umgesetzt werden (BUNDESTAG).

Als wichtige **nationale Einflussträger** versuchen Interessen- und Wirtschaftsverbände (z.B. Industrie- und Bauernverbände), die staatliche Außenwirtschaftspolitik zu beeinflussen. Teilweise unterhalten sie eigene Einrichtungen im Ausland. Beispiel: die im DEUTSCHEN INDUSTRIE- UND HANDELSKAMMERTAG organisierten AUSLANDSHANDELSKAMMERN (AHK). Zu ihren Arbeitsschwerpunkten gehören: Pflege und Förderung der bilateralen Wirtschaftsbeziehungen, Mitwirkung an handelspolitischen Aufgaben sowie Bereitstellung eines breiten Dienstleistungsangebots (Informations-, Beratungs- und Vermittlungsdienste) für deutsche und ausländische Unternehmen.

5.2 Internationale Träger

5.2.1 Träger der EU-Außenwirtschaftspolitik

Grundlegende Entscheidungen im Sinne der oben genannten handelspolitischen Ziele werden vom **MINISTERRAT** der EU getroffen (Abb. 8.4). Das gilt auch für die Währungspolitik. Im Gegensatz zur Geldpolitik (Kompetenz der EZB) liegen die wechselkurspolitischen Kompetenzen beim ECOFIN-RAT. Er kann (in der Zusammensetzung der Euro-Teilnehmerländer) einstimmig Vereinbarungen über eine Beteiligung des Euro an Wechselkurssystemen gegenüber Drittländern treffen und mit qualifizierter Mehrheit die entsprechenden Leitkurse festlegen. Darüber hinaus kann er allgemeine Orientierungen für die Wechselkurspolitik gegenüber Drittlandswährungen geben, für die kein besonderes Wechselkurssystem besteht. Seine Entscheidungen werden auf Empfehlung der **EU-KOMMISSION** (nach Anhörung der EZB) getroffen. Förmliche Wechselkursvereinbarungen bedürfen der Anhörung des EUROPÄISCHEN PARLAMENTS (zu den Trägern der EU vgl. Kapitel 1, Abschnitt 5).

---

[6] Darin sind die allgemeinen Bestimmungen des Waren-, Dienstleistungs-, Kapital-, Zahlungs- und sonstigen Wirtschaftsverkehrs mit fremden Wirtschaftsgebieten sowie der Verkehr mit Auslandsaktiva und Gold geregelt. Neben AWG und AWV sind weitere Verordnungen und Erlasse (z.B. „Verordnung zur Regelung von Zuständigkeiten im Außenwirtschaftsverkehr“ oder die „Runderlasse Außenwirtschaft“) zu beachten. Grundsätzlich ist der Außenwirtschaftsverkehr frei. Beschränkungen sind vorgesehen. Außerdem werden die Modalitäten bei genehmigungspflichtigen Geschäften im Außenwirtschaftsrecht festgelegt.

Die Kompetenzen der EU-KOMMISSION im Rahmen der gemeinsamen Handelspolitik sind im AEUV geregelt. Danach unterbreitet sie dem **RAT** Vorschläge zu ihrer Durchführung. Außerdem legt sie Empfehlungen für das Aushandeln von Abkommen mit anderen Staaten oder internationalen Organisationen vor. Der RAT, der diesbezügliche Entscheidungen mit qualifizierter Mehrheit trifft, ermächtigt die EU-KOMMISSION zur Einleitung der erforderlichen Verhandlungen (Art. 207 AEUV).

Das **EUROPÄISCHE PARLAMENT** (EP) wird im Rahmen der gemeinsamen Handelspolitik über alle gefassten Beschlüsse sowie über die vorläufige Anwendung oder die Aussetzung von Abkommen der Gemeinschaft mit einem oder mehreren Staaten oder internationalen Organisationen informiert. In der Regel schließt der RAT die Abkommen nach Anhörung des EP. Abkommen mit erheblichen finanziellen Folgen für die Gemeinschaft oder Abkommen, für deren Wirksamwerden nach dem AEUV das ordentliche Gesetzgebungsverfahren erforderlich ist, bedürfen sogar der Zustimmung des EP. Das Verfahren ist in Art. 294 AEUV geregelt.

5.2.2 Organisationen der Weltwirtschaftsordnung

Nach dem Zweiten Weltkrieg hat die Weltwirtschaft eine bemerkenswerte Dynamik entfaltet. Sie war durch das Bestreben gekennzeichnet, den Desintegrationstendenzen der Weltwirtschaft entgegenzuwirken, die eine Folge der Weltwirtschaftskrise seit Ende 1929 waren. Dabei ging es vorrangig darum, die restriktiven Praktiken im internationalen Handels- und Zahlungsverkehr zu überwinden und die internationalen Wirtschaftsbeziehungen neu zu regeln. Dieser Prozess wurde durch internationale Vereinbarungen, die Gründung von weltwirtschaftlich agierenden Institutionen usw. vorangetrieben. Sie sind die Grundlagen für die heutige Weltwirtschaftsordnung.

Außenwirtschafts-politik

> Die **Weltwirtschaftsordnung** umfasst die Gesamtheit der gesetzlichen und vertraglichen Regelungen, Verhaltensnormen sowie Institutionen, die die Rahmenbedingungen für Transaktionen im internationalen Wirtschaftsverkehr (Waren-, Dienstleistungs- und Kapitalverkehr) bestimmen.

Bereits während des Zweiten Weltkrieges initiierten vor allem die USA und Großbritannien Verhandlungen über die Grundsätze einer neuen Weltwirtschaftsordnung. Erste Ergebnisse brachte 1944 die Währungs- und Finanzkonferenz der VEREINTEN NATIONEN (UNO) von BRETTON WOODS, auf der mit der Errichtung des **IWF** – der 1947 den Status einer Sonderorganisation der UN erhielt – die Neuordnung der internationalen Währungsbeziehungen beschlossen wurde. Neben der Förderung der währungspolitischen Zusammenarbeit, der Sicherung der äußeren und inneren Währungsstabilität, der Kreditgewährung bei kurzfristigen Zahlungsbilanzproblemen soll der IWF die Ausweitung des Welthandels fördern (vgl. Abschnitt 5.2.2.3).

Gleichzeitig mit dem IWF wurde die Gründung der **Weltbank** beschlossen, die im Juni 1946 ihre Geschäftstätigkeit aufnahm. Ihr Status ist ebenfalls der einer UN-Sonderorganisation. Als offizielle multilaterale Institution ist die Weltbank in der Lage, Geld auf den Kapitalmärkten zu günstigen Bedingungen aufzunehmen und sie an ihre Kreditnehmer weiterzugeben (vgl. Abschnitt 5.2.2.4).

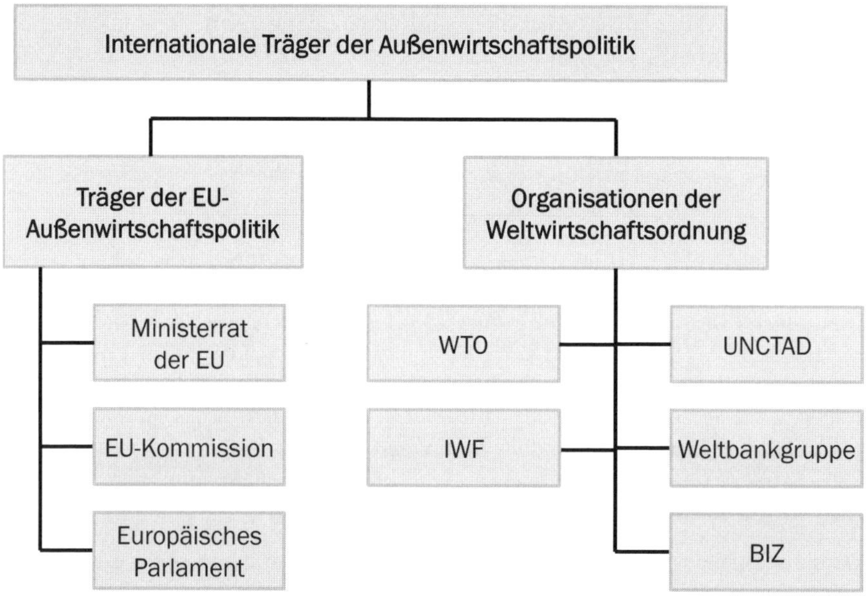

Abb. 8.4: Übersicht über Internationale Träger der Außenwirtschaftspolitik

Für den **güterwirtschaftlichen Bereich** kam es zunächst nicht zur Schaffung einer international tätigen Institution. Zwar wurden 1948 in der Havanna-Charta Grundsätze für eine gemeinsame Wirtschafts- und Außenwirtschaftspolitik formuliert und die Bildung einer Internationalen Handelsorganisation (ITO) beschlossen, die Ratifizierung scheiterte aber am Widerstand der USA.

Wichtige Grundsätze der Havanna-Charta wurden in das Allgemeine Zoll- und Handelsabkommen (General Agreement on Tariffs and Trade – GATT) übernommen. Es ist ein **völkerrechtlicher Vertrag**, der 1948 in Kraft trat. Sitz des GATT-Sekretariats war Genf, wo heute die Welthandelsorganisation (WTO) angesiedelt ist. Bis 1994 wurden in **acht Verhandlungsrunden** Zölle und andere Handelshemmnisse schrittweise abgebaut. Durch das GATT ist der Grundstein zur Gründung der WTO (1995) gelegt worden, in die es heute eingegliedert ist. Alle Mitglieder der **WTO** sind automatisch Mitglied des GATT (vgl. Abschnitt 5.2.2.2).

5.2.2.1 Welthandels- und Entwicklungskonferenz (UNCTAD)

Eine wichtige Stellung als begleitende Diskussionsplattform für die Gestaltung der Weltwirtschaftsordnung nimmt die WELTHANDELS- UND ENTWICKLUNGSKONFERENZ (UNITED NATIONS CONFERENCE ON TRADE AND DEVELOPMENT – **UNCTAD**) ein, die 1964 als Sonderorganisation der UNO errichtet wurde. Ihr **vorrangiges Ziel** besteht in der Förderung des internationalen Handels in Verbindung mit der Beschleunigung wirtschaftlichen Wachstums. Weiterhin galt es, **Grundsätze und Richtlinien** für den internationalen Handel aufzustellen sowie Handels- und Entwicklungspolitik besser zu harmonisieren. Bis Mitte der 90er Jahre stellte die UNCTAD das zentrale Forum im **„Nord-Süd-Dialog"** zwischen Entwicklungsländern und westlichen Industriestaaten dar. Mit der Gründung der WTO nahm ihre Bedeutung ab. Die Forderung v.a. der Industriestaaten nach einer Neuorientierung der

UNCTAD wurde zunehmend dringlicher gestellt. Auf der IX. UNCTAD-Konferenz in Midrand (Südafrika) 1996 erfolgte eine Hinwendung zur „Förderung von Wachstum und nachhaltiger Entwicklung in einer sich globalisierenden und liberalisierenden Weltwirtschaft". Das bedeutete, dass die UNCTAD die Integration der Entwicklungsländer und der Staaten des ehemaligen Ostblocks (Transformationsstaaten) in den freien Welthandel fördern sollte (**Neue Weltwirtschaftsordnung** – NWWO). Dieser Prozess wurde auf der XI. Konferenz in Sao Paulo 2004 bestätigt. Die XIII. Konferenz hat im April 2012 in Doha (Qatar) stattgefunden. Es wurde ein Dokument beschlossen (**Doha-Mandat**), das die Kernaktivitäten der Organisation für die nächsten vier Jahre bestätigt. Dabei geht es insbesondere um umfassendes Wachstum (Globalisierung) und nachhaltige Entwicklung. Die UNCTAD ist der Vollversammlung der UNO unterstellt. Ihr wichtigstes Organ sind die seit 1972 im vierjährigen Rhythmus tagenden Konferenzen der zurzeit 194 Mitgliedsstaaten (2013).

5.2.2.2 Welthandelsorganisation (WTO)

Mit der Errichtung der WELTHANDELSORGANISATION (WORLD TRADE ORGANIZATION – WTO) wurde ein Ziel verwirklicht, das bereits 1948 in der HAVANNA-CHARTA formuliert worden war: Eine internationale Handelsorganisation sollte die Integration der Weltwirtschaft vorantreiben. Die WTO wurde auf der Grundlage der Beschlüsse von Marrakesch (1994) nach langjährigen Verhandlungen in der VIII. Runde, der sogenannten **URUGUAY-RUNDE** (1986 – 1994), geschaffen. Sie bildet den institutionellen Rahmen für die Wahrnehmung der Handelsbeziehungen und den Dienstleistungsverkehr zwischen den Mitgliedstaaten. Der WTO gehören 159 Mitglieder an (Stand: März 2013), darunter die Schweiz, China und Russland. 25 Staaten haben Beobachterstatus.

Das **Ziel der WTO** besteht darin, „ein integriertes, funktionsfähigeres und dauerhafteres multinationales Handelssystem zu entwickeln" (Präambel des ÜBEREINKOMMENS ZUR ERRICHTUNG DER WELTHANDELSORGANISATION). Durch die Ausweitung des internationalen Handels sollen in den Mitgliedstaaten Lebensstandard und Realeinkommen steigen sowie Vollbeschäftigung erreicht werden. Besondere Bedeutung kommt dabei der Förderung des Fortschritts der Entwicklungsländer zu. Weiterhin wird die Bedeutung des Umweltschutzes für die Politik der WTO betont.

Das **oberste Beschlussorgan** ist die MINISTERKONFERENZ, die sich aus Vertretern aller Mitgliedstaaten zusammensetzt. Zwischen ihren Tagungen, die mindestens alle zwei Jahre stattfinden, werden deren Aufgaben vom ALLGEMEINEN RAT wahrgenommen. Beide Organe werden vom Generaldirektor und vom Sekretariat unterstützt. Ferner sind **Organe zur Konfliktbewältigung** (der DISPUTE SETTLEMENT BODY – DSB mit Regeln und Verfahren zur Streitbeilegung sowie Sanktionen – bei Beschwerden/Klagen von Mitgliedsländern, die sich durch unerlaubte Handelshemmnisse anderer Mitgliedsländer schwerwiegend benachteiligt sehen) und für die **Kontrollmechanismen** (z.B. Mechanismus zur Überprüfung der Handelspolitiken) sowie eine Reihe von Ausschüssen mit Spezialaufgaben (z.B. Handel und Entwicklung, Handel und Umwelt, Zahlungsbilanzbeschränkungen) institutionalisiert worden. Bei der Beschlussfassung innerhalb der WTO gibt es keine Gewichtung der Stimmen, sie erfolgt gleichberechtigt – im Gegensatz zu IWF und WELTBANK. Obwohl mit einfacher Mehrheit beschlossen werden kann, wird grundsätzlich per Konsens entschieden. Je nach dem

Gegenstand, über den abgestimmt wird, kann auch eine bestimmte Quote erforderlich sein (z.B. Dreiviertelmehrheit bei Fragen der Vertragsauslegung).

Die für alle Mitglieder **verbindlichen multilateralen Übereinkommen** sind: das GATT für den Warenverkehr, ergänzt um Liberalisierungsaufgaben; das ALLGEMEINE ABKOMMEN ÜBER DEN HANDEL MIT DIENSTLEISTUNGEN (GENERAL AGREEMENT ON TRADE IN SERVICES – GATS) sowie das ÜBEREINKOMMEN ÜBER HANDELSBEZOGENE ASPEKTE DER RECHTE DES GEISTIGEN EIGENTUMS (TRADE-RELATED ASPECTS OF INTELLECTUAL PROPERTY RIGHTS – TRIPS) (vgl. dazu Abschnitt 6.2.3).

Der **jährliche Haushalt der WTO** wird über Beiträge der Mitgliedsländer finanziert, berechnet nach einer Formel, die auf deren Anteil am internationalen Handel basiert.

Trotz der unbestrittenen Fortschritte bei der Liberalisierung des Welthandels befindet sich die WTO gegenwärtig in einer Krise. Die MINISTERKONFERENZ im September 2003 in Cancún scheiterte. Die Entwicklungsländer lehnten weitere Verhandlungen über ein **Investitionsschutzabkommen** ab, solange insbesondere die USA und die EU ihre Subventionspraxis im Agrarbereich nicht beenden. Das bedeutete auch das vorläufige Scheitern der im Jahr 2001 begonnenen **Doha-Runde**. Zwar wurden mehrere Anläufe (Juli 2004, Februar 2007, Mai 2008, Dezember 2011) unternommen, die Verhandlungen wiederzubeleben und zu einem möglichen Ergebnis zu bringen, gleichwohl kam bislang keine Einigung zustande (vgl. dazu den Sachstandsbericht des BUNDESMINISTERIUMS FÜR WIRTSCHAFT UND TECHNOLOGIE v. Juli 2013).

5.2.2.3 Internationaler Währungsfonds (IWF)

Der **IWF** (INTERNATIONAL MONETARY FUND – IMF) wurde Ende Dezember 1945 mit der Unterzeichnung eines Abkommens durch 29 Länder errichtet. Er begann seine Finanzoperationen im März 1947. Dem IWF gehören heute (Juli 2013) 188 Staaten an. Sie verpflichten sich, in Fragen der internationalen Währungspolitik (z.B. Wahl des Wechselkursregimes) und des Zahlungsverkehrs zusammenzuarbeiten und sich finanzielle Hilfe zur Überwindung von Zahlungsbilanzdefiziten zu leisten.

Seine **Ziele und Aufgaben** (nach Art. 1 des IWF-Abkommens, zuletzt geändert im Nov. 1992) bestehen in der Förderung der internationalen Zusammenarbeit auf dem Gebiet der Währungspolitik, um damit zur Ausweitung und einem ausgewogenen Wachstum des Welthandels beizutragen, die Stabilität der Wechselkurse (Überwachung der Wechselkurspolitik) zu fördern und bei der Errichtung eines multilateralen Zahlungssystems (Beseitigung von Devisenverkehrsbeschränkungen) mitzuwirken. Wenn Mitgliedsländer in Zahlungsbilanzschwierigkeiten sind, wird der IWF die allgemeinen Fondsmittel zeitweilig und unter angemessenen Sicherungen zur Verfügung stellen, um Dauer und Ausmaß der Ungleichgewichte in den Zahlungsbilanzen der Mitgliedsländer zu verringern. Beschränkungen wie fehlende Konvertibilität der Währungen, Kapitalverkehrskontrollen unterliegen der Genehmigung und Kontrolle durch den IWF.

Oberstes **Beschlussorgan** ist der GOUVERNEURSRAT, in den jedes Mitgliedsland einen Vertreter (**Finanzminister** oder **Notenbankpräsidenten**) entsendet. Er tagt einmal jährlich. Die laufenden Geschäfte führt das EXEKUTIVDIREKTORIUM. Ihm gehören 24 Direktoren an, von denen 5 durch die Länder mit der höchsten Quote bestellt werden. An der Spitze des Direktoriums steht ein Geschäftsführender Direktor. Das Stimmengewicht jedes Landes richtet sich primär nach der Höhe seiner finanziellen Beteiligung am IWF. Wichtige währungspolitische Grundsatzentscheidungen werden vom INTERNATIONALEN WÄHRUNGS- UND FINANZAUSSCHUSS (INTERNATIONAL MONETARY AND FINANCIAL COMMITTEE – **IMFC**) vorbereitet. Er besteht aus 24 Mitgliedern (Minister oder Notenbankpräsidenten) und ist wegen seines politischen Gewichts praktisch der **Lenkungsausschuss** des IWF. Schließlich gibt es noch den ENTWICKLUNGSAUSSCHUSS, der ein gemeinsames Gremium der Gouverneursräte von IWF und WELTBANK ist. Er berät wichtige entwicklungspolitische Themen.

Die Mittel des IWF (**Mittelausstattung**) resultieren aus den Beiträgen der Mitgliedsländer (**Subskriptionszahlungen**). Sie müssen voll eingezahlt sein, bevor die Mitgliedschaft wirksam wird: 25% in Sonderziehungsrechten – SZR (Special Drawing Rights – SDR -s.u.) oder einer allgemein akzeptierten Währung (US-$, Euro, Yen oder britischem Pfund Sterling) geleistet werden, der Rest auch in eigener Währung. Die der Beitragshöhe zugrunde liegende **Quote** wird unter Berücksichtigung relevanter volkswirtschaftlicher Daten (BIP mit 50%, Offenheitsgrad 30%, ökonomische Variabilität 15%, Währungsreserven 5%) berechnet. Zur Ergänzung der Währungsbestände (**Replenishment**) stehen dem IWF zwei Möglichkeiten offen: (1) Jedes Mitglied ist verpflichtet, dem IWF seine nationale Währung innerhalb bestimmter Grenzen gegen SZR zur Verfügung zu stellen. (2) Der IWF kann Kredite bei den Mitgliedsländern oder an den internationalen Finanzmärkten aufnehmen. Nach der Quote richten sich die Einzahlungen und der mögliche Umfang der Kreditvergabe an das jeweilige Mitgliedsland. Die Stimmrechte werden weitgehend nach der Quote festgelegt: Jedes Mitglied hat ein Basisstimmrecht und ein zusätzliches Stimmrecht für jeweils 100.000 SZR. Daher weichen die Quoten- von den Stimmrechtsanteilen ab.

Die **Stimmrechte** sind für eine Einflussnahme auf Entscheidungen des IWF besonders wichtig. Die Sperrminorität liegt bei 15%. Die USA (16,5%) und die EU (29,4%) können die Politik des IWF maßgeblich mitbestimmen. Mit der 14. Revision der Quoten (Dezember 2010) wurde festgelegt, die SZR von 238,4 Mrd. auf 476,8 Mrd. zu verdoppeln, mehr als 6% der Quotenanteile zugunsten von bisher unterrepräsentieren Mitgliedern umzuverteilen und die Anteile von Schwellen- und Entwicklungsländern um 6% zu erhöhen. Im Rahmen des neuen Verteilungsschemas wurde China das drittgrößte Mitglied. Brasilien, Indien und Russland stiegen unter die 10 größten Mitglieder auf. Eine Quotenumverteilung wird auch in Zukunft regelmäßig vorgenommen. (Quelle: http://www.imf.org/external/np/exr/facts/pdf/quotas.pdf).

▶ Exkurs zur Entstehung der SZR:

Die Entwicklungen in den 1960er Jahren verstärkten Befürchtungen, dass die Versorgung der Weltwirtschaft mit internationaler Liquidität langfristig gefährdet sei. Um möglichen Liquiditätsproblemen entgegenzuwirken und die internationale Liquidität vom US-$ unabhängiger zu machen, wurde 1969 eine neue Form internationaler Liquidität – die Sonderziehungsrechte (SZR) – geschaffen. Dabei handelt es sich um internationales Buchgeld („Kunstgeld"), das als Zahlungsmittel nur zwischen den Zentralbanken eingesetzt werden kann und vom IWF seit dem 1.1.1970 bereitgestellt wird. Die Zuteilung erfolgt entsprechend der Quote der Mitgliedstaaten. SZR berechtigen sie zum Kauf fremder Währungen und werden in erster Linie zur Finanzierung von Zahlungsbilanzdefiziten eingesetzt.

Anfangs entsprach ein SZR einem festen Goldgegenwert von 0,888671 Gramm bzw. einem US-$ (oder 35 SZR je Unze Gold). Mit der Aufhebung der Goldkonvertibilität des US-$, der faktischen Aufhebung des offiziellen Goldpreises und dem Übergang zu flexiblen Wechselkursen war dieser Maßstab nicht mehr anwendbar. An seine Stelle 1974 trat ein internationaler Währungskorb. Zunächst wurde er aus den Währungen von 16 Ländern und ab 1981 nur noch aus den fünf wichtigsten Handelswährungen zusammengestellt.

Seit der Einführung des Euro besteht der Korb nur noch aus vier Währungen. Anfang 2011 (2006) lagen die Anteile der vier **Korbwährungen** beim US-$ 41,9% (44%), Euro 37,4% (34%), Japanischer Yen 9,4% (11%) und Pfund Sterling 11,3% (11%). Der Anteil des Euro ist zu Lasten des US-$ leicht erhöht worden. Seit dem 1. Januar 2011 – nach neuer Berechnung – entspricht 1 SZR der Summe von 0,66 US-$, 0,423 Euro, 0,111 Pfund Sterling und 12,1 Yen. Der Wert des SZR per 31. Dezember 2010 war nach dem alten und dem neuen Korb gleich. Der IWF überprüft die Zusammensetzung des SZR-Währungskorbs alle fünf Jahre, das nächste Mal im Dezember 2015.

Seit Jahren verstärken sich die Forderungen nach **Reformen** des **IWF**. Insbesondere stehen dabei folgende Aspekte im Mittelpunkt: (1) Klarere Bedingungen für die Kreditgewährung, (2) mehr Transparenz und Information über die wirtschaftliche Lage in Entwicklungs- und Schwellenländern, (3) angemessenere Risikoverteilung sowie (4) Konzentration des IWF auf seine Kernkompetenz (Schaffung stabiler globaler Finanzmärkte). Das schließt eine klare Aufgabenabgrenzung zur WELTBANK mit ein. Ein zentraler Vorwurf an die Politik von IWF und WELTBANK besteht darin, dass ihre Auflagen zur Sanierung der Staatsfinanzen, zur Privatisierung staatlicher Schlüsselindustrien etc., die in Verbindung mit der Kreditgewährung an Entwicklungsländer erfüllt werden müssen (Konditionalität – vgl. Abschnitt 6.4.1.2), dort zu Verschlechterungen der sozio-ökonomischen Lage geführt haben.

5.2.2.4 Weltbank

Die WELTBANK mit Hauptsitz in Washington, D.C. hat 188 Mitgliedstaaten (2012). Sie ist vor allem mit der Gewährung von finanzieller und technischer Hilfe für Entwicklungsländer befasst. Dafür sind sie und die INTERNATIONALE ENTWICKLUNGSORGANISATION (INTERNATIONAL DEVELOPMENT ASSOCIATION – IDA) zuständig. Die WELTBANK zielt darauf ab, die Armut in Ländern mit mittlerem Einkommen sowie kreditwürdigen Staaten zu verringern, während die IDA sich auf die Unterstützung der ärmsten Länder der Welt konzentriert, denen sie entweder Subventionen oder zinsgünstige oder zinsfreie Kredite gewährt. Der WELTBANK wurden weitere Institutionen mit speziellen Aufgaben zur Seite gestellt: die INTERNATIONALE FINANZ-KOOPERATION – **IFC** (Förderung privatwirtschaftlicher Entwicklungen in Entwicklungsländern) sowie die MULTILATERALE INVESTITIONS-GARANTIE-AGENTUR – **MIGA** (Absicherung privater Investitionen vor politischen Risiken in Entwicklungsländern). Sie ist seit 1988 tätig. Und schließlich das INTERNATIONAL CENTRE FOR SETTLEMENT OF INVESTMENT DISPUTES (**ICSID**), eine Schiedsstelle für Auseinandersetzungen bei Investitionen. Gemeinsam bilden alle fünf Organisationen die WELTBANKGRUPPE.

Sechs **strategische Themen** bestimmen die Arbeit der WELTBANK: (1) die ärmsten Länder der Welt; (2) fragile und von Konflikten beeinflusste Staaten; (3) die arabische

Welt; (4) Länder mit mittlerem Einkommen; (5) Fragen globaler öffentlicher Güter; (6) die Bereitstellung von Wissen und Lernverfahren.

5.2.2.5 Bank für Internationalen Zahlungsausgleich (BIZ)

Die BANK FÜR INTERNATIONALEN ZAHLUNGSAUSGLEICH (**BIZ**) in Basel wurde 1930 gegründet und ist die älteste internationale Finanzorganisation. GENERALVERSAMMLUNG UND VERWALTUNGSRAT sind nach den Statuten ihre Organe. Zu ihren **Aufgaben** gehören die Verwaltung großer Teile der Währungsreserven zahlreicher Länder und internationaler Finanzinstitutionen, die Unterstützung bei der Abwicklung des internationalen Zahlungsverkehrs sowie die Sicherung der Funktionsfähigkeit des internationalen Finanzsystems. Sie fungiert damit vor allem als **Bank der Zentralbanken**. Insgesamt sind 65 Zentralbanken Mitglied. In Basel tagt auch der INTERNATIONALE AUSSCHUSS FÜR BANKENAUFSICHT, der die in nationales Recht zu transformierenden Eigenkapitalvorschriften für Banken entwickelt hat („Basel I bis III“).

5.2.2.6 Internationale Einflussträger

Es gibt eine Vielzahl von internationalen Organisationen, Institutionen oder Gruppierungen, die Einfluss auf die Außenwirtschaftspolitik nehmen.

Die **ORGANISATION FÜR WIRTSCHAFTLICHE ZUSAMMENARBEIT UND ENTWICKLUNG** (ORGANISATION FOR ECONOMIC CO-OPERATION AND DEVELOPMENT – OECD) wurde 1961 gegründet. Zu den 36 Mitgliedern (2012) gehören die reichsten Industrieländer, in denen etwa zwei Drittel der Weltproduktion erzeugt werden. Inzwischen sind auch einige osteuropäische Staaten (Polen, Slowakei, Slowenien, Tschechien, Ungarn) Mitglied. Sie bietet den Regierungen einen Rahmen, um Probleme der Wirtschaftspolitik zu diskutieren und Lösungen zu entwickeln. Im Mittelpunkt stehen die im Art. 1 der OECD-KONVENTION verankerten **Ziele** (Kernaktivitäten): (1) optimale Wirtschaftsentwicklung und Beachtung der finanziellen Stabilität, (2) nachhaltiges Wirtschaftswachstum sowie Ausweitung des Welthandels. Zwischenzeitlich haben Fragen an Bedeutung gewonnen, die sich mit den Auswirkungen der Globalisierung, Strukturen und Funktionsfähigkeit internationaler Finanzmärkte und den Beziehungen zwischen Industrie-, Schwellen- und Entwicklungsländern beschäftigen.

Die **G8-GRUPPE** umfasst die USA, Japan, Deutschland, Frankreich, Italien, Großbritannien und Kanada (die frühere **G7-GRUPPE** seit 1975). An den weltpolitischen Beratungen nimmt Russland seit 1998 offiziell teil (G8). Nach dem Zusammenbruch des Systems von BRETTON WOODS wurde die Zusammenarbeit zwischen führenden westlichen Industrienationen weiter intensiviert, ein **internationales Netzwerk** entwickelte sich zu einer ständigen Einrichtung in der heutigen Zusammensetzung. An den jährlichen Treffen der Staats- und Regierungschefs (Gipfeltreffen) nimmt auch die EU-KOMMISSION (Beobachterstatus) teil. Als Ergebnis gibt es Absichtserklärungen über die Entwicklung der Wirtschafts- und Währungspolitik der teilnehmenden Länder. Weiterhin enthalten sie Aufforderungen an internationale Organisationen, bestimmte Probleme aufzugreifen und Lösungsansätze zu erarbeiten. Verbindliche Beschlüsse mit unmittelbarer Wirkung in den beteiligten Ländern gibt es nicht.

Das ursprüngliche **Ziel** der Zusammenarbeit bestand darin, leistungsstarke Volkswirtschaften zur Übernahme einer **Lokomotivenfunktion** (vgl. Abschnitt 3.1.2) zu „veranlassen". Seit Beginn der 80er Jahre erfolgte eine deutliche wirtschaftspolitische Umorientierung. Zunehmend wurde eine Verbesserung der Angebotsbedingungen in den Vordergrund gestellt. Seit 2008 hat sich die Gruppe u.a. mit Lösungen zur Finanzkrise, Energieverbrauch, Klimawandel sowie der Bekämpfung von Steuerflucht beschäftigt.

Die sogenannte **ZEHNERGRUPPE** (G7-Mitglieder plus die Niederlande, Belgien, Schweden und seit 1984 Schweiz) hat ihren Ursprung in den Allgemeinen Kreditvereinbarungen (AKV), die zwischen den Mitgliedstaaten und dem IWF 1962 abgeschlossen wurden um bei **Liquiditätsproblemen** des **IWF** mit Krediten einzuspringen (Kreditlinie in Höhe von rd. 23 Mrd. US-$). Die G10-Finanzminister treffen sich jährlich am Rande der Jahrestagung von IWF und WELTBANK. Die Zusammenarbeit ist nicht auf die Erörterung aktueller Finanzmarktprobleme beschränkt. Es geht auch um allgemeine Fragen des internationalen Währungssystems. Sie gab z.B. wichtige Impulse zur Einführung der Sonderziehungsrechte. Die GRUPPE war auch das Forum zur Neuorientierung des Währungssystems nach dem Scheitern des Systems von BRETTON WOODS. Wichtige Analysen zur Funktionsweise des internationalen Währungssystems und Impulse für die Entwicklung der Schuldenstrategie gehen von ihr aus. Ein Arbeitsschwerpunkt sind die zunehmenden internationalen Kapitalbewegungen.

Die **GRUPPE DER ZWANZIG** (**G-20**) wichtigsten **Industrie- und Schwellenländer** ist ein seit 1999 bestehender informeller Zusammenschluss aus 23 Staaten und der EUROPÄISCHEN UNION. Sie dient als Forum für die Kooperation und Konsultation in Fragen des internationalen Finanzsystems und der Entwicklungspolitik. **Teilnehmer** sind die Staats- und Regierungschefs der betreffenden Länder, die Finanzminister und Zentralbankchefs der G8 und elf weiterer Staaten, darunter die **O-5** (Outreach-Staaten; Schwellenländer, die an den Treffen der G8 – ohne Mitgliedschaft – teilnehmen: China, Indien, Südafrika, Brasilien und Mexiko), der Präsident der EZB, der Geschäftsführende Direktor des IWF, der Vorsitzende des IMFC und der Präsident der WELTBANK. Auf dem G-20-Gipfeltreffen im April 2009 in London wurde eine Stärkung des FORUMS FÜR FINANZSTABILITÄT (FINANCIAL STABILITY FORUM – FSF), beschlossen. Unter dem Namen **FINANCIAL STABILITY BOARD** (FSB) erhielt das Gremium ein breiteres Mandat. Zum Mitgliederkreis gehören nun Vertreter aus allen G-20-Mitgliedsländern, Spanien, der EU-KOMMISSION, dem IWF und der WELTBANK.

Während der Finanzkrise 2008–2012 haben sich die großen internationalen **Ratingagenturen** besonders stark als „**internationale Einflussträger**" gezeigt. Zu ihnen gehören insbesondere STANDARD & POOR'S CORPORATION (S &P), MOODY'S CORPORATION und FITCH RATINGS. Sie haben einen Weltmarktanteil von 95%. Sie sind privatwirtschaftlich und gewinnorientiert. Ihre Aufgabe besteht in der **Prüfung der Kreditwürdigkeit von Schuldnern** (Unternehmen, Staaten) und der Einschätzung von Wahrscheinlichkeiten, mit der die Schuldner in der Lage sein werden, ihre Kredite zurückzuzahlen. Die Agenturen fassen das Ergebnis ihrer Untersuchungen in einer Buchstabenkombination (**Ratingcode**) zusammen. Die Abstufung geht von AAA bzw. Aaa (Schuldner mit bester Bonität, praktisch kein Ausfallrisiko) in insgesamt 22 Stufen bis D (zahlungsunfähig). Die Folge des Ratings sind Veränderungen der Zinssätze, die die Schuldner aufgrund der Reaktionen der Marktteilnehmer zahlen müssen: je schlechter das Rating, desto höher die Zinsen. Die Abfolge der Ratings durch das Oligopol im Jahre 2012 erweckte den Eindruck einer „concerted action". Nachdem eine Agentur ein Mitgliedsland der EU herabstufte, folgten die beiden anderen in einem gewissen zeitlichen Abstand. Mehrfach wurde die schlechtere Bewertung eines Landes unmittelbar vor der Ausgabe neuer Schuldtitel veröffentlicht (z.B. Italien am 13.7.2012 – FAZ v. 14.7.2012). Die **Begründungen** für Herabstufungen der Kreditwürdigkeit der Schuldnerstaaten sind nicht immer nachvollziehbar: Die Agenturen legen nicht offen, wie ihre Ergebnisse zustande kommen (**mangelnde Transparenz**). Die Beeinflussung der Kapitalmärkte durch Ratings zeigt sich auch darin, dass sich institutionelle Anleger von Wertpapieren trennen müssen, die auf „Ramschniveau" eingestuft werden (ab Note BB+ und schlechter).

6 Instrumente der Außenwirtschaftspolitik

6.1 Übersicht

Zur Verwirklichung der angestrebten Ziele steht den Trägern der Außenwirtschaftspolitik eine Vielzahl von Instrumenten zur Verfügung. Dabei kann zwischen **ökonomischen** und **außerökonomischen** Mitteln (Einsatz politischer und militärischer Macht, Verhängung politischer Sanktionen, Boykotte, Embargos, Blockaden) unterschieden werden. Wir werden uns hier auf die ökonomischen Instrumente konzentrieren.

Zunächst muss zwischen ordnungspolitischen und ablaufpolitischen Instrumenten unterschieden werden. Über **ordnungspolitische Instrumente** (z.B. das WTO-Abkommen, die multinationalen Abkommen GATT, GATS, TRIPS) wird der Rahmen festgelegt, in dem die Wirtschaftssubjekte ihre außenwirtschaftlichen Aktivitäten entfalten. Die **ablaufpolitischen Instrumente** leiten sich unmittelbar aus diesem Ordnungsrahmen ab. Sie umfassen alle Maßnahmen, die geeignet sind, zu seiner Verwirklichung beizutragen (z.B. Zollsenkungen, Veränderung von Exportsubventionen). Welche Instrumente dabei konkret eingesetzt werden, wird durch das außenwirtschaftspolitische Leitbild (vgl. Abschnitt 4.1) und der daraus abgeleiteten **Außenwirtschaftsordnung** (liberales oder dirigistisches Konzept) bestimmt. Weiterhin muss unterschieden werden zwischen (1) dem Instrument als eigentlichem **Aktionsparameter** und (2) den **Wirkungen**, die sich aus dem Mitteleinsatz ergeben.

Generell können die Instrumente der Außenwirtschaftspolitik untergliedert werden in Instrumente, die den internationalen Handel (**güterwirtschaftliche Maßnahmen**) oder den internationalen Kapitalverkehr (**monetäre Maßnahmen**) beeinflussen. Die **Wechselkurspolitik** – als dritte Gruppe – betrifft dagegen den monetären und den güterwirtschaftlichen Bereich. Hinzu kommen Maßnahmen im Rahmen der internationalen **Schuldenpolitik** (vgl. Abb. 8.5) und sonstige Instrumente (z.B. Steuerpolitik).

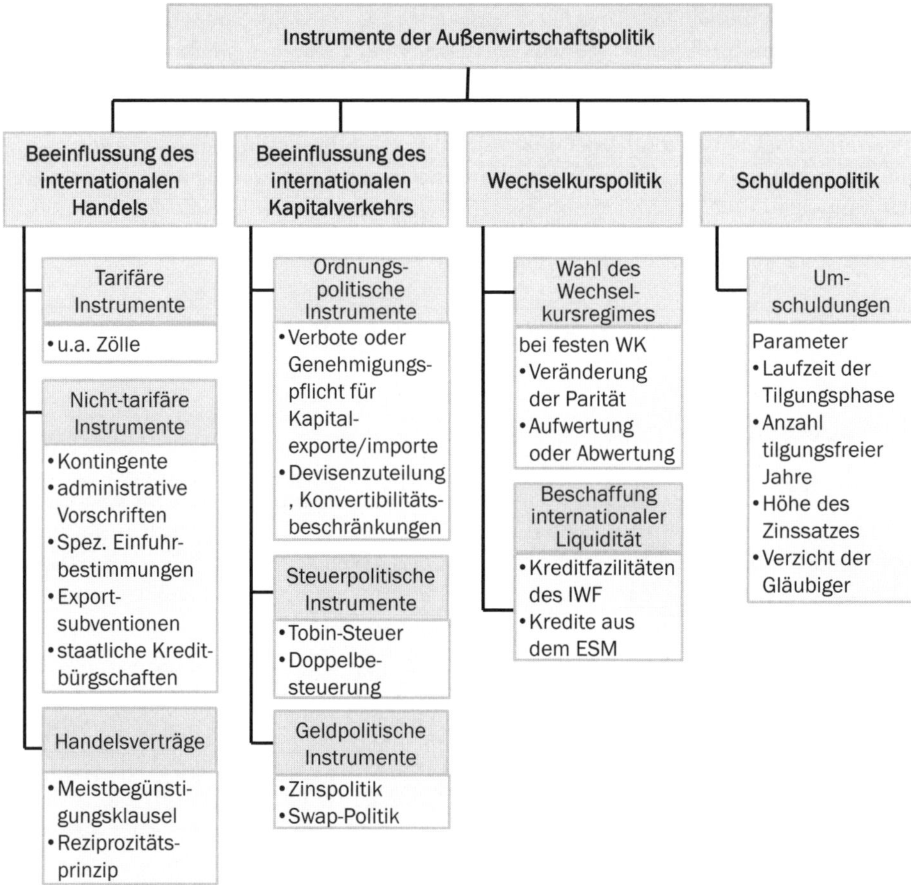

Abb. 8.5: Übersicht Instrumente der Außenwirtschaftspolitik

6.2 Instrumente zur Beeinflussung des internationalen Handels

6.2.1 Tarifäre Instrumente (Zölle)

Das wichtigste tarifäre Instrument der Außenhandelspolitik sind die **Zölle** (vgl. Abschnitt 3.1.2). Dabei handelt es sich um Abgaben, die beim grenzüberschreitenden Warenverkehr erhoben werden. Sie haben entweder das Ziel, dem Staat Einnahmen zu verschaffen (**Finanzzoll**) oder einheimische Wirtschaftszweige vor ausländischer Konkurrenz zu schützen (**Schutzzoll**). Meist lassen sich beide Motive kaum trennen. Schutzzölle wirken wie Kosten: Je höher sie sind, desto geringer ist die Möglichkeit, nationale Produktionskostenvorteile auf den Auslandsmärkten als Preisvorteile geltend zu machen. Sie reduzieren den möglichen Umfang der internationalen Arbeitsteilung.

> Zölle sind staatlich erhobene Abgaben auf den grenzüberschreitenden Warenverkehr eines Landes bzw. eines Zollgebietes (Zollunion), die die Inlandspreise von den Weltmarktpreisen entkoppeln.

Zu den **Arten** von Zöllen: Als wichtigste Unterscheidungsmerkmale sind die **Richtung der Handelsströme** (Import- bzw. Exportzölle) und die **Bemessungsgrundlage** (Wertzoll bzw. Stückzoll) zu nennen. Während der **Wertzoll** als Prozentsatz auf den Preis des gehandelten Gutes erhoben wird, erfolgt beim **Stückzoll** die Abgabe als fester Geldbetrag pro Mengeneinheit. Daneben werden bestimmte Mischformen v.a. bei agrarischen Produkten angewendet. Heute werden meist nur noch wertmäßige Importzölle erhoben. Exportzölle sind relativ unbedeutend. Sie werden z.B. von China bei der Ausfuhr von Metallen der Seltenen Erden erhoben, die u.a. in der Elektronik- und Rüstungsindustrie benötigt werden. Bei Importzöllen kann die Behandlung für alle Länder gleich (Meistbegünstigungszölle, vgl. Abschnitt 6.2.3) oder ungleich sein (z.B. Präferenzzölle gegenüber Entwicklungsländern, Strafzölle als Reaktion auf Importbeschränkungen anderer Staaten). Werden die Zölle so hoch gesetzt, dass sich Einfuhren nicht mehr lohnen, handelt es sich um **Prohibitivzölle** (vgl. Kapitel 1, Abschnitt 2.4).

Im Zuge zahlreicher Zollsenkungsrunden im Rahmen des GATT kam es zu einer schrittweisen Senkung der Zollsätze. Zwischen 1947 und 1994 wurde eine Herabsetzung der Industriezölle zwischen den Industrienationen von durchschnittlich 40 Prozent auf 4,6 Prozent des Einfuhrzollwerts erreicht. Bis heute sind die Zollbelastungen auf 2,2% gesunken, denn in der Uruguay-Runde übernahmen die Industrieländer die Verpflichtung, die Importzölle auf gewerbliche Waren bis 2004 nochmals zu halbieren bzw. für ausgewählte Produktgruppen ganz abzuschaffen.

Schließlich soll das sogenannte **Dumping** angesprochen werden. Es liegt vor, wenn Produkte im Ausland zu Preisen verkauft werden, die nicht die Produktions- und Transportkosten decken. Dumping ist in der EU und durch das GATT verboten. Zur Abwehr von Dumping ist die Erhebung eines „Anti-Dumping-Zolls" gerechtfertigt.

▶ Beispiel

2011 beklagte sich China bei der WTO, dass die EU 20 Jahre lang einen Anti-Dumpingzoll auf Fahrräder erhoben habe und dass dies ein Fall von „Überprotektion" sei. Auch Maßnahmen der EU gegen die Dumpingpreise von Bügeleisen wurde von Seiten Chinas vorgetragen (Quelle: WTO, COMMITTEE ON ANTI-DUMPING PRACTICES, 23.4.2012).

6.2.2 Nicht-tarifäre Instrumente

Zu den nicht-tarifären Instrumenten rechnen (1) Kontingente, (2) Formen der nicht-tarifären Protektion und (3) sonstige Maßnahmen.

[1] **Kontingente**: Durch Mengenbeschränkungen bei der Einfuhr von Gütern (Importkontingente) wird versucht, die heimische Wirtschaft vor ausländischer Konkurrenz zu schützen. Relativ selten sind Ausfuhrkontingente. Sie werden z.B. im Rahmen von internationalen Rohstoffabkommen oder bei strategisch wichtigen Erzeugnissen angewendet. Kontingente sind **nicht-marktkonforme Mittel**, da sie den Preismechanismus teilweise außer Kraft setzen. Nach den GATT-Bestimmungen (Art. XI – XIV) sind sie grundsätzlich verboten. Allerdings sind Ausnahmen bei nicht diskriminierender Anwendung vorgesehen. Mengenmäßige Einfuhrbe-

schränkungen und alle Maßnahmen gleicher Wirkung verbietet Art. 34 AEUV zwischen den Mitgliedstaaten und für Ausfuhrbeschränkungen (Art. 35 AEUV).

[2] Da der Einsatz von Zöllen und Kontingenten im Allgemeinen transparent ist, sind viele Länder zu **Formen der nicht-tarifären Protektion** übergegangen. Vermutlich verzerren heute die nicht-tarifären Handelshemmnisse den Preismechanismus stärker als Zölle. Sie treten teilweise in versteckter Form auf und haben einen erheblichen Einfluss auf den Außenwirtschaftsverkehr.

▶ Beispiele

(a) Administrative Vorschriften (wie langwierige Genehmigungsverfahren für den Marktzugang, Gebühren),

(b) spezifische Einfuhrbestimmungen, z.B. technische Vorschriften, lebensmittelrechtliche Normen, Kennzeichnungspflichten sowie Produktstandards (unter anderem Qualitäts- und Sicherheitsstandards, Beschriftungs- und Verpackungsvorschriften, Angaben zur Herkunft, Prüfung der Umweltverträglichkeit).

Die EU-KOMMISSION beobachtet regelmäßig Maßnahmen mit handelshemmenden Wirkungen. Im „Ninth Report on Potentially Trade Restrictive Measures – September 2011 – 1 May 2012", Brüssel 2012, wird festgestellt (S. 2), dass während der Finanzkrise die Tendenz zum Ergreifen protektionistischer Maßnahmen vor allem in Schwellenländern zugenommen hat. Im Berichtszeitraum waren 534 Handelsbeschränkungen wirksam, nur 13 frühere waren aufgehoben worden. Restriktionen wurden vor allem für Brasilien, Russland, Argentinien, China, Südafrika, Ukraine und Indien ermittelt.

[3] Maßnahmen, die den Marktzugang erschweren, werden ergänzt durch die **staatliche Förderung des eigenen Exports**: Gewährung von Ausfuhrprämien, Subventionen als Mittel der Exportförderung, sonstige Maßnahmen wie Übernahme von Exportrisiken und Kreditbürgschaften durch den Staat oder Verzögerung einer fälligen Aufwertung der eigenen Währung. Als Maßnahme zur Förderung des eigenen Exports kann man auch die **„fiskalische Abwertung"** verstehen.

▶ Beispiel

Wenn Lohnnebenkosten gesenkt werden und ihre Gegenfinanzierung durch Steuererhöhungen erfolgt, ist es Unternehmen möglich, ihre Produkte im Ausland billiger anzubieten, ihre Wettbewerbsfähigkeit steigt. Deutschland im Jahr 2007: um die Lohnnebenkosten zu senken, wurde die Mehrwertsteuer erhöht.

Die **Außenhandelspolitik** der BUNDESREGIERUNG unterstützt die Aktivitäten deutscher Unternehmen zur Erschließung und Sicherung ausländischer Märkte durch die Verbesserung von **Rahmenbedingungen** und den Abbau bestehender Marktzugangsschranken. Auch der Abschluss von **Investitionsschutzabkommen** mit Entwicklungs- und Schwellenländern, die deutschen Unternehmen Rechtsschutz im Ausland garantieren und kleinen und mittleren Unternehmen hilft, wird zur Erschließung von Auslandsmärkten beigetragen. Die Übernahme **staatlicher Ausfuhrgewährleistungen** (Hermes-Bürgschaften) sichert deutsche Unternehmen gegen Risiken bei Exportgeschäften (Absicherung von Zahlungsausfällen aus politischen oder wirtschaftlichen Gründen) ab. Die Durchführung dieser **AuslandsGeschäftsAbsicherung** (AGA) übernehmen im Auftrag der BUNDESREGIERUNG die EULER HERMES DEUTSCHLAND AG (Euler Hermes) und PRICEWATERHOUSECOOPERS AG (PwC). Sie sind direkter Ansprechpartner für Exporteure und Banken bei der Auslandsgeschäftsabsicherung.

Die BUNDESREGIERUNG hat im Rahmen einer „**Außenwirtschaftsoffensive**" eine bundeseigene **Fördergesellschaft** „GERMANY TRADE & INVEST – GTAI" (bis Ende 2008 die BUNDESAGENTUR FÜR AUßENWIRTSCHAFT – bfai) gegründet, die zusammen mit den Außenhandelskammern, dem BUNDESVERBAND DER DEUTSCHEN INDUSTRIE – BDI und dem DEUTSCHEN INDUSTRIE- UND HANDELSKAMMERTAG – DIHK wichtige Elemente der Strategie umsetzen sollen. Mitglieder der BUNDESREGIERUNG werden auf Auslandsreisen häufig von Repräsentanten der deutschen Wirtschaft begleitet. Vor Ort werden lange vorbereitete Verträge (Lieferungen von Exportgütern, Investitionsvorhaben usw.) mit den ausländischen Partnern unterschrieben. Die **politische Flankierung** deutscher Unternehmen im Ausland sollte nicht unterschätzt werden.

Ergebnis: In der Außenhandelspolitik bestehen für Deutschland nur noch **geringfügige Spielräume** beim Instrumenteneinsatz. Denn: die Außenhandelspolitik ist eine **Gemeinsame Politik**, d.h., Entscheidungen über Zölle, Kontingente usw. können nur noch gemeinsam von allen Partnern der EU getroffen werden.

6.2.3 Handelsabkommen

Ein weiteres Instrument der Außenwirtschaftspolitik sind **Handelsabkommen**. Darunter werden allgemein **bilaterale** oder **multilaterale** zwischenstaatliche Vereinbarungen auf dem Gebiet des Außenhandels verstanden. Sie haben grundlegende Bedeutung für die Gestaltung der wirtschaftlichen Beziehungen und sind deshalb **längerfristig** angelegt. Ihr Inhalt kann sich auf Regelungen zum gesamten Waren-, Dienstleistungs-, Kapital- und Personenverkehr beziehen: z.B. Festlegungen zu gegenseitig gewährten handelspolitischen Vergünstigungen wie Gewährung der Meistbegünstigung, Vereinbarungen über den gegenseitigen Schutz von Kapitalanlagen (Direktinvestitionen) oder Vereinbarungen über das Niederlassungsrecht. Üblicherweise wird gleichzeitig mit dem Handelsabkommen ein **Zahlungsabkommen** abgeschlossen.

▶ Beispiele

Die EU hat mit der Republik Korea 2011 ein bilaterales Handelsabkommen (Präferenzabkommen) (Free Trade Agreement – FTA) abgeschlossen. In 5 Jahren sollen rund 99 % aller Zölle und viele nichttarifäre Hemmnisse (Automobile, pharmazeutische, elektronische Güter) im Handel zwischen der EU und Korea entfallen. Auch der Dienstleistungsverkehr und geistiges Eigentum sind eingeschlossen. Der „Wert" aller Maßnahmen wird auf bis zu 19 Mrd. Euro geschätzt. Es ist das ehrgeizigste und umfangreichste Freihandelsabkommen im Rahmen europäischer Handelspolitik.

Mitte 2013 haben die EU und die USA mit Verhandlungen über ein transatlantisches Freihandelsabkommen begonnen (Transatlantic Trade and Investment

Partnership – TTIP). Es geht dabei um den Abbau von Zöllen und Regulierungen, aber auch Industriestandards (Wettbewerb), Lebensmittelgesetze (Verbraucherfragen) und öffentliche Ausschreibungen. Mittelfristig sollen damit Wachstumsimpulse entstehen.

Von den vielen Freihandelszonen geben wir hier nur einige Beispiele:

1991 schlossen sich die südamerikanischen Staaten Argentinien, Brasilien, Paraguay und Uruguay zum „Gemeinsamen Markt des Südens" (MERCOSUR) zusammen. Chile, Bolivien, Peru, Kolumbien und Ecuador traten später als assoziierte Mitglieder bei, Venezuela seit 2012.

1994 erfolgte der Zusammenschluss der USA, Kanadas und Mexikos zur Nordamerikanischen Freihandelszone (NAFTA).

1989 wurde in Canberra die Asiatic Pacific Economic Cooperation (APEC) geschaffen, der 21 Anrainerstaaten angehören mit der Hälfte der Weltbevölkerung.

Von besonderer Bedeutung ist die Vereinbarung der **Meistbegünstigung** (s.u.). Ihre wesentlichen **Vorteile** liegen in der

- Vereinheitlichung der Wettbewerbsbedingungen der ausländischen Konkurrenten,
- Verringerung der handelshemmenden Wirkungen von Zöllen und nicht-tarifären Maßnahmen sowie
- Verbesserung der Markttransparenz.

Ein weiterer wichtiger Grundsatz ist das sogenannte **Reziprozitätsprinzip** (Gegenseitigkeitsprinzip). Danach dürfen Unternehmen aus Land A nur dann im Land B tätig werden, wenn dessen Unternehmen ebenfalls freier Marktzugang und freie Entfaltung im Land A gewährt wird. So soll erreicht werden, dass Länder, die ihre einheimischen Märkte vor ausländischer Konkurrenz „abschotten", nicht gleichzeitig von der Liberalität anderer Märkte profitieren.

Auf die WTO sind wir in Abschnitt 5.2.2.2 eingegangen. Greifen wir einige der grundlegenden **Prinzipien** ihrer **multilateralen Abkommen** heraus:

(1) Kernstück der GATT-Regelungen ist das Grundprinzip der allgemeinen **Meistbegünstigung**. Danach müssen die Mitgliedstaaten alle „Vorteile, Vergünstigungen, Vorrechte oder Befreiungen", die sie hinsichtlich der Zölle, des Zahlungsverkehrs und der Ein- und Ausfuhrformalitäten einem Land zugestehen, bedingungslos auch den anderen Vertragspartnern gewähren (Art. I des Vertrags). Allerdings sind verschiedene **Ausnahmen** vorgesehen z.B. für Zollunionen und Freihandelszonen. So können beispielsweise Staaten, die der EU nicht angehören, nicht verlangen, dass sie in den Genuss von Zollvergünstigungen kommen, die innerhalb des Binnenmarktes gelten. Weitere **Sonderregelungen** sollen der spezifischen Interessenlage von Entwicklungsländern Rechnung tragen (z.B. verbesserter Marktzugang für ihre Produkte in den Industrieländern). Neben der Meistbegünstigung sind der möglichst vollständige Abbau der tarifären und nicht-tarifären **Handelsschranken** (Integration der Märkte) sowie die Gleichstellung ausländischer Wettbewerber mit inländischen Anbietern (**Inländerbehandlung**) vorgesehen. Außerdem wurden weitere Zollsenkungen, eine schrittweise Öffnung der Agrarmärkte sowie die Senkung der Agrarsubventionen vereinbart.

Im Rahmen der URUGUAY-RUNDE wurde dem GATT 1995 das ÜBEREINKOMMEN ÜBER HANDELSVERBINDLICHE INVESTITIONSMAßNAHMEN (AGREEMENT ON TRADE-RELATED ASPECTS OF INVESTMENT MEASURES – **TRIMS**) beigefügt. Darin wurden erstmals verbindliche Regeln für Genehmigungen ausländischer **Direktinvestitionen** aufgestellt (z.B. Vermeidung von Investitionsauflagen, die im Widerspruch zur Inländerbehandlung oder dem Verbot mengenmäßiger Beschränkungen stehen). Weiterhin wurde auch eine Reihe **plurilateraler Abkommen**, die nur die ratifizierenden Staaten binden, integriert (plurilateral bedeutet, dass nicht alle WTO-Mitglieder automatisch die vereinbarten Liberalisierungsverpflichtungen eingehen müssen).

WTO-Abkommen

A. Multilaterale Abkommen

GATT	GATS	TRIPS
Abkommen über - Dumping - Einfuhrlizenzen - Gesundheitsmaßnahmen - Investitionen (TRIMS) - Kontrollen vor dem Versand - Landwirtschaft - Technische Handelshindernisse - Textilwaren und Bekleidung - Ursprungsregeln, Zollwert	Abkommen über - Finanzdienstleistungen - Luftverkehr (Teilbereiche) - Verkehr natürlicher Personen - Öffnung der Märkte für Telekommunikation	Konventionen von - Bern: Kunst, Literatur - Paris: Schutz des gewerblichen Eigentums (Urheberrecht, Erfindungen, Hersteller und Handelsmarken, Geschäftsgeheimnisse - Washington: Integrierte Schaltungen Bestimmungen über Fälschungen aller Art

B. Plurilaterale Abkommen

- Handel mit zivilen Luftfahrzeugen	– Internationales Rindfleischabkommen
- Internationales Milchabkommen	– Öffentliches Beschaffungswesen

Quelle: DEUTSCHE BUNDESBANK, Weltweite Organisationen und Gremien im Bereich von Währung und Wirtschaft, März 2003, S. 155.

Übersicht 8.3: Die WTO-Abkommen

(2) Dem **GATS** unterliegen alle **handelbaren Dienstleistungen**. Es baut auf den gleichen Prinzipien wie das GATT auf (Abbau der Handelsbeschränkungen, Meistbegünstigung und Inländerbehandlung). Es besteht aus **drei grundlegenden Bausteinen**: dem Rahmenabkommen, den sektorspezifischen Regelungen (z.B. für Finanzdienstleistungen) und länderspezifischen Listen, die die von jedem Land übernommenen Liberalisierungsverpflichtungen enthalten. Bei der **Meistbegünstigung** sieht das Abkommen sowohl generelle Ausnahmen (für Zollunionen, Freihandelszonen) als auch länderspezifische Ausnahmen vor. Verpflichtungen zum Abbau der Handelsbeschränkungen sowie die Durchsetzung des Prinzips der **Inländerbehandlung** entstehen auf der Grundlage **länderspezifisch ausgehandelter Listen**. Grundsätzlich können die WTO-Mitgliedstaaten selbst bestimmen, welche Dienstleistungsbereiche sie

öffnen (Länderlisten). Außerdem legen sie fest, welche Einschränkungen es in Bezug auf Marktzutritt und Inländerbehandlung gibt. Art. XIX GATS spricht ausdrücklich von **fortschreitender Liberalisierung**. Die Rücknahme von einmal eingegangenen Liberalisierungsverpflichtungen ist nur möglich, wenn die dadurch geschädigten Partner Kompensationen, z.B. in Form von Liberalisierungen anderer Bereiche, erhalten.

(3) **TRIPS** richtet sich auf die Durchsetzung bestehender **internationaler Konventionen** zum Schutz geistigen Eigentums. Durch TRIPS wurden sie für alle WTO-Mitgliedstaaten verbindlich. Den Entwicklungsländern wurden Übergangsfristen zur Anpassung des nationalen Rechts eingeräumt. Vom **Sanktionsmechanismus** innerhalb der WTO wird ein positiver Einfluss auf die Einhaltung der Verpflichtungen erwartet. **Grundprinzipien** sind die Gleichbehandlung aller Mitgliedsstaaten sowie ein ausgeglichener Schutz zur Förderung der technischen Innovation und des Technologietransfers. Hersteller und Nutzer sollen profitieren und wirtschaftlicher und sozialer Wohlstand gesteigert werden. Die folgenden **Rechtsgebiete** sind einbezogen: Urheberrecht (es muss mindestens 50 Jahre lang ab dem Tod des Autors bestehen bleiben), Markenrecht und Patente, Geschmacksmuster, Schutz von Geschäftsgeheimnissen sowie die Bekämpfung wettbewerbswidriger Praktiken bei vertraglichen Lizenzen. In jedem Staat darf der Schutzumfang des geistigen Eigentums den Bürgern des eigenen Staates nicht mehr Rechte oder Vorteile gewähren als Bürgern anderer Vertragsstaaten (**Inländerbehandlung**). Das Abkommen besitzt eine **Meistbegünstigungsklausel**.

▶ **Beispiel**

Die Bedrohung durch Produktpiraterie nimmt für deutsche Unternehmen immer stärker zu. Die globalen Produktionsketten und das Internet machen es den Fälschern leicht. Der Schaden, der in der deutschen Industrie entsteht, wird auf rund 50 Mrd. Euro geschätzt. (FAZ v. 13.12.2012)

6.3 Instrumente zur Beeinflussung des Kapitalverkehrs

Der internationale Kapitalverkehr kann ebenfalls durch eine Vielzahl von Instrumenten beeinflusst werden (vgl. DIECKHEUER, 2001, S. 446).

[1] An erster Stelle zu Instrumenten, die einen **direkten Einfluss** auf den Umfang der Transaktionen haben. Zu ihnen gehören v.a. **Verbote** oder **Genehmigungen** für Kapitalexporte/-importe sowie die Devisenbewirtschaftung.

[2] Daneben beeinflussen die **Zinspolitik** und andere **geldpolitische Instrumente** wie differenzierte Mindestreservesätze auf Auslandseinlagen oder eine Bardepotpflicht für ausländische Einlagen bei inländischen Banken die Richtung internationaler Kapitalströme. Unter **Bardepot** versteht man eine zinslose Einlage, die bei der Zentralbank hinterlegt werden muss. Davon wurde von der DEUTSCHEN BUNDESBANK im Zeitraum 1972 bis 1974 Gebrauch gemacht, um die Kreditaufnahme der Unternehmen im Ausland zu verringern.

[3] Auch **finanzpolitische Instrumente** (z.B. Besteuerung ausländischer Kapitalanlagen oder -erträge) können den internationalen Kapitalverkehr beeinflussen.

[4] Schließlich gibt es Maßnahmen, die die **Rahmenbedingungen** für den internationalen Kapitalverkehr festlegen (Konvertibilitätsbeschränkungen, Übernahme staatlicher Bürgschaften für Direktinvestitionen oder die Gewährung von Rechtssicherheit für Kapitalanlagen).

Zu (1): Zunächst zu Maßnahmen, die **Kapitalverkehrsbeschränkungen** bewirken. Sie werden mit unterschiedlichster Zielrichtung (Abbau von Ungleichgewichten in der Zahlungsbilanz, Stabilisierung der Wechselkurse, Vermeidung von negativen Beschäftigungseffekten durch Kapitalexporte) eingesetzt:

a) Im System fester Wechselkurse wirken **Zu-** und **Abflüsse an Devisen** direkt auf die inländische Geldmenge. Dadurch kann die Erreichung des Geldmengenziels fraglich werden. Bei Liquiditätsüberschüssen können sich Inflationsimpulse ergeben, die im Widerspruch zum Ziel der Preisstabilität stehen. Die Versuchung für das betroffene Land ist groß, über **Beschränkungen** der **Kapitalimporte** (z.B. Verbote, Kapitalertragsteuer auf ausländisches Kapital, Zusatzmindestreserve auf ausländische Einlagen) diese unerwünschten Wirkungen zu unterbinden.

b) Mit **Beschränkungen des Kapitalimports** wird auch das Ziel verfolgt, ausländische Direktinvestitionen zu erschweren. Dahinter steht die Befürchtung des Verlustes der wirtschaftlichen und politischen Unabhängigkeit (z.B. Höchstgrenzen für ausländische Beteiligungen an inländischen Unternehmen).

c) Ein **hoher Kapitalexport** wird häufig für den Rückgang des inländischen Beschäftigungsniveaus verantwortlich gemacht. Dahinter steht die Überlegung, dass Kapitalexport Kapitalmangel verursachen kann. Über den **Zinsmechanismus** (vgl. Abschnitt 3.2) und die Verringerung des Kreditvolumens sinkt die inländische Investitionsgüternachfrage. Beschränkungen des Kapitalexports (z.B. Verbote, Zinsausgleichsteuer auf ausländische Wertpapiere) würde sich belebend auf Investitionen und Arbeitsmarkt auswirken. Dabei werden jedoch grundlegende Ursachen für Kapitalexporte (Produktionskosten, administrative Hemmnisse, Erschließung neuer Märkte) vernachlässigt.

> Instrumente der **Kapitalverkehrsbeschränkung** führen zu einer Behinderung von Kapitalexport und -import. Dabei sind Verbote und ähnliche Instrumente in ihrer Wirkung mit den Kontingenten bei Handelsbeschränkungen vergleichbar. Instrumente wie gesonderte Kapitalertragsteuer, Zusatzmindestreserve oder Zinsausgleichsteuer wirken dagegen wie Zölle. Sie beeinflussen Renditen oder Kosten internationaler Kapitalanlagen (bzw. von Krediten).

Es ist bemerkenswert, dass der IWF im Zuge der globalen Finanzkrise 2010 die Einführung von **Kapitalverkehrskontrollen** als Ergänzung für makroökonomische Maßnahmen für zulässig erklärt hat. Dies gilt vor allem dann, wenn ein Land in kurzer Zeit hohe Kapitalzuflüsse von außen zu verzeichnen hat, deren Wirkungen sich als schädlich für die weitere Entwicklung erweisen können (IMF Staff Position Note, SPN/10/04: Capital Inflows: The Role of Controls, Feb. 2010).

Zu (2): Von den geldpolitischen Instrumenten sei beispielhaft die **Swappolitik** (vgl. Kapitel 5, Abschnitt 6.3.1.2) herausgegriffen. Mit ihr versucht die Zentralbank eines Landes durch währungspolitische Aktivitäten auf den Kapitalverkehr zwischen In- und Ausland einzuwirken. Sie verfolgt damit das Ziel, die außenwirtschaftlich verursachte Geldschöpfung bzw. Geldvernichtung zu beeinflussen (Geldmengensteuerung). Die

BUNDESBANK konnte über die Höhe des Swapsatzes die Unterschiede zwischen inländischem und ausländischem Zinsniveau so beeinflussen, dass kurzfristige Kapitalexporte oder Kapitalimporte ausgelöst wurden. Devisenswapgeschäfte werden auch innerhalb des EUROPÄISCHEN SYSTEMS DER ZENTRALBANKEN – ESZB durchgeführt.

▶ Beispiel

Bei einem höheren Zinsniveau im Ausland werden Inländer ihr Kapital dort anlegen. Zur Vermeidung von Verlusten beim Rücktausch (Wechselkursrisiko) schließen sie bereits zum Zeitpunkt des Devisenkaufs (Kassageschäft) einen Vertrag über den zukünftigen Verkauf (Termingeschäft) ab. Bestimmend für die Rendite der Kapitalanlage im Ausland ist dabei der **Marktswapsatz**. Will die Zentralbank den Kapitalexport fördern, schließt sie mit den inländischen Geschäftsbanken Devisenswapgeschäfte zu einem Satz ab, der über dem Marktswapsatz liegt. Darüber hinaus kann die Zentralbank den Marktswapsatz selbst durch An- oder Verkäufe am offiziellen Terminmarkt verändern.

Zu (3): Zur Eindämmung spekulativer Kapitalbewegungen wird – basierend auf Überlegungen von JAMES TOBIN (1918–2002) – die **Besteuerung von Devisenumsätzen** (**Tobin tax**) diskutiert. Sie würde kurzfristige Umschichtungen im Währungsportfolio der Anleger verteuern, wodurch Währungsspekulationen an Attraktivität verlören. Angebot und Nachfrage auf den Devisenmärkten würden sich wieder stärker an den Fundamentalfaktoren (vgl. Abschnitt 3.2) orientieren. Zusätzlich könnte der internationale Zinszusammenhang gelockert werden und die Regierungen wären bei der Gestaltung ihrer nationalen Geld- und Finanzpolitiken freier. Problematisch ist jedoch, dass die Einführung einer Devisenumsatzsteuer ebenfalls den langfristigen Kapitalverkehr und den Güterhandel beeinflussen würde (Erhöhung der Transaktionskosten). Auch sind nicht alle kurzfristigen Kapitalbewegungen spekulativ motiviert. Zudem besteht die Gefahr, dass die Höhe des Steuersatzes von fiskalischer Begehrlichkeit mitbestimmt würde. Die beabsichtigte Wirkung der Tobin tax würde sich nur bei weltweiter Anwendung entfalten. Sonst bestünde die Gefahr, dass die Devisenbörsen sich in Steueroasen verlagerten. Der Einführung einer solchen Steuer standen bisher mangelnder politischer Wille sowie Probleme der praktischen Handhabung entgegen.

Dies scheint sich in Teilen der EU geändert zu haben. Nach Diskussionen während der Finanzkrise 2008–2012 wird die Einführung einer **Finanztransaktionssteuer** als Börsenumsatzsteuer von 12 Ländern vorbereitet (Stand Ende 2012). Dies soll im Rahmen einer „verstärkten Zusammenarbeit“ erfolgen, die es ermöglicht, das in Steuerfragen grundsätzlich erforderliche Einstimmigkeitsprinzip zu umgehen. Der Umsatz von Aktien und Anleihen soll mit einem Satz von 0,1%, der von Derivaten mit 0,01% besteuert werden. Die Verwendung der Einnahmen ist unklar. Ihr **Nachteil** ist die Verlagerung von Kapital an Orte, an denen sie nicht erhoben wird.

▶ Beispiel

Frankreich hat 2012 eine Finanztransaktionssteuer auf 109 französische Aktien mit einem Marktwert von mindestens einer Mrd. Euro eingeführt. Dies hat zu

Ausweichreaktionen der Anleger geführt und sich damit als Belastung für den Finanzplatz Paris gezeigt. Das Handelsvolumen dieser Wertpapiere sank um etwa 16%. Die vom französischen Staat angestrebten Einnahmen in Höhe von 1,6 Mrd. Euro dürften bei weitem nicht erreicht werden. (FAZ v. 27.12.2012)

Bei **Steueroasen** (**off-shore-Märkten**) handelt es sich um exterritoriale Gebiete, die mit günstigen Rahmenbedingungen internationales Kapital anlocken und den nationalen Geldpolitiken erhebliche Probleme bereiten. Zentren entstanden z.B. auf den Cayman Inseln, den Bahamas, den Bermudas, in Panama, Bahrain, Liberia, Niederländische Antillen usw. Sie sind **frei von nationalen Reglementierungen** (z.B. Devisenkontrollen, Zinshöchstgrenzen) und unterliegen keiner oder einer wesentlich geringeren Besteuerung als allgemein üblich. Die fehlende Belastung durch Mindestreserven erlaubt niedrigere Zinsspannen. Kreditzinsen liegen unter und Einlagenzinsen über den jeweiligen nationalen Sätzen. Für Länder mit Restriktionen im Kapitalverkehr bieten off-shore-Märkte günstige Anlage- und Kreditmöglichkeiten. Aber auch bei freiem Kapitalverkehr locken sie mit Gewinnmöglichkeiten infolge von Arbitragegeschäften und unkontrollierten Wechselkursspekulationen ausländisches Kapital an. **Politischer Druck** wird auf die Steueroasenländer durch die OECD und die G-20 ausgeübt: Sie legt jährlich einen Bericht („Schwarze Listen") vor, in dem jene benannt werden, die „kooperationsunwillig" sind.

Ein weiteres Mittel, das für die Entwicklung der Weltwirtschaft (vor allem für die Förderung von privaten Direktinvestitionen im Ausland) bedeutsam ist, sind Abkommen zur Vermeidung der Doppelbesteuerung (**Doppelbesteuerungsabkommen** – DBA). Dabei handelt es sich um bi- oder multilaterale völkerrechtliche Verträge zur Vermeidung der Doppelbesteuerung von Einkommen und Vermögen. Sie weisen einem der Vertragsstaaten die Steuerkompetenz zu. Die mehrfache Besteuerung eines Steuerpflichtigen für den gleichen Steuergegenstand und Zeitraum wird vermieden (oder reduziert) ebenso wie die Nichtbesteuerung von Kapitalerträgen. Bei ihrer Abfassung orientieren sich die Länder an den **Musterabkommen** der OECD (sie zielen in erster Linie auf die Verhandlungssituation zwischen Industrienationen ab) oder das Musterabkommen der UNO (für Verträge zwischen Industrie- und Entwicklungsländern).

Deutschland hatte Anfang 2012 mit 91 Staaten DBA auf dem Gebiet der Steuern vom Einkommen und Vermögen und weitere bei Erbschaft- und Schenkungssteuern. Das zwischen der Schweiz und Deutschland geplante weitere DBA ist am Widerstand des BUNDESRATES Ende November 2012 gescheitert. Es sollte die Besteuerung von Einkünften regeln, die Steuerpflichtige vor dem deutschen Fiskus verheimlicht haben.

Zu (4): Primäres Ziel der in Rahmen der WELTBANKGRUPPE tätigen **MIGA** ist es, ausländische Direktinvestitionen in Entwicklungsländern zu fördern, indem sie Garantien gegen die nichtkommerziellen Risiken anbietet, wie zum Beispiel Transferbeschränkungen, Vertragsbruch, Krieg, zivile Unruhen und Enteignung. Sie berät Regierungen von Entwicklungsländern bei der Formulierung von Programmen zur Förderung von ausländischen Investitionen. Die MIGA versucht, nationale Investitionsgarantieabkommen bzw. Kapitalschutzabkommen und private Versicherungen gegen politische Risiken zu ergänzen.

Um die **Rahmenbedingungen** für den internationalen Kapitalverkehr zu verbessern, wurden seit 1995 Verhandlungen über ein **Multilaterales Investitionsschutzabkommen** (MAI) geführt, die jedoch ohne Einigung Ende 1998 abgebrochen wurden. Bisher scheiterten alle Versuche zu neuen Verhandlungen über dieses Abkommen.

6.4 Wechselkurspolitik

Die Wechselkurspolitik besteht zunächst in der **Wahl des Wechselkurssystems** (ordnungspolitisch) und – für den Fall fester Wechselkurse – in der **Veränderung der Parität** (Auf- bzw. Abwertung – vgl. Abschnitt 1). In einem System fester Wechselkurse sind die Zentralbanken zu Interventionen zur Wechselkursstützung verpflichtet.

Die Wahl des **Wechselkurssystems** eines Landes wird von seinen nationalen Interessen und internationalen Verflechtungen bestimmt. Dabei spielen mehrere **Kriterien** eine Rolle, deren Bedeutung für das betreffende Land abgewogen werden müssen: die Außenhandelsabhängigkeit, die Breite seines Exportsortiments, die Verfügbarkeit von internationaler Liquidität, die von diesem Land verfolgte Priorität für interne oder externe Stabilität, aber auch die Anpassungsfähigkeit der Arbeitsmärkte. Z.B. wird ein Land, das enge Handelsbeziehungen zu Nachbarländern unterhält und stark von Exporten abhängig ist, ein System fester Wechselkurse bevorzugen.

Mit der Entscheidung für ein bestimmtes Wechselkurssystem versuchen die Zentralbanken implizit oder explizit Wechselkursziele zu verwirklichen. Die implizite Variante gilt für den Fall frei flexibler Wechselkurse, da hier ein Gleichgewicht auf dem Devisenmarkt ständig gewährleistet ist. Möglicherweise wird die Zentralbank dennoch intervenieren, um dadurch die Wechselkursentwicklung in ihrem Sinne zu beeinflussen (**managed floating**). In einem System fester Wechselkurse ist sie zu Interventionen gezwungen, wenn sich Zahlungsbilanzungleichgewichte zeigen (vgl. Abschnitt 6.4.1.2).

Ein spezielles Instrument ist der **crawling peg** (= gleitende Wechselkursanpassung). Es wird eingesetzt, um die Wechselkurse in von der Zentralbank kontrollierten kleinen Stufen zu ändern, wenn der Wechselkurs eine ungewollte Entwicklung hat.

6.4.1 Feste Wechselkurse

6.4.1.1 Auf- und Abwertungen

Aufwertung bzw. **Abwertung** nehmen unter den Instrumenten der Wechselkurspolitik eine zentrale Position ein. Für die eigene Währung legt die Regierung bzw. die Zentralbank eine neue Parität zu anderen Währungen fest. Untersuchen wir zunächst die **Wirkungen einer Aufwertung** des Euro gegenüber dem US-$ (Mengennotierung = steigender Wechselkurs) auf die **Güterströme** (vgl. Abschnitt 2.1.1). Wie entwickeln sich in der Folge Ex- und Importe DEUTSCHLANDS? Unter der Voraussetzung konstanter Inlandspreise werden bei einer Aufwertung des Euro die Preise der US-Güter in € sinken und die Preise deutscher Güter (in US-$) steigen. Demzufolge werden die Importe Deutschlands aus den USA steigen und das deutsche Exportvolumen in die USA abnehmen, weil der Dollar-Preis deutscher Guter gestiegen ist. Welche Auswirkungen ergeben sich daraus auf den **Wert** von Ex- und Import? Dabei wollen wir uns auf den Dollar-Wert beschränken. Er wird durch das Produkt aus Menge und Preis bestimmt. Infolge steigender Importmenge erhöht sich auch der Dollar-Wert des deutschen Imports. Differenzierter stellt sich die Entwicklung des Dollar-Wertes des deutschen Exports dar. Bekanntlich sinkt die Exportmenge bei steigendem Preis der deutschen Exportgüter (in US-$). Entscheidend für den Dollar-Wert ist hier die direkte Preiselastizität der US-Nachfrage nach deutschen Gütern. Ist sie absolut größer als 1 ($E > 1$), sinkt das Produkt aus Menge x Dollar-Preis. Also verringert sich der Dollar-Wert des deutschen Exports (Normalfall). Bei $E < 1$ dagegen steigt der Exportwert.

Genau umgekehrt sind die **Wirkungen einer Abwertung** des Euro. Unter den gleichen Voraussetzungen werden die deutschen Importe aus den USA zurückgehen. Da der Importpreis in US-$ unverändert bleibt, verringert sich auch der Dollar-Wert der Importe. Gleichzeitig erhöht sich das Volumen der deutschen Exporte bei sinkendem Dollar-Preis des Exports. Die Entwicklung des Dollar-Wertes wird auch hier von der direkten Preiselastizität der US-Nachfrage nach deutschen Gütern abhängen.

> **Wechselkursänderungen** führen zu veränderten Preisrelationen in den beteiligten Ländern und bewirken eine Änderung der Güterströme (Menge und Wert).

Der Leser wird die Möglichkeiten erkennen, die sich aus einer unterlassenen bzw. hinausgezögerten Anpassung der Wechselkurse für die Stärkung der Wettbewerbsposition einer Volkswirtschaft ergeben können. Sie wurden insbesondere vor dem 2. Weltkrieg – aber auch danach – häufig ohne Rücksicht auf die Partnerländer genutzt. Nicht zuletzt deshalb wird von den Mitgliedstaaten des IWF gefordert, dass sie ihre Wechselkurspolitik einer Überwachung unterwerfen.

Durch eine **Aufwertung** des Euro werden **Investitionen im Ausland** attraktiver. Für einen bestimmten Euro-Betrag erhält ein Investor mehr US-$ und kann z.B. mehr Realkapital erwerben. Die Kapitalexporte in Form von Direktinvestitionen nehmen zu. Gleichzeitig wird es für das Ausland weniger attraktiv, in Deutschland zu investieren, so dass die Kapitalbilanz tendenziell defizitär wird. Genau entgegengesetzt verhält es sich bei einer **Abwertung**. Es fließt weniger Kapital ins Ausland ab und mehr ausländisches Kapital ins Inland, so dass in der Kapitalbilanz Überschüsse entstehen können.

> **Zusammenfassung**: Eine Aufwertung des Euro führt tendenziell zu einer Senkung von Exporten und Kapitalimporten. Importe und Kapitalexporte werden steigen. Umgekehrt führt eine Abwertung des Euro tendenziell zu steigenden Exporten und Kapitalimporte, während gleichzeitig Importe und Kapitalexporte zurückgehen.

6.4.1.2 Ungleichgewichte in der Zahlungsbilanz

Während sich in einem System flexibler Wechselkurse der Gleichgewichtskurs automatisch einstellt, können bei **festen Wechselkursen** Ungleichgewichte auftreten.

Bei einem **Zahlungsbilanzdefizit** muss die Zentralbank das Devisenangebot erhöhen. In der Regel werden ihre eigenen Bestände an Devisen bzw. an internationaler Liquidität begrenzt sein. Kurzfristig tritt ein **Liquiditätsproblem** auf. In diesem Fall muss sich die betroffene Zentralbank internationale Liquidität beschaffen. Dafür stehen ihr folgende Möglichkeiten zur Verfügung:

- Stand-by-credits (kurzfristige Kredite) durch andere Zentralbanken;

- IWF-Beistand (Ziehungsrechte auf Kreditfazilitäten, Sonderziehungsrechte);
- Devisenmarktinterventionen des ESZB.[7]

Bei vorübergehenden Zahlungsbilanzproblemen gewährt der IWF kurz- und mittelfristige **Finanzhilfen**. Ihre Höhe richtet sich nach der **Quote** der betroffenen Länder. Als Reserveposition im IWF wird der Betrag bezeichnet, der von einem Mitglied des IWF jederzeit als Kredit zur Finanzierung von Defiziten in der Zahlungsbilanz abgerufen werden kann, ohne dass der IWF berechtigt ist, eine Rechtfertigung des Kreditwunsches zu verlangen oder die Kreditvergabe an Auflagen (**Konditionalität**) zu binden. Die **Reserveposition** im IWF umfasst die eigenen Finanzierungsleistungen (Subskription, vgl. Abschnitt 5.2.2.3), die das Mitglied in Form von allgemein akzeptierten Währungen und Sonderziehungsrechten (25% der Quote – die erste Kredittranche) sowie eigener Währung (75% – die oberen **Kredittranchen**) eingezahlt hat. Hinzu kommen eventuelle Forderungen aus der Gewährung von Krediten an den IWF. Die Inanspruchnahme von Finanzhilfen des IWF nennt man **Ziehung**, für die Zinsen bezahlt werden müssen. Sie richten sich nach dem gewichteten Zins für kurzfristige Finanzanlagen der Mitgliedsstaaten Frankreich, Deutschland, Japan, dem Vereinigten Königreich und den USA. Ein in Anspruch genommener Kredit ist in konvertierbarer Währung zurückzuzahlen.

Neben den **normalen Kreditfazilitäten** des IWF wurden bestimmte **Sonderfazilitäten** geschaffen, deren Inanspruchnahme einem bestimmten **Zweck** dient, die zu festgelegten **Bedingungen** gewährt werden und deren Verwendung überwacht wird. Sie führen dazu, dass die kumulative Kreditgewährung die Länderquote um ein Vielfaches – bis über 1.000% – überschreiten kann. Die Laufzeiten der Fazilitäten reichen von 3,25 bis zu 10 Jahren. Im Einzelnen gibt es u.a. die **Extended Fund Facility** (EFF, Erweiterte Fondsfazilität. 1974), längerfristige Hilfe zur Unterstützung von Strukturreformen sowie eine Reihe von Kreditlinien als Instrumente für schnelle Finanzierung (**Rapid Credit Facility** – RCF, 2010; **Rapid Financing Instrument** – RFI, 2011), als Vorsorge- und Liquiditätslinie (**Precautionary and Liquidity Line** – PLL, 2011) oder zur mittelfristigen Unterstützung zur Bewältigung von Zahlungsbilanzproblemen (**Extended Credit Facility** – ECF, 2010). Die Jahreszahlen zeigen, wann sie geschaffen wurden: viele neue Mittel wurden im Zuge der Finanzkrise ab 2009 bereitgestellt.

Handelt es sich nicht um ein vorübergehendes, sondern ein **dauerhaftes Defizit**, liegt ein **Korrekturproblem** vor: Neben der Inanspruchnahme von Krediten müssen noch andere Maßnahmen ergriffen werden. Da außenwirtschaftliche Probleme oft binnenwirtschaftliche Ursachen haben, müssen die Maßnahmen auch hier ansetzen. Beispielsweise sind die **Strukturanpassungsprogramme** von IWF und WELTBANK darauf ausgerichtet, die makroökonomischen Aggregate wieder ins Gleichgewicht zu bringen (Kürzung von Staatsausgaben, Steigerung staatlicher Einnahmen, Privatisierung von Staatsunternehmen, Abwertung der Währung). Das dauerhafte Defizit kann mit folgenden Möglichkeiten bekämpft werden:

---

[7] Das ESZB greift dabei auf die von den nationalen Zentralbanken auf die EZB übertragenen Währungsreserven zurück. Die Entscheidung über Interventionen wird von der EZB getroffen. Ihre Umsetzung erfolgt entweder zentral (ausschließlich von der EZB) oder dezentral (durch die nationalen Zentralbanken auf Weisung der EZB).

[1] Wird eine **kontraktive Geld- und Fiskalpolitik** eingesetzt (z.B. durch Senkung von Staatsausgaben, Erhöhung von Steuern, Erhöhung des Zinsniveaus und Verringerung der Geldmenge) sind **zwei Wirkungsketten** zu erwarten. Ein erster Einfluss wird auf das **Preisniveau**, ein zweiter auf das **Volkseinkommen** (Inlandsprodukt) ausgeübt. Sinkende bzw. weniger stark steigende Inlandspreise im Vergleich mit dem Ausland führen zu höheren Exporten und abnehmenden Importen, die auch infolge eines verringerten Volkseinkommens zurückgehen (Importfunktion – der volkseinkommensabhängige Teil der Importe). Ein höheres inländisches Zinsniveau fördert dagegen Kapitalimporte. Wenn es in der **Ausgangslage** in dem betroffenen Land außer dem Zahlungsbilanzdefizit Arbeitslosigkeit gibt, liegt ein **Zielkonflikt** vor (vgl. Kapitel 1, Abschnitt 3.2.2.1, Beispiel 2). Das außenwirtschaftliche Ziel (Beseitigung des Defizits) hätte Vorrang vor dem binnenwirtschaftlichen Ziel des Abbaus der Arbeitslosigkeit (**Diktat der Zahlungsbilanz**).

[2] **Abwertung** der inländischen Währung. Davon wurde z.B. im Rahmen des früheren EUROPÄISCHEN WÄHRUNGSSYSTEMS bis zur Einführung des Euro mit sogenannten **Realignments** (Anpassung der Leitkurse) wiederholt Gebrauch gemacht.

► Anwendungsfall 4: Finanzkrisenbekämpfung ohne Realignment

Der Wegfall dieses Aktionsparameters im Eurosystem hat die Entscheidungsträger während der Finanzkrise dazu gezwungen, in den Fällen von Ländern, die u.a. infolge unzureichender Wettbewerbsfähigkeit und struktureller Schwächen besonders betroffen waren (z.B. Griechenland, Portugal), andere Maßnahmen zu ergreifen, über die erst nach langen Verhandlungen Einigung erzielt werden konnte (vgl. Abschnitt 6.5, Kapitel 4, Abschnitt 6.6).

[3] **Freigabe der Wechselkurse**. Der Übergang zu flexiblen Wechselkursen würde zu einer Abwertung der heimischen Währung führen und es würden die Wirkungen eintreten, die in Abschnitt 6.4.1.1 dargestellt wurden. In einer Währungsunion oder für Staaten, die sich zur strikten Einhaltung des Regimes fester Wechselkurse verpflichtet haben, kommt diese Möglichkeit indes nicht in Betracht.

[4] Als ultima ratio: **Devisenbewirtschaftung**.

Bei einem **Zahlungsbilanzüberschuss** muss die Zentralbank die Devisennachfrage erhöhen. Hier tritt das Liquiditätsproblem nicht in gleicher Weise wie beim Zahlungsbilanzdefizit auf. Die Zentralbank bezahlt den Ankauf von Devisen mit eigener Währung, also Geld, das sie selber schaffen kann (**Asymmetrie des Liquiditätsproblems**). Allerdings wird durch den Devisenankauf die inländische Geldmenge M erhöht, wodurch Preissteigerungen ausgelöst werden können (**importierte Inflation**).

Die Lösung des **Korrekturproblems** bei einem dauerhaften Zahlungsbilanzüberschuss erfordert langfristig eine **expansive Geld- und Fiskalpolitik**. Aber auch hier kann es wegen der Ausgangslage zu **Zielkonflikten** (außenwirtschaftliches Gleichgewicht contra Preisniveaustabilität) kommen. Würde man in diesem Fall – zur Neutralisierung des Devisenzuflusses – eine kontraktive Geldpolitik einsetzen, käme es zu Zinssteigerungen. Diese könnten zusätzliche Kapitalimporte induzieren (kontraktive Geldpolitik ⇨ $\text{Zinsniveau}_{\text{Inland}} \uparrow$ ⇨ erhöhte Kapitalimporte ⇨ M ↑ ⇨ P ↑). Die Zentralbank gerät in eine **Falle**: Je kontraktiver ihr Mitteleinsatz ist, desto mehr Kapital fließt c.p. aus dem Ausland zu. Außerdem ergeben sich möglicherweise negative Wirkungen auf die Investitionstätigkeit der Unternehmen und somit auf das Wachstum in dieser Volkswirtschaft. Die Alternativen bestehen in einer **Aufwertung** der Inlandswährung oder in der **Freigabe der Wechselkurse**.

6.4.2 Flexible Wechselkurse

In einem **System flexibler Wechselkurse** werden Spannungen, die beispielsweise durch unterschiedliche strukturelle oder konjunkturelle Entwicklungen der Länder verursacht werden können, in die Wechselkurse „abgeleitet“: die Inflations-, Preis- und/oder Zinsunterschiede werden über den Wechselkurs kompensiert bzw. angepasst. Diese „Korrekturmöglichkeit“ ist seit Einführung des Euro zwischen den Mitgliedstaaten des gemeinsamen Währungsraums nicht mehr möglich. Das zwingt zu einer viel engeren Abstimmung der nationalen Wirtschafts- und Finanzpolitiken. Damit möglichst keine divergierenden Entwicklungen auftreten, ist, eine **ex-ante-Harmonisierung** der Wirtschafts- und Finanzpolitiken unabdingbar.

Bei flexiblen Wechselkursen sind die Möglichkeiten einer einzelnen Zentralbank sehr begrenzt, auf den Wechselkurs Einfluss zu nehmen. An den internationalen Devisenmärkten werden tagtäglich Umsätze von über 4.000 Mrd. US-$ (2012) getätigt. Für eine Stützung der eigenen Währung müsste sie sich gegen diesen Strom stemmen. Ihre Währungsreserven wären schnell aufgezehrt.

Ein spezielles Instrument im Rahmen der Wechselkurspolitik sind die sogenannten **Currency Boards**. Dabei ist die Währung eines Landes gesetzlich durch einen festen Wechselkurs an eine Reservewährung (meist US-$, Euro oder einen Währungskorb) gebunden. Eine (nationale) Zentralbankgeldschöpfung bzw. -vernichtung kann nur im Tausch gegen diese **„Ankerwährung“** erfolgen. Die monetäre inländische Geldbasis muss vollständig durch Devisenreserven gedeckt sein. **Erfolgsvoraussetzungen** sind (a) ein stabiles Finanzsystem und (2) eine strenge Bankenaufsicht, da die kurzfristigen Zinssätze unter den Bedingungen eines Currency Boards stark schwanken können. Ihre Höhe wird allein über den Markt bestimmt, die Zentralbank kann nicht steuernd eingreifen. Außerdem müssen ausreichend Währungsreserven vorhanden sein und eine disziplinierte Finanzpolitik (keine Zentralbankkredite an den Staat) betrieben werden. Die Anpassung an exogene Einflüsse kann nur über flexible Preise auf den Güter- und Arbeitsmärkten erfolgen. Das wird häufig mit „schmerzhaften“ Anpassungsprozessen verbunden sein. Beispiele in Europa sind Litauen, Bosnien und Herzegowina sowie Bulgarien, die ihre Währungen zum Euro im Rahmen einer Currency Board-Regelung gebunden haben (vgl. DEUTSCHE BUNDESBANK, MONATSBERICHT Juli 2012, Der Euro als Ankerwährung und als Kern eines Währungsblocks, S. 15–29).

6.5 Währungspolitik in der Europäischen Union

Die im Zuge der Euro-Einführung festgelegten **EU-Konvergenzkriterien** sind als dienen der Überprüfung der Optimalität des Währungsraumes – Länder, die die Konvergenzkriterien erfüllen, brauchen asymmetrische Schocks nur in begrenztem Umfang zu fürchten, so dass der Verlust der nationalen Geld- und Währungspolitik für sie nicht schwer wiegt. Allerdings decken sich die Konvergenzkriterien nur teilweise mit den in der wissenschaftlichen Theorie diskutierten Kriterien zur Messung optimaler Währungsräume (vgl. Abschnitt 3.3.3).

Mit der Schaffung der EWWU zum 1. Januar 1999 wurden die Wechselkurse zwischen den Teilnehmerstaaten durch unwiderruflich festgelegte Umrechnungskurse ersetzt und der **Euro als eigenständige Währung** eingeführt. Die Verantwortung für die Geldpolitik ist auf das EUROPÄISCHE SYSTEM DER ZENTRALBANKEN – bestehend aus der EZB sowie den nationalen Zentralbanken – übergegangen (vgl. Kapitel 5, Abschnitt 5.1). Die Teilnahme an der EWWU setzte – und setzt für neue Mitgliedstaaten – die Erfüllung bestimmter stabilitätspolitischer Kriterien (**Konvergenzkriterien**) voraus, die im VERTRAG VON MAASTRICHT (Art. 121) und nun in Art. 140 AEUV vorgegeben sind und deren genauer Inhalt im Protokoll 13 zum AEUV enthalten ist:

- Der Anstieg der Verbraucherpreise durfte im letzten Jahr vor Beitritt in die Währungsunion um nicht mehr als 1,5 Prozentpunkte über dem Durchschnitt der drei preisstabilsten Länder liegen (**Preisstabilität**).
- Die Bandbreite der Wechselkurse im EWS musste in den letzten beiden Jahren vor dem Beitritt eingehalten werden (**Wechselkursstabilität**).
- **Die Rendite** langfristiger Staatsschuldverschreibungen oder vergleichbarer Wertpapiere durfte den Durchschnitt des entsprechenden Zinssatzes der drei preisstabilsten Länder um nicht mehr als 2 Prozentpunkte übersteigen (**Stabilität des langfristigen Zinsniveaus**).
- Das jährliche Defizit der öffentlichen Haushalte sollte nicht mehr als 3 Prozent des Bruttoinlandsprodukts (BIP) betragen und die gesamte Staatsverschuldung 60 Prozent des BIP nicht überschreiten (**gesunde Staatsfinanzen**).

Dahinter stand die Überlegung, dass der Übergang zu einer einheitlichen Währung nur auf der Grundlage vergleichbarer wirtschaftlicher, währungspolitischer und staatsfinanzieller Ausgangspositionen erfolgreich sein kann (optimaler Währungsraum). Die Erwartungen an einen stabilen Währungsraum haben sich bisher nicht erfüllt.

Die **Finanzkrise** (Beginn 2008) hat **Schwächen** aufgedeckt: intern verzerrte Wechselkurse, **unterschiedliche Wettbewerbsfähigkeit** aufgrund sehr großer struktureller Unterschiede der Mitgliedsländer, eine weitgehend **unkontrollierte Verschuldungspolitik** in den öffentlichen Haushalten, teilweise mangelnder politischer Wille, sich auf Reformen (Arbeitsmarkt, Privatisierung öffentlicher Unternehmen usw.) einzulassen. Im Verlauf der Krise wurde zwar durchaus die politische Absicht bekräftigt, alles zu tun, um den „Euro zu retten". Die Maßnahmen waren aber immer wieder von nationalem Egoismus gekennzeichnet. Die Positionen den Regierungen der Mitgliedsländer waren sehr divergent, die jeweils diskutierten Lösungen wurden nicht durchweg akzeptiert (z.B. **Eurobonds**: EU Staaten nehmen gemeinsam Kredite am Kapitalmarkt auf, die aufgenommenen Mittel werden zwischen ihnen aufgeteilt. Sie haften gesamtschuldnerisch für die Rückzahlung und Zinsen dieser Kredite.). Da das Ausscheiden eines Mitglieds aus der Euro-Zone nicht vorhersehbare Folgen haben würde, wurden sukzessive „Hilfspakete" – teilweise zusammen mit dem IWF – zugunsten bedrohter Länder auf den Weg gebracht. Als „Rettungsschirm" sei vor allem der **Europäische Stabilitätsmechanismus** (ESM) erwähnt, der als dauerhafte Einrichtung auch für zukünftige Finanzierungsbedarfe einzelner Länder der Euro-Zone zuständig ist. Er ist eine internationale Finanzinstitution in Luxemburg und seit Oktober 2012 tätig.

Im Zuge der von der EU eingeleiteten **Reform der Wirtschafts- und Währungsunion** wurde 2010 ein gesamtwirtschaftliches Überwachungsverfahren beschlossen (vgl. Kapitel 4, Abschnitt 6.6). Zu den Maßnahmen für einen dauerhaft stabilen Euro gehören einige **außenwirtschaftliche Indikatoren**, die nach einem Scoreboard bestimmte Schwellenwerte nicht unter- bzw. überschreiten dürften. Sollte dies der Fall sein, erfolgt für das betreffende Land eine vertiefende Analyse. Folgende Indikatoren für die Ermittlung von Ungleichgewichten festgelegt:

- Leistungsbilanzsaldo (gleitender Dreijahresdurchschnitt in % des BIP): Defizit > 4%; Überschuss >6%;
- Rückgang des Exportmarktanteils (innerhalb von 5 Jahren): um mehr als 6%;
- Schwankungen des realen effektiven Wechselkurses (innerhalb von 3 Jahren): > 5%.

Für Deutschland ist insbesondere der erste Indikator von Bedeutung: der Leistungsbilanzsaldo liegt seit 2010 über 6%, für 2012 sogar bei 7%. Wirtschaftspolitische Konsequenzen hat es aber bisher nicht gegeben.

Eine besondere Rolle im Zuge der Krisenbekämpfung hatte die EZB, die eine Politik des „leichten Geldes" betrieb und mit dem Ankauf von Staatsanleihen von der Zahlungsunfähigkeit bedrohter Länder auf den **Sekundärmärkten** die Grenzen, die ihr durch **Art. 123 AEUV** gesetzt sind, erreicht hat. Danach ist ihr der **unmittelbare** Erwerb von mitgliedstaatlichen Schuldtiteln verboten. Dies wird als **„No Bailout"** (Nichtbeistands-Klausel) bezeichnet: die Schuldenübernahme und Tilgung oder Haftungsübernahme von Mitgliedstaaten – auch bei einer Wirtschafts- und Finanzkrise – ist ihr untersagt. Dies gilt nach Art 125 AEUV auch für die Mitgliedstaaten untereinander.

6.6 Internationale Schuldenpolitik

Die **Auslandsverschuldung** vieler Länder hat wegen hoher Leistungsbilanzdefizite seit Jahren ein kritisches Niveau. Ihre Bekämpfung mit Hilfe von Anpassungsmaßnahmen (Strukturanpassungsprogramme, Währungsabwertung, kontraktive Geld- und Finanzpolitik) war nicht durchweg erfolgreich bzw. politisch unerwünscht.

Die Belastungen aus dem **Schuldendienst** beeinträchtigen nicht nur die ökonomische Entwicklung der betroffenen Länder, sondern gefährden auch die Stabilität der weltwirtschaftlichen Beziehungen. Vor diesem Hintergrund wurden **Maßnahmen** mit dem Ziel entwickelt, die größten Belastungen zu vermindern. Sie sind teilweise auch im Zuge der Bekämpfung der europäischen Finanzkrise ab 2008 zum Einsatz gekommen:

[1] **Umschuldungen**, die auf eine Umstrukturierung der bestehenden Verbindlichkeiten abzielen. Gegenstand von Umschuldungsabkommen sind vorrangig (a) die Dauer der Tilgungsphase, (b) die Anzahl tilgungsfreier Jahre und (c) die Höhe des Zinssatzes. Durch derartige Vereinbarungen kann jedoch nur eine temporäre Erleichterung erreicht werden. Die Schuldenlast wird in die Zukunft verlagert.

[2] **Schuldenerlasse**, die für die ärmsten Entwicklungsländer in den vergangenen Jahren mehrfach ergriffen wurden. Ein genereller Schuldenerlass erscheint jedoch aus verschiedenen Gründen (Anpassungsprozesse in den Schuldnerländern wür-

den erschwert, private Gläubiger dürften unter diesen Bedingungen künftig nicht mehr zu einer Kreditvergabe bereit sein) kaum ein gangbarer Ausweg zu sein.

[3] **Umwandlung von Schulden**: Bei **Schulden-Schulden-Swaps** (Debt-Debt-Swaps) handelt es sich um die Umwandlung von privaten Kreditforderungen in Anleihen, die mit festen oder variablen Zinsen ausgestattet sein können. Bei **Schulden-Beteiligungs-Swaps** (Debt-Equity-Swaps) werden Kreditforderungen in Beteiligungen bzw. Direktinvestitionen in den Schuldnerländern umgewandelt.

[4] **Rückkauf von Schulden**, deren Preis am Kapitalmarkt maßgeblich unter dem Ausgabekurs liegt. Von dieser Möglichkeit hat z.B. Griechenland 2012 Gebrauch gemacht. Der Rückkauf wurde erst durch einen von der EU gewährten Kredit möglich. Für die Gläubiger war es ein teilweiser Forderungsverzicht.

7 Probleme und Grenzen

Eine weltweite Harmonisierung von Regeln und Verfahrensweisen im Bereich der Außenwirtschaftspolitik scheint dringend erforderlich. Es hat nicht an Versuchen in dieser Richtung gefehlt. Eine globale Harmonisierung wird indes durch vielfältige nationale Interessen erschwert. Die **Interessenvielfalt** resultiert nicht zuletzt aus einer Vielzahl von Entscheidungs- und Einflussträgern und spiegelt sich in der Tendenz zur Schaffung **regional ausgerichteter Wirtschaftszonen** (z.B. Wirtschafts- und Währungsunion, Zollunion, Freihandelszone) wider. Alternativ wird für einen **„Wettbewerb der Systeme“** plädiert: Das beste System wird sich auf Dauer durchsetzen.

An welchen **Zielen und Normen** soll sich die Außenwirtschaftspolitik ausrichten? Allein um die Durchsetzung des internationalen Freihandels kann es nicht gehen. Vielmehr muss langfristig die **Verteilung** der durch internationalen Wirtschaftsaustausch möglichen Wohlfahrtsgewinne gerechter werden. Einer globalen Lösung stehen zu viele **nationale Egoismen** im Wege. Viele internationale Konferenzen sind ohne konkrete Ergebnisse oder mit Lippenbekenntnissen zu Ende gegangen.

Das **national verfügbare** außenwirtschaftspolitische **Instrumentarium** ist aufgrund von außenwirtschaftspolitischen Verträgen stark begrenzt. So sind z.B. innerhalb der EU Zölle und Kontingente national nicht mehr einsetzbar. Auch die Wirksamkeit der im Rahmen der internationalen Weltwirtschaftsordnung zur Verfügung stehenden Instrumente von IWF oder WTO muss kritisch hinterfragt werden. Immerhin sind die Streitbeilegungsverfahren der WTO ein kleiner Schritt zu mehr Effizienz. Es ist zu bezweifelt, ob mit den vorhandenen Instrumenten von IWF und WELTBANK unter den Bedingungen der zunehmenden Globalisierung Wirtschafts- und Finanzkrisen zu bewältigen sind. Die Forderungen nach Reformen werden seit Jahren erhoben. Das betrifft auch die Arbeitsweise und Organisationsstruktur der verschiedenen Gremien, die sich mit Fragen der Weltwirtschaftsordnung befassen.

Bei einigen Instrumenten zeigt sich auch die **Vermischung von Außenpolitik und Außenwirtschaftspolitik**: Instrumente wie Boykott, Embargo werden zu politischen Zwecken eingesetzt, auch um ein Wohlverhalten zu erreichen (Irak, Iran, Nordkorea usw.). Bemerkenswert ist, dass es dabei keine stringente Befolgung von allgemein anerkannten Normen gibt. Wenn ein Land sich ökonomische Vorteile verspricht, werden auch Menschenrechtsverletzungen, Mangel an demokratischen Institutionen und Mechanismen usw. ignoriert und mit diplomatischen Floskeln gerechtfertigt.

Der Welthandel kann sich nur auf der Grundlage einer funktionsfähigen internationalen **Währungsordnung** weiterentwickeln. Die Hoffnung auf eine weltweit größere **Wechselkursstabilität** hat sich nicht erfüllt. Feste Wechselkurse – wie sie ursprünglich im IWF vorgesehen waren – erwiesen sich global als nicht realisierbar. Wechselkursschwankungen aber beinhalten Risiken für den internationalen Waren- und Kapitalverkehr. Die Risiken kurzfristiger Schwankungen sind zwar durch die Möglichkeiten der Kurssicherung kalkulierbar. Das gilt aber nicht für eine langfristige Änderung der realen Wechselkurse. Die Erwartung, dass die Wechselkurse in einem System freier Wechselkurse langfristig in etwa der Kaufkraftparität entsprechen, bestätigte sich nicht. Wie die Erfahrungen zeigen, lösen Änderungen der internationalen Wettbewerbsposition umfangreiche Kapitalbewegungen mit hohen Volatilitäten aus. Die Folge können **dauerhaft instabile Wechselkurse** sein. Verstärkte Interventionen am Devisenmarkt oder der Einsatz protektionistischer Instrumente können dann zu Verzerrungen der Handelsströme und Produktionsstrukturen führen.

Abschließend sei noch einmal auf ein Problem der EUROPÄISCHEN WÄHRUNGSUNION hingewiesen. Mit der Einführung des Euro ist die Möglichkeit entfallen, unterschiedliche wirtschaftliche Entwicklungen und strukturelle Unterschiede zwischen den Ländern des Euro-Systems durch **Wechselkursanpassungen** auszugleichen. Stabilität und damit der Erfolg der europäischen Einheitswährung hängt von weiteren Fortschritten bei der **Harmonisierung der nationalen Wirtschaftspolitiken** der Teilnehmerländer ab. Dazu rechnen bessere Kontrollmechanismen, eine effiziente Bankenaufsicht und Staatshaushalte mit einer tragfähigen Verschuldung.

8 Wiederholungsfragen

1. Was verstehen Sie unter dem Wechselkurs und welche Bedeutung hat er? Gehen Sie bei der Begriffsbestimmung von der Mengennotierung aus.
2. Durch welche Indikatoren lassen sich reale außenwirtschaftliche Entwicklungen beschreiben?
3. Erörtern Sie die Wechselbeziehungen zwischen realen und monetären außenwirtschaftlichen Phänomenen.
4. Begründen Sie die Vorteilhaftigkeit des Freihandels und erörtern Sie Aspekte, die in der Realität immer wieder zu protektionistischen Maßnahmen führen.
5. Worin besteht die Aussage der Lokomotiventheorie?
6. Welche grundlegenden Bestimmungsgründe des Wechselkurses kennen Sie? Gehen Sie dabei auf den Preis-, Zins- und Einkommensmechanismus ein.
7. Welche Ziele werden mit der europäischen Integration verfolgt?
8. Erörtern Sie mögliche Zielkonflikte der Außenwirtschaftspolitik.
9. Welche Organisationen bzw. Institutionen können als Träger der Außenwirtschaftspolitik eingestuft werden und welche Kompetenzen besitzen sie?
10. Erläutern Sie Aufgaben und institutionelle Struktur der WTO.
11. Klassifizieren Sie die verschiedenen außenwirtschaftlichen Instrumente.
12. Erörtern Sie kurz mögliche Wirkungen der Schaffung einer Zollunion.
13. Ein Land habe ein Defizit in der Zahlungsbilanz. Welches Wechselkurssystem liegt dem zugrunde? Wie lässt sich das Defizit beseitigen?
14. Wo sehen Sie Grenzen für die Außenwirtschaftspolitik?
15. Warum ist eine ex-ante-Harmonisierung der Wirtschafts- und Finanzpolitik in der Eurozone notwendig?

Kapitel 9: Umweltpolitik

In diesem Kapitel erfahren Sie

- was in der Umweltökonomie unter der natürlichen Umwelt verstanden wird,
- welche Funktionen die Umwelt erfüllt,
- warum in einer Marktwirtschaft vom Staat Umweltpolitik betrieben wird,
- welche Ziele Umweltpolitik verfolgt,
- welche Instrumente zur Erreichung dieser Ziele eingesetzt werden und wie diese zu beurteilen sind.

1 Einleitung

Umweltfragen sind seit langem Gegenstand der öffentlichen Diskussion. Die Themenbereiche sind vielfältig, aktuell werden insbesondere Klimawandel und Endlagerung von Atommüll, aber auch Schadstoff- und Lärmemissionen[1], Abholzung tropischer Regenwälder sowie Müllverwertung und -entsorgung thematisiert, um nur einige zu nennen. Geeignete Lösungsansätze und die Grundsatzfrage nach der „richtigen" Umweltpolitik stehen im Mittelpunkt. Das vorliegende Kapitel geht den Fragen nach, warum Umweltpolitik aus ökonomischer Sicht überhaupt eine staatliche Aufgabe ist, und wie Aufgaben, Ziele und Instrumente der staatlichen Umweltpolitik sinnvollerweise zu gestalten sind.

> „Umwelt (...) wird [hier] definiert als die Gesamtheit aller Prozesse und Räume, in denen sich die Wechselwirkungen zwischen Natur und Zivilisation abspielen. Somit schließt „Umwelt" alle natürlichen Faktoren ein, welche von Menschen beeinflusst werden oder diese beeinflussen." (WISSENSCHAFTLICHER BEIRAT GLOBALE UMWELTVERÄNDERUNGEN (WBGU), 1993 , S. 3).

Die Umwelt erfüllt wichtige Aufgaben, die **Funktionen der Umwelt** können folgendermaßen gegliedert werden (SACHVERSTÄNDIGENRAT FÜR UMWELTFRAGEN (SRU), 1987, S. 15 und S. 40ff.)[2]:

- Sie liefert die natürliche Grundlage von Produktion und Konsumtion (**Produktionsfunktion**). Natürliche Ressourcen werden verfügbar gemacht, wodurch Elementarbedürfnisse der Menschen befriedigt werden.

---

[1] Emissionen im Umweltbereich bezeichnen die Abgabe von Schadstoffen an die Umwelt. Der Begriff ist hier weitgefasst und umfasst auch Lärm.

[2] Der Sachverständigenrat seinerseits nimmt Bezug auf das niederländische MINISTERIUM FÜR WOHNUNGSWESEN UND RAUMORDNUNG (1978).

- Sie muss die Schadstoffe aufnehmen, die infolge menschlicher Produktions- und Konsumtionsprozesse entstehen (**Trägerfunktion**).
- In natürlichen Ökosystemen sorgen autonome Regelungssysteme für ein ökologisches Gleichgewicht (**Regelungsfunktion**). Eingriffe des Menschen in den Naturhaushalt (Stoffkreislauf) können zu beträchtlichen Störungen führen.
- Und letztlich liefert der Zustand der natürlichen Umwelt Informationen über das Verhältnis des Menschen zu seinen Lebensgrundlagen (**Informationsfunktion**).

Die BUNDESREGIERUNG hielt bereits 1971 fest:

> **Umweltpolitik** ist die „**Gesamtheit aller Maßnahmen**, die notwendig sind,
> - um dem Menschen eine Umwelt zu sichern, wie er sie für seine Gesundheit und für ein menschenwürdiges Dasein braucht und
> - um Boden, Luft und Wasser, Pflanzen- und Tierwelt vor nachteiligen Wirkungen menschlicher Eingriffe zu schützen und
> - um Schäden oder Nachteile aus menschlichen Eingriffen zu beseitigen.“ (DEUTSCHE BUNDESREGIERUNG, 1971, S. 6).

Die BUNDESREGIERUNG sieht sowohl eine nachsorgende als auch eine vorausschauende Umweltpolitik vor.

Die staatliche Umweltpolitik steht bei der Bewältigung ihrer Aufgaben einer Vielzahl von Problemen gegenüber. Zu den zentralen Schwierigkeiten zählen: Das **Informationsproblem** und das **Kontrollproblem** (FREY, KIRCHGÄSSNER, 2009, Kapitel 9).

Wesentlich für eine effiziente Umweltpolitik ist zum einen, dass die Träger der Politik über ausreichende qualitative und quantitative Informationen über die Zusammenhänge zwischen natürlichen Ressourcen, Produktion, Technologie und Umwelteinwirkungen verfügen (Informationsproblem). Ohne derartige Kenntnisse kann beispielsweise die Entscheidung, welche Schadstoffe in welchem Umfang emittiert werden dürfen (z.B. Festlegung von Emissionsgrenzwerten), nicht fundiert sein.

Weiterhin ist zu klären, wie gewährleistet werden kann, dass erlassene Vorgaben von den Wirtschaftssubjekten eingehalten werden. Der Anreiz, Normen einzuhalten, kann gering sein, wenn keine Sanktionen für unerwünschtes oder hinreichende Belohnungen für erwünschtes Verhalten zu erwarten sind. Folglich ist ein funktionierendes Kontroll- und Sanktionssystem für die unterschiedlichen umweltrelevanten Themen erforderlich.[3] Grundsätzlich gilt, dass ein effizientes Kontrollsystem wirksame Anreize setzen muss, d.h. die Kosten von Verstößen gegen Umweltvorgaben oder die Belohnung umweltschützenden Verhaltens müssen höher sein, als der erwartete Nutzen von gegenteiligem Verhalten (vgl. hierzu Kapitel 2, Abschnitt 1).

---

[3] Der Anreiz, Normen einzuhalten, kann aus Kostenerwägungen gering sein, wenn keine Sanktionen zu erwarten sind. Fälle von Grenzwertüberschreitungen werden bisweilen bekannt. Besonders deutlich rückte dieses Problem in den Blickpunkt der Öffentlichkeit, als im Mai 1998 über die langjährige Überschreitung von Strahlungsgrenzwerten bei den Castor-Transporten in den Medien berichtet wurde. Vgl. hierzu die Stellungnahme der damaligen Bundesumweltministerin (BMU, 1998).

Eine Basis für umweltpolitische Entscheidungen liefert die **Umweltökonomie**, die ökonomisch sinnvolle Ansätze zur Erfüllung der umweltpolitischen Ziele zum Gegenstand hat.[4]

Die Volkswirtschaftslehre befasst sich im Allgemeinen mit Problemen der Knappheit. Im Umweltbereich stehen dabei die **Umweltmedien** (z.B. Luft, Wasser, Boden) im Mittelpunkt. Diese sind aus volkswirtschaftlicher Perspektive als Güter zu betrachten, die als Produktionsfaktoren eingesetzt oder konsumiert werden. Sie werden als **Umweltgüter** bezeichnet. Zwar mögen etliche Umweltgüter früher **„freie Güter"** gewesen sein, die in Überfluss und zu einem Preis von Null verfügbar waren, inzwischen aber gehören viele Umweltgüter de facto zu den **„knappen Gütern"**, die nur mit einem z.T. beträchtlichen Aufwand in ausreichender Qualität bereitgestellt werden können.

Die **Umweltökonomie** ist somit der Zweig der Volkswirtschaftslehre, deren Gegenstand Umweltgüter, ihre Knappheit und der Umgang mit ihnen ist.

2 Situationsanalyse

2.1 Allgemeine Entwicklung

Hier werden einige Beispiele aus der Vielfalt umweltbezogener Probleme angeführt und damit ein kleiner Einblick gegeben.

▶ Beispiele

In Deutschland sanken die **CO_2-Emissionen** zwischen 1990 und 2011 von 1,042 Mrd. Tonnen auf 0,798 Mrd. Tonnen, also insgesamt um 23,4 % über den gesamten Zeitraum (UMWELTBUNDESAMT (UBA), 2012). Für 2012 wird hingegen von einem etwa zweiprozentigen Anstieg ausgegangen (UBA, 2013a). Global stiegen sie dagegen im selben Zeitraum (1990–2011) von 21,0 Mrd. Tonnen auf 31,6 Mrd. Tonnen (INTERNATIONALE ENERGIEAGENTUR (IEA), 2012). Als Folge der Treibhausgasemissionen erwartet der WELTKLIMARAT (INTERGOVERNMENTAL PANEL ON CLIMATE CHANGE, IPCC) für die kommenden 20 Jahre eine **Erderwärmung** in der Größenordnung von 0,4 °C (IPCC, 2007). Werden die Emissionen nicht deutlich zurückgefahren, geht die Klimawissenschaft von einem mittleren Temperaturanstieg von 3,6–5,3 °C bis zum Ende des Jahrhunderts aus (IEA, 2013).[5]

Umweltpolitik

---

[4] Gegenstand der Umweltökonomie sind sowohl betriebswirtschaftliche als auch volkswirtschaftliche Fragestellungen. Ohne die Bedeutung des betriebswirtschaftlichen Zweiges zu unterschätzen, beschränken sich die folgenden Ausführungen auf die volkswirtschaftliche Umweltökonomie.

[5] Die Klimaforschung geht davon aus, dass ein Anstieg der mittleren globalen Temperatur von rund 2 °C binnen diesen Jahrhunderts ökologisch, sozial und ökonomisch zu bewältigen ist. Jedoch besteht zum einen Unsicherheit über die genauen Klimafolgen, z.B. scheint das arktische Eis stärker zu schmelzen als bisher vermutet. Zum anderen ist die Einhaltung dieser Grenze ohne einen Rückgang

Für die meisten Luftschadstoffe gilt, dass mit zunehmender Emissionsdichte (Emissionen pro Einheit, z.B. Gramm je gefahrenem km pro Jahr) das Verdünnungsvermögen der Luft derart beansprucht wird, dass eine regionale und/oder globale Überlastung mit schädlichen Wirkungen für Mensch, Tier und Pflanzen sowie Materialien die Folge ist. Obgleich der Luftschadstoffindex (Mittelwert der relativen Emissionsentwicklung für Schwefeldioxid, Stickstoffoxide, Ammoniak und flüchtige organische Verbindungen ohne Methan) für Deutschland bis 2010 einen Rückgang um rd. 58 % gegenüber dem Basisjahr 1990 verzeichnet, wurden damit erst 83 % des staatlich angestrebten Wertes erreicht (UBA, 2013b).

Die Belastungen durch **Feinstaub** konnten in Deutschland ebenfalls gesenkt werden. Auch wenn weiterhin vereinzelt Überschreitungen der anvisierten maximalen Tagesmittelwerte zu verzeichnen sind, so konnte vor allem die Höhe der Jahresdurchschnittsmenge reduziert werden (UBA, 2013c).

Die Relevanz umweltbezogener Themen ist nach breitem gesellschaftlichem Konsens unumstritten.[6] In den letzten beiden Jahrzehnten ist der langfristige Charakter der Umweltpolitik im Sinne der Nachhaltigkeit verstärkt ins Blickfeld gerückt (vgl. etwa BMU, 2010). Umweltkatastrophen führen zumindest vorübergehend zu einer Intensivierung der Diskussion, etwa nach den Reaktorunfällen von Tschernobyl 1986 oder von Fukushima 2011.

Die Katastrophe von Fukushima etwa löste eine Energiediskussion aus, die noch im gleichen Jahr zur „**Energiewende**" führte. Diese zielt auf eine Veränderung des Energiemix in Deutschland. Besonders prominente Elemente sind der Ausstieg aus der Atomenergie bis 2022 und der Ausbau erneuerbarer Energien, deren Anteil an der Stromerzeugung bis 2020 in etwa von 17 % auf 35 % in etwa verdoppelt werden soll. Weitere Unterziele sind die Reduktion des Primärenergieverbrauchs und des Energieverbrauchs. Eine Übersicht über die Maßnahmen bietet das BMU (2013).

Das Umweltbewusstsein nimmt nach einer 2013 erschienenen Studie nach wie vor zu (BMU und UBA, 2013).[7] Die Antworten auf die offene Frage (d.h. ohne Antwortvorgaben) nach dem wichtigsten Problem Deutschlands ergaben, dass der Umweltschutz nach der Wirtschafts- und Finanzpolitik, aber vor der Arbeitsmarktpolitik rangiert

---

der Klimagasemissionen unwahrscheinlich. Es muss im Gegenteil mit einem starken Anstieg der weltweiten Emissionen insbesondere in Folge der Skalen- und Struktureffekte des wirtschaftlichen Wachstums (vgl. Abschnitt 3.1) gerechnet werden. Diese Entwicklung lässt sich höchstwahrscheinlich nur durch erhebliche zusätzliche Klimaschutzanstrengungen vermeiden. Bis vor wenigen Jahren hielt die Klimaforschung einen anthropogen verursachten Temperaturanstieg von bis zu 7 °C für denkbar und von 2,4 °C bis 6,4 °C für wahrscheinlich – je nach Geschwindigkeit des Emissionswachstums und der Sensitivität des globalen Klimas gegenüber steigender CO_2-Konzentration in der Erdatmosphäre (IPCC, 2007).

[6] Zur Historie der Umweltpolitik vgl. WIESMETH, 2003, Kapitel 1.

[7] Eine solche Studie wird seit 1996 regelmäßig alle zwei Jahre erstellt. Sie basiert auf einer Bevölkerungsbefragung, die Stichprobengröße war N = 2000. Neben dem Umweltbewusstsein wurde für verschiedene Lebensbereiche nach umweltrelevanten Verhaltensänderungen gefragt. Hier gibt es gegenläufige Tendenzen.

(BMU und UBA, 2013, S. 18). Knapp zwei Drittel der Befragten waren außerdem der Auffassung, die BUNDESREGIERUNG müsse mehr für den Umweltschutz tun (BMU und UBA, 2013, S. 20).

Allerdings lässt sich aus steigendem Umweltbewusstsein nicht zwingend auf umweltentlastende Veränderungen im Konsumverhalten schließen. Hier stellt die Studie sowohl positive als auch rückläufige Entwicklungen fest. So etwa ist der Konsum von Ökostrom angestiegen, energiesparendes Verhalten aber ist rückläufig (BMU und UBA 2013, Abschnitt 3.3, vgl. insbesondere Tabelle 11).

2.2 Erfassung des Umweltzustands

Grundlage für umweltpolitische Entscheidungsträger sollten – wie allgemein in der Wirtschaftspolitik – Informationen sein, die eine Diagnose des Ist-Zustandes (z.B. Intensität der Umweltbelastungen, Ressourcenverbrauch), eine Prognose der voraussichtlichen Entwicklungsrichtung sowie eine Überprüfung des Erfolgs der Politik ermöglichen. Im Umweltbereich werden hierfür **Umweltindikatoren** herangezogen, um Sachverhalte abzubilden und zu erfassen. Allerdings sind Umweltsachverhalte oft so komplex, dass ein Indikator zu ihrer Beschreibung nicht ausreicht. Daher erfolgt die Darstellung des Zustandes der Umweltmedien oder von komplexen Ökosystemen oftmals durch eine Vielzahl von Indikatoren (**Indikatorensystem**). Dabei besteht jedoch ein Trade-Off: Werden alle relevanten Umweltdaten integriert, wird die Erhebung der Messdaten und das Management des Systems sehr aufwändig und vor allem ist es für die Politik kaum handhabbar. Aus einer Vielzahl relevanter Daten (etwa über Luft, Boden, Wälder, Grünland und Trinkwasser etc.), müssen einige zentrale aussagekräftige Kenngrößen ausgewählt werden. Diese Entscheidung hängt u.a. von den technischen Erfassungsmöglichkeiten und deren Kosten ab. Vor allem aber hängt die Auswahl der Umweltindikatoren davon ab, welche Aussagen aus dem Indikatorensystem abgeleitet werden sollen. Somit hängt die Entscheidung über das Indikatorenset wiederum davon ab, welche umweltpolitischen Ziele verfolgt werden. Werden beispielsweise Ziele bzgl. des Energieverbrauchs verfolgt, sollten hierzu auch verlässliche Daten vorliegen. Zu den wünschenswerten Eigenschaften von Umweltindikatoren gehört außerdem, dass die Umweltdaten unterschiedlicher Institutionen miteinander kompatibel sind[8] und angesichts des internationalen Charakters nahezu aller Umweltprobleme idealerweise international vergleichbar sind. Letzteres ist in der Praxis allerdings bei weitem noch nicht erfüllt. Ein Indikatorensystem soll verschiedene Aufgaben erfüllen. Der SRU (1994 und 1998) zählt hierzu die Beschreibung der aktuellen Umweltsituation und deren Bewertung, aber auch die Schaffung einer Grundlage für die Formulierung umweltpolitischer Ziele sowie die Information der Öffentlichkeit. Es wird deutlich: Die Indikatoren beeinflussen die Ziele, aber die Ziele beeinflussen auch wiederum die ausgewählten Indikatoren. Die wissenschaftliche Diskussion um ein solches System, das alle an Umweltindikatoren zu stellenden Aufgaben erfüllt (das gilt

---

[8] Vgl. hierzu etwa die Darstellung des STATISTISCHEN BUNDESAMTES zu Kompatibilität von UGR und VGR (STATISTISCHES BUNDESAMT, 2012, S. 11).

insbesondere für den Aspekt der Nachhaltigkeit), ist allerdings keinesfalls abgeschlossen.

▶ Anwendungsfall 1: Umwelt-Kernindikatorensystem (KIS)

Das Umwelt-Kernindikatorensystem (KIS) des UBA (vgl. UBA, 2013d) umfasst Indikatoren, die auf den Leitthemen des 6. Umweltprogramms der EU (ABl. L 242/1 v. 10.09.2002) basieren. Insgesamt werden über 50 Indikatoren aus vier Bereichen ausgewiesen:

- Klimaänderungen (z.B. Emissionen der sechs im Kyoto-Protokoll genannten Treibhausgase),
- Biologische Vielfalt, Naturhaushalt und Landschaft (z.B. Fläche und Anzahl unzerschnittener verkehrsarmer Räume),
- Umwelt, Gesundheit und Lebensqualität (z.B. Lärmbelästigung) sowie
- Ressourcennutzung und Abfallwirtschaft (z.B. Gesamtabfallaufkommen).

Umweltindikatoren spielen auch in den **Umweltökonomischen Gesamtrechnungen (UGR)** eine zentrale Rolle. Diese dienen der Ergänzung der Volkswirtschaftlichen Gesamtrechnungen (VGR) um den Bestand, die Nutzung und den Verbrauch des Faktors Umwelt (einschließlich Natur).

> Die Zielsetzung der **UGR** besteht darin, die Zusammenhänge zwischen Wirtschaft und Umwelt zu beschreiben (STATISTISCHES BUNDESAMT, 2012, S. 11). Wesentlich ist dabei, dass im Produktionsprozess nicht nur Kapital und Arbeit eingesetzt werden, sondern auch nicht produziertes Naturvermögen, dessen Abbau als Desinvestition angesehen werden kann, analog zur Berechnung des Bruttoinlandsprodukts (BIP).

In den UGR werden überwiegend Mengengrößen (z.B. Emissionen in Tonnen Schadstoffe) erfasst. Zwar verfolgt das Konzept der Umweltökonomischen Gesamtrechnungen grundsätzlich auch das Ziel einer Monetarisierung des Naturvermögens, aber solche Bewertungen sind problematisch, insbesondere bei der Bewertung qualitativer Veränderungen der Umwelt und des Naturvermögens (STATISTISCHES BUNDESAMT, 2012, S. 11). Die Umweltökonomischen Gesamtrechnungen in Deutschland basieren im Wesentlichen auf dem internationalen **System of Integrated Environmental and Economic Accounting** (SEEA Central Framework 2012), das seit 2012 internationaler Standard ist (STATISTISCHES BUNDESAMT, 2012, S. 13).

Inhalt und Methoden zur Ergänzung der VGR und der UGR sind weiterhin Gegenstand der Forschung, ihre Fortentwicklung ist erklärtes politisches Ziel. Ein besonders bekanntes Forschungsergebnis liefert der sogenannte STIGLITZ-SEN-FITOUSSI-REPORT (2009), welcher im Auftrag des französischen Präsidenten erstellt und 2009 vorgelegt wurde. In diesem werden ergänzende Wohlfahrtsindikatoren zum BIP vorgeschlagen. Ziel ist es, neben anderen wohlfahrtsrelevanten Faktoren auch die Nachhaltigkeit und die Umweltbedingungen abzubilden. Der Bericht favorisiert ein Indikatorensystem gegenüber einem einzigen, die Umwelt beschreibenden Indikator. Im Sommer 2013 legte die ENQUETE-KOMMISSION „Wachstum, Wohlstand, Lebensqualität des Deutschen Bundestags – Wege zu nachhaltigem Wirtschaften und gesellschaftlichem Fortschritt in der Sozialen Marktwirtschaft" ihren Abschlussbericht vor und votierte in eine ähnliche Richtung (DEUTSCHER BUNDESTAG, 2013). Die EU-KOMMISSION strebt langfristig ebenfalls „eine stärker integrierte ökologische, soziale und volkswirtschaftliche Gesamtrechnung an" (KOMMISSION DER EUROPÄISCHEN GEMEINSCHAFTEN, 2009, S. 9), was durch zusätzliche Indikatoren neben den VGR geschehen soll.

2.3 Kosten der Umweltbelastungen

Die Kenntnis des Umfangs der Umweltbelastungen – wenn möglich in Geld bewertet – ist für die Umweltpolitik von erheblichem Interesse, da so Entscheidungen (Wahl zwischen verschiedenen Alternativen) auf der Grundlage von Knappheitsüberlegungen zumindest prinzipiell objektiviert werden können. Ein monetärer Vergleich von Umweltschadens- und Vermeidungskosten erleichtert z.B. die Auswahl geeigneter Maßnahmen. Auch der Nutzen von Umweltschutzmaßnahmen und ihr Beitrag zur Steigerung der gesellschaftlichen Wohlfahrt ließen sich besser nachweisen.

Allerdings ist es geradezu unmöglich, Schadensgrößen vollständig zu erfassen und monetär zu bewerten (vgl. Abschnitt 4.3). So beschränken sich die UGR in den Bereichen Umweltbelastung und -zustand – wie eben dargestellt – auf Mengengrößen. Insbesondere die Erfassung und monetäre Bewertung von Schäden sind äußerst problematisch. Das gilt naheliegenderweise ganz besonders für Versuche, Gesundheitsschäden oder gar Todesfälle zu bewerten, aber auch bei Produktions-, Einkommens- oder Vermögensverlusten, die mit der Verschlechterung der Umweltqualität einhergehen, wie etwa Schäden an Fassaden durch Smog, und allgemeinen Wohlfahrts- und Nutzeneinbußen („Lebensqualität"), wie Verringerung der Artenvielfalt oder Zerstörung von Biotopen.[9]

Im Gegensatz zu den Kosten von Umweltbelastungen werden die **Ausgaben für den Umweltschutz** vom STATISTISCHEN BUNDESAMT ausgewiesen. So wurden im Jahr 2009 insgesamt 35,46 Mrd. Euro (nominal) an Umweltschutzausgaben getätigt, also rund 1,5 % des BIP. Je etwa 40 % entfielen auf den Gewässerschutz bzw. die Abfallentsorgung. Von den gesamten Umweltschutzausgaben wurde der weit überwiegende Anteil (81,7 %) vom Staat und (privatisierten) öffentlichen Unternehmen getätigt (STATISTISCHES BUNDESAMT, 2012, S. 82f.).

[9] Von WICKE wurde 1986 erstmals versucht, eine umfassende ökologische Schadensbilanz für Deutschland vorzulegen. Dabei wurden – soweit möglich – die Schadenspositionen Luft- und Gewässerverschmutzung, Bodenbelastung und Lärm berücksichtigt. Nicht erfasst werden konnten u.a. volkswirtschaftliche Verluste durch Arten- und Biotopschwund oder Verringerung des Erlebniswerts der natürlichen Umwelt. Die errechnete Summe von 103,5 Mrd. DM (1984) ist laut WICKE vorsichtig ermittelt im Sinne einer Untergrenze. Trotzdem wären dies ca. 6 % des BIP gewesen. Die Schadensbilanz für 1992 wies bereits 6,8 % des BIP von Gesamtdeutschland aus (WICKE, BLENK, 1993, S. 113f.).

3 Theoretische Fundierung

Umweltbelastungen können durch **vielfältige Ursachen** hervorgerufen werden. Zwar lassen sich keineswegs alle (wie etwa Vulkanausbrüche) auf menschliches Handeln zurückführen, dennoch liegt der Fokus hier auf den **anthropogenen Umweltbelastungen**, also denjenigen, für die menschliches Handeln ursächlich ist. Bei den ökonomischen Ursachen dieser Problematik kann analytisch zwischen zwei Gruppen unterschieden werden, nämlich zwischen entwicklungsbedingten und mikroökonomischen Ursachen.

3.1 Entwicklungsbedingte Ursachen

Die negativen **Umweltwirkungen von Wirtschaftswachstum** lassen sich in **Skaleneffekte** (quantitativ bedingt) und **Struktureffekte** (qualitativ bedingt) unterteilen.

3.1.1 Skaleneffekte

Eine Expansion der Agrarproduktion und des Bergbaus (primärer Sektor) geht meist mit Landnutzungsänderungen einher (z.B. Abholzung, Trockenlegung von Mooren), die den Klimawandel, Erosion, Verkarstung, Versalzung und den Verlust an Biodiversität begünstigen. Die dazu parallele Intensivierung der Landwirtschaft erfordert ebenso wie Monokulturen einen steigenden Dünger- und Pestizideinsatz und verändert massiv die natürlichen Ökosysteme. Dies sind nur einige Beispiele für negative Umweltwirkungen des Wachstums des primären Sektors.

Die wirtschaftliche Entwicklung im sekundären Sektor (Industrialisierung) trägt insgesamt besonders stark zur Umweltbelastung bei, etwa durch diverse Schadstoffemissionen, toxische und andere Abfälle, Verbrauch nicht erneuerbarer Ressourcen und von Agrarrohstoffen oder den induzierten Ausbau von Infrastruktur.

Die Expansion des tertiären Sektors geht ebenfalls mit Umweltbelastungen einher. Beispiele sind der Verkehrssektor und der internationale Tourismus. Tourismus induziert ein erhöhtes Transportaufkommen, das mit Lärm- und Schadstoffemissionen verbunden ist, und besonders der Massentourismus kann am Reiseort die natürliche Umwelt beeinträchtigen. Die Diskussion um die Wirkungen von Skigebieten im Alpenraum[10] (z.B. Zerstörung von Landschaften und schwere Eingriffe in die Ökosysteme) und von großen Hotelanlagen (Süßwasserverbrauch, ungeklärte Abwässer) veranschaulichen die Problematik.

Schließlich kann außer Wirtschaftswachstum auch das **Bevölkerungswachstum** als Ursache von quantitativen Umweltwirkungen kategorisiert werden. Betrug die Weltbevölkerung im Jahre 1960 noch 3 Milliarden Menschen, so wuchs sie bis zum Ende des letzten Jahrhunderts auf 6 Milliarden an und beträgt mittlerweile mehr als 7 Milliarden Menschen. Aus dieser primär in ärmeren Ländern anzutreffenden Entwicklung er-

---

[10] Vgl. hierzu die Alpenkonvention (2013). Dabei handelt es sich um einen Vertrag zum Schutz der Alpen, der inzwischen von sieben Staaten ratifiziert wurde.

wachsen prinzipiell ähnliche umweltbelastende Skaleneffekte wie durch Wirtschaftswachstum.

Zudem geht das Bevölkerungswachstum mit einer **Zunahme von städtischen Ballungszentren** einher, nicht zuletzt durch die wirtschaftlich bedingte Landflucht, vor allem in den Entwicklungsländern. Durch die räumliche Konzentration werden die Aufnahme- und Regenerationskapazitäten der Umweltmedien vor Ort schnell überschritten.

3.1.2 Struktureffekte

Wirtschaftliche Entwicklung induziert einen **Wandel der Produktions- und Konsummuster**. Konsumgewohnheiten ändern sich, entsprechend verändert sich die Zusammensetzung der Produktion. Hinzu kommen **Technologieeffekte**, d.h. Produktionsverfahren ändern sich. Außerdem werden neue Produkte entwickelt, produziert und konsumiert. Ein Beispiel sich ändernder Konsummuster mit negativen Umweltwirkungen bildet der Fleischkonsum: So hat sich der Pro-Kopf-Konsum in Entwicklungsländern seit 1961 verdoppelt und beträgt nun 33 kg gegenüber den weitgehend stabilen 79 kg in Industrieländern. Ergebnis ist eine Vervierfachung des weltweiten Fleischkonsums auf ca. 310 Millionen Tonnen (FOOD AND AGRICULTURE ORGANIZATION (FAO), 2013, S. 42). Die Viehhaltung ist für ca. 18 % der Treibhausgasemissionen und 8 % des Wasserverbrauchs ursächlich, 30 % der globalen Landfläche und 70 % der Ackerflächen dienen der Futtermittelproduktion (FAO, 2006, S. 272). Andere Beispiele sind Computer und Smartphones, Haushaltsgeräte und Verpackungsmaterialien.[11]

Struktureffekte der wirtschaftlichen Entwicklung sind indes nicht nur die Ursache von Umweltbelastungen, sondern können auch positiv wirken. Beispiele sind umweltentlastende Struktureffekte durch Innovationen und die Diffusion neuer umweltentlastender Technologien und Produkte, etwa Fahrzeuge und Elektrogeräte mit niedrigerem Energieverbrauch oder relativ ressourcenschonende Produktionsanlagen.

Außerdem kann wirtschaftliche Entwicklung ab einem bestimmten Wohlstandsniveau insoweit zu einem Rückgang von Umweltbelastungen führen als armutsbedingte Umweltprobleme abnehmen, der ökonomische Spielraum für Umweltschutzmaßnahmen zunimmt und die „Nachfrage“ nach Umweltschutzmaßnahmen steigt.

3.2 Mikroökonomische Ursachen

Umweltgüter können mangels eines Marktpreises weitgehend wie **freie Güter** genutzt werden, obwohl die meisten zu **knappen Gütern** geworden sind. Saubere Luft, Gewässer und Böden usw. kommen in natürlicher Reinheit nicht mehr im Überfluss vor. Vielfach können sie erst nach einem kostenintensiven Ressourceneinsatz zur erneuten produktiven oder konsumtiven Nutzung bereitgestellt werden. Die Erhaltung einer sauberen Umwelt als Konsumgut und Produktionsfaktor verursacht also Kosten.

---

[11] Vgl. hierzu die Debatte im April 2013 um Plastikmüll im Meer (DEUTSCHE BUNDESREGIERUNG, 2013b).

Dennoch gibt es, wie sonst bei knappen Güter für ihre Inanspruchnahme, keinen Marktpreis. Dadurch fehlen ökonomische Anreize, sparsam mit ihnen umzugehen. Der Marktmechanismus, der im Wesentlichen über Preissignale funktioniert, kann somit von sich aus nicht zu einer effizienten Allokation führen.

Ein Ansatz zur Lösung dieses Problems besteht darin, dass der Staat korrigierend eingreift. Staatliche Umweltpolitik soll also Fehlallokationen der knappen Umweltgüter durch die Schaffung politischer Rahmenbedingungen und durch prozesspolitische Eingriffe vermeiden (ökonomische Aufgabe). Ein darüber hinausgehender Ansatz bildet der Schutz der natürlichen Grundlagen menschlichen Lebens schlechthin (verfassungsrechtliche Aufgabe). In Deutschland ist dies in Artikel 20a des GRUNDGESETZES verankert.

Die genauere Betrachtung, welche Besonderheiten von Umweltgütern der effizienten Allokation über den Marktmechanismus entgegensteht, erfolgt in zwei Schritten.

Zunächst wird der Frage nachgegangen, inwieweit Umweltgüter den öffentlichen Gütern zuzurechnen sind. Definitionsgemäß sind öffentliche Güter durch zwei Eigenschaften gekennzeichnet.

Öffentliche Güter sind Güter,
- von deren Konsum niemand ausgeschlossen werden kann, entweder grundsätzlich oder aufgrund zu hoher Kosten (**Nicht-Ausschließbarkeit**),
  und
- bei deren Konsum keine Rivalität besteht, also der Konsum Anderer nicht behindert wird (**Nicht-Rivalität**).

Das bedeutet, dass ein öffentliches Gut gleichzeitig von mehreren Wirtschaftssubjekten in der Regel ohne Interessenkollision genutzt und niemand von der Nutzung ausgeschlossen werden kann. Beispiele für öffentliche Güter sind innere und äußere Sicherheit oder auch Leuchttürme. Güter, die über die Eigenschaft der Nicht-Ausschließbarkeit, nicht aber die der Nicht-Rivalität verfügen, werden dagegen als **Allmendegüter** bezeichnet, wobei die Rivalität etwa durch Überlastung zustande kommen kann, wie beispielsweise bei Websites auf die zu stark zugegriffen wird.

Bei Umweltgütern liegt in vielen Fällen durchaus Rivalität vor. Badegäste und Angler konkurrieren etwa bei der Nutzung eines Sees mit Motorbootsportlern oder Haushalten und Betrieben, die den See zur Einleitung verschmutzter Abwässer nutzen. Im strengen Sinne obiger Definition sind Umweltgüter dann keine öffentlichen Güter, sondern Allmendegüter. Andererseits aber ist der Schutz der Umwelt wiederum ein öffentliches Gut, da von dem Nutzen, der dadurch entsteht, dass etwa Lärmemissionen vermieden werden, kein Nutzer des Umweltgutes ausgeschlossen werden kann und auch keine Rivalität beim Konsum der entstandenen Ruhe vorliegt.

Die Problematik öffentlicher Güter liegt darin, dass Wirtschaftssubjekte sie auch dann konsumieren können, wenn sie für die Nutzung nicht zahlen. Damit besteht der Anreiz, sie zu konsumieren, sich aber der Beteiligung an den Bereitstellungskosten zu entziehen, sich also als **Trittbrettfahrer** (free rider) zu verhalten. Als Folge werden öffentliche Güter in zu geringem Umfang über den Markt bereitgestellt.

Das zweite – besonders wichtige – Problem für die Allokation von Umweltgütern liegt darin, dass bei Produktion und Konsumtion von Gütern externe Effekte entstehen.

Externe Effekte liegen vor, wenn die Nutzen- oder Gewinnfunktion eines Wirtschaftssubjekts Variablen enthält, über die ein anderes Wirtschaftssubjekt entscheidet. Das bedeutet, der Nutzen oder der Gewinn wird von Dritten unmittelbar beeinflusst.

Grundsätzlich können sowohl **positive** als auch **negative externe Effekte** auftreten. Der von Wirtschaftssubjekten verursachte Effekt ist positiv bzw. negativ, wenn der Empfänger dieses Effekts Vorteile (Nutzen) erfährt bzw. Nachteile (Kosten) erleidet, ohne dass er dafür zahlen muss bzw. eine Entschädigung erhält. Hier wird ein Zusammenhang zur Theorie der öffentlichen Güter offensichtlich: Es gibt auch für externe Effekte keine Marktpreise, die **externen Nutzen** belohnen bzw. **externe Kosten** kompensieren, weil das Ausschlussprinzip nicht gegeben ist.

Ein Beispiel für einen positiven externen Effekt wäre die Freude eines Spaziergängers an einer besonders schönen Fassade eines Privathauses. Als Beispiele für negative externe Effekte seien Emissionen von Schadstoffen durch Industrie- und Autoabgase oder auch durch Raucher angeführt. In Bezug auf Umweltgüter ist der Fall negativer Kosten vorherrschend. Daher werden nur diese im Folgenden betrachtet.

Da die Kosten Dritten entstehen, eventuell sogar der Gesellschaft insgesamt, nicht aber dem Verursacher des externen Effekts, werden sie in der internen Wirtschaftsrechnung der Verursacher nicht als Kosten erfasst, obwohl sie anfallen. Sie können sich beispielsweise in einer Verringerung des Wohnwerts und der Wohnqualität durch Fluglärm oder in Gesundheitsschäden niederschlagen. Als Beispiel seien Wertverluste bei Wohnimmobilien nach Änderung von Flugrouten oder neuen Landebahnen (etwa seit 2011 in Frankfurt am Main) genannt. Sie fallen zusätzlich zu den privaten Kosten an, also den Kosten, die den Verursachern externer Effekte bei der Güterproduktion entstehen und die in deren interner Kostenrechnung erfasst sind. Die insgesamt entstehenden Kosten, also die Summe aus privaten (internen) und externen Kosten werden in der Umweltökonomie als **soziale Kosten** oder **gesellschaftliche Kosten** bezeichnet.

Betrachtet man nun die Bereitstellung eines Gutes über den Markt (also ohne umweltpolitische Eingriffe des Staates), bei dessen Produktion negative externe Effekte entstehen, ergibt sich Folgendes: Da nur die privaten Kosten in die private Kalkulation eingehen, wird das Gut – gemessen an den tatsächlich entstehenden Kosten – zu billig verkauft (p* statt p** in Abbildung 9.1). Dies ist darin begründet, dass nur die privaten Grenzkosten (GK) in der Angebotsfunktion berücksichtigt werden und nicht die sozialen Grenzkosten (sGK) und somit GK den Gleichgewichtspreis bestimmt, so dass sich p* anstelle desjenigen Preises (p**) einstellt, der die gesamten internen und externen Kosten berücksichtigt.

Der zu geringe Marktpreis bewirkt, dass die entsprechenden Güter in zu großer Menge gehandelt werden (x* statt x** in Abbildung 9.1). Da auch bei der Produktion von Inputs, etwa Strom, negative externe Effekte entstehen, und diese Inputs somit zu einem zu niedrigen Preis (p*) in die Produktion einfließen, ist der verzerrende Einfluss auf die gesamtwirtschaftliche Allokation besonders deutlich.

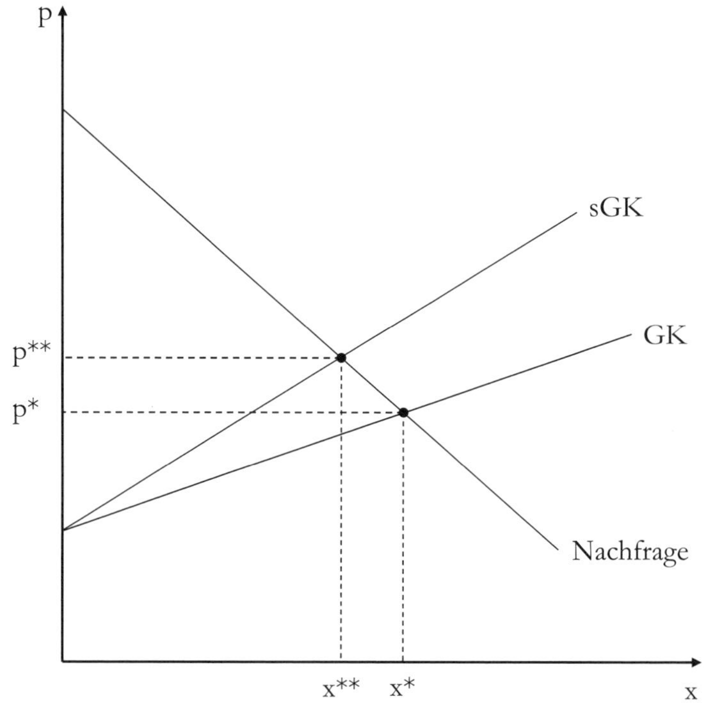

Abb. 9.1: Der Markt bei Existenz von externen Effekten

Somit sind die Preise von Gütern, die umweltbebelastend produziert oder konsumiert werden, zu niedrig, ihre gehandelten Mengen zu hoch. Dies ist letztendlich darin begründet, dass an Umweltgütern i.d.R. keine oder keine durchsetzbaren Eigentumsrechte (vgl. Abschnitt 6.1) bestehen und diese daher ohne die Zahlung eines Preises genutzt werden können. D.h. die Verursacher von Emissionen zahlen zum Beispiel nicht für die Nutzung der Umwelt als Aufnahmemedium für Schadstoffe. Folglich fehlt der Anreiz zur ökonomischen Verwendung von Umweltgütern. Mithin verschlechtert sich deren Qualität und ihre produktive sowie konsumtive Nutzung wird teurer, da Wasser aufbereitet, Luft gefiltert und die Bodenqualität durch Sanierungsmaßnahmen verbessert werden müssen. Die Kosten zur Beseitigung der Umweltbelastungen müssen somit von den Geschädigten getragen werden. Hinzu kommt ein kumulativer Effekt: Selbst wenn die Inanspruchnahme der Umwelt durch Produktion oder Konsum einzelwirtschaftlich gesehen nur marginal wirken mag, so können doch in der Summe erhebliche Umweltbelastungen entstehen.

Ein naheliegender Ansatz zur Beseitigung solcher Fehlallokationen besteht darin, die Verursacher mit den von ihnen verursachten externen Kosten zu belasten, also das **Verursacherprinzip** anzuwenden. Auf diese Weise gibt es keine externen Kosten mehr, denn Dritte werden nicht mehr mit Kosten belastet, der Verursacher trägt sie. Daher wird dies als **Internalisierung** externer Kosten bezeichnet. Dabei ist allerdings zu beachten, dass es i.d.R. nach wie vor zu Umweltbelastungen kommen wird, wenngleich das Ausmaß dieser Belastungen nunmehr volkwirtschaftlich optimal wäre.

Zusammenfassend lässt sich das Verhalten der Wirtschaftssubjekte mit der Position eines Trittbrettfahrers vergleichen. Obwohl letztlich jedes Wirtschaftssubjekt durch umweltgerechtes Verhalten und andere Maßnahmen des Umweltschutzes besser gestellt werden kann, ist es aus individueller Sicht naheliegend, selber keine Kosten auf sich zu nehmen (Maximierung des individuellen Nettonutzens). Letztendlich nämlich bedeutet die Übernahme von Kosten bei gegebener Budgetrestriktion Konsumverzicht. Da die obigen Überlegungen nicht nur für ein Individuum gelten, sondern bei allen Wirtschaftssubjekten ein solcher Anreiz besteht, wird letztendlich jedes nutzenmaximierende Wirtschaftssubjekt so handeln. Umweltentlastendes Verhalten ist nicht zu erwarten.

Die mikroökonomischen Ursachen für die Existenz von Umweltproblemen liegen darin, dass Umweltgüter ohne Zahlung eines Preises genutzt werden können. Die durch die Nutzung entstehenden Kosten müssen daher nicht vom Verursacher getragen werden (**externe Kosten**), da diese bei Nutzenmaximierungsverhalten von Dritten (den Geschädigten) zu tragen sind. Dies gilt für Unternehmen genauso wie für Konsumenten und auch Staaten. Als Lösungsansatz wäre somit die **Internalisierung** zu analysieren (Abschnitt 6.1).

4 Umweltpolitische Ziele und Prinzipien

4.1 Ziele der Umweltpolitik

Aufgrund obiger Überlegungen ist das übergeordnete Ziel der Umweltpolitik in der Reduzierung der Nutzung von Umweltgütern zu sehen, die mangels Preis in zu hohem Maße genutzt werden.

In untenstehender Abbildung 9.2 sind die Ziele differenzierter dargestellt. Die Umweltziele im mittleren Feld sind auf die Umwelt selbst bezogene übergeordnete Ziele. Diese Ziele so gut wie möglich umzusetzen ist sowohl die Zielsetzung in der Ökonomie als auch in der Politik. Dabei ist zum einen die Realisierbarkeit der Ziele von Bedeutung, die ihrerseits eingeschränkt ist durch das Informationsproblem (vgl. Abschnitt 1), zum anderen ist auch die praktische Umsetzung im Fokus, bei der u.a. Kosten und politische Durchsetzbarkeit von Belang sind.

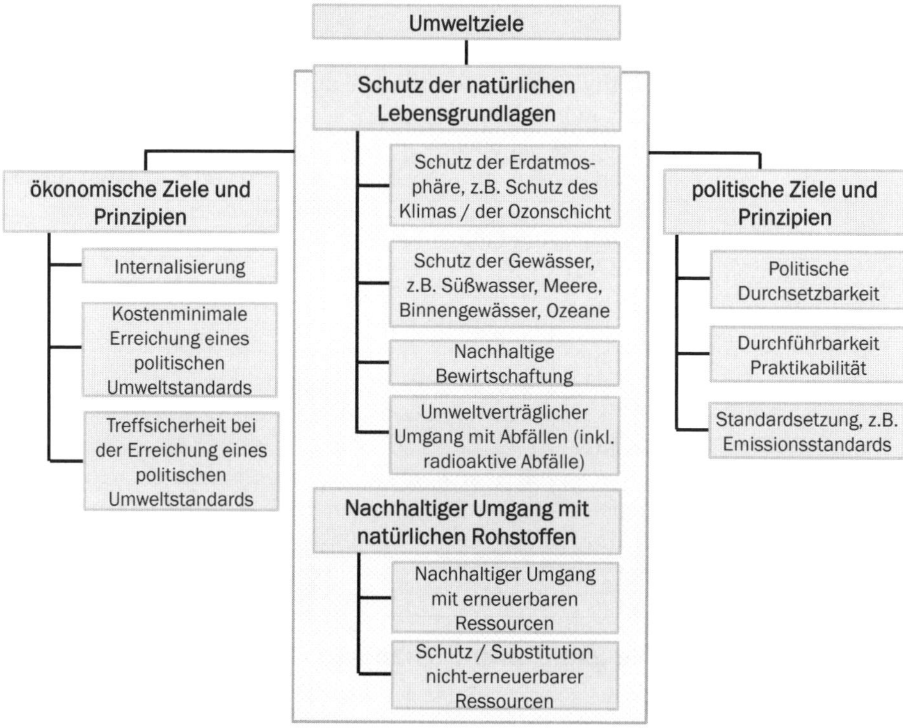

Abb. 9.2: Ziele der Umweltpolitik (Ausschnitt)

4.1.1 Ziele einer globalen Umweltpolitik

Die meisten Umweltprobleme sind nicht nationalstaatlich begrenzt, sondern Umweltbelastungen wirken häufig grenzüberschreitend oder es geht um den Schutz globaler Umweltgüter wie der Erdatmosphäre (Stichworte Klimawandel und Ozonschicht) und der Weltmeere. Lösungen müssen daher auf **internationaler Ebene** gefunden werden. Internationale Umweltverhandlungen befassen sich nicht nur mit globalen Umweltgütern im engeren Sinne, sondern auch mit national bereitgestellten Gütern wie der Biodiversität und dem Süßwasserschutz. In den letzten Jahrzehnten gab es eine Vielzahl solcher internationaler Bemühungen. Im Folgenden sind einige Meilensteine der globalen Umweltpolitik skizziert.

- **KONFERENZ DER VEREINTEN NATIONEN ÜBER DIE UMWELT DES MENSCHEN** (UNITED NATIONS CONFERENCE ON THE HUMAN ENVIRONMENT), 1972 in Stockholm. 112 Staaten (ohne die damaligen Ostblockstaaten) verpflichteten sich erstmals zu einer Zusammenarbeit im Umwelt- und Naturschutz.
- WELTKOMMISSION FÜR UMWELT UND ENTWICKLUNG 1987: Im **BRUNDTLAND-BERICHT** wurde das Leitbild einer **nachhaltigen Entwicklung** (sustainable development) formuliert. Dies bedeutet im Einzelnen u.a.:
  - Für nicht regenerierbare Ressourcen müssen Alternativen entwickelt werden. Das heißt, dass gleichzeitig zum Ressourcenverbrauch neue Technologien, z.B. für die nachhaltige Nutzung regenerativer Quellen, erschlossen werden müssen.

- Die Absorptionsfähigkeit der Umweltmedien darf nicht überschritten werden (Emissionen in Luft und Wasser sowie die Deponierung von Abfällen).
- Der Abbau erneuerbarer Ressourcen darf deren Regenerationsrate nicht überschreiten.

- **ABKOMMEN ZUM SCHUTZ DER OZONSCHICHT** von Montreal 1987. Vereinbarungen zur längerfristigen Reduzierung bestimmter Emissionen. Das Montrealer Abkommen zählt zu den wenigen Beispielen einer sehr erfolgreichen globalen Umweltpolitik.
- **KONFERENZ FÜR UMWELT UND ENTWICKLUNG DER VEREINTEN NATIONEN (UNCED)** 1992 in Rio de Janeiro. Von 179 Staaten wurde die Agenda 21[12] beschlossen.
- **WELTGIPFEL FÜR NACHHALTIGE ENTWICKLUNG** 2002 in Johannesburg. Erstmals wurden quantifizierte Ziele aufgenommen. So soll z.B. bis zum Jahre 2015 weltweit der Anteil der Menschen, die keinen Zugang zu sauberem Wasser und sanitärer Grundversorgung haben, halbiert werden.
- **KONFERENZ DER VEREINTEN NATIONEN ÜBER NACHHALTIGE ENTWICKLUNG** (Rio+20) 2012 in Rio. Der Rio-Gipfel im Juni 2012 war die jüngste Nachfolgekonferenz des Weltgipfels für eine nachhaltige Entwicklung 1992. Vereinbart wurde, bis 2014 globale Nachhaltigkeitsziele zu erarbeiten, welche die primär sozial ausgerichteten Millenium-Entwicklungsziele von 2000 ersetzen sollen. Die Abschlussdeklaration wurde bezüglich der praktischen Relevanz ausgesprochen kontrovers beurteilt.

Eine der bekanntesten Konferenzen war die 3. Konferenz der Klimarahmenkonvention 1997 in Kyoto (COP 3). Hier wurde das sogenannte **Kyoto-Protokoll** (Klimaschutzprotokoll) erarbeitet, das 2005 in Kraft trat. In ihm verpflichteten sich die Industriestaaten, ihren Ausstoß an Treibhausgasen im Zeitraum 2008 bis 2012 gegenüber den Emissionen des Jahres 1990 zu reduzieren. Dabei waren die Verpflichtungen zur Emissionsreduzierung unterschiedlich hoch: So verpflichtete sich die EU insgesamt zu einer Verringerung der Treibhausgasemissionen um 8 %. Im Winter 2012, kurz vor Auslaufen des Kyoto-Protokolls hat die COP 18 in Doha stattgefunden. Hier wurde eine weitere Verpflichtungsperiode (Kyoto II) beschlossen, allerdings lediglich von der EU und 10 weiteren Staaten.[13] Weiterhin wurde vereinbart, bis 2015 ein umfassendes Klimaabkommen zu erarbeiten, das ab 2020 für alle Vertragsstaaten rechtlich bindend sein soll und ab dann verschärfte Emissionswerte beinhaltet (BUNDESMINISTERIUM FÜR ERNÄHRUNG, LANDWIRTSCHAFT UND VERBRAUCHERSCHUTZ (BMELV), 2012).

[12] Die AGENDA 21 bezieht sich auf alle Bereiche einer nachhaltigen Entwicklung, neben ökologischen Zielen sind u.a. auch soziale, etwa Armutsbekämpfung, und ökonomische Themen angesprochen. Die umweltorientierten Themen sind umfangreich, sie gehen vom Schutz der Atmosphäre und der Meere, dem Erhalt der biologischen Vielfalt und der Wasserversorgung bis hin zum sicheren und umweltverträglichen Umgang mit Abfällen, insbesondere radioaktiven Abfällen.

[13] Norwegen, Island, Liechtenstein, Schweiz, Australien, Kasachstan, Weißrussland, Ukraine, Monaco und Kroatien (seit Juli 2013 ebenfalls Mitglied der EU).

4.1.2 Ziele der Umweltpolitik in Deutschland und der EU

In der BUNDESREPUBLIK DEUTSCHLAND ist die Umweltpolitik 1971 zu einer **eigenständigen öffentlichen Aufgabe** erklärt worden. Das Umweltprogramm von 1971 gilt als das erste der Welt. Umweltschutz wurde 1994 als Staatsziel verfassungsrechtlich verankert: „Der Staat schützt auch in Verantwortung für die künftigen Generationen die natürlichen Lebensgrundlagen im Rahmen der verfassungsmäßigen Ordnung und nach Maßgabe von Gesetz und Recht durch die vollziehende Gewalt und Rechtsprechung“ (Art. 20a GG).[14]

„**Ziel der Umweltpolitik** der BUNDESREGIERUNG ist es, den Zustand der Umwelt so zu erhalten und zu verbessern, dass

[1] bestehende Umweltschäden vermindert und beseitigt werden,
[2] Schäden für Mensch und Umwelt abgewehrt werden,
[3] Risiken für Menschen, Tiere und Pflanzen, Natur und Landschaft, Umweltmedien und Sachgüter minimiert werden und
[4] Freiräume für die Entwicklung der künftigen Generationen sowie Freiräume für die Entwicklung der Vielfalt von wildlebenden Arten sowie Landschaftsräumen erhalten bleiben und erweitert werden“ (BUNDESMINISTERIUM FÜR UMWELT, NATURSCHUTZ UND REAKTORSICHERHEIT (BMU), 1990, S. 1).

Darüber hinaus veröffentlicht die BUNDESREGIERUNG sowohl – teils quantifizierte – konkrete umweltpolitische Unterziele der Bundesrepublik als auch der EUROPÄISCHEN UNION (EU).[15]

Auf EU-Ebene wurde 1997 der Grundsatz der „nachhaltigen Entwicklung“ in der Präambel des EU-VERTRAGS (EUV) verankert. In dem nun geltenden Vertrag ist dies ebenfalls enthalten (Art 11 AEUV). Dem im Jahr 2009 in Kraft getretenen VERTRAG ÜBER DIE ARBEITSWEISE DER EU (AEUV) (ABl. EG Nr. C 115 v. 9.5.2008) wurde der Umwelt Titel XX gewidmet, hierin sind die **umweltpolitischen Ziele** der EU bestimmt:

„Die Umweltpolitik der Union trägt zur Verfolgung der nachstehenden Ziele bei:

- Erhaltung und Schutz der Umwelt sowie Verbesserung ihrer Qualität;
- Schutz der menschlichen Gesundheit;
- umsichtige und rationelle Verwendung der natürlichen Ressourcen;
- Förderung von Maßnahmen auf internationaler Ebene zur Bewältigung regionaler oder globaler Umweltprobleme und insbesondere zur Bekämpfung des Klimawandels.“ (Art. 191, Abs. 1 AEUV)

---

[14] Verabschiedet am 6.9.1994; BGBl. I S. 3146; Inkrafttreten am 15.11.1994.

[15] Im März 2013 etwa sind u.a. die Reduktion der Treibhausgase bis 2020 um mindestens 20 % im Vergleich zu 1990 (in Deutschland 40 %) und eine Erhöhung des Anteils erneuerbarer Energien am Bruttoendenergieverbrauch um 20 % (in Deutschland 18 %) ebenfalls bis 2020 als Ziele der EU benannt (DEUTSCHE BUNDESREGIERUNG, 2010; DEUTSCHE BUNDESREGIERUNG, 2013a; EUROSTAT, 2013).

Weiterhin wird im Bereich der Energiepolitik eine Förderung sowohl der Energieeffizienz und Energieeinsparung als auch der Ausbau alternativer Energiequellen als Ziel genannt (Art. 194 AEUV).

4.2 Zielkonflikte

Umweltpolitische Entscheidungen beeinflussen andere Bereiche der Wirtschaftspolitik (Wachstumspolitik, Verkehrspolitik, Energiepolitik, Agrarpolitik u.a.) und umgekehrt. Die Verwirklichung umweltpolitischer Ziele muss also im Zusammenhang mit anderen wirtschaftspolitischen Zielen gesehen werden. Dieser Zusammenhang ist nicht immer konfliktfrei. So steht eine Zielbeziehung seit Jahrzehnten im Mittelpunkt heftiger Diskussionen: „Ökologie versus Ökonomie" oder treffender „Umweltschutz versus Wirtschaftswachstum". Spätestens seit den 1990er Jahren wird der potenzielle Gegensatz zwischen **Umweltzielen** sowie **Wachstums- und Beschäftigungszielen** intensiv diskutiert. Die Aktualität der Debatte manifestiert sich u.a. in der Arbeit der bereits erwähnten ENQUETE-KOMMISSION DES DEUTSCHEN BUNDESTAGES einschließlich der dort zu findenden Sondervoten (vgl. Abschnitt 2.2).

Ein wesentliches Argument zielt auf die Kosten durch Umweltschutzauflagen und dadurch induzierte Wachstumseinbußen.[16] So wird etwa vor dem Hintergrund zunehmender internationaler Konkurrenz argumentiert, Deutschland könne sich in Hinblick auf seine **internationale Wettbewerbsfähigkeit** ein hohes Niveau an Umweltschutz nicht leisten. Das in Bezug auf die Wettbewerbschancen angeführte Argument höherer Kosten durch Umweltschutz ist aus betriebswirtschaftlicher Sicht definitiv nachvollziehbar. Aus volkswirtschaftlicher Sicht aber ist die gesellschaftliche Perspektive relevant, also nicht nur die des Unternehmenssektors, sondern auch diejenige aller Menschen einschließlich der Nutzer der Umweltmedien und der durch Umweltbelastungen Geschädigten. So ist neben dem Blick auf die Kosten der Unternehmen zu berücksichtigen, dass Umweltgüter wie etwa saubere Luft Nutzen stiften und dieser zu berücksichtigen ist. Mit anderen Worten: Externe Kosten reduzieren c.p. die gesamtwirtschaftliche Wohlfahrt.

Aber selbst unter Vernachlässigung gesamtwirtschaftlicher Allokationsüberlegungen gibt es stichhaltige Argumente gegen die These, dass Umweltschutz zu internationalen Wettbewerbsnachteilen und Beschäftigungsverlusten führt, denn der Umweltsektor zählt zu den weltweit am schnellsten wachsenden Wirtschaftszweigen, so dass anspruchsvolle Umweltstandards inzwischen einen Wettbewerbsvorteil im Sinne von Vorreitervorteilen („**first mover-Vorteile**") darstellen können. Ein weiteres Argument ist, dass Konsumenten zunehmend ihre Kaufentscheidungen auch an der Umweltverträglichkeit eines Produkts und seiner Herstellungsweise orientieren. Gegebenenfalls lohnen sich somit Umweltschutzausgaben für Unternehmen. Ökologische Ziele müs-

---

[16] Vgl. hierzu auch die bereits erwähnte Studie um Umweltbewusstsein (BMU und UBA, 2013, S. 21): „Demgegenüber hat die Sorge um die Schaffung von Arbeitsplätzen und die Wahrung der sozialen Gerechtigkeit zu einem deutlichen Anstieg des Anteils derjenigen Befragten geführt, die den Umwelt- und Klimaschutz zurückstellen wollen, bis in diesen Problembereichen Fortschritte zu erkennen sind."

sen also nicht zwingend mit makroökonomischen oder sogar betriebswirtschaftlichen Zielen in Konflikt stehen, sondern es ist auch Zielkomplementarität denkbar.

Zum Beispiel waren im Jahr 2008 rund 2 Millionen Personen in Deutschland im Umweltschutzsektor tätig. Zwischen 2006 und 2008 ist die Zahl der Erwerbstätigen insgesamt um rund 3,1 % gestiegen, während sie im Umweltschutzbereich um rund 9,4 % wuchs (UBA und BMU, 2011).

Mit der Frage der Vereinbarkeit von Wirtschaftswachstum und Ressourcenverbrauch setzt sich der SRU im UMWELTGUTACHTEN 2012 auseinander: „Ökologische Grenzüberschreitungen haben schwerwiegende ökonomische, soziale und (sicherheits-)politische Folgen. Zu akzeptieren, dass es ökologische Grenzen gibt, deren Überschreitung unbedingt vermieden werden sollte, hat zwar weitreichende Konsequenzen für Wirtschaft und Politik, muss aber nicht von vornherein mit einem Ende des Wirtschaftswachstums gleichgesetzt werden“ (SRU, 2012, S. 33). In diesem Gutachten werden die Möglichkeiten und Grenzen der **Entkopplung** von Wirtschaftswachstum und Umweltnutzung untersucht und zwar für Bereiche, in denen Wirtschaftswachstum in der Vergangenheit mit Umweltbelastung einherging. Die Bereiche sind: Metallische und mineralische Rohstoffen, Lebensmittelkonsum, Güterverkehr und Mobilität in Ballungsräumen (SRU, 2012, S. 11). Der SRU (2012, S. 46) kommt zu dem Ergebnis, dass in allen Bereichen Potenzial zur Entkoppelung besteht, also wirtschaftliches Wachstum und zugleich Rückführung der Umweltbelastung möglich ist.

4.3 Prinzipien der Umweltpolitik in Deutschland

Die wesentlichen umweltpolitischen **Grundprinzipien** sind:

[1] Verursacherprinzip, Gemeinlastprinzip, Gruppenlastprinzip oder Nutznießerprinzip,

[2] Vorsorgeprinzip oder Nachsorgeprinzip und

[3] Kooperationsprinzip.

Die ersten vier Prinzipien [1] unterscheiden sich danach, wer die anfallenden Kosten für die durchzuführenden Umweltschutzmaßnahmen zu zahlen bzw. zu tragen hat. Dabei kommen die Verursacher der Umweltbelastung, die Allgemeinheit oder der Nutznießer des Umweltschutzes in Betracht. Die übrigen Prinzipien beziehen sich auf den Zeitpunkt umweltpolitischer Maßnahmen [2] bzw. die an der politischen Entscheidung Beteiligten [3].

In der Umweltpolitik der BUNDESREPUBLIK DEUTSCHLAND wurde das **Verursacherprinzip** (polluter-pays-principle), bereits 1971 im Umweltprogramm der BUNDESREGIERUNG (1971, S. 6 & 9ff.) verankert und nachfolgend stets aufs Neue betont.[17]

„Eine volkswirtschaftlich sinnvolle und schonende Nutzung der Naturgüter wird am ehesten erreicht, wenn die Kosten zur Vermeidung, zur Beseitigung oder zum Aus-

---

[17] Insbesondere bezüglich radioaktiver Abfälle ist das Verursacherprinzip gesetzlich verankert (§§ 21a, 21b ATG i. V. m. der Endlagervorausleistungsverordnung – Endlager VlV).

gleich von Umweltbelastungen dem Verursacher zugerechnet werden (...) Die öffentliche Hand sollte grundsätzlich nur dann mit den Kosten für die Beseitigung von Umweltschäden belastet werden, wenn der Verursacher nicht festgestellt ist oder wenn akute Notstände beseitigt werden müssen und dies mit den (...) Instrumenten des Verursacherprinzips nicht rasch genug erreicht werden kann." (DEUTSCHE BUNDESREGIERUNG, 1976, S. 8)

Auch im AEUV ist das Verursacherprinzip als Basis der Umweltpolitik genannt (Art. 191 AEUV) und wurde in die „Umweltperspektiven" der UNITED NATIONS ORGANIZATION (UNO) von 1972 und in die umweltpolitischen Leitlinien der ORGANIZATION FOR ECONOMIC CO-OPERATION AND DEVELOPMENT (OECD) aufgenommen.

Nach dem **Verursacherprinzip** sind die Kosten von Umweltbelastungen von den Wirtschaftssubjekten zu tragen, die sie verursachen. Wer beispielsweise durch Emissionen Schäden hervorruft, soll für diese oder die Kosten ihrer Vermeidung aufkommen (Kostenzurechnungsgrundsatz).

Die auf diesem Prinzip basierenden Maßnahmen zielen darauf ab, die bisher als **externe Kosten** entstandenen Umweltschäden von Produktions- und Konsumtionsprozessen den Verursachern möglichst vollständig anzulasten. Dadurch werden externe Kosten zu internen Kosten, sie werden also internalisiert. Dies bietet einen Anreiz zur Reduktion kostenwirksamer umweltbelastender Aktivität und impliziert prinzipiell eine hohe **Effizienz** der Umweltpolitik (vgl. Abschnitt 6).

Die praktische Umsetzung des Verursacherprinzips stößt allerdings an Grenzen. Dazu zählt das Informationsproblem (Abschnitt 1). Besonders schwierig gestaltet sich die Ermittlung der externen Kosten.

Um die Kosten in voller Höhe den jeweiligen Verursachern zuordnen zu können, ist zudem die **Identifikation** der tatsächlich Verantwortlichen erforderlich. Weiterhin muss es möglich sein, sie mit diesen Kosten zu belasten. Es wäre beispielsweise denkbar, dass sie außerhalb des eigenen Hoheitsgebiets liegen oder sie nicht mehr existieren und es keine Rechtsnachfolge gibt. Letzteres kann relevant sein, wenn die Ursache des Schadens in der ferneren Vergangenheit liegt, aber jetzt erst wirkt. Da es in der Regel mehrere Verursacher gibt, müssen diese nicht nur zweifelsfrei identifiziert werden, sondern es muss auch – ebenfalls zweifelsfrei – geklärt werden, wer von ihnen für welchen Anteil an den Schäden verantwortlich ist. Erforderlich ist also auch eine **Zurechenbarkeit** der Schäden auf die jeweiligen Verursacher. Das gilt insbesondere, wenn es große räumliche oder zeitliche Distanzen zwischen Ursache und Wirkung gibt. Als Beispiel seien Gesundheitsschäden angeführt. Werden diese erst lange nach dem Schadstoffausstoß erkennbar, sind sie nicht ex ante, möglicherweise nicht einmal ex post, vollständig zu erfassen. Besonders deutlich wurde dies in Europa bei der Reaktorkatastrophe von Tschernobyl im Jahre 1986. Auch gibt es kumulative Wirkungen von Umweltschäden sowie komplexe Wirkungszusammenhänge verschiedener Schadstoffe, die jeweils für sich genommen weniger schädlich sind als in Kombination mit anderen Schadstoffen, die ein anderer Verursacher verantwortet. Weiterhin können Wirkungsketten entstehen, die eine Kostenzurechnung in der Verursacherkette verhindern. So tritt beispielsweise bei Kraftfahrzeugen eine emissionsbezogene Verursacherkette auf, an der die Fahrzeugnutzer, die Automobilhersteller und die Produzenten von umweltbelastendem Treibstoff beteiligt sind.

Selbst wenn die Identifikation und die Zurechenbarkeit gewährleistet wären, bestünde noch das Problem der **Monetarisierbarkeit der Kosten**. Das wird besonders deutlich, wenn man gesundheitliche Beeinträchtigungen oder Todesfälle monetär bewerten soll.

Neben den Schwierigkeiten der Erfassung und Bewertung der von den Verursachern zu übernehmenden Kosten, können **administrative Grenzen** auftreten, wenn die staatliche Kontrolle nicht oder nur zu unverhältnismäßig hohen Kosten ausgeübt werden kann (z.B. die Überwachung von individuell verursachten Belastungen im Verkehrsbereich). Deshalb muss immer dann, wenn das Verursacherprinzip nicht durchsetzbar ist, auf andere Prinzipien zurückgegriffen werden.

Schließlich stellt sich die Frage, inwieweit Verursacher für externe Kosten verantwortlich gemacht werden können, von denen sie zum Zeitpunkt der Verursachung nach normalen Maßstäben nichts wissen konnten, oder wenn die Aktivitäten, die externe Kosten verursachen, zu dem Zeitpunkt erlaubt waren, mit anderen Worten gesetzlich nicht reguliert waren. Solche Fragen stellen sich vor allem im Kontext der rechtlichen Haftung, sie sind aber auch unter ethischen Gerechtigkeitsaspekten zu betrachten.

Wenn eine Zurechnung der Kosten auf die Verursacher aus einem oder mehreren der genannten Gründe nicht erfolgen kann oder soll, kommt meist das Gemeinlastprinzip zur Anwendung.

> Das **Gemeinlastprinzip** besagt, dass die Kosten von Umweltschäden von der Allgemeinheit zu tragen sind. Die Finanzierung erfolgt durch allgemeine Steuern. Dabei führt der Staat die Umweltschutzmaßnahmen entweder selbst durch (direkter öffentlicher Umweltschutz) oder übernimmt die Vermeidungskosten der privaten Verursacher oder Geschädigten, etwa durch Subventionen.

Der Staat versucht anstelle der Verursacher Umweltbelastungen durch den Einsatz öffentlicher Mittel zu verringern. Die Anwendung des Gemeinlastprinzips in Form des direkten öffentlichen Umweltschutzes oder der Subventionierung der Geschädigten schafft allerdings bei den Verursachern keinen Anreiz für die Vermeidung umweltschädigenden Verhaltens. Es ist sogar eine Ausdehnung des (aus Verursachersicht) kostenfreien schädigenden Verhaltens nicht auszuschließen. Daraus erwächst die Gefahr eines ineffizienten Ressourceneinsatzes. Im Hinblick auf eine Verhaltensänderung ist somit aus ökonomischer Sicht das Gemeinwohlprinzip in dieser Form nicht zu befürworten. Hingegen schafft die Subventionierung der Verursacher durchaus Anreize zur Reduzierung umweltschädlichen Verhaltens, nämlich wenn die geleisteten Subventionen den (Grenz-)Vermeidungskosten gleichen oder sie übersteigen. Beispiele für solch eine Politik sind ökologisch motivierte Flächenstilllegungsprämien und Subventionen für die umweltverträglichere Landwirtschaft. Schließlich kommt das Gemeinlastprinzip ungeachtet irgendwelcher Anreizfunktionen sinnvollerweise bei nicht (mehr) zuzuordnenden oder anzulastenden Umweltschäden, oder wenn Eile nach einem Umweltunfall geboten ist, zur Anwendung (s.o.).

Das **Gruppenlastprinzip** kann als Hybrid von Verursacher- und Gemeinlastprinzip verstanden werden. Die Vermeidungs- oder Entschädigungskosten werden hier von einer Gruppe potenzieller Verursacher getragen. Seine Anwendung bietet sich zum Beispiel an, wenn die Gruppe der Verursacher zwar hinreichend abgegrenzt werden kann, aber nicht der jeweilige Anteil Einzelner. Im Bereich des vorsorgenden Umweltschutzes kommt das Gruppenlastprinzip besonders dann zum Tragen, wenn zu erwarten ist, dass mögliche Schäden durch Unfälle so hoch sein können, dass der Verursacher nicht in der Lage wäre, diese zu tragen. In diesen Fällen speisen potenzielle Verursacher einen Haftungsfonds, müssen eine Haftpflichtversicherung abschließen oder müssen Rücklagen bilden, um einen Teil der etwaigen Schadenskosten zu tragen.

Das Nutznießerprinzip wird auch als **Geschädigtenprinzip** bezeichnet.

> Beim **Nutznießerprinzip** (victim-pays-principle) wird das Verursacherprinzip quasi umgekehrt: Nicht die Verursacher, sondern die Nutznießer tragen die Kosten von Umweltschutzmaßnahmen, indem sie unmittelbar für deren Beseitigung aufkommen oder die Verursacher dafür kompensieren, dass sie die umweltbelastenden Aktivitäten reduzieren.

Die Kosten für den Umweltschutz sind beim Nutznießerprinzip in aller Regel nicht mehr von der Allgemeinheit, sondern von Einzelnen oder von einer Gruppe von Begünstigten des Umweltschutzes zu tragen. Als Beispiel für die Anwendung des Nutznießerprinzips im Sinne der Kompensation des Verursachers wird häufig der sogenannte Wasserpfennig angeführt, durch den Landwirte für den Verzicht auf die Ausbringung von Gülle in Wasserschutzgebieten belohnt wurden (ROGALL, 2008, S. 195). Theoretisch betrachtet kann das Nutznießerprinzip durchaus ökonomisch effizient sein: Zum einen besitzen Kompensationszahlungen Anreize zur Reduktion umweltbelastenden Verhaltens. Zum anderen kann die unmittelbare Beseitigung der Belastungen durch die Geschädigten (z.B. durch Wasserfilter, Lärmschutzfenster etc.) Ausdruck dessen sein, dass diese Kosten unter den Vermeidungskosten des Verursachers liegen, denn sonst kämen Kompensationszahlungen an die Verursacher zum Tragen. Als allgemeines umweltpolitisches Grundprinzip wird das Nutznießerprinzip jedoch weitgehend abgelehnt, weil es einerseits den verteilungspolitischen Vorstellungen widerspricht, andererseits die ökonomische Effizienz in der Praxis äußerst ungewiss ist, da besonders in Fällen einer großen Zahl von Verursachern oder Geschädigten die Transaktionskosten einer Kompensationslösung sehr hoch ist und sich auf der Seite der Geschädigten die Trittbrettfahrerproblematik einstellt. Außerdem ist eine exakte Abgrenzung der Nutzergruppen häufig nicht möglich. Des Weiteren gelten hier die gleichen Einschränkungen wie beim Verursacherprinzip.

Die Entscheidung für eine vermeidende Umweltpolitik trägt dem Vorsorgeprinzip Rechnung:

> Nach dem **Vorsorgeprinzip** sind umweltpolitische Entscheidungen und Maßnahmen so zu treffen, dass sie präventiv wirken und die Entstehung von Umweltschäden somit vermieden wird.

Durch das Vorsorgeprinzip soll ein schonender Umgang mit den natürlichen Lebensgrundlagen der Menschen gesichert werden, um auch zukünftigen Generationen eine möglichst intakte Umwelt zu hinterlassen. Dies ist deswegen von Bedeutung, weil Menschen tendenziell Gegenwartsgüter höher bewerten als Zukunftsgüter. Die Anwendung des Vorsorgeprinzips soll die Korrektur dieses „Fehlverhaltens" unterstützen. Deshalb umfasst es auch alle Maßnahmen, die der umweltpolitischen Aufklärung und Bewusstseinsbildung dienen.

Demgegenüber setzt das **Nachsorgeprinzip** auf die nachträgliche Beseitigung von Umweltbelastungen. In der umweltökonomischen Theorie wird das Vorsorgeprinzip im Allgemeinen bevorzugt, wenngleich vorsorgender Umweltschutz im Einzelfall durchaus höhere (Opportunitäts-)Kosten als nachsorgender Umweltschutz verursachen kann. Dies hat – wie geschildert – mit Nachhaltigkeit im Sinne von Generationengerechtigkeit zu tun, sowie generell damit, dass gerade die Höhe zukünftiger Kosten umweltbelastender Aktivitäten nicht hinreichend zu beziffern sind. Die Diskussion über die Kosten des Klimawandels, die Jahrzehnte nach der Treibhausgasemission eintreten, verdeutlicht dies. Außerdem ist die Anwendung des Nachsorgeprinzips ohne Alternative wenn Umweltbelastungen zum Zeitpunkt der Verursachung nicht bekannt waren.

Des Weiteren ist das Kooperationsprinzip Gegenstand umweltpolitischer Überlegungen.

Mit dem **Kooperationsprinzip** soll eine frühzeitige und umfassende Beteiligung aller Betroffenen am umweltpolitischen Entscheidungsprozess (z.B. Bau von Müllverbrennungsanlagen, Straßenbau oder Tagebauerschließungen) verwirklicht werden.

Einerseits sollen die Träger von Umweltpolitik durch das Mitwirken breiter gesellschaftlicher Kreise unterstützt werden und andererseits wächst durch die aktive Beteiligung an umweltpolitischen Entscheidungsprozessen das ökologische Problemverständnis bei den Betroffenen. Zu berücksichtigen ist jedoch, dass das Ergebnis stark vom Informationsstand der Beteiligten abhängt, gut organisierte Partikularinteressen das Ergebnis beeinflussen können, Kooperationskosten entstehen und eine schnelle Entscheidung erschwert wird, wenn die Zahl der Beteiligten hoch ist.

Sowohl das Vorsorge- als auch das Kooperationsprinzip lassen sich mit dem Verursacherprinzip vereinbaren. Instrumente, mit denen das Verursacherprinzip verfolgt wird, haben präventiven Charakter: Werden einem Verursacher die vollen Kosten seines Handelns, etwa seiner Emissionen, angelastet, wird er diese Kosten bereits bei der Entscheidung über seinen Schadstoffausstoß berücksichtigen und diesen geringer ansetzen als bei kostenfreier Nutzung der Umwelt als Aufnahmemedium für Schadstoffe. Vorsorge- und Kooperationsprinzip sind schon im Umweltprogramm von 1976 neben dem Verursacherprinzip als Grundlage der deutschen Umweltpolitik festgelegt (DEUTSCHE BUNDESREGIERUNG, 1976, S. 8).

5 Träger der Umweltpolitik

5.1 Nationale Träger

5.1.1 Aufgabenteilung und Zuständigkeiten

Entsprechend dem föderativen Staatsaufbau teilen sich in Deutschland Bund, Länder und Gemeinden die Verantwortung für den Umweltschutz.

Dem **Bund** kommt die Aufgabe zu, wirksame Rechts- und Verwaltungsvorschriften zum Schutz der Umwelt zu erlassen. Dabei sind die auf europäischer Ebene verabschiedeten umweltpolitischen Vorgaben zu berücksichtigen. Die **Bundesländer** wirken über den BUNDESRAT an der Umweltgesetzgebung des Bundes mit und sind für die Umsetzung der gesetzlichen Vorschriften verantwortlich. Die ausschließliche Gesetzgebungsbefugnis des Bundes besteht für die Erzeugung und Nutzung der Kernenergie, die Errichtung und den Betrieb der Anlagen, den Schutz gegen Gefahren und die Beseitigung radioaktiver Stoffe (Art. 73 Abs. 1, Ziff. 14 GG). Bei Naturschutz, Landschaftspflege, Raumordnung und Wasserhaushalt können die Bundesländer durch Gesetze abweichende Regelungen treffen, nachdem der Bund von seiner Gesetzgebungszuständigkeit Gebrauch gemacht hat (Art. 72 Abs. 3, Ziff. 2,4 und 5 GG). Die Bereiche Abfallwirtschaft, Luftreinhaltung und Lärmbekämpfung sowie Wasserhaushalt unterliegen der konkurrierenden Gesetzgebung (Art. 74 Abs. 1, Ziff. 24 und 32 GG). Hierbei steht dem Bund das Gesetzgebungsrecht zu, soweit ein Bedürfnis nach bundesgesetzlicher Regelung besteht. Sofern der Bund nicht tätig geworden ist, erfüllen die Länder die staatlichen Umweltaufgaben (Art. 72 Abs. 1 GG). Den **Kommunen** fallen im Rahmen der kommunalen Selbstverwaltung (Art. 28 GG) ebenfalls Umweltschutzaufgaben zu. Beispiele sind Bau- und Landschaftsplanung, Wasserversorgung und Abwasserbeseitigung, Sanierung von Altlasten und Müllbeseitigung.

Dieses Ineinandergreifen der unterschiedlichen Ebenen sei am Beispiel Lärmemissionen durch Rasenmäher[18] aufgezeigt:

▶ Beispiel

Geräte und Maschinen, die im Freien betrieben werden, unter anderem Rasenmäher, dürfen gemäß EU-RICHTLINIE innerhalb der EU nur noch verkauft werden, wenn sie die vorgeschriebenen Lärmgrenzwerte einhalten und einheitlich gekennzeichnet sind. Diese Richtlinie wurde von der BUNDESREGIERUNG in nationales Recht (zunächst im Rahmen der Rasenmäherlärm-Verordnung, seit 2002 eingegangen in 32. BIMSCHV) umgesetzt. Alle in Deutschland verkauften Rasenmäher müssen demnach den EU-Vorschriften entsprechen. Zusätzlich regelt die deutsche Verordnung in nationaler Eigenständigkeit auch die Benutzungszeiten von Rasenmähern, in der Regel werktags von 7.00 bis 20.00 Uhr (§ 7 Abs. 1 32. BIMSCHV). Eine weitere Verschärfung der Bestimmungen können die Bundesländer einführen (§ 8 32. BIMSCHV). Darüber hinaus können die Kommunen durch ihre Ortssatzung die Mähzeiten – beispielsweise zur Beachtung der Mittagsruhe – weiter einengen (BMU, 2008).

5.1.2 Ministerium für Umwelt, Naturschutz und Reaktorsicherheit (BMU)

Das BUNDESMINISTERIUM FÜR UMWELT, NATURSCHUTZ UND REAKTORSICHERHEIT (BMU) wurde 1986 geschaffen. Zuvor war das Innenministerium zuständig. Die inhalt-

---

[18] Insgesamt sind 57 im Freien betriebene Geräte und Maschinen erfasst, etwa auch Laubbläser und Altglascontainer (Anhang 32. BIMSCHV).

liche Ausrichtung der Abteilungen des BMU sind neben Grundsatzfragen des Umweltschutzes,

- die Energiewende,
- der Klimaschutz,
- die europäische und internationale Umweltpolitik,
- Reaktorsicherheit, Strahlenschutz sowie nukleare Ver- und Entsorgung,
- Wasserwirtschaft, Abfallwirtschaft, Bodenschutz,
- Umwelt und Gesundheit, Immissionsschutz, Anlagensicherheit und Verkehr, Chemikaliensicherheit und
- Naturschutz, nachhaltige Naturnutzung.

Das BMU ist für die Erarbeitung und Weiterentwicklung von Gesetzes- und Verordnungsentwürfen im Umwelt- und Naturschutz verantwortlich sowie federführend bei der Durchführung des Umweltprogramms der BUNDESREGIERUNG und vertritt diese bei der internationalen Zusammenarbeit in umweltpolitischen Fragen.

Das BMU wird von verschiedenen unabhängigen Sachverständigengremien durch Gutachten und Stellungnahmen beraten, wobei insbesondere der **SACHVERSTÄNDIGENRAT FÜR UMWELTFRAGEN (SRU)** und der **WISSENSCHAFTLICHE BEIRAT GLOBALE UMWELTVERÄNDERUNGEN (WBGU)** zu nennen sind. Beide setzen sich aus Wissenschaftlern verschiedener Fachdisziplinen zusammen, darunter sind in aller Regel Wirtschaftswissenschaftler.

Der SRU hat die Aufgabe, die Umweltsituation primär in Deutschland zu analysieren und auf mögliche Fehlentwicklungen und Möglichkeiten zu deren Vermeidung oder Beseitigung hinzuweisen.[19] Der Rat legt Gutachten zur Umweltsituation in der BUNDESREPUBLIK DEUTSCHLAND sowie Sondergutachten zu speziellen Umweltproblemen vor, zuletzt 2011 das Sondergutachten „Wege zur 100 % erneuerbaren Stromversorgung". Oftmals nimmt er neben der Lage in Deutschland auch die europäische Ebene in den Blick.

Dem WBGU hingegen obliegt es, globale Umweltveränderungen zu analysieren, zukünftig zu erwartende Probleme zu benennen sowie umweltpolitische Empfehlungen zu entwickeln.[20] Seine Perspektive stellt Anforderungen an die globale, aber auch die europäische Umweltpolitik in den Mittelpunkt und analysiert die Rolle Deutschlands in diesem Kontext. Außerdem widmet er sich stärker als der SRU dem umfassenderen Ansatz **nachhaltiger Entwicklung** („**sustainable development**"). Das Konzept umfasst intra- und internationale Gerechtigkeit und basiert auf **drei Säulen: ökologische, soziale und wirtschaftliche Nachhaltigkeit**. Der WBGU legt ebenso wie der SRU Hauptgutachten und Sondergutachten vor. Das Hauptgutachten 2013 befasst sich mit dem „Menschheitserbe Meer", das letzte Sondergutachten „Kassensturz für den Weltklimavertrag – Der Budgetansatz" wurde 2009 veröffentlicht.

---

[19] Zur detaillierten Darstellung vgl. Internetpräsenz des SRU (SRU, 2013).

[20] Zur detaillierten Darstellung vgl. Internetpräsenz des WBGU (WBGU, 2013).

5.1.3 Nachgeordnete Bundesbehörden

Das **institutionelle Fundament** der bundesdeutschen Umweltpolitik wird durch nachgeordnete Bundesbehörden, nämlich das UMWELTBUNDESAMT (UBA), das BUNDESAMT FÜR STRAHLENSCHUTZ (BFS) sowie das BUNDESAMT FÜR NATURSCHUTZ (BFN) vervollständigt. Die Aufgaben dieser Behörden bestehen vorrangig in der Umweltforschung und der Koordinierung von Forschungsprojekten, in der Technologieförderung sowie in der Datenerfassung und anderen Dienstleistungsfunktionen.

Das UMWELTBUNDESAMT (UBA) wurde 1974 gegründet. Seine Aufgaben[21] liegen in der Unterstützung des BMU, insbesondere bei Immissionsschutz, Abfall- und Wasserwirtschaft sowie gesundheitlichen Fragen des Umweltschutzes, in der Umweltdokumentation (wie etwa die Messung der großräumigen Luftbelastung) und der Information der Öffentlichkeit über Umweltfragen. Umfangreiche Umweltinformationen liefert die Umweltdatenbank des UBA. Darüber hinaus ist das UBA Kontaktstelle für internationale Institutionen, u.a. die Koordinierungsstelle für das Nationale System Emissionsinventare nach Klimarahmenkonvention und Kyoto-Protokoll. Eine Übersicht bietet das UMWELTBUNDESAMT (UBA, 2013e). Die DEUTSCHE EMISSIONSHANDELSSTELLE (DEHST) ist ebenfalls beim UBA angesiedelt.

Das BUNDESAMT FÜR STRAHLENSCHUTZ (BFS) ist zuständig für die Vollzugsaufgaben des Bundes nach dem ATOMGESETZ und dem STRAHLENSCHUTZVORSORGEGESETZ, wobei es nicht zuletzt auch um in der Medizin eingesetzte radioaktive Stoffe und den Strahlenschutz im Mobilfunk[22] geht.

Das BUNDESAMT FÜR NATURSCHUTZ (BFN) berät das Umweltministerium und die BUNDESREGIERUNG auf dem Gebiet des nationalen und internationalen Naturschutzes sowie der Landschaftspflege. Darüber hinaus betreut das BFN Naturschutzgroßprojekte in den Bundesländern und genehmigt die Ein- und Ausfuhr geschützter Tier- und Pflanzenarten.

5.2 Träger der EU-Umweltpolitik

In der EU-KOMMISSION (vgl. Kapitel 3, Abschnitt 5.2) gibt es sowohl einen Kommissar für Umwelt als auch seit Februar 2010 zusätzlich einen Kommissar für Klimaschutz. Die Kommission wird von Generaldirektionen unterstützt. Die Hauptaufgaben sowohl der GENERALDIREKTION UMWELT als auch der GENERALDIREKTION KLIMASCHUTZ bestehen zum einen darin, Rechtsvorschriften in ihrem jeweiligen Zuständigkeitsbereich zu initiieren und sie auszuarbeiten und zum anderen, die Umsetzung der EU-Vorschriften in den Mitgliedsstaaten zu kontrollieren.

---

21 Gesetz über die Errichtung eines UMWELTBUNDESAMTES vom 22. Juli 1974 (BGBl. I S. 1505), zuletzt geändert durch Art. 8 G v. 11.8.2009 I 2723.

22 Zur detaillierten Darstellung vgl. BFS, 2013.

6 Umweltpolitische Instrumente

Das übergeordnete Ziel staatlicher Umweltpolitik besteht in der Verminderung der Umweltbelastung (vgl. Abschnitt 4.1). Aufgrund der Besonderheiten von Umweltgütern ist die Allokation über den Markt allein nicht optimal (vgl. Abschnitt 3.2), so dass ein Eingreifen des Staates notwendig erscheint.

Umweltpolitische Instrumente umfassen die Gesamtheit von Maßnahmen, die dem Staat zur Verfügung stehen, um umweltpolitische Ziele zu erreichen.

6.1 Instrumente zur Internalisierung externer Effekte

Wie in Abschnitt 3.2 theoretisch und in Abschnitt 4.3 für die deutsche Umweltpolitik gezeigt, ist das Verursacherprinzip und damit die Internalisierung externer Kosten der zu bevorzugende Ansatz einer marktwirtschaftlichen Umweltpolitik. Das bedeutet, dass die Verursacher externer Effekte, möglichst die vollen Kosten ihres Handelns tragen. Dies wird im Folgenden ausschließlich anhand von Schadstoffemissionen erläutert, lässt sich jedoch mit wenigen Änderungen auf etliche andere Umweltbelastungen übertragen.

Zur Vereinfachung und zur Vergleichbarkeit der verschiedenen Lösungsansätze wird hier stets von dem gleichen Schadstoff ausgegangen. Die Emission wird in Schadstoffeinheiten E gemessen. Die insgesamt entstehende Schadstoffmenge in der Ausgangssituation sei E_0. Damit ist das maximale Emissionsniveau bestimmt, das bei umweltpolitischer Abstinenz erreicht würde.

Aufgrund der Schadstoffemissionen E entstehen Dritten Kosten, die als **Schadenskosten S(E)** bezeichnet werden. Diese sind annahmegemäß mit zunehmender Emission steigend und fallen bei Dritten, den „Geschädigten“, an.

Wenn Verursacher Emissionen vermeiden, entstehen ihnen **Vermeidungskosten VK(E)**. Diese sinken mit abnehmender Vermeidung und zunehmendem Emissionsausstoß und fallen beim Verursacher an.

Internalisierung liegt nun vor, wenn die Verursacher alle von ihnen verantworteten Kosten, also bei jedem denkbaren Emissionsniveau die Kosten der Vermeidung zuzüglich der Schadenskosten für die verbliebene Restemission tragen. Dies ist in Abbildung 9.3 die Summe der Kosten S(E) + VK(E). In diesem Fall werden die Verursacher die Schadenskosten bereits im Voraus einkalkulieren und das Emissionsniveau mit den niedrigsten Kosten wählen: E* in Abbildung 9.3.

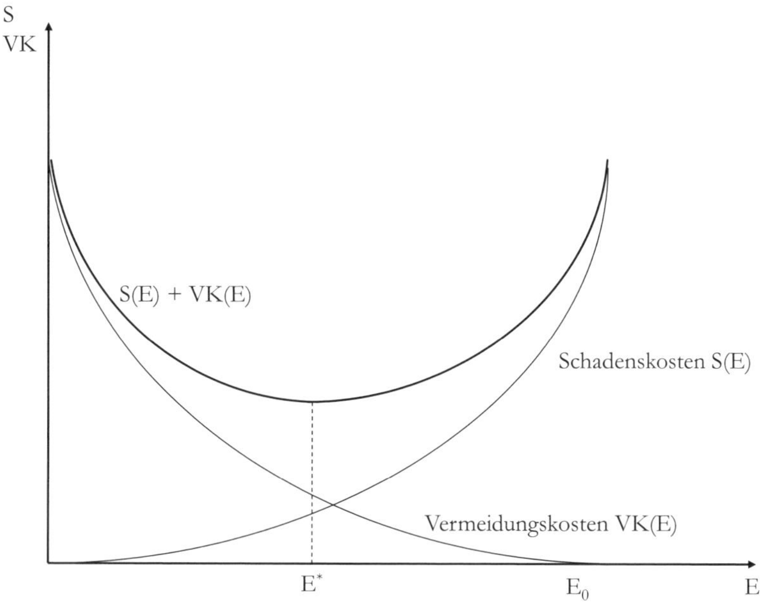

Abb. 9.3: Internalisierung externer Effekte

Wird vom Staat Internalisierung angestrebt, beträgt das Emissionsziel somit E*, es liegt im Minimum der gesamten Kosten bzw. im Schnittpunkt von Grenzschadens- und Grenzvermeidungskosten. Ziel ist somit nicht, dass keinerlei Emissionen an die Umwelt abgegeben werden, sondern das Emissionsniveau (E*), das zustande käme, würden die Verursacher sämtliche Kosten ihres Handelns tragen. Eine kritische Auseinandersetzung mit der Herleitung solch eines **Emissionsoptimums** findet sich in KULESSA (2003).

Dieses angestrebte Emissionsniveau entspricht bekanntlich nicht dem Marktergebnis, da kaum ein Verursacher, wie in Abschnitt 3.2 gezeigt, die Schadenskosten freiwillig übernehmen wird. Individuelle Kostenminimierung führt vielmehr zu E_0.

Zwei Internalisierungsansätze sollen hier kurz erläutert werden, zum einen „**Verhandlungslösungen**“ und zum anderen die Einführung einer Steuer, deren Steuersatz so festgelegt ist, dass genau E* erreicht wird, die **Pigou-Steuer**.

Der Ansatz privater Verhandlungslösungen geht zurück auf RONALD COASE (1910–2013), der 1991 mit dem Nobelpreis für Wirtschaftswissenschaften ausgezeichnet wurde.

In diesem Modell wird vom Staat nicht direkt eingegriffen. Er hat lediglich die Aufgabe, das Eigentumsrecht an dem betrachteten Umweltgut entweder den Verursachern oder den Geschädigten zuzuordnen. Die Eigentümer können das Umweltgut, das ihnen somit gehört, nach Belieben verwenden. Wird es den Geschädigten zugeordnet, können diese verlangen, dass keinerlei Schadstoffe emittiert werden, also ein Emissionsniveau von E=0 (Abbildung 9.4) erreicht wird. Dies ist für die Verursacherseite sehr kostenintensiv, die Vermeidungskosten sind maximal. Somit ist es für die Verursacher sinnvoll, mit den Geschädigten in Verhandlung zu treten und ihnen für das

Recht zur Emission eine Zahlung anzubieten, die (mindestens) die Schadenskosten deckt und somit die Geschädigten kompensiert. Solange die eingesparten Vermeidungskosten einer zusätzlichen emittierten Einheit höher sind als die Schadenskosten für eben diese Einheit, lohnt sich dies.

Das ist in Abbildung 9.4 bei E* gegeben. Die Differenz zwischen den Vermeidungskosten, die die Verursacher sparen und den Schadenskosten, die mindestens an die Geschädigten zu zahlen sind, kann als Verhandlungsmasse bezeichnet werden, die zwischen den Beteiligten aufgeteilt wird. Die konkrete Aufteilung hängt u.a. vom Verhandlungsgeschick der Beteiligten ab.

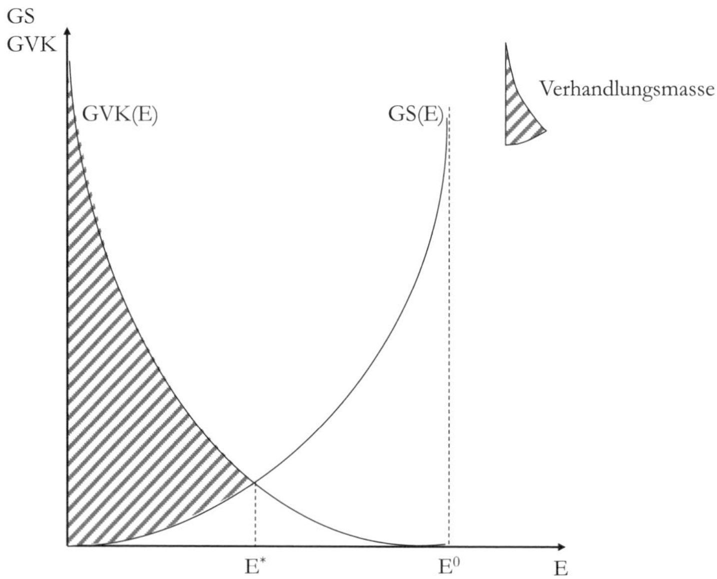

Abb. 9.4: Private Verhandlungen – Das Coase-Theorem

Im Falle einer Zuordnung des Eigentumsrechts auf die Verursacher sind es die Geschädigten, die Kompensationszahlungen für die Vermeidungskosten an die Verursacher leisten und eventuell einen Teil der Verhandlungsmasse abgeben.

Allokationstheoretisch betrachtet ist das Ergebnis identisch, in verteilungspolitischer Hinsicht hingegen nicht.

Die Probleme dieses Ansatzes liegen – wie COASE selbst formulierte – in den **Transaktionskosten**. Die Verhandlungskosten sind in aller Regel umso höher, je mehr Akteure beteiligt sind und können prohibitiv hoch werden. Wenn die Transaktionskosten die Verhandlungsmasse übersteigen, lohnt sich die Verhandlung nicht. Ein weiteres Problem liegt auch hier in der unzureichenden Monetarisierbarkeit insbesondere der Schadenskosten, der Identifikation der Verursacher und des etwaigen Trittbrettfahrerverhaltens, das Wirtschaftssubjekte umso eher einnehmen, je größer ihre Zahl ist und umso leichter sie ihre tatsächlichen (oft subjektiven) Nutzen verschleiern können.

Ein weiterer Internalisierungsansatz ist die **Pigou-Steuer**[23], die auf Emissionen erhoben wird und somit einen Preis für die Nutzung der Umwelt simuliert.

Die **Pigou-Steuer** ist eine Steuer auf Emissionen, die so angesetzt ist, dass eine Internalisierung (E*) erreicht wird. Der Steuersatz beträgt:

$t_p = GS(E^*)$,
wobei
t_p den Pigou-Steuersatz und
GS (E*) die Grenzschadenskosten an der Stelle E* bezeichnen.

Wird eine Pigou-Steuer erhoben, vergleicht jeder Verursacher bei jeder zu emittierenden Schadstoffeinheit den Steuersatz und seine Grenzvermeidungskosten GVK_i. Abbildung 9.5 zeigt dieses Kalkül für die erste Einheit der Vermeidung ausgehend von E_i^0.

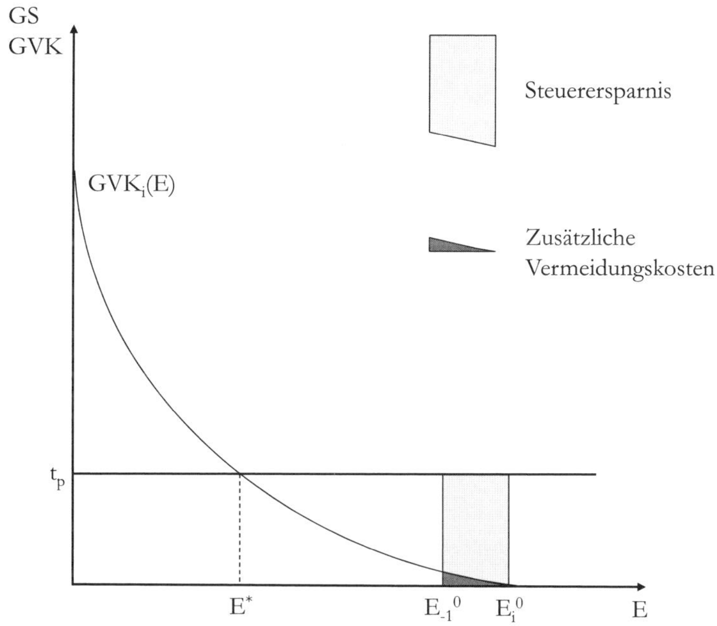

Abb. 9.5: Die Pigou-Steuer

Emissionen werden dann so lange vermieden, wie die Grenzvermeidungskosten einer zusätzlichen Emissionseinheit geringer sind als die Steuer, die für diese marginale Einheit gezahlt werden müsste, wenn sie nicht vermieden würde. Ist der Steuersatz so festgelegt, dass er GS(E*) und damit auch den Grenzvermeidungskosten bei Internalisierung entspricht, wird E* erreicht.

---

23 Sie ist benannt nach Arthur C. PIGOU (1877–1959), der 1929 vorschlug, den Verursachern die externen Kosten über eine Steuer anzulasten mit dem Ziel der Internalisierung.

Problematisch bei der praktischen Umsetzung des Konzepts der Pigou-Steuer ist in erster Linie die Bestimmung des Steuersatzes und des angestrebten Emissionsniveaus, denn dies erfordert die Kenntnis beider Kostenverläufe (vgl. Abschnitt 2.3).

Der idealtypische Ansatz der Pigou-Steuer ist somit von begrenzter praktischer Relevanz. Zur Berechnung des richtigen Steuersatzes müssten dem Staat beide Kurven aus Abbildung 9.3 bekannt sein, eine solche Kenntnis aber ist nicht zu erwarten.

Für die umweltpolitische Praxis ist der Anspruch der Internalisierung, also der Anspruch das Emissionsniveau anzustreben, dass dann zustande käme, wenn die Verursacher sämtliche externen Kosten tragen würden, folglich zu anspruchsvoll. Der Ansatz, ein Umweltziel durch eine Umweltabgabe zu erreichen, bleibt für die praktische Umweltpolitik dennoch relevant.

6.2 Standardorientierte Instrumente der Umweltpolitik

6.2.1 Überblick

Da die vollständige Internalisierung, also der in Abschnitt 6.1 definierte „optimale Umweltschutz“ ein idealtypischer Ansatz ist, kann der Staat stattdessen ein Emissionsniveau $\overline{E}$ festlegen, das nicht überschritten werden darf (**Emissionsstandard**). Ein Beispiel dafür ist die Zielsetzung der BUNDESREGIERUNG, den Ausstoß von Treibhausgasemissionen bis zum Jahr 2020 gegenüber 1990 um 40 % zu senken (BMU, 2013). Instrumente, die zum Ziel haben, einen solchen Emissionsstandard zu erreichen, heißen **standardorientierte Instrumente der Umweltpolitik**. Hier werden drei gängige Instrumente zur Erreichung des vorgegebenen Emissionsstandards $\overline{E}$ betrachtet: Abgaben, Auflagen und Zertifikate.

6.2.1.1 Emissionsabgaben

Emissionsabgaben werden auf Emissionen erhoben, so dass für jede emittierte Schadstoffeinheit der Steuersatz t zu entrichten ist. Sie verteuern die Aktivität des Emittierens, simulieren somit einen Preis für die Nutzung der Umwelt als Aufnahmemedium für Schadstoffe.

Mit Emissionsabgaben sind – anders als bei der Auflage (s. unten) – keine direkten staatlichen Verhaltensvorgaben verbunden. Der Verursacher soll vielmehr indirekt durch finanzielle Anreize zu umweltgerechtem Verhalten, konkret zu einer Reduktion der Emission gelenkt werden (**Lenkungsfunktion**). Durch die Umweltabgabe kann der potenzielle Verursacher von Umweltbelastungen entweder für die Nutzung von Umweltgütern die Abgabe entrichten oder seine umweltbelastenden Aktivitäten einschränken. So wird die Nutzung der Umweltgüter als Aufnahmemedium für Schadstoffe zu einem Kostenfaktor, der in die Produktions- bzw. Konsumentscheidung einfließt. Die Abgabenbelastung kann durch die Reduktion der Emissionen gesenkt werden, was ebenfalls kostenträchtig ist. Daher wird jeder Verursacher für jede weitere marginale Emissionseinheit die Höhe der Abgaben mit den zugehörigen Grenzvermeidungskosten vergleichen und die aus seiner Sicht ökonomisch vorteilhafte Lösung wählen: Er wird solange Emissionen vermeiden, wie dies billiger ist als die Abgabenzahlung (vgl. hierzu auch die Ausführungen zur Pigou-Steuer und Abbildung 9.5 in Abschnitt 6.1).[24]

6.2.1.2 Emissionsauflagen

> **Emissionsauflagen** legen fest, bis zu welchem Umfang Emissionen zulässig sind. Es handelt sich somit um direkte Verhaltensvorschriften.[25]

Soweit ein funktionierendes Kontroll- und Sanktionssystem vorliegt (vgl. Abschnitt 1), werden sich die Wirtschaftssubjekte im Sinne der wirtschaftspolitischen Zielsetzung verhalten, also den Emissionsstandard nicht überschreiten. **Relative Emissionsauflagen** beziehen sich auf eine variable Bemessungsgrundlage wie Output (z.B. Emissionsobergrenze pro Tonnenkilometer) oder Input (z.B. pro Liter Diesel). **Absolute Emissionsauflagen** beziehen sich hingegen auf idealerweise konstante oder in zeitlich zumindest deutlich weniger variable Bemessungsgrundlagen wie zum Beispiel je „Schornstein", je Produktionsanlage, je Unternehmen oder Unternehmensgruppe, je Haushalt usw. Umfasst die Einheit mehrere Akteure – z.B. eine geografische Region – können die Verursacher untereinander regeln, wer welche Schadstoffmenge emittiert, sofern der Staat nichts anderes vorgibt. Solche **flexiblen Auflagenlösungen** sind teilweise kaum von Emissionszertifikaten abzugrenzen.

6.2.1.3 Emissionszertifikate

> **Emissionszertifikate** sind handelbare Umweltnutzungsrechte, die ihren Inhaber zur Emission einer bestimmten Schadstoffhöchstmenge an die Umwelt berechtigen. Die Zertifikatslösung wird auch als „**cap and trade**" bezeichnet: Die gesamte bereitgestellte Menge an Zertifikaten entspricht dem Emissionsstandard $\overline{E}$ („cap"). Zertifikate können zwischen den Emittenten gehandelt werden („trade").

Emissionszertifikate sind sowohl knapp als auch handelbar. Auf diese Weise entsteht ein Markt, d.h. Angebot und Nachfrage regeln den Preis. Angebot und Nachfrage wiederum orientieren sich an den unterschiedlichen Vermeidungskosten der Emittenten. Sie können entscheiden, ob sie vermeiden oder Zertifikate kaufen. Ähnlich wie bei einer Abgabe vergleichen sie die Grenzvermeidungskosten mit dem Zertifikatspreis und fragen solange Zertifikate nach, wie dies billiger ist, als die nächste Emissionseinheit zu vermeiden. Im umgekehrten Fall bieten sie ihre Zertifikate auf dem Markt an.

Die einzelwirtschaftliche Optimierung des Verursachers i zeigt Abbildung 9.6. Verglichen werden die individuellen Grenzvermeidungskosten GVK_i und der Marktpreis für

---

[24] Ein Beispiel ist die Abwasserabgabe nach dem ABWASSERABGABENGESETZ (ABWAG).

[25] Emissionsauflagen für luftverunreinigende Stoffe sind im BUNDES-IMMISSIONSCHUTZGESETZ (BIMSCHG) und den zugehörigen Verordnungen und Verwaltungsvorschriften, etwa der TECHNISCHEN ANLEITUNG LUFT (TA LUFT) geregelt. Daneben gibt es weitere die Umwelt betreffende Auflagen, etwa bzgl. der Zulässigkeit umweltbelastender Inputs (wie FCKW oder Pflanzenschutzmittel), aber auch die Festlegung der anzuwendenden Technologien (so müssen Heizungsanlagen einen bestimmten Wirkungsgrad aufweisen). Bei besonders gefährlichen Umweltbeeinträchtigungen werden sogar Verbote ausgesprochen (z.B. Anwendungsverbot für das Insektizid DDT im BIOZIDGESETZ (BGBl. I S. 2076). Vgl. auch: UBA (2011).

Zertifikate p_z. Die individuell optimale Menge an Zertifikaten liegt im Schnittpunkt bei E_i^*.

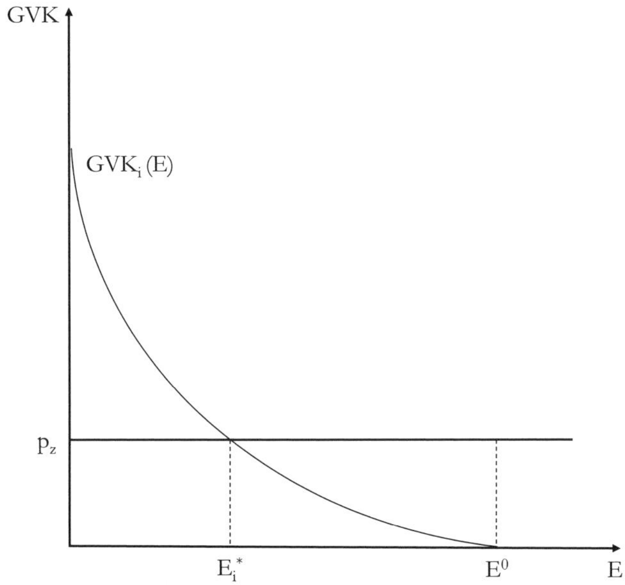

Abb. 9.6: Individuell optimale Emission beim Instrument der Zertifikate

Die in der umweltökonomischen Literatur schon seit geraumer Zeit diskutierten **Emissionszertifikate** werden erst seit relativ kurzer Zeit in der Praxis umgesetzt. Das bekannteste System wurde 2005 aufgrund der **EU-Richtlinie zum Emissionshandel** zum Handel mit Treibhausgasen eingeführt.[26] Bei der Festlegung der zulässigen Emissionsmenge orientiert sich die EU am Kyoto-Protokoll.

▶ Beispiel

Im EU-Emissionshandel – EMISSIONS TRADING SYSTEMS (ETS) – hat 2013 die inzwischen dritte Handelsperiode (2013–2020) begonnen. In ihr wird die Menge an Zertifikaten nicht mehr auf nationaler Ebene, sondern europaweit festgelegt und im Laufe der Handelsperiode kontinuierlich abgewertet, so dass die zulässige Emission jährlich um 1,74 % sinkt.[27] Weiterhin wurden zusätzlich zu CO_2 weitere Treibhausgase in den Handel aufgenommen (Lachgas, N_2O und perfluorierte Kohlenwasserstoffe PFKWs). Auch wird der Kreis der zur Teilnahme am Zertifikatssystem Verpflichteten, ursprünglich nur die Betreiber großer **Energieanlagen und** energieintensiver **Industrieanlagen**, ausgedehnt, in 2012 z.B. um den

---

[26] Richtlinie 2003/87/EG des EUROPÄISCHEN PARLAMENTS und des RATES vom 13. Oktober 2003 über ein System für den Handel mit Treibhausgasemissionszertifikaten in der Gemeinschaft und zur Änderung der Richtlinie 96/61/EG des Rates. Zur aktuellen Situation vgl. UBA, 2013f.

[27] Vgl. hierzu die Kyoto-Mechanismen zur Umsetzung der Ziele des Kyoto-Protokolls, von denen einer der internationale Emissionshandel ist.

zivilen Luftverkehr, ab 2013 u.a. um chemische Anlagen. Für welche Anlagen Zertifikate vorliegen müssen, regelt das Gesetz über den Handel mit Berechtigungen zur Emission von Treibhausgasen (TREIBHAUSGAS-EMISSIONSHANDELSGESETZ – TEHG). Rund 11.000 Energie- und Industrieanlagen sowie Flüge in und aus der EU unterliegen dem EU ETS, darunter ca. 1.800 Anlagen in Deutschland (DEUTSCHE EMISSIONSHANDELSSTELLE (DEHST), 2013). Damit ist fast die Hälfte aller Treibhausgasemissionen in das ETS eingebunden. Im ersten Quartal 2013 lag der Durchschnittspreis der Emissionsrechte bei 4,25 Euro je Tonne CO_2 (DEHST, 2013). Die Einbeziehung weiterer Branchen, etwa des maritimen Schiffsverkehrs und der Landwirtschaft sind in der Diskussion (vgl. hierzu BÄUERLE et al., 2010 bzw. LÜNENBÜRGER et al., 2013).

6.2.2 Ökonomische Beurteilung der Standardorientierten Instrumente

Die folgende kurze Beurteilung beschränkt sich auf die grundlegende Funktionsweise der Instrumente, nicht auf die konkrete Ausgestaltung im Einzelfall.

Die zugrunde gelegten Beurteilungskriterien sind:

Ökologische Treffsicherheit
Diese ist umso höher, je höher der Zielerreichungsgrad ist. Ideal wären 100 %.
Ökonomische Effizienz
Diese liegt idealtypisch vor, wenn das Ziel mit minimalen Kosten erreicht wird. Für die Praxis geht es indes darum, welcher Ansatz einen bestimmten Zielerreichungsgrad mit den niedrigsten Kosten verwirklicht (vgl. KULESSA, 2003).
Innovationsanreiz
Dieser liegt vor, wenn das Instrument geeignet ist, umwelttechnischen Fortschritt in Form von Prozess- und Produktinnovationen zu induzieren.

Zusätzlich seien die Kriterien der **Praktikabilität** und der **politischen Durchsetzbarkeit** erwähnt, die besonders in der Praxis zusätzlich zu berücksichtigen sind. Ersteres kann in Teilen unter den Kriterien der Treffsicherheit und Effizienz mitgedacht werden.

6.2.2.1 Ökologische Treffsicherheit

Eine maximale ökologische Treffsicherheit ist insbesondere dann zu fordern, wenn es sich um hochtoxische Schadstoffe handelt. Eine sehr hohe Treffsicherheit ist aber auch bei irreversiblen Umweltschäden notwendig.

Bei **absoluten Auflagen** und der Existenz eines funktionierenden Kontroll- und Sanktionssystems ist die ökologische Treffsicherheit weitgehend gewährleistet, da durch die Auflage die erlaubte Gesamtemission in etwa festlegt wird. Zwar ist die Bemessungsgrundlage bei absoluten Auflagen meistens nicht konstant, aber im Vergleich zu relativen Auflagen wenig variabel. Ihre Treffsicherheit liegt vor allem bei räumlich sehr begrenzten Umweltbelastungen nahe 100 % (z.B. bzgl. der Lärmemissionen von Rasenmähern, Strahlung durch Funkmasten, Röntgengeräte etc.). Ähnliches gilt bei einer sehr kleinen Zahl von Emissionsquellen oder einer (nahezu) unveränderlichen Bemessungsgrundlage. Bei **relativen Auflagen** ist die Treffsicherheit im Allgemeinen geringer, denn bei diesen ist nicht festgelegt, welches Emissionsvolumen insgesamt zulässig ist, sondern lediglich die Konzentration, etwa wie viele Einheiten des Schadstoffs pro Einheit Abluft abgegeben werden dürfen. Dann ist es möglich, dass zwar alle Emittenten die Auflage einhalten, aber dennoch der Emissionsstandard $\overline{E}$ deutlich überschritten wird. Eine Ausnahme bilden freilich Emissionsverbote, die gerade bei sehr toxischen Schadstoffen bevorzugt werden.

Bei der **Abgabe** ist die Höhe der Emissionen für den einzelnen Verursacher nicht festgelegt, sondern wird aus der individuellen Optimierung bestimmt. Maximale ökologische Treffsicherheit ist nur dann gegeben, wenn die Summe aller individuell optimalen Emissionsmengen (E_i*) gerade dem Emissionsstandard entspricht, bei N Emittenten also gilt:

$$\sum_{i=1}^{N} E_i^* = \overline{E}$$

mit E_i^* optimale Emission des Verursachers i. i = 1, …, N

$\overline{E}$ Emissionsstandard

Der Staat steht nun vor der Aufgabe, den Abgabensatz t so festzulegen, dass die Summe der individuell optimalen Emissionsmengen E_i* gerade den Emissionsstandard ergeben. Wie Abbildung 9.7 am Beispiel zweier Emittenten zeigt, gibt es nur einen einzigen Steuersatz, der dieser Forderung genügt. Unterstellt ist dabei, dass der eingezeichnete Steuersatz t obige Gleichung erfüllt. Dann wird jeder andere Steuersatz entweder das Emissionsziel nicht erreichen (wie etwa t´) oder übererfüllen, was auch nicht der angestrebten Allokation entspricht, denn in diesem Falle würden mehr Ressourcen als gewünscht in den Umweltschutz fließen und damit nicht mehr für andere Verwendungen zur Verfügung stehen. Dies kann im Übrigen auch bei Auflagen passieren.

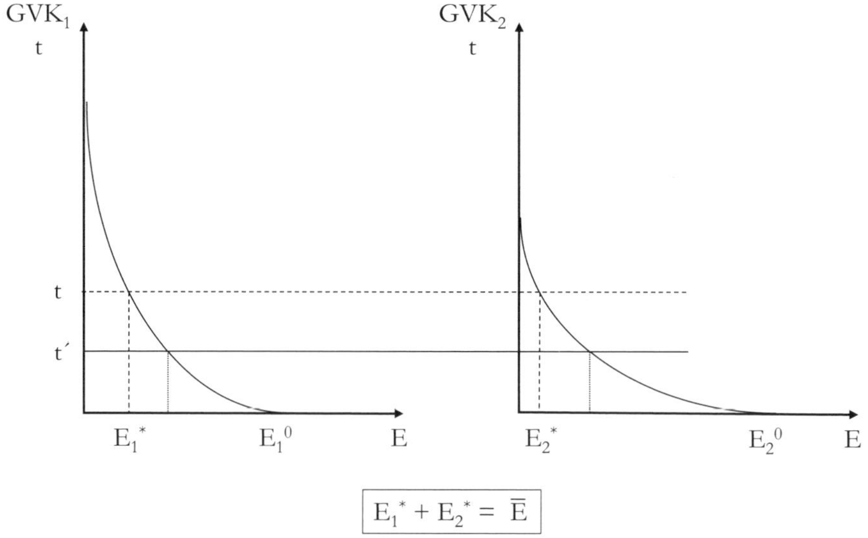

Abb. 9.7: Ökologische Treffsicherheit der Abgabe

Um diesen Steuersatz zu bestimmen, müsste der Staat – wie die obige Optimierung zeigt – die Grenzvermeidungskosten aller Emittenten kennen. Eine solche Kenntnis der jeweiligen Kostenverläufe ist nicht zu erwarten, zumal die Kurven im Zeitablauf nicht zwingend stabil sind. Eine hundertprozentige ökologische Treffsicherheit ist bei der Abgabe nicht zu erwarten. Durch Anpassungen des Steuersatzes kann der Staat jedoch versuchen, die ökologische Treffsicherheit zu erhöhen und sich dem angestrebten Ziel anzunähern: Wird der Standard beispielsweise untererfüllt, müsste der Steuersatz angehoben werden.

Bei **Zertifikaten** und flexiblen Auflagenlösungen wiederum ist die ökologische Treffsicherheit dann problemlos zu erfüllen, wenn nur für den angestrebten Emissionsstandard Zertifikate ausgegeben werden und alle Emittenten eingebunden sind. Eine dritte Voraussetzung für eine maximale Treffsicherheit ist, dass keine hot spot-Problematik besteht bzw. das Zertifikatssystem geografisch so eingegrenzt ist, dass der Problematik von „**hot spots**" (räumlichen Belastungsschwerpunkten) hinreichend Rechnung getragen wird. Feinstaubemissionen sind ein typisches Beispiel für die hot spot-Problematik: Ein Zertifikatssystem je km^2 Stadtgebiet wäre weder praktikabel, noch effizient bzw. kontrollierbar. Entsprechend kommen zur Feinstaubreduktion in der Praxis Auflagen und Abgaben zum Einsatz.[28] Klimaschädliche CO_2-Emissionen stellen hingegen ein Paradebeispiel für eine Umweltbelastung ohne hot spot-Problematik dar: Die Umweltbelastungen sind völlig unabhängig vom Ort der Emissionsquelle, so dass sich Zertifikate geradezu aufdrängen. Allerdings sind Treibhausgasemissionen auch ein gutes Beispiel dafür, dass die Zahl der Verursacher so hoch und ihre Eigenschaften so unterschiedlich sind, dass nur ein Teil der Verursacher in das Zertifikatssystem und den Emissionshandel eingebunden ist (vgl. Abschnitt 6.2.1.3, Beispiel zum EU ETS). Mobile Emissionsquellen (z.B. Kfz) oder private Haushalte können nur mit sehr hohem Aufwand (Kontrolle und Administration) oder gar nicht eingebunden werden.

6.2.2.2 Ökonomische Effizienz

Ökonomische Effizienz liegt in der Theorie vor, wenn die für alle Emittenten insgesamt kostenminimierende Aufteilung der erlaubten Emissionen auf die Emittenten umgesetzt wird. Das ist gegeben, wenn die Grenzvermeidungskosten aller Emittenten gleich sind. Sollte nämlich einer von ihnen, etwa der Emittent A, höhere Grenzvermeidungskosten haben als ein anderer Emittent B, wäre es kostenreduzierend, wenn A weniger und B entsprechend mehr vermeiden würde. Effizienz ist dann erreicht, wenn durch Umschichtung der zu vermeidenden Emissionen keine Kostenreduktion mehr möglich ist. Die **Effizienzbedingung** lautet:

$$GVK_i = GVK_j \quad \forall i, j \text{ mit } i, j = 1, \ldots, N$$

Somit muss die Aufteilung der insgesamt zulässigen Emissionen gefunden werden, bei der diese Bedingung erfüllt ist, wie in Abbildung 9.7 durch die gestrichelte Linie dargestellt. Der Fall, dass für beide Emittenten ein bestimmter Anteil ihrer ursprünglichen Emissionen E_i^0 (i = 1, 2) als Auflage festgelegt wird, ist durch die durchgezogene Linie dargestellt. Es wird deutlich, dass hier Kosteneinsparungspotenzial besteht, somit keine effiziente Lösung erreicht ist. Da die Grenzvermeidungskostenverläufe unterschiedlicher Emittenten in der Regel verschieden sind, bedeutet dies, dass für jeden Emitten-

Umweltpolitik

[28] Zertifikatsähnliche Instrumente sind gleichwohl auch in diesem Beispiel denkbar, z.B. ein cap für handelbare Zufahrts- oder Parkberechtigungen.

ten seine zulässige Menge individuell bestimmt werden muss und dies aufgrund seiner individuellen Grenzvermeidungskosten.

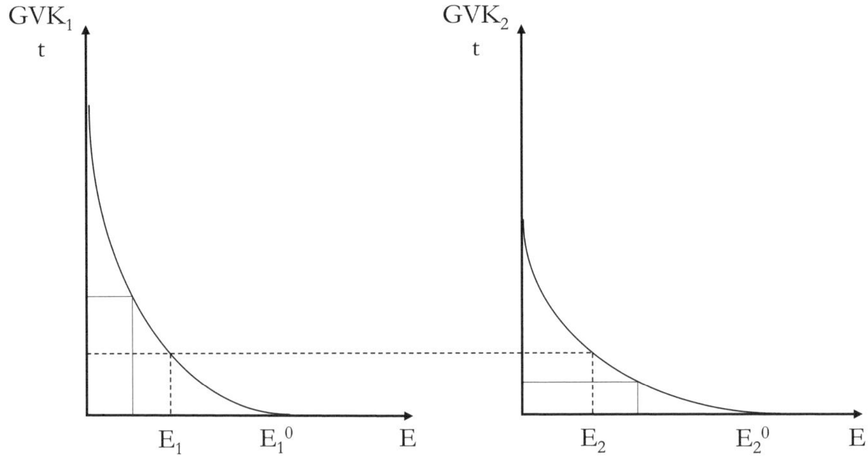

Abb. 9.8: Ökonomische Effizienz bei der Auflage

Bei der **Auflage** muss die individuell zulässige Emission vom Staat so zugewiesen werden, dass die Effizienzbedingung erfüllt ist (in Abbildung 9.8 sind das E_1 bzw. E_2), und das für jeden einzelnen Emittenten. Das erfordert die Kenntnis der Grenzvermeidungskosten eines jeden Emittenten. Eine solche Information aber ist, wie oben schon gesehen, nicht vorhanden. Somit ist die ökonomische Effizienz bei der Auflage nicht zu erwarten. Anders ist dies zu beurteilen, wenn das angestrebte Emissionsniveau bei oder nahe Null liegt. Die Effizienz flexibler Auflagenlösungen ist ebenfalls tendenziell positiv zu beurteilen, wie weiter unten für das sehr ähnliche Instrument der Emissionszertifikate gezeigt wird.

Bei der **Abgabe** ist die tatsächlich abgegebene Schadstoffmenge von jedem Emittenten selbst bestimmt, folgend dem individuellen Optimierungskalkül, nach dem – wie oben gezeigt – solange vermieden wird, bis gilt:

$$t = GVK_i \qquad \forall i \text{ mit } i = 1, \ldots, N$$

Gibt es einen für alle Emittenten einheitlichen Steuersatz für den betrachteten Schadstoff, ist die Effizienzbedingung aufgrund der individuellen Optimierung der zu vermeidenden Emissionen erfüllt.

Bei **Zertifikaten** gilt die gleiche Überlegung wie bei der Abgabe, hier muss lediglich der Steuersatz durch den Zertifikatspreis ersetzt werden. Im Ergebnis wird auch hier ökonomische Effizienz erreicht.

In der Praxis ist jedoch sowohl bei Abgaben als auch bei Zertifikaten und flexiblen Auflagenlösungen in den seltensten Fällen ökonomische Effizienz im Sinne minimaler Kosten erreichbar. Dies liegt an der Unvollkommenheit der unzureichend bekannten Vermeidungskosten und an den administrativen Kosten, die in die Effizienzanalyse eingehen müssen. Daher reduziert sich das Kriterium der ökonomischen Effizienz in der Praxis auf einen Vergleich der ungefähren Kosten alternativer Instrumente und annähernd gleichem Emissionsniveau.

6.2.2.3 Innovationsanreiz

Prozessinnovationen werden fast ausschließlich durch wirtschaftliche Motive induziert, d.h. wenn sie kostensenkend wirken. Umwelttechnische Innovationen entstehen folglich dann, wenn sich durch sie die Grenzvermeidungskosten reduzieren – die GVK-Kurve in Abbildung 9.9 verlagert sich nach unten.

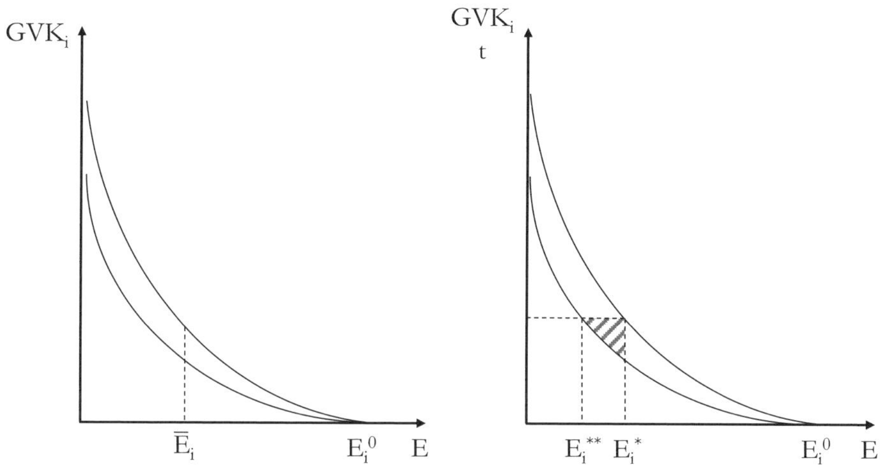

a) Auflage b) Abgabe

Abb. 9.9: Innovationsanreiz – Vergleich der Instrumente

Entsprechend gilt es zu vergleichen, welche Instrumente bei einem gegebenen Emissionsstandard zu größeren Kosteneinsparungsanreizen führen. Je mehr die Kosten durch eine umwelttechnische Innovation gesenkt werden können, desto stärker ist der Anreiz, sie herbeizuführen. Zunächst wird die kostensenkende Wirkung einer solchen Innovation zwischen Auflage und Abgabe verglichen.

Ein wesentlicher Unterschied besteht darin, dass bei der **Auflage** die Emissionshöhe $\overline{E}_i$ (i = 1, 2) unverändert bleibt, denn diese ist zulässig: Eine Reduktion würde Kosten verursachen, denen kein Nutzen für den Verursacher entgegensteht. Somit werden nur solche Innovationen durchgeführt, die es ermöglichen, den gegebenen Emissionsstandard kostengünstiger zu erreichen, nicht aber die Emissionen zu senken.

Bei der **Abgabe** hingegen sind auch mit jeder nicht vermiedenen Schadstoffeinheit Kosten verbunden. Insgesamt besteht eine Kostenbelastung in Höhe von t E_i für die verbliebene Restemission. Diese bietet einen Anreiz für Kostensenkungsbemühungen. Anders als bei der Auflage ist eine Reduktion der Emissionen kostensenkend, denn jede Einheit Emission, die durch die verbesserte Technik vermieden wird, führt zu der Ersparnis von Abgaben. Die individuell kostenminimale Emissionshöhe sinkt auf E_i^{**} bei $GVK_i = t$, wie in Abbildung 9.9 (b) gezeigt. Die Kostensenkung durch die Innovation ist durch die Fläche zwischen der alten und der neuen Grenzvermeidungskostenkurve bei dem Emissionsniveau bestimmt, das nach Durchführung der Innovation erreicht wird. Wegen der Reduktion der Emission bei der Abgabe ist die Kostensenkung um die schraffierte Fläche größer als bei der Auflage (s. Abbildung 9.9), der Innovationsanreiz ist größer.

Befürchten Emittenten, dass eine Senkung der Vermeidungskosten den Staat zur Verschärfung des Standards veranlasst, können Auflagen sogar innovationshemmend wirken. Dies gilt insbesondere, wenn Altanlagen von der Verschärfung ganz oder vorübergehend ausgenommen werden (vgl. etwa TECHNISCHE ANLEITUNG ZUR REINHALTUNG DER LUFT – TA LUFT, Abschnitt 2.10).

Bei **Zertifikaten** und flexiblen Auflagen ist der Innovationsanreiz grundsätzlich ähnlich zu beurteilen wie bei Abgaben, wobei der Zertifikatspreis den Steuersatz ersetzt. Allerdings ist ein Unterschied zu beachten. Da sich der Zertifikatspreis – anders als der staatlich festgesetzte Steuersatz – am Markt bildet, wird er aufgrund der zurückgehenden Nachfrage nach Zertifikaten (E_i^{**} statt E_i^{*} in Abbildung 9.9) sinken. Damit steigt der Anreiz, den Zertifikatspreis zu zahlen anstatt Vermeidungskosten zu übernehmen. Dem kann der Staat durch eine Senkung des Angebots an Zertifikaten entgegenwirken, wie es beispielsweise beim Europäischen Handel mit Treibhausgasemissionsrechten (EU ETS) vorgesehen ist (vgl. Abschnitt 6.2.1.3).

Bei den hier untersuchten Kriterien lässt sich das Ergebnis wie folgt zusammenfassen:

> Für die Anwendung von **Emissionsauflagen** spricht ihre hohe ökologische Treffsicherheit und der meistens relativ niedrige administrative Aufwand.
> **Emissionsabgaben** dagegen sind unter Berücksichtigung der ökonomischen Effizienz und des höheren Innovationsanreizes prinzipiell vorteilhaft.
> **Emissionszertifikate** (und flexible Auflagenlösungen) vereinen in der Theorie die Vorteile der beiden vorgenannten Instrumente. Sie sind allerdings administrativ aufwändig, vermögen oft nur einen Teil der Verursacher einzubinden und sind bei Umweltbelastungen mit hot spot-Problematik allenfalls bei sehr niedriger Verursacherzahl praktikabel.

Zu der Abgabe gibt es allerdings auch kritische Stimmen, die darauf hinweisen, dass im politischen Entscheidungsprozess mit Widerstand gegen Abgaben seitens der Belasteten zu rechnen sei, da dieses Instrument aufgrund der aus umweltökonomischer Sicht wünschenswerten Belastung der (umweltschädlichen) Restemission zu höheren Kosten führt als die Auflage. Schließlich stoßen Abgaben und Zertifikate nach wie vor auf Widerstand in der Gesellschaft, da sie die „Käuflichkeit" der natürlichen Umwelt suggerieren.

6.2.3 Weitere Instrumente

Neben den hier behandelten Instrumenten gibt es für den Staat eine Vielzahl weiterer Möglichkeiten, umweltpolitisch zu wirken.

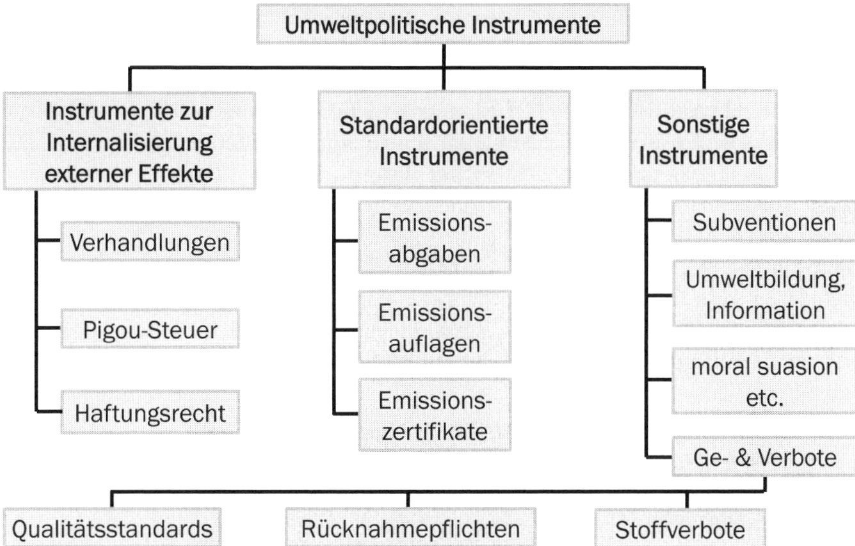

Abb. 9.10: Umweltpolitische Instrumente (Ausschnitt)

So kann etwa eine Reihe von Rechtsvorschriften erlassen werden, betreffend u.a. Genehmigungsverfahren von Anlagen, Zulässigkeit von Inputs oder aber von Produkten (wie etwa Glühbirnen) oder auch die Vorschrift von Energiepässen für Wohnimmobilien (vgl. NOVELLE ZUR ENERGIEEINSPARVERORDNUNG (ENEV), die im Oktober 2013 von der BUNDESREGIERUNG – mit den vom Bundesrat genannten Änderungen - beschlossen wurde). Auch kann ein verschärftes Haftungsrecht bei Umweltschäden eingeführt werden. So existiert in Deutschland seit 1991 ein von den Vorschriften des BGB abweichendes Umwelthaftungsrecht (UMWELTHAFTUNGSGESETZ (UHG)). Weiterhin ist eine Förderung von Investitionen, u.a. den Energieverbrauch senkende Investitionen oder aber von Forschung und Entwicklung möglich. Nicht zuletzt ist auch Aufklärung der Bevölkerung durch den Staat möglich, wozu die schulische und außerschulische Umweltbildung zählt. Hinzu kommen Maßnahmen zur Förderung des Aufbaus umweltspezifischen Humankapitals, etwa durch das Angebot umweltwirtschaftlicher und -technischer Studiengänge an Hochschulen. Schließlich kann der Staat durch Appelle – sogenanntes moral suasion – versuchen, Konsumenten und Produzenten zu umweltschonenderem Verhalten zu bewegen.

Einen umfassenden Überblick über umweltpolitische Instrumente bietet ROGALL (2008).

7 Probleme und Grenzen

Eine Schwierigkeit bei der Umsetzung der Umweltpolitik besteht darin, dass zahlreiche Umweltprobleme **internationale Dimensionen** haben. Luftverschmutzung, Gewässerverschmutzung usw. machen an den nationalen Grenzen nicht halt, eine rein nationalstaatliche Politik greift daher zu kurz. Ideal wäre für diese Probleme eine weltweit geltende Umweltpolitik, nicht zuletzt, um Ausweichstrategien zu unterbinden oder aber ungleiche Kostenbelastungen, die zu Verzerrungen der internationalen Wettbewerbsfähigkeit führen würden, zu vermeiden. Wesentlich wäre dabei, dass die Normen nicht nur bestehen, sondern auch durchsetzbar sind. Ein funktionierender Kontroll- und Sanktionsmechanismus aber ist global schwer zu implementieren, denn auf internationaler Ebene existiert **kein politischer Träger**, der die Macht hat, globale Umweltpolitik durchzusetzen. Zwar gibt es eine Vielzahl internationaler Umweltschutzabkommen, deren Wirksamkeit allerdings nicht überschätzt werden darf. Zum einen sind sie häufig auf ausgewählte umweltpolitische Aspekte ausgerichtet (vgl. Abschnitt 4.1.1). Zum anderen kann nur vereinbart werden, was konsensfähig ist und kann nur Wirkung zeigen, was in den Teilnehmerstaaten ratifiziert und umgesetzt wird. Die Wirksamkeit der Abkommen hängt somit von den jeweiligen Staaten und den nationalen Regierungen ab.

Zu beachten ist auch, dass die Durchsetzung einer nachhaltigen Umweltpolitik in einem engen Zusammenhang mit der **ökonomischen Lage** einer Volkswirtschaft (Konflikt zwischen ökologischen und ökonomischen Interessen) steht. Vor dem Hintergrund von hoher Arbeitslosigkeit, Finanzierungsproblemen bei den sozialen Sicherungssystemen oder geringen Wachstumsraten des BIP verringert sich meist die Akzeptanz finanzieller Aufwendungen für den Umweltschutz, was wiederum auf die politischen Entscheidungsfindung wirken dürfte. Wenn diese Einschätzung aber bereits für Industrienationen gilt, ist das Problem des Zielkonflikts zwischen Ökonomie und Ökologie in Schwellen- und Entwicklungsländern deutlich stärker ausgeprägt. Wegen dieser Interdependenz können umweltpolitische Herausforderungen kaum losgelöst von anderen Bereichen der Wirtschaftspolitik, (wie Wachstums- und Beschäftigungspolitik, Entwicklungs- oder Handelspolitik) bewältigt werden. Vielmehr sollte das Gesamtsystem berücksichtigt werden, auch wenn dies die Komplexität nochmals erheblich steigert. Mit anderen Worten: Alle drei Säulen nachhaltiger Entwicklung (vgl. Abschnitt 5.1.2) müssen in den Blick genommen werden.

8 Wiederholungsfragen

1. Welche Funktionen sollte die natürliche Umwelt erfüllen? Erörtern Sie kurz, worin sich Überlastungen der Umweltmedien heute zeigen.
2. Welches sind die wichtigsten Aufgaben der Umweltpolitik?
3. Worin sehen Sie die Hauptursachen des Umweltproblems?
4. Welche umweltpolitischen Indikatoren kennen Sie und welche Grundanforderungen müssen sie erfüllen?
5. Was versteht man in der Umweltpolitik unter Grenzwerten und welche Ansätze lassen sich hier unterscheiden?
6. Erörtern Sie wichtige Ziele nationaler und internationaler Umweltpolitik.
7. Nennen Sie die Prinzipien der Umweltpolitik und begründen Sie, warum das Verursacherprinzip als umweltpolitische Leitlinie bezeichnet werden kann.
8. Welche Träger der Umweltpolitik sind Ihnen bekannt? Welche Aufgaben sollen sie wahrnehmen?
9. Nach welchen Kriterien lassen sich umweltpolitische Instrumente systematisieren?
10. Erörtern Sie die Vor- und Nachteile von Standardorientierten Instrumenten der Umweltpolitik.
11. Stellen Sie die Funktionsweise sowie Vor- und Nachteile von Emissionszertifikaten dar.
12. Erläutern Sie, welche Unwägbarkeiten einer hundertprozentigen Treffsicherheit von relativen Auflagen und Emissionszertifikaten entgegenstehen können.
13. Welche „Sonstigen Instrumente" der Umweltpolitik kennen Sie (mit kurzer inhaltlicher Beschreibung)?
14. Wo sehen Sie Grenzen und Probleme der Umweltpolitik?

Literatur- und Quellenverzeichnis

Kapitel 1

ALTMANN, Jörn (2007), Wirtschaftspolitik, eine praxisorientierte Einführung, 8., Aufl., Stuttgart.

BERG, Hartmut (Hrsg.) (2001), Theorie der Wirtschaftspolitik: Erfahrungen – Probleme – Perspektiven, Berlin.

BERG, Hartmut, CASSEL, Dieter, HARTWIG, Karl-Hans (2007), Theorie der Wirtschaftspolitik, in: Vahlens Kompendium der Wirtschaftstheorie und Wirtschaftspolitik, Bd. 2, 9., überarb. Aufl., München, S. 243-368.

DOWNS, Anthony (1957), An Economic Theory of Democracy, New York.

EUCKEN, Walter (2008), Grundsätze der Wirtschaftspolitik 7., Aufl., Stuttgart (Nachdruck von 2004).

EUROPÄISCHE KOMMISSION, Eurostat Jahrbuch, Luxemburg (jährlich).

FREY, Bruno S., KIRCHGÄSSNER, Gebhard (2009), Demokratische Wirtschaftspolitik, Theorie und Anwendung, 3., neubearb. Aufl., München.

GIERSCH, Herbert (1991), Allgemeine Wirtschaftspolitik – Grundlagen, Wiesbaden (unveränderter Nachdruck der Ausgabe von 1961).

HEISE, Arne (2005), Einführung in die Wirtschaftspolitik. Grundlagen, Institutionen, Paradigmen, UTB 8297, München.

KEYNES, John Maynard (1955), The Scope and Method of Political Economy, 4. Aufl., New York.

KIRSCH, Guy (2004), Neue politische Ökonomie, 5. Aufl., Stuttgart.

KLUMP, Rainer (2011), Wirtschaftspolitik – Instrumente, Ziele und Institutionen, 2., aktualisierte Aufl., München.

MÖLLER, Alex (Hrsg.) (1968), Kommentar zum Gesetz zur Förderung der Stabilität und des Wachstums der Wirtschaft, Hannover.

MORGENSTERN, Oskar (2007), Die Grenzen der Wirtschaftspolitik, Wien. Reprint der 1. Aufl. 1934.

OHR, Renate (Hrsg.) (2010), Governance in der Wirtschaftspolitik, Schriften des Vereins für Social-politik, N.F. Bd. 326, Berlin.

PRIDDAT, Birger P. (Hrsg.) (2009), Politikberatung: Prozesse, Logik und Ökonomie, Marburg.

SACHVERSTÄNDIGENRAT ZUR BEGUTACHTUNG DER GESAMTWIRTSCHAFTLICHEN Entwicklung, Jahresgutachten (jährlich).

SELL, Friedrich L. (2007), Aktuelle Probleme der europäischen Wirtschaftspolitik, 2., überarb. Aufl., Stuttgart.

STREIT, Manfred E. (2005), Theorie der Wirtschaftspolitik, 6., bearb. Aufl., Stuttgart.

TINBERGEN, Jan (1952), On the Theory of Economic Policy, Amsterdam.

TUCHTFELDT, Egon (1993), Grundlagen der Wirtschaftspolitik, in: Allgemeine Wirtschaftspolitik, hrsg. v. Otmar ISSING, München.

WEBER, MAX, Politik als Beruf (1992), Stuttgart (Erstveröffentlichung 1919).

Kapitel 2

AKERLOF, George A. (1970), The Market for „Lemons“: Quality Uncertainty and the Market Mechanisms, Quarterly Journal of Economics, Vol. 84(3).

BALDOFSKI, Sascha und ROSENFELD, Martin T. W. (2011), PPP in Deutschland – Der Schwung lässt nach, Wirtschaft im Wandel, Jg. 18 (2), Halle.

BREYER, Friedich und KOLMAR, Martin (2001), Grundlagen der Wirtschaftspolitik, 1. Auflage, Tübingen.

BUNDESKARTELLAMT (2011), Das Bundeskartellamt in Bonn: Organisation, Aufgaben und Tätigkeit, Bonn.

BUNDESMINISTERIUM FÜR GESUNDHEIT (2012), Abschaffung der Praxisgebühr im Bundesrat http://www.bmg.bund.de/?id=12733 [Abruf 6.10.2013].

BUNDESMINISTERIUM FÜR VERKEHR, BAU UND STADTENTWICKLUNG (BMVBS) (2013), Öffentlich Private Partnerschaften. PPP-Projektdatenbank, http://www.ppp-projektdatenbank.de/ [Abruf 16.10.2013].

BUNDESMINISTERIUM FÜR WIRTSCHAFT UND TECHNOLOGIE (BMWI) (2013), Verringerung von Verwaltungslasten, http://www.bmwi.de/DE/Themen/Europa/Bessere-Rechtsetzung/ aktionsprogramm-verwaltungskosten,did=298636.html [Abruf 3.10.2013].

BUNDESNETZAGENTUR (2013), Über die Agentur, http://www.bundesnetzagentur.de/cln_1932/DE/Allgemeines/DieBundesnetzagentur/UeberdieAgentur/ueberdieagentur-node.html [Abruf 19.07.13].

DAHL, Robert Alan und LINDBLOM, Charles Edward (1953), Politics, Economics, and Welfare – Economic Systems Resolved into Basic Social Processes, New York.

DEUTSCHE BAUINDUSTRIE (2013a), ÖPP in Deutschland. Entwicklung 2002/03 bis 2013/08 http://www.oepp-plattform.de/media/attachments/130816_%C3%96PP_Markt_August.pdf [27.09.2013].

DIESELBE (2013b), Landtagsneubau durch die BAM Deutschland AG an das Ministerium der Finanzen übergeben http://www.oepp-plattform.de/infocenter/news/_/artikel/landtagsneubau-durch-die-bam-deutschland-ag-das-mi/ [Abruf 6.10.2013].

DEUTSCHE BUNDESREGIERUNG (2013), Wohnungsbau. Bauen und Wohnen in Deutschland http://www.bundesregierung.de/Content/DE/Artikel/2012/10/2012-10-17-wohnungs-und-immobilienwirtschaft.html?__site=Nachhaltigkeit [Abruf 17.07.2013].

DEUTSCHE TELEKOM (2013), Aktionärsstruktur, http://www.telekom.com/aktionaersstruktur [Abruf 24.10.2013].

EISENBAHN-BUNDESAMT (2013), Register der Eisenbahnverkehrsunternehmen http://www.eba.bund.de/DE/HauptNavi/FahrzeugeBetrieb/EVU/EVUregister/evuregister_node.html [Abruf 16.10.2013].

ERLEI, Mathias; LESCHKE, Martin und SAUERLAND, Dirk (2007), Neue Institutionenökonomik, 2. Auflage, Stuttgart.

EUCKEN, Walter (1960), Grundlagen der Wirtschaftspolitik, 3. unveränderte Auflage, Tübingen, Zürich.

EUROPÄISCHE KOMMISSION (2012a), Erster Bericht über die Anwendung der Verordnung (EG) Nr. 764/2008 des Europäischen Parlaments und des Rates vom 9. Juli 2008 zur Festlegung von Verfahren im Zusammenhang mit der Anwendung bestimmter nationaler technischer Vorschriften für Produkte, die in einem anderen Mitgliedstaat rechtmäßig in den Verkehr gebracht worden sind, und zur Aufhebung der Entscheidung Nr. 3052/95/EG, Brüssel.

DIESELBE (2012b), Regulatorische Eignung der EU-Vorschriften, http://eur-lex.europa.eu/LexUriServ/LexUriServ.do?uri=COM:2012:0746:FIN:DE:PDF [Abruf 16.10.2013].

DIESELBE (2013a),
Intelligente Regulierung – Anpassung an die Bedürfnisse kleiner und mittlerer Unternehmen, http://eur-lex.europa.eu/LexUriServ/LexUriServ.do?uri=COM:2013:0122:FIN:DE:PDF [Abruf 16.10.2013].

DIESELBE (2013b), Die Öffentliche Meinung in der Europäischen Union. Erste Ergebnisse, http://ec.europa.eu/public_opinion/archives/eb/eb79/eb79_first_de.pdf [Abruf 16.10.2013].

DIESELBE (2013c), „REFIT-Fit für Wachstum" – Kommission leitet weitreichende Schritte zur Vereinfachung des EU-Rechts ein, http://europa.eu/rapid/press-release_IP-13-891_de.htm [Abruf 3.10.2013], basierend auf EUROPÄISCHE KOMMISSION (2013d).

DIESELBE (2013d), Regulatory Fitness and Performance (REFIT): Results and Next Steps, http://ec.europa.eu/smart-regulation/docs/20131002-refit_en.pdf [Abruf 3.10.2013].

DIESELBE (2013e), CE-Kennzeichnung, http://ec.europa.eu/enterprise/policies/single-market-goods/cemarking/index_de.htm [Abruf 16.10.2013].

EUROPÄISCHES PARLAMENT (2013), Tabakrichtlinie: Größere Gesundheitswarnungen, Aromastoffe verboten, Vorschriften für E-Zigaretten, http://www.europarl.europa.eu/news/de/news-room/content/20131004IPR21539/html/Tabakrichtlinie-Gr%C3%B6%C3%9Fere-Gesundheitswarnungen-Aromastoffe-verboten [Abruf 16.10.2013].

FURUBOTN Eirik G. und PEJOVICH, Svetozar (1972), Property Rights and Economic Theory: A Survey of Recent Literature, in: Journal of Economic Literature, Volume 10, Issue 4, 1137-1162.

FUCHS, Johann, SÖHNLEIN, Doris und WEBER, Brigitte (2011), Projektion des Arbeitskräfteangebots bis 2050: Rückgang und Alterung sind nicht mehr aufzuhalten, in: INSTITUT FÜR ARBEITSMARKT UND BERUFSFORSCHUNG, IAB-Kurzbericht 16/2011, Nürnberg.

HIGH LEVEL GROUP OF INDEPENDENT STAKEHOLDERS ON ADMINISTRATIVE BURDENS (HLG) (2011), EUROPÄISCHE KOMMISSION (Hrsg.), Europe can do better. Report on best practice in Member States to implement EU legislation in the least burdensome way, http://ec.europa.eu/dgs/secretariat_general/admin_burden/best_practice_report/docs/bp_report_signature_en.pdf [Abruf 16.10.2013].

INSTITUT FÜR WIRTSCHAFTSFORSCHUNG HALLE (2012), IWH-Pressemitteilung 4/2012: PPP in Deutschland – Der Schwung lässt nach, Halle.

KÜLP, Bernhard und BERTHOLD, Norbert (1992), Grundlagen der Wirtschaftspolitik, 1. Auflage, München.

MEHR DEMOKRATIE E.V. (2013), Bisherige Volksinitiativen, http://hh.mehr-demokratie.de/hh_hamburg.html [Abruf 6.10.2013].

MINISTERIUM DER JUSTIZ DES LANDES SACHSEN-ANHALT (2013), Justizvollzugsanstalt Burg, http://www.sachsen-ahalt.de/fileadmin/Elementbibliothek/Bibliothek_Politik_und_Verwaltung/Bibliothek_MJ/publik/jva_burg.pdf [Abruf 28.09.2013].

MONOPOLKOMMISSION (2006), Die Privatisierung der Deutschen Bahn AG. Sondergutachten der Monopolkommission gemäß §44 Abs.1Satz4 GWB, http://www.monopolkommission.de/sg_46/text_s46.pdf [16.10.2013].

DIESELBE (2013), Sondergutachten 65. Energie 2013: Wettbewerb in Zeiten der Energiewende http://www.monopolkommission.de/sg_65/s65_volltext.pdf [Abruf 16.10.2013].

NATIONALER NORMENKONTROLLRAT (2013a), Kostentransparenz verbessert. Entlastung forcieren. Jahresbericht 2013 des Nationalen Normenkontrollrates Juli 2013, http://www.normenkontrollrat.bund.de/Webs/NKR/Content/DE/Artikel/Anlagen/2013-07-02-jahresbericht-2013.pdf?__blob=publicationFile&v=1 [Abruf 16.10.2013].

DERSELBE (2013b), Bürokratieabbau konkret: Beispiele für erfolgreiche Maßnahmen zum Bürokratieabbau, http://www.normenkontrollrat.bund.de/Webs/NKR/Content/DE/Publikationen/2013-07-05-broschuere-buerokratieabbau-konkret.pdf?__blob=publicationFile&v=5 [Abruf 16.10.2013].

NORDHAUS, William D. (1975), The Political Business Cycle, in: Review of Economic Studies 42, 169-190.

SACHVERSTÄNDIGENRAT ZUR BEGUTACHTUNG DER GESAMTWIRTSCHAFTLICHEN ENTWICKLUNG (2012), Jahresgutachten 2012/13, Wiesbaden.

STIFTERVERBAND FÜR DIE DEUTSCHE WISSENSCHAFT (2009), Stiftungsprofessuren in Deutschland. Zahlen, Erfahrungen, Perspektiven, Essen.

WORLD TRADE ORGANIZATION (WTO) (2013), Understanding the WTO: The agreements http://www.wto.org/english/thewto_e/whatis_e/tif_e/agrm1_e.htm [Abruf 19.7.2013].

Kapitel 3

BUNDESKARTELLAMT, Bericht des Bundeskartellamtes über seine Tätigkeit in den Jahren . . . (alle ungeraden Jahre).

DASSELBE (2008), Beschluss v. 7.3.2008 der 8. Beschlussabteilung.

DASSELBE (2012), Pressemitteilungen vom 5.7.2012 sowie vom 1.8.2012.

CLARK, John Maurice (1940), Toward a Concept of Workable Competition, The American Economic Review, Band 30(2), S. 241 – 256.

EUROPÄISCHE KOMMISSION, Bericht über die Wettbewerbspolitik, Brüssel (jährlich).

EUROPÄISCHE KOMMISSION, Annual Activity Report, DG Competition, Brüssel (jährlich).

DIESELBE (2013), Competition Cases, http://ec.europa.eu/competition/elojade/isef/index.cfm [Abruf 30.09.2013].

FRANKFURTER ALLGEMEINE ZEITUNG (2008), Ein Kartell der Krankenhäuser?, FAZ v. 18.4.2008.

HERDZINA, Klaus (1999), Wettbewerbspolitik, 5., vollst. überarb. Aufl., Stuttgart.

HOPPMANN, Erich (1968), Zum Problem einer wirtschaftspolitisch praktikablen Definition des Wettbewerbs, in: Grundlagen der Wettbewerbspolitik, hrsg. v. Hans K. SCHNEIDER, Schriften des Vereins für Socialpolitik, N.F. Bd. 48, Berlin, S. 9ff.

KANTZENBACH, Erhard (1967), Die Funktionsfähigkeit des Wettbewerbs, 2., durchges. Aufl., Göttingen DERSELBE.

DERSELBE, KALLFAß, H. (1981), Das Konzept des funktionsfähigen Wettbewerbs – workable competition, in: Handbuch des Wettbewerbs, hrsg. v. Helmut COX u.a., München, S. 103ff.

KERBER, Wolfgang (2007), Wettbewerbspolitik, in: Vahlens Kompendium der Wirtschaftstheorie und Wirtschaftspolitik, Bd. 2, 9., überarb. Aufl., München, S. 369 – 434.

MONOPOLKOMMISSION, Hauptgutachten . . . (alle geraden Jahre)

OBERENDER, Peter (2000), Die Europäische Fusionskontrolle, Berlin.

DERSELBE (2008), Der „more economic approach“ in der Beihilfenkontrolle, Schriften des Vereins für Socialpolitik, N.F. Bd. 319, Berlin.

SCHMIDT, Ingo (2006), Europäische Wettbewerbspolitik und Beihilfenkontrolle: Eine Einführung, 2., überarb. u. erw. A. München.

DERSELBE (2012), Wettbewerbspolitik und Kartellrecht. Eine interdisziplinäre Einführung, 9., neubearb. Aufl., UTB 8289, Stuttgart.

TIROLE, Jean (1999), Industrieökonomik, 2. überarb. Aufl., Stuttgart.

SPIEGEL ONLINE (2009), US-Chiphersteller Intel muss eine Milliarde Strafe zahlen, http://www.rp-online.de/wirtschaft/unternehmen/us-chiphersteller-intel-muss-eine-milliarde-strafe-zahlen-1.2327299 [Abruf 30.09.2013].

DASSELBE (2010), EU-Strafe: Stahl-Kartell muss halbe Milliarde Euro zahlen, http://www.spiegel.de/wirtschaft/unternehmen/eu-strafe-stahl-kartell-muss-halbe-milliarde-euro-zahlen-a-703834.html [Abruf 30.09.2013].

STATISTISCHES BUNDESAMT (1985), Konzentrationsstatistische Daten für den Bergbau und das Verarbeitende Gewerbe 1954 bis 1982, Fachserie 4, Reihe S.9, Stuttgart, Mainz 1985.

WILL, Birgit E. (2008), Die Modernisierung des europäischen Kartellrechts: Von der Genehmigung zur Legalausnahme. Ein ökonomischer Institutionenvergleich, Hochschulschriften, Bd. 122, Marburg.

Kapitel 4

BRÜMMERHOFF, Dieter (2011), Finanzwissenschaft, 10., überarb. Aufl., München, Wien.

BÜTTNER, Thies, FENGE, Robert, RÖHN, Oliver, STROBEL, Thomas (2012), Der Beitrag des öffentlichen Sektors zur Wertschöpfung: Messprobleme und Lösungsansätze, ifo-Forschungsberichte, Nr. 56, München.

BUNDESMINISTERIUM DER FINANZEN (2011), 23. Subventionsbericht. Bericht der Bundesregierung über die Entwicklung der Finanzhilfen des Bundes und der Steuervergünstigungen 2009 – 2012, Berlin.

DASSELBE (2012a), Schutz vor versteckten Steuererhöhungen – Maßnahmen gegen die kalte Progression, Berlin, Februar.

DASSELBE (2012b), Auf den Punkt. Informationen aus dem Bundesfinanzministerium – Auf dem Weg zur Stabilitätsunion, H. 1 – 4, Berlin.

DASSELBE (2013a), Die wichtigsten Steuern im internationalen Vergleich 2012, Berlin.

DASSELBE (2013b), 24. Subventionsbericht, Berlin.

DASSELBE, Monatsberichte des BMF (laufend).

BUNDESRECHNUNGSHOF, Bericht nach § 99 BHO über den ermäßigten Umsatzsteuersatz, 28.6.2010.

CAESAR, Rolf, KNOLL, Bodo (2008), Konsumbasierte Steuersysteme I, II, WISU, H. 1 /2008, S. 113 – 118, H. 2 / 2008, S. 243 – 247.

DICKERTMANN, Dietrich, GELBHAAR, Siegfried unter Mitwirkung v. Viktor Wilpert PIEL (2000), Finanzwissenschaft. Eine Einführung in die Institutionen, Instrumente und ökonomischen Ziele der öffentlichen Finanzwirtschaft, Herne, Berlin.

DOLLS, Mathias, FUEST, Clemens, PEICHL, Andreas (2010), Wie wirken die automatischen Stabilisatoren in der Wirtschaftskrise?, Perspektiven der Wirtschaftspolitik, Bd. 11, H. 2, 2010, S. 132 – 145.

EUROPÄISCHE KOMMISSION (2012), Mitteilung der Kommission. Ein Konzept für eine vertiefte und echte Wirtschafts- und Währungsunion – Auftakt für eine europäische Diskussion, COM(2012) 777 final, Brüssel, den 28.11.2012.

EUROPÄISCHE UNION, Finanzbericht (jährlich).

FINANZBERICHT (jährlich), hrsg. v. BUNDESMINISTER DER FINANZEN.

GROSSEKETTLER, Heinz (2007), Öffentliche Finanzen, in: Vahlens Kompendium der Wirtschaftstheorie und Wirtschaftspolitik, Bd. 1, 9. überarb. Aufl., München, S. 561 – 721.

KALDOR, Nicholas (1955), An Expenditure Tax, London.

KALUSCHE, Johannes (2010), Ausmaß und Stärke der automatischen Stabilisatoren in Deutschland vor dem Hintergrund der jüngsten Steuer- und Sozialreformen, Frankfurt/ Main u.a.O.

KIRCHHOF, Paul (2000), Besteuerung im Verfassungsstaat, Beiträge zur Ordnungstheorie und Ordnungspolitik 163, Walter Eucken Institut, Tübingen.

LENZ, C.O., BORCHARDT, K.-D. (2008), EU-Verträge. Textfassungen nach dem Vertrag von Lissabon, 4. Aufl., Köln.

PEFFEKOVEN, Rolf (1980), Art. Persönliche allgemeine Ausgabensteuer, in: Handbuch der Finanzwissenschaft, 2. Bd., 3 Aufl., Tübingen, S. 418ff.

SACHVERSTÄNDIGENRAT ZUR BEGUTACHTUNG DER GESAMTWIRTSCHAFTLICHEN Entwicklung (2007), Staatsverschuldung wirksam begrenzen, Expertise im Auftrag des BUNDESMINISTERIUMS FÜR WIRTSCHAFT UND TECHNOLOGIE, Wiesbaden.

SCHEDLER, Kuno, PROELLER, Isabella (2009), New Public Management, 4., Aufl., UTB, Bern, Stuttgart.

SCHERF, Wolfgang (2011), Öffentliche Finanzen: Einführung in die Finanzwissenschaft, UTB Bd. 8313, wisu-texte, 2. überarb. u. aktual. Aufl., München.

WICKSTRÖM, Bengt-Arne (Hrsg.) (2011), Öffentliche Finanzen, Fiskalwettbewerb, Nachhaltigkeit und soziale Wohlfahrt, Schriften des Vereins für Socialpolitik, N.F. Bd. 330, Berlin.

ZIMMERMANN, Horst, HENKE, Klaus-Dirk, BROER, Michael (2012), Finanzwissenschaft. Eine Einführung in die Lehre von der öffentlichen Finanzwirtschaft, 11., überarb. u. erg. Aufl., München.

Kapitel 5

BANK FÜR INTERNATIONALEN ZAHLUNGSAUSGLEICH BIZ (1996), Triennial Central Bank Survey of Foreign Exchange and Derivatives Market Activity 1995, Final Results.

DIESELBE (2013), Triennial Central Bank Survey of Foreign Exchange and Derivatives Market Activity, Preliminary Results.

BUNDESANSTALT FÜR FINANZDIENSTLEISTUNGSAUFSICHT (BAFIN) (2013), Liste der zugelassenen Kreditinstitute, http://www.bafin.de/SharedDocs/Downloads/DE/Liste/ Unternehmensdatenbank/dl_li_ki_gesamt.html [Abruf 01.10.2013].

DEUTSCHE BUNDESBANK (2012), Geld und Geldpolitik, Frankfurt am Main.

DIESELBE (2013), http://www.bundesbank.de/Navigation/DE/Statistiken [Abruf 01.10.2013].

DEUTSCHES INSTITUT FÜR WIRTSCHAFTSFORSCHUNG (DIW) (2013), Ein Aufruf zur Unterstützung des Anleihekaufprogramms OMT der Europäischen Zentralbank, https://berlinoeconomicus.diw.de/geldpolitik/ein-aufruf-zur-unterstuetzung-des-anleihekaufprogramms-omt-der-europaeischen-zentralbank/ [Abruf 01.10.2013].

EUROSTAT (2013a), http://appsso.eurostat.ec.europa.eu/nui/show.do?dataset =mny_agg _m&lang=de [Abruf 01.10.2013].

DASSELBE (2013b), http://appsso.eurostat.ec.europa.eu/nui/show.do?dataset =nama_ gdp_k&lang=de [Abruf 01.10.2013].

EUROPÄISCHE ZENTRALBANK EZB (2002), Jahresbericht 2002, Frankfurt am Main.

DIESELBE (2011), Die Geldpolitik der EZB, Frankfurt am Main.

DIESELBE (2013a), http://sdw.ecb.europa.eu [Abruf 01.10.2013]

DIESELBE (2013b), http://sdw.ecb.europa.eu/quickview.do? SERIES_KEY=123.ILM.M.U2. C.LT01.Z5.EUR [Abruf 01.10.2013].

DIESELBE (2013c), http://www.ecb.europa.eu/mopo/ implement/omo/html/top_history.en. html [Abruf 01.10.2013].

DIESELBE (2013d), http://www.ecb.europa.eu/stats/monetary/res/html/index.en.html [Abruf 01.10.2013].

DIESELBE (2013e), http://www.ecb.europa.eu/stats/monetary/rates/html/index.en.html [Abruf 01.10.2013].

FRANKFURTER ALLGEMEINE ZEITUNG (2013), Deutsche Ökonomen werfen der EZB Staatsfinanzierung vor, http://www.faz.net/aktuell/wirtschaft/eurokrise/neuer-appell-deutsche-oekonomen-werfen-der-ezb-staatsfinanzierung-vor-12569316.html [Abruf 01.10.2013].

GÖRGENS, Egon; RUCKRIEGEL, Karlheinz und SEITZ, Franz (2013), Europäische Geldpolitik, 6. Aufl., Stuttgart.

JARCHOW, Hans-Joachim (2010a), Grundriss der Geldpolitik, Stuttgart.

DERSELBE (2010b), Grundriss der Geldtheorie, Stuttgart.

Kapitel 6

BUNDESMINISTERIUM FÜR ARBEIT UND SOZIALES (Hrsg.), Sozialberichte, verschiedene Jahrgänge.

BUNDESREGIERUNG (2008), Lebenslagen in Deutschland. Der 3. Armuts- und Reichtumsbericht der Bundesregierung, Berlin, Juni.

DIESELBE (2013), Lebenslagen in Deutschland. Der 4. Armuts- und Reichtumsbericht der Bundesregierung, Bonn.

GRABKA, Markus M., GOEBEL, Jan, SCHUPP, Jürgen (2012), Höhepunkt der Einkommensungleichheit in Deutschland überschritten?; DIW Wochenbericht 43/2012.

HENKE, Klaus Dirk (1975), Die Verteilung von Gütern und Diensten auf die verschiedenen Bevölkerungs-schichten, in: Schriften der Kommission für wirtschaftlichen und sozialen Wandel, Bd. 82, Göttingen.

IGL, Gerhard (1999), Perspektiven einer sozialstaatlichen Umverteilung im Gesundheitswesen, Gerhard Naegele (Hrsg.), München/Wien.

INSTITUT DER DEUTSCHEN WIRTSCHAFT (2013): Deutschland in Zahlen 2013, Köln.

IW-NACHRICHTEN (2013), Demografischer Wandel macht 2030 nicht Schluss, 11. März 2013, http://www.iwkoeln.de/de/infodienste/iw-nachrichten/beitrag/rentenalter-demografischer-wandel-macht-2030-nicht-schluss-107044 [Abruf 22.09.2013].

KATH, Dietmar (2002), Sozialpolitik, in: Vahlens Kompendium der Wirtschaftstheorie und Wirtschaftspolitik, Bd. 2, 8., überarb. Aufl., München.

KRELLE, Wilhelm (1962), Verteilungstheorie, 3. Aufl., Wiesbaden.

LAMPERT, Heinz, ALTHAMMER, Jörg (2004), Lehrbuch der Sozialpolitik, 7., überarb. u. vollst. aktual. Aufl., Berlin.

MARKT- UND MITTELSTAND (2012), Gesamtmetall vertritt weniger Arbeitgeber. http://www.marktundmittelstand.de/nachrichten/strategie-personal/gesamtmetall-vertritt-weniger-arbeitgeber/ [Abruf 01.10.2013].

SACHVERSTÄNDIGENRAT ZUR BEGUTACHTUNG DER GESAMTWIRTSCHAFTLICHEN ENTWICKLUNG, Jahresgutachten, verschiedene Jahrgänge.

SINN, Hans Werner (1995), A Theory of the Welfare State, Scandinavian Journal of Economics 97, S. 495-526.

SINN, Hans Werner (1996), Social Insurance, Incentives and Risk Taking, International Tax and Public Finance 3, S. 259-280.

SOZIALPOLITIK AKTUELL (2013), Entwicklung der Beitragssätze in den Zweigen der Sozialversicherung 1980 – 2013, http://www.sozialpolitik-aktuell.de/tl_files/sozialpolitik-aktuell/_Politikfelder/Finanzierung/Datensammlung/PDF-Dateien/abbII8.pdf, [Abruf 30.09.2013].

STATISTISCHES BUNDESAMT (2012), Bruttoinlandsprodukt 2012 https://www.destatis.de/DE/Publikationen/WirtschaftStatistik/VGR/Bruttoinlandsprodukt2012_012013.pdf?__blob=publicationFile [Abruf 28.09.2013].

DASSELBE (2013), Volkswirtschaftliche Gesamtrechnungen 2012, Wichtige Zusammenhänge im Überblick, Wiesbaden.

DASSELBE (2013), Statistisches Jahrbuch 2013, Deutschland und Internationales, Wiesbaden 2013.

STOBBE, Alfred (1962), Untersuchungen zur makroökonomischen Theorie der Einkommensverteilung, Kieler Studien Nr. 59, Tübingen, S. 35ff.

WERNER, Josua (1987), Verteilungspolitik, Stuttgart.

ZIMMERMANN, Anne (2007), Umverteilung in der Gesetzlichen Krankenversicherung: Status quo und Perspektiven der Ausgestlatung, Untersuchungen zur Wirtschaftspolitik Nr. 132, Köln.

Kapitel 7

BLANCHARD, Olivier; ILLING, Gerhard (2009), Makroökonomie, 5. Auflage, München.

BUNDESMINISTERIUM FÜR WIRTSCHAFT UND TECHNOLOGIE (BMWI) (2013), Schlaglichter der Wirtschaftspolitik – Monatsbericht März 2013, Berlin.

BUNDESAGENTUR FÜR ARBEIT (2010), Methodenbericht – Umstellung der Statistik der gemeldeten Arbeitsstellen, Nürnberg.

DIESELBE (2011), Methodenbericht – Weiterentwicklung Messkonzept Unterbeschäftigung, Nürnberg.

DIESELBE (2013a), Analytikreport der Statistik – Arbeitsmarkt in Deutschland. Zeitreihen bis 2012, Juni, Nürnberg.

DIESELBE (2013b), Arbeitsmarkt in Zahlen, Juni, Nürnberg.

DIESELBE (2013c), Der Arbeits- und Ausbildungsmarkt in Deutschland, Monatsbericht Juni, Nürnberg.

DIESELBE (2013d), Analytikreport der Statistik – Analyse des Arbeitsmarktes in Deutschland. August 2013, Nürnberg.

BUNDESMINISTERIUM FÜR ARBEIT UND SOZIALES (BMAS) (2013), Verzeichnis der für allgemeinverbindlich erklärten Tarifverträge, Bonn.

BUNDESMINISTERIUM FÜR FAMILIE, SENIOREN, FRAUEN UND JUGEND (BMFSFJ) (2012), Frauen im Minijob, Berlin.

DEUTSCHER GEWERKSCHAFTSBUND (DGB) (2013), Mindestlohndatenbank, www.mindestlohn.de [Abruf 24.07.2013].

DOERINGER, Peter B.; PIORE, Michael J. (1971), Internal Labor Markets and Manpower Analysis, Lexington (Mass.).

EBNER, Christian (2009), Neue Wege für die Duale Berufsausbildung – ein Blick auf Österreich, die Schweiz und Dänemark, in: Wissenschaftszentrum Berlin für Sozialforschung, WZBrief 4, Berlin.

EUROPÄISCHE KOMMISSION (2010), Mitteilung v. 03.03.2010 KOM(2010) 2020.

EUROSTAT (2013), Nominale Lohnstückkosten, http://epp.eurostat.ec.europa.eu/tgm/table.do?tab=table&init=1&plugin=1&language=de&pcode=tipslm20 [Abruf 28.10.2013].

FRANZ, Wolfgang (2009), Arbeitsmarktökonomik, 7. Auflage, Berlin.

GALBRAITH, John Kenneth (1952), American Capitalism: The Concept of Countervailing Power, Boston.

INTERNATIONAL LABOUR ORGANISATION (ILO) (2013), Global Employment Trends for Youth, A Generation at Risk, Genf.

KÖRNER, Thomas; MEINKEN, Holger; PUCH, Katharina (2013), Wer sind die ausschließlich geringfügig Beschäftigten? Eine Analyse nach sozialer Lebenslage, in: STATISTISCHES BUNDESAMT (Hg.): Wirtschaft und Statistik, Januar, S. 42-61.

KULESSA, Margareta E. (1996), Massenarbeitslosigkeit in Industrieländern: (k)ein Fall für Global Governance, in: MESSER, Dirk; NUSCHELER, Franz (Hrsg.): Weltkonferenzen und Weltberichte, Bonn, S. 82-102.

ORGANISATION FOR ECONOMIC CO-OPERATION AND DEVELOPMENT (OECD) (2013), http://stats.oecd.org [Abruf 10.09.2013].

PEUKERT, Helge (2013), Real World Economics, in: Wirtschaftsdienst, H. 2, S. 233-237.

RENGERS, Martina (2012), Ungenutztes Arbeitskräftepotential in der Stillen Reserve. Ergebnisse für das Jahr 2010. in: STATISTISCHES BUNDESAMT (Hg.): Wirtschaft und Statistik, April, Wiesbaden, S. 299-319.

SACHVERSTÄNDIGENRATES ZUR BEGUTACHTUNG DER GESAMTWIRTSCHAFTLICHEN ENTWICKLUNG (1997), Jahresgutachten 1996/97, Wiesbaden.

DERSELBE (2012), Jahresgutachten 2012/13, Wiesbaden.

SCHULTEN, Thorsten (2010), Aus Politik und Zeitgeschichte, Beilage zu Das Parlament, Ausgabe 13-14.

STATISTISCHES BUNDESAMT (2011), Datenreport 2011, Wiesbaden.

DASSELBE (2012a), Qualität der Arbeit. Geld verdienen und was sonst noch zählt, Wiesbaden.

DASSELBE (2012b), Niedriglohn und Beschäftigung 2010, Wiesbaden.

DASSELBE (2013a), Ergebnisse der Erwerbstätigenrechnung in der Abgrenzung der Volkswirtschaftlichen Gesamtrechnungen (VGR), Wiesbaden.

DASSELBE (2013b), Bruttoinlandsprodukt 2012 für Deutschland, Wiesbaden.

DASSELBE (2013c), 2,28 Mio. Erwerbslose im Juni 2013, https://www.destatis.de/DE/ZahlenFakten/GesamtwirtschaftUmwelt/Arbeitsmarkt/Erwerbslosigkeit/ErwerbsloseILOKonzept/Aktuell.html [Abruf 10.09.2013].

DASSELBE (2013d), EU-Vergleich der Lohnnebenkosten, https://www.destatis.de/DE/ZahlenFakten/GesamtwirtschaftUmwelt/VerdiensteArbeitskosten/ArbeitskostenLohnnebenkosten/EUVergleich/Tabellen/HoeheLohnnebenkosten.html [Abruf 10.09.2013].

WAGNER, Thomas; JAHN, Elke J. (2004), Neue Arbeitsmarkttheorien, 2. Aufl., Stuttgart.

WIRTSCHAFTS- UND SOZIALWISSENSCHAFTLICHES INSTITUT (WSI) (2013), WSI-Mindestlohndatenbank 2012, Düsseldorf.

WIRTSCHAFTSVERBAND BUNDESVERBAND BRIEFDIENSTE (2011), Arbeitgeberverband Neue Brief- und Zustelldienste (AGV-NBZ) jetzt Wirtschaftsverband Bundesverband Briefdienste (BBD), Mitteilung vom 13. Januar, Berlin.

Kapitel 8

BANK FÜR INTERNATIONALEN ZAHLUNGSAUSGLEICH, Jahresberichte, Basel, verschiedene Jahrgänge.

BENDER, Dieter (2007), Internationaler Handel, in: Vahlens Kompendium der Wirtschaftstheorie und Wirtschaftspolitik, Bd. 1, 9., überarb. Aufl., München.

BERG, Hartmut (Hrsg.) (1999), Globalisierung der Wirtschaft: Ursachen – Formen – Konsequenzen, Berlin.

BRIEGER, Steven Alexandre (2012), Ratingagenturen in der Krise. Reformvorschläge für ein stabiles Finanzsystem, Hochschulschriften, Bd. 139, Marburg.

DEUTSCHE BUNDESBANK (2003), Weltweite Organisationen und Gremien im Bereich von Währung und Wirtschaft, Frankfurt.

DIESELBE (2008), Die Europäische Wirtschafts- und Währungsunion, Frankfurt.

DIESELBE (2012), Zahlungsbilanzstatistik, Statistisches Beiheft zum Monatsbericht, September 2012.

DIECKHEUER, Gustav (2001), Internationale Wirtschaftsbeziehungen, 5., vollst. überarb. Aufl., München, Wien.

FISCHER, Christoph (2002), Determinanten des realen Wechselkurses. Eine theoretische und empirische Analyse, Berlin.

GERKEN, Lüder, KULLAS, Matthias (2011), CEP-Default-Index: Zur Entwicklung der Kreditfähigkeit der Euro-Länder, cep-Studie, Freiburg.

KRUGMAN, Paul, OBSTFELD, Maurice, MELITZ, Marc (2011), Internationale Wirtschaft: Theorie und Politik der Außenwirtschaft, 9., aktualisierte Aufl., München.

MICHLER, Albrecht F., SEITZ, Franz (2010), Kapitalimportkontrollen – Ein Instrument zur Vermeidung von Finanzmarktinstabilitäten?, List-Forum für Wirtschafts- und Finanzpolitik, Bd. 36, S. 106 – 130.

MORASCH, Karl, BARTHOLOMAE, Florian (2011), Internationale Wirtschaft: Handel und Wettbewerb auf globalen Märkten, UTB 8475, Stuttgart.

MUNDELL, Robert A. (1961), A Theory of Optimum Currency Areas, in: The American Economic Review, Vol. 51, № 4, S. 657–665.

ROSE, Klaus, SAUERNHEIMER, Karlhans (2006), Theorie der Außenwirtschaft, 14. überarb. Aufl., München.

SELL, Friedrich L. (2007), Aktuelle Probleme der europäischen Wirtschaftspolitik, 2. Aufl., Stuttgart.

SIEBERT, Horst, LORZ, Oliver (2013), Außenwirtschaft, 9., vollst. überarb. Aufl, Stuttgart.

SMEETS, Heinz-Dieter (2007), Währung und Internationale Finanzmärkte, Vahlens Kompendium der Wirtschaftstheorie und Wirtschaftspolitik Bd. 1, 9., veränd. Aufl., München.

STATISTISCHES BUNDESAMT (2009), Ermittlung der deutschen Exportperformance, in: Methoden – Verfahren – Entwicklungen, Ausgabe 1/2009, Wiesbaden.

DASSELBE (2010), Export, Import, Globalisierung. Deutscher Außenhandel und Welthandel 1990 – 2008.

DASSELBE (2012), Export, Import, Globalisierung. Deutscher Außenhandel 2011.

DASSELBE (2013), Außenhandel. Zusammenfassende Übersichten für den Außenhandel, Jahr 2012.

WAGNER, Helmut (2009), Einführung in die Weltwirtschaftspolitik. Globalisierung: Internationale Wirtschaftsbeziehungen – Internationale Organisationen – Internationale Politikkoordinierung, 6., überarb. u. erw. Auflage, München, Wien.

WORLD TRADE ORGANISATION – WTO (2009), International Trade Statistics 2009, Table A1a, A1b.

DIESELBE (2013), WORLD TRADE REPORT 2013.

Kapitel 9

ALPENKONVENTION (2013), Stand der Ratifizierungen, http://www.alpconv.org/de/convention/ratifications/default.html [Abruf 10.07.2013].

BÄUERLE, Tim; GRAICHEN, Jakob; MEYER, Kristin; SEUM, Stefan; KULESSA, Margareta; OSCHINSKI, Matthias (2010), Integration of Marine Transport into the European Emissions Trading System Environmental, economic and legal analysis of different options, Dessau-Roßlau.

BUNDESAMT FÜR STRAHLENSCHUTZ (BFS) (2013), Die Fachbereiche des BfS, http://www.bfs.de/de/bfs/wir/fb.html [Abruf 10.07.2013].

BUNDESMINISTERIUM FÜR ERNÄHRUNG, LANDWIRTSCHAFT UND VERBRAUCHERSCHUTZ (BMELV) (2012), Ergebnisse des UN-Klimagipfels in Doha (Qatar) 2012, http://www.bmelv.de/SharedDocs/Standardartikel/Landwirtschaft/Klima-und-Umwelt/Klimaschutz/KlimagipfelDohaDez1012.html [Abruf 10.07.2013].

BUNDESMINISTERIUM FÜR UMWELT, NATURSCHUTZ UND REAKTORSICHERHEIT (BMU) (1990), Umweltbericht 1990, Bonn.

DASSELBE (1998), Rede der Bundesministerin für Umwelt, Naturschutz und Reaktorsicherheit, Frau Dr. Angela Merkel, zur Debatte zur Sicherheit von Castor-Transporten, http://www.bmu.de/N486/ [Abruf 10.07.2013].

DASSELBE (2008), Maschinenlärm, http://www.bmu.de/themen/luft-laerm-verkehr /laermschutz /themenbereiche-laerm/maschinenlaerm/ [Abruf 10.07.2013].

DASSELBE (2010), Umweltbericht 2010: Umweltpolitik ist Zukunftspolitik, Berlin.

DASSELBE (2013), Klimaschutzpolitik in Deutschland, http://www.bmu.de/themen /klima-energie/klimaschutz/nationale-klimapolitik/ [Abruf 10.07.2013].

DASSELBE und UMWELTBUNDESAMT (UBA) (2013), Umweltbewusstsein in Deutschland. Repräsentativumfrage zu Umweltbewusstsein und Umweltverhalten im Jahr 2012, Berlin/Dessau-Roßlau.

DEUTSCHE BUNDESREGIERUNG (1971), Umweltprogramm der Bundesregierung, BT-DRUCKSACHE VI/2710 vom 14.10.1971, Bonn.

DIESELBE (1976), Umweltbericht '76 – Fortschreibung des Umweltprogramms der Bundesregierung – vom 14. Juli 1976, BT-DRUCKSACHE 7/5684, Bonn.

DIESELBE (2010), Energiekonzept für eine umweltschonende, zuverlässige und bezahlbare Energieversorgung, http://www.bundesregierung.de/Content/DE/_Anlagen /2012/02/ energiekonzept final.pdf?__blob=publicationFile [Abruf 15.07.2013].

DIESELBE (2013a), Die Europäische Umweltpolitik, http://www.bundesregierung.de /Webs/Breg/DE/Themen/Europa/EUPolitikfelder/umwelt/_node.html [Abruf 16.07.2013].

DIESELBE (2013b), Meeresschutz – Plastik vermüllt die Meere, http://dip21.bundestag.de /dip21/btd/06/027/0602710.pdf [Abruf 10.07.2013].

DEUTSCHE EMISSIONSHANDELSSTELLE (DEHST) (2013), Deutsche Versteigerungen von Emissionsberechtigungen. Periodischer Bericht: Erstes Quartal 2013, Berlin.

DEUTSCHER BUNDESTAG (2013), ENQUETE-KOMMISSION Wachstum, Wohlstand, Lebensqualität – Wege zu nachhaltigem Wirtschaften und gesellschaftlichem Fortschritt in der Sozialen Marktwirtschaft – Schlussbericht, BT-Drucksache 17/13300, Berlin.

DIE ZEIT (2013), http://www.zeit.de/2013/22/klimawandel-temperaturanstieg-korrektur.

EUROSTAT (2013), Pressemitteilung zu Erneuerbaren Energien vom 26.04.2013, http://europa.eu/rapid/press-release_STAT-13-65_de.htm [Abruf 10.07.2013].

FOOD AND AGRICULTURAL ORGANIZATION OF THE UNITED NATIONS (FAO) (2006), Livestock's long shadow. Environmental Issues and options.

DIESELBE (2013), Food Outlook – Biannual Report on global food markets, Rom.

FREY, Bruno; KIRCHGÄSSNER, Gebhard (2009), Demokratische Wirtschaftspolitik – Theorie und Anwendung, München.

INTERNATIONALE ENERGIEAGENTUR (IEA) (2013), Redrawing the Energy-Climate Map. Executive Summary. World Energy Outlook Special Report, http://www.iea.org/publications/freepublications/publication/WEO2013_Climate_Excerpt_ES_WEB.pdf [Abruf 16.07.2013].

IPCC – INTERGOVERNMENTAL PANEL ON CLIMATE CHANGE (WELTKLIMARAT) (2007), Climate Change 2007: The Physical Science Basis; http://www.ipcc.ch /publications _and_data/ar4/wg1/en/spmsspm-projections-of.html_[Abruf 16.07.2013].

KOMMISSION DER EUROPÄISCHEN GEMEINSCHAFTEN (2009), Mitteilung an den Rat und das europäische Parlament vom 20.08.2009: Das BIP und mehr – Die Messung des Fortschritts in einer Welt im Wandel, Brüssel.

KULESSA, Margareta (2003), Ökonomische Effizienz als Prinzip der Umweltpolitik. Möglichkeiten und Grenzen am Beispiel des internationalen Klimaschutzes, in: CANSIER, Dieter; DWOROG, Erik; KIRSCH, Sabine (2003), Herausforderung Umwelt, Marburg.

LÜNENBÜRGER, Benjamin; BENNDORF, Anke; BÖRNER, Michael; BURGER, Andreas; GINZKY, Harald; OHL, Cornelia; OSIEK, Dirk; SCHULZ, Dietrich UND STROGIES, Michael (2013), Klimaschutz und Emissionshandel in der Landwirtschaft, Dessau-Roßlau.

MINISTERIE VAN VOLKSHUISVESTING EN RUIMTELIJKE ORDENING (1978), Naar een Globaal Ecologisch Model voor de ruimtelijke ontwikkeling van Nederland.

ROGALL, Holger (2008), Ökologische Ökonomie: Eine Einführung, Wiesbaden.

SACHVERSTÄNDIGENRAT FÜR UMWELTFRAGEN (SRU) (1987), Umweltgutachten 1987, Wiesbaden.

DERSELBE (1994), Umweltgutachten 1994, Wiesbaden.

DERSELBE (1998), Umweltgutachten 1998, Wiesbaden.

DERSELBE (2012), Umweltgutachten 2012. Verantwortung in einer begrenzten Welt, Berlin.

SACHVERSTÄNDIGENRAT FÜR UMWELTFRAGEN (SRU) (2013), http://www.umweltrat.de [Abruf 10.07.2013].

STIGLITZ, Joseph E.; SEN, Amartya; FITOUSSI, Jean-Paul (2009), Report by the Commission on the Measurement of Economic Performance and Social Progress.

STATISTISCHES BUNDESAMT (2012), Umweltnutzung und Wirtschaft – Bericht zu den Umweltökonomischen Gesamtrechnungen 2012, Wiesbaden.

UMWELTBUNDESAMT (UBA) (2011), Karzinogene, mutagene, reproduktionstoxische (CMR) und andere problematische Stoffe in Produkten. Identifikation relevanter Stoffe und Erzeugnisse, Überprüfung durch Messungen, Regelungsbedarf im Chemikalienrecht, Dessau-Roßlau.

DASSELBE (2013a), Treibhausgasausstoß in Deutschland 2012, http://www.bmu.de/ fileadmin/Daten_BMU/Download_PDF/Klimaschutz/hintergrund_treibhausgasausstoss_d_2012_bf.pdf [Abruf 16.07.2013].

DASSELBE (2013b), Daten zur Umwelt, http://www.umweltbundesamt-daten-zur-umwelt.de/umweltdaten/public/theme.do?nodeIdent=2868 [Abruf 16.07.2013].

DASSELBE (2013c), Aktuelle Immissionsdaten und Ozonvorhersage, http://www.env-it.de/umweltbundesamt/luftdaten/documents.fwd?comp=PM1#PM10_[Abruf 16.07.2013].

DASSELBE (2013d), Das Umwelt-Kernindikatorensystem des Umweltbundesamtes (KIS),

www.umweltbundesamt-daten-zur umwelt.de/umweltdaten/public/theme.do?nodeIdent =2702 [Abruf 16.07.2013].

DASSELBE (2013e), Internationale Funktionen des UBA, http://www.umweltbundesamt.de /uba-info/funktion.htm [Abruf 10.07.2013].

DASSELBE (2013f), Europäischer Emissionshandel, www.umweltbundesamt-daten-zur-umwelt.de/umweltdaten/public/theme.do?nodeIdent=3155 [Abruf 16.07.2013].

DASSELBE und BUNDESMINISTERIUM FÜR UMWELT, NATURSCHUTZ UND REAKTORSICHERHEIT (BMU) (2011), Beschäftigungswirkungen des Umweltschutzes in Deutschland im Jahr 2008, Dessau/Roßlau.

WICKE, Lutz; BLENK, Lieselotte (1993), Umweltökonomie. Eine praxisorientierte Einführung, München.

WIESMETH, Hans (2003), Umweltökonomie. Theorie und Praxis im Gleichgewicht, Berlin.

WISSENSCHAFTLICHER BEIRAT GLOBALE UMWELTVERÄNDERUNGEN (WBGU) (1993), Welt im Wandel: Grundstruktur globaler Mensch-Umwelt-Beziehungen. JG 1993, Berlin.

DERSELBE (2013), Der Auftrag des WBGU, http://www.wbgu.de/ueber-uns/auftrag/ [Abruf 10.07.2013].

Stichwortverzeichnis